COURS ÉLÉMENTAIRE
DE
PHILOSOPHIE

Conforme aux derniers programmes

SUIVI DE

NOTIONS D'HISTOIRE DE LA PHILOSOPHIE

ET DE SUJETS DE DISSERTATIONS

DONNÉS A LA FACULTÉ DES LETTRES DE PARIS

PAR

ÉMILE BOIRAC

Professeur de philosophie au lycée Condorcet

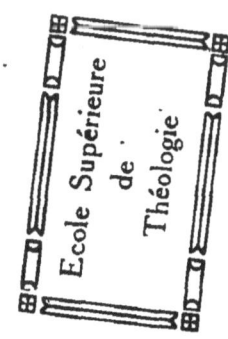

TROISIÈME ÉDITION, REVUE
ET AUGMENTÉE D'UN SOMMAIRE DU COURS

PARIS

ANCIENNE LIBRAIRIE GERMER BAILLIÈRE ET Cie

FÉLIX ALCAN, ÉDITEUR

108, BOULEVARD SAINT-GERMAIN, 108

—

1891

Tous droits réservés.

COURS ÉLÉMENTAIRE

DE

PHILOSOPHIE

BIBLIOTHÈQUE DE PHILOSOPHIE CONTEMPORAINE
Format in-8
100 volumes brochés à 5 fr., 7 fr. 50 et 10 fr.

AGASSIZ. — De l'espèce et des classifications, traduit de l'angl. par M. Vogeli. 5 fr.
STUART MILL. — La philosophie de Hamilton, traduit de l'angl. par M. Cazelles. 10 fr.
— Mes mémoires. Histoire de ma vie et de mes idées, traduit de l'anglais par M. E. Cazelles. 5 fr.
— Système de logique déductive et inductive. 2 vol. 20 fr.
— Essais sur la religion, traduit de l'anglais par M. E. Cazelles. 2ᵉ édit. 5 fr.
HERBERT SPENCER. — Les premiers principes, traduit de l'anglais par M. Cazelles. 6ᵉ édit. 10 fr.
— Principes de psychologie, traduit de l'anglais par MM. Ribot et Espinas. 2 vol. 20 fr.
— Principes de biologie, traduit par M. Cazelles. 2ᵉ édit. 2 vol. 20 fr.
— Principes de sociologie, traduit par MM. Cazelles et Gerschel. 4 vol. 36 fr. 25
— Essais sur le progrès, traduit de l'anglais par M. Burdeau. 2ᵉ édit. 7 fr. 50
— Essais de politique, traduit par M. Burdeau. 3ᵉ édit. 7 fr. 50
— Essais scientifiques, traduit par M. Burdeau. 7 fr. 50
— De l'éducation physique, intellectuelle et morale. 8ᵉ édit. 5 fr.
— Introduction à la science sociale. 7ᵉ édition. 6 fr.
— Classification des sciences. 1 vol. in-18. 2ᵉ édit. 2 fr. 50
— L'individu contre l'État, 1 v. in-18. 2 fr. 50
— Les bases de la morale évolutionniste. 3ᵉ édit. 6 fr.
COLLINS. — Résumé de la philosophie de Herbert Spencer. 10 fr.
AUGUSTE LAUGEL. — Les problèmes (Problèmes de la nature, problèmes de la vie, problèmes de l'âme). 7 fr. 50
ÉMILE SAIGEY. — Les sciences au XVIIIᵉ siècle, la physique de Voltaire. 5 fr.
PAUL JANET. — Les causes finales. 2ᵉ édition. 10 fr.
— Histoire de la science politique dans ses rapports avec la morale. 3ᵉ édit. 2 vol. 20 fr.
TH. RIBOT. — De l'hérédité psychologique. 4ᵉ édit. 7 fr. 50
— La psychologie anglaise contemporaine. 3ᵉ édit. 7 fr. 50
— La psychologie allemande contemporaine (école expér.). 2ᵉ édit. 7 fr. 50
ALF. FOUILLÉE. — La liberté et le déterminisme. 2ᵉ édit. 7 fr. 50
— Critique des systèmes de morale contemporains. 7 fr. 50
— La morale, l'art et la religion, d'après M. Guyau. 3 fr. 75
— L'avenir de la métaphysique fondée sur l'expérience. 5 fr.
— L'évolutionnisme des idées-forces. 7 fr. 50
DE LAVELEYE. — De la propriété et de ses formes primitives. 3ᵉ édit. 10 fr.
BAIN. — La logique déductive et inductive, traduit de l'anglais par M. Compayré. 2ᵉ édit. 2 vol. 20 fr.
— Les sens et l'intelligence, traduit de l'anglais par M. Cazelles. 2ᵉ édit. 10 fr.
— Les émotions et la volonté. 10 fr.
— L'esprit et le corps. 4ᵉ édit. 6 fr.
— La science de l'éducation. 6ᵉ édit. 6 fr.
MATTHEW ARNOLD. — La crise religieuse. 7 fr. 50
BARDOUX. — Les légistes et leur influence sur la société française. 7 fr. 50
ESPINAS (ALF.). — Des sociétés animales. 2ᵉ édit. 7 fr. 50
FLINT. — La philosophie de l'histoire en France. 7 fr. 50
FLINT. — La philosophie de l'histoire en Allemagne. 7 fr. 50
LIARD. — Descartes. 5 fr.
— La science positive et la métaphysique. 2ᵉ édit. 7 fr. 50
GUYAU. — La morale anglaise contemporaine. 2ᵉ édit. 7 fr. 50
— Les problèmes de l'esthétique contemporaine. 2ᵉ édit. 5 fr.
— Esquisse d'une morale sans obligation ni sanction. 5 fr.
— L'art au point de vue sociologique. 5 fr.
— Hérédité et éducation. 5 fr.
— L'irréligion de l'avenir. 2ᵉ édit. 7 fr. 50
HUXLEY. — Hume, sa vie, sa philosophie, trad. et préface par M. G. Compayré. 5 fr.
E. NAVILLE. — La logique de l'hypothèse. 5 fr.
— La physique moderne. 2ᵉ édit. 5 fr.
E. VACHEROT. — Essais de philosophie critique. 7 fr. 50
— La religion. 7 fr. 50
H. MARION. — De la solidarité morale. 3ᵉ édit. 5 fr.
SCHOPENHAUER. — Aphorismes sur la sagesse dans la vie, traduit par M. J.-A. Cantacuzène. 4ᵉ édit. 5 fr.
— De la quadruple racine du principe de la raison suffisante, traduit par M. J.-A. Cantacuzène. 5 fr.
— Le monde comme volonté et comme représentation, trad. par M. Burdeau. 3 vol. in-8, chacun séparément. 7 fr. 50
J. BARNI. — La morale dans la démocratie. 2ᵉ édit. 5 fr.
LOUIS BUCHNER. — Nature et science. 2ᵉ édition. 7 fr. 50
JAMES SULLY. — Le pessimisme. 7 fr. 50
V. EGGER. — La Parole intérieure. 5 fr.
LOUIS FERRI. — La psychologie de l'association. 7 fr. 50
MAUDSLEY. — Pathologie de l'esprit. 10 fr.
CH. RICHET. L'homme et l'intelligence. 2ᵉ édition. 10 fr.
SÉAILLES. — Essai sur le génie dans l'art. 5 fr.
PREYER. — Éléments de physiologie. 5 fr.
— L'âme de l'Enfant, obs. sur le développement psychique des premières années. 10 fr.
WUNDT. — Éléments de psychologie physiologique. 2 vol. avec fig. 20 fr.
E. BEAUSSIRE. — Principes du droit. 7 fr. 50
A. FRANCK. — La philos. du droit civil. 5 fr.
E. R. CLAY. — L'alternative. 10 fr.
BERNARD PÉREZ. — Les trois premières années de l'enfant. 3ᵉ édit. 5 fr.
— L'enfant de trois à sept ans. 2ᵉ édit. 5 fr.
— L'éducation morale dès le berceau. 2ᵉ éd. 5 f.
— L'art et la poésie chez l'enfant. 5 fr.
LOMBROSO. — L'homme criminel. 10 fr., Avec Atlas de 40 planches. 22 fr.
— L'homme de génie, avec 11 pl. 10 fr.
E. DE ROBERTY. — L'ancienne et la nouvelle philosophie. 7 fr. 50
FONSEGRIVE. — Le libre arbitre. 10 fr.
G. SERGI. — La Psychologie physiologique, avec fig. 7 fr. 50
L. CARRAU. — La philosophie religieuse en Angleterre, dep. Locke jusqu'à nos jours. 5 fr.
PIDERIT. — La mimique et la physiognomonie, avec 95 fig. 5 fr.
GAROFALO. — La criminologie. 7 fr. 50
G. LYON. — L'idéalisme en Angleterre au XVIIIᵉ siècle. 7 fr. 50
P. SOURIAU. — L'esthét. du mouvement. 5 fr.
F. PAULHAN. — L'activité mentale et les éléments de l'esprit. 10 fr.
PIERRE JANET. — L'automatisme psychologique. 7 fr. 50
J. BARTHÉLEMY-SAINT HILAIRE. — La philosophie dans ses rapports avec la science et la religion. 5 fr.
H. BERGSON. — Essai sur les données immédiates de la conscience. 3 fr.

Librairie Félix ALCAN, 108, boulevard Saint-Germain, 108, Paris.

BIBLIOTHÈQUE DE PHILOSOPHIE CONTEMPORAINE
93 volumes in-18 brochés, à 2 fr. 50 c.

H. Taine.
L'idéalisme anglais.
Philos. de l'art dans les Pays-Bas. 2ᵉ édit.
Philos. de l'art en Grèce. 2ᵉ éd.

Paul Janet.
Le Matérialisme cont. 5ᵉ éd.
La Crise philosophique.
Philos. de la Rév. franç. 3ᵉ éd.
St-Simon et le St-Simonisme.
Les origines du socialisme contemporain. 4ᵘ édit.
La philosophie de Lamennais.

Odysse Barrot.
Philosophie de l'histoire.

Alaux.
Philosophie de M. Cousin.

Ad. Franck.
Philos. du droit pénal.
Rapports de la religion et de l'État. 2ᵉ édit.
Philosophie mystique au XVIIIᵉ siècle.

E. Saisset.
L'âme et la vie.
Critique et histoire de la philosophie.

Charles Lévêque.
Le Spiritualisme dans l'art.
La Science de l'invisible.

Auguste Laugel.
Les Problèmes de la nature.
Les Problèmes de la vie.
Les Problèmes de l'âme.
L'Optique et les Arts.

Challemel-Lacour.
La Philos. individualiste.

Charles de Rémusat.
Philosophie religieuse.

Albert Lemoine.
Le Vital. et l'Anim. de Stahl.

Milsand.
L'Esthétique anglaise.

A. Véra.
Essais de Philos. hégélienne.

Beaussire.
Antécéd. de l'hégélianisme.

Bost.
Le Protestantisme libéral.

Ed. Auber.
Philosophie de la Médecine.

Schœbel.
Philos. de la raison pure.

Ath. Coquerel fils.
La Conscience et la Foi.

Jules Levallois.
Déisme et Christianisme.

Camille Selden.
La Musique en Allemagne.

Fontanès.
Le Christianisme moderne.

Saigey.
La Physique moderne. 2ᵉ tir.

Mariano.
La Philos. contemp. en Italie.

E. Faivre.
De la variabilité des espèces.

J. Stuart Mill.
Auguste Comte. 4ᵉ éd.
L'utilitarisme. 2ᵉ édit.

Ernest Bersot.
Libre philosophie.

W. de Fonvielle.
L'astronomie moderne.

E. Boutmy.
Philosophie de l'architecture en Grèce.

E. Vacherot.
La Science et la Conscience.

Herbert Spencer.
Classification des scienc. 4ᵉ éd.
L'individu contre l'État. 2ᵉ éd.

Ph. Gauckler.
Le Beau et son histoire.

Bertauld.
L'ordre social et l'ordre moral.
Philosophie sociale.

Th. Ribot.
La psychol. de l'attention.
La Philos. de Schopenhauer. 3ᵉ éd.
Les Mal. de la mémoire. 6ᵉ éd.
Les Mal. de la volonté. 6ᵉ éd.
Les Mal. de la personnalité 3ᵉ éd.

Hartmann (E. de).
La Religion de l'avenir. 2ᵉ éd.
Le Darwinisme. 3ᵉ édition.

Schopenhauer.
Essai sur le libre arbitre. 4ᵉ éd.
Fond. de la morale. 2ᵉ éd.
Pensées et fragments. 9ᵉ éd.

L. Liard.
Logiciens angl. contem. 2ᵉ éd.
Définitions géométriques. Nouvelle édition.

H. Marion.
Locke, sa vie et ses œuvres.

O. Schmidt.
Les sciences naturelles et l'Inconscient.

Hæckel.
Les preuves du transformisme.

Pi y Margall.
Les nationalités.

Barthélemy-St Hilaire.
De la métaphysique.

Espinas.
Philos. expérim. en Italie.

Siciliani.
Psychogénie moderne.

Leopardi.
Opuscules et Pensées.

A. Lévy.
Morceaux choisis des philosophes allemands.

Roisel.
De la substance.

Zeller.
Christian Baur et l'École de Tubingue.

Stricker.
Le langage et la musique.

Ad. Coste.
Conditions sociales du bonheur et de la force. 2ᵉ éd.

A. Binet.
La psychol. du raisonnement.

Gilbert Ballet.
Le langage intérieur. 2ᵉ éd.

Mosso.
La peur.

G. Tarde.
La criminalité comparée. 2ᵉ éd.

Paulhan.
Les phénomènes affectifs.

Ch. Féré.
Dégénérescence et criminal.
Sensation et mouvement.

Ch. Richet.
Essai de psychologie générale.

J. Delbœuf.
La matière brute et la matière vivante.

Vianna de Lima.
L'homme selon le transformisme.

L. Arréat.
La morale dans le drame, l'épopée et le roman. 2ᵉ édit.

A. Bertrand.
La psychologie de l'effort.

Guyau.
La genèse de l'idée du temps.

Lombroso.
L'anthropologie criminelle.

Tissié.
Les rêves (physiol. et path.).

B. Conta.
Fondements de la métaphys.

Sir John Lubbock.
Le bonheur de vivre.

Revue philosophique de la France et de l'étranger

Dirigée par Th. Ribot, Professeur au Collège de France. Quinzième année, 1890.

La *Revue philosophique* paraît tous les mois, par livraisons de 6 à 7 feuilles grand in-8, et forme à la fin de chaque année deux forts volumes d'environ 680 pages chacun.

Chaque numéro de la *Revue* contient : 1° plusieurs articles de fond ; 2° des analyses et comptes rendus des nouveaux ouvrages philosophiques français et étrangers ; 3° un compte rendu aussi complet que possible des *publications périodiques* de l'étranger pour tout ce qui concerne la philosophie ; 4° des notes, documents, observations, pouvant servir de matériaux ou donner lieu à des vues nouvelles. Les années écoulées se vendent séparément 30 francs et par livraisons de 3 francs.

Prix de l'abonnement annuel :
Pour Paris.................................. 30 fr.
Pour les départements et étrangers........ 33 fr.

Table générale des matières contenues dans les 12 premières années (1876-1887), 1 vol. in-8, 3 fr.

LIBRAIRIE FÉLIX ALCAN

108, BOULEVARD SAINT-GERMAIN, PARIS

OUVRAGES POUR LA CLASSE DE PHILOSOPHIE

PHILOSOPHIE

Cours élémentaire de philosophie, par E. BOIRAC, 3° édit. 1 vol. in-8, broché.. 6 fr. 50
Cartonné à l'anglaise............ 7 fr. 50
La dissertation philosophique, choix de sujets, plans, développements, précédé d'une introduction sur les *règles de la dissertation philosophique*, par *le même*. 1 vol. in-8, broché, 6 fr. 50; cart. à l'anglaise. 7 fr. 50
DESCARTES. — **Discours sur la méthode et première méditation**, avec notes, introduction et commentaires, par V. BROCHARD, professeur à la Faculté des lettres de Paris. 1 vol. in-12. 2° édition................. 2 fr.
LEIBNIZ. — **La monadologie**, avec notes, introduction et commentaires, par D. NOLEN, ancien élève de l'Ecole normale supérieure, recteur de l'Académie de Besançon. 1 vol. in-12............................. 2 fr.
DESCARTES. — **Les principes de la philosophie**, livre I, avec notes, par V. BROCHARD, professeur à la Faculté des lettres de Paris. 1 vol. in-12................. 1 fr. 25
MALEBRANCHE. — **De la recherche de la vérité**, livre II (*de l'Imagination*), avec notes, par Pierre JANET, ancien élève de l'Ecole normale supérieure, professeur au lycée Louis-le-Grand. 1 vol. in-12...... 1 fr. 80
PASCAL. — **De l'autorité en matière de philosophie**. — **De l'esprit géométrique**. — **Entretien avec M. de Sacy**, avec notes, par ROBERT, professeur à la Faculté des lettres de Rennes. 1 volume in-12......... 1 fr.
LEIBNIZ. — **Nouveaux essais sur l'entendement humain**. Avant-propos et livre I, avec notes, par Paul JANET, de l'Institut, professeur à la Faculté des lettres de Paris. 1 vol. in-12. 1 fr.
CONDILLAC. — **Traité des sensations**, livre I, avec notes, par Georges LYON, maître de conférences à l'Ecole normale supérieure. 1 vol. in-12............................ 1 fr. 40
XÉNOPHON. — **Mémorables**, livre I, avec notes, par PENJON, ancien élève de l'Ecole normale supérieure, professeur à la Faculté des lettres de Lille. 1 vol. in-12.... 1 fr. 25
PLATON.— **La République**, livre VI, avec notes, par ESPINAS, ancien élève de l'Ecole normale supérieure, doyen de la Faculté des lettres de Bordeaux. 1 vol. in-12........... 2 fr.
ARISTOTE. — **Morale à Nicomaque**, livre X, avec notes, par M. L. CARRAU, ancien élève de l'Ecole normale supérieure, professeur à la Faculté des lettres de Paris. 1 volume in-12............................ 1 fr. 25
ÉPICTÈTE. — **Manuel**, avec notes, par MONTARGIS, ancien élève de l'Ecole normale supérieure, professeur agrégé de philosophie au lycée de Troyes. 1 vol. in-12..... 1 fr.

CICÉRON. — **De natura Deorum**, livre II, avec notes, par F. PICAVET, agrégé de l'Université. 1 vol. in-12................ 2 fr.
CICÉRON. — **De officiis**, livre I, avec notes, par E. BOIRAC, professeur au lycée Condorcet. 1 vol. in-12.............. 1 fr. 40
LUCRÈCE. — **De natura rerum**, livre V, avec notes, par G. LYON, maître de conférences à l'Ecole normale supérieure. 1 volume in-12............................. 1 fr. 50
SÉNÈQUE. — **Lettres à Lucilius** (les 16 premières) avec notes, par L. DAURIAC, ancien élève de l'Ecole normale supérieure, professeur à la Faculté des lettres de Montpellier. 1 vol. in-12.................. 1 fr. 25

HISTOIRE — GÉOGRAPHIE

Précis d'histoire des temps modernes (1453-1889), à l'usage des candidats à l'Ecole de Saint-Cyr et aux baccalauréats, par G. DHOMBRES, professeur au lycée Henri IV. 3° édit. 1 vol. in-12, broché....... 4 fr. 50
Cartonné......................... 5 fr.
Précis de géographie physique, politique et militaire, à l'usage des candidats à l'Ecole de Saint-Cyr et aux baccalauréats, par Louis BOUGIER, professeur au collège Rollin. 1 vol. in-12, 3° édition. Broché....... 7 fr.
Cartonné......................... 7 fr. 50

SCIENCES

Cours élémentaire de physique, par H. DUFET, maître de conférences à l'Ecole normale supérieure, professeur de physique au lycée Saint-Louis. 1 beau vol. in-12, avec 644 fig. dans le texte et 1 planche coloriée, cart. 6 fr.
Cours de chimie, par RICHE, membre de l'Académie de médecine, professeur à l'Ecole de pharmacie. 1 vol. in-12 avec 69 fig. dans le texte. 3° édit. Cart............... 2 fr. 50
Anatomie et physiologie végétales, par LE MONNIER, professeur de botanique à la Faculté des sciences de Nancy. 1 vol. in-8, avec 522 figures dans le texte. 3° édit..... 6 fr.
Anatomie et physiologie animales, par E. BELZUNG, professeur agrégé d'histoire naturelle au lycée Charlemagne. 1 vol. in-8 avec 522 figures dans le texte........... 6 fr.
Histoire naturelle élémentaire (*Zoologie, Botanique, Géologie*) par le D^r LE NOIR. 1 vol. in-12 avec 251 figures dans le texte. 3° édition............................ 5 fr.
Physique élémentaire, par le D^r LE NOIR, 1 vol. in-12, avec 456 figures dans le texte. 2° édition......................... 6 fr.
Chimie élémentaire, par le D^r LE NOIR, 1 vol. in-12, avec fig. dans le texte. 2° édit. 3 fr. 50

BIBLIOTHÈQUE DE PHILOSOPHIE CONTEMPORAINE
COLLECTION HISTORIQUE DES GRANDS PHILOSOPHES
Envoi du catalogue complet sur demande.

Coulommiers. — Imp. Paul BRODARD

PRÉFACE DE LA TROISIÈME ÉDITION

Nous ne pouvons mieux reconnaître l'accueil bienveillant fait par le public à ce livre (parvenu en moins de deux ans à sa troisième édition), qu'en nous efforçant de l'améliorer sans cesse. C'est pourquoi nous avons tâché de le compléter dans un second ouvrage, *la Dissertation philosophique*, où indépendamment d'une sorte de traité de la dissertation, tous les sujets indiqués ici se trouvent analysés et commentés; c'est pourquoi aussi nous ajoutons à cette troisième édition un *Sommaire du cours* qui pourra servir de mémento aux élèves de la classe de philosophie. Sur la demande de plusieurs de nos collègues, nous joignons au résumé des notions d'histoire de la philosophie, quelques indications sur les principaux philosophes du XIXe siècle après Kant.

E. BOIRAC.

COURS DE PHILOSOPHIE

INTRODUCTION

1. La science. — La philosophie a commencé par être la science universelle, et les diverses sciences particulières sont successivement sorties de son sein. Aussi, avant de définir la philosophie, convient-il de définir la science.

La science, a dit Aristote, recherche le « comment » et le « pourquoi »; c'est la *recherche des causes ou des raisons des choses* : elle a pour origine le besoin de comprendre, naturel à l'homme, qui se confond avec sa raison même.

Supérieure en perfection à la connaissance vulgaire, elle s'en distingue surtout par trois caractères essentiels : la *certitude*, la *généralité*, la *méthode*. Elle ne se compose en effet que de vérités évidentes ou prouvées; ces vérités sont générales, c'est-à-dire qu'elles s'étendent à un nombre indéfini de cas du même genre; « il n'y a pas de science du particulier », disaient tous les philosophes anciens; ces vérités enfin sont enchaînées entre elles dans un ordre tel qu'elles se soutiennent et s'expliquent les unes les autres.

La science permet non seulement de comprendre les choses, mais encore de les maîtriser : savoir, c'est aussi prévoir et pouvoir. La puissance de l'homme, a dit Bacon, est en raison de sa science.

2. Les sciences. — Mais la science se divise nécessairement en autant de sciences différentes qu'il y a, pour ainsi dire, de régions distinctes dans la réalité. De là le problème de la *classification des sciences* qui ne faisait qu'un pour les anciens avec celui de la division de la philosophie.

Aristote admettait trois grandes classes de sciences : les sciences *poétiques*, les sciences *pratiques* et les sciences *spéculatives*, distinguées moins par la nature des objets qu'elles étudient que par le but qu'elles se proposent dans leur étude. Les trois grandes sciences spéculatives sont la *physique*, les *mathématiques* et la *philosophie première*.

La division, qui fit fortune au moyen âge, des sept arts libéraux en *trivium*, grammaire, dialectique et rhétorique, et *quadrivium*, arithmétique, géométrie, musique, astronomie, était moins une classification des sciences qu'un plan d'études, d'ailleurs fort incomplet et fort grossier.

BACON, dans le *De augmentis scientiarum*, classe les sciences d'après les trois facultés de l'intelligence humaine dont elles dérivent, mémoire, imagination et raison, en *histoire, poésie* et *philosophie*. L'histoire est ou *naturelle* ou *civile*, selon qu'elle a pour objet les faits du monde extérieur ou ceux de la vie humaine; et de même la philosophie, ayant un triple objet, se partage en trois branches : la science de *Dieu*, la science de la *nature* et la science de l'*homme*.

Bien que reproduite par d'Alembert dans l'*Encyclopédie*, cette classification est très imparfaite. Outre qu'elle met à tort la poésie au nombre des sciences, elle divise les sciences mêmes d'après les facultés de l'esprit qui s'y emploient, alors que ces facultés sont inséparables et que leur coopération en toute science est nécessaire.

AMPÈRE, dans un *Essai sur la classification des sciences*, paru en 1834, distingue d'abord les sciences *cosmologiques*, qui ont pour objet le monde matériel, et les sciences *noologiques*, qui ont pour objet l'esprit. Puis il divise les premières en *cosmologiques proprement dites*, ou sciences de la matière inorganique, et *physiologiques*, ou sciences de la matière organisée et vivante. De même il divise les secondes en *noologiques proprement dites* et *sociales*. De subdivisions en subdivisions, il arrive à cent vingt-huit sciences de troisième ordre, qui embrassent toutes les connaissances humaines. Le mérite de cette classification est d'être fondée sur la considération des *objets* des sciences ; mais elle est singulièrement compliquée et dissimule entièrement la liaison continue et la gradation ascendante des sciences.

Aussi la classification proposée par Auguste COMTE lui est-elle, en ses traits essentiels, bien supérieure. Elle distingue d'abord des sciences *concrètes* ou appliquées, telles que la cosmographie, la géologie, la météorologie, l'histoire naturelle, l'économie politique, l'anthropologie, etc., les sciences *abstraites* ou fondamentales, qu'elle divise et ordonne d'après le principe de la *spécialité* et de la *complexité croissantes* des lois naturelles. La nature, en effet, peut être considérée comme un système de lois qui s'enveloppent graduellement les unes les autres, à partir des lois mathématiques (lois des nombres, des figures, etc.) qui sont les plus générales et les plus simples, jusqu'aux lois sociales (lois de la vie sociale de l'humanité) qui sont les plus spéciales et les plus complexes.

D'où la série des sciences fondamentales : 1° *mathématique*; 2° *astronomie*; 3° *physique*; 4° *chimie*; 5° *biologie*; 6° *sociologie*, dans laquelle chaque science est plus simple, plus générale, plus facile, plus ancienne que celles qui la suivent et dont elle est indépendante, plus complexe, plus spéciale, plus difficile et plus récente que celles qui la précèdent et dont elle dépend.

La classification du philosophe anglais contemporain, HERBERT SPENCER, est fondée, en somme, sur le même principe, un peu autrement appliqué. Il distingue : 1° les sciences *abstraites* qui ont pour objet des *rapports* considérés indépendamment des phénomènes et des êtres réels (mathématiques); 2° les sciences *abstraites-concrètes*, qui ont pour objet les *phénomènes* considérés indépendamment des êtres où ils se produisent (mécanique, physique, chimie), et 3° les sciences *concrètes* qui ont pour objet les *êtres* mêmes (astronomie, géologie, biologie, psychologie, sociologie). H. Spencer admet en outre (ce que ne fait pas Aug. Comte) la possibilité de réduire entièrement les sciences inférieures aux supérieures.

Dès lors, on pourra augmenter ou diminuer le nombre des sciences fondamentales; mais, dans toute classification rationnelle, elles se succéderont d'après le principe et dans l'ordre établis par Auguste Comte. Tel est bien le caractère de la division consacrée des sciences en quatre groupes : mathématiques, physiques, naturelles, morales.

1° Les *sciences mathématiques* étudient le nombre, l'étendue et en général les grandeurs ou quantités, à part des choses mêmes; et c'est pourquoi elles sont les sciences *abstraites* par excellence. Fondées tout entières sur des abstractions, elles se développent par le seul raisonnement. Telles sont l'arithmétique, la géométrie, l'algèbre, le calcul infinitésimal.

2° Les *sciences physiques* étudient les corps bruts, et l'on peut les ranger en deux groupes, selon la part plus ou moins grande qu'elles font au raisonnement et à l'expérience ; d'un côté la mécanique et l'astronomie, intermédiaires entre les mathématiques et les sciences physiques proprement dites ; de l'autre, la physique, la chimie, la minéralogie et la géologie, où l'observation prédomine sur le calcul.

3° Les *sciences naturelles* ou *biologiques* étudient les corps organisés et vivants. Les unes essayent de déterminer les lois générales de l'organisation et de la vie et se résument toutes dans la physiologie ; les autres, comme la botanique, la zoologie et la paléontologie, essayent d'en décrire et d'en expliquer les formes particulières et plus ou moins fixes.

4° Enfin les *sciences morales* étudient l'humanité. On y distingue d'abord les *sciences morales proprement dites*, comme la psychologie et la morale qui appartiennent aussi à la philosophie, puis les *sciences sociales* qui comprennent la philologie (sciences des langues), l'économie politique (science des richesses), le droit (science des lois qui régissent les rapports des citoyens entre eux), la politique (science du gouvernement des États), le droit des gens (science des rapports des nations entre elles) et enfin l'histoire (science des changements qui se produisent avec le temps dans les sociétés humaines).

3. La philosophie. — Tel est le tableau des sciences. On remarquera que la *philosophie* n'y a pas de place. C'est qu'elle n'est pas, à vrai dire, une science particulière, l'*une* des sciences : elle est, de nos jours comme à son origine, mais dans un autre sens, la *science universelle*.

En effet, si la philosophie ne contient plus dans son sein toutes les sciences, elle n'en a pas moins pour objet les *principes universels*, les *premiers principes*, comme les appelle Aristote, desquels dépendent les principes des sciences particulières. Toute science cherche les raisons des choses : la philosophie cherche les *raisons suprêmes* des choses.

Mais ces premiers principes, ces raisons suprêmes, envisagés en eux-mêmes, constituent pour la philosophie des objets déterminés dont elle est proprement la science ; et il redevient vrai de dire, à ce point de vue, que la philosophie est une *science particulière*, ayant son domaine propre, distinct et séparé de celui de toutes les autres sciences. Quel est ce domaine ?

Tout d'abord l'existence de la *pensée* est une vérité que toutes les autres présupposent, un principe vraiment premier, du moins dans l'ordre de notre connaissance. Comme Descartes l'a fait voir, je puis douter de tout le reste : je ne puis douter de ma pensée même; et c'est dans ma pensée que toutes choses m'apparaissent. La pensée, c'est-à-dire l'*âme* ou l'*esprit*, voilà donc un des objets de la philosophie, l'objet propre de la *psychologie*.

A la psychologie se rattachent deux autres sciences : la *logique*, science des conditions de la science même et de la vérité, la *morale*, science du bien, vraiment philosophiques par leur portée universelle; car toutes les *sciences* recherchent la *vérité*, et la vérité est, en général, l'objet naturel et légitime de la pensée humaine, comme d'autre part tous les *arts* recherchent quelque bien, et le bien en général est le but de l'activité et de la vie humaine tout entière.

Psychologie, logique, morale, se rapportent toutes trois à l'homme, *sujet* de la pensée et de l'action : elles composent la philosophie *subjective*.

D'autre part, les différentes sciences aboutissent à un certain nombre de vérités générales où elles se résument et qui sont comme leur dernier mot sur la nature. Mais ce mot ne peut être dit que par une science plus générale que chacune d'elles, universelle et vraiment philosophique, la *philosophie des sciences*.

A son tour, la philosophie des sciences ne peut se constituer avec les seuls matériaux des sciences mêmes : il lui faut le point d'appui d'une philosophie supérieure qui soit proprement la *science des premiers principes et des premières causes*. Les sciences en effet ne connaissent que le *relatif*, c'est-à-dire des abstractions, des phénomènes, des caractères indéfiniment relatifs les uns aux autres : elles ignorent l'*absolu*, c'est-à-dire la nature intime et l'origine première des choses. Voilà donc une nouvelle étude, l'étude de l'absolu qui constitue la *métaphysique*.

La philosophie subjective se trouve ainsi complétée par une philosophie *objective*; et aux trois grandes régions de la réalité, l'âme, le monde extérieur, la cause première, correspondent respectivement les différentes parties de la philosophie, psychologie, logique, morale, philosophie des sciences et métaphysique.

4. Ordre des parties de la philosophie. — Ces parties peuvent se grouper soit d'après les *objets* auxquels elles se rapportent, soit d'après le *point de vue* où elles se placent pour les étudier.

Dans le premier cas, on retrouve la disposition précédente, d'une part, la psychologie, avec la logique et la morale, qui se rapportent à l'esprit humain, d'autre part la métaphysique, avec la philosophie des sciences qui en est comme la préface, et la théodicée qui en est la conclusion, toutes trois relatives à l'ensemble des choses et à la cause première : *philosophie morale* ou *subjective; philosophie métaphysique* ou *objective.*

Dans le second cas, il est manifeste que la psychologie et la métaphysique ont ce caractère commun d'être des sciences purement théoriques ou spéculatives, tandis que la logique et la morale sont plutôt des sciences pratiques, à tel point qu'on a pu même les appeler des arts, l'une l'art de bien penser, l'autre l'art de bien vivre. La philosophie, de ce point de vue, se divisera donc en *philosophie spéculative* comprenant la psychologie et la métaphysique, et *philosophie pratique* comprenant la logique et la morale.

Tout le monde accordera que la philosophie pratique doit suivre la philosophie spéculative; mais le problème de la coordination de la psychologie et de la métaphysique est plus délicat : c'est au fond le problème de la méthode générale de la philosophie.

En effet, si la philosophie doit commencer par la métaphysique, c'est qu'on la suppose d'emblée en possession des premiers principes, et il ne lui reste plus qu'à en déduire l'explication de toutes choses et de l'âme humaine elle-même. — Mais des principes ainsi affirmés sans preuve et comme tombés du ciel ne peuvent être que des hypothèses gratuites. Est-il sûr d'ailleurs que toutes choses puissent ainsi se déduire de quelques principes, sans recours à l'observation? C'est la thèse d'un certain système, par exemple du panthéisme, mais elle n'est nullement évidente, et elle a des conséquences redoutables, entre autres la négation de la liberté humaine.

La vraie méthode consiste donc à remonter des effets aux causes, des conséquences aux principes. La raison doit s'appliquer à se connaître elle-même avant de s'appliquer à la connaissance des choses. La psychologie est le vestibule de la métaphysique.

5. La philosophie des sciences. — La philosophie des sciences peut être rapportée soit à la logique, soit à la métaphysique.

En effet, les principales questions dont elle traite concernent :

1° Soit la *nature* de la science, ses conditions, ses limites et ses différentes *espèces;*

2° Soit les *méthodes* des différentes sciences;

3° Soit les *principes* des sciences, c'est-à-dire les vérités universelles sur lesquelles elles reposent, les notions fondamentales qu'elles impliquent, les hypothèses nécessaires à leur constitution ;

4° Soit enfin les *résultats généraux* des sciences qu'il s'agit de concilier entre eux et de coordonner en système.

Or les sciences, si l'on envisage leur nature et leurs méthodes, ressortissent évidemment à la logique, de même qu'il appartient à la métaphysique d'étudier leurs premiers principes et leurs conclusions dernières.

D'une manière générale, toutes choses, l'histoire, la religion, les beaux-arts, peuvent avoir des rapports, comme les sciences, avec les objets de la psychologie, de la logique, de la morale ou de la métaphysique. Déterminer ces rapports, c'est faire la philosophie de ces choses.

D'où il suit que la philosophie des sciences et en général toute *philosophie appliquée* présuppose, contrairement à l'assertion des positivistes, l'existence de la philosophie proprement dite.

OUVRAGES A CONSULTER

Ravaisson, *Essai sur la métaphysique d'Aristote*. — Bacon, *De augmentis scientiarum*. — Ampère, *Essai sur la philosophie des sciences*. — Auguste Comte, *Cours de philosophie positive*. — H. Spencer, *De la classification des sciences*. — Robinet, *La philosophie positive*. — Janet et Séailles, *Histoire de la philosophie, Le problème philosophique*.

Voyez en outre *Psychologie*, chap. I (Définition de la psychologie); IX (La généralisation); *Logique*, I (Définition de la logique); II (Méthode des sciences mathématiques); III (Méthode des sciences physiques et naturelles); IV (Méthode des sciences morales); *Morale*, I (Définition de la morale); *Métaphysique*, I (Définition de la métaphysique).

SUJETS DE DISSERTATIONS (1)

1. Expliquer et apprécier cette proposition de Socrate et de ses successeurs qu'il n'y a de science que du général. 78.

Que voulait dire Aristote en disant : « Il n'y a pas de science du particulier »? Rapprocher cette formule de celle des philosophes scolastiques : *Nulla est fluxorum scientia*. 73.

2. Énumérer, définir, classer les différentes sciences humaines. 71.

De la classification des sciences; place de la philosophie dans cette classification. 82.

3. La philosophie est-elle une science particulière ou la science universelle? Dans quel sens pourrait-elle être l'une et l'autre? 74.

La philosophie est-elle la science universelle embrassant l'ensemble des connaissances humaines, ou a-t-elle un objet propre et déterminé? Quel est cet objet? 76.

(1) Le chiffre qui suit chaque sujet indique l'année où il a été donné à traiter aux candidats devant la Faculté des lettres de Paris. Celui qui précède une série de sujets indique le paragraphe du chapitre auquel ces sujets se rapportent.

4. Division de la philosophie. Comment peut-on justifier l'ordre suivi dans l'étude des diverses parties de la philosophie ? 70.

Division de la philosophie. Définition de chacune de ses parties. Ordre dans lequel on doit les étudier. 81.

Qu'est-ce que la métaphysique ? Montrer que la philosophie comme la plupart des sciences a un côté spéculatif et un côté pratique : établir cette distinction par des exemples. 69.

Pourquoi doit-on commencer l'étude de la philosophie par la psychologie ? Si l'on admet un autre ordre, en donner les raisons. 72.

En quoi la psychologie est-elle nécessaire à la logique, à la morale, à la théodicée ? 67.

La métaphysique est-elle possible sans la psychologie ? 78.

5. Analyser les rapports de la philosophie avec les autres sciences et spécialement avec les sciences physiques et naturelles. 69.

Des rapports de la philosophie avec les autres sciences. 72.

Qu'appelle-t-on philosophie des sciences ? 81-82.

Qu'entend-on par philosophie de l'histoire, philosophie du droit, philosophie des sciences, philosophie des beaux-arts, et en général, quel est le sens du mot philosophie dans toutes les expressions analogues ? 72.

LIVRE PREMIER

PSYCHOLOGIE

CHAPITRE PREMIER

OBJET DE LA PSYCHOLOGIE

1. Définition et division de la psychologie. — La psychologie est la science de l'âme. Son nom (qui vient du grec ψυχή, âme, λόγος, traité, science) a été employé pour la première fois au seizième siècle par Goclénius de Marbourg. Chez les anciens, la science de l'âme était éparse à travers les différentes parties de la philosophie, logique, morale et physique ou métaphysique.

Mais on peut étudier dans l'âme soit les divers phénomènes, sensations, idées, passions, etc., par lesquels elle se manifeste, soit son essence ou sa nature intime. De là la division de la psychologie en psychologie *expérimentale* et psychologie *rationnelle*.

La première, plus ou moins analogue aux sciences physiques et naturelles, étudie les phénomènes de l'âme par le moyen de l'observation ou de l'*expérience* afin d'en déterminer les lois ; la seconde, qui peut être envisagée comme une partie de la métaphysique, cherche à déterminer la nature de l'âme par le moyen du *raisonnement*. La psychologie rationnelle doit nécessairement venir après la psychologie expérimentale.

2. Caractères propres des faits psychologiques. Distinction de la psychologie et de la physiologie. — Mais les faits que la psychologie étudie constituent-ils véritablement un ordre distinct de phénomènes, ou, comme le soutiennent les matérialistes et certains positivistes, sont-ils au fond de même nature que les faits étudiés par la physiologie, tels que la respiration, la digestion, la circulation du sang, etc. ? En d'autres termes, la psychologie, science de l'âme humaine, est-elle distincte de la physiologie, science du corps humain ?

1° Les faits psychologiques diffèrent d'abord des faits physiologiques par la *manière dont nous pouvons les connaître et les étudier*. — Les faits physiologiques se connaissent au moyen des sens, principalement par la vue, l'ouïe et le toucher : on en facilite l'étude en ajoutant aux sens le secours d'appareils tels que le scalpel, la loupe, le microscope, le thermomètre, etc. : ils peuvent être observés au même moment par plusieurs personnes, et la connaissance que nous en avons est absolument distincte de ces faits eux-mêmes qui peuvent très bien exister sans elle. — Au contraire, les faits psychologiques échappent aux sens : la vue, l'ouïe, le toucher peuvent bien percevoir les *signes extérieurs* de la joie ou de la tristesse, mais non ces sentiments eux-mêmes. Ils sont connus cependant, mais d'une connaissance tout intérieure qu'on appelle *conscience* parce qu'elle est inséparable des faits mêmes qu'elle accompagne (*scientia cum*). On ne penserait pas, on ne souffrirait pas si l'on ne savait pas que l'on pense ou que l'on souffre. Les appareils de physique ne peuvent donc servir à rien pour leur étude ; la *réflexion* de la personne en qui ils se passent, et de cette personne seule, est l'unique moyen de les étudier.

2° Ils diffèrent encore des faits physiologiques par leurs *caractères essentiels*. — Les faits physiologiques se produisent dans l'*espace*, ils ont une *situation*, une *étendue*, une *forme* plus ou moins nettement définie : d'où il suit qu'on peut les *mesurer* ou même en *dessiner* la *figure*. Ils ne sont au fond, d'après les théories de la physiologie la plus récente, que des combinaisons spéciales de faits *physiques* et *chimiques* : or les faits physiques et chimiques ne sont eux-mêmes en dernière analyse que des faits *mécaniques*, c'est-à-dire des *mouvements*. — Au contraire les faits psychologiques ne se produisent pas dans l'espace : ils n'ont ni une situation ni une étendue ni une forme quelconque ; par conséquent on ne peut ni en dessiner la figure, ni même les mesurer. Ce sont des *états* ou des *changements* qui peuvent différer les uns des autres par leur plus ou moins grande *complexité*, leur *intensité* ou leur *durée ;* mais il est impossible de les ramener à des mouvements.

On pourrait encore distinguer ces deux ordres de faits :

3° Soit par la nature des *sujets* dans lesquels ils se produisent (les faits physiologiques ne pouvant s'expliquer que par un sujet *composé* tel que le corps et dont les parties *changent* et se renouvellent sans cesse, tandis que les faits psychologiques impliquent un sujet *unique* et toujours *identique* à lui-même);

4° Soit par la nature des *fins* auxquelles ils tendent (les faits physiologiques ayant pour but la *conservation du corps*, c'est-à-dire la répétition uniforme des mêmes fonctions organiques, tandis que les faits psychologiques ont pour but le *bonheur*, la *science*, la *beauté*, la *vertu*, fins qui ne peuvent être jamais atteintes mais seulement approchées par un progrès sans limite).

En résumé, bien que la psychologie et la physiologie doivent s'unir l'une à l'autre pour une étude complète de la nature humaine, elles n'en demeurent pas moins deux sciences distinctes à la fois par leur objet et par leur méthode.

OUVRAGES A CONSULTER

Jouffroy, Préface à la *Traduction des esquisses de philosophie morale* de Dugald-Stewart; *Mélanges philosophiques*. — Ad. Garnier, *Traité des facultés de l'âme*. — Ribot, *La psychologie anglaise contemporaine* (introduction). — Janet et Séailles, *Histoire de la philosophie, Le problème psychologique*.

Voyez en outre *Psychologie*, chap. II (Méthode de la psychologie); VII (La conscience); XIV (Les rapports du physique et du moral); *Logique*, IV (La méthode des sciences morales); *Métaphysique*, IV (L'âme : matérialisme et spiritualisme).

SUJETS DE DISSERTATIONS

1. De la science psychologique. Rapports et différences de la méthode psychologique et de la méthode des autres sciences. 68.

Sur quoi repose la distinction entre la psychologie expérimentale et la psychologie rationnelle ? 86.

2. Marquer par des traits précis et des exemples la distinction des faits psychologiques, des faits physiologiques et des faits physiques. 71.

Distinction des faits psychologiques et des faits physiologiques. 81.

Établir la légitimité de la distinction entre la psychologie et la physiologie. 78.

De la distinction de la psychologie et de la physiologie. En quoi cependant ces deux sciences peuvent-elles se rendre de mutuels services ? 73.

Comparaison de l'observation interne et de l'observation sensible. 78-83.

Comparer l'expérience en physique et l'expérience en psychologie. Montrer les analogies et les différences. 69.

CHAPITRE II

MÉTHODE DE LA PSYCHOLOGIE

1. L'observation et le raisonnement en psychologie.
— La psychologie expérimentale a pour but de décrire les faits psychologiques et de déterminer leurs lois plus ou moins générales. Elle emploie à cet effet une méthode dont les différents procédés peuvent se ramener à deux principaux : 1° l'*observation*, qui étudie les faits et 2° le *raisonnement*, qui dégage des faits étudiés les lois par lesquelles ils s'expliquent.

Certains philosophes ont cru pouvoir fonder la psychologie sur le seul raisonnement. Ainsi Spinoza et Herbart la déduisent tout entière d'une certaine définition de l'âme. Mais une telle psychologie ne peut être que le développement d'une *hypothèse*, et cette hypothèse, si elle n'a pas été d'abord *suggérée* par l'observation puis *vérifiée* par elle, est évidemment sans valeur : c'est la psychologie d'un être imaginaire, rien ne prouve que ce soit celle de l'homme réel. La psychologie est donc une science d'observation, analogue sous ce rapport aux sciences physiques et naturelles, et non une science de raisonnement pur, telle que les sciences mathématiques.

2. La méthode subjective. — La méthode d'observation en psychologie est double : *subjective* et *objective*, selon que l'esprit s'étudie directement lui-même par la réflexion ou qu'il cherche à se connaître par l'intermédiaire de ses manifestations et de ses œuvres.

Le point de départ nécessaire de toute psychologie est l'*observation intérieure*. Pour interpréter les effets et les signes des sentiments, des pensées, et en général des états de l'âme, il faut d'abord avoir observé ces états eux-mêmes : or ils ne peuvent être directement aperçus que par la *conscience*.

Chacun a naturellement conscience de ce qui se passe dans son âme. Mais cette conscience naturelle est obscure et vague : on la rend plus claire et plus précise en la réfléchissant sur elle-même. La *réflexion* est un procédé familier non seulement au psychologue, mais encore au moraliste, au romancier, au dramaturge, à tous ceux qui veulent connaître à fond l'âme humaine.

Toutefois, on a fait contre elle trois principales objections :

1° D'abord *il est impossible*, a-t-on dit, *que l'esprit se dédouble en observateur et en phénomène observé*. En effet le phénomène qu'on observe et sa prétendue observation sont ou simultanés ou successifs. Dans le premier cas, ils s'excluent nécessairement l'un l'autre. On ne peut pas en même temps penser et se regarder penser. Autant se mettre à la fenêtre pour se voir passer dans la rue. La réflexion altère ou suspend les faits auxquels elle s'applique : essayez d'observer votre colère, elle s'évanouira. Dans le second cas, quand l'observation commence, le phénomène n'existe déjà plus : on croit le saisir et l'on ne saisit que son souvenir.

Cette objection prouve que l'observation intérieure est difficile, mais non impossible. Il est certain que la réflexion est toujours postérieure au fait sur lequel on réfléchit et qu'elle implique par conséquent une part de mémoire; mais, si elle vient *aussitôt* après le fait, le souvenir auquel elle s'applique équivaut au fait lui-même, car il est la reproduction immédiate de la conscience qui l'accompagnait. D'ailleurs, on pourrait faire la même objection à toute espèce d'observation : la perception d'un phénomène extérieur, par exemple du passage d'une étoile au méridien, retarde toujours, si peu que ce soit, sur l'existence de ce phénomène, comme le prouve le fait de l'*équation personnelle* (1) en astronomie.

2° En second lieu, *l'observation subjective ne nous fait connaître qu'un seul esprit*. Il n'en sortira donc qu'une monographie et non une science. Que si l'on en généralise les résultats, on attribuera à la nature humaine en général des faits qui seront exclusivement propres à l'observateur, on en omettra d'autres que l'on n'aura pas eu occasion d'observer chez soi; et fût-elle légitime au fond, cette généralisation, faute de preuve, serait toujours hypothétique.

On peut limiter la portée de l'objection en faisant remarquer que différents observateurs peuvent se communiquer leurs résultats et ainsi les contrôler, les corriger et les compléter les uns par les autres. Mais il reste vrai que la psychologie ainsi obtenue pourra être encore incomplète ou même inexacte, parce qu'elle n'aura pour

---

(1) On appelle ainsi l'écart qui se produit constamment entre le passage d'une étoile au méridien et la perception de ce passage, écart qui varie avec chaque observateur.

objet qu'un seul type d'âme, l'âme d'un psychologue, c'est-à-dire d'un homme adulte, civilisé, lettré ou savant.

3° Enfin, *l'observation subjective ne peut pas nous faire connaître les origines, ni en général les causes profondes des faits qu'elle nous révèle.* D'une part, elle ne remonte pas bien loin dans le passé : l'enfant ne saurait s'étudier lui-même, et l'homme fait se souvient à peine de l'enfant. D'autre part, notre âme est jointe à un corps et à un cerveau qui coopèrent sans doute avec elle à son insu. De là, bien des lacunes, bien des illusions possibles. Ignorant l'évolution des facultés, on prendra des habitudes dès longtemps acquises pour des faits naturels et primitifs : on attribuera aux seules forces présentes dans la conscience des sentiments, des pensées, des actions même qui ne peuvent s'expliquer complètement que par des influences latentes.

Mais ce qui ressort de cette objection et de la précédente, c'est seulement l'insuffisance d'une méthode purement subjective et la nécessité de la compléter par une méthode objective qui, non seulement la *vérifie*, mais la rende en même temps plus *étendue* et plus *profonde*.

3. La méthode objective. — Elle comprend trois procédés principaux.

1° On observe les autres hommes ; on les interroge, si c'est possible ; par le moyen de leur physionomie, de leurs paroles, de leurs actes, on essaye de deviner l'état de leur âme. Cette observation sera d'autant plus instructive que ces hommes différeront plus de la moyenne par leur genre d'esprit et leur caractère : on étudiera donc de préférence les natures incultes ou originales, gens du peuple, artistes, étrangers, etc.

Les cas exceptionnels, anormaux, sont souvent les plus décisifs pour la solution de certains problèmes psychologiques : ainsi le cas des aveugles-nés opérés de la cataracte pour le problème de la perception extérieure, celui des sourds-muets pour le problème des rapports du langage et de la pensée, etc. Les rêves, le somnambulisme, l'hallucination, la folie, les maladies, infirmités et monstruosités mentales, autant de faits à observer de très près. Ils composent ce qu'on a appelé la *psychologie morbide* ou la *tératologie psychologique*.

D'un autre côté, l'étude des *enfants* ou *psychologie infantile*, dont on s'occupe beaucoup de nos jours, jettera de grandes lumières sur les origines et les premiers développements des faits essentiels de l'âme humaine. Il en est de même de la *psychologie animale* qui nous fait suivre la complication croissante et le perfectionnement progressif de ces faits à travers toute la série des espèces animales.

2° On pourrait à la rigueur rattacher à ce premier procédé l'étude de l'*histoire*, des *littératures* et des *langues*; mais, comme l'observation s'y fait, pour ainsi dire, à deux degrés (puisqu'on n'y observe même pas les signes des états de l'âme, mais des signes de ces signes), elle peut sans doute passer pour une forme tout à fait particulière de la méthode objective.

En *histoire*, la psychologie des *grands hommes* permettra d'étudier avec tout le grossissement désirable certaines facultés ou certaines passions ; la psychologie des différents *peuples* fournira des spécimens suffisamment nombreux des principales variétés de caractères ; enfin la psychologie de l'*humanité*, surtout celle des faits moraux et religieux, montrera dans quelle mesure la nature humaine évolue et se modifie sous l'influence des circonstances extérieures.

De même, en *littérature*, on peut tirer des grandes œuvres littéraires une psychologie soit des *nations* et des *époques* où elles ont été écrites, soit des *hommes de génie* qui en ont été les auteurs ; et par leur comparaison discerner avec sûreté les parties fixes et les parties mobiles de la nature humaine à travers les milieux et les âges.

Enfin, l'étude comparative des *langues*, faite d'un point de vue psychologique, pourrait servir de contre-épreuve à la théorie générale de l'intelligence humaine ; car les lois du langage dépendent naturellement des lois de la pensée et les manifestent.

3° Enfin, comme les états de l'âme sont connexes avec ceux du corps, on peut les étudier dans cette connexité même. D'où une méthode d'observation *mixte*, à la fois *physique* ou physiologique et *psychologique*, très usitée de nos jours dans une école de savants allemands et français (Wundt, Horwicz, Ribot, etc.) où elle a donné naissance à la *psycho-physique* et à la *psychologie physiologique*.

Avec cette méthode se pose le problème de l'expérimentation en psychologie.

4. L'expérimentation en psychologie. — L'expérimentation consiste à susciter et à modifier le phénomène qu'on se propose d'observer dans le but de déterminer avec plus de sûreté les causes, les effets ou en général les lois de ce phénomène. C'est à ce procédé que la physique, la chimie, et de nos jours, la physiologie ont dû leurs plus grands progrès, car il permet seul d'induire avec certitude. Peut-on expérimenter en psychologie?

L'expérimentation n'est évidemment possible que si les causes capables de produire ou de modifier le phénomène nous sont connues et peuvent être mises en jeu par notre volonté dans des circonstances nettement définies d'avance : or cette condition ne peut pas être remplie par toutes les sortes de faits psychologiques.

On peut sous ce rapport les diviser en deux classes.

1° Les uns dépendent d'une *seule* cause ou d'un *petit nombre* de causes ; et nous pouvons faire agir cette cause à volonté en *mesurant* exactement l'intensité de son action : à cette classe appartiennent en général les sensations.

2° Les autres dépendent d'un *grand nombre* de causes qui nous sont pour la plupart inconnues ou sur lesquelles nous n'avons aucune prise, ou dont nous ne pouvons par aucun moyen mesurer même approximativement l'intensité : c'est le cas de presque tous les phénomènes psychologiques.

D'où il suit que des *expériences précises* sont possibles pour les phénomènes de la première classe ; et c'est ce qui a lieu en effet. Ainsi les psycho-physiciens Weber, Fechner, Wundt, etc., ont pu mesurer la vitesse de la sensation, c'est-à-dire le temps qu'elle met à suivre l'excitation, déterminer le *minimum sensibile* pour chaque sens, c'est-à-dire le *minimum* d'excitation nécessaire pour produire la sensation, établir la loi qui fait croître l'intensité de la sensation non comme l'excitation, mais comme le logarithme de l'excitation, etc. Une large voie est ouverte à la psychologie dans ce sens-là.

Mais pour tous les faits de la seconde classe, des expériences précises sont très difficiles, et l'on ne peut guère tenter que des *expériences* plus ou moins *vagues*. Ainsi on recommencera un raisonnement, avec plus de lenteur, pour mieux se rendre compte de la série des opérations qui le composent ; on essayera d'évoquer brusquement et au hasard toutes sortes d'idées pour surprendre le mécanisme de leur association ; on soumettra soi-même ou autrui à l'influence de quelque cause physique ou morale pour en noter les effets, etc.; mais ces expériences pourront ne donner que des résultats insignifiants ou obscurs parce qu'on sera incapable de modifier l'action des causes qu'on mettra en jeu ou on ignorera les causes latentes qui contribueront spontanément à la production du phénomène observé.

Notons cependant : 1° que si l'on ne peut pas expérimenter sur les *causes* des faits de la seconde classe, il serait peut-être possible d'expérimenter sur leurs *effets* (au moins sur leurs effets physiques) : par exemple sur les effets physiques d'une émotion, comme la peur ou la colère, de l'attention, de la volonté, etc.; 2° que certaines observations équivalent, selon la remarque d'Auguste Comte, à des expériences, lorsque la nature ou le hasard nous présentent d'eux-mêmes des cas que nous aurions pu concevoir pour la vérification d'une hypothèse sans pouvoir les réaliser. Tel est le cas de l'aveugle-né de Cheselden (opéré de la cataracte à l'âge de quatorze ans par le chirurgien anglais Cheselden en 1728), celui de Laura Bridgmann (jeune fille américaine, à la fois sourde, muette et aveugle de naissance), celui des amputés, etc. Ces *expériences naturelles* (les autres pouvant être dites *artificielles*) ne sont pas rares en psychologie.

5. La méthode logique. — Elle a pour but de classer les faits et de les expliquer. Elle procède, d'après le psychologue anglais James Sully, de deux façons différentes.

1° Elle remonte des faits à leurs conditions, des produits aux facteurs : c'est l'*analyse psychologique* où prédominent l'*observation subjective* et l'*induction*.

2° Partant de faits élémentaires et par le moyen de certaines lois de composition connues ou supposées, elle reconstruit les étages successifs de la vie mentale : c'est la *synthèse psychologique* où prédominent l'*observation objective* et la *déduction*.

OUVRAGES A CONSULTER

Les mêmes que pour le chapitre précédent. — Maine de Biran, *Essai sur le fondements de la psychologie*. — Ribot, *Psychologie allemande contemporaine*. — Paulhan, *Physiologie de l'esprit*. — James Sully, *Outlines of Psychology*, p. 684.

Voyez en outre les chapitres du cours indiqués au chapitre précédent. Y ajouter *Logique*, chap. III (Méthode des sciences physiques. L'expérimentation).

SUJETS DE DISSERTATIONS

1. La psychologie est-elle une science d'observation ou une science de raisonnement? 77.

2. En quoi consiste la méthode de la psychologie? Qu'a-t-elle de commun et de différent avec la méthode des sciences physiques? 67.

De la méthode qu'il convient d'employer en psychologie; la comparer aux méthodes employées dans les autres sciences. 68.

De l'observation psychologique. Difficulté de cette observation. Comment peut-on remédier à cette difficulté? 72.

BOIRAC. — Cours de philosophie.

De la méthode psychologique, ses difficultés; discussion des objections qui se sont élevées contre cette méthode. 74.

3. Quels sont les moyens auxiliaires dont dispose la psychologie pour compléter et confirmer les résultats de l'observation intérieure? 72.

Comment l'histoire peut-elle être une source d'information pour la psychologie? 81.

Que peut-on tirer de l'étude du langage pour la psychologie? 81.

Passer en revue les sources d'information de la psychologie. 83.

4. L'expérimentation est-elle possible en psychologie? 76.

Montrer par une analyse les difficultés et l'insuffisance de la méthode expérimentale en psychologie. Comment peut-on y remédier? 84.

De l'expérimentation en psychologie? 87.

CHAPITRE III

CLASSIFICATION DES FAITS PSYCHOLOGIQUES.

1. Classification des faits psychologiques. — La psychologie doit commencer par classer les faits qu'elle étudie, d'abord afin de mettre de l'*ordre* dans cette étude, ensuite afin de pouvoir énoncer des *lois*, c'est-à-dire des propositions générales, vraies de classes entières de faits. La meilleure classification est évidemment celle qui distingue et rapproche les faits d'après leurs *différences* et leurs *ressemblances essentielles*.

Les classifications psychologiques ont été faites tantôt *à priori*, c'est-à-dire en partant d'une certaine idée générale de l'âme, tantôt *à posteriori*, c'est-à-dire par la comparaison du plus grand nombre possible de faits entre eux, le plus souvent par la combinaison de ces deux méthodes.

La plus ancienne est celle qui distingue dans l'âme la *sensibilité* et l'*intelligence*, ou les opérations *sensitives*, immédiatement dépendantes du corps, communes à l'homme et à l'animal, et les opérations *intellectuelles*, qui ne dépendent pas immédiatement du corps et qui sont propres à l'homme. — C'est la classification d'Aristote, de saint Thomas et de Bossuet (1). Elle fait de l'intelligence, l'essence propre de l'âme humaine, la sensibilité résultant de l'union de cette âme avec un corps et de la fusion de la vie spirituelle avec la vie animale. Elle pourrait se résumer dans cette définition de M. de Bonald : l'homme est une intelligence servie par des organes.

Au dix-septième et au dix-huitième siècle, la classification de Descartes remplace presque entièrement celle d'Aristote. Bien que la pensée soit l'essence de l'âme, l'intelligence ne diffère de la sensibilité, selon Descartes, qu'en degré et non en nature : l'une et l'autre sont *passives* et consistent à refléter, à représenter, celle-ci

---

(1) Voy. Janet, *Traité de philosophie*, p. 30.

confusément, celle-là distinctement, la nature des choses. Mais l'âme pensante a une *activité* qui la constitue : c'est la *volonté*. *Entendement* et *volonté*, facultés intellectuelles ou représentatives et facultés morales, actives ou appétitives, telle est la division qu'on retrouve non seulement chez les cartésiens, mais encore chez Leibniz, chez Condillac et chez Reid.

Pourtant les cadres de ces deux classifications, tracés, ce semble, *à priori*, sont trop étroits. Les modernes s'accordent généralement à en admettre une troisième qui concilie d'ailleurs les deux autres, et qu'on pourrait à la rigueur faire remonter jusqu'à Platon, mais dont les principaux auteurs sont Locke, Kant et les éclectiques français. Elle distingue *trois* grandes classes de faits : *sensibilité, intelligence* et *volonté*.

Les faits de sensibilité sont les sensations, émotions, passions, affections de toute sorte : leur caractère le plus saillant, c'est qu'ils sont tous à quelque degré *agréables* ou *pénibles*.

Les faits d'intelligence sont les perceptions, idées, souvenirs, imaginations, jugements, raisonnements, etc. Leur caractère essentiel, c'est qu'ils nous *représentent* tous quelque chose, c'est qu'ils nous font tous penser quelque *objet*.

Les faits de volonté sont les résolutions, intentions, actions, etc. : ils consistent tous dans un *effort* dont nous croyons avoir l'initiative et par lequel nous produisons ou empêchons quelque effet.

On pourrait résumer ces différences en disant que les premiers sont des faits *affectifs*, les seconds des faits *représentatifs*, les troisièmes (le mot est de Hamilton) des faits *conatifs* (du verbe latin *conari*, faire effort).

On a énuméré, mais sans précision et souvent sans exactitude, un grand nombre d'autres différences entre ces trois classes de faits. Ainsi on a dit que les faits de sensibilité sont personnels, variables, et sujets à s'émousser par l'habitude, tandis que les faits d'intelligence sont impersonnels et deviennent par l'habitude plus faciles et plus parfaits; que les uns et les autres sont fatals, tandis que les faits de volonté sont libres, etc. De telles assertions, si elles étaient exactes, exprimeraient les lois les plus générales de chacune de ces trois classes : résultats de l'étude détaillée des faits, elles ne peuvent être logiquement impliquées dans leur classification préalable.

Mais on peut montrer que les faits psychologiques des trois ordres ne sont pas nécessairement *liés* ni *proportionnés* les uns aux autres.

Sans doute ils s'accompagnent d'ordinaire, ils s'unissent dans tout état de la conscience, comme les trois couleurs du spectre dans la lumière blanche, selon la comparaison du philosophe anglais Lewes ; mais ils peuvent se produire séparément. Ainsi, toute représentation n'est pas nécessairement agréable ou pénible ; tout plaisir ou toute douleur ne fait pas nécessairement corps avec une représentation. Que si la volonté est toujours précédée par quelque idée et quelque désir, l'idée et le désir ne sont pas toujours suivis de volonté. Enfin, non seulement l'intelligence et la sensibilité ne sont pas toujours proportionnées entre elles, mais il arrive même souvent qu'elles sont en raison inverse l'une de l'autre : la passion étouffe la pensée. Pareillement on peut être très intelligent ou très sensible sans avoir beaucoup de volonté ; il semble même que l'excès d'intelligence ou de sensibilité ôte la force de vouloir.

On peut enfin justifier *à priori* la classification proposée en la déduisant de l'idée la plus générale qu'on puisse se faire de la nature humaine, et la vérifier *à posteriori* en montrant qu'elle est d'accord avec les résultats les plus généraux de la physiologie animale.

En effet, l'âme ne peut, comme tous les êtres, dans ses rapports avec son corps et le monde extérieur, que *recevoir* ou *exercer* une action. Pâtir, agir, c'est la loi universelle. Ses états passifs sont les faits de *sensibilité*. Mais son activité peut s'exercer ou *au dedans* ou *au dehors* d'elle-même. Dans le premier cas, elle ne peut consister que dans une simple *représentation* des choses : et cette action intérieure et tout idéale est *l'intelligence*. Dans le second, elle *modifie* les choses mêmes, et c'est la *volonté*.

Or la physiologie du système nerveux, organe de l'âme, réduit toute l'action nerveuse à ces trois moments successifs : 1° *incidence* des impressions externes sur les nerfs sensitifs ; 2° *concentration*, *emmagasinement* et *transformation* de ces impressions dans le cerveau ; 3° enfin *réflexion* sur les nerfs moteurs. Ces trois stades de l'action nerveuse correspondent aux trois classes des faits psychologiques : sensibilité, intelligence et volonté.

2. La théorie des facultés. — On attribue d'ordinaire ces trois classes de faits à trois *facultés*, et l'on entend par faculté *le pouvoir que possède l'âme de produire une classe de phénomènes*. Les corps ont leurs *propriétés* aveugles et fatales ; l'âme a, dit-on, ses *facultés* dont elle a conscience et qu'elle gouverne à son gré.

Mais toutes les facultés ne sont, comme l'a dit Bossuet, qu'une seule et même âme, qui reçoit différents *noms* à cause de la diversité de ses opérations. Distinguer les facultés ou classer les faits, c'est tout un. Gardons-nous, selon le conseil de Leibniz, de « prendre la paille des termes pour le grain des choses ».

OUVRAGES A CONSULTER

Jouffroy, *Mélanges philosophiques*. — Ad. Garnier, *Traité des facultés de l'âme*. — Waddington, *De l'âme humaine*. — Ribot, *Psychologie anglaise contemporaine* (introduction). — Taine, *L'intelligence*, liv. III, chap. I.

Voyez en outre *Psychologie*, chap. IV ; (La sensibilité) ; VI (L'intelligence) ; XI (La volonté) ; XIV (Les rapports du physique et du moral) ; *Métaphysique*, IV (De l'âme).

SUJETS DE DISSERTATIONS

1. Classer les faits psychologiques. Sur quoi se fonde cette classification? 70-71.

Comment détermine-t-on les facultés de l'âme? 66-70-75.

Montrer par des exemples quelle est la méthode à suivre pour déterminer es facultés de l'âme. 73. (*Ces trois sujets ne diffèrent que par la forme.*)

De l'ordre dans lequel se développent les facultés de l'âme dans le cours de la vie humaine. 71.

Après avoir distingué les trois facultés de l'âme, montrer comment elles s'unissent dans tous les phénomènes psychologiques. 68.

Peut-on séparer absolument les trois facultés de l'âme et ne se mêlent-elles pas intimement les unes aux autres dans les faits de conscience? 75.

Après avoir distingué les trois facultés principales de l'âme, sensibilité, entendement, activité, montrer comment elles s'unissent et s'associent pour former l'unité de la vie morale. 77.

2. Qu'est-ce qu'une faculté? La psychologie est-elle possible sans l'étude des facultés de l'âme? 79.

CHAPITRE IV

SENSIBILITÉ

1. Le plaisir et la douleur. — Le plaisir et la douleur sont les deux modes essentiels de la sensibilité. Les définir est impossible et inutile, mais on peut essayer d'en déterminer les espèces, les effets et les causes.

Ce sont peut-être les faits les plus généraux de la vie consciente. Avec le désir et l'aversion qui en sont inséparables, on les trouve, selon la remarque d'Aristote, chez tous les animaux, même chez les plus imparfaits, et ils semblent précéder tous les autres. Le premier cri de l'enfant en venant au monde est un cri de souffrance. Des *sensations* plus ou moins *agréables* ou *pénibles*, voilà sans doute le premier contenu de la conscience, antérieur à toute connaissance et à toute volonté. A mesure que les idées se multiplient et avec elles les actes volontaires, le plaisir et la douleur changent d'aspect : ce ne sont plus des sensations, mais des *sentiments* de plus en plus complexes et raffinés. Mais sensations ou sentiments, ils n'en continuent pas moins à accompagner toutes les phases de la vie mentale dont ils retracent et mesurent, en quelque sorte, les fluctuations.

De là l'infinie diversité des plaisirs et des peines. On distingue grossièrement les plaisirs et douleurs *physiques*, simplement liés à l'état des organes, et les plaisirs et douleurs *intellectuels* et *moraux*, attachés à l'exercice de l'intelligence et de la volonté, les premiers purement animaux, les seconds vraiment humains. Ceux-ci s'appellent plutôt *joie* et *tristesse*, ceux-là *jouissance* et *souffrance*

Mais sous toutes leurs formes, le plaisir et la douleur ont des *effets* contraires : le plaisir nous excite à *rechercher* l'objet qui le cause ; la douleur à le *fuir* : telle est leur première loi. Le désir et l'amour, l'aversion et la haine en naissent de part et d'autre, et c'est ainsi qu'ils deviennent les principes de tous les sentiments.

En outre ils modifient, chacun d'une manière opposée, l'*activité* de l'âme. Le plaisir la *stimule* ; la douleur la *paralyse*. Que si ces effets paraissent quelquefois s'intervertir, c'est que d'autres lois de la sensibilité, et par exemple la précédente, peuvent entraver plus ou moins complètement celle-ci. L'âme qui souffre fait effort pour fuir l'objet de sa souffrance, et cet effort est un redoublement d'activité, mais l'influence dépressive de la douleur, invisible au premier moment, se laisse voir de plus en plus à mesure que la douleur augmente et se prolonge.

Sans doute aussi, en leur commune quantité d'*émotion*, le plaisir et la douleur sont-ils assujettis à cette loi fondamentale de la sensibilité : « Toute émotion, c'est-à-dire tout brusque changement d'état, toute perturbation de l'équilibre de l'âme, *excite* l'activité, si elle est *modérée*, la déprime si elle est *excessive*. » Dès lors, la douleur, si elle ne dépasse pas la mesure, peut être un stimulant; elle l'est pour les natures énergiques. Le plaisir, à trop haute dose, énerve et stupéfie. Mais cette troisième loi ne contredit point la seconde, car il reste vrai qu'une douleur, relativement modérée, paralyse déjà l'activité, tandis qu'un plaisir, relativement excessif, la stimule encore.

Telles sont les trois lois qui régissent les effets du plaisir et de la douleur. Il convient peut-être d'y ajouter les lois de *l'habitude* auxquelles ils obéissent tous deux en même façon. Le plaisir et la douleur qui se prolongent ou se renouvellent trop fréquemment s'affaiblissent et s'éteignent. L'habitude émousse la sensibilité, comme la nouveauté la ravive.

2. Les causes du plaisir et de la douleur. — Les *causes* du plaisir et de la douleur sont infiniment nombreuses et variées, les unes physiques, les autres morales; mais ne peut-on découvrir la *loi générale* selon laquelle elles agissent toutes et les ramener ainsi à l'unité? C'est le but auquel ont visé toutes les théories philosophiques du plaisir et de la douleur.

Ces théories peuvent, en somme, se réduire à deux principales :

1° Le plaisir et la douleur s'expliquent par *l'intelligence* (ce sont les théories attribuées par M. Léon Dumont (1) à Descartes et à Wolf).

2° Le plaisir et la douleur s'expliquent par *l'activité* (ce sont les théories attribuées à Épicure et à Platon).

D'après la première thèse, le plaisir et la douleur ont pour cause la connaissance du bien et du mal existant dans les choses ou dans

---

(1) *Théorie scientifique de la sensibilité.*

notre âme. Les stoïciens, dit Cicéron, faisaient naître le plaisir et la douleur *ex opinione boni et mali.*

Voici les principaux arguments qu'on peut donner en faveur de cette thèse : 1° le plaisir et la douleur, même physiques, sont des états de la conscience, et, comme tels, des modes de la pensée. Pour jouir et souffrir, il faut se *savoir* jouir et souffrir ; 2° dans le plaisir et la peine physiques, la connaissance du bien et du mal est *confuse;* elle est *distincte* dans le plaisir intellectuel et moral ; 3° tout sentiment agréable ou pénible est nécessairement précédé d'une idée : cette idée est manifestement celle du bien ou du mal, c'est-à-dire de l'ordre, de la proportion, de l'harmonie ou de leurs contraires, dans le cas des plaisirs et des peines du goût et de la conscience morale ; 4° enfin, plus l'intelligence se développe, plus les plaisirs et les peines se multiplient et se raffinent : l'homme jouit et souffre plus que tous les autres êtres parce qu'il est le plus intelligent.

Cette doctrine ne nous semble pas fondée.

Sans doute, le plaisir et la douleur sont des modes de la pensée, au sens où Descartes faisait de la pensée, c'est-à-dire de la conscience, l'essence de l'âme ; mais il en est de même de tous les faits psychologiques : ce n'est pas une raison pour les expliquer tous par la seule intelligence. La conscience n'est pas un fait intellectuel : elle est la forme commune de tous les faits de l'âme. Elle est pour tous une condition nécessaire, pour aucun une cause suffisante. D'ailleurs, la connaissance du plaisir et de la douleur est une chose, et la connaissance du bien et du mal en est une autre. La première est évidemment postérieure au plaisir et à la douleur ; la seconde, pour être cause du plaisir et de la douleur, devrait exister avant eux.

Sans doute aussi le plaisir et la douleur physiques *équivalent* le plus souvent à la connaissance du bien et du mal, c'est-à-dire de l'état de perfection ou d'imperfection des organes, en ce sens qu'ils ont les mêmes effets pratiques : nous faire éviter l'un et rechercher l'autre. Mais on n'est pas fondé à en conclure leur identité. La douleur physique est le *signe* d'un désordre organique : elle n'en est pas la connaissance, même *confuse.* Je sais que mon corps est en mauvais état, parce que je souffre ; je ne souffre pas, parce que je le sais. Pour soutenir jusqu'au bout la doctrine que nous discutons, il faudrait prétendre que la connaissance du mal qui cause la douleur est une connaissance *inconsciente;* mais une connaissance inconsciente est une contradiction dans les termes. — Ainsi les plaisirs et les douleurs d'ordre physique ne peuvent s'expliquer par l'intelligence. Ils ont une source plus profonde, la *vie*, l'*activité vitale*, tendant à conserver l'organisme auquel elle est jointe et à exercer librement et pleinement toutes ses fonctions.

Malgré les apparences contraires, l'intelligence n'explique pas davantage les plaisirs et les peines d'ordre moral. Les idées qui nous réjouissent et nous attristent ne sont pas les causes immédiates de nos émotions : elles ne font que mettre en jeu des tendances actives, des inclinations de notre âme. Impossible, en effet, de définir le bien et le mal, abstraction faite de notre activité et de ses tendances.

D'abord, ce qu'on appelle bien ou mal n'est souvent que ce qui nous plaît ou nous déplaît, de sorte qu'on peut dire avec Spinoza qu'une chose ne nous fait pas du plaisir ou de la peine parce qu'elle est bonne ou mauvaise, mais qu'elle est bonne ou mauvaise parce qu'elle nous fait du plaisir ou de la peine. Mais alors on ne peut plus sans une pétition de principe expliquer le plaisir et la peine par le bien et le mal qui les présupposent.

Le bien, dira-t-on, c'est une *fin* que nous désirons et nous efforçons d'atteindre; le mal, c'est toute chose qui nous détourne de notre fin. Par exemple le bien, pour la mère, c'est la présence ou le salut de son enfant; pour l'ambitieux, c'est la gloire ou le pouvoir, etc. — Mais dans cette hypothèse, le bien est entièrement relatif à notre *activité* qui le poursuit; il est la satisfaction de ses tendances, et par conséquent la prétendue connaissance d'un bien et d'un mal objectifs n'est, au fond, que la conscience des vicissitudes de notre activité dans la poursuite de ses fins propres.

On objecte les cas (plaisir du goût, plaisir de la science, plaisir de la conscience morale) où le bien consistant dans l'ordre, la proportion, l'harmonie, est tel en soi et non pas seulement pour nous. — On oublie que l'ordre, sous toutes ses formes, est la fin même que poursuit notre intelligence, le bien de notre raison. L'intelligence elle aussi est active et a ses préférences; qu'elle se réduise à n'être qu'une pure *contemplation* des choses, sans mélange de désir et d'activité, elle ne sera pas plus troublée qu'un miroir des beautés et des laideurs qui se refléteront en elle.

Quel est donc le rôle de l'intelligence à l'égard du plaisir et de la douleur? Semblable à ces appareils d'acoustique qui ne produisent pas le son, mais qui le multiplient, en quelque sorte, à l'infini, l'intelligence en répercutant le plaisir et la douleur hors de la conscience actuelle, à la fois dans le passé et dans l'avenir, étend démesurément les bornes de la sensibilité; mais par elle-même, abstraction faite de l'activité qu'elle accompagne ou qu'elle implique, elle est impossible. Rien ne rend indifférent au plaisir et à la douleur comme l'habitude de contempler la vérité. La pensée pure est anesthésique.

En résumé, on peut bien dire avec Descartes que tout notre bonheur consiste dans le sentiment de quelque perfection et définir le plaisir *sensus alicujus perfectionis*, mais à la condition d'avouer que ce sentiment n'est pas nécessairement une connaissance, et que cette perfection, en tant qu'elle nous cause du plaisir, est toute relative à notre activité.

La première thèse se trouve ainsi ramenée, en ce qu'elle a d'exact, à la seconde.

La cause générale du plaisir et de la douleur est, d'après Aristote, dans l'*activité*, source commune de la vie et de la pensée. « C'est dans l'action, dit-il, que semble consister le bonheur. Le plaisir n'est pas l'acte même, mais c'est un surcroît qui n'y manque jamais, une perfection dernière qui s'y ajoute, comme à la jeunesse sa fleur. »

Mais cette thèse, optimiste dans Aristote, devient pessimiste chez d'autres. D'après Épicure, suivi de nos jours par Schopenhaüer et Hartmann, le fait positif et primitif, c'est la *douleur*, qui accompagne naturellement l'action; car agir, c'est faire effort, et tout effort est pénible. Le plaisir n'est que la cessation de la douleur.

La vérité, c'est que le plaisir et la douleur sortent également de l'activité, sans qu'il soit possible d'établir entre eux de préséance. Si le plaisir suit souvent la cessation de la peine, la peine suit tout aussi souvent la cessation du plaisir; et de même qu'il y a des plaisirs qui n'ont été précédés par aucune peine (par exemple les plaisirs de la vue ou de l'ouïe), il y a aussi des peines qui n'ont été précédées par aucun plaisir (par exemple les peines des mêmes sens). Seulement comme l'effort tient moins à la nature même de l'action qu'aux obstacles qui la limitent, peut-être le plaisir est-il logiquement antérieur à la douleur.

Reste à savoir selon quelle *loi* l'activité détermine le plaisir et la douleur. Un psychologue contemporain, Grote, reprenant avec plus de précision la théorie d'Aristote et d'Hamilton, la fait consister dans une sorte de *mesure* ou de *proportion* entre l'activité exercée et l'activité disponible.

Ainsi, l'activité disponible peut être grande ou petite, selon les individus ou les circonstances.

Dans l'hypothèse où elle est grande, si elle peut s'exercer librement, il y a plaisir : c'est le plaisir *positif;* si elle est entravée dans son exercice, il y a douleur : c'est la douleur *négative.*

Dans l'hypothèse où elle est petite, si elle est contrainte de s'exercer, il y a douleur : c'est la douleur *positive;* s'il lui est permis de suspendre son exercice, il y a plaisir : c'est le plaisir *négatif.*

Ainsi « la douleur vient d'une activité *comprimée* ou *surmenée:* le plaisir d'une activité *exercée avec mesure* ».

Cette loi explique la nature essentiellement *relative* du plaisir et de la douleur. On achève avec peine ce qu'on avait commencé avec plaisir. Le mouvement, plaisir pour l'enfant, est peine pour le vieillard; le repos, plaisir pour le vieillard, est peine pour l'enfant. Pour les natures où l'énergie surabonde, la peine est presque un plaisir : pour celles où elle manque, le plaisir même est presque une peine.

Mais cette loi n'explique pas complètement toutes les circonstances du plaisir et de la douleur : elle ne considère en effet dans l'activité qui en est le principe que la *grandeur* ou *quantité* et fait abstraction de la *qualité.* Or l'activité humaine est naturellement orientée vers certaines *fins :* de là en elle des *inclinations* spécifiquement différentes, auxquelles correspondent autant d'*espèces* différentes de plaisirs et de douleurs, et qui retiennent, pour ainsi dire, une part d'autant plus grande de l'activité totale qu'elles ont une plus haute importance dans l'économie générale de notre être.

Il s'ensuit que toute action exercée dans un sens contraire à ces inclinations sera par cela même pénible, quelque modérée qu'on la suppose, et qu'une action, même excessive, ne se convertira pas en douleur, si l'inclination qui s'y satisfait et s'y exerce est susceptible d'une activité sans mesure.

On pourrait donc compléter la première loi par cette autre :

La douleur naît d'une activité *détournée de sa fin;* le plaisir, d'une activité qui s'exerce *dans un sens conforme à ses tendances.*

C'est ce que voulait dire Bossuet en définissant le plaisir « un état conforme à la nature » et la peine « un état contraire à la nature ».

3. Les sensations. — Les plaisirs et peines physiques sont des sensations.

On définit en général la sensation un *état de conscience qui a pour cause une impression nerveuse aboutissant au cerveau.* — Il faut se garder de confondre la sensation, phénomène psychologique, avec son antécédent, *impression* ou *excitation nerveuse*, phénomène physiologique, sorte de courant qui se propage entre l'organe et le centre cérébral.

Mais tantôt l'excitation a commencé dans l'organe même, par exemple dans le cas d'une contraction musculaire, d'un accès de toux : la sensation est alors dite *interne* (exemples : la faim, la soif, la migraine, la crampe, etc.), tantôt elle n'a fait que continuer un mouvement parti d'un objet extérieur : la sensation est alors dite *externe*.

Les sensations externes sont celles des cinq sens : toucher, goût, odorat, ouïe et vue. Les sensations internes sont souvent appelées *vitales* ou *organiques* : les plus importantes d'entre elles sont peut-être les sensations *musculaires*, liées à l'état des muscles (sensations d'effort, de fatigue, de mouvement volontaire, etc.).

Dans toute sensation, on peut distinguer : 1° un élément *affectif*, plaisir ou peine ; 2° un élément *représentatif*, par lequel elle exprime la nature de sa cause, et qui permet à notre intelligence de la reconnaître. Ainsi l'odeur de la violette est agréable : c'est là l'élément affectif ; mais elle contient en outre un *quid proprium* par lequel elle se distingue des odeurs du lis, de la rose, etc., et qui en fait pour nous le signe de la présence d'une certaine espèce de fleur : c'est là l'élément représentatif.

L'élément affectif domine dans certaines classes de sensations, celles du goût et de l'odorat par exemple ; l'élément représentatif dans certaines autres, par exemple celles de la vue, de l'ouïe et du toucher.

Les sensations représentatives sont la matière de la perception et la base de l'intelligence : elles nous révèlent l'existence et les propriétés des objets extérieurs.

Les sensations affectives sont attachées aux fonctions de la vie organique : elles nous en révèlent les nécessités ou les besoins. Elles entrent en outre, comme ingrédients, dans les sentiments même les plus raffinés.

4. Les sentiments. — Les sentiments sont des *états de conscience agréables ou pénibles qui ont pour cause un phénomène psychologique antérieur*. Ainsi la joie, la tristesse, le désir, la crainte, etc.

Ils diffèrent des sensations, d'abord en ce qu'ils ont un antécédent qui est *mental* (le plus souvent une idée) et non physique ; puis, parce qu'ils ne sont *représentatifs* à aucun degré (bien que nous les transformions par le langage en qualités des objets qui les causent); enfin, parce qu'ils ne sont pas *localisés*. — En effet, la sensation nous paraît située en un certain endroit de notre corps ou du monde extérieur; le sentiment n'a aucune situation, aucune étendue même apparente.

Les sentiments, au dix-septième siècle, se nommaient *passions*. Les psychologues anglais contemporains les nomment plus volontiers *émotions*.

On a donné de nombreuses *classifications* des sentiments.

Descartes distingue six passions simples et primitives : l'admiration ou surprise, la joie, la tristesse, l'amour, la haine et le désir. En face d'un objet inconnu, le premier sentiment est la surprise. Puis viennent la joie et la tristesse, selon que l'objet nous fait du mal ou du bien. De la joie naît l'amour; de la tristesse, la haine; de l'amour et de la haine, le désir qui nous fait rechercher ou fuir désormais cet objet.

Bossuet, d'après Aristote et saint Thomas, admet onze passions primitives qu'il fait toutes dériver de l'amour; la joie et la tristesse, le désir et l'aversion, l'amour et la haine, l'espérance et le désespoir, la crainte et l'audace, la colère.

Spinoza n'admet que trois passions vraiment simples, le désir, la joie et la tristesse. Mais ce sont moins là des classifications que des analyses.

D'autres (Adolphe Garnier) classent les sentiments en *agréables* (joie, désir, amour, espérance, gratitude), et *pénibles* (tristesse, aversion, haine, regret, colère). Le physiologiste Müller distingue, à peu près de même, d'après Kant et Herbart, les passions *excitantes* (joie, désir, amour) et *déprimantes* (tristesse, crainte, etc.). Il semble que cette classification soit de toutes la plus naturelle.

Pourtant on peut se demander si toute émotion est nécessairement agréable ou pénible, s'il n'y a pas d'émotion *indifférente* ou, pour mieux dire, *neutre*. Il y a en effet des cas où nous sommes émus, troublés, par exemple dans l'*étonnement*, dans le *désir*, sans que cette émotion soit, à proprement parler, un plaisir ou une peine. Mais ces états neutres semblent résulter d'une sorte de mélange du plaisir et de la peine dans lequel ils se neutralisent réciproquement pour la conscience. Ainsi le désir, agréable au début, devient douloureux en se prolongeant. L'étonnement, neutre en apparence, contient au fond un plaisir, le plaisir de la nouveauté.

Dès lors, les *effets* des sentiments suivront les mêmes lois que les effets du plaisir et de la douleur. Modéré, tout sentiment excite l'activité, excessif, il la déprime; mais le point à partir duquel un sentiment, d'excitant devient dépressif, est en quelque sorte très bas quand ce sentiment est pénible, et très élevé quand il est agréable. Seulement ces effets sont ici plus compliqués, parce que l'être tout entier, âme et corps, y est engagé. Les idées et croyances qui favorisent le sentiment sont appelées et maintenues; celles qui le contrarient sont écartées ou étouffées avant de naître. La volonté est inclinée et entraînée à l'action ou arrêtée et comme paralysée. Les organes même participent au trouble général. Le cœur bat plus lentement ou plus vite; la respiration s'accélère ou s'entrecoupe; le front pâlit ou rougit; les yeux s'allument ou s'éteignent; les muscles se contractent ou fléchissent; et ces altérations des organes se traduisent pour l'âme en *sensations intérieures*, qui mêlées et confondues avec le sentiment en redoublent l'intensité.

Pareillement, les *causes* des sentiments suivent les mêmes lois que celles du plaisir et de la douleur. Toute émotion est produite par le concours de trois facteurs :

1° Une *idée* qui traverse l'âme, pour ainsi dire, et éveille en elle une inclination, ou la rencontrant éveillée, la contrarie ou la favorise ;

2° Une *inclination*, activité préexistant avec sa force et sa direction propre, qui demande à s'exercer dans une certaine mesure et dans un certain sens ;

3° Enfin l'*organisme*, avec ses susceptibilités natives ou acquises, permanentes ou passagères, milieu plus ou moins favorable au développement des différentes sortes d'émotions.

Tel le son, aigu ou grave, chanté par un violon, est le triple effet du coup d'archet, de la corde tendue et vibrant sous le coup, et de la boîte sonore qui, renforçant les vibrations, leur donne un timbre.

Mais de ces trois causes, la principale est l'inclination, cette corde tendue au fond de l'âme. Quand elle manque, les idées caressent ou frappent en vain l'âme muette. Là où elle est présente et vibrante, joie, tristesse, haine, amour, colère, crainte, désir, toute la gamme des sentiments résonne au moindre appel.

OUVRAGES A CONSULTER

Descartes, *Traité des passions*. — Spinoza, *Éthique*, liv. III. — Stuart Mill, *Philosophie de Hamilton*, chap. xxv. — Spencer, *Principes de psychologie*. — Bain, *Les émotions et la volonté*. — Darwin, *L'expression des émo-*

tions. — Fr. Bouillier, *Du plaisir et de la douleur.* — Dumont, *Théorie scientique de la sensibilité.* — Maillet, *L'essence des passions.* — Richet, *L'homme et l'intelligence.* — Paulhan, *Psychologie des phénomènes affectifs.*

Voyez en outre *Psychologie*, chap. v (Inclinations et passions) *Morale*, ii (La morale du plaisir) et *Métaphysique*, v (La douleur et la Providence).

SUJETS DE DISSERTATIONS

1. Du plaisir et de la douleur. Des causes de ces deux genres d'émotions. Y a-t-il des émotions indifférentes ? 71.

De la peine et du plaisir. Quelle est la nature de ces deux sortes de phénomènes ? Des différentes espèces de peines et de plaisirs. 71.

La nature de la douleur et son rôle dans la vie humaine. 85.

Nature du plaisir et de la douleur ; leurs rapports et leurs rôles dans la vie intellectuelle et morale. 87.

Nature du plaisir. Quel est son rôle dans la vie humaine ? 88.

2. Analyse des sensations ; insister sur la distinction des sensations externes et des sensations internes. Expliquer en quoi la sensation diffère : 1° de la perception ; 2° du sentiment. 70.

Énumérer et classer les sens sous le double rapport de l'utilité pratique et de la dignité morale. 69. (*Sens affectifs : le sens vital, le goût et l'odorat ; sens intellectuels : la vue et l'ouïe. Le toucher est également important sous les deux rapports.*)

3. Distinguer le sentiment de la sensation. Énumérer, classer et définir les principaux sentiments. 67-70-71-76.

Faire voir comment toutes les passions dérivent de l'amour et de la haine. 75-77.

Définir les principales passions ; en indiquer l'origine et les effets. 81.

Donner une classification méthodique des passions. 85. (*Dans ces trois derniers sujets, le mot passion est pris comme synonyme de sentiment ou d'émotion.*)

La Rochefoucauld a dit : « L'esprit est souvent la dupe du cœur. » Tout en reconnaissant la vérité de cette maxime ne peut-on la retourner et dire que souvent aussi le cœur est la dupe de l'esprit ? 69.

Montrer l'influence réciproque de la pensée sur le sentiment et du sentiment sur la pensée. Donner des exemples. 79.

CHAPITRE V

LES INCLINATIONS

1. Les inclinations. — L'inclination appartient à la sensibilité par ses effets, à l'activité par sa nature : c'est *l'activité même de l'âme tendant spontanément à certaines fins*. Elle est dans l'homme ce que *l'instinct* est dans l'animal : c'est, à vrai dire, un instinct humain, moins précis et moins impérieux que l'instinct animal. Comme l'instinct, elle nous sollicite vers nos fins naturelles, mais elle ne nous impose pas, comme lui, l'emploi des moyens qui doivent nous y conduire, et ainsi elle ne permet pas seulement, mais encore elle exige, pour sa satisfaction, le concours de l'intelligence et de la volonté.

L'inclination n'est pas directement aperçue par la conscience, elle n'est connue que par ses signes : les *actes* auxquels elle nous excite et les *sentiments* qu'elle nous fait éprouver. Le sentiment est un signe plus sûr que l'acte, car une inclination qui n'est pas assez forte pour nous faire agir l'est encore assez pour nous émouvoir.

Mais, par cela même que l'observation subjective ne les atteint pas directement, les inclinations vraiment simples et primitives de l'âme humaine sont très difficiles à démêler et à classer.

On distingue d'ordinaire des *inclinations physiques* et des *inclinations morales*.

Les premières, dites aussi *instincts*, *appétits*, *besoins*, ont pour but le maintien de la *vie physique*. Elles se manifestent par des *sensations*, ne sont susceptibles que d'un développement *limité*, et sont presque toujours sujettes à des retours *périodiques*. Tels les besoins de manger, de boire, de dormir, etc. On peut les ramener à deux instincts fondamentaux, communs à l'homme et à l'animal : l'instinct de *conservation* et l'instinct de *reproduction*.

Les inclinations morales, dites aussi *penchants*, ont pour fin le parfait épanouissement de la *vie morale*. Elles se manifestent par des *sentiments*, sont susceptibles d'un développement *indéfini*, et s'éveillent ou s'endorment *sans période* assignable. Simplement *excitée*, l'inclination produit le *désir* ; positivement *satisfaite* ou *contrariée*, la *joie* ou la *tristesse* et toute la série des sentiments agréables ou pénibles. — Tous nos actes volontaires, on le verra plus loin, sont les produits de quelque inclination combinée avec la volonté.

On peut ranger les inclinations morales en trois classes :

1° *Personnelles*, qui ont pour objet notre personnalité, notre *moi* ;

2° *Sociales*, qui ont pour objet des personnalités distinctes de la nôtre, nos semblables, *autrui* ;

3° *Idéales*, qui ont pour objet un *idéal*, la vérité, la beauté, la justice, etc.

Les premières, qu'on réunit souvent sous le nom d'*égoïsme*, sont les plus précoces : ce sont peut-être aussi celles qui agissent le plus fréquemment chez la majorité des hommes. On pourrait y voir une sorte d'extension de l'instinct de conservation.

Elles semblent se ramener à trois principales : d'abord l'*amour du plaisir*, avec la crainte de la douleur qui en est inséparable, et qui passe en général par ces deux phases : désir du bien-être, désir du bonheur ; puis l'*amour de l'action* sous toutes ses formes, d'où le désir d'indépendance, le désir de puissance, le désir de propriété, d'où même la curiosité et le besoin d'émotions ; car l'intelligence est aussi une force qui demande à s'exercer, et les émotions sont les stimulants naturels de l'activité qui, sans elles, languit et s'épuise dans l'ennui ; enfin l'*amour de la personnalité*, l'amour de notre *moi*, en tant qu'il est moi et non autrui, d'où le désir de supériorité, le désir de louange, etc. — Ces trois penchants principaux se combinent d'ailleurs étroitement dans la plupart des penchants secondaires que nous avons rapportés plus particulièrement à chacun d'eux.

Les tendances *antisociales*, admises par certains psychologues (instinct agressif, désir de nuire, désir de voir ou de faire souffrir autrui), ne sont sans doute elles-mêmes que des déviations de l'amour de l'action et de la personnalité.

Les inclinations sociales se divisent, si l'on considère la plus ou moins grande étendue des groupes auxquels elles se rapportent, en *électives* (amour, amitié), *domestiques* (affection paternelle, maternelle, filiale, fraternelle), *corporatives* (esprit de corps, esprit de clocher, patriotisme), *cosmopolites* (sociabilité, philanthropie) ;

mais l'analyse les résout toutes en trois penchants plus simples : la *sympathie*, l'*instinct d'imitation*, le *besoin d'aimer*.

La *sympathie* est la tendance à ressentir les émotions d'autrui quand elles se manifestent en notre présence. Par elle, les sensibilités humaines vibrent à l'unisson : joie, tristesse, désir, crainte, colère, tous les sentiments se propagent ainsi d'âme à âme par une sorte de contagion. — L'*instinct d'imitation* est la tendance à reproduire les actions dont nous sommes témoins ; il harmonise les activités humaines. Ni l'instinct d'imitation ni la sympathie ne sont encore l'amour, mais ils le préparent. — Le *besoin d'aimer* est, en quelque sorte, l'antithèse de l'instinct de la personnalité : celui-ci est un besoin de s'*affirmer* soi-même, fût-ce au détriment d'autrui ; celui-là est un besoin de se *nier* soi-même au profit d'autrui. L'*oubli de soi* en est le caractère le plus sensible. « Aimer, a dit Leibniz, c'est être heureux du bonheur d'autrui, » définition incomplète qui conviendrait aussi bien à la sympathie. Aimer, dans toute la force du terme, c'est désirer le bonheur d'autrui au point de le préférer au sien même.

Les inclinations idéales sont généralement rattachées à quatre chefs : 1° la *vérité* (amour de la science) ; 2° la *beauté* (sentiment esthétique) ; 3° la *justice* et la *vertu* (sentiment moral) ; 4° *Dieu* (sentiment religieux). Elles ne se manifestent et surtout ne se développent qu'après les précédentes. On peut se demander si elles n'en dérivent pas : la curiosité est sans doute un des éléments de l'amour de la science ; le besoin d'émotions, la sympathie, l'instinct d'imitation entrent certainement pour quelque chose dans le plaisir du beau ; le besoin d'aimer est l'âme du vrai sentiment religieux. Mais toutes ces inclinations contiennent encore autre chose : l'*amour de l'ordre et de la perfection*, le désir, le besoin d'un *idéal*, et c'est là ce qui en fait des inclinations proprement humaines, sans analogues chez l'animal. Leur racine, en effet, est dans la *raison*, cette faculté de voir et de mettre l'ordre en toutes choses.

2. La réduction des inclinations à l'unité. — Est-il possible de ramener toutes les inclinations à l'unité ?

La Rochefoucauld l'a essayé : selon lui, elles naissent toutes de l'*amour-propre* qui est « l'amour de soi et de toutes choses pour soi ». On ne s'intéresse aux autres qu'en raison des avantages qu'on retire ou qu'on espère de leur commerce, ou parce qu'ils nous sont une occasion de satisfaire notre besoin d'action ou de pouvoir, ou peut-être aussi parce qu'on se met soi-même à leur place par une sorte d'illusion de la pensée : de toute façon, c'est soi qu'on aime en eux.

La Rochefoucauld a prouvé seulement deux choses : d'abord que l'égoïsme peut *contrefaire* l'amour; on peut être reconnaissant, pitoyable, serviable par intérêt ou amour-propre; ensuite que l'égoïsme *précède* l'amour et en est le plus souvent la *condition nécessaire* : nous aimons les autres parce qu'ils *nous* font du bien, ou parce que *nous* leur en faisons nous-mêmes, ou parce qu'ils *nous* ressemblent ou *nous* appartiennent en quelque façon.

Mais il n'a pas prouvé que l'égoïsme fût la *cause unique et suffisante* de l'amour, qu'il fût *identique* au fond à l'amour, et cela n'est pas vrai, car l'expérience montre que là où l'inclination fondamentale, le besoin ou la faculté d'aimer, fait défaut, toutes les autres causes restent sans effet : le véritable égoïste reçoit des bienfaits sans reconnaissance, vit avec les siens sans tendresse, et assiste au malheur d'autrui sans pitié; là, au contraire, où cette inclination est naturellement énergique, elle trouve partout des raisons d'aimer.

Quant à dire qu'on est égoïste en aimant parce qu'on éprouve du plaisir à aimer, c'est là une pure subtilité; ce plaisir est l'*effet* et non la *cause* de l'amour. On n'aime pas pour éprouver ce plaisir : on ne l'éprouve que si l'on aime.

Il semble donc bien que les inclinations humaines soient irréductiblement orientées dans ces trois directions distinctes : *moi, autrui, l'idéal*.

3. Les passions. — Toutes les inclinations n'ont pas la même force originelle dans toutes les âmes, ni ne se développent dans toutes avec la même puissance. Parfois, elles se compensent et se contiennent les unes les autres en une sorte d'équilibre; parfois aussi l'une d'entre elles attire et concentre en soi toute l'activité de l'âme. Une *inclination* ainsi *exaltée et dominante* se nomme *passion* : telles l'ambition, l'avarice, la passion du jeu, etc.

La passion se manifeste par des actes plus fréquents, par des émotions plus violentes : elle n'attend pas, elle recherche sa satisfaction. Elle est souvent plus *spéciale* que l'inclination, une même inclination, le besoin d'émotions, par exemple, pouvant donner lieu à plusieurs passions différentes, la passion du jeu, la passion des voyages, la passion de la guerre, etc. Souvent aussi, l'inclination y est *pervertie*, déviée de sa véritable fin : l'avarice désire l'or, non plus pour la richesse dont il est signe, mais pour lui-même.

Toute passion est *exclusive* : elle absorbe les inclinations qu'elle peut s'assimiler et les transforme à son image : elle étouffe les autres.

Comment naît et se développe la passion ? — La *nature* la prépare presque toujours en donnant pour ainsi dire de l'avance à une inclination sur toutes les autres ; mais ce sont les *circonstances extérieures* qui lui impriment l'élan décisif. Toute *satisfaction* l'alimente ; toute *résistance*, qui ne l'arrête pas dès le début, l'irrite et la fortifie. Elle croît d'autant plus rapidement que la *sensibilité* est naturellement plus vive et l'*imagination* plus puissante ; plus lente à naître dans les âmes *réfléchies* et *volontaires,* elle s'y enracine plus profondément, une fois née. L'*habitude* la rend finalement invincible.

Les passions sont d'autant de sortes que les inclinations elles-mêmes : égoïstes, sympathiques, idéales ou supérieures.

On ne peut proscrire *à priori* toutes les passions. Il en est de viles ; mais il en est aussi de nobles et généreuses ; si même les meilleures ont leurs dangers, n'oublions pas que c'est la passion qui fait les croyances et les résolutions énergiques. On ne fait rien de grand sans passion : *violenti rapiunt illud,* dit l'Évangile.

4. Rôle de la sensibilité. — A plus forte raison ne peut-on, comme le voulait le stoïcisme, retrancher la sensibilité de la nature humaine. Cette mutilation n'est ni *possible* ni *désirable.*

On peut retenir les sentiments au fond de l'âme, on peut en changer le cours, on ne peut en tarir la source : plus ils sont contenus et concentrés, plus ils sont forts. Le stoïcien, sous ses dehors froids, est, au fond, le plus passionné des hommes : la raison même en lui s'est faite passion.

Nécessaire avant l'éclosion de l'intelligence pour révéler à l'homme ses fins naturelles, la sensibilité est encore nécessaire plus tard pour lui donner la *force* de les poursuivre. Il faut que l'*idée* se fasse *sentiment* pour *mouvoir* la volonté.

OUVRAGES A CONSULTER

Les mêmes que pour le chapitre précédent. — La Rochefoucauld, *Maximes.* Voyez en outre *Psychologie,* chap. XI (L'instinct) et *Morale,* chap. II (Les morales sentimentales).

SUJETS DE DISSERTATIONS

1. Définir, classer et caractériser les sentiments, les inclinations, les appétits, les penchants et les passions. 71.

Énumérer, classer et définir les principales inclinations, affections et passions de l'âme humaine. 67-79-80-83.

2. Tous les sentiments du cœur humain se ramènent-ils à l'amour-propre comme l'a prétendu La Rochefoucauld ? 73.

L'amour de soi est-il l'unique principe de toutes nos inclinations? 80-81.

Y a-t-il dans l'âme des sentiments désintéressés? 75.

3. Quel est le rôle des passions dans la nature humaine? L'homme doit-il chercher à les détruire ou seulement à les modérer et à les diriger? Quelles sont les deux écoles philosophiques de l'antiquité qui ont soutenu l'une ou l'autre de ces deux doctrines? 75. (*La première est celle des stoïciens, la seconde celle des péripatéticiens.*)

Les passions. Les définir, les classer, montrer comment elles se forment. Dire si l'on est responsable de ce qu'on fait sous le coup de la passion. 85.

CHAPITRE VI

INTELLIGENCE

1. Les fonctions de l'intelligence. — L'intelligence est la faculté de *connaître* : sa fonction propre est la *représentation* des choses. Aussi toute connaissance se rapporte-t-elle à un *objet* : elle est *la pensée de cet objet même*. Les états de sensibilité ne contiennent que le *sujet* affecté de telle ou telle manière : ils sont purement subjectifs. L'intelligence est essentiellement *objective*.

D'abord mêlée aux *sens*, l'intelligence s'en dégage par degrés et finit par en devenir indépendante. De là une évolution dont les stades successifs correspondent aux transformations de la connaissance.

1° En premier lieu, la connaissance ou plutôt la matière première de la connaissance est *acquise* : par un travail tout spontané qui commence avec la vie même, l'esprit acquiert les *idées* des objets extérieurs et de ses propres états, idées concrètes, singulières, antérieures à toute réflexion et à tout langage.

2° En second lieu, la connaissance est *conservée* et *reproduite*, non, il est vrai, sans déchet et sans altération; mais en reparaissant ainsi d'elles-mêmes, hors de la présence des objets qui avaient été d'abord l'occasion de leur naissance, les *idées* se distinguent et se détachent de plus en plus des *sensations* : elles deviennent pour l'intelligence une matière tout intérieure, où son action peut désormais s'exercer comme en un monde distinct et séparé du monde des sens.

3° Enfin, la connaissance est *élaborée* : elle était la simple représentation des choses : elle devient la représentation de leurs *rapports*. Par la comparaison et l'analyse des idées primitivement acquises, de nouvelles idées se forment, idées *abstraites* et *générales*, qui expriment non plus les êtres et les phénomènes sensibles mais leurs types essentiels et leurs lois invariables; et ces idées, enchaînées entre elles dans les *jugements* et les *raisonnements*, manifestent à l'esprit les ressemblances et les dépendances des choses.

Telles sont donc les trois fonctions de l'intelligence :

1° Fonctions d'*acquisition* (les sens et la conscience);

2° Fonctions de *conservation* (la mémoire avec l'association des idées et l'imagination qui en dérivent);

3° Fonctions d'*élaboration* (les opérations intellectuelles : abstraction, généralisation, jugement et raisonnement).

2. Les éléments de l'intelligence. — Si l'on fait non plus l'histoire mais l'analyse de l'intelligence, on trouve que toute connaissance se compose de deux sortes d'éléments inséparablement unis qui en sont comme la *matière* et la *forme*.

La matière de la connaissance nous est donnée par les choses mêmes auxquelles nous pensons : elle vient donc du dehors et est toute *passive*. Elle consiste au moins à l'origine en *sensations*, en *états de conscience*, plus tard en *images* et en *signes;* mais ces images et ces signes dérivent des sensations et les remplacent.

Il y a donc dans l'intelligence comme une partie passive par laquelle elle reçoit et conserve simplement les impressions des choses : c'est ce qu'on nomme l'*expérience*.

La forme de la connaissance est l'œuvre propre de la pensée : elle consiste dans les *rapports* que nous affirmons entre les choses et par lesquels nous transformons les sensations en idées et en jugements.

L'intelligence a donc aussi son activité propre; et envisagée sous ce rapport, en tant que distincte de l'expérience, elle se nomme *raison*.

3. L'attention. — La manifestation la plus générale et la plus simple de l'activité intellectuelle est l'attention, c'est-à-dire l'*acte par lequel l'intelligence se fixe et se concentre sur un objet à l'exclusion de tous les autres*.

L'attention est la condition de toute connaissance; mais elle n'est pas encore la connaissance, elle n'en est que la préparation.

D'abord *spontanée* ou *involontaire*, l'attention même alors n'est pas, comme le prétend Condillac, une simple *sensation dominante*. Réaction immédiate de l'esprit contre toute sensation vive et soudaine, elle en est aussi distincte que dans un corps élastique le rebondissement est distinct du choc. — D'ailleurs, à mesure qu'elle devient *volontaire*, elle se détache de plus en plus de la sensation. Elle rend à son gré les sensations fortes ou faibles en se portant sur elles ou en s'en détournant; elle continue après qu'elles ont cessé, elle les attend avant qu'elles commencent. On peut écouter dans le silence, regarder dans l'obscurité.

L'attention peut même, des objets extérieurs qui l'attiraient d'abord, se replier vers l'intérieur de l'âme : on l'appelle alors *réflexion*. Soit qu'elle accompagne les opérations intellectuelles pour en surveiller l'exercice, ou qu'elle précède et prépare les résolutions volontaires, ou, enfin, qu'elle donne à l'âme une connaissance plus distincte de ses actes et de sa nature, la réflexion est une des caractéristiques de l'intelligence humaine. L'animal est incapable de réfléchir.

Mais ce n'est pas sans doute du premier coup que l'esprit devient maître de son attention; il y faut une longue habitude. Encore l'attention involontaire reparaît-elle de temps en temps avec la *préoccupation*, cette attention qui se fixe malgré nous, et la *distraction*, cette attention que nous ne pouvons pas fixer.

Sous toutes ses formes, l'attention a ce double effet : elle isole, elle grossit. D'une part, dans la multitude des objets présents à l'esprit, elle *choisit* l'un, elle *exclut* les autres. D'autre part, concentrant sur cet objet toute l'intelligence, elle l'éclaire d'une lumière plus vive qui en fait *saillir* tous les détails : elle fait à la fois l'office du scalpel et de la loupe.

OUVRAGES A CONSULTER

Leibniz, *Nouveaux essais* (Introduction et livre I). — Kant, *Critique de la raison pure, Analytique transcendantale*. — Taine, *L'intelligence*. — Ravaisson, *Rapport sur la philosophie en France au dix-neuvième siècle* (chap. 1). — Liard, *La science positive et la métaphysique*.

Voyez en outre *Psychologie*, chap. VIII (Le rôle de la mémoire. Les rapports de l'imagination et de l'intelligence); IX (L'élaboration de la connaissance) et X (L'empirisme et l'associationnisme).

SUJETS DE DISSERTATIONS

1. En quoi consistent les principales différences entre la sensibilité et l'intelligence? 70-72.

Énumérer en les caractérisant d'une manière précise, nos diverses facultés intellectuelles. 68.

Tableau de l'activité intellectuelle. 76.

Tableau raisonné des facultés, des opérations et des procédés de l'intelligence. 77-78. (*Pour les opérations*, voy. *Psychologie*, chap. IX. *Les procédés sont l'analyse et la synthèse*, voy. *Logique*, chap. II.)

2. Classer et caractériser les facultés intellectuelles auxquelles nous devons

toute connaissance élémentaire, les éléments ou les principes de toutes nos idées. 71.

3. De l'attention, la distinguer de la sensation; en décrire les diverses formes et en montrer l'importance dans l'acquisition et la conservation des connaissances humaines. 79.

Quels sont les effets de l'attention sur la sensibilité et l'intelligence ? 79.

Analyser l'attention; son rôle dans la formation de nos idées. 74.

De l'attention et de ses différentes formes. 80.

De l'attention et de la réflexion ; leur nature et leurs effets. 80-83-86.

Signaler les principales différences entre la connaissance instinctive et a connaissance réfléchie. 81.

De l'attention et de la distraction et de leurs rapports avec la volonté. 87.

CHAPITRE VII

ACQUISITION DE LA CONNAISSANCE

I. — LES SENS ET LA PERCEPTION EXTÉRIEURE.

1. Les théories de la perception. — La perception extérieure est la *connaissance que nous avons des objets extérieurs par le moyen des sens.*

Elle *paraît* être une *intuition* ou *vision immédiate des choses mêmes en dehors de notre esprit*. C'est ainsi qu'elle a été comprise par l'École écossaise, en particulier par Hamilton, qui prétend cette doctrine seule conforme au *sens commun*.

Mais le sens commun est ici dupe des apparences. La thèse de la *perception intuitive* est insoutenable, et cela pour deux raisons principales.

D'abord, les choses en elles-mêmes sont extérieures au cerveau et au corps : l'esprit ne peut donc les connaître que par les *impressions* qu'elles font sur lui au travers du corps et du cerveau.

Ensuite, l'expérience prouve que la connaissance que nous avons des objets extérieurs a été acquise et s'est développée progressivement pendant la première enfance.

La perception ne peut donc être qu'une *interprétation des sensations*, que l'esprit apprend d'abord à faire par degrés, qu'il fait ensuite du premier coup par l'effet de l'habitude.

Entre les deux doctrines extrêmes de l'*intuition* et de l'*interprétation* s'en intercalent d'autres qui sont comme les étapes par où la théorie de la perception a dû passer avant d'arriver à la véritable explication.

Une des plus anciennes est l'hypothèse des *idées-images*. D'après Démocrite et Épicure, les objets extérieurs émettent des particules qui s'impriment dans le cerveau par le moyen des organes des sens et qui sont comme les images de ces objets mêmes. — Cette hypothèse, au point de vue physique et physiologique, est tout à fait inexacte : les objets extérieurs (sauf dans le cas de l'odorat) émettent non des particules mais des *mouvements*, et ces mouvements *ne sont* en aucune façon les *images* des objets. Au point de vue psychologique, elle est nulle : car elle n'explique pas comment l'impression (faite sur le cerveau par les émanations des objets), peut susciter la sensation, ni comment la sensation peut susciter la perception. — Cependant le principe général de l'hypothèse est exact : la perception exige des *intermédiaires* physiques et physiologiques entre les objets et l'esprit.

Une hypothèse analogue, mais plus scientifique, a été soutenue par des physiologistes (Müller), et des psychologues (Maine de Biran, Saisset, Lemoine, etc.). L'esprit perçoit directement, intuitivement, les états de son propre corps, et ces états lui représentent les objets extérieurs, dont la perception est ainsi tout indirecte. Voir ou toucher un objet, c'est donc percevoir la rétine ou la peau de la main modifiées par cet objet. — Mais nous n'avons en fait aucune conscience de cette prétendue perception immédiate de nos organes. Qui saurait qu'il a une rétine ou un tympan s'il n'en était informé par ailleurs ? — En droit, il est impossible de comprendre comment l'esprit pourrait sortir de sa propre conscience pour s'identifier avec l'œil, l'oreille et les différents organes. Notre corps ne nous est connu, comme les objets extérieurs, que par les sensations qu'il nous fait éprouver. — Il reste vrai cependant que le corps est l'intermédiaire obligé entre les objets et l'esprit.

Berkeley et Malebranche enseignent que l'esprit perçoit les choses par le moyen des idées qui sont en lui ; mais ils ont le tort de faire de ces idées des *objets immatériels*, distincts de l'esprit lui-même. L'esprit ne peut percevoir intuitivement que ses propres états ou phénomènes ; et les phénomènes par lesquels les choses sont représentées en lui sont non des idées mais des sensations.

Il reste donc à savoir d'abord *quels* éléments s'ajoutent à la sensation, ensuite *comment* ils se combinent graduellement avec elle pour constituer la perception extérieure. Résoudre ce double problème, c'est faire d'abord l'analyse, puis l'histoire de la perception.

2. Analyse de la perception. — La perception consiste *à associer à une sensation actuelle l'idée d'un certain objet et l'idée d'une certaine situation dans l'espace.* — Cette synthèse n'est pas d'ailleurs une *simple association*, elle contient un *jugement* par lequel est affirmée l'existence de l'objet. Ainsi j'entends un certain son : je juge aussitôt que ce son est produit par une voiture roulant en ce moment dans la rue et qu'il vient d'une certaine distance et dans une certaine direction.

Il s'ensuit que toute perception se compose de deux phénomènes indissolublement liés, au point qu'ils semblent se produire en même temps et ne faire qu'un pour la conscience : 1° la *sensation ;* 2° la *perception proprement dite ;* mais il est facile de les distinguer d'après ce qu'on vient de dire.

La sensation est un phénomène relativement *simple ;* la perception est plus *complexe*, puisqu'elle ajoute à la sensation deux idées, celle de l'objet, celle de la situation, avec la croyance ou affirmation qui les accompagne.

La sensation est un phénomène *primitif* et qui est dès l'origine tout ce qu'il doit être ; la perception est un phénomène *consécutif* qui devient de plus en plus complet par l'expérience et l'habitude.

Par cela même, la sensation peut se produire sans la perception, par exemple dans les moments de rêverie ; la sensation peut être faible et la perception distincte, la sensation forte et la perception confuse. Hamilton a même cru pouvoir énoncer cette loi : « La perception est en raison inverse de la sensation », ce qui veut dire sans doute que plus la sensation est fortement agréable ou pénible, plus elle trouble la perception, c'est-à-dire la reconnaissance de l'objet.

Dans l'état actuel de notre esprit, toute sensation *qui excite à quelque degré notre attention* et qui n'est pas assez violente pour paralyser l'intelligence, est *immédiatement* suivie d'une perception, et plus la sensation est distincte et familière, plus la perception est parfaite. D'où il résulte que tout ce qui contribue à donner à la sensation ces deux caractères, en particulier l'*attention* et l'*habitude*, contribue par cela même à perfectionner la perception, et qu'une partie importante de toute perception complète consiste dans le travail préliminaire par lequel l'esprit analyse et reconnaît les sensations.

Tel est l'état actuel de la perception. Comment y est-elle parvenue ?

3. Histoire de la perception. — Puisque la perception consiste à attribuer une sensation à un objet et à la situer dans l'espace, il faut expliquer : 1° comment l'idée de l'objet ; 2° comment l'idée de la situation ont été acquises et associées à la sensation.

La première question elle-même se subdivise. — En effet, dans certains cas, lorsque la sensation est confuse ou d'une espèce tout à fait nouvelle pour nous, elle n'éveille dans notre esprit que l'idée d'un *objet indéterminé*, l'idée d'*objet en général ;* et c'est seulement lorsqu'elle est bien distincte et d'une espèce qui nous est familière, qu'elle éveille l'idée d'un objet *déterminé*, de *tel objet en particulier*. Il est évident que la première sorte de perception est plus simple que la seconde et qu'elle y est impliquée. Il faut donc expliquer d'abord comment est acquise l'idée d'objet en général.

C'est un principe de notre raison que *tout phénomène a une cause*. Si la formule de ce principe est plus ou moins tardive, son influence est précoce : elle commence avec le premier exercice de l'intelligence. Dès que l'esprit a conscience de ses sensations, il a aussi conscience de n'en être pas la cause. Elles surgissent en effet sans être attendues ni désirées, souvent en dépit de la volonté, et s'évanouissent de même. Cependant elles doivent avoir des causes. Donc il existe en dehors de la conscience des causes déterminantes des sensations. Ces causes sont les objets extérieurs.

Tel est le raisonnement élémentaire par lequel toute sensation est attribuée à un objet en général. Comme il est fondé sur le *principe de causalité*, on peut dire que la perception extérieure serait impossible sans ce principe de la raison.

Les sensations de toute espèce *peuvent* évoquer ainsi l'idée de cause, mais il en est qui *doivent* nécessairement l'évoquer : ce sont celles du *toucher volontaire*. — En effet, quand je meus volontairement mes organes, j'ai conscience d'éprouver une série de sensations, les sensations musculaires, qui correspondent à ce mouvement et qui me paraissent avoir pour cause ma volonté. Tout à coup (au moment où mes organes rencontrent l'objet extérieur), le mouvement est interrompu et empêché, bien que je continue à le vouloir et à faire effort ; et cette interruption du mouvement *coïncide* avec une sensation nouvelle, la sensation du choc ou du contact. Il est impossible à l'esprit de ne pas attribuer à une *cause* et à une *même cause* ces deux effets simultanés, l'arrêt du mouvement et la sensation tactile. Grâce à cette expérience, l'objet n'est pas seulement pour lui une cause possible des sensations, c'est une cause actuellement présente et agissante, capable de tenir en échec sa volonté.

Une fois acquise, l'idée de cause se soude de plus en plus étroitement avec les sensations, et l'habitude l'en rend désormais inséparable.

On a fait à cette théorie deux objections (1) : 1° elle explique la perception par la raison, alors que l'animal et l'enfant nouveau-né,

---

(1) Voy. Rabier, *Leçons de philosophie. Psychologie*, p. 417.

qui perçoivent sans doute le monde extérieur, sont l'un et l'autre sans raison ; 2° elle n'explique pas le caractère *illusoire* de la perception, laquelle consiste, non à attribuer la sensation à un objet, mais à identifier la sensation avec l'objet, à objectiver la sensation elle-même.

Il se peut que la perception chez l'animal soit un phénomène purement instinctif, comme il se peut aussi que l'animal ait le *minimum* de raison nécessaire pour attribuer ses sensations à des causes : n'étant pas dans son cerveau, nous ne pouvons savoir exactement ce qui s'y passe.—Pareillement il se peut que l'enfant nouveau-né perçoive d'abord le monde à la façon de l'animal, c'est-à-dire qu'il exécute automatiquement certains mouvements à la suite de certaines sensations, sans interpréter ces sensations comme signes d'objets extérieurs; mais à coup sûr, dès que son intelligence s'éveille, elle ne peut manquer d'opérer selon ses lois propres et par conséquent d'appliquer aux sensations le principe de causalité. Or ce n'est qu'à partir de ce moment-là qu'il perçoit véritablement le monde extérieur.

Quant au caractère *illusoire* de la perception, il s'explique par cette *loi* qui ne contredit pas mais complète l'explication proposée : « Toute idée associée à une sensation, de manière à se présenter indivisiblement avec elle à l'esprit, prend l'aspect de la sensation ; elle paraît être comme elle l'objet d'une perception immédiate ; en d'autres termes, on ne croit pas seulement la concevoir ou l'imaginer, on croit la sentir. »

Cette loi, dont on a des preuves *en dehors de la perception extérieure*, dans le langage, la lecture, etc., permet de comprendre pourquoi l'idée d'un objet externe étant inséparablement associée aux sensations du toucher et de la vue, nous croyons non pas seulement concevoir cet objet à propos de ces sensations, mais le toucher et le voir ; elle explique, on le montrera plus loin, tout ce qu'il peut y avoir d'illusions dans la perception extérieure.

4. Les perceptions primitives et les perceptions acquises. — Ainsi c'est la *raison* qui ajoute primitivement à la sensation l'idée d'objet en général : comment cette idée devient-elle celle d'un certain objet déterminé ? Par l'*expérience* et la *mémoire*.

En effet, chaque objet peut nous faire éprouver, soit en même temps, soit à la suite les unes des autres, un grand nombre de sensations, tactiles, visuelles, auditives, etc. : il se manifeste donc à nous par un *système de sensations* dont l'*expérience* nous apprend à connaître tous les éléments. Qu'une seule de ces sensations nous soit donnée, notre *mémoire* nous rappelle immédiatement toutes les autres; nous *imaginons* même le système de sensations dont elle est un élément, nous reconnaissons l'objet.

Bien plus, en vertu de la loi de la fusion de l'idée associée avec la sensation, cette idée de l'objet s'incorpore avec la sensation actuelle, et nous avons l'illusion plus ou moins complète de la perception totale de l'objet. Ainsi entendant un certain son qui croît ou décroît, il nous semble entendre une voiture qui s'approche ou s'éloigne.

Il s'ensuit que chaque sens peut nous donner deux sortes de perceptions que l'on appelle, d'après l'école écossaise, les unes *primitives*, les autres *acquises*.

Les *perceptions primitives* ou *originelles* d'un sens sont celles qu'il peut nous donner dès l'origine, avant d'*avoir encore été associé à aucun autre sens:* telles sont la température, la solidité, le relief, la distance pour le toucher; l'odeur, pour l'odorat; la saveur, pour le goût; le son avec ses diverses qualités, intensité, hauteur, timbre, pour l'ouïe; la couleur et l'étendue à deux dimensions pour la vue. Elles sont en même temps pour chaque sens ses *perceptions propres*, c'est-à-dire celles qu'il peut *seul* nous donner et qui par conséquent sont nécessairement absentes s'il fait lui-même défaut. Il n'y a d'exception sous ce rapport que pour l'étendue à deux dimensions qui est dès l'origine une perception commune à la vue et au toucher.

Les *perceptions acquises* d'un sens sont celles qu'il devient capable de nous donner par *suite de son association préalable* avec d'autres sens et qui lui sont par cela même *communes* avec eux. Telles sont la nature et la situation de l'objet odorant ou sonore pour l'odorat et l'ouïe, la nature de l'objet sapide pour le goût, la solidité, le relief, la distance, la température même, pour la vue qui finit par devenir le *substitut du toucher* ou, comme on l'a dit, un *toucher à distance*.

On appelle *éducation des sens* la suite des expériences, en grande partie involontaires, par lesquelles les sens deviennent ainsi *aptes à se suppléer* les uns les autres grâce à l'association et à la fusion de leurs données.

5. La localisation. — Il reste à expliquer la seconde partie de la perception extérieure : la *localisation des sensations*.

Cette localisation se fait, pour ainsi dire, à deux degrés. — Certaines sensations sont localisées dans l'espace circonscrit par notre corps propre : ce sont les sensations dites *internes*. Les autres sont localisées à la limite même de cet espace ou au delà : ce sont les sensations dites *externes*. On distinguera donc pareillement deux localisations : *interne* et *externe*.

Toute sensation interne nous *paraît située* en un endroit plus ou moins précis de notre corps : c'est là une *illusion*, comme le prouve le cas des *amputés* qui continuent à situer leurs sensations dans le membre absent. On prouverait de même que la localisation externe est illusoire par le cas des *hallucinés* qui situent leurs sensations dans les parties de l'espace où ne leur correspond aucun objet.

Certains psychologues ont cru que la localisation était un fait primitif et inexplicable. Le cas de l'aveugle-né de Cheselden (opéré par lui de la cataracte à quatorze ans) prouve le contraire, au moins pour la localisation externe. Cet aveugle dut apprendre, en effet, non seulement à associer à ses sensations visuelles les idées des objets déjà connus par ses autres sens, mais encore à situer dans la troisième dimension de l'espace ces sensations mêmes qui lui paraissaient d'abord situées sur une surface unique tangente à son œil.

Comment s'opère la localisation? Par l'association de l'*idée* d'une certaine *situation* ou *distance* plus ou moins précise avec la sensation. L'habitude fondant ces deux éléments ensemble, la situation ou distance, en vertu de la loi dont nous avons déjà eu plusieurs exemples, paraît être immédiatement perçue ou *sentie* : de là l'illusion. *La localisation est un cas particulier des perceptions acquises.*

Il faut donc expliquer encore ici comment l'esprit peut acquérir les idées de diverses situations et les associer aux diverses sortes de sensations.

L'idée de *situation* présuppose l'idée d'*espace*. Si l'on fait abstraction de l'espace, on peut bien concevoir encore les choses comme *coexistantes*, on ne peut les concevoir comme *situées*, c'est-à-dire comme plus ou moins *distantes* dans diverses *directions*. Nous admettrons donc que l'*idée* ou la *représentation de l'espace* est la condition nécessaire de la localisation des sensations, comme nous avons admis que l'*idée de cause* est la condition nécessaire de leur attribution à des objets.

La représentation de l'espace étant donnée, l'idée de situation ou de distance s'acquiert par le *toucher explorateur*, c'est-à-dire par la combinaison du mouvement volontaire et du toucher : elle est identique à l'idée du *mouvement* nécessaire pour mettre notre main en contact avec l'objet; et l'idée de ce mouvement est elle-même, en dernière analyse, celle d'une série plus ou moins longue de sensations musculaires. — *La sensation se localise là où le toucher explorateur a coutume de rencontrer l'objet :* telle est la loi de la localisation.

Mais cette loi implique une condition : c'est que chaque sensation porte avec elle-même un caractère particulier qui soit immédiatement interprété par l'esprit comme signe de la situation qui doit lui être attribuée. Ce caractère est le *signe local*.

Il existe, à coup sûr, dans les sensations internes : une piqûre faite à la main gauche est immédiatement distinguée d'une piqûre identique faite à la main droite, mais il y est tout à fait indéfinissable. Le cas cité par Maine de Biran, d'après Rey Régis, d'un hémiplégique incapable de localiser ses sensations dans la moitié du corps qu'il était incapable de mouvoir semble prouver que le signe local des sensations internes consiste dans l'association de sensations musculaires. Ces dernières étant abolies, les sensations internes n'avaient plus de signe local : elles le recouvrèrent dès que la faculté du mouvement volontaire se rétablit.

Dans les sensations externes, le signe local est plus facile à analyser. Ainsi pour l'ouïe, l'*intensité* plus ou moins grande des sons est le signe de leur *distance :* un son nous semble s'approcher ou s'éloigner à mesure qu'il devient plus ou moins intense. La *correspondance* des *variations* du son avec les *mouvements* de la tête à droite et à gauche paraît être le signe principal de leur *direction*.

Pour la vue, les signes locaux sont très nombreux. Les principaux sont : 1° la *situation* relative de l'objet visible dans la sensation totale; 2° sa *grandeur* relative; 3° la *netteté* relative de ses formes et de ses couleurs : en bas, grand et distinct, il paraît rapproché; en haut, petit et confus, il paraît éloigné; 4° la *distribution* relative de la lumière et des ombres; 5° la *ressemblance* ou la *dissemblance* plus ou moins grande des deux images qui se forment dans chaque œil et à laquelle correspond sans doute dans la sensation résultante quelque caractère *sui generis*, etc. C'est par le moyen de ces deux derniers signes que la vue perçoit le *relief* des objets, comme le prouvent les illusions de la peinture et du stéréoscope.

La plupart de ces signes déterminent dans l'œil des mouvements soit externes, soit internes, qui se traduisent pour la conscience en *sensations musculaires* spéciales : ces sensations deviennent à leur tour des *signes immédiats* de la distance et du relief, et contribuent ainsi à renforcer l'illusion d'une perception immédiate de la distance et du relief par la vue.

Tel est le mécanisme de la localisation des sensations.

En résumé, la perception extérieure est bien une interprétation, une *lecture* des sensations. Dans l'*existence* de la sensation, l'esprit *lit* l'existence de l'objet ; dans les *qualités* et les *circonstances* de la sensation, les qualités et les circonstances de l'objet. Commencée par la *raison*, cette interprétation est complétée par la *mémoire;* et l'*habitude*, en l'incorporant à la sensation, lui donne enfin son caractère d'apparente intuition.

6. Les erreurs de la perception. — La théorie des erreurs de la perception, improprement dites *erreurs des sens*, est la contre-épreuve de la théorie de la perception.

Les sens ne peuvent pas nous tromper : la sensation ne peut être fausse; elle est toujours et nécessairement ce qu'elle doit être, étant données ses causes physiques et physiologiques : l'erreur réside donc, non dans la sensation, mais dans son interprétation.

Si la perception vraie est une interprétation exacte de la sensation qui se trouve *confirmée* par l'expérience ultérieure, la perception fausse ne peut être qu'une interprétation inexacte de la sensation qui se trouve *démentie* par l'expérience ultérieure. D'une sensation donnée, nous *concluons* la présence d'un certain objet ou d'une certaine circonstance ou qualité de l'objet. Mais cette conclusion, n'étant fondée que sur l'*habitude*, n'est nullement infaillible. Elle est vraie dans la grande majorité des cas : elle se trouve fausse dans certains cas exceptionnels, lorsque la sensation est accidentellement modifiée sans que l'objet lui-même le soit, par exemple dans les cas de la jaunisse, du bâton plongé dans l'eau, de la tour carrée qui, vue de loin, paraît ronde, etc., ou quand, l'objet étant modifié, la sensation ne l'est pas (dans la plupart des illusions d'optique et d'acoustique).

La cause générale de ces erreurs est l'existence de *milieux* (air, lumière, organes) qui s'interposent entre les objets et nous. Que ces milieux se modifient ou modifient le mouvement parti de l'objet, *sans que rien nous en avertisse*, et la sensation se modifiera : rapportant comme d'habitude la sensation à l'objet, nous jugerons qu'il est autre, alors qu'il n'a pas changé. — D'un autre côté, des objets très différents, mais *dont rien ne nous révèle la différence*, peuvent influer sur ces milieux d'une manière identique et partant déterminer en nous les mêmes sensations : nous les identifierons donc à celui d'entre eux qui nous est le plus familier.

Cependant, si l'on suppose avec l'école écossaise et le sens commun que la perception normale soit l'intuition des choses mêmes, la perception anormale devient inexplicable, inintelligible, car elle ne peut plus être dans cette hypothèse que l'intuition de choses qui n'existent pas.

7. Valeur de la perception extérieure. — On voit d'après cela quelle est la valeur de la perception extérieure.

Elle nous fait connaître les choses, non telles qu'elles sont en elles-mêmes, mais d'après les sensations qu'elles nous procurent. Or les sensations sont les *signes* et non les *images* des objets : avec d'autres sens, les objets nous paraîtraient autres. La même cause externe, par exemple l'électricité, agissant sur des sens différents, devient pour nous tour à tour odeur, saveur, son, lumière, etc.; et *vice versa* les causes les plus différentes (lumière, électricité, choc, action chimique), agissant sur le même sens, la vue, deviennent une seule et même sensation lumineuse.

En outre, la perception implique une illusion : l'esprit croit percevoir les choses mêmes qu'il ne distingue pas de ses propres sensations.

Mais, quoique relative et entachée d'illusion, elle n'est ni *irrationnelle* ni *fausse*; et c'est peut-être exagérer la part d'illusion qu'elle implique que de l'appeler avec un philosophe contemporain (1) « une hallucination », même en ajoutant qu'elle est « une hallucination vraie ».

II. — LA CONSCIENCE ET L'IDÉE DU MOI.

1. Nature de la conscience. — La conscience est la *connaissance immédiate que l'âme a d'elle-même, de ses états et de ses opérations.* — Nous ne sentons pas, disaient les scolastiques, d'après Aristote, à moins de sentir que nous sentons; nous ne pensons pas, à moins de penser que nous pensons : *non sentimus nisi sentiamus nos sentire; non intelligimus nisi intelligamus nos intelligere.*

---

(1) Voy. Taine, *De l'intelligence*, t. I.

Cette sensation de la sensation, cette pensée de la pensée est la conscience.

On peut ramener à trois toutes ses propriétés.

1° Elle est le *type de la connaissance immédiate* ou *intuitive* : en elle l'objet de la connaissance et la connaissance même ne font qu'un ; elle est l'identité du sujet et de l'objet. Souffrir et se sentir souffrir ne sont pas deux choses, mais une seule : la souffrance n'existe que dans le sentiment que nous en avons ; elle est ce sentiment même. — De là la *certitude absolue* de la conscience. Dans toute autre connaissance, on peut se demander si l'objet est bien connu tel qu'il est, si l'apparence est conforme à la réalité : un désaccord est toujours possible entre la chose et la pensée. Ici aucune place pour l'erreur et le doute, puisque l'objet n'est rien en dehors de sa connaissance. Les pyrrhoniens, qui doutaient de tout, ne doutaient pas de la réalité des phénomènes de conscience. Toute autre certitude présuppose donc celle-là : la certitude de ma pensée est nécessairement impliquée dans celle des choses auxquelles je pense.

2° La conscience est la *forme commune et essentielle de tous les faits psychologiques*. Sensations, idées, émotions, actions volontaires, tous les phénomènes de l'âme sont des *états de conscience :* ils ont tous ce caractère d'être immédiatement *sentis, pensés, aperçus* par nous. On ne peut pas plus les concevoir sans lui qu'on ne peut concevoir le mouvement sans l'espace. — La conscience n'est donc pas, comme le croyaient les Écossais, une faculté particulière, un mode particulier de sentir ou de connaître, un *sens intime* ou une *perception intime :* elle est coextensive à toutes les facultés, dont elle accompagne nécessairement l'exercice. C'est pour cela que Descartes, qui l'appelait « pensée », faisait de la pensée l'essence de l'âme.

3° La conscience est essentiellement *personnelle, impénétrable, incommunicable ;* comme la monade de Leibniz, elle est close, sans porte ni fenêtre. On ne peut avoir conscience que de soi-même et de ce qui se passe en soi : les bornes de notre être sont les bornes mêmes de notre conscience. Ainsi je peux connaître indirectement les sentiments, les pensées d'autrui, je ne peux pas en avoir conscience : il me faudrait pour cela m'identifier à autrui. — De même, quoi qu'en aient dit quelques psychologues, je n'ai pas conscience de mon corps ni même de mon cerveau : je n'ai conscience que des sensations qui me révèlent continuellement leur existence.

— De même encore, malgré l'autorité d'Hamilton, je n'ai pas conscience du monde extérieur, mais seulement de mes sensations en présence du monde extérieur. — De même, enfin, je n'ai pas conscience de Dieu, comme le disent certains mystiques, à moins de prétendre que Dieu est identique à la conscience que j'ai de moi-même.

2. Les modes de la conscience. — La conscience est susceptible de deux *modes* : spontané et réfléchi.

La conscience *spontanée* est cette connaissance des phénomènes de l'âme qui leur est absolument simultanée et inhérente au point de leur être toujours égale en intensité et en durée.

La conscience *réfléchie* est une sorte de reploiement de la conscience sur elle-même : c'est un effort que fait l'âme pour saisir ses propres phénomènes au passage, les fixer et les analyser. Elle implique évidemment l'*attention* et la *mémoire* : c'est une faculté ou opération *intellectuelle* d'une espèce particulière. Toujours postérieure au fait psychologique qu'elle prend pour objet, elle ne lui est pas nécessairement proportionnée. On peut dire qu'elle n'est possible que pour les faits d'une intensité et d'une durée *moyennes* : les états trop brusques et trop violents, comme les grandes émotions, la suspendent ou la suppriment.

La conscience spontanée est *confuse* et synthétique; la conscience réfléchie, *distincte* et analytique. Dans la première, le sujet ne se distingue pas de ses propres états; dans la seconde, par cela même qu'il se les rapporte à lui-même, il s'en distingue. La conscience spontanée est donc absolument *simple :* la conscience réfléchie implique le *dédoublement* du *moi* et du *phénomène* dont il a conscience.

3. Les degrés de la conscience et l'inconscience. — La conscience spontanée peut passer par une infinité de *degrés* comme les phénomènes qu'elle accompagne : vive et claire dans la veille, dans un moment d'excitation mentale, elle devient obscure et faible dans la rêverie et le sommeil; elle semble même s'éteindre tout à fait dans le sommeil profond, la léthargie et l'évanouissement.

Mais ne pourrait-on supposer que, la conscience faisant défaut, certains faits psychologiques n'en continueraient pas moins à se produire? Cette hypothèse est celle des *faits psychologiques inconscients*, qui fut sans doute suggérée à Leibniz par sa théorie du calcul infinitésimal, et dont la philosophie allemande a fait depuis le plus grand usage. Kant, Herbart, Schopenhaüer l'ont adoptée : Hartmann en a tiré toute une métaphysique. Hamilton paraît l'avoir introduite le premier en Angleterre. Que devons-nous en penser?

Il y a certainement en psychologie un très grand nombre de faits qu'on pourrait appeler avec Leibniz des « *petites perceptions* » ou des « *perceptions insensibles* », faits de moindre conscience, sinon de conscience nulle, dont l'étude est très intéressante et l'explication très délicate. Ils composent ce que les Allemands appellent « le *côté nocturne de l'âme* ».

Tout d'abord, il semble que l'âme n'ait pas conscience de toutes ses *sensations* ni de tout ce qu'enferment ses sensations. — Nous ne sentons plus la pression de l'atmosphère, le contact de nos vêtements : le meunier, dit-on, n'entend plus le bruit de son moulin. Toute sensation *uniforme* et *prolongée* cesse d'être consciente ; mais elle ne cesse pas d'être sentie : pour parler comme Leibniz, il n'y a plus *aperception;* il y a toujours *perception*. On s'endort au bruit d'une lecture monotone ; que ce bruit s'interrompe soudain : on s'éveillera ; on continuait donc à le percevoir. — De même la conscience laisse échapper les sensations *trop faibles* ou *trop rapides*. Se souvient-on d'avoir tourné tous les feuillets d'un livre, après l'avoir lu? Nous ne nous apercevons pas de la multitude des petites sensations qui accompagnent sans doute en nous les mouvements incessants de notre vie corporelle. — *Faute d'attention*, bien des sensations traversent l'âme sans passer par sa conscience. L'homme préoccupé n'entend pas les bruits extérieurs. Archimède ne vit pas que Syracuse était prise. Parfois la conscience de la sensation retarde en quelque sorte sur la sensation : on entend l'heure un instant après qu'elle a sonné. — De même enfin, les *éléments* dont les sensations sont composées échappent d'ordinaire à la conscience. Le gourmet peut démêler dans la saveur d'un vin une foule de petites sensations, indices du cru, de l'année, etc. ; mais c'est l'habitude seule qui les a rendues conscientes : elles ne l'étaient pas à l'origine. — Nous entendons le bruit de la mer, disait Leibniz ; nous n'entendons pas le bruit des gouttes d'eau dans les vagues : cependant, si le choc de deux gouttes d'eau ne produisait pas de sensation, le choc de plusieurs milliards de gouttes d'eau n'en produirait pas davantage. Zéro multiplié par l'infini donne zéro. Toute sensation dont nous avons conscience est donc un *total* de sensations *infiniment petites* dont nous n'avons pas conscience.

Les *sentiments* présentent des faits analogues. — Avons-nous conscience en temps ordinaire de nos sentiments les plus profonds, de notre affection pour nos parents ou nos enfants, de notre amour pour la patrie? Souvent l'amour s'ignore lui-même; c'est un thème devenu banal pour les romanciers. Un sentiment naît par degrés dans notre âme : nous ne nous en apercevons que lorsqu'il est déjà grand et fort. — Les inclinations, qui sont le fond permanent de notre sensibilité, sont inconscientes : on ne les connaît que par leurs effets plus ou moins passagers. — Même dans une émotion actuellement ressentie, que de choses échappent à la conscience! L'amour, l'ennui, le plaisir du beau sont certainement des résultantes d'un grand nombre de sentiments simples : ici encore on a conscience de la somme, non des unités qui la composent.

L'intelligence même a ses faits d'inconscience. — Ainsi la *perception extérieure* implique, d'après Helmholtz, une multitude de jugements, de raisonnements mêmes, sans lesquels la sensation ne serait ni attribuée à un objet ni située dans l'espace, et que l'habitude a rendus complètement inconscients. — Qu'est-ce que la *mémoire*, sinon la conservation latente d'une multitude innombrable d'idées dont un petit nombre seulement franchissent à chaque fois le seuil de la conscience? Quand nous cherchons un souvenir qui nous fuit, il semble à certains moments tout proche du seuil, mais au delà : « j'ai le mot, disons-nous, sur le bout de la langue ». Parfois, de guerre lasse, nous abandonnons la recherche et pensons à autre chose : tout à coup le souvenir revient de lui-même comme si un travail inconscient l'avait découvert enfin dans l'intervalle. — Dans l'*association des idées*, l'esprit peut passer d'une idée à une autre en traversant, sans le savoir, toute une série d'idées intermédiaires, comme le mouvement se transmet, invisible, dans une file de boules dont la première et la dernière paraissent seules se mouvoir. Hamilton, lisant le nom du Ben Lomond, pense aussitôt à la pédagogie prussienne : c'est qu'il avait rencontré un Allemand dans sa dernière ascension sur cette montagne. On parle devant Hobbes de la mort de Charles Ier : il demande la valeur du denier romain. C'est après coup que la réflexion rétablit les intermédiaires entre ces idées extrêmes. — Pareillement dans l'*imagination*, dans les *opérations intellectuelles*, il se fait souvent des combinaisons, des raisonnements latents dont les résultats seuls apparaissent tout à coup dans la conscience. Le grand artiste, le grand savant ignorent bien souvent eux-mêmes comment ils ont fait leurs créations ou leurs découvertes : il leur semble qu'une sorte de génie intérieur a collaboré avec eux.

Enfin l'*activité* n'est pas non plus toujours consciente. — On agit, dans l'*instinct*, sans savoir ce qu'on fait ni surtout pourquoi et comment on le fait. — Dans l'*habitude*, on l'a su, mais on ne le sait plus. La conscience, qui accompagnait d'abord les actes compliqués ou difficiles, s'en retire de plus en plus à mesure qu'ils deviennent plus familiers. — La *volonté* même est peut-être, plus souvent qu'on ne le croit, sujette à l'inconscience. On s'endort avec la volonté de s'éveiller à une certaine heure, et l'on s'éveille à l'heure fixée : cependant on n'a pas eu conscience de vouloir pendant le sommeil. Au moment même où l'on veut, soupçonne-t-on toutes les influences secrètes qui inclinent, qui déterminent peut-être à vouloir?

Tels sont les principaux faits psychologiques dits *inconscients* dont on pourrait encore multiplier le nombre.

Les partisans de l'inconscience en tirent cette conclusion que la conscience est une sorte de surcroît qui s'ajoute aux états de l'âme lorsqu'ils remplissent certaines conditions de *complexité*, d'*intensité*, de *durée*, etc., et qui leur manque quand les conditions ne sont pas remplies.

Mais une objection insurmontable s'oppose à cette hypothèse. C'est qu'elle enferme une *contradiction*. Il est contradictoire de supposer des faits psychologiques en leur refusant le caractère constitutif des faits psychologiques, c'est-à-dire la conscience : une douleur qui n'est pas sentie, une idée qui n'est pas pensée, sont aussi impossibles à concevoir qu'une figure sans étendue ou un mouvement sans vitesse.

On peut donc supposer que la conscience décroît indéfiniment, qu'elle devient de plus en plus faible et obscure, de moins en moins susceptible de se réfléchir sur elle-même et de laisser des traces dans la mémoire ; mais quand elle s'évanouit, le fait psychologique s'évanouit avec elle.

En outre, le principal argument des partisans de l'inconscience se retourne contre eux. Il est impossible, disent-ils, que des zéros de sensation produisent une sensation totale ; donc cette sensation, dont nous avons conscience, est composée de petites sensations inconscientes. — De même, dirons-nous, il est impossible que des zéros de conscience produisent un total de conscience : donc, si nous avons conscience de la sensation totale, c'est que nous avons aussi conscience, à quelque degré, des sensations qui la composent.

Restent les faits, qu'il s'agit d'expliquer. — Beaucoup d'entre eux sont certainement des faits de *moindre conscience*, et comme il n'y a pas de limite assignable à la décroissance de la conscience, cette explication équivaut pratiquement à celle de l'inconscience, sans impliquer, comme elle, une contradiction. — Mais d'autres sont certainement aussi des faits de *conscience nulle :* ce sont tous ceux, où à un antécédent physiologique ordinairement accompagné d'un fait psychologique, rien ne correspond dans la conscience. On peut supposer alors que l'absence d'une condition additionnelle dans l'antécédent a fait manquer le conséquent, c'est-à-dire le fait psychologique tout entier, et non pas seulement la conscience de ce fait.

En résumé, ou les faits dits *inconscients* sont véritablement psychologiques, et alors ils sont conscients à quelque degré, ou ils sont en effet inconscients, et alors ils ne sont pas psychologiques, mais physiologiques : ce sont des états, non de l'âme, mais du cerveau.

4. La conscience de l'activité. — L'âme n'a pas seulement conscience de ses *phénomènes*, elle a encore conscience de son *être* propre.

Tout d'abord l'âme se connaît elle-même comme le *sujet* de ses différents états. — Tout fait psychologique enveloppe deux termes inséparables : d'une part le *phénomène*, d'autre part le *sujet* qui a conscience de ce phénomène. La conscience est le rapport immédiat de ces deux termes : c'est l'apparition du phénomène au sujet, ou, si l'on aime mieux, l'intuition du phénomène par le sujet. Seulement, dans la conscience spontanée, ces deux termes ne font qu'un.

Comment le sujet, qui est ainsi impliqué dans les phénomènes de conscience, peut-il arriver à s'en abstraire et à prendre conscience de lui-même? Par la *réflexion*, c'est-à-dire par le reploiement de la conscience sur elle-même, par une sorte de redoublement de la conscience, par une conscience de la conscience même.

En effet, ce sujet se distingue des phénomènes par deux caractères : il est *un*, tandis qu'ils sont multiples; il est *permanent* ou *identique à lui-même*, tandis qu'ils sont passagers et toujours différents. Donc, dans ce rapport qui constitue le fait psychologique, un des deux termes est constant, alors que l'autre varie toujours. Ce terme, qui fait la continuité de la vie mentale, c'est le *sujet conscient*, c'est l'âme même.

En outre, l'âme se connaît comme la *cause* de ses différentes opérations. Cette conscience de la *causalité* et de l'*activité* propre de l'âme est impliquée dans la distinction que l'âme établit spontanément entre les états où elle se sent *passive*, comme les sensations, et ceux où elle se sent *active*, comme le désir, l'attention et la volonté ; et cette distinction même est, nous l'avons déjà vu, la condition générale de la perception extérieure.

Il y a donc dans l'âme, indivisiblement unies l'une à l'autre, une *conscience des phénomènes* et une *conscience de l'être*.

Mais on doit se garder de voir dans cette conscience de l'être la connaissance d'un objet, d'une chose en soi, d'une âme extérieure à sa propre conscience. L'être de l'âme est, selon la profonde doctrine de Descartes, identique à la pensée. Par conséquent, en pensant sa pensée, l'âme se pense entièrement elle-même ; tout ce qu'on imaginerait au delà ou au-dessous pour servir de support et d'objet à la pensée, ne serait plus elle-même, mais quelque chose d'autre et d'étranger.

De la conscience que l'âme a d'elle-même dérivent un certain nombre d'*idées* originales qui ne peuvent venir des sens.

Telle est d'abord l'idée d'*être* ou de *substance*. L'être ou la substance est ce à quoi se rapportent les manières d'être ou les attributs ; c'est leur *sujet* commun et invariable. Or les sens ne nous donnent que des sensations multiples et toujours différentes : si donc nous attribuons à *un même* objet celles qui se reproduisent plus ou moins uniformément ensemble, c'est que nous ajoutons aux sensations l'idée d'un sujet unique et permanent. Cette idée est celle du sujet de la conscience, vidée par l'abstraction d'une partie de son contenu et projetée, en quelque sorte, du dedans au dehors.

A l'idée de l'être ou de la substance peuvent s'en rattacher d'autres : celles de l'*unité*, de l'*identité*, de la *durée*, etc.

L'idée de *cause* dérive aussi de la conscience que l'âme a d'elle-même, et avec elle les idées d'*activité*, de *force*, de *puissance*, de *tendance*, de *finalité*. Les sens ne nous montrent que des phénomènes *successifs*, simplement *juxtaposés* les uns aux autres. Ainsi le mouvement n'est que la suite des positions successivement occupées par un mobile. D'où vient donc que nous concevons les phénomènes comme se *déterminant* et se *produisant* les uns les autres ? D'où vient que nous supposons, dans le corps qui se meut, une sorte d'*effort* par lequel il tend à passer du point où il est à un autre point, effort sans lequel, selon la remarque de Leibniz, il ne différerait pas d'un corps en repos dans ce même point ? Ici encore, nous ajoutons aux sensations les idées de *cause* et de *tendance*, et ces idées, irréductibles aux sensations, ont été évidemment abstraites de la conscience de notre propre activité.

Ainsi, comme Leibniz et Maine de Biran l'ont fait voir, la conscience est la source des idées que nous appliquons à toutes choses; et notre être intérieur, tel qu'elle nous le révèle, est le patron d'après lequel nous concevons tous les autres êtres.

5. L'idée du moi. — Une fois que l'âme a acquis l'idée de son être propre, cette idée s'associe à tous les états internes comme l'idée d'un objet extérieur s'associe à toutes les sensations. Mais par cela même, elle se modifie et se complique : ce n'est plus seulement l'idée d'un sujet en général; c'est l'idée d'un certain sujet particulier absolument distinct d'une infinité d'autres sujets semblables : c'est l'idée du *moi*.

L'idée du moi, c'est l'idée de la personnalité tout entière, avec l'ensemble des circonstances qui la distinguent des autres personnes. Dès lors, elle se compose d'un grand nombre d'éléments qui forment, pour ainsi dire, autant de couches concentriques autour d'une idée plus simple qui en est le noyau primitif, l'idée du sujet de la conscience.

Parmi ces éléments, les uns se rapportent à notre *personnalité externe* : telles sont l'idée de notre corps et l'idée de notre vie passée, idées éminemment complexes, acquises l'une par la mémoire, l'autre par la perception extérieure; les autres à notre *personnalité interne* : telles sont l'idée de notre caractère, c'est-à-dire de notre manière habituelle et propre de sentir, de penser et d'agir, la sensation *sui generis* à peu près permanente qui correspond dans notre conscience à la présence et à l'action de notre corps (c'est ce qu'on a quelquefois appelé la *cœnesthèse*), enfin, la conscience du sujet un, identique et actif qui est proprement nous-même.

Cette complexité de l'idée du moi explique les *altérations* dont elle est susceptible. Que notre mémoire se trouble, nous ferons entrer dans l'idée du moi des événements qui ne nous sont jamais arrivés, ou nous en exclurons d'autres qui ont réellement appartenu à notre passé; que, plus ou moins brusquement et sans cause apparente, la sensation de notre corps se modifie, que notre caractère même change, nous croirons être double, être autre, ou même ne plus exister. Telles sont les « *maladies de la personnalité* (1) ».

---

(1) Voy. Ribot, *Les maladies de la personnalité.*

Mais ces altérations ne prouvent rien contre la conscience de ce sujet intérieur qui est proprement le moi ; car elles n'affectent toutes que les phénomènes et non l'être même.

Le moi, dit Condillac, n'est que la *collection des sensations*, de celles que la personne éprouve et de celles qu'elle se rappelle. Le moi, dit un philosophe contemporain (1), n'est qu'une *série d'états de conscience*. — Mais une collection ou série n'existe que par les termes qui la composent : or ces termes sont des phénomènes successifs : donc, quand le second se produit, le premier n'existe déjà plus, le troisième n'existe pas encore. Par conséquent, il n'y a jamais dans la réalité qu'un seul terme qui ignore absolument celui qui l'a précédé et celui qui va le suivre. Pour qu'il y ait collection ou série, il faut donc que ces phénomènes successifs contiennent en eux-mêmes un élément commun et permanent, qui dure pendant qu'ils se succèdent et qui, se souvenant des uns et prévoyant les autres, en fasse ainsi la synthèse. Cet élément, unité de la collection ou série, qu'est-ce autre chose que le moi lui-même ?

Le moi, dit M. Taine, n'est qu'une *propriété* commune à tous les faits de conscience, la propriété qu'ils ont de *nous apparaître comme intérieurs*, abstraite de ces faits, et transformée par le langage en substance. — Mais, comme la précédente, cette explication est une pétition de principe : elle présuppose le moi qu'elle prétend expliquer. Les faits de conscience ne peuvent nous apparaître comme intérieurs que s'il existe un sujet auquel ils apparaissent, et c'est ce sujet qui est nous-même.

Le moi, dit M. Ribot, n'est que le *sentiment* complexe et confus, toujours présent, de *notre organisme individuel*. — Mais ce sentiment se compose en réalité de sensations diverses et changeantes : son unité, sa permanence sont celles de la *conscience* qui relie toutes ces sensations entre elles et en fait l'apparente continuité.

Ainsi la conscience est à la fois être et phénomène, unité et pluralité, succession et durée, changement et identité. Si c'est là un mystère, c'est le mystère même de l'existence.

OUVRAGES A CONSULTER

I. LES SENS ET LA PERCEPTION EXTÉRIEURE. — Hamilton, *Fragments*, trad Peisse. — Ad. Garnier, *Traité des facultés de l'âme*, t. I. — Stuart Mill, *Philosophie de Hamilton*, chap. x, xi et xiii. — Taine, *L'intelligence*, t. II. — Rabier,

(1) Voy. Taine, *De l'intelligence*, t. II.

Leçons de philosophie. — Bernstein, *Les sens.* — James Sully, *Les illusions des sens et de l'esprit.* — Janet et Séailles, *Histoire de la philosophie, Les sens et la perception externe.*

Voyez en outre *Métaphysique,* chap. II (L'idéalisme) et III (La matière).

II. LA CONSCIENCE ET L'IDÉE DU MOI. — Bouillier, *La conscience.* — Bertrand, *L'aperception du corps humain par la conscience.* — Stuart Mill, *Philosophie de Hamilton* (chap. VIII, IX, XII et XV). — Taine, *L'intelligence,* t. II. — Colsenet, *La vie inconsciente de l'esprit.* — Hartmann, *La philosophie de l'inconscient.* — Ribot, *Les maladies de la personnalité.* — Jeanmaire, *L'idée de la personnalité dans la psychologie moderne.*

Voyez en outre *Métaphysique,* chap. IV (L'âme : le phénoménisme psychologique).

SUJETS DE DISSERTATIONS

I. LES SENS ET LA PERCEPTION EXTÉRIEURE. — 1. Quelles sont les théories principales que vous connaissez sur la perception extérieure? Les classer et les apprécier. 77.

De la théorie des idées-images. Discuter cette théorie. En indiquer les conséquences. 74-78.

Montrer que parmi tous les corps de la nature nous ne percevons directement que notre propre corps. 73.

2. Caractériser par une analyse psychologique la différence entre les sensations et les perceptions. 68.

3. Montrer que la perception extérieure serait impossible sans l'intervention des principes de la raison. 81-86.

4. En quoi consiste la différence des perceptions naturelles et des perceptions acquises? De l'éducation des sens par l'esprit. 68-90.

Quelle est la part de la mémoire, de l'imagination et de l'induction dans la connaissance que nous avons du monde extérieur ? 78-86.

Des cinq sens. Des notions que nous devons à chacun d'eux en particulier. Des notions que nous devons à deux ou plusieurs sens. 67.

5. Comment se forment les perceptions de la vue? Part de l'expérience et de l'habitude dans ces perceptions. 73-76-77.

Qu'appelait-on dans la philosophie du dix-septième siècle le *sensorium commune?* Quel est le rôle attribué à cette faculté dans la philosophie contemporaine? 71. (*Descartes et Bossuet entendent par sens commun,* sensus communis, *la faculté qui réunit les sensations des différents sens et les rapporte à un même objet : le* sensorium commune *est proprement la partie centrale du cerveau où elle réside. Cette faculté, essentiellement complexe, n'est autre que la perception extérieure.*)

6. Des erreurs des sens. Que faut-il entendre par ce principe que « l'erreur n'est jamais dans le sens lui-même mais dans le jugement? » 69.

Qu'appelle-t-on les erreurs des sens? Expliquer comment il est vrai de dire que les sens ne nous trompent pas, mais que c'est l'esprit qui se trompe en interprétant mal les données des sens. Donner des exemples. 72.

II. LA CONSCIENCE ET L'IDÉE DU MOI. — 1 et 2. De la conscience psychologique; de son objet; de ses limites. 80-83.

Objet et instrument de la perception intérieure ; objet et instrument de la perception extérieure; comparer ces deux espèces de perception. 72.

Déterminer l'objet, la portée et le genre de certitude de la conscience; l'opposer, s'il y a lieu, aux autres sortes de certitudes. 77.

Que pensez-vous de cette proposition de la logique de Port-Royal que les choses que l'on connaît par l'esprit sont plus certaines que celles que l'on connaît par les sens? 74.

3. De la conscience et de l'inconscience; des degrés de la conscience. 79.

Y a-t-il dans l'esprit humain des perceptions sans conscience? 80.

Des phénomènes appelés inconscients. Peuvent-ils être classés parmi les phénomènes psychologiques? 85.

Descartes croyait que l'âme, étant une chose pensante, pense toujours. Quel est votre avis sur cette question? 70-73.

4. Qu'est-ce que la conscience? Montrer que c'est à elle et non aux sens que nous devons les idées de substance, de cause et de fin. 79.

Quelle est l'origine des idées de cause, de substance, d'unité et de durée? 80.

Par quelle faculté l'âme se connaît-elle elle-même, et quelles sont les idées qu'elle doit à cette faculté? 81.

Comment acquérons-nous l'idée de cause? Montrer sommairement les principales applications que nous faisons de cette idée soit dans la science pure, soit dans la morale. 86.

Quelle est la part de la conscience dans l'acquisition des idées? 83.

5. De la notion du moi. Caractères distinctifs de cette notion. Son importance en psychologie et en morale. 74.

Que faut-il penser de cette proposition : « le moi est une collection d'états de conscience? » 82.

Est-il vrai, comme on l'a dit, que le moi ne soit qu'une collection de sensations? 84.

CHAPITRE VIII

CONSERVATION DE LA CONNAISSANCE

I. — LA MÉMOIRE.

1. Définition et rôle de la mémoire. — La mémoire est la *faculté de retenir et de rappeler les idées antérieurement acquises*.

Elle est d'abord la condition de *toute connaissance en général*. L'intelligence ne transforme les sensations en perceptions que parce qu'elle y ajoute des idées dérivées des sensations antérieures, elle n'exerce ses opérations propres qu'en prenant pour matière les idées que lui suggère la mémoire, et c'est encore la mémoire qui conserve les résultats de ces opérations et les tient toujours disponibles pour des opérations ultérieures et plus complexes.

Elle est plus particulièrement la condition de la *connaissance du passé*, du moins du passé de l'individu : par elle la conscience se ressaisit, pour ainsi dire, dans le temps et reconstitue sans cesse son identité. Ces deux rôles de la mémoire, l'un *impersonnel* comme l'intelligence, l'autre *personnel* comme la conscience même, sont jusqu'à un certain point opposés.

2. Division et qualités de la mémoire. — On doit distinguer dans la mémoire : 1° la *conservation* et le *rappel* des idées ; 2° leur *reconnaissance* et leur *localisation* dans le temps.

La conservation et le rappel sont évidemment corrélatifs. — Nous ne savons qu'une idée a été *retenue* qu'en la voyant *reparaître* après un plus ou moins long intervalle, et d'autre part l'esprit pourrait-il la *rappeler*, s'il ne l'avait *conservée* en quelque façon? Ce ne sont là, pourrait-on dire, que les deux aspects d'un seul et même phénomène; pour employer les termes favoris d'Aristote, la conservation c'est la mémoire *en puissance*, et le rappel la mémoire *en acte*. — Cependant ces deux fonctions sont au moins idéalement distinctes, et même en fait, elles ne sont pas toujours en raison l'une de l'autre, comme le prouvent les différentes *qualités* que la mémoire peut présenter chez les différents individus.

Ainsi sous le rapport de la *conservation*, la mémoire peut être *facile* ou *difficile*, *tenace* ou *fugitive*, selon qu'elle retient avec peu ou beaucoup d'effort, et pour un temps long ou court : souvent même la facilité et la ténacité sont en raison inverse l'une de l'autre ; on oublie vite ce qu'on a appris vite ; on retient longtemps ce qu'on a eu de la peine à apprendre. Sous le rapport de la *réviviscence* la mémoire peut être *prompte* ou *lente*, selon que les idées reviennent au moindre appel ou demandent pour reparaître un grand effort. La promptitude de la mémoire est plus souvent, ce semble, proportionnée à sa facilité qu'à sa ténacité.

Il faut donc rechercher : 1° comment les idées se conservent, 2° comment elles reparaissent dans la conscience.

3. La conservation des idées. — La conservation des idées n'est pas un fait psychologique, car elle n'est pas accompagnée de conscience. La conscience n'en est informée que par l'effet final, c'est-à-dire par la réapparition de l'idée.

On a cependant supposé que toutes les idées acquises par nous depuis notre naissance étaient présentes dans notre âme sans qu'elle s'en aperçût et luttaient entre elles avec des forces inégales pour revenir à la conscience. Schopenhaüer, partisan de cette doctrine, comparait l'esprit à un étang plein de bulles qui tendent toutes à remonter du fond obscur à la surface éclairée par le soleil. C'est l'hypothèse des idées *latentes* ou *inconscientes*. Il y a contre elle cette grande objection qu'il est contradictoire de supposer une idée sans conscience. L'idée, c'est l'acte même de la pensée : donc, quand l'esprit cesse de penser à une chose, l'idée de cette chose cesse d'être.

Aussi les hypothèses proposées pour expliquer la conservation des idées sont presque toutes de l'ordre *physiologique*. Il n'est pas douteux en tout cas que la mémoire dépend de conditions *physiques* dont le siège est probablement dans la substance corticale des hémisphères cérébraux, comme le prouvent, entre autres faits, les *maladies* auxquelles elle est sujette (1).

La plus ancienne et la plus grossière de ces hypothèses est celle des *idées-images*. Elle explique la conservation par la persistance dans le cerveau de *particules* émanées des objets mêmes. Le cerveau serait, à la lettre, un magasin, un trésor où s'accumuleraient les

---

(1) Voy. Ribot, *Les maladies de la mémoire*.

idées-images. Mais les objets, nous l'avons vu, n'envoient vers le cerveau que des mouvements.

De là une hypothèse plus récente et plus savante, principalement soutenue par le physiologiste anglais Hartley, qui explique la conservation par la persistance dans le cerveau des *mouvements* qui accompagnaient les sensations. Certaines vibrations peuvent en effet persister, en quelque sorte, indéfiniment : par exemple les vibrations de la lumière. A chacune des idées conservées dans la mémoire correspondrait donc dans le cerveau une vibration plus ou moins forte, reste d'une vibration passée, prête à se renforcer à la première occasion. — On peut rapprocher de cette hypothèse celle de Moleschott et de Luys, dite des *phosphorescences cérébrales*, qui explique la conservation des idées par la persistance de la combustion du phosphore contenu dans le cerveau, toute combustion se ramenant au fond à des mouvements.

Enfin une hypothèse qui remonte à Descartes, celle des *traces ou empreintes cérébrales*, explique la conservation par la persistance dans le cerveau des *modifications* qu'apportent à sa *structure intime* les mouvements qui accompagnaient les sensations. Le premier courant qui traverse les molécules nerveuses rencontre de la résistance, mais en les traversant, il modifie leur équilibre et prépare ainsi un passage plus facile aux courants à venir ; ceux-ci suivront d'eux-mêmes la route frayée. Descartes comparait le cerveau dans cette hypothèse à un papier déjà plié qui reprend plus facilement les mêmes plis. On l'a comparé aussi au phonographe.

Il n'est guère possible de se prononcer, dans l'état actuel de la science, entre l'hypothèse des *vibrations* et celle des *empreintes*, lesquelles d'ailleurs ne sont nullement exclusives l'une de l'autre.

4. Lois de la conservation. — Cependant l'esprit n'est pas tout à fait sans influence sur la conservation des idées : si les conditions immédiates en sont très probablement dans le cerveau, ces conditions mêmes dépendent dans une certaine mesure de ce qui se passe dans l'esprit. D'où les *lois psychologiques* de la mémoire :

1° En premier lieu, les idées se conservent d'autant plus facilement et plus longtemps que les sensations ou, en général, les états de conscience primitifs dont elles résultent étaient plus *vifs* et plus *distincts*. Toute impression faible et confuse est presque fatalement vouée à l'oubli. Il semble que chaque idée hérite de la force plus ou moins grande de l'état de conscience primitif dont elle est née.

Par cela même, toute cause qui contribue à rendre cet état plus vif ou plus distinct contribue à rendre la conservation de l'idée plus facile et plus durable. C'est le cas de l'*émotion* et de l'*attention*.

Nous nous souvenons longtemps et sans effort des choses qui nous ont émus, surtout intéressés ; les choses indifférentes sont en général vite oubliées. Pareillement, ce qui nous a trouvés ou laissés inattentifs ne se fixe pas dans notre mémoire. Plus on fait attention à une chose, plus on a de chances de s'en souvenir.

2° En second lieu, plus la même sensation ou la même opération mentale se *répète*, plus l'idée qui lui correspond accroît sa force de conservation. Que la répétition soit volontaire ou involontaire, il n'importe : l'effet est toujours le même. C'est par la répétition des mêmes sensations que la nature nous rend familiers une foule d'objets sur lesquels nous n'avons peut-être pas arrêté une seule fois notre attention. C'est par la répétition de la même opération mentale que l'écolier apprend, souvent machinalement, sa leçon. En revanche, toute idée qui reste trop longtemps sans reparaître finit par être oubliée, comme si sa force s'épuisait avec le temps.

3° Enfin, une idée a d'autant plus de chances d'être conservée pour être plus tard rappelée, qu'elle est plus étroitement *associée* à d'autres idées, et que celles-ci ont elles-mêmes une *plus grande aptitude à reparaître*.

Il est très difficile de garder la mémoire d'une suite d'idées sans lien, par exemple d'une liste de mots quelconques : il suffira d'intercaler entre ces idées incohérentes d'autres idées qui leur soient d'ordinaire associées, et de former ainsi un ensemble qui ait un sens, pour faciliter aussitôt le souvenir. La mémoire retient mieux un plus grand nombre d'idées qu'un plus petit si elles sont plus étroitement associées entre elles. — En outre, les idées qui ont la plus grande aptitude à reparaître font, pour ainsi dire, bénéficier de ce privilège celles qui leur sont assez étroitement associées. Ainsi, les enfants ne réussissent à retenir les idées abstraites, telles que les règles de grammaire, qu'en les associant aux idées sensibles des exemples. Au contraire, un philosophe ne se rappellera les faits particuliers qu'à la condition de les associer à des formules générales. Si les mots facilitent la conservation de toutes les idées qu'on leur associe dans le langage, c'est que l'esprit humain a une facilité naturelle à les retenir. La *mnémotechnie*, c'est-à-dire l'art de développer la mémoire, est fondée en grande partie sur cette loi.

Il semble que ces trois lois de la conservation des idées : loi de la *vivacité primitive*, loi de la *répétition fréquente*, loi de l'*association étroite*, agissent toutes de la même manière, c'est-à-dire en assurant la *plus grande durée* à l'idée qui contient en elle la *plus grande force*.

Mais ce ne sont pas seulement les idées, ce sont en général tous les actes de l'esprit, et même les opérations corporelles, qui obéissent à ces trois lois. Tout ce que l'esprit a fait, il tend à le refaire, et cette tendance est d'autant plus efficace et plus durable que l'action première a été plus forte ou plus fréquemment répétée : on en dirait autant de l'organisme.

L'*habitude* est cette faculté commune à l'esprit et au corps de retenir et d'accumuler, pour ainsi dire, les résidus de leurs actes antérieurs comme autant de forces disponibles pour les actes futurs. La *mémoire*, ou du moins la conservation des idées, n'est donc qu'un cas particulier de l'*habitude* : c'est la commune *habitude* de l'*intelligence* et du *cerveau*. Mémoire et habitude étant au fond le même fait, on pourrait dire inversement que l'habitude physique est la *mémoire* des organes.

5. Les diverses sortes de mémoire. — Dès lors, il y a lieu de se demander si l'*unité* de la mémoire est bien réelle et si ce que nous prenons pour une seule faculté n'est pas un ensemble de facultés différentes, aussi nombreuses que les différents modes de l'activité de l'esprit ou que les différentes fonctions du cerveau.

En fait, l'on remarque des mémoires *spéciales* : l'un a la mémoire des couleurs, un autre celle des sons musicaux, un tel a la mémoire des mots, tel autre celle des dates ou des nombres, et ainsi de suite. Cette diversité des mémoires tient sans doute en partie à ce que tous les hommes ne *s'intéressent* pas et n'accordent pas leur *attention* aux mêmes choses ; mais elle tient aussi à leur *nature originelle*.

D'ailleurs, les différentes sortes de sensations ayant leurs conditions dans les parties différentes du cerveau, il en est sans doute de même des différentes sortes d'idées qui leur correspondent. Donc, de même qu'il y a une sensibilité spéciale pour la vue, pour l'ouïe, etc., il doit y avoir aussi une mémoire spéciale pour les couleurs, pour les sons, etc. On naît avec une mémoire comme avec une oreille musicale.

Ainsi, à ne considérer que le *cerveau*, l'unité de la mémoire est purement *verbale*; mais cette unité est *réelle*, si l'on considère l'*esprit*. Dans l'esprit, en effet, toutes les mémoires sont, pour ainsi dire, ramenées à l'unité par l'unité même de la conscience qui les enveloppe, et par les associations de toute sorte qui les lient les unes aux autres.

Tout au plus pourrait-on distinguer en lui la *mémoire sensible* et la *mémoire intellectuelle*. La première, écho des sens, naturellement diverse et inégale chez les différents individus, comprenant au fond autant de mémoires spéciales qu'il y a de sens ; l'autre, œuvre de la pensée même, vraiment une comme elle, conservant non les *images*, restes passifs des sensations, mais les *idées*, dépositaires de l'activité intellectuelle, seule capable de suppléer aux lacunes et aux défaillances de la mémoire sensible.

6. Le rappel des idées. — Le retour des idées dans la conscience se fait de *trois* manières différentes.

1° Dans certains cas, l'idée semble revenir *spontanément*, sans être appelée ni par notre volonté ni par aucune des sensations ou idées déjà présentes dans la conscience. Ainsi, nous avons entendu un air musical qui nous a frappé ; bien que le chant ait cessé, il continue à vibrer encore dans notre mémoire, et toute la journée il nous revient par intervalles. On a vu quelque spectacle affreux, on en a, pour ainsi dire, les yeux emplis, et l'on ne peut s'empêcher d'y repenser de temps en temps. Ces cas, *trop peu étudiés*, semblent prouver que chaque idée, en proportion même de sa force, tend à reparaître d'elle-même, et y réussit dès que sa force est supérieure à celle des idées qui occupent la conscience. Mais cette force va, pour ainsi dire, en diminuant, et l'idée finit par perdre son pouvoir de résurrection spontanée.

2° Dans d'autres cas, les plus fréquents, l'idée qui revient est *suggérée* par une sensation ou une autre idée déjà présente dans la conscience et à laquelle elle est *associée*. La vue des lieux habités dans notre enfance nous rappelle les événements qui s'y sont passés ; le premier mot d'une phrase apprise par cœur nous rappelle les mots suivants ; un nouveau visage nous fait penser à un visage déjà connu qui lui ressemble. Plus l'association est étroite, et plus l'idée antécédente a de force, plus le rappel est facile et prompt. De là vient, selon la remarque de Dugald-Stewart, que les sensations évoquent, en général, les souvenirs beaucoup plus sûrement que les idées proprement dites.

3° Enfin, d'autres fois, l'idée semble revenir parce que la *volonté* la rappelle. Mais le rappel *volontaire* se ramène au fond au rappel par *association*. On ne peut pas, à proprement parler, vouloir rappeler une idée ; car cette volonté n'est possible que si l'on pense à l'idée ; et si l'on y pense, l'on n'a plus besoin de la rappeler, elle est déjà présente à l'esprit. La volonté ne peut donc jamais *commencer* de toutes pièces le rappel d'une idée ou d'une série d'idées : elle ne peut que *continuer* ou *interrompre* un rappel déjà commencé. Mais la première apparition de l'idée est toujours due à son *association* avec quelque idée antérieure. Tout le rôle de la volonté se borne à *fixer* dans la conscience l'idée du souvenir commencé, à lui conférer par l'*attention* un surcroît de force et à lui permettre ainsi de rappeler par association les idées qui le complètent.

Donc en résumé, les idées reparaissent, soit *spontanément*, soit par *association*.

7. Réminiscence et souvenir. — Maintenant, quand une idée reparaît, tantôt elle est accompagnée d'un jugement par lequel elle est *reconnue* et *rapportée au passé*, tantôt ce jugement fait défaut, ou il est même remplacé par un jugement contraire, de sorte que l'idée paraît *nouvelle*, présente *pour la première fois* à l'esprit.

Le premier cas est le *souvenir complet* ou souvenir proprement dit, le second est la *réminiscence*. On passe de l'un à l'autre par une suite insensible d'intermédiaires.

Ainsi le plus grand nombre des idées traversent l'esprit sans être expressément reconnues : c'est même à cette seule condition qu'elles peuvent devenir abstraites et générales et entrer comme éléments dans les actes d'imagination ou d'intelligence. On doit plutôt réserver le nom de *réminiscence* pour les cas où l'idée, non seulement n'est pas reconnue, mais encore est jugée nouvelle, et pour ceux où elle est si vaguement reconnue qu'on ne sait si l'on doit la rapporter au présent ou au passé. En ce sens, un poète, un musicien, qui refont, sans le savoir, des vers ou des airs déjà trouvés par eux-mêmes ou par d'autres, ont des réminiscences.

Pareillement la reconnaissance peut être plus ou moins complète. On peut avoir la certitude de reconnaître une idée sans se rappeler à quelle date et dans quelles circonstances on l'a eue pour la première fois ; comme on peut aussi, en même temps qu'on la reconnaît, la *localiser* avec précision dans le passé.

Il y a donc deux degrés dans le souvenir : 1° la *reconnaissance* pure et simple ; 2° la *localisation dans le passé*.

8. Nature et conditions de la reconnaissance. — Pour expliquer la reconnaissance, Reid définit la mémoire, une *con-*

naissance immédiate du passé. Ici, comme dans la théorie de la perception extérieure, l'école écossaise est dupe des apparences. Sans doute, nous croyons percevoir le passé lui-même dans l'idée qui nous le représente, de même que nous croyons percevoir l'objet extérieur dans la sensation qui en est le signe; mais le passé, comme tel, n'existe plus au moment présent, et, par conséquent, nous ne pouvons en avoir présentement conscience. La mémoire a d'ailleurs ses illusions comme la perception extérieure : la reconnaissance se fait parfois « à faux »; malgré soi, on s'imagine tout à coup avoir déjà vu des choses qu'on voit certainement pour la première fois.

La reconnaissance ne peut donc consister que dans une *interprétation* de l'idée ; et cette interprétation elle-même consiste à *associer* à l'idée la *notion* ou le *sentiment du passé*. Cette synthèse n'est pas, du reste, une simple association : c'est un *jugement* par lequel nous affirmons que l'objet de notre pensée actuelle a été déjà pensé par nous.

Faisons d'abord l'analyse de ce jugement ; nous indiquerons ensuite les conditions qui le déterminent.

Le jugement de la reconnaissance implique, en premier lieu, la *notion du temps*. L'esprit juge, en effet, que l'idée *présente* correspond à un événement *passé :* par une illusion analogue à celle de la perception extérieure, il identifie même l'idée avec l'événement dont elle est le signe ; mais cette idée qui lui semble ainsi *passée*, il la distingue en tout cas des autres idées et en général des autres modes de sa conscience qui continuent de lui sembler *présents*. Il établit donc entre ceux-ci et celle-là un rapport non de *coexistence* mais de *succession :* il la conçoit comme *antérieure*, et il les conçoit comme *postérieurs*. Cette notion de l'*avant* et de l'*après* ou de la *succession*, c'est la notion même du temps, réduite à ses éléments essentiels.

Le jugement de la reconnaissance implique en outre la *notion du moi*. L'esprit juge, en effet, qu'il a déjà eu dans le passé l'idée présente : il affirme donc sa propre *identité* dans le présent et dans le passé. Bien mieux, s'il identifie l'idée présente avec l'événement passé qu'elle lui rappelle, c'est parce qu'il aperçoit dans l'un et l'autre un *élément* identique, à savoir *lui-même*, le sujet conscient dont ils sont tous deux des modes. La notion de ce sujet est, pour ainsi dire, le complément et la contre-partie de la notion du temps.

Le temps est une pluralité de phénomènes successifs qui s'excluent nécessairement les uns les autres; le moi est l'unité du sujet qui coexistant avec tous ces phénomènes, impliqué dans eux tous, fait par cela même leur continuité en les enchaînant nécessairement les uns aux autres.

Les notions du temps et du moi sont donc les facteurs constitutifs du souvenir comme les notions d'espace et de cause sont les facteurs constitutifs de la perception extérieure.

Reste à connaître les conditions qui déterminent le jugement de reconnaissance. Quel est le caractère que l'esprit interprète dans ses idées comme le *signe* d'une existence passée ?

Ce caractère, c'est le *contraste* qu'il aperçoit entre les souvenirs d'une part et les sensations et les fictions d'autre part. — En effet, le souvenir se distingue de la sensation en ce qu'il est moins vif et moins distinct, surtout en ce qu'il ne s'impose pas à l'esprit avec la même nécessité : et, d'un autre côté, il se distingue de la fiction en ce qu'il se présente à nous sans effort de notre part, et si nous pouvons, ce semble, l'écarter ou le maintenir à volonté, nous ne pouvons pas le modifier sans effort. Étant pour ainsi dire intermédiaire entre la *sensation* qui éveille en nous l'idée d'un objet réel et présent et la *fiction* qui n'éveille que celle d'un objet absent et simplement possible, il doit éveiller l'idée d'un objet réel mais non présent, l'idée d'un objet *passé*. Dès lors, chaque fois que le souvenir perdra son caractère propre, l'esprit, ne retrouvant plus en lui le signe du passé, le prendra, selon les cas, pour une sensation ou pour une fiction. C'est ce qui arrive en effet.

9. La localisation des souvenirs dans le passé. — Comment se fait maintenant la localisation dans le passé ?

Cette localisation consiste à *associer* à l'idée d'un événement celle de quelque événement plus important de notre vie passée dont la date nous est déjà connue. Nous faisons, pour ainsi dire, glisser cette idée le long de la ligne de notre vie passée, jusqu'à ce que se plaçant avant ou après tel événement dont l'idée nous est tout à fait familière, elle se trouve par cela même située.

Mais cette condition même en implique une autre : c'est que notre mémoire ait conservé une sorte de tableau abrégé de notre vie passée dans lequel les principaux événements soient rangés par *ordre* et qui nous retrace non seulement leur succession mais encore leur *durée*.

Ce tableau est en partie l'œuvre de la mémoire elle-même, qui tend à faire revenir les idées dans l'ordre où se sont succédé les événements qu'elles représentent, en partie l'œuvre de la *réflexion*, qui, associant aux idées des événements des idées de *date* et de *mesure*, leur communique ainsi un degré supérieur de précision et de fixité.

Là où ce tableau n'existe pas, comme chez les enfants, ou chez certains peuples sauvages, le passé est un chaos ; et il est presque impossible de localiser aucun souvenir.

Nous apprenons donc à situer nos souvenirs dans le temps, comme nous apprenons à situer nos sensations dans l'espace ; et il y a une éducation de la mémoire comme il y a une éducation des sens.

II. — L'ASSOCIATION DES IDÉES.

1. Nature de l'association. — L'association des idées est la *propriété qu'ont les idées de se suggérer les unes les autres* ou, en d'autres termes, la tendance en vertu de laquelle l'esprit *passe spontanément* d'une idée à une autre.

Il faut bien se garder de définir l'association, comme l'ont fait certains auteurs, l'acte par lequel l'esprit, *deux idées étant données*, les associe, les marie l'une à l'autre. Cette synthèse est un acte d'imagination ou de jugement et non ce qu'on appelle une association d'idées : elle est postérieure à l'association ; pour unir ainsi deux idées, il faut préalablement qu'elles se soient présentées ensemble à l'esprit ou tout au moins l'une à la suite de l'autre, et l'association n'est pas autre chose que cette apparition spontanée de deux idées, l'une accompagnant ou suivant l'autre : elle est non la synthèse active de l'imagination ou de la raison, mais la synthèse toute passive de la mémoire. — La théorie écossaise de l'association des idées repose tout entière sur cette confusion de l'association avec d'autres opérations intellectuelles.

2. Théorie écossaise de l'association. — D'après Dugald-Stewart, les idées s'associent ou s'appellent dans l'esprit en vertu de leurs *rapports*, et il y a nécessairement autant de sortes d'associations qu'il y a de sortes de rapports, soit entre les *idées* elles-mêmes, soit entre les *choses* qu'elles représentent, soit entre les *mots* qui les expriment.

Tous ces rapports, quelque innombrables qu'ils soient, peuvent se ranger en deux classes : 1° rapports *essentiels* ou *rationnels;* 2° rapports *accidentels* ou *empiriques*.

Les principaux rapports essentiels sont ceux : 1° du principe et de la conséquence ; 2° du genre et de l'espèce ; 3° de la substance et du mode ; 4° de la cause et de l'effet ; 5° du moyen et de la fin.

Les principaux rapports accidentels sont ceux : 1° de la contiguïté dans le temps ; 2° de la contiguïté dans l'espace ; 3° de l'analogie ; 4° du contraste ; 5° du signe et de la chose signifiée.

Les premiers sont tels qu'on ne peut les supprimer par la pensée sans supprimer par cela même au moins l'un des deux termes entre lesquels ils existent. Ils n'apparaissent pas du premier coup, mais exigent presque toujours, pour être découverts, des efforts d'attention et de raisonnement. En revanche, une fois aperçus, ils satisfont la raison qui les recherche en toutes choses.

Les seconds, étant accidentels, peuvent être supprimés sans que les termes entre lesquels ils existent en pâtissent : se présentant, pour ainsi dire, d'eux-mêmes à la pensée, ils laissent la raison indifférente.

De là deux grandes sortes d'associations, *essentielles* et *accidentelles*. Les associations essentielles sont plus difficiles et plus lentes à former, et en même temps plus durables et plus difficiles à rompre : selon le mot d'un philosophe contemporain, ce ne sont pas seulement des associations, ce sont des *liaisons* d'idées. Elles prédominent toutes les fois que l'esprit surveille et dirige le cours de ses pensées, dans la méditation, dans la discussion, etc. Elles sont habituelles aux intelligences réfléchies et méthodiques, au savant, au philosophe.

Les associations accidentelles sont très promptes et très faciles à former et en même temps (à moins que l'habitude ne les consolide) très passagères et très fragiles. Elles prédominent toutes les fois que l'esprit se laisse entraîner par le cours de ses pensées, dans la rêverie, dans la conversation, etc. Elles sont habituelles aux intelligences spontanées, au poète, à l'homme du monde, etc. La poésie leur doit une partie de son charme : si les idées s'enchaînaient dans un poème comme dans une démonstration géométrique, la lecture en serait une fatigue et non un délassement.

A force d'associer les idées par des rapports accidentels ou essentiels, on s'accoutume à l'une de ces deux sortes d'association, au point de devenir presque incapable de l'autre : de là les différents types d'esprits.

3. Critique de la théorie écossaise. — Cette théorie

repose sur un principe inexact. Il est faux que le *rapport qui existe entre deux idées soit la cause de leur association.*

En effet, ce rapport n'existe dans la pensée qu'autant que les deux idées sont l'une et l'autre présentes : il n'apparaît donc qu'*après* elles, lorsqu'elles ont été déjà rappelées en même temps ou l'une à la suite de l'autre : étant *postérieur* à leur association, il ne peut pas en être la cause.

La seule influence possible du rapport, ce sera de donner une plus grande force et par conséquent de plus grandes chances de durée à l'association une fois produite en fixant simultanément l'attention de l'esprit sur les deux idées en présence. D'où il suit en effet que dans les esprits accoutumés à fixer leur attention sur une certaine espèce de rapport, les associations d'idées qui impliquent ce rapport tendent à prédominer sur toutes les autres.

4. Véritable théorie de l'association. Ses lois fondamentales. — Puisque les rapports n'exercent sur l'association qu'une influence tout indirecte, quelle est la condition immédiate et déterminante de l'association ?

Les psychologues anglais contemporains (Bain, James Sully, etc.) admettent trois lois fondamentales de l'association.

1° Loi de *contiguïté* : Deux ou plusieurs idées s'associent, c'est-à-dire deviennent capables de se suggérer les unes les autres, lorsqu'elles ont été déjà *contiguës*, c'est-à-dire pensées en même temps ou les unes à la suite des autres. Par exemple, le premier mot d'un vers suggère les mots suivants.

2° Loi de *ressemblance* : Deux ou plusieurs idées, *qui n'ont pas encore été contiguës*, peuvent cependant s'associer si elles ont quelque *ressemblance*. Un portrait rappelle l'original ; une plante nouvelle suggère l'idée de plantes analogues déjà connues, etc.

3° Loi de *contraste* : Les idées des choses *contraires* tendent à se suggérer mutuellement : l'été fait penser à l'hiver, le berceau à la tombe, etc.

Mais ces trois lois peuvent, ce semble, être ramenées à l'unité. D'abord, la loi de contraste n'est qu'un cas particulier de la loi de ressemblance. Les contraires en effet appartiennent au *même genre :* blanc et noir sont des couleurs, doux et amer des saveurs, etc. Ils se ressemblent donc sous ce premier rapport. En outre les contraires sont l'un et l'autre des *extrêmes :* ils se ressemblent donc sous cet autre rapport qu'ils font sur l'esprit une impression plus vive et plus distincte que toutes les autres espèces du même genre. Enfin, comme les contraires se *succèdent* souvent dans notre expérience, leurs idées peuvent aussi avoir été contiguës.

La loi de ressemblance elle-même est un cas particulier de la loi de contiguïté. Elle opère principalement lorsque nous avons affaire à des choses *nouvelles;* tous les objets que voit un homme transporté hors de son pays ne peuvent forcément lui rappeler que des objets déjà connus et plus ou moins semblables. Mais deux choses ne se ressemblent que par la *possession en commun* d'un même élément ou d'un même caractère. Cet élément ou caractère commun, présent dans la seconde, a été déjà contigu dans la première avec d'autres éléments ou caractères: il en suggérera donc l'idée, et ainsi la seconde chose fera penser à la première. L'idée nouvelle ABZ suggère l'idée ancienne ABC qui ne lui a été jamais contiguë ; mais, par cela même que AB avait été déjà contigu à C, il tendait à le suggérer; d'où il suit que sa présence dans ABZ devait suffire pour rappeler ABC. En d'autres termes, l'association par ressemblance est une association par contiguïté partielle.

L'association des idées obéit donc dans tous les cas à une seule et même loi : la loi de *contiguïté.* Quand une idée en suggère une autre, c'est toujours parce qu'elles ont été contiguës l'une avec l'autre ou parce qu'une partie de la première a été contiguë avec une partie de la seconde.

En un mot, l'esprit tend à repenser ce qu'il a déjà pensé, à refaire ce qu'il a déjà fait : la première partie d'une idée, la première idée d'une série étant donnée, il tend à repenser l'idée ou la série tout entière.

La loi d'association par contiguïté, c'est, en somme, la loi même de la *mémoire* et de l'*habitude,* lesquelles, en reproduisant les idées ou les actes antérieurs, les reproduisent naturellement dans leur ordre et avec leurs connexions primitives.

5. Les lois secondaires de l'association. — Il s'ensuit que toutes les causes qui influent sur la mémoire influent pareillement sur l'association des idées. De là les lois secondaires de l'association.

1° En premier lieu, plus la contiguïté a été *fréquente*, plus l'association est forte et durable. Que deux idées se présentent toujours ensemble à notre esprit, nous deviendrons incapables de les penser l'une sans l'autre : elles ne seront plus pour nous qu'une seule et même idée. C'est le cas de l'*association inséparable* dont l'école anglaise a cru pouvoir tirer, comme on le verra plus tard, l'explication des principes directeurs de la connaissance.

2° En second lieu, plus la contiguïté a été rendue *intime*, soit par l'*attention*, soit par l'*émotion*, soit même simplement par la *force originelle* des idées, plus l'association est étroite.

C'est par l'*attention* que l'esprit exerce sur l'association des idées une influence qui, pour être indirecte, n'en est pas moins puissante. En effet, si au moment où deux idées sont contiguës dans notre conscience, nous les enveloppons dans un même acte d'attention, et surtout si cet acte se fixe sur le rapport qui existe entre elles, elles adhéreront par cela seul bien plus fortement l'une à l'autre, et c'est pour cela que des idées qu'on a *comprises*, c'est-à-dire dont on a saisi les *rapports*, se rappellent si facilement les unes les autres.

L'*émotion* a un effet analogue : toutes les circonstances d'une scène émouvante se présentent simultanément à notre mémoire.

Enfin, si les deux idées ou même seulement l'une d'entre elles ont un haut degré de *vivacité*, l'association en devient aussitôt plus facile. Telle est la raison pour laquelle, par exemple, une idée est mieux rappelée par une sensation que par une autre idée.

3° En troisième lieu, quand deux ou plusieurs idées sont étroitement associées entre elles, elles tendent à se *fondre* ensemble, et celle qui a la plus grande force, s'*assimilant* toutes les autres, communique ses caractères propres au groupe tout entier. Il y a là ce qu'on pourrait appeler avec Stuart Mill une sorte de *chimie mentale* dont nous avons déjà eu de nombreux exemples dans la théorie de la perception extérieure.

Ces diverses lois de l'association permettent d'expliquer un grand nombre de faits psychologiques, à savoir tous ceux qui résultent de la combinaison et de la fusion de faits plus simples, mais, quelle que soit leur portée, la nature fondamentale de l'association n'en reste pas moins toujours la même : l'association est et demeure la loi la plus générale de la mémoire.

Par conséquent, expliquer l'intelligence tout entière par l'association, comme le font les psychologues anglais contemporains, c'est au fond l'expliquer par la mémoire. Or, si la mémoire peut suffire à expliquer la reproduction des actes de l'esprit et de leur synthèse une fois faite, elle ne peut pas être la raison de la première apparition de ces actes et de leur synthèse primitive, car elle-même les présuppose.

III. — L'IMAGINATION.

1. Définition et division de l'imagination. — L'imagination est la *faculté de représenter ou de rendre présentes à l'esprit des choses qui en sont actuellement absentes*, soit que ces choses existent en effet et aient été déjà perçues, soit qu'étant simplement possibles, elles n'aient jamais encore été perçues.

On distingue d'après cela deux sortes d'imagination, l'imagination *passive* ou *reproductrice*, et l'imagination *active* ou *combinatrice* qu'on appelle aussi *constructive* ou *créatrice*.

La première est une forme de la *mémoire*, la seconde, dans la mesure où elle ne se ramène pas à la première, est une forme de l'*intelligence proprement dite* ou de la *raison*.

2. L'imagination reproductrice. — La psychologie du dix-septième siècle (Descartes, Malebranche, etc.) entendait presque uniquement par *imagination* ou *fantaisie* la faculté de reproduire mentalement les images des choses sensibles, en d'autres termes l'*imagination reproductrice* ou *mémoire imaginative*.

Il y a en effet une mémoire des sens. Toute sensation laisse après elle une image. On peut imaginer ainsi non seulement des formes et des couleurs, mais encore des sons, des contacts, et même, quoi que avec plus de peine, des saveurs, des odeurs, etc.

Ces images sont naturellement très vives et très distinctes chez certains esprits : ainsi celles des formes et des couleurs chez les peintres, celles des sons musicaux chez les musiciens, etc.

Dans certains cas, l'image peut devenir aussi vive, aussi distincte qu'une sensation et être prise pour elle : c'est ce qu'on appelle alors une *hallucination*.

Pendant le *sommeil*, les images, n'étant pas réfrénées par le contraste des sensations, font l'effet de la réalité. Le *rêve* n'est qu'une succession d'images.

Dans la veille même, les images peuvent soit se combiner à nos sensations; soit les exclure partiellement, passagèrement de notre conscience; de là les *illusions*, les *rêveries*, l'*extase*, etc.

L'imagination reproductrice est soumise aux lois de la mémoire. A l'origine, elle est la mémoire elle-même. Pour l'enfant, se souvenir d'un objet et l'imaginer, le revoir mentalement, c'est tout un. — Comment l'imagination peut-elle se séparer plus tard de la mémoire?

Tout souvenir se compose de deux éléments : 1° une représentation ; 2° un jugement par lequel cette représentation est reconnue et rapportée au passé.

Que le premier élément, la représentation, se réduise au strict nécessaire, que le second subsiste dans son intégrité : le résultat sera la mémoire proprement dite.

Au contraire, que le second s'affaiblisse et s'efface, et que le premier demeure intact et complet : le résultat sera l'imagination reproductrice.

En effet, grâce à l'*abstraction* et au *langage*, la représentation, qui dans la mémoire ne nous intéresse pas par elle-même, est le plus souvent réduite à une simple circonstance ou même à une phrase, à un nom, que nous interprétons aussitôt comme *signe* du passé.

L'imagination est, au contraire, la représentation *intégrale* et *concrète* de l'événement ou de l'objet, tellement vive et distincte que l'esprit s'absorbe dans sa contemplation et qu'elle est pour lui chose présente et non passée.

En un mot l'idée du *passé*, présente dans la mémoire, absente de l'imagination, est, selon la remarque d'Aristote, ce qui fait leur principale différence.

3. L'imagination combinatrice; ses effets dans l'art, la science et la vie. — De l'imagination reproductrice à l'imagination combinatrice, le passage est insensible.

On appelle imagination combinatrice ou simplement imagination le *pouvoir de produire des images ou idées nouvelles, plus ou moins originales, en modifiant et combinant des images ou idées antérieurement acquises.*

Or il se fait parfois dans la *mémoire* une sorte d'altération spontanée des souvenirs. Les circonstances moins importantes s'amoindrissent et s'effacent, les autres s'exagèrent et se transfigurent. De là le charme des souvenirs d'enfance. Les traditions, ces souvenirs d'enfance de l'humanité, sont pleines de mythes et de légendes.

D'autre part, dans les *rêves*, le *délire*, sous l'influence de certaines substances (opium, hachisch, etc.), les images se combinent spontanément dans un ordre tout à fait nouveau, imprévu, souvent même extravagant.

Mais cette imagination, bien qu'elle dépasse déjà la simple reproduction des images, est toute passive et automatique. On appelle surtout imagination un pouvoir actif et plus ou moins réfléchi de transformer, d'inventer, de créer.

Ainsi, on fait acte d'imagination, lorsque lisant le récit d'une bataille ou d'une tempête, on se les représente, quoiqu'on n'y ait jamais assisté.

Un degré supérieur d'imagination est celui du *poète* ou du *romancier* qui, avec des matériaux pris dans sa mémoire mais plus ou moins profondément transformés, crée des personnages, des milieux, des événements qui n'ont jamais existé. De même l'*architecte*, le *sculpteur*, le *peintre*, le *musicien* modifient et combinent des lignes, des couleurs, des sons, de manière à produire des ensembles qui, lors même qu'ils imitent des choses réelles, n'en sont cependant jamais de simples copies.

L'imagination a aussi sa place dans les *sciences*. Les objets des mathématiques sont tous des constructions idéales dont l'expérience et l'abstraction n'ont fourni que les indispensables éléments. Les théorèmes, les démonstrations, avant d'être connus, ont dû être inventés; et ils n'ont pu l'être sans doute que par des combinaisons d'idées sans cesse renouvelées. Dans les sciences de la nature, l'esprit est souvent forcé de supposer la loi qui le fuit et d'imaginer un fait qui la saisisse et la révèle; le génie scientifique pourrait s'y définir le don d'inventer tout à la fois des hypothèses fécondes et des expériences décisives.

Enfin, dans la *vie*, quiconque rêve d'un passé ou d'un avenir meilleur pour lui-même ou pour ses semblables, quiconque se trace un plan de conduite et en déroule dans sa pensée les conséquences, ne fait évidemment que modifier et combiner des idées au gré de ses désirs ou de sa volonté. De même aussi, celui qui, adaptant des vérités scientifiques au but qu'il se propose, en fait sortir des inventions utiles à l'humanité.

Tels sont les principaux faits qu'on rapporte à l'imagination. Comment peuvent-ils s'expliquer?

4. Analyse de l'imagination. — Tout d'abord l'imagination suppose une *matière :* ce sont les images, les idées mêmes, accumulées par l'expérience dans la mémoire. Les Muses, disaient les Grecs, sont filles de Mnémosyne. — Plus les images seront distinctes, vives et abondantes, plus le travail ultérieur de transformation sera facile; il le sera d'autant plus aussi qu'elles se seront présentées à l'esprit dans des circonstances plus diverses : chacune d'elles ayant été contiguë avec un grand nombre d'autres pourra être ainsi le point de départ d'une multitude d'associations. L'homme qui n'a qu'une expérience restreinte et uniforme imagine difficilement les choses autrement qu'il n'a coutume de les voir. — En outre l'imagination sera plutôt celle d'un peintre ou d'un musicien ou d'un poète, selon l'espèce des images prédominantes.

Mais, à cette matière, l'imagination donne une *forme* nouvelle. Elle ajoute ou retranche, agrandit ou rapetisse, corrige ou déforme, compose ou décompose, en un mot altère et combine les images et les idées de toutes les façons possibles.

Comment s'opère cette transformation des images?

Dans certains cas, par exemple dans le rêve, dans le délire, elle semble l'effet de causes purement *physiques*. Tout se passe comme si, une sorte de secousse étant imprimée au cerveau, le mouvement se répandait et se répercutait au hasard à travers toutes les cellules et éveillait ainsi toutes sortes d'images incohérentes dont la conscience seule ferait l'assemblage et l'unité. Le kaléidoscope présente un phénomène analogue.

Dans d'autres cas, on peut mieux se rendre compte de l'action des causes *mentales*. Ainsi dans l'*art*, la transformation des images est visiblement l'effet de deux causes qui le plus souvent agissent de concert : le *sentiment* et la *raison*.

Presque toujours, l'artiste, quand il crée (surtout dans les arts d'expression, comme la musique ou la poésie lyrique), est en proie à quelque puissante *émotion* : dès lors, de toutes les images ou idées que le jeu de l'association fait surgir, celles-là seules sont saisies et retenues qui sont conformes à l'émotion dominante et peuvent contribuer à l'exprimer, les autres sont immédiatement écartées, ou, pour mieux dire, elles sont étouffées avant de naître.

Souvent aussi, l'artiste, dès le début de son travail, se pose volontairement à lui-même un certain but; il veut développer un certain thème. Puis il fait, pour ainsi dire, appel à toutes les idées qui peuvent se trouver dans sa mémoire, et à mesure qu'elles apparaissent, sa *raison* les juge; selon le rapport qu'elles peuvent avoir avec le thème de l'œuvre, elles sont admises ou exclues, et une fois admises, plus ou moins modifiées pour s'ajuster entre elles et au thème. Le résultat sera plus ou moins original et harmonieux, selon que les images seront plus ou moins neuves et abondantes, et le jugement qui les choisit et les coordonne plus ou moins sûr.

Dans les *sciences*, la raison paraît agir seule : étant donnée une certaine fin à atteindre, par exemple un problème à résoudre, une loi de la nature à découvrir, elle essayera successivement de plusieurs combinaisons possibles, les modifiant à chaque fois pour les ajuster plus complètement aux conditions de la solution ou de la découverte.

Peut-être faut-il ajouter que l'imagination chez certains esprits devient une habitude, un besoin et comme une méthode. Ils s'accoutument à défaire par la pensée toutes les combinaisons naturelles et à les refaire dans un autre ordre, à décomposer et à recomposer toutes choses. Ils trouvent dans cet exercice un double plaisir, le plaisir de la nouveauté et de la création. Ils n'ont donc pas besoin d'une raison particulière, sentiment dominant ou idée directrice, pour modifier les images des choses : car à toute expérience, à toute pensée s'associe immédiatement chez eux l'idée d'une transformation ou d'une combinaison possible. C'est ce tour d'esprit qui fait sans doute les grands artistes et les grands inventeurs.

5. Rôle de l'imagination. Ses rapports avec l'intelligence. — On peut voir par là quel est le rôle de l'imagination et quels rapports l'unissent à l'intelligence proprement dite.

1° L'imagination est la faculté de l'*idéal*; l'intelligence, la faculté du *réel*. L'une et l'autre décomposent et recomposent les idées ; mais l'imagination, dans ses analyses et ses synthèses, n'obéit à aucune règle et n'a d'autre but que de *créer*. L'intelligence, au contraire, a pour but de *connaître*, c'est-à-dire de penser les choses telles qu'elles sont ; elle est donc assujettie à cette double règle : il faut que ses analyses et ses synthèses soient conformes, d'abord aux lois universelles et nécessaires de la *raison*, ensuite à l'*expérience* uniforme et constante de l'humanité. — Ne pourrait-on en conclure que la faculté de connaître et la faculté d'inventer sont au fond les manifestations d'une seule et même puissance (1)? L'esprit tantôt ajuste ses combinaisons d'idées aux conditions *objectives* de la raison et de l'expérience, tantôt les forme librement, ou les conditions qu'il s'impose sont purement *subjectives* et plus ou moins arbitraires. — De là vient sans doute que l'imagination *précède* l'intelligence aussi bien dans la vie des peuples que dans celle des individus. L'enfant, le jeune homme voient les choses comme ils les rêvent. La religion, l'art sont les aînés de la science. Là est aussi l'explication de leur *antagonisme* extérieur et de leur intime *harmonie*. Moins l'esprit comprend, dit Spinoza, plus grande est la faculté qu'il a de feindre; et plus il comprend, plus cette faculté

---

(1) En partageant cette faculté de la raison, je crois qu'on ne fait pas mal d'en reconnaître deux parties, suivant un sentiment assez reçu qui distingue l'invention et le jugement (Leibniz, *Nouv. essais*, liv. IV, ch. XVII, par. I).

diminue (1). Mais c'est précisément parce que l'imagination et l'intelligence sont deux emplois différents d'une seule et même force que l'une s'accroît presque toujours aux dépens de l'autre. Là où cette force surabonde, comme chez certains hommes de génie, la plus vive imagination peut se concilier avec la plus ferme raison.

2° Le *rôle* de l'imagination se confond avec celui de l'idéal. Or, l'idéal, ou *efface* et remplace à nos yeux la réalité, ou nous en présente le *modèle* et comme le *portrait anticipé*.

Dans le premier cas, l'esprit se distrait ou se console de la vie réelle en se transportant pour un moment dans un monde imaginaire. C'est ce qui fait l'attrait de l'art; c'est ce qui en fait aussi le danger. Il est bon de rêver et de jouer quelquefois; mais le rêve et le jeu sont le délassement et non l'occupation de la vie. Quiconque oublie cette vérité s'expose à bien des mécomptes.

Dans le second cas, l'imagination est comme une magicienne qui dévoile les choses cachées et prophétise l'avenir. Elle invente des *hypothèses* qui se trouvent être les véritables lois de la nature; elle forme des *projets* qui changent la face du monde et la condition de l'humanité. Mais, si dans ce nouveau rôle elle rejette le contrôle de l'expérience et de la raison, toutes ses hypothèses avortent en *erreurs*, tous ses projets en *utopies*. Loin d'être le modèle du réel, l'idéal n'est plus alors que l'image décevante de l'*impossible*.

OUVRAGES A CONSULTER

I. MÉMOIRE. — Locke, *Essai sur l'entendement humain*. — Leibniz, *Nouveaux essais*. — Reid, *Essai sur les facultés intellectuelles*. — Hamilton, *Lectures on Metaphysics*. — Royer-Collard, *Fragments dans les œuvres de Reid*, trad. Jouffroy. — Spencer, *Principes de psychologie*. — Stuart Mill, *Philosophie de Hamilton*, chap. xiv et xv. — Gratacap, *Théorie de la mémoire*. — Ribot, *Les maladies de la mémoire*.

Voyez en outre *Psychologie*, chap. xi (L'habitude).

II. ASSOCIATION DES IDÉES. — Les mêmes que ci-dessus. — Malebranche, *Recherche de la vérité*, liv. II, 1ʳᵉ part., 5. — Leibniz, *Monadologie*. — Hume, *Recherches sur l'entendement humain*. — Dugald-Stewart, *Philosophie de l'esprit humain*. — Stuart Mill, *Système de logique*, liv. VI, chap. iv. — Taine, *L'intelligence*. — Ferri, *La psychologie de l'association*. — Ravaisson, *Rapport sur la philosophie en France au dix-neuvième siècle*, chap. xxii. — Ribot, *La psychologie anglaise contemporaine*.

Voyez en outre *Psychologie*, chap. x (L'associationnisme).

III. IMAGINATION. — Bain, *Les sens et l'intelligence*, chap. iv. — Rabier, *Leçons de philosophie*, t. I, p. 198. — Séailles, *Essai sur le génie dans l'art*. — Taine, *De l'idéal dans l'art*. — Wundt, *Psychologie physiologique*, II, chap. xvii.

(1) Spinoza, *De la réforme de l'entendement*.

Voyez en outre *Psychologie*, chap. XIII (L'art); *Logique*, II (L'objet des sciences mathématiques); III (L'hypothèse) et V (L'erreur).

SUJETS DE DISSERTATIONS

I. MÉMOIRE. — 1. Analyse ou théorie de la mémoire. 78-83.

2. De la mémoire. Lois de la mémoire. Qualités d'une bonne mémoire. Des divers genres de mémoire. De la mnémotechnie. 70.

Des qualités d'une bonne mémoire et des diverses espèces de mémoire. 76.

3 et 4. Des conditions psychologiques de la mémoire. Analyse du souvenir. 67.

5. De la mémoire sensible et de la mémoire intellectuelle. Comparer et distinguer ces deux espèces de mémoire. 74.

La mémoire est-elle une faculté unique, ou se compose-t-elle de plusieurs facultés? Des différentes espèces de mémoire. 85.

6. Marquer par des analyses et des exemples l'influence de la volonté sur la mémoire. 68.

7. Montrer par des exemples la différence de la réminiscence et du souvenir, et à ce propos analyser les éléments et les lois du souvenir. 74.

Quelles sont les conditions psychologiques de la réminiscence? Quelles sont celles du souvenir? 79.

8. Montrer par des analyses que les conditions du souvenir sont l'identité du moi et l'idée de temps. 78.

En quel sens est vrai le mot de M. Royer-Collard : « On ne se souvient pas des choses, on ne se souvient que de soi-même » ? 73-83-86.

Analyser la notion de l'identité personnelle ; montrer comment elle se forme en nous et quelles conséquences elle comporte. 81.

II. ASSOCIATION DES IDÉES. — 1. Rapports de la mémoire et de l'association des idées. 85.

L'association des idées est-elle une faculté? Montrez-en la nature et l'importance psychologique. 87.

2 et 3. Des différents rapports par lesquels s'enchaînent nos idées. 67.

Quelle est l'influence qu'exerce sur la nature et le développement de l'esprit l'habitude des associations logiques ou celle des associations accidentelles? 80.

4. Lois de l'association des idées. 75.

Quelles sont les principales lois de l'association des idées? Montrer l'importance de l'association des idées dans la formation de l'intelligence et du caractère. 72.

5. Peut-on expliquer par l'association des idées toutes les opérations de l'intelligence? 79.

III. IMAGINATION. — 1. Théorie de l'imagination. 85.

2. De l'imagination et de la mémoire ; leurs rapports et leurs différences. 67.

Distinguer la mémoire imaginative et l'imagination créatrice. 68-71.

Comparer les phénomènes psychologiques du rêve, de la rêverie, de l'hallucination. Qu'y a-t-il de commun ou de différent entre eux? 75.

3 et 4. De l'imagination créatrice ; faire la part de la mémoire et de la réflexion dans les produits de cette faculté. 80.

Peut-on dire que l'imagination crée quelque chose? En quoi consiste le travail créateur de l'art? 67.

Quel est le rôle de l'imagination créatrice dans les beaux-arts? 74.

Déterminer le rapport de l'imagination et du goût. Donner des exemples et montrer les applications. 77.

Du rôle de l'imagination dans les sciences abstraites. 76.

5. Du rôle de l'imagination dans la vie humaine. 66.

Distinguer l'imagination de l'entendement. 66-69.

CHAPITRE IX

ÉLABORATION DE LA CONNAISSANCE

I. — LES OPÉRATIONS INTELLECTUELLES.

L'élaboration de la connaissance a pour but et pour effet de substituer aux représentations complexes et plus ou moins confuses des *êtres* et des *phénomènes* individuels les idées plus simples et partant plus distinctes de leurs *qualités* et de leurs *rapports*. Elle est l'œuvre de l'*intelligence proprement dite*, qui se dégage et s'affranchit graduellement des sensations et des images, et de plus en plus les transforme en matériaux ou en signes de ses propres opérations. La *science* ne fait que la continuer et la porter à son dernier degré de perfection.

On peut y distinguer trois phases principales :

1° Des représentations acquises par les sens ou la conscience et conservées par la mémoire, l'esprit tire les *idées* des *qualités* et des *classes*, idées abstraites et générales par lesquelles il pense l'*essence* même des choses. C'est cette première opération que les logiciens appelaient *conception* ou *appréhension*, et qui comprend elle-même l'abstraction et la généralisation.

2° Une fois ces idées élaborées, l'esprit les compare aux choses concrètes et particulières ou il les compare entre elles, et par cette comparaison découvre les *rapports* qui les unissent. De là le *jugement*, qui est une synthèse d'idées, comme l'*idée* est une analyse, ou plutôt le résultat d'une analyse de représentations.

3° Enfin, l'esprit, comparant les jugements entre eux, découvre ainsi des rapports de plus en plus lointains, des rapports de rapports. Cette synthèse de jugements est le *raisonnement*.

Abstraction et généralisation, jugement et raisonnement, telles sont donc les grandes opérations intellectuelles. Les deux premières sont plutôt des modes de l'analyse, les deux autres des modes de la synthèse.

II. — L'ABSTRACTION.

1. Nature de l'abstraction. — Abstraire, c'est, *dans un objet donné, isoler une qualité de toutes les autres et de l'objet même qui la possède*. Dans ce papier, j'isole la blancheur de l'étendue, de la forme, du papier même. L'idée de blancheur ainsi obtenue est une *idée abstraite*.

L'abstraction est un mode de l'attention. C'est l'attention fixée non sur l'objet tout entier, mais sur une seule de ses qualités.

Comme l'attention, elle peut être *spontanée* ou *réfléchie*. Il y a une abstraction presque passive qui se fait toutes les fois qu'une qualité d'un objet fait sur nous une impression plus vive ou plus distincte que toutes les autres. Ainsi nos sens ne sont pas toujours impressionnés en même temps ni avec la même force par toutes les propriétés d'un objet. C'est ce qui faisait dire à Laromiguière que le corps humain est une machine à abstractions.

Mais ces abstractions ne sont que des images incomplètes. La véritable abstraction consiste non dans une *omission* inconsciente, mais dans une *exclusion* réfléchie de toutes les qualités autres que celle qu'on abstrait.

Elle traverse trois degrés successifs :

1° La qualité est distinguée et isolée des autres qualités qui l'accompagnent ;

2° Elle est distinguée et isolée de l'objet même auquel elle appartient ;

3° Elle est associée à un nom qui en fait une sorte d'objet idéal, ce que les scolastiques appelaient un être de raison, la *beauté*, la *force*, etc.

2. Usage et abus de l'abstraction. — L'abstraction est la condition de toute connaissance *claire* et *distincte*. Elle remplace la représentation complexe et confuse d'un objet par la connaissance, soit de sa qualité maîtresse, soit de toutes ses qualités, et en donne ainsi une idée ou plus *simple* ou plus *complète*.

Elle est la condition de toute connaissance *générale*. Les individus, pris chacun en soi, sont tous différents les uns des autres : seule l'abstraction démêle en eux des *caractères* identiques qui permettent à l'esprit de les réunir dans une même classe.

Mais l'abstraction peut avoir ses dangers. S'accoutume-t-on à ne considérer dans les choses que certaines qualités, on finira par oublier qu'elles y sont complétées et limitées par d'autres : de là les vues étroites et exclusives de certains esprits systématiques. D'autre part, si on se laisse duper par le langage, on prendra des mots pour des choses et des qualités pour des substances, on *réalisera* des *abstractions*. Aucune erreur n'est peut-être plus fréquente dans les sciences, dans la philosophie même. Que l'imagination s'en mêle, les abstractions seront non seulement réalisées, mais *personnifiées* et *divinisées :* ainsi s'est peuplé le Panthéon des anciens.

Le remède à tous ces abus, c'est de confronter sans cesse nos idées abstraites avec les choses réelles dont nous les avons tirées.

III. — LA GÉNÉRALISATION.

1. Nature de la généralisation. — Généraliser, c'est *comparer entre eux un certain nombre d'objets, abstraire l'ensemble des qualités qui leur sont communes, et penser cet ensemble de qualités comme le type d'une classe*, c'est-à-dire d'un nombre indéfini d'objets du même genre. Étant donnés un aigle, un moineau, un cygne, j'abstrais par comparaison l'ensemble de leurs caractères communs, et j'obtiens ainsi l'*idée générale* d'oiseau.

Il se fait dans la mémoire une sorte de généralisation spontanée et presque passive, dont les animaux eux-mêmes sont capables, lorsqu'une image unique résulte de plusieurs impressions semblables.

Mais cette image, analogue aux *portraits composites* (1), n'est pas une véritable idée générale. Elle paraît en faire l'office, parce que l'esprit, ne distinguant pas les objets plus ou moins semblables qu'elle lui représente, les identifie passivement les uns aux autres. La vraie généralisation consiste à penser expressément l'identité d'objets qu'on sait en même temps distincts les uns des autres : elle se fait par *assimilation* et non par *confusion*.

On peut y distinguer deux opérations successives : 1° la *comparaison;* 2° la *généralisation proprement dite*.

Comparer, c'est *faire successivement attention à deux ou plusieurs objets pour en découvrir les rapports*. La comparaison, a

---

(1) On nomme ainsi des portraits obtenus par la superposition et la fusion de plusieurs figures plus ou moins semblables.

dit Condillac, est une double attention. Elle est la condition non seulement de la généralisation, mais encore, on le verra plus tard, du jugement (au moins sous sa forme réfléchie) et du raisonnement.

De la comparaison d'un certain nombre d'objets entre eux résulte l'*idée abstraite* de leurs caractères communs. La généralisation proprement dite consiste à juger que cette idée abstraite représente non seulement les objets d'où on l'a tirée, mais un nombre indéfini d'objets semblables, qu'elle est le type d'un genre ou d'une classe.

2. Les idées générales. — D'après cela, toute idée générale, ou, comme disent les logiciens, tout *concept* a deux propriétés inséparables : *compréhension* et *extension*.

D'une part, elle représente à notre esprit un certain *ensemble de qualités*. Cet ensemble de qualités est sa *compréhension*. Par exemple la compréhension de l'idée d'oiseau est « animal, vertébré, ovipare, à sang chaud, au corps couvert de plumes, aux membres antérieurs impropres à la marche et plus ou moins adaptés au vol ».

D'autre part, elle représente à notre esprit un certain *ensemble d'individus ou d'espèces*. Cet ensemble d'individus ou d'espèces est son *extension*. Par exemple l'extension de l'idée d'oiseau est « rapaces, grimpeurs, passereaux, gallinacés, échassiers et palmipèdes ».

L'idée générale une fois formée est associée à un *nom*, dit *nom commun*, de telle sorte que l'idée et le nom se suggèrent réciproquement.

Il est évident que par la comparaison d'un certain nombre d'idées générales entre elles, l'esprit peut former des idées plus générales et ainsi de suite indéfiniment. Par exemple, par la comparaison des idées d'oiseau, de mammifère, de reptile, etc., il forme l'idée plus générale de vertébré; par la comparaison des idées de vertébré, d'articulé, de mollusque, etc., l'idée plus générale d'animal. A chacun des degrés de cette généralisation progressive, en même temps que l'extension des idées augmente, leur compréhension diminue. D'où cette loi que nous retrouverons en logique : *l'extension et la compréhension des idées sont en raison inverse l'une de l'autre.*

3. Utilité de la généralisation. — La généralisation a une triple *utilité*.

D'abord, elle rend la pensée plus *simple* et plus *claire*. A la représentation de l'innombrable multitude des choses et de leurs accidents, elle substitue l'idée de leur *essence*, c'est-à-dire de leurs caractères constitutifs et permanents.

En second lieu, elle donne à la pensée une *portée sans limites*. Toute idée générale est l'idée d'une *infinité* de choses passées, présentes et futures, et ce qui est vrai de cette idée est vrai de tous les objets auxquels elle s'applique, en tous lieux et en tous temps.

Enfin, elle introduit l'*ordre* dans la pensée en rendant possible la *classification* des choses par l'intermédiaire de la classification des idées. Il y a en effet une sorte de hiérarchie des idées qui se subordonnent graduellement les unes aux autres à partir des plus générales jusqu'aux plus spéciales.

De là le *rôle* de la généralisation dans la connaissance, le langage et la science.

Sans idée générale, pas de *connaissance* possible. Connaître une chose, ce n'est pas seulement éprouver, en sa présence, une sensation ou s'en représenter l'image : c'est juger qu'elle est telle ou telle, et par conséquent lui attribuer une certaine essence ou la faire entrer dans une certaine classe.

Sans idée générale, pas de *langage* possible. Tout langage se compose de noms communs, d'adjectifs, de verbes qui expriment non des faits ou des êtres individuels, mais des natures, des états, des rapports communs à une infinité d'êtres ou de faits. Adam Smith suppose que les premiers noms ont été des noms propres ; mais on ne peut nommer un individu qu'en désignant par le nom la qualité qui le caractérise, et l'idée de cette qualité est, au moins virtuellement, une idée générale. Tout nom propre n'est en fait qu'un nom commun particularisé.

Enfin, sans idée générale, pas de *science* possible. Il n'y a pas de science du particulier, disaient les philosophes anciens. La science, c'est l'explication des choses. Expliquer un fait particulier, c'est le rattacher à une loi générale.

4. Le problème des universaux. — Cependant un double problème, psychologique et métaphysique, est impliqué dans la théorie des idées générales : celui de leur *nature* et de leur *valeur*.

Tout d'abord, qu'y a-t-il *dans notre esprit*, quand nous pensons une idée générale? L'idée générale du triangle, c'est l'idée d'un triangle qui n'est ni équilatéral, ni isocèle, ni scalène, etc., l'idée d'un triangle aux côtés et aux angles indéterminés. Mais il semble impossible de *réaliser* dans sa pensée une telle idée. Nécessairement tout triangle auquel nous pensons a des côtés et des angles déterminés, mais par cela même il n'est pas le triangle en général.

D'autre part, qu'y a-t-il *dans la réalité* qui corresponde à nos idées générales? S'il n'existe que des *individus*, elles n'ont donc pas d'objet réel ? et si elles ont un objet réel, en quoi peut-il consister ?

Ce double problème, qui avait déjà divisé Platon et Aristote, a été surtout discuté au moyen âge, où il a reçu trois solutions différentes, le *réalisme*, le *nominalisme* et le *conceptualisme*.

Le *réalisme*, qui invoque l'autorité de Platon, et qui fut soutenu par saint Anselme et Guillaume de Champeaux, enseigne que les *universaux*, c'est-à-dire les idées générales, correspondent à des *réalités* distinctes des individus, à des *archétypes* éternels. Ainsi l'homme, le cheval existeraient en eux-mêmes, indépendamment des hommes et des chevaux particuliers. Bien mieux les choses particulières ne seraient que des effets de ces essences générales.

Le *nominalisme* fut d'abord professé par Roscelin, qui condamné par un concile, rétracta sa doctrine ; mais il reparut dans la dernière période de la philosophie scolastique avec Okkam. Les universaux ne sont que des noms, des souffles de voix, *flatus vocis*. Dans la réalité et dans la pensée, tout est individuel. Le réalisme multiplie les êtres sans nécessité. *Entia non sunt multiplicanda sine necessitate*, disait Okkam. *Frustra fit per plura quod fieri potest per pauciora.*

Le *conceptualisme*, qui renouvelle, ce semble, la doctrine d'Aristote, paraît avoir été inventé par Abélard pour concilier le nominalisme et le réalisme. Il n'y a dans la réalité que des individus ; mais dans ces individus, il y a des caractères communs, des essences communes, et ce n'est pas arbitrairement que notre pensée les rapproche et les classe. Les universaux sont donc des formes de la pensée humaine qui correspondent à ces rapports des êtres, réels comme les êtres eux-mêmes, quoiqu'ils en soient inséparables.

Au point de vue métaphysique, on ne peut évidemment admettre l'existence d'*êtres de raison*, tels que le triangle en soi, l'homme en soi, etc.; mais on peut se demander si nos idées générales, celles du moins dont se compose la science, n'expriment pas les *types* et les *lois* véritables des choses, et si ces types et ces lois ne sont pas, en un sens, aussi réels, peut-être même plus réels que les êtres et les phénomènes qu'ils nous expliquent. Resterait, il est vrai, à définir le *mode de réalité* qui leur est propre : on ne le pourrait, sans doute, qu'à la condition de voir en eux, avec tous les grands idéalistes, les formes ou idées de l'intelligence créatrice.

Au point de vue psychologique, qui en ce moment nous intéresse davantage, le conceptualisme nous paraît être la vérité. — Toute idée est nécessairement particulière, individuelle, dit le nominalisme ; seul le nom est général, parce que l'esprit peut l'appliquer indifféremment à tous les individus d'une même classe. — Mais il oublie que le nom, pris en lui-même, est, à chaque fois qu'on le prononce, une sensation nouvelle, singulière, et par conséquent qu'il n'est pas et ne peut pas être plus général que l'idée. Sa généralité vient de ce qu'à chaque fois qu'il est prononcé, nous le pensons comme étant le *même*, malgré les différences accidentelles du temps, du lieu et des circonstances. Mais il suffit pareillement que nous pensions une idée comme étant la *même*, bien qu'à chaque fois que nous la pensons elle soit plus ou moins différente, pour qu'elle ait toute la généralité désirable. En fait, l'idée générale se réalise chaque fois dans notre pensée par le moyen d'images particulières plus ou moins différentes les unes des autres ; et cependant nous avons le droit de la penser comme étant la même, parce que dans toutes ces images se retrouvent des caractères communs qui en font l'identité et qui seuls attirent notre attention. Ce sont ces caractères que désigne le nom, ce sont eux par conséquent qui constituent proprement l'idée générale.

IV. — LE JUGEMENT.

1. Nature et rôle du jugement. — Le jugement, c'est-à-dire *l'opération par laquelle l'esprit aperçoit et affirme les rapports*, est l'acte essentiel de l'intelligence.

En effet, la *sensation* n'est pas encore la connaissance, elle n'en est que l'occasion et la matière. L'*image* n'est que l'écho de la sensation. L'*attention* prépare la connaissance, mais ne la constitue pas ; la *mémoire* la conserve et la reproduit, mais par cela même la présuppose. Il n'y a donc connaissance que lorsque l'esprit, des sensations ou des images étant données sur lesquelles se fixe son attention, les distingue, les compare, aperçoit et affirme les rapports qu'elles ont entre elles, ou avec leurs causes, ou avec lui-même.

Aussi le jugement, au moins sous sa forme spontanée, intervient-il même dans les fonctions inférieures de l'intelligence. Percevoir, c'est *juger* qu'une sensation est produite par un objet; se souvenir, c'est *juger* qu'une idée correspond à un événement passé.

A plus forte raison est-il impliqué dans toutes les opérations intellectuelles. Abstraire, ce n'est pas seulement faire attention à une seule qualité dans un objet, c'est aussi *juger* que cette qualité est distincte des autres et de l'objet lui-même; généraliser, ce n'est pas seulement abstraire l'ensemble des qualités communes à plusieurs objets, c'est aussi *juger* que cet ensemble est le même dans ces objets et dans une infinité d'autres semblables. Le raisonnement, on le verra plus tard, n'est qu'un cas particulier du jugement.

C'est pourquoi Kant a défini l'entendement la *faculté de juger*.

2. Modes du jugement. — Le jugement peut être spontané ou réfléchi.

Spontané, il a pour objet immédiat les *choses* mêmes et consiste à affirmer un rapport donné dans les choses. Exemple : je pense ; j'existe ; il fait chaud ; le soleil brille.

Réfléchi, il a pour objet immédiat les *idées* et consiste à affirmer un rapport posé avec les idées mêmes. Exemple : deux et deux font quatre. La somme des angles d'un triangle égale deux droits.

Le jugement réfléchi suppose l'existence préalable des idées dans l'esprit et leur comparaison préalable. Il est donc *abstrait* et *comparatif*. Il est le plus souvent accompagné d'une proposition qui en est l'énonciation verbale.

Le jugement spontané est antérieur à l'acquisition et à l'élaboration des idées dont il est lui-même la condition : il n'exige aucune comparaison préalable. On pourrait donc l'appeler aussi jugement *concret* ou *intuitif*. Il devient réfléchi dès qu'il s'énonce dans une proposition.

Au jugement réfléchi convient seule la définition traditionnelle des logiciens (Port-Royal, Locke, etc.) : *juger, c'est apercevoir ou affirmer un rapport entre deux idées*.

Cette définition a été très vivement combattue par Thomas Reid et Victor Cousin, qui distinguent avec raison des jugements intuitifs et des jugements comparatifs, mais qui ont le tort d'exagérer cette distinction.

De ce que le jugement intuitif ne résulte pas d'une comparaison préalable d'idées abstraites, ils concluent que ce jugement consiste non dans l'affirmation d'un rapport, mais dans l'intuition d'une existence ou d'une qualité. Ainsi juger que j'existe ou que je pense, ce n'est pas, d'après eux, affirmer un rapport entre le moi et l'existence ou la pensée, c'est avoir l'intuition d'un moi existant ou pensant.

Une telle intuition absolument simple, indivisible, est un état de conscience et non un jugement. Les animaux les plus infimes ont le sentiment de leur existence et de leurs états : ils ne jugent pas pour cela. Il n'y a jugement que lorsque l'esprit aperçoit, dans cette intuition même, un rapport. Sans doute le jugement intuitif ne résulte pas d'une comparaison préalable ; mais il est lui-même cette comparaison. Pour juger qu'on pense, il faut, dans la conscience même qu'on a de sa pensée, se distinguer soi-même de l'acte par lequel on pense et se rapporter cet acte à soi-même.

3. Analyse du jugement. — On peut distinguer dans tout jugement une *matière* et une *forme*.

La *matière*, ce sont les choses à propos desquelles on juge, soit qu'à ce moment même ces *choses* soient présentes à nos sens, soit qu'elles soient remplacées par des *idées*, elles-mêmes incorporées à des *mots*. C'est ce dernier cas qui a toujours lieu, dès qu'on réfléchit sur un jugement, même porté en présence des choses.

Il s'ensuit que dans tout jugement la réflexion démêle deux idées, l'une *sujet*, l'autre *attribut*, celle-ci affirmée de celle-là. D'où la définition d'Aristote, juger, c'est affirmer quelque chose de quelque chose, κατηγορεῖν τὶ περί τινος.

La *forme*, c'est le *rapport* que l'esprit aperçoit entre le sujet et l'attribut ; c'est, en même temps, l'acte *sui generis*, constitutif du jugement, par lequel il *affirme* ce rapport, il *croit* à sa réalité. Elle est exprimée dans la proposition par le *verbe*.

Cette analyse nous permet de distinguer le jugement de deux autres phénomènes avec lesquels il a été confondu, principalement par les philosophes de l'école empirique, la *sensation* et l'*association des idées*.

Nos premiers jugements se font à la suite des sensations, mais ils en sont distincts. Des sensations peuvent être présentes dans notre conscience, soit en même temps, soit les unes à la suite des autres, sans que nous en percevions nécessairement les rapports. Autre chose est la double représentation de deux lignes, autre chose la perception de leur égalité ou de leur inégalité.

Les rapports des couleurs, des sons, ne sont pas eux-mêmes des couleurs ou des sons ; ce n'est pas l'œil ou l'oreille, c'est l'intelligence qui les perçoit.

L'association suppose, comme le jugement, la présence simultanée ou successive d'au moins deux idées dans l'esprit ; mais ces idées sont simplement *juxtaposées;* elles ne sont pas *enchaînées* l'une à l'autre. L'esprit passe de la première à la seconde avec plus ou moins de force et de rapidité ; mais il ne réfléchit pas la seconde sur la première : il ne pense pas le *rapport* qui existe entre elles. Il est vrai que toute association sur laquelle se porte notre attention tend, par cela même, à susciter un jugement; mais l'acte par lequel l'esprit dégage tel ou tel des rapports impliqués dans les idées associées n'en reste pas moins distinct de leur association elle-même.

4. Classification des jugements. — On peut classer les jugements de plusieurs manières, selon que l'on y envisage le *sujet*, le *verbe* ou l'*attribut*.

1° Le *sujet* peut être ou un individu, ou une classe, ou une partie indéterminée d'une classe. De là les jugements *individuels* (je pense), *généraux* (les animaux sont mortels), *particuliers* (quelques végétaux paraissent sensibles). On peut rapprocher des jugements *individuels* les jugements *collectifs* qui ont pour sujet une collection déterminée d'individus (toutes les planètes de notre système tournent autour du soleil). Cette première classification est fondée sur la QUANTITÉ.

2° Le *verbe* peut exprimer l'affirmation ou la négation. De là les jugements *affirmatifs* et *négatifs*.

On remarquera que tout jugement négatif peut se transformer en jugement affirmatif : il suffit pour cela de faire retomber la négation du verbe sur l'attribut. C'est une même opération mentale de nier qu'une chose existe ou d'affirmer qu'elle n'existe pas.

Outre la QUALITÉ du verbe, on peut aussi considérer sa MODALITÉ, selon que l'attribut est simplement affirmé du sujet, ou qu'il en est affirmé nécessairement ; d'où les jugements *contingents* (j'existe ; il fait froid) et les jugements *nécessaires* (ce qui est est ; deux et deux font quatre).

3° Enfin, l'*attribut* peut avoir avec le sujet des rapports de bien des sortes. C'est le point de vue appelé par Kant RELATION. La distinction la plus générale est, ce semble, celle des jugements *analytiques* et *synthétiques*.

Un jugement est analytique *quand l'attribut est une partie extraite du sujet* (exemple : le triangle a trois côtés ; tout corps est étendu) ; il est synthétique *quand l'attribut est ajouté au sujet dont il ne fait pas partie* (exemple : le triangle est le symbole de la divinité ; ce corps est chaud).

Le jugement analytique affirme un rapport d'*identité* totale ou partielle entre le sujet et l'attribut ; le jugement synthétique affirme un rapport de *liaison* entre le sujet et l'attribut.

4° Si l'on considère non plus les jugements en eux-mêmes, mais la *manière* dont nous les formons, on distingue les jugements *à priori*, dans lesquels l'attribut est affirmé du sujet avant que leur rapport ait été aperçu dans l'expérience, et les jugements *à posteriori* dans lesquels l'attribut n'est affirmé du sujet qu'après que leur rapport a été aperçu dans l'expérience.

Tous les jugements analytiques sont *à priori* : c'est une question très discutée de savoir s'il y a des jugements synthétiques *à priori*.

On peut distinguer encore les jugements *immédiats* dans lesquels le rapport du sujet et de l'attribut est aperçu sans intermédiaire, et les jugements *médiats* dans lesquels ce rapport est aperçu par l'intermédiaire des rapports qu'ils ont l'un et l'autre avec un troisième terme. Les *jugements médiats* sont les conclusions de raisonnements.

* **5. La croyance** (1). — En même temps que les jugements diffèrent ainsi les uns des autres soit par la nature des *termes* qui les composent, soit par celle des *rapports* aperçus entre ces termes, ils se ressemblent tous par la présence d'un élément identique, invariable, essentiel, l'*affirmation*. L'affirmation est, pour ainsi dire, l'âme du jugement.

Mais affirmer, c'est croire. Il ne suffit pas, pour affirmer, et par conséquent pour juger, de penser deux idées, de penser un rapport entre ces idées ; il faut *croire* à la réalité ou à la vérité de ce rapport.

La croyance est l'*acte par lequel l'esprit attribue à ses idées une signification et une valeur objectives*. En s'ajoutant aux idées, la croyance en fait les signes, les équivalents de la réalité : bien plus, elle les identifie avec les choses mêmes.

Comme le jugement, la croyance peut être spontanée ou réflé-

---

(1) Les paragraphes marqués d'un astérisque traitent de questions un peu difficiles à comprendre pour des commençants et peuvent être passés à une première lecture.

chic. *Spontanée*, elle est antérieure au doute et à l'examen et paraît être l'*intuition* même des choses auxquelles elle identifie les idées ; *réfléchie*, elle succède au doute et à l'examen et n'est évidemment que la *corrélation* des idées avec les choses, l'*interprétation* des idées comme signes des choses.

En outre, elle est susceptible de degrés. Absolue, entière, elle s'appelle *certitude;* accompagnée d'une tendance plus ou moins forte à concevoir et à croire le contraire, elle s'appelle *opinion* ou simplement *croyance*. Lorsque l'esprit tend en même temps et avec la même force à deux croyances qui s'excluent réciproquement, ou lorsqu'il ne tend ni à l'une ni à l'autre, cet état d'équilibre ou d'indifférence est le *doute*.

Quelle est la nature de la croyance ? Quelle en est la cause ?

La croyance est un phénomène tout à fait particulier, qui a des affinités avec les trois sortes de faits psychologiques, et qui pour cette raison a été rapporté tour à tour à l'intelligence, à la sensibilité et à la volonté.

D'une part, elle est toujours adhérente à des idées. Dans un grand nombre de cas, sa force paraît être proportionnée à la vivacité ou à la clarté des idées qu'elle accompagne. Ne pourrait-on dire qu'elle est elle-même une idée, l'idée d'*être*, l'idée de *réalité* ou de *vérité* qui en s'ajoutant et s'incorporant aux autres idées, leur communique une apparence ou une signification objective ?

Mais d'autre part, la croyance ressemble aussi à un sentiment. Elle est un état agréable auquel l'esprit tend de toutes ses forces ; le doute, qui est l'état contraire, est pénible. Comme toutes les émotions, elle peut être plus ou moins vive : c'est l'émotion propre de l'intelligence, chaque fois qu'elle aperçoit la réalité ou la vérité.

Enfin, DESCARTES voit dans la croyance un acte de volonté. Croire, c'est donner ou refuser son assentiment à une synthèse d'idées seulement proposée mais non imposée par l'intelligence. Cet assentiment est libre. De même que la volonté, la croyance confère aux idées une réalité objective : tant que l'idée n'est pas encore crue ou voulue, elle n'est qu'un pur possible : croire ou vouloir, c'est faire qu'elle se réalise. De là vient que toute croyance tend à passer dans les actes, et se manifeste dans la conduite bien plus sûrement que dans le discours : ainsi croire qu'une chose est un bien et vouloir acquérir ou posséder cette chose, c'est tout un.

Il ne nous semble pas possible d'identifier absolument la croyance soit avec l'idée, soit avec le sentiment, soit avec la volonté. Elle est évidemment un acte spontané de l'esprit, auquel il tend naturellement, qui par cela même est accompagné de plaisir, sans être cependant lui-même un plaisir, et qui à tous ces points de vue ressemble à la volonté. Mais elle se rapporte directement à la connaissance et non à l'action ; et tandis que la volonté *fait* être les idées, la croyance les *voit* être. Toutes les analogies ne peuvent effacer cette différence fondamentale. La croyance est donc un acte, mais un acte *intellectuel*.

Les mêmes difficultés reparaissent, quand il faut déterminer la cause de la croyance.

Les causes apparentes et plus ou moins lointaines de la croyance sont nombreuses et diverses : la sensation, la mémoire, l'évidence, la vraisemblance, l'autorité, le témoignage, l'exemple, l'habitude, l'intérêt, la passion, la volonté même, etc. On croit ce qu'on sent, ce qu'on se rappelle, ce qui est évident ou vraisemblable, ce qu'on entend dire, ce qu'on voit croire autour de soi, ce qu'on désire, et ainsi de suite. — Mais toutes ces causes ne peuvent-elles se ramener à l'unité ?

Les partisans de la doctrine cartésienne, qui souvent mêlent et confondent les deux questions de la nature et de la cause de la croyance, prétendent que la *volonté* est dans tous les cas la cause nécessaire et suffisante de la croyance. — Mais les faits démentent leur théorie. La volonté est absente du berceau de la plupart de nos croyances. En particulier, toutes nos croyances spontanées sont involontaires, et d'un autre côté, la volonté ne suffit en aucun cas pour produire la croyance. Une synthèse d'idées étant donnée, nous ne pouvons à volonté croire qu'elle est vraie ou qu'elle est fausse : c'est une expérience facile à faire.

Aussi la doctrine des partisans de la croyance volontaire se réduit-elle, au fond, à cette thèse moins paradoxale mais encore contestable : c'est qu'au nombre des conditions de la croyance se trouve toujours « l'absence d'une volonté contraire », et souvent « la présence d'une volonté conforme ».

En d'autres termes, il peut bien nous arriver de croire sans le vouloir ; mais alors même nous n'aurions pas cru si nous avions eu la volonté de ne pas croire, et en général toute tendance à croire est tenue en échec par la volonté de ne pas croire.

Mais ceci ne suffit pas évidemment pour prétendre que toute croyance est volontaire : de ce qu'une volonté négative et éventuelle pourrait empêcher toute croyance, il ne s'ensuit pas qu'une volonté positive et actuelle soit la cause productrice de toute croyance. En admettant que la volonté ait sur la croyance un droit de *veto*, elle ne peut, quand elle exerce ce droit, que contre-balancer une cause déjà agissante, et c'est celle-ci qui est la vraie cause de la croyance, car c'est elle qui tend à la produire et qui la produit en effet dès qu'elle n'en est pas empêchée. En outre, le *veto* de la volonté est souvent sans effet : on voudrait ne pas croire, on croit malgré soi, et il ne s'exerce pas *directement* sur la croyance même mais sur la cause de la croyance, c'est-à-dire sur les motifs de croire auxquels la volonté oppose des motifs de douter.

D'autre part, si parmi les antécédents de certaines croyances on remarque la présence d'une volonté de croire, on ne peut jamais prouver que cet antécédent soit la condition suffisante et déterminante de ces croyances. La volonté agit tout au plus alors en permettant ou en favorisant l'action de la cause qui nous fait croire ; mais par cela même elle présuppose cette cause.

Ainsi la volonté peut dans certains cas empêcher la croyance ; elle peut aussi la permettre ou la favoriser ; mais elle ne peut jamais la produire à elle seule ; elle ne peut pas l'empêcher toujours ; et dans tous les cas où elle s'exerce, son action est indirecte ; elle n'influe sur la croyance que par l'intermédiaire de la cause de la croyance. Enfin, dans bien des cas, son action est nulle.

D'après Hume, la cause de la croyance est dans la *vivacité intrinsèque des sensations et des idées*. A toute sensation est, pour ainsi dire, attaché un sentiment de réalité : ce sentiment, identique au fond à la sensation, est la croyance. Toute idée, qui approchera de la vivacité de la sensation, éveillera une croyance proportionnelle à sa force même. De là vient, par exemple, que les émotions, l'habitude, toutes les causes qui renforcent la vivacité des idées, influent par cela même sur les croyances.

D'après Spinoza, la cause de la croyance est la *tendance des idées à s'affirmer elles-mêmes*. Toute idée, par cela seul qu'elle est pensée, est affirmée, objectivée, crue ; elle n'est pas une idée pour l'esprit, elle est la chose même. D'où vient, cependant, que toute idée ne soit pas en fait accompagnée de croyance ? C'est qu'il nous est impossible d'avoir en même temps deux croyances qui se contredisent. Il y a donc une *condition négative* de la croyance : *l'absence de contradiction*. Pour que l'idée ait son plein effet et soit objet de croyance en même temps qu'objet de pensée, il faut et il suffit qu'elle ne soit pas contredite.

Les deux théories de Hume et de Spinoza ne s'excluent pas, mais se complètent l'une l'autre.

On a objecté à la première que la croyance peut appartenir à des idées très faibles, par exemple dans le rêve, la rêverie, et manquer à des idées très fortes, par exemple chez un halluciné qui se rend compte de son état.

On pourrait objecter à la seconde qu'elle explique peut-être la certitude, mais qu'elle n'explique pas l'opinion ou croyance pure et simple. On croit toute idée qui n'est pas contredite ; mais on peut croire aussi, quoique avec moins d'assurance, une idée contredite : c'est le cas de toute opinion. Or, quand deux idées contradictoires sont en présence, la contradiction est réciproque et égale de part et d'autre. Quelle est donc la raison qui nous fait croire l'une plutôt que l'autre ? Cette raison est impossible à donner dans la doctrine de Spinoza.

Les deux objections tombent si l'on admet, d'une part avec Spinoza, que nous tendons à croire toute idée qui n'est pas contredite, et d'autre part avec Hume, que quand deux idées se contredisent, nous tendons à croire la plus forte.

Ainsi toute idée possède, en quelque sorte, une force affirmative : si elle est seule dans la conscience et partant non contredite, cette force suffit pour produire la croyance, quelque petite qu'elle soit en elle-même.

Si l'idée rencontre dans la conscience une autre idée qui la contredit, la croyance suit celle des deux idées qui est la plus forte. Les causes apparentes de la croyance n'influent sur elle qu'en augmentant ou diminuant la force intrinsèque des idées et en suscitant ou écartant la contradiction.

Même ainsi modifiée, la théorie de la croyance nous semble encore imparfaite. Elle a le tort de faire de la croyance un phénomène passif, un caractère inhérent aux idées mêmes. Or, l'étude de la nature de la croyance nous a montré qu'elle est un acte spontané de l'intelligence. Par cela même, la cause véritable de la croyance n'est pas dans les idées ; elle se confond avec l'intelligence même ; elle est l'*instinct vital* de l'intelligence. Les idées, avec leurs forces inégales et souvent contraires, mettent en jeu, déterminent, modifient la tendance à croire ; elles ne la créent pas ; elles la trouvent déjà existante dans l'intelligence, et plus ou moins énergique selon la personnalité où cette intelligence plonge, pour ainsi dire, ses racines.

Il y a, en effet, des âmes où une idée, par cela seul qu'elle a été affirmée une première fois, résiste avec une force extraordinaire et presque invincible à la contradiction de toutes les idées survenantes. Cette force ne lui vient pas d'elle-même : elle lui vient de l'intelligence qui l'affirme. C'est là, sans doute, la vérité qui a été entrevue par les partisans de la croyance volontaire. Elle prouve, en effet, qu'il y a dans l'intelligence même comme une sorte de volonté. Mais cette volonté tout intellectuelle, bien que son énergie native soit peut-être proportionnée à celle de la volonté proprement dite, en est trop différente pour qu'il soit possible de les identifier.

V. — LE RAISONNEMENT.

1. Nature et rôle du raisonnement. — Raisonner, c'est *juger de ce que l'on ne connaît pas par comparaison avec ce que l'on connaît;* c'est *conclure du connu à l'inconnu* ou *inférer l'inconnu du connu.*

Il s'ensuit que tout raisonnement se compose d'au moins *deux* jugements : l'un qui en est le *principe* et qui exprime une chose connue ou admise par avance; l'autre qui en est la *conclusion* et qui exprime la chose connue ou admise comme conséquence de la première.

Comme le jugement consiste dans l'aperception d'un rapport, on peut dire que le raisonnement consiste à apercevoir un nouveau rapport par l'intermédiaire d'un ou de plusieurs autres rapports dont il est la conséquence, ou qu'il est l'*aperception médiate* d'un rapport.

Le raisonnement a dans l'intelligence un triple rôle.

1° Il sert à *découvrir* des vérités encore inconnues. Tels et tels faits que nous observons deviennent pour nous les indices d'une loi générale qui, par sa nature même, échappe à toute observation : d'une propriété donnée dans un objet, nous inférons une autre propriété que nous ne voyons pas; le passé nous révèle l'avenir, etc. Le raisonnement étend ainsi indéfiniment le champ de nos connaissances.

2° Il sert à *prouver* des vérités encore incertaines. Ainsi, en géométrie, c'est par le raisonnement qu'on prouve tous les théorèmes. Dans les sciences, la preuve importe peut-être plus que la découverte :

une vérité n'y passe pour telle qu'à partir du moment où elle a été prouvée. Aussi Bossuet, considérant cette fonction du raisonnement comme la principale, dit-il, que « raisonner, c'est prouver une chose par une autre ».

3° Il sert, enfin, à *expliquer* ou à *comprendre* les vérités encore obscures. En effet, une vérité peut être connue et, cependant, n'être pas comprise; on en voit les *indices* et les *preuves* : on n'en voit pas encore les *raisons*. Comprendre une vérité, c'est savoir qu'elle a sa raison dans une autre vérité, c'est savoir qu'elle en est la conséquence; c'est raisonner par cela même.

Il est donc faux que « la nécessité du raisonnement ne soit fondée, comme l'a dit Port-Royal, que sur les bornes étroites de l'esprit humain », ou que le raisonnement soit toujours, comme l'ont dit certains auteurs, « une marque de faiblesse ». Puisque raisonner, c'est essentiellement apercevoir les rapports des vérités entre elles, l'ordre selon lequel elles dépendent les unes des autres, une intelligence parfaite ne pourrait manquer de voir que certaines choses sont vraies *à cause de* certaines autres, et par conséquent de raisonner.

2. Espèces de raisonnements. — On distingue d'ordinaire deux espèces de raisonnements : l'induction et la déduction.

Induire, c'est *conclure du particulier au général*, c'est d'un nombre plus ou moins grand de faits observés inférer une loi générale. Exemple : ce bois, ce fer, ce cuivre, etc., se sont dilatés quand on les a chauffés, donc la chaleur dilate les corps.

Déduire, c'est *conclure du général au particulier*, c'est d'une vérité générale préalablement connue ou supposée inférer une vérité moins générale. Exemple : tout corps chauffé se dilate; or le verre d'une lampe qu'on allume est chauffé, donc ce verre se dilate.

Cependant les psychologues de l'école associationniste, Stuart Mill, Bain, Herbert Spencer, admettent une troisième espèce de raisonnement qui, selon eux, est plus simple et plus ancienne, et dont les deux autres dérivent, un raisonnement qui conclut *du particulier au particulier*. Ainsi l'enfant, s'étant brûlé une première fois à la flamme d'une bougie, ne veut plus approcher ses doigts de la flamme d'une autre bougie, parce qu'il croit qu'elle le brûlera comme la première. Il conclut donc d'un cas à l'autre en raison de leur ressemblance sans passer par l'intermédiaire de cette loi ou proposition générale : toute flamme brûle. Les animaux eux-mêmes sont capables de cette sorte de raisonnement.

Mais tout d'abord, on peut se demander s'il y a là un véritable *raisonnement* ou une simple *association d'idées*. La vue de la flamme éveille par association l'idée de la brûlure, et cette idée, comme la sensation même, détermine un mouvement instinctif. De même le chien fuit en aboyant quand on lève le bâton. Il n'y a raisonnement que si l'esprit compare les deux cas, aperçoit leur ressemblance et conclut de l'un à l'autre *en raison* de leur ressemblance même. C'est alors ce mode de raisonnement qu'on appelle *raisonnement par analogie*. Mais il est facile de voir que sous sa simplicité apparente, il se compose en réalité de deux raisonnements successifs dont l'un est une *induction* et l'autre une *déduction*. Une première flamme m'a brûlé : donc la flamme brûle ; donc cette seconde flamme va me brûler. — Toutes les espèces de raisonnement se ramènent donc à l'induction et à la déduction.

3. L'induction. — L'induction est une sorte de généralisation. — La généralisation ordinaire a pour résultat des *concepts* ou des *idées générales*; l'induction a pour résultat des *lois* ou des *propositions générales*. La première généralise une abstraction, la seconde un jugement.

L'induction peut être *spontanée* ou *réfléchie*.

L'induction spontanée est celle du vulgaire, des esprits sans méthode. Elle consiste à conclure d'un certain nombre de cas à tous les cas du même genre, en raison de leur *ressemblance*; mais les cas sur lesquels elle se fonde n'ont pas été *analysés* dans le but de découvrir la *cause* ou *raison* de leur ressemblance. Exemple : ce corps en mouvement s'est arrêté, cet autre aussi, et cet autre encore, donc tout corps en mouvement finit par s'arrêter.

L'induction réfléchie est celle du savant : c'est l'induction méthodique et scientifique. Elle consiste à conclure d'un certain nombre de cas à tous les cas du même genre en raison de la cause commune qui explique leur ressemblance. Elle analyse par conséquent les cas sur lesquels elle se fonde dans le but de découvrir cette cause. Exemple : ce corps en mouvement s'est arrêté, cet autre aussi, cet autre encore; ils se sont *tous* arrêtés *à cause de* la seule résistance du milieu : donc tout corps en mouvement ne s'arrête que par l'effet de la résistance du milieu. D'où cette conséquence absolument opposée à celle de l'induction précédente : tout corps en mouvement continue à se mouvoir indéfiniment tant qu'il n'en est pas empêché par une cause extérieure.

L'induction spontanée n'est pas toujours et nécessairement fausse;

mais elle n'a aucune valeur logique. Elle implique cependant le même principe que l'induction réfléchie, à savoir la croyance à l'existence des lois de la nature ; car l'une et l'autre concluent des faits à la loi ; mais dans la première, la loi est *immédiatement conclue* des faits, tandis que dans la seconde elle est *préalablement prouvée* par le moyen de la causalité.

Toute induction se compose des mêmes opérations intellectuelles :

1° L'esprit *compare* un certain nombre de faits entre eux et il y *aperçoit un rapport* constant de coexistence ou de succession : tous les hommes que j'ai observés étaient mortels.

2° Il interprète ce rapport comme signe d'une *loi*, c'est-à-dire d'une *liaison* essentielle et nécessaire : ils étaient mortels, *parce qu*'ils étaient hommes.

3° De la nécessité de la loi, connue ou supposée, il *conclut* la généralité du rapport : donc tout homme est mortel.

L'induction ne peut par cela même s'expliquer par une simple association d'idées. L'association habituelle de deux représentations dans notre esprit ne saurait être identique à la pensée de la loi qui lie objectivement deux phénomènes, bien que l'une et l'autre puissent se traduire dans la conduite par les mêmes effets extérieurs, comme on le voit chez les animaux et les jeunes enfants.

4. La déduction. — La déduction consiste à faire rentrer un cas particulier dans une loi générale. Ce cas n'est pas nécessairement un fait particulier ou une collection de faits particuliers ; pris en lui-même, il peut être général (par exemple un théorème de géométrie), mais il est particulier *relativement* à la loi générale dans laquelle on le fait rentrer.

On peut dire encore que la déduction consiste à conclure d'un fait ou d'un caractère donné à un autre fait ou caractère *en raison* d'une *loi* préalablement connue ou supposée qui lie ensemble ces deux faits ou ces deux caractères. Exemple : la neige est blanche (fait donné) ; donc elle réfléchit complètement la lumière (fait conclu) ; car tout objet blanc réfléchit complètement la lumière (loi qui lie ensemble les deux faits). Ce triangle est équiangle (caractère donné) ; donc il est équilatéral (caractère conclu) ; car tout triangle équiangle est équilatéral (loi qui lie ensemble les deux caractères).

La déduction se présente surtout sous cette dernière forme quand elle nous est *suggérée par l'expérience :* un cas particulier lui étant donné, l'esprit s'efforce de le comprendre, d'en connaître l'essence, les causes ou les effets : d'un caractère qu'il y démêle, il conclut donc à un ensemble de caractères; d'un fait qu'il observe, à d'autres faits qui ont précédé ou qui vont suivre, et pour cela il applique à ces cas particuliers des lois connues ou supposées.

On peut appeler cette déduction *réflexe* ou *ascendante*, parce qu'elle retourne et remonte en quelque sorte du cas particulier à la loi générale ; mais il faut se garder de la confondre, comme on le fait trop souvent, avec l'induction.

La déduction *directe* ou *descendante* se présente plutôt dans le *travail intérieur de la pensée;* elle consiste, un principe général étant donné, à chercher quels sont les cas particuliers qui peuvent y rentrer, pour leur en faire l'application : par exemple, sachant que la chaleur dilate les corps, on cherchera quels sont tous les cas, plus ou moins différents les uns des autres, dans lesquels les corps sont chauffés, et l'on découvrira par là même autant de cas, dont beaucoup encore inconnus ou inexpliqués, où ils se dilatent.

Inverse ou directe, la déduction se compose toujours de *trois jugements*, l'un qui énonce une loi, c'est-à-dire une liaison nécessaire entre deux données : *tout homme est mortel;* l'autre, qui affirme que l'une des données est présente dans un cas particulier : *je suis homme;* le troisième qui en conclut que l'autre donnée est aussi présente : *donc je suis mortel.*

Une analyse plus complète de l'induction et de la déduction appartient à la logique, qui se propose d'établir les conditions de leur validité.

OUVRAGES A CONSULTER

I. OPÉRATIONS INTELLECTUELLES. — Port-Royal, *Logique.*

II. ABSTRACTION — Th. Reid, *Cinquième essai sur les facultés intellectuelles de l'homme.* — Dugald-Stewart, *Éléments de la philosophie de l'esprit humain,* chap. IV. — Laromiguière, *Leçons de philosophie.* — Taine, *Les philosophes classiques du dix-neuvième siècle,* chap. VII; *Le positivisme anglais.*

III. GÉNÉRALISATION. — Bossuet, *Logique,* liv. II, chap. XXVIII à XXXIV. — Leibniz, *Nouveaux essais,* III, I. — Condillac, *Logique,* chap. v. — Stuart Mill, *Système de logique,* liv. I, chap. VII. — *Philosophie de Hamilton,* chap. XVII; *La philosophie de Berkeley, Revue philosophique,* t. I. — Fouillée, *Philosophie de Platon,* t. II, part. III, chap. II; *La liberté et le déterminisme,* part. II, chap. II. — Liard, *Des notions de genre et d'espèce, Revue philosophique,* 1879, t. I. — Brochard, *La logique de Stuart Mill, Revue philos.,* 1881, t. II. — Taine, *De l'intelligence,* t. II, chap. I à IV.

IV. Jugement. — Cousin, *Philosophie de Locke*, XXIII. — Maine de Biran, *Œuvres inédites*, t. II, p. 152. — Kant, *Critique de la raison pure*, trad. Barni, t. I, p. 138. — Janet, *Traité élémentaire*, p. 170. — Descartes, *Méditations*, IV. — Stuart Mill, *Philosophie de Hamilton*, chap. XVIII. — Ollé-Laprune, *La certitude morale*. — Brochard, *L'erreur*. — Gayte, *Essai sur la croyance*. — James Sully, *Sensation and Intuition*.

V. Raisonnement. — Renouvier, *Logique*, t. II. — Binet, *Psychologie du raisonnement*.

Voyez en outre *Logique*, chap. I (Les termes, les propositions, les raisonnements).

SUJETS DE DISSERTATIONS

I. Opérations intellectuelles. — Quelles sont les principales opérations de l'intelligence ? En exposer la théorie élémentaire. 70.

II. Abstraction. — 1. De l'abstraction et des idées abstraites. Donner des exemples. 74.
Des idées abstraites. En donner des exemples dans les diverses sciences. 67.
2. De l'usage de l'abstraction : 1° dans nos opérations intellectuelles les plus simples, les plus élémentaires ; 2° dans les sciences. 75.
De l'abstraction. Utilité et danger des notions abstraites. Quels sont les correctifs de l'abus des abstractions ? 76.

III. Généralisation. — 1. De la comparaison et de son rôle dans la formation des connaissances. 73.
De la comparaison. Rôle de cette opération dans les actes divers de l'intelligence. 79.
2. De la généralisation. Comment se forment les idées générales ? Extension et compréhension des idées générales. Donner des exemples. 67-70-70.
Comment se forment les idées abstraites de genre et d'espèce ? Définir ces deux termes. Qu'entend-on par extension et compréhension ? 78-82.
3. Marquer par des exemples l'importance des idées générales dans le langage et dans la science. 79.
Analyser le mode de formation des idées générales. Montrer comment les idées générales sont la condition de la science et du langage. 84.
Montrer le lien de la généralisation et de la classification. 74.
Quel est le rôle des idées générales dans les classifications ? Comment se forment les idées générales ? Comment se subordonnent-elles entre elles ? Donner des exemples. 73.
Des genres et des espèces. Méthode pour les déterminer scientifiquement. Quelle est la valeur et la portée des idées générales ? 67.
4. Quelle est la nature des idées générales ? Qu'appelle-t-on dans l'histoire de la philosophie nominalisme et réalisme ? 67.
Qu'est-ce que l'idée générale ? Quelle en est la nature et la valeur ? Que savez-vous de la querelle des universaux au moyen âge ? 78-84.
Est-il vrai de dire, avec quelques philosophes contemporains, que ce qu'on appelle idée générale n'est qu'un nom ? 73.
Des idées générales. Comment se forment-elles et quelle en est la valeur ? 88.

IV. Jugement. — 1. Théorie du jugement. 84.
Établir que le jugement est l'acte essentiel de l'intelligence. 76.
« Tout le monde, dit un moraliste, se plaint de sa mémoire et personne de son jugement. » Sur quoi se fonde cette préférence donnée au jugement ? 82.

Expliquer ces paroles de Pascal : Nier, croire et douter bien sont à l'homme ce que le courir est au cheval. 86.

2. Du jugement. Tous les jugements sont-ils, comme on l'a prétendu, le résultat d'une comparaison ? 68.

3. Du jugement. Sa nature. Montrer qu'il est irréductible à la sensation. 84.

4. Du jugement et de ses diverses espèces. 66.

Quelles sont les principales espèces de jugement? Qu'appelle-t-on jugements analytiques ou synthétiques, jugements *à priori* ou *à posteriori*, jugements nécessaires ou contingents? 70.

Dire comment on peut classer les jugements. 74.

Expliquer par des exemples et des analyses la différence de ces deux termes : *à priori* et *à posteriori*. 79.

V. RAISONNEMENT. — 1. Qu'est-ce que le raisonnement? Analyse psychologique et logique de ce procédé. 78.

2. Distinguer et comparer les principales espèces de raisonnement. 67.

Distinguer par des traits précis l'induction et la déduction. 66-68.

Comparer l'induction et la déduction. Ces deux espèces de raisonnement sont-elles entièrement opposées? Peut-on, à un certain point de vue, réduire l'une à l'autre? 72 (Voy. *Logique*, chap. III, p. 244)

CHAPITRE X

LES PRINCIPES DIRECTEURS DE LA CONNAISSANCE

1. Définition et caractères des principes. — Il ne suffit pas d'étudier dans l'intelligence humaine les diverses *opérations* par lesquelles se manifeste son activité : il faut aussi étudier les *lois* qui en règlent l'exercice. Ces lois sont les *principes directeurs de la connaissance.*

En effet, dans toutes ses opérations, l'intelligence obéit à certaines lois dont elle n'a pas d'abord une connaissance distincte, mais qui lui apparaissent, dès qu'elle est capable de réfléchir, comme les conditions nécessaires de toute pensée.

Telle est cette grande loi du jugement ou de la croyance en vertu de laquelle nous ne pouvons croire en même temps deux propositions qui se contredisent. On la nomme *principe d'identité* ou *de contradiction*, et on la formule d'ordinaire ainsi : ce qui est, est ; une même chose ne peut en même temps être et n'être pas.

Telle est aussi cette grande loi du jugement et du raisonnement en vertu de laquelle, une chose étant donnée, nous croyons qu'elle a nécessairement sa *raison* ou sa *cause* qui la fait être ce qu'elle est. On la nomme *principe de raison* ou *de causalité.* En voici la formule ordinaire : tout a sa raison, rien n'arrive sans cause.

Ces principes sont marqués de *trois* caractères essentiels par lesquels ils diffèrent radicalement de toutes les vérités induites de l'expérience.

1° Ils sont *universels* et cela dans un double sens. — D'abord, *subjectivement*, ils sont communs à toutes les intelligences. Ils ne sont connus sous leur forme *abstraite* que d'un petit nombre d'hommes ; mais tous les admettent et les appliquent pour ainsi dire d'instinct. — Ensuite, *objectivement*, ils sont vrais, non pas seulement d'un plus ou moins grand nombre de choses, mais de toutes choses sans exception. Les lois de la physique sont générales : elles ne sont pas cependant universelles, car elles ne sont vraies que des corps ; les principes d'identité et de raison sont vrais de toutes les existences possibles.

2° Ils sont *nécessaires*, aussi dans un double sens. — D'abord, *subjectivement*, ils sont nécessaires pour penser, dit Leibniz, comme les muscles et les tendons le sont pour marcher, bien qu'on ne s'en aperçoive point. L'intelligence peut manquer de telle ou telle connaissance plus ou moins importante, si l'expérience dont elles résultent lui fait défaut : elle ne sera pas pour cela incapable de s'exercer. Mais si on lui ôte les principes, on lui ôte bien plus qu'une connaissance, on lui ôte la faculté même de connaître. — Ensuite, *objectivement*, ils ne peuvent pas ne pas être vrais. Nous ne croyons pas seulement qu'*en fait* tout a sa raison, nous croyons qu'*en droit* il en est *nécessairement* ainsi. Au contraire, la loi physique la plus générale est contingente : *en fait*, tous les corps s'attirent en raison directe des masses et en raison inverse du carré des distances, mais *en droit*, il pourrait en être autrement ; il en est peut-être autrement dans quelque partie de l'univers inaccessible à notre expérience. Si nous attribuons à cette loi une sorte de nécessité, c'est seulement dans l'hypothèse où nous l'expliquons elle-même par le principe de raison. Elle a, croyons-nous, une *raison*, et tant que cette raison subsistera, les faits lui seront nécessairement conformes. La nécessité relative des lois induites de l'expérience présuppose donc la nécessité absolue des principes.

3° Ils sont *à priori*. — *En fait*, ils paraissent contemporains du premier éveil de l'intelligence. Non qu'ils soient explicitement pensés à part des jugements ou raisonnements qu'ils régissent, mais ils sont impliqués, incorporés dans ces jugements et raisonnements eux-mêmes. L'enfant ne formule pas ce principe que tout phénomène a une cause ; mais à propos de tout phénomène sur lequel se fixe son attention, il cherche, il suppose, il demande la cause. — *En droit*, ils sont antérieurs à toute connaissance parce qu'ils sont les *conditions nécessaires* de la connaissance. Connaître, nous l'avons vu, ce n'est pas seulement éprouver des sensations et se représenter des images : c'est, à propos des sensations et des images, apercevoir et affirmer des rapports d'identité et de liaison ou de dépendance nécessaire. Or les principes sont les lois en vertu desquelles l'intelligence aperçoit et affirme de tels rapports. Il s'ensuit que les principes ne peuvent ni s'induire ni se déduire de vérités qui leur soient antérieures ; car, chaque fois qu'on induit ou qu'on déduit, on les présuppose. Étant évidents, ils n'ont pas besoin d'être prouvés; mais ils ne peuvent pas l'être, parce qu'ils sont eux-mêmes les conditions de toute preuve.

Tels sont les trois caractères des principes directeurs de la connaissance : ils sont universels, ils sont nécessaires, ils sont *à priori*.

2. Énumération des principes; leur réduction aux principes d'identité et de raison. — On a souvent admis un grand nombre de principes ; nous croyons, avec Leibniz, qu'ils peuvent tous se réduire au principe d'identité et au principe de raison.

Le principe d'*identité* se formule ainsi : ce qui est est; ce qui n'est pas n'est pas. Il consiste à affirmer l'identité nécessaire de toute chose avec elle-même. Il fonde la vérité *à priori* de tout jugement identique et analytique en même temps qu'il est la règle du raisonnement appelé en logique *conversion*. Exemple : tout triangle est un triangle. Tout triangle a trois côtés. Deux et deux font quatre.

Le principe de *contradiction*, qu'on peut distinguer du principe d'identité, mais qui s'y ramène évidemment, se formule ainsi : une même chose ne peut pas à la fois être et n'être pas. Il consiste à affirmer que ce qui est contradictoire non seulement n'existe pas, mais est impossible. Il prouve *à priori* la fausseté de tout concept et de tout jugement contradictoires. Exemple : il ne peut pas y avoir de triangle carré. Il est faux qu'un triangle ait plus de trois côtés. Si deux et deux font quatre, ils ne peuvent pas en même temps faire cinq.

Le principe d'*alternative* ou d'*exclusion du milieu*, qui se ramène au principe de contradiction, se formule ainsi : une chose est ou n'est pas; il n'y a pas de milieu. Il consiste à affirmer que de deux propositions qui se contredisent, si l'une est vraie, l'autre est fausse, si l'une est fausse, l'autre est vraie. Il est le fondement *à priori* du mode de raisonnement appelé en logique *opposition* et de la méthode de démonstration et de réfutation par *réduction à l'absurde*. Exemple : il est faux que deux lignes perpendiculaires à une même troisième puissent se rencontrer; donc elles sont parallèles. Tout homme est imparfait ; donc il est faux que quelque homme soit parfait.

On peut rattacher à ces principes et par conséquent au principe d'identité les *axiomes logiques* impliqués dans toute déduction (ce qui est vrai du genre est vrai de toute espèce et de tout individu appartenant à ce genre ; si deux notions sont supposées identiques sous un certain rapport à une même troisième, elles sont nécessairement identiques entre elles sous ce même rapport) et les *axiomes mathématiques* impliqués dans toute démonstration (deux quantités égales à une même troisième sont égales entre elles; si à des quantités égales on ajoute des quantités égales, ces quantités restent égales, etc.).

Le caractère commun de tous ces principes, c'est qu'ils sont *analytiques ;* l'attribut y est totalement ou partiellement identique au sujet.

Le principe de *raison* se formule ainsi : tout ce qui est a sa raison d'être. Un philosophe contemporain, M. Fouillée, en donne cette autre formule : tout ce qui est est intelligible, et l'appelle principe de l'*universelle intelligibilité*. Comme la fonction propre de l'intelligence n'est pas seulement de distinguer toutes choses les unes des autres, mais encore de les ramener à l'unité de la pensée en les enchaînant par des liaisons nécessaires, l'intelligence croit et affirme *à priori* que chaque chose est nécessairement liée à une ou plusieurs autres qui en sont par conséquent la raison d'être. Cette affirmation est la condition *sine quâ non* de son exercice. Elle est la loi de tous les jugements synthétiques et de tous les raisonnements.

On a confondu avec le principe de raison le principe de *causalité*. Tout ce qui arrive, tout ce qui commence d'exister a une cause. Cependant le principe de raison est plus général : toute cause est raison; mais toute raison n'est pas cause. Un théorème de géométrie a sa *raison* dans un théorème antérieur; il ne peut être question de cause qu'au sujet des phénomènes.

Au principe de raison peut aussi se rapporter le principe des *substances* : tout phénomène implique une substance, c'est-à-dire un sujet durable et permanent. Ce principe est, en quelque sorte, le complément nécessaire du principe de causalité. Si la cause est la raison du phénomène qu'elle précède et détermine, la substance est, en un sens, la raison de la causalité elle-même. Supposez un moment que rien ne dure et ne persiste : les phénomènes n'étant plus liés entre eux, il devient impossible de comprendre comment ceux qui précèdent peuvent déterminer ceux qui suivent.

On peut encore ramener au principe de raison le principe supposé par toute *induction* qui a reçu différents noms et différentes formules, principe des *lois,* principe de l'*uniformité de la nature* et qui est souvent même confondu avec le principe de causalité : la nature obéit à des lois ; les lois de la nature sont stables et générales ; dans les mêmes circonstances, les mêmes causes produisent les mêmes effets. Cette dernière formule est la plus précise et la plus claire. Le principe de l'uniformité de la nature résulte, ce semble, d'une application du principe de raison au principe de causalité. Si les causes étant, par hypothèse, identiques de part et d'autre, les effets pouvaient être différents, cette différence des effets, n'ayant pas sa raison dans les causes, serait sans raison ; ce qui est absurde.

Reste un dernier principe, le principe de *finalité* ou des *causes finales*. On n'est d'accord ni sur sa formule, ni sur sa nature, ni sur sa valeur. — Reid le formule ainsi : « Les marques évidentes de l'intelligence et du dessein dans l'effet prouvent un dessein et une intelligence dans la cause. » Mais ce principe n'est alors qu'une application du principe de causalité à une classe particulière d'effets : l'effet ayant sa raison dans la cause, ce qu'il y a d'intelligence dans l'effet a évidemment sa raison dans l'intelligence de la cause. — Le principe de finalité n'est vraiment original que si on le formule ainsi : tout a un but. Mais présenté sous cette forme, on objecte qu'il n'est ni universel ni nécessaire ; on ajoute que c'est une hypothèse douteuse, quelques-uns disent même, fausse. — On examinera plus tard ces objections ; mais en tout cas, si ce principe existe, il est évidemment, comme le principe de causalité, une forme particulière du principe de raison. Le but ou la fin est en effet la raison de l'être ou du phénomène qu'on lui rapporte : et c'est par son existence et sa nature que la leur s'explique et se comprend.

Tous les principes directeurs de la connaissance peuvent par conséquent se ramener aux deux principes fondamentaux d'*identité* et de *raison* qui seuls peut-être sont vraiment *à priori*, universels et nécessaires.

3. Analyse des principes. Les notions premières. — Les principes sont des *vérités*, des *jugements* : ils se composent donc d'un sujet et d'un attribut, c'est-à-dire de deux *idées* qu'il convient d'étudier.

Ainsi le principe d'identité contient d'une part l'idée d'*être*, d'autre part l'idée d'*identité*, puisqu'il consiste à affirmer l'identité de l'être avec lui-même.

Pareillement le principe de raison contient d'une part l'idée d'*être*, d'autre part l'idée de *raison*, c'est-à-dire de *liaison* ou de *dépendance* nécessaire.

L'analyse découvrirait de même dans les autres principes les idées de *substance*, de *cause*, de *loi* et de *but* jointes aux idées d'être ou de phénomène.

On donne à ces idées le nom de *notions premières* pour les distinguer des principes qu'on appelle aussi *vérités premières*.

Les notions premières n'entrent pas seulement dans la composition des principes : elles peuvent aussi entrer dans tous nos jugements, elles y entrent implicitement. Dire que le soleil échauffe la terre, c'est dire qu'il est la *cause* de l'échauffement terrestre, c'est faire de la notion de cause l'attribut d'un sujet particulier. Telle est la raison pour laquelle Kant appelle les notions premières CATÉGORIES : elles sont en effet des attributs que nous affirmons implicitement ou explicitement de tous les sujets possibles.

Dès lors on peut se demander s'il n'y a pas d'autres catégories que celles qui figurent dans les principes.

Aristote en admettait dix : être ou substance, qualité, quantité, relation, temps, espace, action, passion, situation et possession. Mais il n'indique pas la méthode par laquelle il les détermine, et sa liste est à la fois incomplète et surabondante.

Kant, distinguant dans les jugements la *matière* qui vient de l'expérience et la *forme* qui est imprimée à cette matière par l'intelligence même, en conclut qu'il suffit d'analyser les diverses sortes de jugements pour découvrir toutes les catégories. Voici le tableau auquel il arrive :

Quantité : Unité. Pluralité. Totalité.

Qualité : Réalité. Négation. Limitation.

Relation : Substance et mode. Cause et effet. Action et réaction.

Modalité : Possibilité. Existence. Nécessité.

Mais le tableau traditionnel des jugements dont Kant s'est servi pour son analyse est très incomplet, et la façon dont il en tire les catégories est parfois bien artificielle.

En outre, si l'on entend par notions premières non seulement les notions qui entrent dans les *principes* ou sont impliquées dans *tous* les jugements mais encore toutes celles que l'intelligence tire de son propre fonds et ajoute, *de n'importe quelle façon*, au contenu de l'expérience, on mettra au nombre des notions premières les représentations d'*espace* et de *temps* qui sont, selon Kant, les conditions *à priori* de la perception extérieure et interne, et les idées d'*absolu*, d'*infini* et de *parfait* auxquelles l'esprit s'élève spontanément lorsqu'il essaye de comprendre l'ensemble des choses.

On obtient alors le tableau suivant :

I. *Formes à priori de l'expérience.* — Intuition du temps, condition de la conscience et de la mémoire.

Intuition de l'espace, condition de la perception extérieure.

II. *Catégories proprement dites, éléments nécessaires de tout jugement.* — Idées d'être et d'identité.

Idée de raison.
Idée de substance.
Idée de cause.
Idée de loi.
Idée de but.

III. — *Idées à priori, conditions de l'explication universelle des choses.* — Idées d'absolu, d'infini et de parfait.

4. Nature et origine des notions premières. — Le caractère le plus général des notions premières, c'est qu'elles sont toutes des *formes de l'unité de la pensée*.

Ainsi les représentations du *temps* et de l'*espace* sont comme les cadres dans lesquels tous les phénomènes et les objets sensibles sont nécessairement enserrés et composent ainsi pour la pensée un seul et unique *système* où chaque partie a une place déterminée par son rapport avec les autres.

Pareillement les catégories sont des modes plus ou moins divers de la double relation que l'intelligence recherche et découvre en toutes choses, l'*identité* et la *raison*. Or, qu'est-ce que l'identité, sinon l'unité absolue de l'être? Le vœu de l'intelligence, ce serait, en quelque sorte, de penser toutes choses en une seule; et c'est à quoi elle réussit partiellement au moyen des idées générales et des jugements généraux. Mais à défaut de cette unité absolue, à laquelle la matière de l'expérience refuse de se laisser complètement réduire, l'intelligence poursuit du moins cette unité relative de l'être, qui résulte de la liaison nécessaire, de la dépendance réciproque des choses. L'idée de raison, c'est précisément l'idée du rapport nécessaire qui fait dépendre chaque chose d'une autre, et les idées de substance, de cause, de loi, de but ne sont, pour ainsi dire, que des « enluminures » de l'idée de raison.

Pareillement enfin, les idées d'absolu, d'infini et de parfait apparaissent dans l'intelligence lorsqu'elle s'efforce d'embrasser dans une suprême *unité* l'ensemble indéfini des phénomènes et des êtres.

On pourrait donc prétendre que toutes les notions premières ne sont que des aspects divers d'une même notion fondamentale, la notion d'*unité ;* ce sont les divers moyens que l'intelligence emploie pour arriver à l'*unification totale* des choses.

Dès lors, ce qu'il y a de vraiment primitif dans l'intelligence, c'est ce *besoin d'unité* qui se confond avec elle-même, et dont les notions premières et les principes ne sont que des conséquences plus ou moins prochaines.

On le verra mieux en étudiant particulièrement chaque principe.

5. Le principe d'identité. — Le principe d'identité exprime la nécessité qui s'impose à la pensée de rester d'accord avec elle-même ou de ne pas se contredire. En même temps qu'il interdit la contradiction, il légitime la conséquence, l'accord de la pensée avec elle-même : si tout ce qui est contradictoire est impossible, tout ce qui n'enveloppe pas de contradiction est possible par cela seul ; d'une idée, d'une affirmation donnée, l'esprit peut tirer tout ce qu'elles contiennent ; cette analyse une fois faite vaut pour toujours. Partout où la même idée ou la même affirmation se retrouveront, il aura le droit d'en attendre les mêmes conséquences.

De là viennent la certitude et la fécondité des sciences abstraites ou idéales, comme les mathématiques, tout entières fondées sur le principe d'identité. Leurs objets sont des combinaisons d'idées absolument simples, exemptes de toute contradiction : ils sont donc éternellement possibles. Les propositions dont elles se composent sont au fond identiques aux définitions mêmes par lesquelles elles construisent leurs objets : elles sont donc nécessairement vraies. Ces vérités sont en même temps impliquées les unes dans les autres et toutes ensemble dans d'autres vérités des ordres les plus divers : elles sont donc infiniment étendues et fécondes.

Quelle est l'origine de ce principe ? — S'il s'agit de sa *formule*, il n'est pas douteux que les idées dont elle se compose, idée d'*être*, idée d'*identité*, ont dû être élaborées par la réflexion et supposent par conséquent une expérience préalable ; mais, s'il s'agit de la *loi* ou de la *nécessité de la pensée* dont cette formule n'est que l'expression abstraite, elle nous semble contemporaine du premier exercice de la pensée. Toute croyance consiste en effet à penser qu'une chose *est ;* si l'abstraction découvre ensuite cet attribut de l'*être* en toute chose et en fait une idée générale, c'est que l'intelligence a commencé par le mettre en toute chose. Or il nous est impossible de croire et de ne pas croire en même temps, de penser en même temps qu'une chose est et n'est pas. Donc l'identité de l'être avec lui-même est implicitement affirmée dans toute pensée.

Le principe d'identité exprime donc une nécessité primordiale et irréductible de l'intelligence.

6. Le principe de raison. — Il en est de même, à notre avis, du principe de raison. En effet, ou la pensée n'a pas d'essence propre et elle se confond entièrement avec la conscience des sensations et des images, ou c'est sa nature même que d'*unir* toutes choses entre elles par des *rapports*. Il lui est donc impossible de s'exercer sans affirmer, sans croire, implicitement d'abord, plus tard d'une manière explicite, que toutes choses peuvent en effet être ainsi unies entre elles par des rapports, et sont par conséquent dépendantes les unes des autres comme les parties d'un même tout. Le principe de raison est ce *postulat* nécessaire de la pensée.

L'expérience et la réflexion sont sans doute nécessaires pour que l'intelligence arrive à une conscience distincte de sa loi fondamentale, pour qu'elle en voie toutes les conséquences, pour qu'elle la formule avec précision en termes abstraits; mais, si dès l'origine, elle pouvait se rendre compte de sa tendance essentielle, se sentant faite pour comprendre les choses, elle affirmerait que les choses doivent être intelligibles. C'est là, pourrait-on dire, une hypothèse qui lui est non pas seulement suggérée mais imposée par sa nature même.

Reste, il est vrai, à savoir comment il se fait que les choses confirment cet acte de foi de l'intelligence en elle-même. Mais ce problème, qui est celui de la valeur de la connaissance humaine, ou de l'explication de l'accord de la pensée avec son objet, n'appartient pas à la psychologie et relève de la métaphysique.

En fait, sous l'impulsion du principe de raison, l'esprit humain qui s'efforce de comprendre les choses les voit de plus en plus se soumettre aux exigences de sa pensée ; et là même où l'ordre lui échappe encore, il ne doute pas qu'une intelligence plus pénétrante l'apercevrait.

Mais ce qui est vrai du principe de raison ne l'est pas au même degré des principes subalternes avec lesquels on l'a trop souvent confondu, principe de causalité, principe des lois, principe des substances, principe de finalité. Ces principes impliquent tous des éléments empruntés à l'expérience : ils ne sont donc pas absolument *à priori*. Ce sont, pour ainsi dire, des *hypothèses auxiliaires*, en partie suggérées à l'esprit par l'expérience, en partie dérivées du principe de raison et lui empruntant ce qu'ils peuvent avoir de nécessité. Par cela même, l'analyse pourrait distinguer dans ces principes une *forme* qui leur est commune et qui seule est *à priori*, à savoir le principe de raison ou l'affirmation de l'intelligibilité universelle, une *matière*, qui est propre à chacun d'eux et qui est *à posteriori*, façon particulière de *représenter*, de *réaliser empiriquement* l'intelligibilité universelle.

7. Le principe de causalité et l'idée de cause. — Le principe de causalité n'est pas cette insignifiante tautologie : tout effet a une cause ; c'est une vérité synthétique : tout ce qui commence d'exister, tout ce qui arrive a une cause.

Des deux termes dont il se compose, l'un, le sujet, est évidemment une notion dérivée de l'expérience. A chaque instant, en nous-mêmes, dans le monde extérieur, nous voyons des choses qui commencent d'être ; mais l'attribut, ou du moins l'élément caractéristique de l'attribut, la notion de cause, a aussi la même origine.

C'est dans la conscience de son activité volontaire que l'esprit puise la notion de causalité. Les sensations sont de simples états qui se succèdent les uns aux autres sans que rien paraisse nécessiter et par conséquent expliquer leur succession. Mais quand l'esprit veut et fait effort, il se représente l'effet qui va suivre comme *enveloppé par avance* dans sa volonté, dans son effort même, comme *déterminé* et *produit* par eux. Il n'y a donc pas pour lui entre la volonté et l'acte une simple *succession*, il y a une *continuation* d'existence : l'antécédent est vraiment la *raison d'être* du conséquent.

La causalité, l'activité apparaît donc à l'esprit comme le *schéma* de la raison ou de l'intelligibilité ; et il est ainsi amené à se représenter d'après ce type l'intelligibilité universelle. Hypothèse toute naturelle, inévitable même, mais qui, comme on le voit, n'a pas tout à fait la même origine, ni sans doute la même valeur que le principe de raison.

Aussi le principe de causalité, sous sa forme primitive, consiste-t-il à attribuer tous les phénomènes à des causes plus ou moins analogues à la volonté, invisibles et libres comme elle ; et ce qui sort de sa première et universelle application à l'expérience, ce n'est pas la *science* mais la *religion*.

Cependant, à mesure qu'il connaît mieux la nature extérieure, l'esprit est contraint de modifier la notion de cause pour l'ajuster à l'expérience. Il devient manifeste, en effet, que la cause, quelle qu'elle soit, d'un phénomène naturel, est présente dans les circonstances antécédentes de ce phénomène, qu'elle y est, pour ainsi dire, visible, qu'elle est identique avec quelques-unes d'entre elles ; car chaque fois que celles-ci reparaissent, le phénomène se reproduit. De plus en plus, l'intelligence tend à concevoir les causes, non comme des *forces actives*, mais comme des *phénomènes antécédents* et *déterminants* liés à leurs effets par une *loi*. Sous cette seconde forme, le principe de causalité se double nécessairement du principe des lois : la cause, ce n'est pas seulement ce qui *hic et nunc* détermine un phénomène, c'est ce qui, partout et toujours, l'entraîne invariablement à sa suite. La *science* sort de l'universelle application de ce double principe à l'expérience.

Telle est la genèse, telle est l'histoire du principe de causalité. Mais ce principe ne serait jamais né dans l'intelligence humaine, il n'aurait jamais été adopté par elle comme la loi de toutes ses explications, s'il n'avait impliqué en lui-même un principe antérieur et supérieur, le principe de raison.

8. Le principe de substance et l'idée de substance.
— Le principe de substance consiste à attribuer tous les phénomènes à des substances. Que signifie la notion de substance et d'où vient-elle ?

La substance, c'est le *sujet un* et *permanent* d'une multiplicité de phénomènes plus ou moins variables. Ainsi nos sens nous présentent un certain groupe de propriétés coexistantes, étendue, forme, solidité, couleur, odeur, etc. : nous jugeons qu'elles appartiennent toutes à un seul sujet ; ces propriétés changent et se modifient : nous jugeons que le sujet auquel elles appartiennent reste le même et subsiste à travers leurs changements.

Visiblement, cette notion est ajoutée aux phénomènes sensibles par l'esprit qui la tire de son propre fonds ; et il n'est pas difficile d'y reconnaître la notion du *sujet de la conscience*, abstraite et généralisée. La conscience en effet s'apparaît à elle-même comme sujet et phénomène, unité et multiplicité, identité et changement. C'est à son image que l'intelligence se représente toutes choses.

Mais cette hypothèse est, pour ainsi dire, justifiée *à priori* par le principe de raison. Il faut en effet une raison à la coexistence et à la succession des phénomènes, et cette raison ne peut être, ce semble, que la présence en eux tous d'un même sujet qui leur imprime du dedans son *unité*.

9. Le principe de finalité et l'idée de cause finale. — Le principe de finalité consiste à expliquer par des *fins* ou *causes finales* non pas seulement, comme on l'a dit (1), l'accord de plusieurs phénomènes liés ensemble avec un phénomène futur déterminé, mais en général tous les phénomènes et tous les êtres.

On entend par fin ou cause finale l'idée d'un effet futur qui détermine l'action ou même l'existence et la nature de sa cause. Ainsi la maison est la cause finale de la construction, et l'habitation est la cause finale de la maison.

Dès lors, la finalité est le rapport d'une chose avec sa cause finale ; et l'on peut distinguer deux sortes de finalités, l'une *dynamique*, qui est le rapport de l'action avec la fin vers laquelle elle tend, l'autre *statique*, qui est le rapport de l'être avec la fin pour laquelle il est fait. — La tendance, le désir, la volonté sont des formes de la finalité dynamique ; la destination, l'utilité, l'adaptation, de la finalité statique.

Dans la causalité ordinaire, la cause existe avant l'effet ; dans la finalité, l'effet préexiste, du moins idéalement, à sa propre cause, et comme c'est lui qui la détermine, on peut dire qu'il est la cause de sa cause ou qu'il est à la fois cause et effet de lui-même. En tant qu'idée, la fin est cause, en tant que réalité, elle est effet ; mais elle ne se réalise que parce qu'elle a été d'abord pensée et désirée ou voulue. La cause ou la série de causes qui s'intercalent entre l'idée de la fin et sa réalisation ne sont, à proprement parler, que des *moyens* ; et si, au point de vue de la causalité ordinaire, chacune d'elles a sa raison dans celle qui la précède, au point de vue de la finalité, elle l'a au contraire dans celle qui la suit.

Dans certains cas, le rapport qui unit l'action ou l'être avec sa fin n'est pas seulement un rapport de *dépendance* ou de *connexion nécessaire* ; c'est encore un rapport de *ressemblance* ou d'*identité spécifique*. La fin n'est pas seulement *but* ; elle est encore *modèle*, *archétype*, ou *idéal* ; la cause *finale* est en même temps cause *exemplaire*. Ainsi l'idée de la statue qu'il veut sculpter est à la fois pour

---

(1) M. Janet, *Les causes finales*.

le statuaire le but et le modèle de son action. Peut-être même en est-il ainsi dans tous les cas ; et le but n'est-il que le premier et principal élément de la cause finale qui, pour être vraiment complète et concrète, doit contenir aussi l'idée des moyens, et par conséquent l'idée totale de l'action ou de l'œuvre future. La vraie cause finale de l'œil, ce n'est pas seulement l'idée de la vision, c'est l'idée de l'œil.

C'est en se plaçant à ce point de vue qu'un philosophe contemporain (1) a défini la finalité « la détermination des parties d'un tout par l'idée du tout ». L'idée de l'œuvre totale explique seule en effet la nature et les rapports des parties dont cette œuvre est composée.

Il est facile de voir que la notion de cause finale n'est pas une notion *à priori*, et que si elle est ajoutée à l'expérience sensible, elle est dérivée de cette expérience tout intérieure qui est la conscience de l'activité. Chaque fois que l'homme veut ou désire, il se représente d'avance le but de son action ; et ce but, l'action accomplie, demeure fixé et comme empreint dans ses œuvres. — Or la finalité est un *schéma* de la raison ou de l'intelligibilité plus satisfaisant encore pour la pensée que la causalité ordinaire. Elle établit entre les antécédents et les conséquents une liaison plus intime ; d'une part les conséquents, à titre d'effets, ont leur raison dans les antécédents, à titre de causes ; mais d'autre part les antécédents, à titre de moyens, ont leur raison dans les conséquents, à titre de fins. Bien plus, la finalité n'est pas seulement, comme la causalité, la loi des phénomènes successifs ; elle est aussi celle des phénomènes coexistants qu'elle coordonne les uns aux autres en les subordonnant tous ensemble à leur fin.

Le principe de finalité est donc, comme le principe de causalité, une hypothèse naturelle, inévitable, mais qui, par cela même qu'elle est plus complexe, est peut-être plus tardive et ne se présente pas toujours et nécessairement à l'esprit. Peut-être aussi l'intelligence humaine n'aperçoit-elle pas du premier coup toute la portée de cette hypothèse, et se borne-t-elle à admettre pour tels et tels ordres de phénomènes des causes finales particulières et indépendantes les unes des autres. Au fond cependant, si ce principe doit satisfaire, plus complètement encore que le principe de causalité, le besoin d'unité synthétique essentiel à l'intelligence, sa signification ne

---

(1) M. Lachelier, *Du fondement de l'induction*.

peut être que celle-ci : l'ensemble des choses est un système dans lequel les parties sont déterminées par l'idée du tout ; l'univers est une idée qui se réalise.

Seulement, tandis que le principe de causalité, sous sa forme scientifique et définitive, trouve sans cesse dans l'expérience son emploi et sa vérification, le principe de finalité est d'un usage moins fréquent et d'un succès moins facile. La fin de la plupart des choses nous échappe. Mais il n'est nullement nécessaire *à priori* que les principes directeurs de la connaissance soient valables objectivement, bien que l'intelligence, dont ils expriment les lois ou nécessités subjectives, croie nécessairement à leur valeur : l'accord de l'expérience avec ces principes, quels qu'ils soient, demeure pour la philosophie un problème. Si donc l'expérience se montre, en quelque sorte, moins complaisante et moins docile pour le principe de finalité que pour d'autres principes, ce n'est pas une raison pour méconnaître en lui une loi subjective de la pensée humaine dont la nature et l'origine sont celles de tous les principes.

10. La notion de l'absolu. — Certains philosophes réservent le nom de *notions premières* pour la notion de l'*absolu* et toutes celles qui s'en déduisent. Cette notion est, en tout cas, l'une des plus importantes de l'intelligence humaine : si elle est peut-être de toutes les idées *à priori*, la dernière à laquelle l'esprit s'élève, elle est en un sens la première, parce que c'est en elle qu'il trouve la raison même de toutes les autres.

On peut distinguer dans la notion de l'absolu trois notions plus simples qui en sont, pour ainsi dire, les divers aspects, les notions de l'absolu proprement dit, de l'infini et du parfait.

L'*absolu*, c'est ce qui existe par soi-même, ce qui a en soi sa raison d'exister ; c'est, par conséquent, le nécessaire. A l'absolu ainsi entendu s'oppose le relatif ou le contingent.

L'*infini*, c'est ce qui est sans borne et sans mesure, c'est, pourrait-on dire, l'absolu en quantité. Ainsi, nous concevons l'espace, le temps comme infinis. Il ne faut pas le confondre avec l'indéfini. L'infini n'a pas de bornes ; l'indéfini est borné ; mais on peut toujours reculer sa borne. Tel est le nombre. L'indéfini, c'est le fini en acte avec l'infini en puissance.

Le *parfait*, c'est ce qui est complet, achevé, ce à quoi on ne peut rien ajouter, rien retrancher ; c'est, pourrait-on dire, l'absolu en qualité.

Ces trois notions ne s'affirment pas directement des objets de notre expérience qui sont tous relatifs, finis et imparfaits : c'est pourquoi elles ne sont pas de véritables catégories. Elles ne s'affirment que des catégories elles-mêmes : ainsi du temps, de l'espace, de l'être, de la substance, de la cause, etc., et, par conséquent, elles ne peuvent apparaître que lorsque l'esprit est devenu capable de réfléchir sur celles-ci. En outre, la dernière implique les deux autres : qui dit être parfait dit par cela même être absolu et infini ; mais la réciproque n'est pas vraie.

Cependant Hamilton prétend que l'idée de l'absolu est une pseudo-idée. Non seulement nous ne connaissons pas l'absolu, comme Kant l'a fait voir, mais nous ne le concevons même pas. Le mot « absolu » est un mot vide de sens.

On peut, il est vrai, se demander si l'idée de l'absolu correspond à quelque chose de réel, et avouer que, si l'absolu existe, l'idée que nous en avons ne suffit pas pour nous le faire connaître ; mais c'est une gageure insoutenable de prétendre que nous n'en avons aucune idée ; car l'existence des métaphysiques et des religions prouve manifestement le contraire.

L'absolu, dit Hamilton, est conçu comme *unité* absolue ou comme *cause* absolue ; mais l'unité n'est telle que par comparaison avec la pluralité ; la cause est nécessairement relative à ses effets ; par conséquent, dès qu'on essaye de concevoir l'absolu en lui appliquant quelqu'une des formes de la pensée, unité, causalité, etc., on le supprime.

C'est que toutes ces formes sont nécessairement des modes de la relation : penser, c'est établir une relation entre une chose et une autre, *penser, c'est conditionner*. Le relatif est le seul objet possible de notre intelligence.

Dès lors, l'absolu ne peut être que la négation du relatif, c'est-à-dire du concevable. Comme les choses ne sont intelligibles que par leurs relations, essayer de concevoir l'absolu, c'est essayer de concevoir l'inintelligible. L'idée de l'absolu, c'est l'idée du néant de la pensée.

Tels sont, dans leur ordre de dépendance logique, les trois principaux arguments de Hamilton.

Ils reposent sur une confusion. Par absolu, personne n'entend « ce qui est *hors de relation* avec toute chose », mais « ce qui exclut toute relation de *dépendance* par rapport à autre chose ». C'est dans ce second sens que l'entend Hamilton lui-même, lorsqu'il identifie l'absolu avec Dieu et lorsqu'il dit que nous devons croire à l'absolu, bien que nous ne le connaissions pas. L'absolu, en ce sens, contient sans doute un élément négatif, la négation de la dépendance et de la limite ; mais il contient aussi des éléments positifs, l'existence, la grandeur, etc. L'espace infini n'est certes pas le néant d'espace : les bornes étant ôtées, l'étendue demeure. Les bornes elles-mêmes sont, à vrai dire, des négations. Une science finie, c'est une science qui n'est pas toute science : la science infinie, c'est la science pure et complète.

D'où vient cette idée de l'absolu ? Elle naît, ce semble, de l'application que l'esprit fait de ses propres principes à l'ensemble des choses.

En effet, une chose étant donnée, nous en cherchons la raison dans une autre; mais, si celle-ci est de même nature que la première, elle a aussi sa raison dans une autre, et ainsi de suite indéfiniment. Par conséquent, tant que nous irons de chose relative en chose relative, nous ne découvrirons jamais une raison qui nous satisfasse et nous permette de ramener toutes ces choses à l'unité. Alors apparaît dans l'esprit l'idée d'une raison qui soit cause de tout le reste sans avoir elle-même de cause en dehors et au-dessus d'elle, l'idée d'une existence absolue; et cette idée est obtenue par la négation même des conditions qui font l'existence relative.

Ainsi la notion de l'absolu est, pour l'intelligence humaine, l'idéal de la parfaite et complète intelligibilité : c'est la notion d'un être tel que, si nous le connaissions, il nous expliquerait toutes choses et s'expliquerait lui-même. Par cela même, la réflexion ne peut s'appliquer à cette notion sans en faire sortir celles de l'infini et du parfait; car l'intelligence ne voit aucune raison qui puisse limiter cet être sous aucun rapport.

Mais la notion de l'absolu ne reste pas inerte et comme morte dans l'esprit humain : elle s'accompagne d'une croyance énergique et tenace; elle vit, elle se développe, elle donne naissance aux religions et aux métaphysiques. Elle s'appelle alors l'idée de Dieu.

Dieu, c'est l'être parfait considéré comme raison suffisante de toutes choses, et ses divers attributs ne sont que les diverses faces de l'absolu. Raison suffisante des causes secondes, il est la *cause première;* des substances relatives, la *substance absolue;* des fins relatives, le *bien absolu;* des choses qui durent, et du temps lui-même, l'*éternité;* des choses étendues, et de l'espace lui-même, l'*immensité*, etc.

L'idée de Dieu résume donc en elle toutes les idées directrices de l'intelligence humaine.

11. La raison. — Nous pouvons maintenant nous faire une idée de la raison.

La raison n'est pas seulement la faculté de *raisonner*. Le raisonnement est bien une de ses opérations, mais non la seule, ni peut-être la plus importante.

La raison est la faculté de *comprendre*. Comprendre, c'est connaître l'essence et la raison des choses.

Mais l'essence et la raison des choses ne sont pas, comme les sensations et les images, des objets d'intuition passive. Elles ne se découvrent que si on les cherche. La raison n'est donc pas simplement faculté : elle est aussi tendance, besoin. Celui-là seul est capable de comprendre qui fait effort pour comprendre. Le fond même de la raison, c'est le besoin, le pressentiment, l'anticipation de l'intelligibilité universelle.

Il s'ensuit que la raison n'est pas un ensemble d'idées et de vérités toutes faites : non seulement elle ne réussit que par degrés à comprendre les choses, à mesure qu'elle démêle sous la diversité des accidents l'*identité* des *essences* et sous l'incohérence des phénomènes l'*enchaînement* des *raisons* ou des *causes*; mais c'est encore par degrés qu'elle réussit à déterminer les conditions mêmes sous lesquelles toutes choses lui deviennent intelligibles, les principes et les règles de ses propres opérations.

La raison a donc, elle aussi, son évolution et son histoire ; mais ce n'est pas au hasard des circonstances extérieures qu'elle se développe. Dès l'origine, elle a sa *fin* et sa *loi*, conformes à sa *nature* même. Elle tend à voir ou à mettre l'*ordre* en toutes choses d'après la double *loi* du principe d'identité et du principe de raison, sans doute parce que l'ordre est la condition et le résultat nécessaire de l'unité même de la pensée.

« L'ordre, a dit Bossuet, est ami de la raison et son propre objet; il ne peut être entendu ni mis dans les choses que par elle. »

La nature de la raison explique son rôle dans la connaissance et la vie humaine. Elle est tout ensemble le principe de la science, de la religion, de l'art et de la moralité. Marquant toutes les autres facultés de la nature humaine à son empreinte, elle distingue l'homme du reste de la création, et, jointe à la volonté dont elle est inséparable, elle fait de lui une personne.

*12. Les théories de la raison. — Toutes les écoles philosophiques n'ont pas compris ainsi la nature de la raison.

On pourrait tout d'abord grouper sous le nom de *rationalisme mystique* ou *réaliste* toutes les théories qui voient dans la raison une sorte de *perception*, l'espace, le temps, l'être, la cause, l'absolu étant non de simples conceptions de l'esprit mais des réalités objectives connues d'une façon immédiate et certaine. Dans cette hypothèse, la raison diffère de l'expérience, non par sa nature propre, mais par celle de son objet : elle est l'effet de l'impression produite sur l'âme par les réalités intelligibles, comme l'expérience est l'effet de l'impression produite par les réalités sensibles : elle est un *sens*, le sens de l'*universel* et du *parfait*.

D'après Platon, cette intuition des principes a précédé notre existence actuelle : nous avons contemplé les idées dans le sein de Dieu avant que notre âme fût unie à un corps ; nous les avons oubliées en nous incarnant ; le spectacle des choses sensibles nous les rappelle. La raison est une réminiscence.

C'est, au contraire, en cette vie, d'après Malebranche, Fénelon, Schelling, etc., que notre âme, unie à Dieu ou identique à l'absolu lui-même, a l'intuition immédiate des réalités intelligibles.

Mais, outre qu'il est bien difficile de déduire toutes les notions et vérités rationnelles d'une intuition supposée de l'être absolu, l'hypothèse même de cette intuition *échappe à toute preuve*, puisque nous n'en avons pas conscience, et elle est même *contradictoire en soi*, puisque l'âme ne peut connaître intuitivement que son être propre. Pour percevoir l'absolu, il faudrait être soi-même l'absolu. D'ailleurs, même en admettant cette intuition, elle ne peut être qu'une forme de l'expérience, l'expérience du divin, et par conséquent elle ne peut expliquer l'universalité et la nécessité des principes ; car l'expérience n'est jamais que la constatation de l'existence d'une chose telle qu'elle est, au moment où elle est ; elle ne peut donc pas constater sa nécessité, son existence en tous temps et en tous lieux.

On pourrait opposer aux théories précédentes le *rationalisme idéaliste* de Descartes, Leibniz et Kant, d'après lequel la raison consiste tout entière en *idées* et non en *intuitions*.

Descartes distingue trois sortes d'idées : *adventices* ou venues du dehors, *factices* ou inventées par nous, *innées* ou nées avec nous. Les *idées innées* constituent la raison même. — Mais cette expression d'*idées innées* est équivoque : elle semble désigner des idées que nous apporterions toutes faites en venant au monde et que nous pourrions toujours apercevoir en nous par une simple réflexion. Il est évident qu'en ce sens *les idées innées n'existent pas*. Descartes dit bien, dans une de ses Lettres, que l'esprit n'a pas, selon lui, besoin d'idées naturelles qui soient quelque chose de différent de la faculté qu'il a de penser, mais que ces idées mêmes qui procèdent de la faculté de penser sont naturelles, au même sens où la générosité, par exemple, ou certaines maladies sont naturelles à certaines familles.

Mais Descartes n'a nulle part expliqué comment la *faculté de penser* peut contenir en puissance une telle diversité d'idées, ni à quel moment et de quelle manière elles en peuvent sortir.

Leibniz simplifie et systématise la doctrine de Descartes. A la multitude des idées innées, il substitue les deux principes d'identité et de raison suffisante. Ces principes mêmes, il les pose comme des lois de l'intelligence. Une seule chose est innée, à savoir l'intelligence même. D'où la nécessité de l'expérience pour l'apparition et le développement des principes : c'est par la réflexion qu'ils se dégagent plus ou moins tardivement des applications spontanées où ils étaient d'abord enveloppés ; mais en les retrouvant, l'intelligence ne fait que se retrouver elle-même.

Il ne nous semble pas (1) que la doctrine de Kant diffère essentiellement, au point de vue *psychologique*, de celle de Descartes et de Leibniz. — L'expression d'« *à priori* » par laquelle il remplace celle d'« *innée* » est moins sujette à équivoque, mais elle ne peut signifier que « dérivant de la faculté que l'esprit a de penser et non des choses mêmes auxquelles il pense » ; et c'est ainsi que Descartes entendait au fond le mot « inné ». A certains égards, Kant multiplie tellement le nombre des formes, des concepts, des principes *à priori* qu'il revient en arrière sur Leibniz : l'intelligence humaine semble parfois, dans la *Critique de la raison pure*, un composé de pièces et de morceaux. Il a cependant émis cette idée profonde que l'*unité synthétique* de la pensée est la loi suprême de la raison ; mais il n'a pas fait voir dans le détail comment la raison tout entière peut s'expliquer par cette loi.

C'est surtout au point de vue *critique* ou *métaphysique* « de la

---

(1) Voyez sur ce point notre article: *L'avenir du leibnizianisme*. (*Revue de l'enseignement secondaire et de l'enseignement supérieur*. Paris, Paul Dupont, 1ᵉʳ juin 1885).

valeur objective de la raison » que Kant s'est séparé de Descartes et de Leibniz.

En somme, Leibniz nous paraît avoir établi les bases définitives de la théorie de la raison. Aussi avons-nous adopté sa doctrine en la complétant sur certains points par celle de Maine de Biran.

Maine de Biran attribue à cette expérience toute particulière, *intérieure* et *primitive*, qui est la conscience que l'esprit a de son activité et de sa nature, l'origine d'un certain nombre de notions ordinairement rapportées à la raison : notions de *cause*, de *substance*, de *but*, etc. Mais, comme nous l'avons fait voir, l'intelligence ne transforme ces notions en lois universelles et nécessaires des choses que pour satisfaire son besoin *inné* de comprendre et sous l'impulsion du *principe de raison*. Si la *conscience* fournit à l'intelligence la matière des notions et vérités premières, c'est la *raison* qui leur imprime sa forme.

13. L'empirisme. — Cependant l'existence même de la raison a été contestée par toute une école de philosophes, l'école *empirique* (du grec ἐμπειρία, expérience).

La thèse générale de l'empirisme, c'est que l'intelligence humaine dérive *tout entière* de l'expérience. Il n'y a rien dans l'entendement qui n'y vienne de l'expérience ou de la sensibilité : *nihil est in intellectu quod non prius fuerit in sensu*. — Mais cette thèse a été développée et soutenue de plusieurs façons différentes.

Écartons tout d'abord la forme la plus grossière et la plus ancienne du système, le *sensualisme*, qui refuse à l'intelligence non seulement la *raison*, c'est-à-dire les *principes* qui la règlent, mais l'*activité* même, c'est-à-dire les *opérations* par lesquelles elle s'exerce. Dans cette doctrine extrême, qui est celle d'Épicure et de Condillac, les idées, les connaissances résultent passivement de la seule accumulation des sensations et des images. L'esprit est une table rase, *tabula rasa*, sur laquelle se déposent peu à peu les empreintes des choses.

Mais l'analyse de la connaissance et l'histoire de la science démentent ces assertions. Il est faux que les sensations se transforment d'elles-mêmes en idées sans le concours de l'attention et du jugement ; il est faux que la science se fasse toute seule par l'enregistrement automatique des phénomènes : la connaissance, à tous ses degrés, est l'œuvre de l'activité intellectuelle.

Examinons donc les trois formes les plus importantes du système, l'*empirisme* proprement dit, l'*associationnisme* et l'*évolutionnisme*.

Elles ont toutes trois cela de commun qu'elles font dériver de l'expérience, à travers des intermédiaires plus ou moins nombreux ou différents, les principes directeurs de la connaissance ; et par cela même, on peut leur opposer à toutes trois ces *deux objections* fondamentales.

1° De quelque façon qu'on envisage et qu'on traite l'expérience, il est impossible d'en faire sortir les principes ; car toute connaissance tirée de l'expérience est *particulière* et *contingente*, tandis que les principes sont *universels* et *nécessaires*. — En effet, l'expérience, quelle qu'en soit l'étendue, ne nous fait jamais connaître qu'un nombre *limité* de choses ; ces choses mêmes, elle nous les *montre* telles qu'elles sont ; elle ne peut pas nous *démontrer* qu'elles *doivent nécessairement* être ainsi, qu'elles *ne peuvent* être autrement. Dès lors, si les principes dérivent de l'expérience, s'ils en expriment simplement les résultats, ils sont particuliers et contingents comme l'expérience elle-même. Et cependant la *conscience* nous atteste que nous les *pensons* comme universels et nécessaires, et la *science* exige qu'ils *soient* universels et nécessaires, car dans leur universalité et leur nécessité est la suprême garantie de la valeur de ses conclusions.

2° Les principes ne peuvent être les *résultats* de l'expérience, parce qu'ils en sont les *conditions*. — Cette seconde objection est plus particulièrement celle du kantisme, comme la précédente est plutôt celle de Leibniz. — En effet l'expérience, telle que nous la trouvons en nous, cette expérience par laquelle on voudrait expliquer les principes, n'est pas la pure et simple succession des sensations et des images : elle implique toute une organisation mentale en vertu de laquelle chaque sensation, chaque image est immédiatement *interprétée* comme le *signe* d'une existence ou d'une relation objective, comme la *preuve* ou la *conséquence* de quelque *vérité* valable non seulement pour l'intelligence qui la pense, mais pour toute intelligence en général. Or qu'est-ce que cette faculté d'interpréter les phénomènes et d'organiser l'expérience, sinon la raison elle-même ? Supprimez le principe d'identité et le principe de raison, la conscience est impuissante à sortir de la pure et simple intuition de ses états propres. « L'expérience, a dit Claude Bernard, est le privilège de la raison. »

Ces objections portent principalement contre l'empirisme ordinaire, celui des stoïciens, de Locke, de Laromiguière, de certains philosophes contemporains, tels que M. Taine, etc.

Dans cette doctrine, on admet que les principes dérivent de l'expérience combinée avec une opération proprement intellectuelle, qui pour les uns est la réflexion (Locke), pour les autres, l'attention (Laromiguière), pour d'autres, l'abstraction (M. Taine), pour d'autres encore, l'induction, etc.

Mais quelque nom qu'on donne à cette opération, si elle ne fait que décomposer l'expérience sans y rien ajouter d'original, elle ne pourra en faire sortir de vérité universelle et nécessaire, ou si, comme le fait l'induction, elle semble transformer les faits particuliers et contingents donnés dans l'expérience en lois générales et relativement nécessaires, c'est qu'elle implique déjà en elle-même les principes.

14. L'associationnisme. — Aussi les empiriques se sont-ils efforcés de nos jours d'expliquer surtout le caractère de nécessité inhérent aux principes, et ils ont cru pouvoir le faire au moyen de l'*association* des idées. D'où le nom d'*associationnisme* donné à l'empirisme de Stuart Mill, de Bain, etc.

Ce caractère de nécessité est surtout visible dans le principe de *causalité;* et c'est sur ce principe que se sont surtout portés leurs efforts.

En effet, nous jugeons que tout phénomène a *nécessairement* une cause, et nous jugeons aussi que toute cause est *nécessairement* suivie de son effet.

Or, d'après Hume, qui est le père de cette doctrine, l'idée de cause dérive de l'*habitude* où nous sommes d'*associer* les idées de deux phénomènes qui se sont toujours *présentés ensemble* dans notre expérience, et la prétendue nécessité objective qui fait suivre la cause de son effet n'est au fond que la nécessité subjective qui fait succéder l'idée du second phénomène à celle du premier.

Pareillement, le principe de causalité dérive de l'*habitude* où nous sommes d'*associer* l'idée de cause à tout phénomène qui se présente, parce que dans notre expérience antérieure les phénomènes se sont *toujours* présentés *ainsi liés*.

D'une manière générale, la nécessité des principes est toute relative; elle pourrait se définir : l'incapacité où est l'esprit de penser deux idées ensemble (dans le cas du principe de contradiction) ou de les penser l'une sans l'autre (dans le cas du principe de causalité); mais cette incapacité est acquise; elle est l'effet de l'expérience qui ne nous ayant jamais présenté deux idées ensemble ou l'une sans l'autre les a *dissociées* ou *associées* avec une force irrésistible. D'où il suit qu'avec une autre expérience, notre esprit contracterait d'autres habitudes, et qu'il deviendrait capable de croire, soit qu'une même chose peut en même temps être et n'être pas, soit que des faits peuvent se produire sans cause.

Tout d'abord, en ce qui concerne l'idée de cause, l'explication proposée est ambiguë. — Si l'on adopte l'interprétation d'un philosophe contemporain (1), Hume a simplement prétendu que l'*association habituelle* était le seul cas où se révélait à l'esprit humain une *nécessité* et par conséquent une *causalité* véritable, bien que subjective, toute liaison de phénomènes extérieurs se réduisant en fait à une simple succession constante. D'après ce type de l'*association habituelle*, l'esprit se représenterait toute autre causalité, celle-là même qu'il imagine sous la succession constante de phénomènes extérieurs. — Mais, comme on l'a très justement objecté, la nécessité d'une association ne se constate que par l'impossibilité de la dissoudre : et la conscience de cette impossibilité, c'est la conscience d'un effort volontaire non suivi d'effet. Le véritable type de la causalité, ce n'est pas dès lors l'association habituelle, mais la volonté. — En outre, la nécessité de l'habitude est acquise et fragile : elle s'est faite par degrés ; elle peut se défaire de même. Devons-nous donc concevoir les lois de la nature comme des habitudes, nées d'abord de rencontres fortuites, et que la répétition seule a consolidées? Qu'est-ce qui prouve alors qu'elles ne se dissoudront point par l'effet de nouvelles rencontres ?

Si l'on adopte l'interprétation ordinaire (et elle est certainement valable pour beaucoup d'associationnistes, ainsi pour James Mill, Brown, Stuart Mill, etc.), l'idée de causalité, c'est l'idée d'une succession constante de deux phénomènes, que nous croyons *à tort* nécessaire, parce que les deux idées de ces phénomènes sont nécessairement *associées* dans notre esprit.

Mais, comme Reid l'a objecté avec raison, il ne suffit pas que deux phénomènes se soient toujours présentés l'un à la suite de l'autre dans notre expérience pour que nous jugions l'un cause et l'autre effet ; par exemple le jour et la nuit ; il faut encore que nous ayons quelque raison de supposer dans l'antécédent une force ou tendance plus ou moins analogue à celle dont nous avons nous-mêmes con-

---

(1) Rabier, *Leçons de philosophie*, t. I, p. 293.

science dans le phénomène de l'effort volontaire. — D'autre part, il n'est nullement nécessaire que deux phénomènes se soient présentés en succession constante pour que nous les jugions l'un cause et l'autre effet : un seul cas peut suffire au savant pour conclure la causalité, lorsqu'il y découvre un indice d'une tendance ou force efficace. D'ailleurs, comme Stuart Mill l'avoue lui-même (1), toute cause naturelle pouvant être tenue en échec par une cause contraire, les lois de la nature expriment non des *résultats*, mais des *tendances :* en d'autres termes, la cause n'est pas un phénomène *toujours* suivi d'un effet; c'est un phénomène qui *tend* à se faire suivre de son effet et qui en est suivi *nécessairement* si rien ne l'empêche.

En second lieu, de quelque manière que l'*idée de cause* soit acquise, il est faux que le *principe de causalité* dérive de l'habitude d'associer cette idée à tout phénomène qui se présente parce que dans notre expérience antérieure les phénomènes se seraient toujours présentés ainsi liés.

En effet, si telle était l'origine du principe de causalité, il serait évidemment une acquisition *tardive* de l'intelligence, le résultat et le résumé de toute l'expérience antérieure. Or il n'est pas peut-être de croyance plus *précoce :* elle est la condition même de la perception extérieure et de toute inférence sur l'avenir. La force de cette croyance est, dès l'origine, aussi grande qu'elle peut l'être ; elle n'est donc nullement proportionnée au nombre des successions constantes que l'esprit a pu observer.

Bien mieux, si le principe de causalité devait naître de l'habitude d'associer l'idée de cause à tous les phénomènes qui se présentent, il ne naîtrait jamais, car cette habitude elle-même ne pourrait jamais naître. Il s'en faut que les phénomènes se présentent toujours à nous en succession constante ; les cas où la causalité nous échappe sont infiniment plus nombreux que ceux où elle est manifestement visible. Donc, si l'expérience tend à nous faire croire que certains phénomènes ont des causes, elle tend aussi à nous faire croire que certains autres, en plus grand nombre, n'en ont pas. —Par conséquent, si tout phénomène qui se présente éveille en nous l'idée de cause, cette association n'est pas l'effet passif de l'expérience et de l'habitude : elle est l'œuvre de l'esprit lui-même, qui suppose que la causalité existe même là où il ne l'aperçoit

---

(1) *Logique,* trad. Peisse, t. I, p. 500.

pas, et qui ne la découvre dans un nombre de cas toujours croissant que parce qu'il a pris soin de l'y chercher.

Enfin, l'explication associationniste du principe de causalité ruine le fondement de la *science*. Les inductions scientifiques n'ont plus aucune valeur si les faits se succèdent sans raison et sans cause : les habitudes de notre esprit ne peuvent légitimement prétendre au titre de lois fondamentales de la nature.

15. L'Évolutionnisme. — C'est pour échapper à ces objections que l'empirisme s'est transformé de nos jours en évolutionnisme. M. Herbert Spencer, à l'expérience et à l'association, ajoute l'*hérédité*. Les principes sont *héréditaires* en ce sens que l'enfant qui vient actuellement au monde les hérite de ses ancêtres avec la structure même de son cerveau ; mais, s'il était possible de remonter assez loin dans l'histoire de l'espèce humaine et des espèces animales dont elle dérive, on verrait sans doute que ces principes ont été graduellement acquis par l'effet de l'expérience et de l'habitude, avant d'être, pour ainsi dire, imprimés définitivement dans l'organisation cérébrale.

Remarquons tout d'abord qu'en ce qui concerne l'état présent de l'esprit humain, cette doctrine donne pleinement gain de cause au rationalisme sur l'empirisme. Elle avoue que l'esprit n'est pas une table rase, et que loin de dériver tout entier de l'expérience, il contient en lui-même dès l'origine une faculté d'organiser l'expérience. Seulement elle essaye d'expliquer cette faculté en montrant qu'elle a pu être acquise dans le cours des âges géologiques par les ancêtres de l'humanité.

Or, ce qui est un fait positif et désormais incontesté, c'est l'innéité actuelle des principes ; ce qui est une hypothèse contestable et impossible à vérifier, c'est leur acquisition préhistorique. Il n'y aurait donc que prudence à retenir l'aveu du fait et à en rejeter l'explication.

En effet, l'hypothèse de M. Spencer n'est pas *susceptible de preuve*. Nous n'avons aucun document sur cette histoire de l'intelligence humaine, antérieure à l'humanité, antérieure à l'intelligence même. On est libre, à cet égard, de faire toutes les suppositions qu'on voudra : personne, comme on dit, ne peut aller y voir.

Mais cette hypothèse même est *logiquement inadmissible*. M. Spencer suppose d'abord que les principes existent nécessairement dans les choses à l'état de lois objectives : il suppose ensuite qu'ils passent pour ainsi dire des choses dans l'esprit dont ils deviennent finalement les lois subjectives.

Quant au premier point, il n'y a aucune preuve de l'existence objective et nécessaire des principes en dehors de la croyance subjective et nécessaire de l'esprit aux principes.— Cette existence même est impossible à concevoir, car nous ne savons pas ce que sont les choses en elles-mêmes ; nous ne les connaissons que par l'intermédiaire de nos propres états de conscience, et les principes, consistant en rapports, ne peuvent, comme tous les rapports en général, être conçus que comme des modes d'une intelligence. L'hypothèse de M. Spencer revient donc à transformer les lois de la pensée en entités objectives chargées d'expliquer leur propre apparition dans l'esprit. L'objet, dans cette hypothèse, n'est que la doublure du sujet.

Quant au second point, du moment que les principes expriment l'élément nécessaire et universel de la réalité, on ne comprend pas qu'une si longue et si lente évolution soit nécessaire pour les imprimer dans l'intelligence : ils y entrent, en effet, dès l'origine, avec toutes les manifestations de la réalité. Par conséquent, si l'intelligence pouvait réfléchir, elle les y apercevrait dès l'origine. De même qu'ils sont le fond de toute existence, ils doivent être le fond de toute pensée.

Il est vrai que, d'après M. Spencer, l'intelligence n'a pas d'origine fixe et précise : elle est sortie des sensations par une infinité de degrés, sans qu'on puisse dire quand ni comment, de même que la sensation est sortie de la vie, et celle-ci du mouvement. — Mais on a beau vouloir effacer les différences des choses en les amoindrissant à l'infini : ces différences existent. Éprouver des sensations est une chose ; penser des rapports en est une autre : il n'y a pas de transformation possible de l'une dans l'autre. Il se peut donc que la faculté de penser des rapports se soit ajoutée dans le cours du temps chez certaines espèces animales à la faculté d'éprouver des sensations ; mais le jour, quel qu'il soit, où elle est apparue, elle a été quelque chose de nouveau, d'irréductible, et si l'hérédité a désormais contribué à la transmettre, elle n'en a pas cependant modifié la nature originelle.

Aussi l'évolutionnisme recule indéfiniment les difficultés plutôt qu'il ne les résout. Il reconnaît que le principe de causalité qui nous est nécessaire pour organiser l'expérience ne peut nous venir de l'expérience ; mais ce qui nous est impossible ne l'était pas pour nos ancêtres. — L'expérience était-elle donc pour eux moins confuse, moins contradictoire en apparence que pour nous ? Donc les raisons qui nous empêcheraient actuellement d'acquérir ce principe, si nous ne le possédions pas déjà, ont dû les empêcher eux-mêmes de l'acquérir. — D'où vient d'ailleurs que les autres espèces animales qui sont, après tout, aussi anciennes que la nôtre et qui ont par conséquent une aussi longue expérience, n'ont pas acquis les principes? C'est, dira-t-on peut-être, parce qu'elles n'ont pas une intelligence capable de s'instruire, comme la nôtre, à l'école de l'expérience.— Mais on tournera dès lors dans un cercle; car ce qui constitue justement la supériorité de l'intelligence humaine sur l'intelligence animale, c'est la possession des principes.

Donc, si loin qu'on remonte, par hypothèse, dans l'histoire de l'intelligence, ou bien elle n'existe pas encore, et il est alors bien naturel que les principes qui sont ses lois essentielles n'existent pas davantage, ou elle existe déjà à quelque degré, et alors les principes, au moins sous une forme implicite, existent indivisiblement avec elle.

OUVRAGES A CONSULTER

Leibniz, *Nouveaux essais*. — Kant, *Critique de la raison pure, Analytique transcendantale*. — Hamilton, *Fragments*, traduits par Peisse. — Stuart Mill, *Philosophie de Hamilton*, chap. IV. — Liard, *La science positive et la métaphysique*. — Fouillée, *Philosophie de Platon*, t. II, part. III, chap. I. — H. Spencer, *Principes de psychologie*.

Voyez en outre *Morale*, chap. I (La nature de la conscience morale); *Métaphysique*, chap. I (Le relativisme criticiste); V (Preuves métaphysiques de l'existence de Dieu); *Notions d'histoire de la philosophie* (Platon, Aristote, Descartes, Locke, Leibniz et Kant).

SUJETS DE DISSERTATIONS

1 et 2. Qu'appelle-t-on principes *à priori*? En donner des exemples dans les différentes sciences. 71-73-74.

Qu'appelle-t-on des axiomes? Les définir et les caractériser. Classer les principaux axiomes que vous connaissez selon les différentes sciences auxquelles ils appartiennent. 67.

Qu'appelle-t-on jugement synthétique *à priori*, vérité première, axiome ? Donner des exemples. Montrer comment se forment et se développent dans l'esprit les vérités premières. 75.

Expliquer cette pensée de Leibniz : que les principes entrent dans toutes nos pensées, et qu'ils sont nécessaires pour penser, comme les muscles et les tendons le sont pour marcher, quoiqu'on n'y pense point. 77.

3 et 4. Des notions et vérités premières. Quelle différence principale entre

les unes et les autres? A combien d'idées fondamentales peut-on réduire les idées premières? 72.

Quelle différence y a-t-il entre les notions premières et les vérités premières? Donner des exemples des unes et des autres. 72.

Distinguer l'idée du jugement. Appliquer cette distinction à la définition des notions premières et des vérités premières. 73.

7. et 8. Des idées de cause et de substance; leur importance en philosophie. 75.

Qu'entend-on par cause? Quelles sont les différentes espèces de causes? 77 (Voy. *Notions d'Histoire de la philosophie*, Aristote).

Quelle différence doit-on faire, dans le langage philosophique entre ces deux expressions : une cause seconde et une cause première? 72.

Origine psychologique de l'idée de cause. Ses rapports avec le principe de causalité. 78-82.

De l'origine de l'idée de cause et du principe de causalité. 69.

Du principe de causalité. Sa vraie formule. Dérive-t-il de l'expérience? 67-72-74.

Qu'est-ce que le principe de causalité? Est-il *à priori* ou *à posteriori*? Vient-il des sens, de la conscience ou de la raison? 70.

Qu'est-ce que le principe de causalité et le principe de substance? Ces deux principes tirent-ils leur origine des sens? 69-74.

9. Définir avec exactitude le principe des causes finales. En quoi diffère-t-il du principe de causalité? Quelles en sont les principales applications? 72.

Quelle est selon vous la meilleure formule du principe de finalité? 78.

Comparer le principe de causalité et le principe de finalité. 77-89.

Le principe des causes finales peut-il se ramener au principe de causalité? 81.

Démontrer que le principe de finalité est une conséquence de l'idée de cause première, que ces deux notions sont liées dans la raison. 79.

10. Comment se forme et se développe dans l'esprit l'idée de Dieu? 80.

Comment peut-on dire que l'idée de Dieu résume en elle tous les principes directeurs de l'entendement humain? 82.

11. Qu'entend-on par raison? Quel est le rôle de cette faculté dans la formation et le développement de nos connaissances? 81.

Montrer en quoi diffèrent la raison et le raisonnement. 66.

Comment a-t-on pu opposer la raison au raisonnement ainsi que l'a fait Molière dans ce vers : Et le raisonnement en bannit la raison. 75.

Définir la raison et le raisonnement et en déterminer les rapports. 88.

Avons-nous quelque autre faculté naturelle de connaître que les sens et la conscience? 87.

12. Comment la théorie de l'innéité de Descartes diffère-t-elle de la théorie de la réminiscence de Platon? En quoi ces deux théories sont-elles d'accord? 78.

Quels sont dans l'intelligence les idées et les principes irréductibles à l'expérience? Quelle en est la portée légitime? Est-il vrai que ces idées et ces principes ne représentent que des lois formelles de la pensée, des conditions à la fois subjectives et nécessaires, subjectives parce qu'elles sont nécessaires? 77 (Voy. *Métaphysique*, chap. I, Le relativisme).

13. De l'origine des idées. Toutes nos idées viennent-elles des sens? 68-76.

Prouver que toutes les idées ne viennent pas des sens. 70-74-83.

L'esprit est-il une table rase? 73.

Exposer et discuter la théorie de la table rase. Expliquer comment il faut entendre la fameuse exception proposée par Leibniz. 72.

Exposer et discuter la théorie des idées innées et celle de la table rase. 66-69.

Expliquer et discuter le système de la sensation transformée. 72.

Les facultés intellectuelles et les facultés morales peuvent-elles être, comme le prétend Condillac, le résultat d'une sensation transformée ? 75.

14. Peut-on expliquer les principes premiers de la connaissance par l'association des idées ? 76.

Les idées universelles et nécessaires peuvent-elles s'expliquer par l'association des idées ? 81-86.

De l'association des idées et de l'habitude. Que faut-il penser de la doctrine qui ramène tous les principes de la raison à des associations habituelles ? 86.

15. La théorie de l'évolution rend-elle suffisamment compte de ce qu'on appelle les principes innés de la connaissance ? 84.

Des principes de la raison. Que savez-vous et que pensez-vous de la manière dont l'empirisme contemporain en rend compte ? 87.

CHAPITRE XI

VOLONTÉ. — INSTINCT, LIBERTÉ, HABITUDE.

I. — LES TROIS MODES DE L'ACTIVITÉ.

En un sens très général, l'*activité* est moins une faculté particulière que le fonds commun de toutes les facultés et l'essence même de l'âme. Être, disait Leibniz, c'est agir : ce qui n'agit pas n'est qu'un être incomplet, une abstraction pure. L'âme n'est pas seulement, comme disait Descartes, une chose pensante ; c'est une force agissante, et la pensée même est une action.

En un sens plus particulier, l'*activité* s'oppose à la sensibilité et à l'intelligence : elle comprend alors tous les actes *extérieurs* de l'âme, tous ceux par lesquels, non contente de se modifier elle-même, elle modifie son corps et le monde extérieur. C'est l'activité ainsi entendue qui nous reste à étudier.

Elle revêt dans son développement trois formes successives : la *spontanéité*, la *réflexion*, l'*habitude*.

D'abord *spontanée*, l'activité se porte vers sa fin *sans prévision* et *sans effort*. L'homme, en effet, au début de la vie, agit comme l'animal, sans prévoir le résultat de ses actes, encore incapable de résister à toute impulsion qui le sollicite. Cette spontanéité naturelle et primitive, c'est l'*instinct*.

Puis, par degrés, l'activité devient *réfléchie*. A mesure que l'instinct est plus souvent entravé ou déçu dans la poursuite de ses fins, l'âme cède de moins en moins docilement à ses impulsions. Non seulement avant d'agir elle prévoit les conséquences plus ou moins lointaines de l'acte ; mais cet acte même, c'est elle qui le prédétermine et le fait être par un effort dont elle prend l'initiative. Cette activité réfléchie et vraiment humaine, c'est la *volonté*.

Enfin, par degrés, l'activité redevient *spontanée*. Plus un acte volontaire se répète, plus s'effacent la réflexion et l'effort ; il semble que la volonté elle-même tende à se transformer en instinct. Cette spontanéité consécutive et acquise, c'est l'*habitude*.

Instinct, volonté, habitude, tels sont donc les modes successifs de l'activité humaine. L'instinct en marque, pour ainsi dire, l'enfance, la volonté l'âge mûr, l'habitude la vieillesse ; et, pourrait-on dire aussi, l'enfance est l'âge de l'instinct, l'âge mûr de la volonté, la vieillesse de l'habitude.

II. — L'INSTINCT.

1. Définition et modes de l'instinct. — L'instinct dans l'homme se confond avec l'*inclination*. Il peut se définir une *tendance innée à rechercher certaines fins*. Sauf peut-être dans les premiers jours de la vie, et pour des actes purement physiques (par exemple, l'acte de téter, chez le nouveau-né), l'instinct n'impose pas, ne suggère même pas à l'homme les moyens propres à le satisfaire : d'où l'intervention nécessaire de l'intelligence et de la volonté, qui bientôt même se substituent entièrement à lui. C'est l'instinct qui montre les fins et qui donne l'impulsion première ; c'est l'intelligence qui découvre les moyens et la volonté qui les emploie. L'instinct même, dans l'homme, paraît se réduire à cette spontanéité générale, indéterminée, qui porte tout être vivant à exercer ses organes, à déployer ses facultés : il n'est guère autre chose que le *besoin naturel d'agir*.

Chez l'animal, l'instinct n'est plus le simple *précurseur* de l'intelligence et de la volonté ; il en est le *substitut*. C'est, à la lettre, une intelligence et une volonté innées, une *tendance* non pas seulement à rechercher certaines fins mais *à accomplir certains actes, absolument déterminés et invariables*, ceux-là mêmes qu'une volonté intelligente accomplirait pour arriver à ces fins. L'instinct est alors tout à la fois un besoin naturel d'agir et, comme on l'a dit, un *savoir-faire naturel*.

On divise d'ordinaire les instincts animaux en trois classes : 1° instincts *individuels*, qui ont pour fin la conservation de l'individu (nutrition, chasse, approvisionnement, migration, construction, etc.); 2° instincts *domestiques* qui ont pour fin la reproduction et la conservation de l'espèce (accouplement, ponte des œufs, protection des petits) ; 3° instincts *sociaux* (sociétés animales).

2. Caractères de l'instinct. — Quelle que soit la fin à laquelle il tend, l'instinct est toujours marqué des mêmes caractères essentiels : il est *inné* ; il est *aveugle*. Tous ses autres caractères peuvent se déduire de ces deux-là.

Il est *inné*, c'est-à-dire que l'animal l'apporte en naissant, dans son organisation même, comme un héritage de ses ancêtres, comme le patrimoine de l'espèce à laquelle il appartient. — De là viennent sa *perfection immédiate* et **son** *uniformité*. Du premier coup, avant toute expérience et tout apprentissage, il est tout ce qu'il doit être : l'animal le trouve en soi et ne l'acquiert pas. Tandis que l'intelligence et même l'inclination diffèrent toujours plus ou moins dans leurs effets d'un individu à un autre, l'instinct est le même chez tous les individus d'une même espèce.

Il est *aveugle*, c'est-à-dire que l'animal agit sous son impulsion sans connaître le but ni par conséquent l'utilité des actes qu'il accomplit. — Par là s'explique sa *fatalité* : l'animal, entraîné vers une fin qu'il ignore, ne peut résister à son instinct, en suspendre ou en modifier les effets. Aussi l'instinct est-il en même temps *spécial* et *immuable*. Il n'est pas comme la raison un instrument universel : tant qu'il ne s'agit que de la besogne *particulière* à laquelle son instinct le destine, l'animal est infaillible : il en remontrerait aux plus savants et aux plus habiles ; mais comme ceux qui agissent par *routine* et non par *art*, il est incapable de faire face à des difficultés imprévues, cent fois moindres pourtant que celles qu'il semble résoudre en se jouant. « L'abeille est admirable, dit Voltaire, mais c'est dans sa ruche ; hors de là l'abeille n'est qu'une mouche. » Par cela même, l'instinct *ne peut* guère *se perfectionner:* les industries des animaux sont de notre temps ce qu'elles étaient au temps d'Aristote. Combien les industries humaines n'ont-elles pas fait de progrès depuis lors ?

Toutefois, si l'instinct est aveugle, il *n'est pas* sans doute *inconscient*. L'animal ignore le but final de ses actes ; mais il a conscience de ses actes eux-mêmes. Par conséquent, *s'il a en outre une intelligence*, il peut jusqu'à un certain point les modifier et les ajuster aux circonstances qui se présentent. De là des variations partielles et un progrès relatif dans l'instinct de certaines espèces animales.

3. Nature de l'instinct. — Quelle est la nature de l'instinct ?

D'après Descartes, qui explique par l'instinct seul tous les actes des animaux, l'instinct est purement *mécanique*. Il consiste dans une série de mouvements intérieurs qui se commandent les uns les autres dans un ordre préétabli par la structure même des organes, principalement des nerfs et du cerveau : c'est, comme dit Herbert Spencer, une *action réflexe composée*. Les circonstances extérieures ne font que donner le branle au jeu des ressorts et des rouages intérieurs.

Il est évident que l'instinct a en effet sa condition dans l'*organisation préétablie* de l'animal ; il est donc un mécanisme, mais c'est un mécanisme accompagné de *conscience*. Non seulement l'animal a conscience de l'acte qu'il accomplit par instinct ; mais cet acte même est déterminé par des *sensations*, soit des sensations *externes* correspondantes aux objets qui le sollicitent, soit des sensations *internes* de besoin et de désir. — En outre, il est probable que, comme l'a supposé Frédéric Cuvier, l'animal se représente ou *imagine* par avance le plan de son œuvre, et les idées ou images des actes qu'il doit accomplir se suggèrent successivement les unes les autres dans son *sensorium*, comme en vertu d'une *association innée*. Il y a donc dans certains instincts animaux une sorte d'imagination analogue à celle des artistes humains, mais qui, au lieu d'improviser à chaque fois, reproduit toujours le même thème.

4. Origine de l'instinct. — L'origine de l'instinct est très obscure. On peut ramener à trois toutes les théories proposées sur ce sujet.

1° L'instinct est une *habitude individuelle :* c'est la théorie de Condillac.

2° L'instinct est une *habitude héréditaire :* c'est la théorie de Darwin et d'Herbert Spencer.

3° L'instinct est une *propriété primitive et irréductible de la vie :* c'est la théorie de Cuvier parmi les naturalistes et de la grande majorité des philosophes.

D'après la première, l'animal apprend tout ce qu'il fait. L'instinct n'est que l'habitude privée de la réflexion qui l'a fait naître. S'il est le même chez tous les animaux d'une même espèce, c'est que les besoins et les organes de ces animaux sont identiques. — Une telle explication est évidemment insuffisante pour des instincts aussi précis, aussi compliqués que ceux de la plupart des insectes. Ni son expérience ni son intelligence individuelle n'ont pu apprendre à l'ammophile l'art chirurgical de paralyser sans les tuer les vers gris destinés à la nourriture de ses larves.

D'après la seconde, l'animal reçoit son instinct de ses ancêtres ;

mais ceux-ci l'avaient acquis progressivement pendant le cours des âges. Ce qui chez les ascendants était habitude acquise devient chez les descendants faculté innée ou instinct.

Il est certain que les habitudes peuvent se transmettre par hérédité. « Bon chien chasse de race. » — L'explication transformiste n'en est pas moins sujette à deux graves difficultés.

D'abord, comment l'habitude primitive a-t-elle pu se former ? — Si le premier acte a été accompli par *hasard*, il n'y a guère de chance pour qu'il se renouvelle et se répète au point de modifier l'organisme d'une façon durable. Comment d'ailleurs attribuer au hasard des actes aussi compliqués, aussi précis, aussi visiblement utiles que la plupart des actes instinctifs? — S'il a été accompli par *intelligence* et pour satisfaire un *besoin*, il faut supposer chez les animaux primitifs une intelligence extraordinaire, une sorte de *génie*. L'instinct n'est plus alors chez les animaux actuels que l'intelligence latente et survivante de leurs ancêtres : ils sont dispensés d'avoir de l'esprit parce que leurs devanciers en ont eu pour eux. L'hypothèse est tout à fait invraisemblable, et les transformistes ne l'avoueraient pas. Qu'est-ce d'autre part que ce *besoin* qui stimule l'intelligence animale et la dirige, sinon l'*instinct* lui-même sous sa forme la plus générale? L'explication proposée consiste donc à dériver un instinct particulier d'un instinct plus général combiné avec l'intelligence et un certain ensemble de conditions extérieures. Darwin explique peut-être *les instincts :* à coup sûr il n'explique pas *l'instinct*.

En second lieu, comment l'habitude une fois formée dans l'individu a-t-elle pu se transmettre et se fixer dans l'espèce au point de devenir universelle? — Si c'est un seul individu qui l'a acquise, il y a autant de chances pour qu'elle disparaisse avec lui que pour qu'elle se transmette à ses descendants, puisqu'elle est absente chez l'autre moitié du couple. Si deux ou plusieurs individus l'ont acquise en même temps, c'est là une coïncidence bien étonnante et qui équivaut à l'apparition spontanée d'un nouvel instinct et d'une nouvelle espèce au sein d'une espèce préexistante et pourvue d'instincts différents. — En outre l'*hérédité* est souvent capricieuse en ses effets : la transmission héréditaire des habitudes individuelles est loin de présenter l'uniformité absolue de la transmission des instincts ; elle s'arrête bientôt au bout de quelques générations. Seuls les caractères spécifiques et parmi eux les instincts restent ineffaçables et immuables.

Donc, quelque parti qu'on puisse tirer, dans le détail, de l'intelligence, de l'habitude et de l'hérédité pour l'explication des instincts, il semble bien que l'instinct, en son origine première, soit inséparable de la vie et inexplicable comme elle — inexplicable tout au moins par des raisons purement *empiriques* et *mécaniques*. Tout être vivant *tend* à se conserver, à s'accroître, à se reproduire : la *finalité* est la loi même de la vie. Cette finalité, déjà si remarquable chez le végétal, devient chez l'animal à demi consciente : et c'est cela même qui est l'instinct. Mais la raison dernière de cette finalité doit se chercher ailleurs que dans l'histoire naturelle ou dans la psychologie même : si elle se trouve quelque part, ce ne peut être que dans la métaphysique.

III. — LA VOLONTÉ.

1. Définition et analyse de la volonté. — La volonté est le *pouvoir de se déterminer à agir*.

Tout acte volontaire complet se compose de ces trois parties successives, la *délibération*, la *détermination*, l'*exécution*.

Le point de départ de la délibération, c'est une *idée pratique*, l'idée d'un *acte* que nous jugeons *possible* pour nous, parce que nous en avons déjà accompli d'autres plus ou moins semblables. Si cette idée, qui peut nous être suggérée par quelque circonstance extérieure ou par le cours de nos pensées, n'a aucun rapport avec nos inclinations, si elle n'excite en nous aucun désir même le plus léger, elle traverse l'âme sans éveiller la volonté. Mais dès que le désir s'ajoute à l'idée, aussitôt se pose la question : « Voudrai-je ou ne voudrai-je pas ? » et la délibération commence. Plus l'acte est difficile et important, plus elle se complique et se prolonge. L'idée de l'acte se complète par les idées de ses conséquences, les unes agréables ou utiles, les autres pénibles ou nuisibles, et ces idées, qui prennent elles aussi un caractère pratique, deviennent des *motifs* favorables ou contraires, des raisons d'agir ou de s'abstenir. Non content des motifs qui se présentent d'eux-mêmes, l'esprit souvent en recherche, en évoque d'autres : il les compare, il les juge. En même temps la sensibilité s'émeut : les désirs, les répugnances, les émotions de toute sorte, naissent en foule : chaque idée se transforme, pour ainsi dire, en sentiment, chaque motif en *mobile*.

La détermination est l'acte propre de la volonté, la *volition* proprement dite. Quelque nom qu'on lui donne, elle consiste essentiellement dans un *choix*. Deux actes possibles sont en présence : se déterminer ou se résoudre, c'est *choisir* celui des deux qui se réalisera. Si l'on considère que de ces deux actes possibles, il y en a presque toujours un vers lequel l'âme se sent plus fortement inclinée par le désir, on pourra dire encore que la détermination consiste essentiellement dans un *consentement* ou un *refus*. Supposez la volonté absente, cet acte dont l'idée nous agrée se réalisera, pour ainsi dire, de lui-même : vouloir, c'est accorder ou refuser satisfaction au désir, c'est prononcer un « *fiat* » ou un « *veto* » intérieur.

L'exécution est l'acte proprement dit : c'est l'effet extérieur et final de la volonté. Elle manque quelquefois quand l'acte se trouve être impossible par suite de quelque changement imprévu dans les circonstances extérieures. Quelquefois aussi elle est séparée de la détermination par un plus ou moins long intervalle : c'est le cas des *projets*, des *intentions*, des *velléités*. Il est vrai qu'on peut se demander si en ce cas la détermination est bien complète et bien réelle : on prévoit, ce semble, qu'on voudra plutôt qu'on ne veut en effet. D'ordinaire, vouloir et agir ne font qu'un. Au moment même où l'on se décide, on a conscience d'un *effort* qui est le commencement et comme le signal de l'action. On conçoit mal une volonté purement contemplative qui, après avoir décrété l'acte, assisterait en simple spectatrice à sa réalisation spontanée. Il semble que l'exécution serait à chaque instant interrompue si la volonté qui l'a commencée ne la poursuivait jusqu'au bout.

De même la volonté n'est pas non plus complètement absente de la délibération. Presque toujours on délibère parce qu'on veut délibérer : c'est la volonté qui empêche les mobiles, souvent les plus violents, d'emporter l'acte par surprise : c'est elle qui commence, qui prolonge, qui termine l'appel et la comparaison des motifs.

Dans les cas très simples, l'acte volontaire se réduit à ces trois choses : l'*idée* d'un acte possible, le *consentement* et l'*effort*. J'ai besoin de consulter un livre qui est devant moi, sur ma table : penser à prendre ce livre, le vouloir et le faire, tout cela se passe en un clin d'œil.

2. La volonté distinguée du jugement et du désir. — Quelle est la nature de l'acte propre de la volonté, de la *détermination* ou du *choix?* On a essayé de le ramener soit à un phénomène d'intelligence, soit à un phénomène de sensibilité.

Dans la première hypothèse, la volition est un *jugement* : elle consiste à juger qu'un certain acte, étant meilleur que son contraire, *doit* être accompli, qu'il *faut* agir ainsi. Vouloir, c'est affirmer la nécessité d'un acte. En vertu de cette affirmation, l'acte se réalise de lui-même.

Il n'est pas douteux que la volition ne soit presque toujours précédée ou suivie de jugements : mais ce n'est pas une raison pour la confondre avec eux.

Ainsi, nous pouvons juger en effet, *avant* de vouloir, qu'un acte est meilleur que son contraire et doit lui être préféré. — Mais ce jugement nous apparaît comme *forcé* : il ne dépend pas de nous de croire que le meilleur est le pire et *vice versa*. Cependant, même après ce jugement, la volition nous apparaît comme *libre* : il dépend de nous, ce semble, de vouloir cet acte ou son contraire.
— En outre, ce jugement peut avoir deux sens. Veut-il dire que l'acte est le meilleur au regard de l'intelligence même ou de la raison, que c'est un *devoir* de l'accomplir? L'expérience prouve qu'un tel jugement ne suffit pas pour entraîner l'acte. *Video meliora proboque, deteriora sequor*. Veut-il dire que l'acte est le meilleur au regard de la sensibilité, qu'il est l'objet de notre préférence, c'est-à-dire de notre plus fort désir? Le jugement n'est plus que la conscience réfléchie de la prédominance d'un désir : et l'hypothèse que nous discutons revient alors à la suivante. Même en ce cas, d'ailleurs, le jugement n'a pas par lui-même de force exécutoire : nous pouvons ne pas vouloir ce que nous jugeons pourtant le plus désirable.

D'autre part, il arrive aussi qu'on juge, *après* avoir voulu, que l'acte auquel on se détermine est en effet celui qui *doit* être, celui qui *sera*. — Mais ce jugement, postérieur à la volition, constate une nécessité toute relative dont la volonté même est la cause. L'acte doit être et sera parce que nous le voulons ainsi.

Enfin, prétendre que l'acte se réalise de lui-même par la seule affirmation de sa nécessité, c'est ne tenir aucun compte et ne donner aucune explication du sentiment de l'effort qui accompagne toujours à quelque degré l'exercice de la volonté.

La seconde hypothèse est celle de Condillac et de presque tous les sensualistes : la volition est un *désir*; c'est un désir prédominant, absolu. On veut au moment où de plusieurs désirs qui se combattaient dans l'âme, l'un devient le plus fort, triomphe des autres, et emporte l'action.

La volonté et le désir ont sans doute de nombreux rapports : la langue courante les confond aisément l'un avec l'autre. « Je voudrais », dit-on souvent ; et cela signifie au fond : « je désire ». Tous deux se rapportent à des fins, tous deux tendent et se terminent à l'action. Pas de désir qui ne sollicite plus ou moins vivement la volonté ; pas de volonté qui se détermine sans l'apparition préalable d'un désir. Mais les différences sont plus nombreuses encore. Elles peuvent toutes se ramener à cette différence fondamentale : le désir est *fatal*, la volonté est *libre*.

Le désir est *fatal*, comme le plaisir et la douleur, comme toute sensation et toute passion. Il naît dans l'âme, sans son consentement, souvent à l'improviste, dès qu'un certain objet se présente ou qu'une certaine idée se réveille. Le plus honnête homme du monde ne peut pas répondre qu'il n'éprouvera jamais de mauvais désirs. Au contraire la volonté est *libre* : ce qui dépend de nous, du moins nous le croyons, c'est de céder au désir ou de lui résister, c'est de *vouloir* ou de ne pas *vouloir* l'action à laquelle il nous sollicite. Par conséquent alors même que nous agissons dans un sens conforme à notre désir, entre le désir même et l'action s'intercale un troisième terme, le consentement que nous donnons au désir et qui seul est la vraie cause de l'action ; et ce consentement, nous pourrions aussi bien le refuser.

De là vient d'abord que la volonté et le désir diffèrent sous le rapport de leurs *objets*. On ne veut que des *actes* et des actes qu'on croit *possibles* pour soi-même : vouloir, c'est essentiellement vouloir faire. Le désir n'a pas de bornes. Je peux désirer des biens qu'il ne dépend pas de moi d'acquérir ; je peux même désirer l'*impossible*. — De là vient aussi qu'ils diffèrent dans leurs *conditions* et leurs *effets*. Le désir est *aveugle* : il ne se manifeste nulle part avec autant de force que dans les âmes ignorantes et irréfléchies. La volonté est *éclairée* : la réflexion en est la condition nécessaire. Un désir excessif enlève à l'homme la conscience de sa propre personnalité : il l'aliène, il le transporte pour ainsi dire hors de lui, dans l'objet qui le fascine. Plus la volonté est énergique, plus la personnalité s'affirme, plus l'homme distingue son être propre des objets sur lesquels il exerce son action. — De là vient enfin qu'ils sont le plus souvent *opposés* l'un à l'autre. Une volonté puissante maîtrise et étouffe les désirs ; un désir trop brusque et trop violent abolit la volonté.

En résumé, ni le jugement ni le désir ne sont par eux-mêmes

décisifs : c'est la volonté seule, qui, en s'ajoutant à eux, les rend tels. Pour mieux dire, la volonté seule est *décisive*.

3. Les caractères et le rôle de la volonté. — On peut voir maintenant quels sont les caractères essentiels de la volonté.

C'est d'abord la *réflexion*. Vouloir, c'est savoir ce qu'on fait et pourquoi on le fait, c'est *agir en connaissance de cause*. Le pouvoir de réfléchir et le pouvoir de vouloir sont donc inséparables : ils croissent et décroissent ensemble. Supprimez la réflexion, et la volonté s'évanouit dans l'instinct.

C'est ensuite la *liberté*. Ou la volonté n'est qu'un mot qui désigne le moment où l'un des désirs l'emporte définitivement sur tous les autres, ou, si elle est quelque chose de réel, elle est libre. Vouloir, c'est *choisir ;* mais tout choix suppose une alternative, la possibilité de deux contraires. Choisit-on véritablement, si l'autre parti était *impossible*, si celui qu'on a pris était *nécessaire ?*

C'est enfin l'*efficacité*. Vouloir, c'est pouvoir, dit un proverbe populaire. Il y a là l'exagération d'une grande vérité. La volonté ne peut pas tout, mais elle peut beaucoup, soit pour *faire*, soit pour *empêcher*. — Par l'entremise de l'*attention*, elle a prise sur toutes les opérations intellectuelles : la science est son œuvre au moins autant que celle de l'intelligence. Si nous ne pouvons supprimer à notre gré les sensations et les désirs, nous pouvons du moins nous opposer à leur manifestation extérieure : nous pouvons indirectement les affaiblir, les annuler même en détournant notre pensée vers d'autres objets. — Par le moyen de l'*effort musculaire*, la volonté suscite et dirige les mouvements des organes locomoteurs, et ces organes, de plus en plus dociles à son action, lui deviennent comme des instruments par lesquels elle étend de proche en proche son empire sur toutes choses.

Réfléchie, libre, efficace, la volonté fait de l'homme une *personne*. Les choses, les animaux ne s'appartiennent pas à eux-mêmes ; ils sont ce que les font leur nature et les circonstances extérieures ; par cela même, on ne peut attribuer leurs actes à leur individualité propre. Au contraire, l'homme, capable de vouloir, est, en quelque sorte, son maître : il dépend de lui d'ajouter ou de retrancher à sa nature originelle, de se soumettre les circonstances extérieures ou de s'y soumettre ; et c'est pourquoi il est responsable de ses actes. La *personnalité*, la *responsabilité*, voilà tout ensemble les privilèges et les charges que la volonté apporte avec elle.

IV. — LA LIBERTÉ.

1. Différents sens du mot liberté. — La volonté, on vient de le voir, implique la liberté : on ne peut pas se déterminer sans croire qu'on choisit entre deux partis également possibles, et ce *pouvoir d'opter entre deux possibilités*, c'est la liberté même. — Mais le mot de liberté s'emploie aussi en d'autres sens.

Ainsi on ne doit pas confondre le pouvoir intérieur de choisir qui est la *liberté morale* ou le *libre arbitre* avec le pouvoir extérieur d'agir qui est la *liberté physique*. Le prisonnier, le paralytique ne sont plus libres physiquement : ils ont encore leur liberté morale. Un fou n'est plus libre moralement : si on le laisse agir à sa guise, il est physiquement libre.

La liberté morale n'en est pas moins solidaire dans une certaine mesure de la liberté physique. Comme nous ne pouvons vouloir que les actes que nous savons nous être possibles, l'impossibilité d'agir entraîne une impossibilité de vouloir au moins relative. La possession effective d'une certaine part de liberté physique se trouve être ainsi, au point de vue social, la condition de la liberté morale.

La *liberté civile* et la *liberté politique* sont des conséquences de ce principe. La première est le droit de faire tout ce qui n'est pas incompatible avec la liberté d'autrui ; la seconde, le droit de participer à la confection de la loi. L'une et l'autre ont pour but d'assurer également à tous les membres de la société la plus grande somme possible de liberté physique comme garantie de leur liberté morale.

On entend quelquefois aussi par *liberté morale* l'empire de la volonté sur les passions. En ce sens, le sage seul est libre. Celui qui satisfait un désir que sa raison désapprouve est esclave. Mais la question est précisément de savoir s'il dépend toujours de nous d'acquérir cette liberté idéale, si c'est librement ou non que nous devenons esclaves de nos passions.

2. Les preuves de la liberté. — La liberté morale, en effet, a été contestée par tous les philosophes qui professent le fatalisme ou le déterminisme. Il importe donc d'en donner les preuves.

La première de toutes est une preuve *directe*, une preuve d'*observation*, tirée du témoignage de la *conscience*. — D'abord, celui qui *délibère* a conscience qu'il peut vouloir l'un ou l'autre des deux partis en présence : il n'assiste pas en simple spectateur à la lutte des motifs, attendant que l'un d'eux l'emporte, sans *pouvoir* rien par lui-même pour mettre fin à la lutte ; il sent que la décision finale est et demeure en son pouvoir. — Ensuite, au moment où il se détermine, il a conscience d'un *acte* propre, dont il est la cause unique et immédiate, qui s'ajoute à l'un ou à l'autre des motifs, souvent à celui qui l'incline avec le moins de force. Cet acte révèle d'autant plus clairement à l'esprit son initiative personnelle qu'il est accompagné d'un effort plus pénible : la résistance dont il triomphe mesure en quelque sorte sa puissance. — Ainsi, conscience d'un pouvoir pendant la délibération, conscience d'un acte émané de ce pouvoir au moment de la détermination, tel est le témoignage de la conscience. Or la certitude de la conscience est absolue : on peut douter de tout, excepté de son témoignage.

On fait à cette preuve deux objections :

D'abord, a-t-on dit, la liberté ne peut pas être *objet de conscience*. — La conscience, dit Stuart Mill, n'est pas prophétique ; on a conscience de ce qu'on veut, de ce qu'on fait, non de ce qu'on pourrait faire ou vouloir. Nous savons donc par la conscience que *nous nous déterminons* pour un certain parti, et cette connaissance est absolument certaine ; nous ne *savons* pas, nous *croyons* seulement que nous *pourrions* nous déterminer pour le parti opposé ; et cette croyance peut parfaitement être fausse. On peut en douter, sans douter du témoignage de la conscience.

La seconde objection complète la première. — La croyance à la liberté, disent Spinoza et Bayle, peut s'expliquer sans supposer la conscience d'une liberté réelle. Cette croyance nous vient de l'*ignorance* où nous sommes des causes qui nous font vouloir. Ayant conscience de notre détermination, n'ayant pas conscience des causes secrètes qui la produisent, nous croyons qu'elle n'a pas de cause, ou, ce qui revient au même, qu'elle a pour cause notre volonté, notre moi, et cette croyance s'enracine d'autant plus fortement en nous qu'elle flatte notre amour-propre et notre orgueil. Une marionnette qui sentirait ses mouvements et ne sentirait pas les fils qui la meuvent se croirait libre. Si une girouette éprouvait le désir de tourner dans la direction du vent qui souffle, elle s'imaginerait, dit Bayle, tourner chaque fois à son gré.

On peut répondre à la première objection que la conscience de la liberté n'est pas la conscience d'un *possible*, mais la conscience d'un *pouvoir*. Un possible n'existe pas encore : on ne peut par conséquent en avoir conscience ; mais un pouvoir est quelque chose de réel et d'actuel. On peut donc en avoir conscience. Or ce que je sens en moi, ce n'est pas évidemment la *détermination* opposée à celle que je prends, mais le *pouvoir* de la prendre, et c'est la conscience de ce pouvoir qui me fait croire à sa possibilité.

On peut répondre à la seconde que l'explication proposée est contredite par les faits. Si la croyance à la liberté vient de l'ignorance des causes déterminantes, plus cette ignorance sera grande, plus la croyance sera forte ; plus nous connaîtrons les causes, moins nous croirons à la liberté. Or c'est le contraire qui arrive. Toute action dont nous ignorons les raisons nous semble l'effet d'une force étrangère, et nous en déclinons la responsabilité. En revanche, nous nous attribuons d'autant plus sûrement la paternité d'une action que nous pouvons mieux nous rendre compte des motifs qui nous ont déterminés à l'accomplir.

Toutes les autres preuves *indirectes* sont des preuves de *raisonnement* dans lesquelles on démontre que la liberté est la seule *raison* possible des faits les plus importants de la vie morale et sociale.

On y distingue d'abord deux preuves morales : l'une tirée de l'*obligation*, l'autre de la *responsabilité*.

En premier lieu, on ne peut être *moralement obligé* de vouloir le bien que si l'on est *capable* de le vouloir. « A l'impossible nul n'est tenu. » Or, dans l'hypothèse où la volonté n'est pas libre, on ne peut jamais vouloir que ce qu'on veut en effet. Donc celui qui veut le mal, ne pouvant pas vouloir le bien, n'est pas obligé de le vouloir. L'obligation morale, le devoir a pour condition nécessaire la liberté. L'une s'évanouit avec l'autre. Il faut donc choisir : ou nier la liberté et par conséquent nier le devoir, ou affirmer le devoir et par conséquent affirmer la liberté.

En second lieu, on ne peut être *moralement responsable* que des actes dont on est vraiment la cause. Ce qui fait l'amertume du remords, c'est cette pensée qu'on pouvait s'abstenir du mal et qu'on ne l'a pas voulu. Mais, s'il n'a pas dépendu de nous que la chose arrivât autrement, nous sommes à plaindre plutôt qu'à blâmer : c'est un malheur plutôt qu'une faute. On peut regretter d'avoir agi ainsi : on ne peut plus en avoir de remords. Étant données les circonstances, cela était inévitable. La responsabilité passe, pour ainsi dire, par-dessus notre tête et recule indéfiniment de cause en cause pour aller se perdre dans l'infini. La *responsabilité mo-*

rale, le mérite, le démérite ont donc pour condition nécessaire la liberté.

Les preuves *sociales*, assez nombreuses, se tirent d'un certain nombre de faits sociaux qui ne semblent pouvoir s'expliquer que par la liberté. Par malheur, la plupart de ces faits sont aussi susceptibles d'une interprétation différente, et par conséquent les preuves sociales n'ont pas toutes la même valeur que celles qui précèdent.

Ainsi, les *promesses*, les *contrats*, prouvent, a-t-on dit, la liberté de celui qui les fait. Pour s'engager à un acte qu'on accomplira dans trois ans, il faut être assuré non seulement qu'on le veut aujourd'hui, mais encore qu'on le voudra, qu'on pourra le vouloir dans trois ans. Or on ne peut avoir cette assurance, si la volonté dépend d'une autre cause que d'elle-même. — Mais, répondent les déterministes, on n'est pas *absolument sûr* de l'exécution future de sa promesse, et c'est la raison même pour laquelle on se lie par un engagement ; d'autre part, si on la croit *extrêmement probable*, c'est parce qu'on a conscience d'un motif déterminant très fort, partant très durable, et parce qu'on ne prévoit aucun changement dans les circonstances susceptibles d'influer sur la volonté.

Pareillement, les *prières*, les *menaces*, les *ordres*, les *conseils*, etc., prouvent, a-t-on dit, la liberté de ceux à qui on les adresse. On ne prie pas un fleuve de rebrousser son cours. Conseiller un certain parti à quelqu'un, c'est croire qu'il est libre de le prendre. — Tous ces faits, répondent les déterministes, prouvent simplement l'influence déterminante des motifs sur la volonté. De ce qu'un phénomène est l'effet de causes fatales, il ne s'ensuit point qu'on ne puisse le modifier. Tout au contraire, on le modifie nécessairement en modifiant ses causes. On détourne le cours d'un fleuve, tout fatal qu'il est, non par des prières, mais par des digues. De même, les causes de la volonté étant les motifs, il suffira de suggérer à quelqu'un des motifs convenables pour modifier sa volonté. C'est ce qu'on fait par le moyen des prières, des menaces, des conseils, etc.

Les preuves tirées des *lois* et de la *justice sociale* sont plus délicates.

On ne ferait pas de *lois*, dit-on, si les hommes n'étaient pas capables d'y obéir. — Mais, répondent les déterministes, les lois sont elles-mêmes des motifs qui influent sur la volonté humaine, et ce qui prouve que le législateur n'a pas une confiance absolue dans leur influence, au moins sur la masse des hommes, c'est qu'il les renforce par le motif additionnel de la crainte des châtiments.

Il semble cependant que ces *châtiments* eux-mêmes prouvent la liberté. Où serait l'utilité, où serait la justice des peines infligées par les tribunaux, si les prétendus coupables, n'ayant pu s'empêcher d'agir autrement, étaient au fond innocents?

Les déterministes répondent que la peine se justifie à un triple point de vue, comme moyen de *correction*, comme moyen d'*intimidation*, comme moyen de *défense*. On punit les coupables pour les empêcher de recommencer, pour décourager ceux qui seraient tentés de les imiter, et en définitive pour défendre la société. — Mais, si ces raisons prouvent que la peine peut être encore *utile*, même si le coupable n'est pas libre, elles ne prouvent point qu'elle soit *juste*. La justice, en effet, veut avant tout que la peine soit *méritée* : c'est à cette seule condition que la société est autorisée à punir. Donc abstraction faite de la liberté, la vindicte sociale n'est plus que l'exercice du droit du plus fort.

Ainsi, tant qu'il ne s'agit que des conséquences *extérieures* et proprement *sociales* de la liberté, le déterminisme réussit à les expliquer par un autre principe, et bien que cette explication soit contraire aux croyances naturelles et communes de l'humanité, elle est logiquement irréfutable; mais, dès qu'il s'agit du caractère *moral* que la liberté confère aux actes de l'homme, le déterminisme est impuissant. Ni le *devoir*, ni la *responsabilité*, ni la *justice* ne peuvent se comprendre sans la liberté.

3. Le fatalisme. — Toutes les doctrines qui contestent la liberté morale ont été pendant longtemps réunies sous le nom de *fatalisme*. On doit cependant distinguer le *fatalisme* et le *déterminisme*.

Le fatalisme consiste à attribuer les actes volontaires de l'homme à une cause unique et *surnaturelle* : c'est une doctrine essentiellement *métaphysique* ou religieuse ; le déterminisme consiste à les attribuer à des causes multiples et *naturelles* : c'est une doctrine *psychologique*. Ils ne s'excluent pas nécessairement l'un l'autre ; on peut être déterministe en psychologie et fataliste en métaphysique (tel est Spinoza), mais ils ne s'appellent pas non plus nécessairement l'un l'autre.

Ce dernier cas est celui du *fatalisme vulgaire* (*fatum mahometanum* de Leibniz), qui fut la croyance des anciens Grecs et qui est aujourd'hui encore celle des Mahométans. — Tous les événements importants de notre vie sont écrits d'avance : *quoi que nous fassions*, ils ne peuvent manquer d'arriver.

Cette doctrine pourrait être donnée comme exemple du sophisme qu'on nomme en logique: *ignorance du sujet*. Elle n'est nullement ce qu'elle prétend être, la négation du libre arbitre. Ce qu'elle nie en effet, ce n'est pas la *liberté* intérieure de nos déterminations, c'est leur *efficacité* extérieure. Le destin décide de *ce qui nous arrivera* ou de *ce que nous ferons*, non pas de ce que nous *voudrons* nous-mêmes, puisque nous pouvons au moins *essayer* de lui échapper.

Elle est fondée sur cette hypothèse que chaque événement est directement produit par une cause surnaturelle dont on ne peut ni prévoir ni modifier les effets ; elle est donc la négation des lois de la nature, ou de ce déterminisme naturel en vertu duquel la même cause entraîne toujours les mêmes effets. — Elle aboutit à cette conclusion pratique, appelée par Leibniz *sophisme paresseux*, « qu'il est inutile d'agir ». S'il est écrit que ma maison brûlera, j'aurai beau y jeter de l'eau, elle brûlera quand même ; et s'il est écrit qu'elle ne brûlera pas, l'incendie s'éteindra sans que personne s'en mêle. Raisonnement absurde, car, si les effets sont écrits, les causes ne peuvent manquer de l'être aussi.

Le seul fatalisme vraiment conséquent est donc celui qui est en même temps une forme du déterminisme. C'est le *fatalisme philosophique* qui explique les actions de l'homme par leurs antécédents naturels et qui n'attribue à une cause surnaturelle que l'enchaînement nécessaire des antécédents et des conséquents. On peut en distinguer deux formes principales : *panthéiste* et *théiste*.

Dans le panthéisme (stoïciens, Spinoza, etc.) tout est déterminé parce que tout dérive nécessairement de la nature de Dieu. Sans entrer ici dans l'examen détaillé de ce système, nous pouvons lui faire trois objections principales.

D'abord, il ne prouve pas que la nature de Dieu soit la *nécessité* plutôt que la *liberté*. Il semble même que l'idée de la liberté soit au fond identique à celle de l'absolu, c'est-à-dire à l'idée d'un être qui, étant à lui-même sa raison, est indépendant de toute cause étrangère. Dès lors, si la liberté est en Dieu, elle peut être aussi dans quelqu'une de ses œuvres.

En second lieu, il ne prouve pas que tout dérive *nécessairement* de la nature de Dieu. Même dans Spinoza, le raisonnement s'arrêterait bien vite s'il n'empruntait sans cesse de nouvelles prémisses à l'expérience. Le passage d'un ordre de choses à un autre, dans les diverses sciences, ne peut se faire par voie de déduction.

En troisième lieu, le principe du système n'est, en tout cas, qu'une hypothèse qui, comme telle, doit être confirmée par les faits. Or les faits la démentent : la conscience atteste que nous sommes libres.

Il ne reste donc plus à discuter, dans le panthéisme, que la partie qui lui est commune avec le déterminisme : la thèse de la détermination des actes volontaires par leurs antécédents psychologiques.

La principale objection du *fatalisme théiste* se tire de la *prescience divine*. Dieu, intelligence parfaite, connaît toutes choses : il connaît donc l'avenir et par cela même nos actes futurs. Ces actes sont donc d'ores et déjà déterminés : par conséquent, ils ne sont pas libres.

On répond à cela que la prévision de Dieu ne nécessite pas nos actes futurs, pas plus que la prévision d'un astronome ne nécessite une éclipse. Ils ne seront pas parce que Dieu les prévoit ; il les prévoit parce qu'ils seront.

Mais la réponse est évidemment insuffisante. Si la prévision de Dieu ne nécessite pas nos actes, elle n'est possible, en tout cas, que dans l'hypothèse où ces actes sont nécessaires. L'astronome ne prédétermine pas l'éclipse, mais il ne la prévoit que parce qu'elle est prédéterminée.

Aussi dit-on que Dieu ne *prévoit* pas nos actes futurs, mais qu'il les *voit*. Il ne les connaît pas à titre de conséquences *nécessaires* de notre état présent : il y assiste, comme ferait un témoin, au moment même où ils se produisent.

Seulement, il reste à comprendre comment des actes qui sont *futurs* pour nous peuvent être *présents* pour Dieu. La théodicée enseigne, il est vrai, que les distinctions de passé, de présent et de futur s'évanouissent dans l'*éternité* divine ; mais il est impossible à un être qui vit dans le *temps* de se faire une idée d'un tel mode d'existence.

Il suffit cependant qu'il n'y ait pas contradiction démontrée entre la liberté humaine et la prescience divine pour que nous puissions les admettre l'une et l'autre, malgré notre impuissance à en découvrir les rapports.

Tel est le sens de la célèbre conclusion de Bossuet : « Tenons fortement les deux bouts de la chaîne, quoique nous n'apercevions point le milieu. »

4. Le déterminisme. — Le déterminisme pourrait se résumer dans cette double formule : *sans motif, pas de volonté ; la volonté suit toujours le motif le plus fort.*

Il est vrai qu'on distingue parfois du déterminisme ainsi entendu un déterminisme *physiologique* ou *matérialiste* qui attribue les actes volontaires de l'homme aux états des nerfs et du cerveau ; mais, comme ces causes physiques ne peuvent influer sur la volonté que par l'intermédiaire des motifs, cette doctrine implique nécessairement le déterminisme psychologique.

Les arguments du déterminisme peuvent se ramener à quatre chefs : 1° argument *logique*, tiré du principe de causalité ou de raison suffisante ; 2° argument *psychologique*, tiré de l'analyse de l'acte volontaire ; 3° argument *social*, tiré de la statistique ; 4° argument *physique et physiologique*, tiré de la mécanique et de la théorie des rapports du physique et du moral.

1° Tout fait a sa *raison* ou sa *cause* : c'est une loi universelle et nécessaire de l'expérience et de la pensée. Mais il s'ensuit immédiatement que les faits volontaires ont aussi leur *cause*. Il y a toujours une *raison* pour laquelle on se détermine comme on le fait : cette raison étant telle, on ne peut se déterminer autrement ; pour que la détermination fût autre, il aurait fallu une autre raison. Donc, étant donné l'état de l'âme au moment de la délibération, une seule détermination est possible, celle qui a sa raison dans cet état. Admettre la liberté, c'est admettre des effets sans cause.

2° L'*analyse de l'acte volontaire* confirme ce raisonnement. Nous ne voulons jamais sans un motif qui nous détermine ; quand plusieurs motifs sont en présence, nous hésitons jusqu'au moment où l'un d'entre eux devient le plus fort. La volonté est donc une balance, et les motifs sont les poids qui la meuvent. De là vient que nous pouvons *prévoir* la conduite de nos semblables. Mieux nous connaissons les motifs habituels qui les déterminent, plus nos prévisions sont probables : elles seraient absolument certaines si nous pouvions les connaître complètement.

3° Les *sciences sociales* enseignent que les actes humains obéissent à des lois constantes et générales. En particulier, la *statistique* prouve que les actes en apparence les plus libres (mariages, divorces, suicides, etc.) se reproduisent d'année en année avec une régularité mathématique.

4° Enfin, l'hypothèse du libre arbitre est en contradiction avec les résultats les plus généraux de *toutes les sciences de la nature*. Elle implique, en effet, cette conséquence que la volonté humaine peut *commencer* ou *interrompre* un *mouvement*. Il ne suffit pas, pour que nous soyons libres, que nous déterminions en nous-mêmes un acte (par exemple lever le bras); il faut encore que cette détermination soit la cause de l'acte même. Donc le mouvement du bras ne sera pas, par hypothèse, l'effet d'un mouvement antérieur; il sera l'effet immédiat de la volonté. Or c'est là une chose impossible. La grande loi de « la conservation de la force » s'y oppose. La quantité de force reste constante dans l'univers : à travers toutes ses transformations, elle ne peut être ni diminuée ni accrue. Il s'ensuit que tout mouvement est la conséquence nécessaire d'un mouvement antérieur, celui-ci d'un autre, et ainsi de suite, sans qu'il y ait jamais place pour la création *e nihilo* d'un mouvement intercurrent par la volonté. — Tout ce que nous savons des rapports du physique et du moral est d'accord avec ces vues. La volonté subit d'une manière plus ou moins directe toutes les variations de l'organisme et du milieu extérieur : c'est une *résultante* et non une *cause*. Elle est pareille à l'aiguille d'un cadran qui semble marcher par elle-même et commander la sonnerie, et qui ne fait cependant que suivre et manifester les mouvements des rouages intérieurs.

5. La critique du déterminisme. — Nous pouvons tout d'abord écarter les deux derniers arguments.

En effet, les lois de la statistique ne déterminent que les *moyennes* et non les cas particuliers : en vertu de causes générales, tant de suicides se produiront cette année dans ce pays, mais il reste à savoir si le suicide de tel individu pris à part est nécessaire. Or cette nécessité prétendue n'est nullement impliquée dans la loi. A côté des causes générales sont les causes particulières parmi lesquelles peut se trouver le libre arbitre. — D'ailleurs, de telles lois sont approximatives et variables; les moyennes augmentent ou baissent avec les progrès et les crises de l'industrie, du commerce, de la moralité, etc. Expression empirique des résultats produits durant une certaine période par l'action combinée des causes générales et des volontés individuelles, il est au pouvoir de ces volontés de les faire changer d'une période à une autre.

D'autre part, la loi de la *conservation de la force* n'a pas été encore vérifiée chez les êtres vivants, sinon d'une façon approximative; c'est donc par hypothèse qu'on la leur étend. Or il est évident que la volonté ne crée pas de toutes pièces les mouvements qu'elle imprime aux organes : elle ne fait que mettre en liberté des forces préexistantes. Sans doute, une certaine force est nécessaire pour cela; mais cette force peut être très petite, si petite qu'elle est pratiquement négligeable et qu'elle échappera toujours à nos moyens d'investigation. La loi de la conservation de la force reste donc vraie en moyenne, même pour nos organismes. — Il est vrai que la mécanique démontre cette loi *à priori*, mais c'est en supposant un système *clos* d'éléments *inertes*, c'est-à-dire en faisant abstraction par hypothèse de toute spontanéité et de toute liberté. — Quant à l'influence des causes physiques sur la volonté, elle ne s'exerce que par l'intermédiaire des motifs, et on pourrait lui opposer l'influence non moins incontestable de la volonté sur ces causes.

L'effort de la discussion doit donc porter sur les deux premiers arguments.

On objectera au premier qu'il confond sous le nom de principe de *causalité* deux principes différents : 1° le véritable principe de causalité; 2° le principe des *lois* ou de *l'uniformité de la nature*. — D'après le principe de causalité, tout phénomène a sa raison dans une *cause*, c'est-à-dire dans une *force;* mais, en ce sens, ce principe n'est nullement incompatible avec la liberté. Il laisse en suspens la question de savoir si le phénomène enveloppé dans la puissance de la cause est nécessairement unique; il permet, par conséquent, une double conception de la causalité : 1° une causalité *unilatérale*, dans laquelle la cause ne peut produire qu'un seul effet; 2° une causalité *bilatérale*, dans laquelle deux effets opposés peuvent résulter d'une seule cause. L'acte libre a donc une cause : il a pour cause la personne tout entière, en y comprenant, non seulement les motifs, mais encore la volonté.— D'après le principe de l'*uniformité de la nature*, les mêmes causes produisent invariablement les mêmes effets; d'antécédents identiques, des conséquents identiques peuvent seuls sortir, et une différence dans les effets est impossible à moins d'une différence dans les causes. Mais on peut se demander si ce principe est bien une loi de notre pensée, si ce n'est pas une loi empirique, obtenue par induction, valable dans les limites mêmes où elle a été vérifiée, certaine pour les phénomènes physiques et chimiques, simplement probable pour les phénomènes physiologiques, entièrement hypothétique pour ceux de l'ordre volontaire et moral. Prétendre l'appliquer à ces phénomènes, c'est supposer ce qui est en question : car il s'agit précisément de savoir s'ils sont régis par la même loi que les phénomènes naturels. — Il est vrai qu'on peut voir aussi dans ce principe un corollaire du principe de *raison*. Mais dans cette hypothèse même, il ne saurait prétendre, sans doute, à une valeur supérieure à celle du principe dont il dérive. Or le principe de raison se limite nécessairement lui-même par l'affirmation de l'*absolu*. Dès lors, s'il existe une cause absolue à l'origine des choses, il n'est pas impossible qu'il en existe une aussi dans la volonté humaine. C'est à l'expérience à répondre à la question.

Reste donc à examiner la double formule où le déterminisme prétend exprimer les résultats de l'expérience : sans motif, pas de volonté ; la volonté suit toujours le motif le plus fort.

6. La liberté d'indifférence. — Un certain nombre de philosophes ont d'abord contesté le premier point. La liberté, selon eux, c'est surtout le pouvoir de vouloir sans aucun motif ou les motifs opposés étant égaux de part et d'autre. Leur doctrine est celle de la *liberté d'indifférence* ou *d'équilibre*. On connaît le fameux exemple faussement attribué à Buridan de l'âne placé entre deux bottes de foin absolument identiques et choisissant malgré l'embarras du choix. J'ai, dit Reid, partisan de cette doctrine, une dette d'une guinée à payer et devant moi un monceau de guinées : aucun motif de prendre l'une plutôt que l'autre : donc, si j'en prends une, c'est la preuve que je puis vouloir sans motif.

Nous accomplissons, en effet, des actes *indifférents*, c'est-à-dire non *motivés*, mais ces actes ne sont pas même *volontaires*. Dans tous les exemples cités, il faut distinguer deux actes distincts, l'un motivé et volontaire ; l'autre sans motif et par cela même sans volonté. Ainsi je veux payer ma dette, et j'ai pour cela des motifs : l'échéance, la facilité de payer, etc. ; mais je ne veux pas, à proprement parler, payer avec cette guinée-ci plutôt qu'avec celle-là, parce que je n'ai aucun motif pour le vouloir. Aussi, je ne choisis pas la guinée que je prends, je la prends *au hasard* ; le hasard seul choisit pour moi ; et c'est l'excuse que je donnerais, si l'on me reprochait ensuite d'avoir payé avec une guinée fausse.

D'ailleurs, pour être sans *motif*, c'est-à-dire sans *raison connue de nous*, ces actes n'en sont pas plus libres. Ils sont tout au contraire les effets de causes *mécaniques* qui agissent d'autant plus fatalement qu'elles échappent plus complètement à notre conscience. Je n'ai pas eu de *motif* pour lever le bras droit plutôt que le bras gauche ; mais il y a eu certainement dans mon organisme une *cause* qui m'a fait lever l'un plutôt que l'autre.

Enfin, les actes indifférents sont par cela même *insignifiants*. Toute action importante est motivée : ce qui fait en morale la valeur de l'action, c'est l'*intention*, c'est-à-dire le *motif*. On ne se décide pas à un crime, à un acte de dévouement, comme on jouerait à pile ou face. La doctrine de la liberté d'indifférence abandonne donc au déterminisme la seule liberté qui nous intéresse, pour nous conserver une liberté dont nous n'avons que faire.

7. L'influence des motifs et la liberté morale. — On doit donc admettre que la volonté ne s'exerce jamais sans un motif. Mais il ne s'ensuit pas que le motif, condition *nécessaire* de la détermination, en soit la cause décisive et *suffisante*. Toute l'argumentation du déterminisme sur ce point est une *pétition de principe*.

La volonté, dit-il, suit toujours le motif le plus fort. — Il est certain que lorsque nous nous déterminons, il y a toujours un motif qui l'emporte et qui, par conséquent, peut être dit le plus fort ; mais ce motif est-il le plus fort *par lui-même*, ou parce que *nous le rendons tel* en nous déterminant d'après lui ? Là est toute la question.

Il ne sert donc de rien d'affirmer que tel motif était le plus fort puisqu'il l'a emporté sur le motif opposé : car c'est supposer ce qu'il faut démontrer. Si le motif opposé l'eût emporté, on n'eût pas manqué d'affirmer qu'il était le plus fort.

Au lieu de prédire ainsi, *après coup*, il faudrait, deux motifs étant donnés, prédire, avant toute détermination, lequel des deux l'emportera.

Or, *en fait*, une telle prédiction est toujours incertaine ; aucun déterministe ne se hasardera à la faire, il ne serait pas assez sûr de prédire juste. Cette incertitude tient sans doute, selon lui, à ce qu'il y a peut-être d'autres motifs que ceux qui lui sont connus ; mais on peut tout aussi légitimement supposer qu'elle est l'effet de la liberté.

D'autre part, *en droit*, cette prédiction n'est même pas possible. En effet, pour savoir lequel des deux motifs est le plus fort, il faudrait pouvoir les comparer entre eux comme on compare deux quantités de même nature.

Mais tout d'abord, il n'y a pas de balance où l'on puisse les peser. Dire que la volonté est cette balance, c'est supposer encore une fois ce qui est en question : car une balance est inerte, et jusqu'à preuve du contraire, il est permis de croire que la volonté est libre.

Ensuite, les motifs, si on les considère *en eux-mêmes*, sont le plus souvent *hétérogènes*. On ne peut comparer ensemble l'idée de l'honneur et le désir de gagner une grosse somme : ce ne sont pas choses du même ordre. — Il est vrai qu'on peut aussi les considérer *dans leur rapport* soit avec la sensibilité, soit avec l'intelligence, soit avec le caractère de la personne.

Ainsi, le motif le plus fort, pourrait-on dire, c'est celui que *nous jugeons le meilleur*. — Mais il s'en faut que la volonté se détermine toujours conformément à la raison. C'est le cas de répéter le mot du poète : *video meliora proboque, deteriora sequor*.

Le motif le plus fort, dira-t-on alors, c'est celui qui *excite en nous le plus vif désir*, celui qui nous émeut et nous attire le plus. — Mais l'expérience prouve que nous pouvons vouloir contrairement à notre plus vif désir. La volonté ne suit pas plus nécessairement la sensibilité qu'elle ne suit la raison.

Le motif le plus fort, dira-t-on enfin, c'est celui qui *s'accorde le mieux avec notre caractère* ; et cette doctrine est évidemment supérieure aux deux précédentes. Un déterminisme superficiel explique l'action par le motif ; un déterminisme plus profond explique le motif lui-même par le caractère.

Mais notre caractère, n'est-ce pas nous-mêmes, et par conséquent être déterminé par son caractère, n'est-ce pas être déterminé par soi-même, c'est-à-dire être libre ? — Non, car dans l'hypothèse déterministe, le caractère est un ensemble de facultés, d'habitudes, de tendances, qui est entièrement l'œuvre de la nature originelle et des circonstances extérieures. On reçoit son caractère, on ne le fait pas. C'est le caractère, une fois reçu, qui détermine les actes.

Par malheur, le caractère d'une personne ne se connaît non plus qu'après coup, par l'intermédiaire de ses actes : il se développe et se modifie avec eux ; dès lors, c'est, ce semble, un cercle vicieux que de prétendre expliquer les actes par le caractère.

Le caractère est, dit-on, un ensemble de tendances ; mais, parmi ces tendances, les unes sont acquises, les autres sont naturelles. Les premières sont des *habitudes* qui ont leur cause dans la volonté, et qui, par cela même, si la volonté est libre, sont des effets de la liberté ; les secondes sont des *inclinations* ou des *facultés* qui sont sans doute indépendantes de la volonté, mais qui peuvent toujours être contre-balancées ou influencées par toutes sortes de causes ; et au nombre de ces causes peut toujours se trouver la volonté.

Aussi est-il faux que l'homme soit l'esclave de son caractère : on peut *agir contrairement à son caractère*; on peut *modifier son caractère*; il suffit pour cela d'une volonté énergique et persévérante.

Le déterminisme n'a donc pas démontré que la liberté fût impossible, et par conséquent, les preuves qui démontrent sa réalité conservent toute leur valeur.

8. Conclusion. Vraie nature de la liberté morale. — Mais on voit en même temps que la liberté morale n'est pas la faculté de vouloir n'importe quoi dans n'importe quelle circonstance : c'est la faculté de vouloir des actes *motivés* et par conséquent *liés* aux circonstances de notre vie et à l'état actuel de notre intelligence et de notre sensibilité.

Il s'ensuit une double conséquence. — D'abord les résolutions que nous prenons ont toujours en partie leur cause dans les événements qui les précèdent : elles sont préparées et rendues possibles par notre passé. On peut donc les prévoir dans une certaine mesure. Bien mieux, une fois produites, on peut toujours les expliquer comme le ferait un déterministe, car elles sont liées à leurs motifs. Il est vrai que si elles avaient été autres, — comme elles auraient pu l'être en effet, — il eût été encore possible de les expliquer, car elles eussent aussi été liées à des motifs, liés eux-mêmes aussi bien que les premiers à notre situation présente et à notre vie passée.

En second lieu, le champ où s'exerce la liberté n'est pas le même pour tous les hommes, ni toujours le même pour le même homme. En effet, les alternatives qui se posent devant la volonté de chaque individu diffèrent évidemment selon le milieu où il vit ; les motifs mêmes entre lesquels il est appelé à opter dépendent de son caractère. D'autre part, les circonstances et le caractère même se modifient, en partie par l'exercice de la volonté, et ainsi de nouveaux actes et de nouveaux motifs entrent dans le champ de la liberté tandis que d'autres en sortent.

En un mot, la liberté a ses *conditions* (dans les motifs, c'est-à-dire dans les phénomènes d'intelligence et de sensibilité qui accompagnent l'acte volontaire) et ses *limites* (dans la nature des choses, dans les circonstances extérieures, dans le caractère de la personne), par conséquent aussi ses *degrés*.

Mais, dans quelques limites que soit resserré le choix de la volonté, du moment que l'alternative se pose : *faire* ou *ne pas faire* un acte que les circonstances nous proposent et qui trouve en nous des motifs pour et contre, le choix de la volonté, dans ces limites, est libre, et il emporte avec lui sa responsabilité.

V. — L'HABITUDE.

1. L'habitude active. — L'habitude est la *tendance de l'activité à reproduire les mêmes actes avec une facilité croissante à mesure qu'ils sont plus fréquemment répétés.*

La *condition* principale de l'habitude est donc la répétition fréquente des mêmes actes; mais, si le premier acte ne modifiait pas l'activité et ne laissait pas en elle une tendance à le reproduire, il en serait évidemment de même du second et de tous ceux qui viendraient ensuite. Par conséquent, la répétition développe l'habitude plutôt qu'elle ne l'engendre. L'habitude naît avec le premier acte.

Il s'ensuit que l'habitude n'est pas seulement proportionnée au *nombre* et à la *fréquence* des actes, mais qu'elle l'est aussi à leur *énergie* et à leur *durée*. Un seul acte, s'il est suffisamment énergique et prolongé, peut, du premier coup, produire une habitude déjà vivace.

L'habitude a deux effets principaux auxquels peuvent se ramener tous les autres : elle rend les actes plus *faciles ;* elle les rend plus *nécessaires*.

En premier lieu, plus l'acte se répète, plus l'effort diminue. A la fin, l'acte s'accomplit pour ainsi dire de lui-même. De là ces deux conséquences : d'abord, l'acte devient plus *rapide ;* le temps diminue avec l'effort; puis il devient plus *obscur ;* la réflexion s'en retire, en quelque sorte, de plus en plus : il semble tendre vers l'inconscience.

En second lieu, plus l'acte devient facile, plus deviennent difficiles les actes qui lui sont contraires ou qui en sont très différents, plus s'accroît par cela même la tendance à le reproduire. A l'origine, il fallait un effort pour le faire ; maintenant, il faut un effort pour ne pas le faire. La limite de ce progrès, c'est le *besoin*, la *nécessité* de l'habitude, véritable inclination acquise qui a ses plaisirs et ses peines propres, selon qu'elle est satisfaite ou contrariée. D'où le mot d'Aristote : « L'habitude est une seconde nature », ὥσπερ φύσις ἤδη τὸ ἔθος. Facilité croissante d'agir, propension croissante à agir, telles sont les deux phases successives par lesquelles passe plus ou moins complètement toute habitude.

On voit quels sont les rapports de l'habitude avec l'instinct et la volonté. Elle part de l'une et aboutit à l'autre par une série indéfinie de degrés intermédiaires. C'est une sorte d'instinct qui succède à la volonté comme l'autre instinct la précède, l'instinct de recommencer ce qu'on a fait, l'instinct de se répéter, de s'imiter soi-même.

2. L'habitude passive. — Mais la répétition n'influe pas seulement sur les actes : elle influe aussi sur les états de sensibilité. En général, tous les phénomènes de la vie consciente se modifient par cela seul qu'ils se prolongent ou se répètent.

On distingue donc de l'*habitude active*, qui est une disposition à reproduire de plus en plus les mêmes actes, l'*habitude passive* qui est une disposition à ressentir de moins en moins les mêmes états de sensibilité.

« L'habitude, a dit un philosophe contemporain, M. Ravaisson, exalte l'activité et abaisse la passivité. »

Ainsi toute sensation qui se prolonge devient de moins en moins perceptible pour la conscience. On ne sent plus une odeur qu'on porte toujours sur soi. Le meunier n'entend plus le bruit de son moulin. Pareillement toute sensation, tout sentiment trop fréquents s'affaiblissent et s'éteignent. On s'endurcit à la douleur, on se blase sur le plaisir.

L'habitude passive a deux effets principaux analogues à ceux de l'habitude active : elle diminue la *conscience;* elle augmente le *besoin*.

Ainsi, le goût de l'ivrogne s'émousse de plus en plus ; mais son besoin de boire s'accroît sans cesse. La sensation, de moins en moins ressentie, devient de plus en plus indispensable. Par cela même, au plaisir primitif, origine de l'habitude, se substitue un autre plaisir, effet de l'habitude, le plaisir de la satisfaire. Des sensations qui avaient été d'abord pénibles (par exemple celles qu'on éprouve en fumant) peuvent ainsi devenir agréables, si l'on en contracte l'habitude.

3. Le domaine et le rôle de l'habitude. — Le domaine de l'habitude est aussi étendu que celui de la vie. Ainsi il y a des habitudes *organiques*. Le corps s'habitue à certaines modifications (habitudes passives) et à certains actes (habitudes actives). Mithridate pouvait, dit-on, absorber impunément les poisons les plus violents. L'exercice fortifie et développe tous les muscles : la marche, la natation, l'escrime, etc., sont des aptitudes acquises par les organes.

Il y a, pourrait-on dire aussi, des habitudes *instinctives*. Telles sont celles de la plupart des animaux, chez lesquels l'habitude se greffe immédiatement sur l'instinct, sans que la volonté intervienne, comme elle le fait dans l'homme.

Les *sentiments*, les *inclinations* ont leurs habitudes dont les lois sont encore assez mal démêlées. En effet, si la plupart des sentiments s'émoussent, d'autres semblent s'aviver par la répétition même : certains penchants meurent de satiété ; d'autres deviennent d'autant plus insatiables qu'ils se satisfont davantage. Ces effets ambigus tiennent sans doute à la complexité de ces phénomènes dans lesquels se mêlent et se confondent presque l'activité et la passivité.

L'*intelligence* est aussi soumise à l'habitude, aussi bien dans ses fonctions les plus humbles (mémoire, association des idées, perception extérieure, imagination) que dans ses fonctions les plus élevées (élaboration de la connaissance). Mais là comme ailleurs, l'habitude ne commence rien : elle ne fait que conserver et consolider ce qui a été d'abord produit sans elle. L'empirisme a le tort de l'oublier.

Enfin, la *volonté*, en même temps qu'elle est le principe de toutes les habitudes dites *volontaires*, contracte elle aussi des habitudes, selon la façon dont elle s'exerce et les motifs par lesquels elle se détermine : on s'habitue à vouloir promptement, à vouloir obstinément ; on s'habitue à se déterminer par des motifs d'intérêt, de passion, ou de devoir, etc.

L'habitude est donc coextensive à toutes nos facultés. Aussi son rôle est-il immense.

Tout d'abord, elle est la condition de la *continuité* de la vie humaine : elle en fait, malgré la succession des phénomènes, un tout permanent et cohérent. Force *conservatrice*, elle continue le passé dans le présent, et le présent dans l'avenir. Par elle l'être hérite sans cesse de lui-même et thésaurise, pour ainsi dire, les résultats sans cesse accrus de son activité.

Ensuite, et par cela même, elle est la condition du *progrès*. Aucun progrès n'est possible, si tout recommence sans cesse. En effaçant des actes anciens la complication et la difficulté, l'habitude rend possibles de nouveaux actes de plus en plus compliqués et difficiles ; et ainsi, la réflexion et l'effort, devenus inutiles pour de moindres tâches, peuvent s'employer plus utilement à de plus grandes. Mais l'habitude n'a de tels effets que si elle est complétée et limitée par une autre force *initiatrice* du progrès, imagination ou volonté : dès qu'elle absorbe à elle seule toute l'activité de l'âme, elle n'est plus que la *routine* ; et la vie humaine tourne mécaniquement dans un cercle infranchissable.

4. La nature de l'habitude. — La nature de l'habitude a donné lieu à deux théories.

L'une, qui remonte à Aristote, voit dans l'habitude une loi de l'*activité*, commune à tous les êtres vivants, en vertu de laquelle ces êtres tendent à persévérer dans leur être même, c'est-à-dire dans leur action, et par conséquent à maintenir ou à reprendre ce qui vient d'eux-mêmes, à écarter, à annuler ce qui leur vient du dehors.

Dans cette hypothèse, l'habitude n'est possible que chez les êtres vivants, parce qu'en eux seuls existe une activité vraiment une et identique, capable de conserver le passé dans le présent et de continuer le présent dans l'avenir.

L'autre doctrine, qui peut être rapportée à Descartes, voit dans l'habitude un phénomène de passivité, commun à tous les êtres matériels, une loi d'*inertie* en vertu de laquelle toute modification une fois imprimée continue d'être.

Dans cette hypothèse, il semble que l'habitude n'appartienne pas proprement à l'âme : elle réside tout entière dans les organes qui seuls se modifient par l'usage. Cette seconde doctrine explique peut-être une partie des effets physiques de l'habitude : elle ne nous paraît pas expliquer sa vraie nature.

1° L'assimilation des habitudes contractées par les vivants aux modifications durables des êtres inorganiques est contestable. Chez ceux-ci, il n'y a, ce semble, qu'une *permanence* toute passive ; chez ceux-là, où la matière se renouvelle sans cesse, il y a bien plutôt une *persistance* active, un effort incessant pour reconstituer le passé.

2° Par cela même, au point de vue psychologique, la théorie ne rend pas compte de la *tendance* ou du *besoin* qui est le fond même de l'habitude et qui est en même temps la caractéristique de l'*activité*.

3° Elle ne rend pas compte davantage de l'affaiblissement progressif et de l'effacement final des impressions passives, lesquels semblent témoigner, comme la conservation et l'accroissement des actes dont ils sont la contre-partie, de la nature essentiellement *active* de l'habitude.

PSYCHOLOGIE.

OUVRAGES A CONSULTER

I. INSTINCT. — Albert Lemoine, *L'habitude et l'instinct.* — Joly, *L'homme et l'animal.* — Romanes, *L'intelligence des animaux* et *L'évolution mentale des animaux.* — Blanchard, *Les métamorphoses, les mœurs et les instincts des insectes.* — J.-H. Fabre, *Souvenirs et Nouveaux souvenirs entomologiques.* — Espinas, *Des sociétés animales.* — Hartmann, *Le darwinisme.* — Lubbock, *Les fourmis, les guêpes et les abeilles.*

Voyez en outre *Psychologie*, chap. xv (L'intelligence animale) et *Métaphysique*, ch. v (Preuve de l'existence de Dieu par les causes finales).

II. VOLONTÉ. — Leibniz, *Essais de théodicée.* — Maine de Biran, *Œuvres inédites.* — Sécrétan, *Philosophie de la liberté.* — Fouillée, *La liberté et le déterminisme.* — Stuart Mill, *Système de logique*, liv. VI, chap. II, et *Philosophie de Hamilton*, chap. XXVI. — Ribot, *Les maladies de la volonté.* — Renard, *L'homme est-il libre?* — Schopenhauer, *Essai sur le libre arbitre.* — Fonsegrive, *Essai sur le libre arbitre.* — Marion, *La solidarité morale.*

Voyez en outre *Métaphysique*, chap. IV (La spiritualité de l'âme) et v (Le rôle de la liberté dans l'optimisme).

III. HABITUDE. — Ravaisson, *De l'habitude.* — Maine de Biran, *Influence de l'habitude sur la faculté de penser.* — Albert Lemoine, *L'habitude et l'instinct.* — Malebranche, *Recherche de la vérité*, liv. II. — Dumont, *Revue philosophique*, t. I. — Rabier, *Leçons de psychologie*, chap. XLI. — Ribot, *L'hérédité.*

Voyez en outre *Morale*, chap. III (La vertu).

SUJETS DE DISSERTATIONS

I. LES TROIS MODES DE L'ACTIVITÉ. — Opposer par leur origine et leurs caractères l'instinct, la volonté, l'habitude. 75.

II. INSTINCT. — 1 et 2. Qu'appelle-t-on instinct dans l'animal et dans l'homme? Quelles sont les lois de l'instinct? 69.

Qu'appelle-t-on instinct soit dans les animaux, soit dans l'homme? Quels en sont les caractères, et comment le distingue-t-on de l'habitude et de la liberté? 68.

3. Des rapports et des différences de l'instinct et de l'habitude. 71.

Au lieu de dire, comme Aristote, que l'habitude est une seconde nature, faut-il penser, comme Pascal paraît le supposer, que la nature n'est elle-même qu'une première coutume? En d'autres termes, les analogies de l'habitude et de l'instinct autorisent-elles à supposer que l'instinct n'est que le résultat de l'habitude? 76.

4. L'instinct peut-il se ramener à une habitude héréditaire? 82-83.

III. VOLONTÉ. — 1. Théorie de la volonté. 79-83.

Analyser le phénomène de la résolution volontaire. 69-71.

Exposer le fait psychologique de la délibération. En tirer les conséquences. 75

Faire la part de la pensée, du sentiment et de la volonté dans le fait psychologique de la délibération. 80.

Montrer que la liberté réside dans l'acte intérieur de la résolution volontaire et non dans l'action qui en résulte. Conséquences de cette distinction. 75.

Montrer la part de la volonté proprement dite dans les différentes phases de l'action volontaire. 80.

2. Définir la volonté. Montrer en quoi elle diffère de l'inclination et du désir. 81.

Distinction du désir et de la volonté. Importance de cette distinction. 66-75-77-78-79-84.

VOLONTÉ. — INSTINCT, LIBERTÉ, HABITUDE.

3. Du rôle de l'intelligence dans les phénomènes volontaires. Pourrait-il y avoir volonté sans raison ? 68.

De la personnalité humaine. Distinction des personnes et des choses. Conséquences morales de cette distinction. 75-80-81-83.

De la personnalité humaine en psychologie et en morale. 85.

De la personnalité. Caractères essentiels de la personne. 87.

IV. LIBERTÉ. — 1. Énumérer et expliquer les différents sens du mot liberté. 73.

Définir et distinguer : 1° la liberté d'action ; 2° la liberté civile ; 3° la liberté politique ; 4° la liberté morale. 74.

Montrer que la liberté politique suppose la liberté psychologique ou morale. 70.

2. Des divers phénomènes moraux par lesquels se manifeste la croyance universelle des hommes à l'existence du libre arbitre. 67-68.

Peut-on concevoir la morale sans le principe de la liberté humaine ? 70-83.

3. Qu'est-ce que le fatalisme ? Cette doctrine peut-elle se concilier avec la responsabilité morale ? 73.

Distinguer le fatalisme et le déterminisme. Réfuter ces deux systèmes ? 76.

Examen des principales objections du fatalisme. 78.

Comment a-t-on essayé de concilier la prescience divine avec la liberté humaine ? 73.

4. Exposer et discuter les objections du déterminisme contre l'existence du libre arbitre. 85-86.

5. Le principe rationnel qui veut que tout ait sa raison est-il en contradiction comme on l'a quelquefois soutenu avec la libre détermination de la volonté ? 74.

6. Qu'appelle-t-on la liberté d'indifférence ? L'influence des motifs sur la volonté est-elle une objection valable contre la liberté humaine ? 72-74.

7. L'existence des motifs d'action peut-elle fournir une objection décisive contre la possibilité du libre arbitre ? 84.

La volonté peut-elle être comparée à une balance qui penche du côté le plus lourd ? 66.

Video meliora proboque; deteriora sequor. 67.

De l'influence des passions, des habitudes, du tempérament et des circonstances extérieures sur l'activité humaine. Montrer que cette influence ne détruit pas la liberté. 68.

De l'éducation personnelle de l'homme par lui-même. Est-il vrai que l'homme soit dans la dépendance absolue de son tempérament et de ses penchants ? 73.

On oppose souvent à la liberté la nécessité où nous sommes d'agir conformément à notre caractère. Cette objection est-elle irréfutable ? Comment peut-on y répondre ? 77-78-85.

8. Y a-t-il des degrés dans la liberté morale ? S'il y en a, en donner l'explication. 82.

V. HABITUDE. — 1 et 2. De l'habitude et de ses lois. 73-74.

3. Distinguer et définir les différentes sortes d'habitudes : les habitudes organiques, instinctives, intellectuelles et morales. 72.

De l'influence de l'habitude sur le développement des facultés intellectuelles. 81 ; — sur la sensibilité et l'intelligence. 76 ; — sur le développement intellectuel et moral de l'homme. 67 ; — sur la sensibilité, l'intelligence et la volonté. 78-85.

Caractères et principaux effets de l'habitude. Montrer le parti qu'on en peut tirer pour la bonne direction de l'esprit. 84-87.

Quelle est la part de la liberté et de la responsabilité dans les phénomènes de l'habitude ? 80.

L'habitude détruit-elle la liberté ? Rapports de la moralité et de l'habitude. 87.

CHAPITRE XII

LES SIGNES ET LE LANGAGE

1. Les signes. — A la psychologie se rattachent un certain nombre de questions qui ne peuvent être résolues que par une étude préalable de l'âme humaine et qui composent, par conséquent, une sorte de *psychologie appliquée* : telles sont les questions des signes et du langage ; du beau et de l'art ; des rapports du physique et du moral ; des ressemblances et différences de l'homme et de l'animal.

D'une manière générale, on entend par *signe* tout fait sensible qui nous révèle un autre fait, lequel, par nature ou par accident, ne tombe pas sous les sens. La fumée est signe du feu, la rougeur est signe de la honte.

L'intelligence humaine peut transformer en *signes* tous les phénomènes liés entre eux par des rapports nécessaires ; l'effet et la cause se signifient réciproquement aux yeux du savant. L'interprétation de ces signes n'est qu'un cas particulier du raisonnement et de l'association des idées : le signe suggère par association l'idée de la chose signifiée, et de son existence la raison conclut à l'existence de la chose.

Mais l'homme n'*interprète* pas seulement les signes : il *produit* lui-même, il *invente* des signes ; et c'est à ce point de vue que la question des signes offre un intérêt particulier.

Les faits psychologiques tendent à se manifester, à *s'exprimer* au dehors par des phénomènes corporels, soit *visibles* (physionomie, gestes, etc.), soit *oraux* (cris, chants, paroles, etc.) ; ils ont donc leurs signes propres, qui sont de deux sortes, *naturels* et *artificiels*.

Les *signes naturels* expriment principalement et d'une manière directe les états de sensibilité (sensations, émotions, besoins, peut-être aussi volonté). Ils sont liés *naturellement* aux états mêmes qu'ils signifient : et de là vient que *tous* les hommes les emploient et les comprennent sans convention et sans apprentissage. Ils forment une sorte de langue universelle, très expressive et très confuse à la fois, impropre à l'échange des idées, très propre à la communication des sentiments.

Les *signes artificiels* n'expriment d'une manière directe que les opérations de l'intelligence : ils sont *intellectuels* et non *affectifs*. Le rapport qui les lie aux idées est l'œuvre de la volonté et non de la nature : aussi sont-ils *conventionnels* ; il faut être instruit de la convention qui fixe leur sens pour pouvoir les employer et les comprendre. Ils forment donc des langues spéciales, susceptibles de se compliquer et de se perfectionner indéfiniment pour correspondre au développement progressif de la pensée.

Il ne faudrait pas cependant, comme l'a fait l'école écossaise, exagérer la distinction de ces deux classes de signes.

Ainsi, d'après Reid, les signes naturels seraient *institués* par la seule nature, et *tous* les hommes les comprendraient d'instinct ; tandis que les signes artificiels auraient des caractères absolument opposés.

Mais la nature, en attachant à certains états de l'âme certaines modifications visibles du corps, n'a pas eu, ce semble, l'intention d'instituer des signes. L'enfant crie d'abord *parce qu*'il souffre et non pour exprimer sa souffrance. Le cri ne deviendra le *signe* de la souffrance que lorsque le rapport qui lie ces deux phénomènes aura été aperçu, et quand le cri sera *volontairement* reproduit dans le but d'*exprimer* la souffrance. Les signes naturels eux-mêmes supposent donc l'intervention de la *volonté*. D'autre part, il est faux que ces signes soient compris d'instinct, *antérieurement à toute expérience*. Seulement l'expérience nécessaire pour les comprendre est si simple et si précoce que tous les hommes la font dès les premiers jours de la vie.

Il s'ensuit que les signes naturels et les signes artificiels diffèrent en degré et non en nature, et que des uns aux autres la transition est insensible. C'est la vérité qui ressort de l'étude des trois grandes sortes de langage, la *mimique*, l'*écriture* et la *parole*.

2. Le langage. Ses diverses espèces. — On entend par *langage* un système de signes plus ou moins artificiels et conventionnels dont les hommes se servent pour la communication de leurs pensées.

Le langage de gestes ou la *mimique* n'est guère en usage que chez les sourds-muets. Il a dû à l'origine accompagner et comme doubler la parole. Du moins, chez certaines tribus sauvages, la parole ne peut pas, dit-on, se comprendre sans le geste : on sait quelle importance avait la mimique chez les anciens. Pour l'échange de leurs pensées, les sourds-muets se servent de deux langages, l'un entièrement artificiel, dû à l'abbé de L'Épée, où chaque geste représente une lettre de notre alphabet et dont ils usent pour communiquer avec les autres hommes, l'autre, évidemment dérivé des signes naturels, où chaque geste exprime directement une idée et dont ils usent pour communiquer entre eux.

L'*écriture* est d'abord sortie du *dessin*. Elle a été un dessin abrégé et plus ou moins conventionnel où chaque *caractère* exprimait directement une idée. Telle est l'écriture *idéographique* des Égyptiens, des Chinois, etc. Indépendante du langage parlé, elle peut être comprise par des gens qui ne parlent pas la même langue ; mais elle est nécessairement très compliquée et d'un apprentissage difficile. Les peuples occidentaux ne se servent plus de signes *idéographiques* que pour certains usages spéciaux (chiffres, signes algébriques, etc.). Constamment associés en fait aux idées des noms qui accompagnent toujours dans la pensée celles des choses, les idéogrammes ont fini par ne plus être les signes que des articulations. — De là une nouvelle écriture dite *phonétique* dans laquelle chaque caractère est le signe non plus d'une idée mais d'un son ; d'abord d'un son complexe, d'une syllabe (écriture *syllabique* des Assyriens), puis d'un son simple, voyelle ou consonne (écriture *alphabétique* des Phéniciens, adoptée par les Juifs, les Grecs, les Latins, etc.). L'écriture alphabétique est la plus simple et la plus commode de toutes : il est vrai qu'elle n'est pas par elle-même un langage distinct et complet : c'est une simple annexe de la parole.

La parole est le langage par excellence. Elle se compose de *sons articulés* et *significatifs* ou de *mots*. Elle a revêtu dans l'humanité d'innombrables formes, plus ou moins spéciales à chaque peuple ou à chaque race et qui sont les *langues*.

Cependant la linguistique a réussi à ramener toutes les langues à un petit nombre de *types* qui semblent correspondre aux *stades successifs* de l'évolution de la parole.

1° Langues *isolantes* ou *monosyllabiques*, composées de mots-racines d'une seule syllabe, qui expriment chacun une idée abstraite et générale, et qui selon l'ordre dans lequel ils se juxtaposent, expriment les diverses combinaisons et modifications des idées dans la pensée. Telle est la langue chinoise.

2° Langues *agglutinantes* ou *polysynthétiques*, composées de racines dont les unes expriment les idées les plus importantes, les autres les idées accessoires (exprimées dans nos langues par les désinences de nombre, genre, temps, cas, etc.) et qui s'agglutinent *toujours* ensemble de manière à exprimer, souvent en un seul mot d'une complication et d'une longueur extraordinaires, soit les modifications d'une idée principale, soit une combinaison plus ou moins complexe d'idées principales et accessoires. Telles étaient les langues des tribus américaines.

3° Langues *flexionnelles*, composées de mots dont chacun exprime une idée principale modifiée par une idée accessoire et dans lesquelles la terminaison elle-même se modifie, *s'infléchit* pour exprimer les diverses modifications de l'idée principale. Telles sont, d'une part les langues *sémitiques*, d'autre part les langues *indo-européennes*.

Il semble naturel de supposer que les langues à flexion sont dérivées de langues agglutinantes plus anciennes (par la *fusion* des racines accessoires avec les racines principales), et que les langues agglutinantes sont elles-mêmes dérivées de langues isolantes plus anciennes (par l'*addition* des racines accessoires aux racines principales).

3. L'origine du langage. — Cependant, si loin qu'on remonte dans l'histoire de l'humanité, on la trouve toujours en possession de quelque langue. La question de l'origine du langage ne peut donc être résolue que par voie d'hypothèse et de raisonnement. Toutes les théories proposées peuvent se ramener à quatre principales.

1° On attribue, peut-être faussement, à Démocrite cette opinion que le langage a dû être *inventé* dans l'humanité primitive par quelque individu plus intelligent et adopté par les autres en vertu d'une *convention* plus ou moins expresse comme moyen de communiquer leurs pensées.

Une telle opinion est invraisemblable. On ne conçoit pas des hommes vivant en société sans un langage au moins rudimentaire ; et l'on ne conçoit pas davantage un homme inventant le langage en dehors de la société et le faisant adopter par les autres hommes sans secours d'un langage préalable.

2° M. de Bonald en conclut que le langage est nécessaire pour *inventer* et *propager* le langage. On ne peut, selon lui, sortir de ce cercle qu'en supposant un langage primitif révélé par Dieu à l'humanité. Il croit trouver une preuve historique de son hypothèse dans le récit de la Genèse.

Mais la Genèse ne dit rien de la façon dont l'homme acquit le langage. Dieu a créé le ciel et la terre, dit saint Grégoire de Nysse : il n'a pas créé leurs noms. — Au point de vue philosophique, il est faux que l'intelligence humaine soit, comme le prétend M. de Bonald, l'effet du langage et n'en puisse être la cause. L'hypothèse même la présuppose : une révélation surnaturelle du langage faite à un être inintelligent serait sans effet. Mais chez un être intelligent, cette révélation n'est plus par cela même indispensable.

3° Certains philologues contemporains, MM. Renan et Max Müller, ont attribué l'invention du langage à un *instinct*. Dans l'humanité primitive, chaque idée aurait suggéré par elle-même un mot, et le même mot à tous les esprits. Cet instinct, faute d'usage, se serait atrophié avec le temps.

Mais l'instinct n'est jamais une *explication*, attendu qu'il est lui-même inexplicable. Cette hypothèse, au fond, n'implique pas un moindre miracle que la précédente.

4° Toute la difficulté vient peut-être de ce qu'on suppose les langues primitives aussi parfaites que celles que parlaient les plus anciens peuples historiques (Aryens ou Sémites); mais rien ne prouve qu'il en soit ainsi. Ces langues ont pu être aussi pauvres et aussi grossières que celles de la plupart des sauvages actuels. Dès lors, il semble que le langage puisse s'expliquer par les facultés *naturelles* de l'homme, ainsi que l'avaient déjà pensé Platon et Leibniz.

Par cela seul que des hommes vivent en société, ils éprouvent le besoin de se communiquer leurs pensées; pourvus d'un organe vocal qui les rend capables de proférer des sons articulés, ils se servent naturellement de ces sons pour exprimer leurs sensations ou leurs besoins et pour désigner les objets; intelligents enfin, ils comprennent d'une manière générale le rapport du signe à la chose signifiée, et ils perfectionnent et étendent volontairement ce premier langage. Le langage est donc une invention *collective* des hommes, aussi ancienne que la société humaine, et qui s'est propagée par une convention tacite et immédiate.

Le procédé par lequel se sont formés les premiers noms a été probablement l'*imitation*, soit des sons que produisent les objets, soit de ceux qui accompagnent naturellement certains états de l'âme (*onomatopées* et *interjections*). C'est le procédé des enfants et des sauvages. En outre, il y a entre les sons et les autres sortes de sensations des analogies en vertu desquelles ils peuvent en devenir les signes plus ou moins naturels : de là une sorte d'*harmonie imitative* dont on trouve des exemples dans toutes les langues.

4. Les rapports du langage et de la pensée. — On voit dès lors quelle influence la pensée exerce sur le langage.

Tout d'abord, sans la pensée, les mots ne sont plus que des sons vides et inertes. Ne croyons pas qu'ils emportent leur signification avec eux-mêmes : c'est la pensée seule qui la leur donne ; c'est elle qui la modifie, l'élargit ou la resserre ; c'est elle enfin qui invente des mots nouveaux pour exprimer des idées nouvelles. La vie du langage est une vie empruntée, elle n'est que le reflet de la vie de la pensée.

La syntaxe, cette forme des langues, ne subit pas moins l'influence de la pensée que le vocabulaire qui en est la matière. Les lois qui la régissent traduisent les lois mêmes de la pensée : la grammaire générale est la logique du langage. Le discours ne se conforme pas de lui-même à ces lois : quelle que soit la puissance de l'habitude, nous ne sommes jamais complètement dispensés du soin de les appliquer. — Dès que la pensée se distrait ou se trouble, les liens des mots et des phrases se relâchent et se dénouent.

Mais le langage à son tour réagit sur la pensée, et cela de deux manières différentes : 1° il sert à la *communiquer ;* 2° il contribue à la *former.*

Au premier point de vue, le langage, fixé par l'écriture, transmet à chaque nouvelle génération le trésor de découvertes et de pensées accumulé par les générations précédentes : il est, en quelque sorte, la *mémoire* de l'humanité.

Mais en se communiquant à nous par l'intermédiaire du langage, la pensée de nos devanciers contribue indirectement à former la nôtre. Tout vocabulaire est une classification ; toute syntaxe est une logique. Sans nous en apercevoir, en apprenant une langue nous apprenons à voir les choses et à lier les idées comme le faisaient ceux qui la parlaient avant nous ; nous héritons à notre insu de leur méthode et de leur esprit.

Cette seconde influence deviendra plus manifeste si l'on étudie l'usage *intérieur* de la parole. Nous ne pensons guère, en effet, sans nous parler à nous-même : la pensée est un monologue intérieur. Quel est à ce point de vue le rôle du langage ?

On peut dire qu'il a trois effets principaux : il *fixe*, il *éclaircit*, il *simplifie* la pensée.

Il *fixe* la pensée, d'abord, parce que sans les *mots* auxquels elles sont associées, certaines idées, les plus importantes, les idées abstraites et générales, seraient incapables de survivre aux opérations qui les tirent des sensations et des images ; ensuite, parce que les idées de toute sorte, une fois associées à des mots, bénéficient de la facilité avec laquelle les mots s'impriment et persistent dans notre mémoire ; enfin et surtout, parce que toute idée incorporée à un mot devient pour l'esprit un objet aussi fixe, aussi précis que le mot lui-même.

En second lieu le langage *éclaircit* la pensée. Ainsi devenue sensible et pour ainsi dire objectivée, elle peut être décomposée et recomposée à loisir. Ce travail d'*analyse* et de *synthèse*, le langage le rend non seulement possible, mais nécessaire. On ne peut exprimer aux autres ce que l'on pense sans énoncer et par conséquent sans distinguer successivement les éléments de sa pensée, sans marquer du même coup les rapports qui les unissent, et l'on garde l'habitude de faire pour soi, dans son for intérieur, ce qu'on fait sans cesse pour les autres.

Enfin, le langage *simplifie* la pensée, parce qu'il substitue les mots, les formules, non seulement aux images, mais aux idées mêmes. L'esprit n'a pas besoin d'évoquer à chaque fois ou de recommencer toute une série de représentations ou d'opérations : il ne pense qu'un signe, et c'est comme s'il pensait les choses.

Tels sont les principaux services que le langage rend à la pensée. Quelque grands qu'ils soient, la pensée n'en est pas moins, en son essence, indépendante du langage : l'homme ne pense pas parce qu'il parle ; il parle parce qu'il pense.

OUVRAGES A CONSULTER

Lemoine, *La physionomie et la parole*. — Egger, *La parole intérieure*. — Whitney, *La vie du langage*. — Darwin, *L'expression des émotions*. — Lubbock, *Origines de la civilisation*. — Max Muller, *La science du langage* et *Nouvelles leçons sur la science du langage*. — Chaignet, *La philosophie de la science du langage*. — Renan, *Origine du langage*. — Leibniz, *Nouveaux essais*, liv. III. — Condillac, *Langue des calculs*. — De Brosses, *Essai sur la formation mécanique des langues*. — Adam Smith, *Essai sur l'origine du langage*. — De Bonald, *Législation primitive*. — Ravaisson, *La philosophie en France au dix-neuvième siècle*, chap. XXXI. — Darmsteter, *La vie des mots*.

SUJETS DE DISSERTATIONS

1. Du signe en général. Sa nature. Quels sont les principaux rapports entre le signe et la chose signifiée ? 84.

Ce qu'on entend par signes. Des différentes classes de signes, selon qu'elles correspondent aux diverses modifications de l'âme : nos besoins, nos désirs, nos idées. Donner des exemples. 68.

De l'interprétation des signes expressifs. Comment l'homme apprend-il la valeur des signes? 74 (*Les signes expressifs sont les signes naturels*).

Énumérer les différentes formes du langage naturel. En quoi diffère-t-il de ce qu'on nomme langage artificiel? 66.

Qu'appelle-t-on langage naturel et langage artificiel? Dans laquelle de ces deux classes doit être rangée la parole humaine? 69.

Peut-on dire que la parole soit un langage artificiel? 72 (*La parole est le langage propre et naturel de l'homme : ce qui n'empêche pas que les formes qu'elle revêt, c'est-à-dire les différentes langues, sont toutes plus ou moins artificielles. La solution de cette contradiction apparente, c'est que l'art est lui-même naturel à l'homme; la parole est le fruit d'un art naturel*).

2. Quels sont les divers moyens que l'homme a à sa disposition pour exprimer sa pensée? 75.

Quelles sont les diverses espèces de signes que l'homme peut employer pour exprimer sa pensée? Décrire et classer les langages d'après ces différents signes. 76.

Les langues sont synthétiques avant de devenir analytiques : voilà une des lois du langage. L'expliquer et la démontrer. 73 (*Cette loi se vérifie : 1° par le passage du langage naturel au langage artificiel ; 2° par la progression des trois types de langues, isolantes, agglutinantes, flexionnelles ; 3° par la substitution à des langues flexionnelles synthétiques, telles que le latin, de langues flexionnelles analytiques, telles que les langues romanes, français, espagnol, italien, etc. Elle s'explique par l'effort croissant que fait la pensée pour s'éclaircir et s'analyser, effort qui entraîne dans les langues une distinction croissante des formes verbales*).

3. Exposer et critiquer les théories les plus récentes sur l'origine du langage. 84.

4. L'homme pourrait-il penser sans le secours des mots? 67.

Le langage est-il antérieur à la pensée, ou la pensée est-elle antérieure au langage? Quelles sont les principales opinions des philosophes sur l'origine du langage? 75.

Examiner et discuter les aphorismes de Condillac que nous ne pensons qu'avec le secours des mots, et que l'art de raisonner se réduit à une langue bien faite. 76.

De l'importance du langage dans la formation et la fixation des idées abstraites et générales. 77.

Que penser de l'invention d'une langue universelle? 77.

CHAPITRE XIII

LE BEAU ET L'ART

1. L'esthétique. — Le beau est l'objet propre d'une science philosophique subordonnée à la psychologie, l'*esthétique*.

L'esthétique est ainsi nommée (du grec αἴσθησις, sentiment), parce que le beau, pour être compris, doit avant tout être senti. Kant en a posé les bases dans sa *Critique du jugement*.

Elle comprend deux théories principales : 1° théorie du beau, 2° théorie de l'art.

2. Les effets du beau. — On peut essayer de définir le beau de deux manières, soit par les *effets* qu'il produit dans l'âme humaine, soit par les *caractères* qui le constituent dans les choses mêmes où il réside. Ces deux méthodes peuvent être appelées l'une *subjective*, l'autre *objective*.

Au point de vue subjectif, le beau produit en nous un *sentiment* et un *jugement*.

Le sentiment consiste dans un *plaisir* particulier qui est, en somme, le plaisir de l'*admiration*.

Le jugement consiste dans l'*attribution* de la beauté à l'objet. Lequel de ces deux phénomènes est l'antécédent et la condition de l'autre?

Si l'on suppose que le jugement précède et détermine le sentiment, il s'ensuit que la beauté d'un objet est complètement indépendante du plaisir qu'il nous cause, et qu'elle peut être aperçue abstraction faite de ce plaisir.

Telle est la doctrine de ceux qui font consister le beau dans la *conformité à l'idéal*. D'après eux, l'esprit juge de la beauté des choses en les comparant à l'idéal qu'il porte en lui-même, et le sentiment qu'il éprouve est la conséquence de ce jugement.

On peut sans doute juger de la beauté d'une chose en la rapportant à un modèle ou à des règles préconçus; mais ce modèle et ces règles n'ont pu eux-mêmes être déterminés que par la comparaison de beautés d'abord connues sans modèle et sans règle. En outre, de ce qu'une chose est jugée par nous conforme aux règles et au modèle, il ne s'ensuit pas qu'elle nous semble belle : il faut, de plus, qu'elle nous fasse éprouver le plaisir du beau, et cette seconde condition dispense le plus souvent de la première. Les œuvres d'art originales ne ressemblent à aucun idéal antérieur ; elles-mêmes révèlent et imposent un idéal nouveau.

Le beau est donc relatif à notre sensibilité : prises en elles-mêmes, et abstraction faite de tout rapport à notre faculté de jouir et de souffrir, les choses peuvent être encore vraies ou fausses ; elles ne sont plus belles ni laides.

Définir le beau, c'est donc au fond définir le plaisir du beau.

Tout d'abord, le plaisir du beau est un *sentiment* et non une *sensation*; il est attaché à la *perception* réelle ou imaginaire des choses, et non à la simple sensation. D'où la définition de saint Thomas: *Pulchrum est quod cognitum placet.* — C'est un sentiment *désintéressé* : il n'est lié à la satisfaction d'aucun besoin. — Enfin, c'est un sentiment sympathique ou *sociable* : il peut être partagé en même temps par tous les hommes. Bien plus, dans le jugement par lequel il l'objective, l'esprit affirme qu'il *doit* être partagé par tous les hommes.

Kant a résumé tous ces caractères dans cette définition : « Le beau est l'objet d'une satisfaction désintéressée, universelle et nécessaire. »

Mais cette définition purement subjective est incomplète ; il reste à déterminer, par la méthode objective, les conditions que les choses belles doivent remplir pour produire une telle satisfaction.

3. Les conditions du beau. — Au premier abord, il semble impossible de ramener à l'unité toutes les formes de la beauté, tant elles sont nombreuses et diverses !

Aussi la plupart des définitions objectives du beau consistent-elles à prendre l'une de ces formes pour l'essence de la beauté à l'exclusion de toutes les autres.

On peut les ramener à trois principales : 1° le beau, c'est l'*ordre* ou l'*unité dans la variété*; 2° le beau, c'est la *grandeur* ou la *puissance*; 3° le beau, c'est l'*expression* de l'âme ou de l'idée par la matière.

La première, qui est celle de saint Thomas, rend compte d'un très grand nombre de cas. Il existe, en effet, une beauté *formelle* qui semble consister presque uniquement dans la proportion et l'harmonie ou dans l'ordre. — Mais, d'une part, il y a des choses qui sont belles et où nous ne voyons aucun ordre, par exemple une belle couleur, un beau son, la mer, les montagnes, etc.; et, d'autre part, il ne suffit pas qu'une chose soit ordonnée pour être belle; par exemple un traité de géométrie, un visage régulier mais insignifiant, etc.

La seconde définition est plutôt, comme on le verra, celle du *sublime* que celle du *beau* proprement dit. Elle est par conséquent plus étroite encore que la précédente : une femme, un enfant, une fleur, un oiseau-mouche, un temple grec peuvent être très beaux, et cependant leur beauté est tout à fait étrangère à la grandeur ou à la puissance.

Aristote réunit ces deux définitions en une seule : le beau consiste, selon lui, dans la grandeur et dans l'ordre (ἐν μέγεθει καὶ τάξει); mais il les juxtapose plutôt qu'il ne les concilie : on ne voit pas la raison pour laquelle l'ordre et la grandeur ont l'un et l'autre, à l'exclusion de tout autre principe, la propriété de constituer la beauté.

La troisième définition rend compte d'un très grand nombre de cas qui ne rentrent pas dans les deux premières. Il y a, en effet, une beauté *expressive* qui réside moins dans la forme extérieure et visible des choses que dans leur sens intérieur et caché, dans les idées ou les sentiments qu'elles nous suggèrent. Peut-être même cette définition pourrait-elle comprendre les deux autres. Il suffirait pour cela de supposer que l'ordre nous plaît, non par lui-même, mais parce qu'il est à nos yeux l'expression et comme le symbole d'une intelligence.

On remarquerait de même que la *puissance*, dans les choses, n'est jamais l'objet d'une perception directe : nous ne la connaissons que par ses signes, qui sont l'*ampleur* ou la *variété* de ses effets. La grandeur ne nous plaît donc, ce semble, que comme expression ou symbole de la puissance.

Mais cette hypothèse souffre elle-même quelque difficulté. Nous n'avons pas conscience, au moins en ce qui concerne l'*ordre*, de le rapporter nécessairement à une intelligence présente dans l'objet même et à laquelle s'adresserait notre admiration : il semble bien plutôt que l'ordre, dans beaucoup de cas, nous plaise uniquement par lui-même.

En outre, quand bien même on ramènerait à l'expression l'ordre et la puissance, il y a peut-être d'autres formes de la beauté qui ne s'y ramènent pas : ainsi l'éclat et la pureté des couleurs et des sons font, en grande partie, la beauté propre de la peinture et de la musique, en dehors de tout ordre et de toute expression.

Mais cette définition même, s'étendît-elle à tous les cas, n'est pas suffisamment précise. En effet toute beauté pourrait être expressive sans que toute expression fût belle. Le visage de certaines gens exprime très clairement la sottise ou la méchanceté ; et de même le corps de certains animaux semble exprimer une âme obtuse ou féroce ; c'est justement cette expression qui en fait la laideur. Il faudrait donc déterminer la sorte d'expression qui constitue la beauté ; et peut-être trouverait-on que la seule expression qui nous semble belle est celle des sentiments avec lesquels nous pouvons sympathiser ou des qualités qui n'excitent pas elles-mêmes en nous un sentiment de peine et de répugnance.

La méthode objective ne donne donc pas non plus des résultats complètement satisfaisants : elle aboutit à deux ou trois définitions de la beauté qu'elle paraît impuissante à ramener à l'unité.

4. La nature du beau. — Aussi convient-il de combiner les deux méthodes et de rechercher l'unité du beau, non dans ses *conditions* objectives qui, de quelque façon qu'on les réduise, demeurent toujours multiples, mais dans l'*effet* que ces conditions elles-mêmes produisent sur l'âme et qui doit être identique pour elles toutes.

L'analyse du plaisir du beau nous a montré qu'il est lié à la seule perception ou représentation de l'objet. Mais l'homme peut exercer ses sens et son imagination de deux façons différentes, ou bien dans le dessein de pourvoir à quelque fin ultérieure, satisfaction d'un besoin, connaissance de la nature des choses, etc., ou pour le simple plaisir de les exercer. D'une manière générale, toutes les facultés de l'âme humaine sont susceptibles de ces deux modes différents d'activité, le *travail* et le *jeu*. — Or la condition nécessaire du plaisir du beau est le *jeu des facultés représentatives;* et de là vient que ce plaisir dépend en grande partie de nous-mêmes. Si nous ne sommes pas d'humeur à jouer avec nos perceptions, les plus belles choses nous laisseront insensibles. L'artiste, le poète trouveront partout de la beauté.

Pourtant, il y a des objets qui, par eux-mêmes, provoquent, facilitent, soutiennent le jeu des facultés représentatives : ce sont, pour elles, comme des thèmes tout préparés. Ils n'ont donc pas seulement la beauté que l'esprit leur prête : on peut dire en un sens qu'ils sont beaux en eux-mêmes, objectivement beaux, bien que leur beauté ne soit au fond que la *propriété qu'ils ont de susciter, dans l'acte même de la perception, le jeu puissant, facile et harmonieux des facultés représentatives de l'âme humaine.*

Telle est bien en effet la propriété commune à toutes les belles choses. Ainsi les sensations éclatantes et pures sont belles, parce qu'elles résultent d'une stimulation intense mais non excessive des organes des sens ; l'ordre est beau, parce qu'il rend toute perception plus facile ; la grandeur et l'expression sont belles, parce qu'elles excitent à un haut degré le jeu de l'imagination et de la sensibilité morale. — D'autre part, toutes les choses laides ou esthétiquement neutres ont ce caractère commun, soit d'exciter faiblement le jeu des facultés représentatives, soit de les fatiguer par leur force ou leur complication excessive, soit de troubler leur harmonie en ne satisfaisant les unes qu'au détriment des autres, soit enfin de rendre l'âme insensible au plaisir du jeu en suscitant chez elle l'exercice d'une activité sérieuse, intéressée, tendant par delà la perception à quelque fin différente de la perception elle-même.

Il s'ensuit de cette théorie que toutes les facultés de l'âme peuvent trouver dans le beau leur satisfaction, mais seulement dans la mesure où elles concourent à la perception et y sont subordonnées aux facultés proprement représentatives.

D'où cette définition du beau où toute la théorie précédente se résume : le beau, c'est ce qui excite et satisfait harmonieusement toutes les facultés de l'âme humaine, sens, imagination, raison, sensibilité morale, dans l'acte de la perception.

5. Le beau distingué de l'agréable, de l'utile, du vrai et du bien. — On peut voir maintenant en quoi le beau diffère soit de l'agréable et de l'utile, soit du vrai et du bien avec lesquels il a été parfois confondu.

1° Le beau est une *espèce* de l'agréable : tout ce qui est beau plaît ; mais tout ce qui plaît n'est pas beau. Tout plaisir lié à la satisfaction d'un besoin physique, intellectuel ou moral est étranger à la beauté : le plaisir du beau est lié à la seule *contemplation* des choses.

2° Par cela même, le beau est tout à fait distinct de l'*utile*. L'utile par delà l'objet s'attache à son effet futur, la satisfaction d'un besoin ; le beau s'attache à l'objet même. Aussi le beau, comme tel, est inutile, c'est une sorte de luxe ; et des choses très utiles peuvent être laides.

Un caractère commun de l'agréable et de l'utile, c'est qu'ils exigent la *réalité* de leur objet, condition d'une *consommation* matérielle. Au contraire, la réalité de l'objet est indifférente au beau : la *forme*, l'*apparence* lui suffisent, parce qu'elles suffisent à l'acte purement idéal de la contemplation.

De même, les plaisirs attachés à l'agréable et à l'utile sont toujours plus ou moins égoïstes : tous les hommes ne peuvent pas jouir en même temps des mêmes richesses ; le plaisir du beau est essentiellement social : tous peuvent admirer en même temps la beauté.

3° Le beau et le vrai peuvent être unis ; ils n'en sont pas moins distincts.

Toute vérité est abstraite et générale, toute beauté est concrète et individuelle. Le vrai est l'objet de la raison pure, il peut se définir et se démontrer ; le beau est avant tout l'objet des sens et de l'imagination, il est indéfinissable et indémontrable. De là vient que toute vérité n'est pas belle, et que toute beauté n'est pas nécessairement vraie.

Pour que la vérité soit belle, il faut qu'elle cesse d'être abstraite, qu'elle devienne sensible, qu'elle se réalise, qu'elle s'exprime dans un être ou dans un fait particulier, et c'est là sans doute le sens de cette formule attribuée à Platon : *le beau est la splendeur du vrai*. Encore une vérité trop abstraite et trop générale n'est-elle peut-être pas susceptible de devenir belle, de quelque façon qu'on la rende sensible.

D'autre part, si la beauté qui consiste dans l'ordre semble impliquer la vérité comme sa condition nécessaire, les autres formes de la beauté en sont plus ou moins indépendantes.

4° De même le beau et le bien ne sont nullement identiques. Par bien, on peut entendre soit l'utilité (dont nous avons déjà parlé), soit la perfection en général, soit la perfection morale.

La *perfection* résulte de la conformité d'un être à son type ou à sa fin : comme la vérité, à laquelle on peut sans doute la ramener, elle est objet d'intelligence pure; mais, par cela même, elle n'est belle qu'autant qu'elle s'exprime dans une forme sensible, et l'apparence de la perfection sera tout aussi belle que sa réalité. Si elle est dans un grand nombre de cas la condition nécessaire de la beauté, elle n'en est jamais la condition suffisante. Un être pourra être parfait en son genre sans être beau : un crapaud idéal n'en serait peut-être que plus laid.

Quant à la *perfection morale*, elle est infiniment moins étendue que la beauté. Que de belles choses qui n'ont aucun rapport avec la vertu! Sans doute la moralité est belle, mais comme un cas particulier et éminent de l'ordre ou de la grandeur, et lorsqu'on la contemple, pour ainsi dire, du dehors. Dès qu'on y voit, non plus une représentation, mais une réalité, le sentiment qu'elle excite est plus que de l'admiration, c'est du respect.

De même, le bien et le beau sont pour nous un double idéal ; mais si l'idéal esthétique peut nous inspirer le désir de le réaliser, il ne nous y oblige pas : l'idéal moral est obligatoire.

6. Le sublime. — Le sublime n'est pas, comme on le croit trop souvent, le degré le plus élevé du beau. Une chose peut être souverainement belle sans être sublime. Bien plus, si l'on fait consister principalement la beauté dans l'harmonie et la proportion ou dans l'ordre, une chose pourra être sublime sans être belle.

Le sublime est un cas particulier de la beauté expressive : c'est l'*expression sensible de l'infini*. Un objet sublime est celui qui nous suggère, à son seul aspect, l'idée d'une grandeur sans bornes ou d'une puissance sans mesure, l'idée de l'*illimité*.

Il s'ensuit que les formes du sublime sont vagues, indéterminées, imparfaites ; si nous pouvions les embrasser d'un seul coup d'œil, nous en apercevrions les bornes, nous en prendrions la mesure, et par cela même elles ne pourraient pas nous donner l'illusion de l'infini et du démesuré.

Aussi le sentiment du sublime n'est-il pas aussi pur, aussi homogène que celui du beau : il contient quelque chose de violent et de pénible ; la surprise et le trouble s'y mêlent à l'admiration. C'est qu'il résulte, non comme le sentiment du beau d'une *harmonie* de toutes les facultés de l'âme dans le jeu de la perception sensible, mais au contraire d'une sorte de *désaccord*. Les sens et l'imagination essayent de percevoir l'objet tout entier, et comme ils n'en aperçoivent pas les bornes, ils n'y peuvent réussir ; de là, malgré l'excitation qu'il leur cause, un sentiment d'impuissance qui serait presque douloureux s'il n'était plus que compensé par le plaisir de la raison qui, dans l'idée même de l'infini, prend conscience de son infinité propre.

On pourrait distinguer le sublime *matériel* et le sublime *moral*. Kant, à un autre point de vue, distingue le sublime *mathématique* (expression de la *grandeur* infinie : le ciel, la mer, le désert, la pensée de l'éternité, etc.) et le sublime *dynamique* (expression de la *puissance* infinie : une tempête, un incendie, la force morale, etc.).

7. L'art. Classification des arts. — L'art, c'est la *création du beau par l'homme*.

Comme il n'y a que deux sens, la vue et l'ouïe, dont les perceptions puissent faire naître directement le plaisir du beau, on distingue deux grandes sortes d'arts, les arts de la vue ou arts *plastiques* (architecture, sculpture, peinture) et les arts de l'ouïe ou arts *phonétiques* (musique, poésie, littérature).

Tous ces arts sont souvent réunis sous le nom de *beaux-arts*, par opposition aux *arts utiles* qui ont pour fin l'utilité, c'est-à-dire la satisfaction de quelque besoin matériel ou moral, et non le plaisir désintéressé du beau.

Les arts plastiques emploient les formes et les couleurs : ils produisent des ensembles dont les parties sont étendues et coexistantes ; ce sont les arts de l'*espace*, par conséquent des arts objectifs ou matériels. Il s'ensuit que la beauté de leurs œuvres réside plutôt dans l'ordre ou dans la forme que dans l'expression ; et lorsqu'elles sont expressives, elles ne peuvent exprimer que des sentiments très simples (par exemple en architecture).

Les arts phonétiques emploient les sons, soit les sons musicaux, soit les mots d'une langue ; les parties de leurs œuvres sont successives et inétendues : ce sont les arts du *temps*, par conséquent des arts subjectifs ou spirituels. Aussi réalisent-ils la beauté expressive plutôt que la beauté formelle ; eux seuls peuvent exprimer complètement toutes les nuances infinies de la sensibilité humaine.

Cependant la poésie (avec la littérature qui s'y rattache) participe dans une large mesure aux caractères des arts plastiques : grâce à l'imagination qui *voit* les choses sous les mots, elle est une peinture au moins autant qu'une musique.

8. Le principe de l'art. — Le principe général du beau est aussi celui de l'art. — La raison pour laquelle l'homme ne se contente pas de l'utile, mais recherche encore le beau, c'est qu'il éprouve un plaisir très vif et très pur à faire jouer librement toutes ses facultés dans la perception des choses. Seulement les beautés naturelles lui semblent trop rares et souvent aussi trop imparfaites : elles lui servent donc de modèles pour en imaginer et en réaliser une infinité d'autres plus complètement appropriées au jeu esthétique de ses facultés.

Mais ce principe est trop général et par conséquent trop indéterminé pour expliquer dans le détail les formes diverses que l'art a revêtues. Il faut donc le compléter par un certain nombre de principes secondaires que la plupart des théoriciens de l'esthétique ont eu le tort d'opposer entre eux, faute de connaître le principe supérieur où ils se concilient. Ces principes secondaires sont l'*imitation*, l'*expression* et l'*idéal*.

1° D'après une école, souvent appelée réaliste ou naturaliste, l'*imitation fidèle de la nature* est le but de l'art. Non pas seulement la beauté, mais toute chose réelle plaît quand elle est bien imitée. Le véritable artiste s'interdit de *choisir* et de *modifier*.

Il est vrai que l'*imitation* est une source de plaisir esthétique et que ce plaisir est *exclusivement* l'effet de l'art. Un objet qui *dans la réalité* nous laisserait indifférent nous plaira, deviendra pour nous une occasion de faire jouer nos facultés quand l'art nous en représentera la *forme* ou le *simulacre*.

Il est vrai, d'autre part, que le défaut d'imitation est souvent un obstacle au plaisir esthétique : une œuvre d'art qui s'écarte trop de la nature peut par cela seul nous déplaire.

Mais il est faux que le plaisir produit par l'imitation soit le plus vif et le plus complet des plaisirs esthétiques et par conséquent que l'art doive le rechercher à l'exclusion de tous les autres ; il est faux surtout que ce plaisir ne puisse être plus ou moins complètement annulé par d'autres effets de l'imitation, par exemple, quand l'objet imité est trop insignifiant ou trop affreux ou trop immoral pour que l'image n'en soit pas indifférente ou répugnante.

Ainsi l'imitation n'est ni la condition suffisante ni même la condition nécessaire du plaisir esthétique dans l'art.

Aussi est-elle à peu près complètement absente de certains arts (architecture, musique, poésie lyrique). Même dans les arts d'imitation (peinture, sculpture, théâtre, roman) elle n'est jamais qu'un moyen et non une fin.

L'art, en effet, alors même qu'il imite, ne se propose jamais comme fin la reproduction exacte et servile du réel, et cela pour deux raisons : cette reproduction n'est pas désirable ; elle est impossible.

Elle n'est pas désirable, car, trop exactement imité, l'objet paraît être réel : dès lors, on ne joue plus avec lui, on le prend au sérieux et tout sentiment esthétique s'évanouit, comme par exemple au théâtre, quand l'illusion est trop forte.

Elle est impossible, d'abord parce que la réalité est trop complexe et trop changeante pour que l'œuvre d'art puisse l'embrasser tout entière : bon gré mal gré, l'art simplifie et immobilise ; ses œuvres sont toujours superficielles et mortes en comparaison de celles de la nature : il doit donc compenser par quelque autre côté cette infériorité inévitable ; ensuite et surtout, parce que la réalité, quelle qu'elle soit, ne nous apparaît jamais qu'au travers de notre esprit : ce que nous appelons le monde est le produit de nos sens et de notre intelligence, le produit de l'esprit au moins autant que des choses. Dès lors, toute œuvre d'art est nécessairement l'*expression* d'une âme, même quand elle ne paraît être que la *copie* d'un objet. Plus un artiste a du génie, plus il transfigure le monde en le reflétant. De là le mot profond de Bacon : *ars homo additus naturæ*.

2° C'est la vérité qui est surtout mise en relief dans la doctrine de l'*expression*. L'art est un langage : c'est une traduction, une interprétation de la nature ; et c'est aussi une manifestation directe de l'âme humaine.

On peut, en effet, considérer l'expression soit comme principe *complémentaire* de l'imitation dans tous les arts, soit comme principe *indépendant* et original de certains arts.

Au premier point de vue, l'art a pour but non pas seulement de reproduire les formes extérieures des choses, mais encore d'en dégager, d'en faire saisir le sens. Les choses de la nature éveillent, en effet, chez ceux qui les regardent des émotions souvent indéfinissables que l'imagination projette en elles et objective ; et l'artiste éprouve plus que personne de telles émotions. — D'où il suit que l'art peut et doit *choisir* parmi les choses celles qui sont vraiment expressives, et *modifier* les formes mêmes de ces choses pour les rendre plus expressives encore. La nature souvent bégaie : l'art la fait parler.

Au second point de vue, l'expression paraît être le principe de tous les arts qui, comme la musique et la poésie lyrique, ont pour fin la manifestation directe des sentiments de l'âme humaine. Ici l'homme ne fait plus parler la nature : il parle en son propre nom.

3° Mais l'expression elle-même conduit à la *création*. — En effet les sentiments de l'artiste qui tendent à s'exprimer dans un objet ne trouvent pas toujours dans la réalité d'objet qui leur convienne. D'où la nécessité d'en créer un.

D'autre part, le libre jeu de l'imagination créatrice, défaisant et refaisant les choses à son gré, est un plaisir très vif pour l'artiste, et c'en est un aussi pour le spectateur qui y participe par sympathie.

Il y a de même un plaisir propre de la raison à ordonner les choses d'une façon plus claire et plus complète que ne le fait la nature. L'art ne peut viser à ce double plaisir sans créer des œuvres qui ont désormais leur modèle non plus dans la réalité mais dans l'esprit même.

Toutefois, on peut distinguer dans la création plusieurs degrés, dont les deux principaux sont la *fiction* et l'*idéal*.

La *fiction* ou *fantaisie* est une création qui n'a d'autre but que de plaire aux sens et à l'imagination indépendamment de la raison et de la sensibilité morale. Son charme est dans sa nouveauté, sa variété ou son éclat, mais elle peut être invraisemblable, impossible, plus ou moins contraire aux lois de la raison et de la nature.

L'*idéal* est une création qui a surtout pour but de plaire à la sensibilité morale et à la raison. Sa beauté lui vient de la grandeur ou de l'ordre; mais, bien qu'il soit plus parfait que le réel, l'idéal ne lui est pas contraire. Il est le réel lui-même, plus simple, plus puissant, plus harmonieux, tel qu'il serait si les tendances de la nature pouvaient avoir leur plein effet.

Imitation, expression, création, tels sont donc les trois moyens différents mais non opposés que l'art emploie pour arriver à son unique fin qui est la satisfaction la plus complète possible de toutes les facultés de l'âme humaine dans le jeu de la perception.

9. La moralité dans l'art. — On voit dès lors quels sont les rapports de l'art avec la morale. On peut les résumer dans les quatre formules suivantes.

1° L'art a sa fin propre qui n'est pas celle de la morale. Sa mission est de créer le beau, non de prêcher le bien.

2° L'art, en aucun cas, ne doit être contraire à la morale, d'abord parce que la moralité est une loi universelle qui s'impose à l'art comme à tout le reste, ensuite parce que l'immoralité ou choque la conscience ou allume les passions et par conséquent trouble ou altère le plaisir esthétique.

3° L'art peut représenter le bien : mais alors même, il ne doit pas perdre de vue sa fin propre; et ce qu'il doit chercher dans la représentation du bien, c'est encore et toujours le beau lui-même.

4° Enfin, l'art, désintéressant l'homme de ses besoins et de son individualité propre, exerçant et satisfaisant en lui la raison et la sympathie, a indirectement un effet moral. Le beau n'est pas le bien; mais il lui est voisin et allié.

OUVRAGES A CONSULTER

Kant, *Critique du jugement*. — Hegel, *Système des beaux-arts*. — Jouffroy, *Esthétique*. — Lévêque, *Science du beau*. — Chaignet, *Les principes de la science du beau*. — Guyau, *Les problèmes de l'esthétique contemporaine*. — Taine, *Philosophie de l'art*. — Martha, *La délicatesse dans l'art*. — Ravaisson, *La philosophie en France au dix-neuvième siècle*, ch. xxxv. — Schiller, *Lettres sur l'éducation esthétique*. — Lamennais, *Esquisse d'une philosophie*, t. III. — V. Cousin, *Le vrai, le beau et le bien*.

SUJETS DE DISSERTATIONS

2. Analyser les principaux sentiments que fait naître en nous la vue du beau. 82.

5. Du vrai, du beau et du bien. 78.

Qu'entend-on par les idées du bien et du beau? Qu'est-ce que le bien en soi et le beau en soi? 78.

Caractériser et comparer les idées du vrai, du beau et du bien, et les rattacher à leur premier principe. 84 (*On pourrait considérer ces trois idées comme autant d'aspects de l'idée d'ordre. Le vrai, c'est l'ordre connu d'une façon abstraite par l'intelligence comme un ensemble de rapports s'étendant à toutes choses; le beau, c'est l'ordre perçu par les sens ou conçu par l'imagination dans un objet individuel et concret; le bien, c'est l'ordre dans les choses morales, s'imposant à la liberté comme un devoir. La commune origine de ces idées dans l'homme est la raison : le premier principe du vrai, du beau et du bien dans le monde est Dieu*).

Le beau doit-il se confondre avec l'utile ou avec l'agréable? L'art doit-il être exclusivement l'imitation de la nature? 73.

6. Du beau et du sublime. 81.

Différence entre le beau et le sublime. 81.

7. Quelles sont les différences entre les principes, les moyens et les fins de la science, de l'art et de l'industrie? 74 (*Cette question peut se ramener à celle des différences du vrai, du beau et de l'utile*).

8. Quel est le sens de ces diverses expressions employées dans la théorie des beaux-arts : l'imitation, la fiction, l'idéal? 82.

Quelle différence y a-t-il, dans la poésie et les beaux-arts, entre la fiction et l'idéal? 74.

9. De la moralité dans l'art. 84.

Montrer comment la culture esthétique de l'homme par la littérature et les beaux-arts peut contribuer à son perfectionnement moral? 69-86.

La culture des arts et des sciences est-elle, comme l'a soutenu J.-J. Rousseau, une cause de décadence et de corruption? 76.

CHAPITRE XIV

LES RAPPORTS DU PHYSIQUE ET DU MORAL

1. Division de la question. — On peut se demander d'abord quels sont les *effets* dans l'homme de l'union du physique et du moral, ensuite quelle est la *nature* de cette union et quel en est le *principe*. La première question appartient à la psychologie expérimentale, la seconde appartient à la métaphysique. Nous n'examinerons ici que la première.

Les rapports du physique et du moral peuvent se décomposer ainsi : 1° influence du physique sur le moral, 2° influence du moral sur le physique, et se résumer dans cette double loi déjà formulée par Leibniz : l'âme exprime le corps; le corps exprime l'âme; ce sont comme deux miroirs qui se réfléchissent l'un l'autre.

2. Influence du physique sur le moral. — En premier lieu, l'existence d'un corps organisé et vivant est la condition *générale* de la conscience. L'expérience ne nous a jamais montré positivement d'esprit pur séparé de tout organisme. — Dans l'homme, la condition immédiate de la conscience semble être le système nerveux et principalement le cerveau. Aucune impression venue soit des organes soit *à fortiori* du monde extérieur ne peut déterminer une modification dans la conscience sans modifier le système nerveux et le cerveau.

En second lieu, certaines parties du système nerveux et du cerveau sont les conditions *spéciales* de certaines formes de la conscience. Les découvertes de la science n'ont pas confirmé les localisations hypothétiques des *phrénologistes ;* mais il n'est pas douteux que certaines facultés ou opérations mentales ne dépendent plus particulièrement de certains centres cérébraux. — Ainsi on attribue généralement les sensations et les actions instinctives ou habituelles aux ganglions inférieurs (moelle allongée, cervelet, corps striés, lobes optiques, tubercules quadrijumeaux) et les facultés intellectuelles aux parties supérieures de l'encéphale (hémisphères cérébraux). En particulier, la faculté du langage a été localisée par Broca dans la troisième circonvolution frontale gauche du cerveau.

Il suit de là d'abord que toutes les modifications dans la structure et le fonctionnement des nerfs et du cerveau sont suivies de modifications correspondantes dans la conscience (d'où l'imbécillité, la folie, les hallucinations, le sommeil, etc.); ensuite que toutes les actions exercées sur les nerfs et le cerveau par le corps ou par le monde extérieur au travers du corps influent plus ou moins profondément sur la conscience (d'où l'influence des sexes et de l'âge, celles du tempérament, de la santé et de la maladie, de l'alimentation, du climat, etc.).

3. Influence du moral sur le physique. — On peut, ce semble, distinguer deux cas, selon que cette influence est involontaire ou volontaire.

Les deux facultés de l'âme qui exercent sur le physique la plus puissante influence en dehors de la volonté sont la *sensibilité* et l'*imagination*.

Tout *plaisir*, toute *douleur*, toute *émotion* en général modifie plus ou moins fortement l'organisme dont elle excite ou dont elle paralyse toutes les fonctions. Ce trouble peut être assez grand pour suspendre ou même pour détruire la vie. On a vu des gens mourir de joie, de peur, de surprise, etc.

D'autre part, toute *image* qui occupe fortement la conscience tend à se réaliser objectivement dans la mesure même où cette réalisation est rendue possible par l'état des organes. Si l'on imagine avec force le mouvement d'un pendule qu'on tient entre ses doigts, ce pendule paraîtra se mettre de lui-même en mouvement (expérience de M. Chevreul). On a essayé d'expliquer les tables tournantes par ce principe. De même, il suffit d'imaginer avec force une sensation pour la ressentir. Certains états du système nerveux (hystérie, hypnotisme) ôtent, en quelque sorte, toute limite à ce pouvoir de l'imagination.

L'*attention*, qui dépend de la volonté, influe indirectement sur le physique. Elle avive ou amortit les sensations, appelle ou chasse les souvenirs; mais comme les sensations et les souvenirs sont conditionnés par des causes physiques, l'attention doit elle-même influer (d'une façon qui nous est encore inconnue) sur ces causes.

Enfin, la *volonté* exerce une action sur les muscles par l'intermédiaire des nerfs moteurs. Cette action est ou *excitatrice* ou *inhibitrice*, selon qu'elle excite ou qu'elle empêche un mouvement.

Elle ne paraît pas avoir d'action directe sur les nerfs sensitifs non plus que sur ceux qui desservent la vie végétative.

Parmi ces modifications tant involontaires que volontaires, il en est de durables qui s'impriment en quelque sorte dans les organes et qui deviennent des *habitudes*. Ainsi l'âme modifie son propre corps et s'exprime en lui (par la physionomie, l'attitude, etc.) d'une manière permanente.

En résumé, le corps est, pour l'âme, au moins dans l'état normal, un moyen d'*information* et un moyen d'*action* : il fait arriver jusqu'à elle les impressions du monde extérieur, il fait arriver jusqu'au monde extérieur les sentiments, les pensées, les volontés de l'âme. Il est donc la condition de l'adaptation réciproque de l'âme et du monde extérieur.

4. Le sommeil, l'hallucination, la folie. — Mais le corps est parfois un intermédiaire infidèle : c'est ce qui arrive toutes les fois que ses ressorts sont détendus ou faussés, par exemple dans le sommeil ou dans la folie.

Dans le *sommeil*, les organes de la vie de relation, étant plus ou moins usés, sont momentanément incapables d'agir, et les déchets de leur usure rendent le sang impropre à leur réparation immédiate. Il s'ensuit que les rapports de l'âme avec le monde extérieur sont suspendus. Cependant le cerveau peut continuer à recevoir quelques impressions internes qui entretiennent ses mouvements : de là des sensations et des images plus ou moins confuses qui, ne pouvant être comparées avec la réalité, font l'illusion de choses réelles. C'est ce qu'on appelle les *rêves*.

Dans la *folie*, certaines parties du système nerveux ou du cerveau ne subissent plus, comme dans l'état normal, l'action du monde extérieur ou celle de la volonté, mais entrent spontanément en jeu, d'une façon permanente ou passagère, et troublent ainsi le jeu des autres parties et de l'ensemble.

Ce défaut d'équilibre peut être extrêmement restreint, par exemple dans l'*hallucination*, cette transformation de la pensée en sensation (Lélut); il peut être passager (dans le *délire*). Quand il est permanent et plus ou moins général, c'est la *folie* proprement dite.

Il s'ensuit que la santé intellectuelle et morale dépend, au point de vue physique, d'une double condition : 1° la subordination du système nerveux et du corps au monde extérieur; 2° leur subordination à la volonté; et cette dernière condition implique elle-même la subordination de toutes les inclinations et de toutes les facultés de l'âme à la volonté, partant à la raison dont la volonté est inséparable.

OUVRAGES A CONSULTER

Maine de Biran, *Mémoire sur les rapports du physique et du moral.* — Ravaisson, *La philosophie en France au dix-neuvième siècle*, chap. XXVI, XXVIII, XXIX et XXX. — Maudsley, *Physiologie de l'esprit* et *Pathologie de l'esprit*. — Bain, *L'esprit et le corps*. — Lélut, *Physiologie de la pensée*. — Lemoine, *L'âme et le corps* et *L'aliéné devant la philosophie*. — Bastian, *Le cerveau, organe de la pensée*.

Voyez en outre *Métaphysique*, chap. IV (L'union de l'âme et du corps).

SUJETS DE DISSERTATIONS

De l'union de l'âme et du corps. 76.

Quelles sont les lois de l'union de l'âme et du corps? 69.

En quoi consiste la question si controversée des rapports du physique et du moral? 73.

Exposer les principaux faits dans lesquels se manifeste l'influence du physique sur le moral et réciproquement l'empire du moral sur le physique. 69.

Montrer par des exemples la double influence du physique sur le moral et du moral sur le physique. 79-83.

Comparer les phénomènes psychologiques du rêve, de la rêverie, de l'hallucination. Qu'y a-t-il de commun ou de différent entre eux? 75.

Développer et s'il y a lieu critiquer cette définition de M. de Bonald : « L'homme est une intelligence servie par des organes ». 69-75.

CHAPITRE XV

L'HOMME ET L'ANIMAL

1. La psychologie comparée. — La *psychologie comparée* étudie les variétés que présentent les faits psychologiques, soit dans l'espèce humaine (caractères individuels ou nationaux, sexe, âge, etc.), soit dans les différentes espèces animales. On examinera ici les rapports et les différences de l'homme et de l'animal.

Mais une telle comparaison n'est possible que si l'on admet des phénomènes psychologiques, c'est-à-dire une âme, chez l'animal.

2. L'âme des animaux. — Or on a contesté que les animaux aient une âme. D'après Descartes et son école, les bêtes sont des automates : elles n'ont ni sensibilité ni intelligence; elles n'agissent que par l'instinct, et l'instinct est un pur mécanisme.

Descartes appuie cette thèse par deux arguments :

1° Si les actions et les œuvres des animaux étaient faites par intelligence et non par instinct, on devrait leur attribuer une intelligence bien supérieure à la nôtre ; mais cela est absurde, car, en dehors de leur instinct, les animaux sont absolument stupides.

2° Les animaux sont incapables de parler. Or la parole est le seul signe infaillible de la pensée.

Mais il est faux que les animaux n'agissent jamais que par instinct. Donc la conclusion que l'on tire de leurs actions instinctives ne vaut pas pour leurs autres actions, lesquelles témoignent certainement, sinon d'une intelligence comparable à celle de l'homme, du moins de facultés psychologiques irréductibles au mécanisme.

En outre, de ce que les animaux ne parlent pas, on peut bien conclure qu'ils sont incapables d'abstraire et de raisonner, mais non qu'ils sont incapables de sentir et d'imaginer — à moins de prétendre (ce que Descartes d'ailleurs n'a pas démontré ni même affirmé explicitement) que les modes de la pensée sont indivisibles et que l'absence des modes supérieurs (c'est-à-dire de la raison) entraîne nécessairement celle des modes inférieurs (sensibilité et mémoire).

Or nous avons toutes les raisons du monde d'attribuer au moins quelques-unes de nos facultés et par conséquent une âme aux animaux. Si le cri d'un enfant qui se brûle est un signe de la douleur, le hurlement d'un chien qui se brûle l'est aussi. Toute la question est de savoir jusqu'à quel point nous devons pousser l'assimilation de l'âme animale à l'âme humaine.

3. L'homme et l'animal. — Montaigne et quelques autres ont prétendu que l'animal est aussi intelligent que l'homme, qu'à certains égards il l'est peut-être même davantage. C'est qu'ils ont attribué à son intelligence les effets de son instinct. Il suffira de les renvoyer au premier argument de Descartes, qui garde vis-à-vis d'eux toute sa valeur.

Le caractère le plus saillant peut-être de l'âme animale, c'est la coexistence de l'instinct et de l'intelligence et la subordination de l'intelligence à l'instinct. D'après F. Cuvier et Flourens, l'instinct dans chaque espèce animale est, toutes choses égales d'ailleurs, en raison inverse de l'intelligence.

L'instinct, en effet, est le *substitut* de l'intelligence, et il a en quelque sorte d'autant plus à faire que l'intelligence est moindre. Mais d'autre part, l'intelligence même n'est, dans l'animal, qu'un *auxiliaire* et comme un *suppléant* de l'instinct : elle ne s'exerce que sous son impulsion et pour concourir à son œuvre.

Au contraire, l'instinct est à peu près absent chez l'homme, ou, si l'on considère les inclinations comme des instincts, il est subordonné à l'intelligence qui peut seule le satisfaire par des moyens nécessairement variés. De là les *inventions*, les *progrès* de la vie humaine. De là aussi le pouvoir d'opposer ces instincts entre eux, de leur résister, de les modifier, de les étouffer, c'est-à-dire la *liberté*. De là enfin le pouvoir de rechercher la connaissance pour elle-même, non comme simple moyen de satisfaire les instincts.

L'animal est une *intelligence asservie à l'instinct;* l'homme est une *intelligence affranchie de l'instinct, maîtresse de l'instinct;* et voilà pourquoi l'animal ne connaît ni la science ni l'art qui sont le privilège de l'homme.

Mais n'y a-t-il pas entre l'intelligence humaine et l'intelligence animale une différence plus profonde, une différence intrinsèque par où s'explique peut-être la précédente ?

Tout le monde accorde à l'animal les opérations inférieures de l'intelligence, perception, mémoire, imagination reproductrice, association des idées, et l'on fait remarquer que les effets extérieurs de l'association des idées contrefont parfois ceux du raisonnement. Ainsi le chien, voyant un bâton levé, s'enfuit comme s'il concluait de la cause à l'effet. Doit-on lui accorder à quelque degré les opérations proprement intellectuelles, celles qui consistent à apercevoir les *rapports* des choses, et qui en somme peuvent toutes se ramener au *jugement* parce qu'elles en dérivent toutes ?

Le problème nous semble extrêmement difficile à résoudre. D'une part, en effet, certains actes des animaux supérieurs ne nous paraissent pas pouvoir s'expliquer par la seule association des idées; nous croyons y voir des jugements, peut-être même des raisonnements élémentaires, pareils à ceux des jeunes enfants. D'autre part, si l'animal est capable de juger et de raisonner, qu'est-ce qui l'empêche d'égaler l'homme, de s'élever comme lui à la science, à l'art, à la moralité ?

La solution de ces difficultés, ce serait peut-être de supposer que si l'animal est capable d'*apercevoir* certains rapports simples et immédiats entre les données sensibles, il est incapable de *s'apercevoir* qu'il les aperçoit, c'est-à-dire de réfléchir sur ses propres opérations. Par là même, il est incapable de les dégager et de les penser d'une façon abstraite et générale. Or l'intelligence ne va pas loin sans la *réflexion:* comme nous l'avons vu, la raison humaine ne peut se développer qu'à la condition de réfléchir tous ses jugements. Supposez un germe de raison dans une intelligence entièrement esclave des sensations et des images qui s'y succèdent: ce germe ne s'épanouira jamais. Telle est sans doute la condition de l'animal. S'il y a en lui quelque raison, elle est en lui sans être à lui; n'en ayant pas la conscience, il n'en a pas l'usage; et c'est pourquoi il reste vrai de dire que l'homme, seul capable de réfléchir, possède seul la raison.

OUVRAGES A CONSULTER

Descartes, *Discours de la méthode*, IV° partie. — Ravaisson, *La philosophie en France au dix-neuvième siècle*, chap. XXVII. — Bossuet, *Traité de la connaissance de Dieu et de soi-même*, chap. v. — H. Spencer, *Principes de psychologie*, t. I. — Joly, *L'homme et l'animal.* — Janet et Séailles, *Histoire de la philosophie; La vie animale.*

Voyez en outre *Psychologie*, chap. XI (L'instinct).

SUJETS DE DISSERTATIONS

De l'âme des bêtes. Quelles sont les diverses opinions sur cette question ? 71-80.

Exposer et discuter la théorie cartésienne des animaux-machines et de l'automatisme des bêtes. 69-70-84.

Y a-t-il entre les facultés qui se manifestent chez l'homme et celles qui se manifestent chez l'animal assez d'analogies pour qu'on puisse fonder sur elles une psychologie comparée ? Quelles sont les principales de ces analogies ? Quelles sont les différences essentielles et irréductibles ? 73.

Développer cette pensée de Bossuet dans le *Traité de la connaissance de Dieu et de soi-même* : « Les animaux n'inventent rien. La première cause des inventions et de la variété de la vie humaine est la réflexion ; la seconde cause est la liberté. » 75-86.

Des industries des animaux ; ce qu'elles ont d'analogue à l'industrie de l'homme ; ce qu'elles ont de différent. 80.

LIVRE II
LOGIQUE

1. Définition de la logique. — La logique est la *science de la pensée* : elle est en même temps l'*art de penser*.

Elle peut donc être considérée indifféremment, soit comme une science tendant à un art, soit comme un art fondé sur une science.

Il s'ensuit qu'elle ne se définit pas seulement par son objet qui est la *pensée*, mais encore par son but qui est la *vérité*.

On la définirait donc d'une façon plus complète en disant qu'elle est la science des conditions que la pensée doit remplir pour être vraie, ou en deux mots la *science des conditions de la vérité*.

Par cela même, elle diffère de la psychologie :

Par son *objet*, qui est, non l'âme tout entière, mais l'intelligence, et dans l'intelligence, les seules opérations qui se rapportent à la connaissance de la vérité et sont susceptibles d'être analysées, contrôlées et réglées ; d'où il suit qu'elle n'étudie que les opérations intellectuelles qui peuvent être *réfléchies* et revêtues d'une *expression verbale* : elle ne sépare pas les *idées* des *termes*, les *jugements* des *propositions*, les *raisonnements* des *formules* plus ou moins complexes qui les expriment ;

Par son *but*, qui est, non la simple connaissance *théorique*, mais le contrôle et la direction *pratiques* de la pensée.

2. Division de la logique. — Parmi les conditions que la pensée doit remplir pour être vraie, les unes sont indépendantes de la *matière* de la pensée, c'est-à-dire de la nature des choses auxquelles on pense : elles peuvent se déterminer par la seule considération de la *forme* de la pensée ou de la manière de penser.

Ces conditions *formelles* de la vérité peuvent se résumer en une seule : *absence de contradiction*, *conséquence* ou *accord de la pensée avec elle-même.* Elles sont *universelles* et *nécessaires* (aucune pensée ne peut être vraie en dehors d'elles), mais non suffisantes par elles-mêmes (si toute pensée qui ne les remplit pas est nécessairement fausse, toute pensée qui les remplit n'est pas nécessairement vraie par cela seul).

Les autres ne peuvent au contraire se déterminer que par la considération de la *matière* de la pensée ; elles peuvent se résumer ainsi : *accord de la pensée avec ses objets,* et diffèrent avec la nature de ces objets mêmes. Elles sont donc plus ou moins *spéciales,* et en particulier varient plus ou moins d'une science à une autre.

De là la division traditionnelle de la logique en deux parties : *logique formelle* ou *générale,* qui étudie les lois générales de la pensée dérivées de sa forme même, et *logique spéciale* ou *appliquée,* qui étudie les lois spéciales de la pensée dérivées de la nature des objets auxquels elle s'applique.

L'une et l'autre sont à la fois *théoriques* et *pratiques,* bien que la seconde ait peut-être donné lieu, de la part des logiciens, à l'établissement d'un plus grand nombre de règles et de préceptes que la première.

CHAPITRE PREMIER

LOGIQUE FORMELLE

1. Division de la logique formelle. — Les trois formes essentielles de la pensée sont l'*idée*, le *jugement* et le *raisonnement*.

Tout raisonnement se compose de jugements; tout jugement se compose d'idées ; toute idée se compose d'idées plus simples ou entre elle-même dans la composition d'idées plus complexes.

En outre, comme la logique ne sépare pas la pensée de son expression verbale, aux idées correspondent les *termes;* aux jugements les *propositions;* aux raisonnements les *arguments*.

La logique formelle comprend donc trois grandes théories : théorie des idées ou des termes ; théorie des jugements ou des propositions; théorie des raisonnements ou des arguments, intimement liées entre elles, puisque la dernière est la conséquence des deux premières, lesquelles ne sont à leur tour que les moyens de la dernière.

2. Principes fondamentaux de la logique formelle. — La logique formelle repose tout entière sur le double principe d'identité et de contradiction : ce qui est est; une même chose ne peut à la fois être et n'être pas.

Il suit de ce principe, d'abord : que tout ce qui est contradictoire est nécessairement *faux :* ainsi toute idée composée d'idées qui se contredisent, tout jugement dans lequel l'attribut contredit le sujet, tout raisonnement dans lequel la conclusion contredit les prémisses sont des formes de la pensée nécessairement fausses; et par cela même ne représentent à l'esprit que des *impossibilités*.

Ensuite, que tout ce qui est identique à ce qui a été déjà pensé est *nécessairement vrai*, si ce qui a été déjà pensé est lui-même supposé vrai : ainsi toute idée identique à une idée déjà donnée, tout jugement dans lequel l'attribut est extrait du sujet, tout raisonnement dans lequel la conclusion n'excède pas les prémisses sont des formes de la pensée nécessairement vraies et par cela même représentent à l'esprit des *nécessités* (au moins conditionnelles).

Enfin, que tout ce qui n'est ni contradictoire ni identique à une vérité présupposée (comme une idée composée de deux idées non identiques mais non contradictoires, un jugement dans lequel l'attribut est ajouté au sujet, un raisonnement dans lequel la conclusion excède les prémisses), n'étant ni nécessairement vrai ni nécessairement faux, est, en quelque sorte, *neutre* au point de vue de la logique formelle et représente à l'esprit de simples *possibilités*.

Tels sont les trois points de vue principaux de la logique formelle.

I. — LES TERMES.

1. Les termes et les idées. — Un terme est l'*expression verbale d'une idée*. Exemples : triangle ; triangle rectangle ; côté de l'angle droit, etc.

En effet, l'idée, qu'on appelle aussi *notion* ou *concept*, n'a d'existence logique qu'à la condition d'être exprimée par un terme.

Il ne faut pas la confondre avec l'*image*.

L'image, indépendante de tout terme, est la simple reproduction d'une sensation antérieure, abstraction faite de tout acte intellectuel qui en distinguerait les divers éléments ou la rapporterait à un objet. Telle est l'image laissée dans la mémoire par la vue d'une figure triangulaire.

L'idée est le résultat d'actes intellectuels (d'abstraction, de généralisation, de combinaison), par lesquels l'esprit distingue dans une sensation ou une image des éléments qui peuvent lui être communs avec une infinité d'autres et les rapporte à un objet au moins possible : telle est l'idée du triangle, c'est-à-dire d'une figure formée par trois lignes droites qui se coupent deux à deux.

En outre, l'idée n'a pas toujours et nécessairement pour support une sensation ou une image, puisque l'esprit peut concevoir des choses qui ne tombent pas sous les sens (idées de l'âme et de Dieu).

Au point de vue logique, l'idée ne se réalise dans la pensée que par le moyen d'idées plus simples dont elle est la somme, ou d'idées plus complexes dont elle est elle-même un élément. L'image est extra-logique.

2. Classification des idées et des termes. — On classe

les termes, et par conséquent les idées, de trois façons principales : 1° en *concrets* et *abstraits*; 2° *singuliers* et *généraux*; 3° *positifs* et *négatifs*.

1° Une idée concrète est l'idée d'une *chose* ou d'un *être*; par exemple, l'idée de végétal; l'idée d'animal; l'idée d'homme; l'idée de Dieu. — Une idée abstraite est l'idée d'une *manière d'être*, d'une *qualité* ou d'un *rapport*, isolés par abstraction des choses ou des êtres auxquels ils appartiennent, par exemple l'idée d'étendue; l'idée de vie; l'idée de pensée, etc.

En général les termes abstraits dérivent d'adjectifs ou de verbes. Exemples : la blancheur, de l'adjectif blanc; le mouvement, du verbe mouvoir.

Les adjectifs et les verbes peuvent être eux-mêmes employés avec un sens abstrait ou concret, selon qu'ils sont pris absolument (le rouge, le dormir), ou rapportés à des termes concrets dont ils expriment les modifications (cette fleur est rouge; cet homme dort).

Cette première classification est tirée de la nature des *objets* de la pensée. C'est en se plaçant à ce point de vue qu'Aristote a admis dix *catégories* (ou dix espèces d'idées) : *substance, qualité, quantité, relation, temps, lieu, action, passion, situation* et *possession*, dans lesquelles la première catégorie correspond à celle des idées concrètes, et les neuf autres, évidemment réductibles entre elles, à celle des idées abstraites.

Mais on pourrait justifier cette classification du point de vue de la logique formelle en faisant remarquer que les idées, considérées comme éléments du jugement, peuvent y être tantôt sujets, tantôt attributs. Dès lors, les idées sont concrètes ou abstraites selon qu'elles représentent essentiellement à l'esprit des sujets ou des attributs.

2° Une idée singulière est l'idée d'*un seul* objet ou d'*un seul* fait, par exemple, l'idée de la planète Vénus; l'idée de Napoléon Ier; l'idée de l'année 1889. — Une idée générale ou *concept* est l'idée d'une *classe* d'objets ou de faits : par exemple, l'idée de planète, l'idée de conquérant, l'idée d'année.

Les termes singuliers sont ou des noms *propres* ou des combinaisons de noms communs qui ne peuvent s'appliquer qu'à un seul objet ou à un seul fait. Au fond, l'idée singulière n'est dans la pensée qu'une combinaison d'idées générales qui ne doit son caractère singulier qu'à son association avec un nom propre ou avec une image.

Il s'ensuit que dans les propositions et les arguments où ils entrent, les termes singuliers sont, au point de vue de la logique formelle, assimilés aux termes généraux.

On peut rapprocher des termes singuliers les termes *collectifs* qui désignent une collection déterminée d'objets ou de faits; par exemple, les cinq parties du monde, les douze apôtres, les planètes du système solaire. Un terme collectif n'est, en quelque sorte, que le substitut abréviatif d'un certain nombre de termes singuliers.

Les termes généraux sont applicables à un nombre indéfini d'objets ou de faits : ils peuvent être pris tantôt dans toute leur étendue (par exemple, tous les hommes), tantôt dans une partie seulement de leur étendue (par exemple, quelques hommes).

Dans ce dernier cas, on dit qu'ils sont *particuliers*. Mais les termes particuliers ne sont pas une *espèce* de termes, différente des termes généraux : ils ne sont qu'une *modification* des termes généraux eux-mêmes.

3° A la distinction précédente, fondée sur l'*étendue* des termes, peut s'en rattacher une autre, celle des termes *positifs* et *négatifs*.

En effet, en vertu du principe du milieu exclu (corollaire du principe de contradiction) toute idée partage nécessairement l'ensemble des choses en deux classes : d'une part, celles dont elle peut s'affirmer, d'autre part celles dont elle ne peut pas s'affirmer; par exemple, étant donnée l'idée de « vivant », toute chose est vivante ou non vivante. Il s'ensuit qu'à toute idée positive correspond une idée négative et *vice versa*.

Il est toujours possible de trouver le terme négatif correspondant à un terme positif quelconque, puisqu'il suffit pour cela de faire précéder ce dernier de la négation.

3. Rapports des idées entre elles et des termes entre eux. — Toute idée a, nous le savons, deux propriétés : la *compréhension* et l'*extension*.

La compréhension d'une idée ou son *contenu* est *l'ensemble des idées plus simples qu'elle contient et qui peuvent en être affirmées à titre d'attributs*. Par exemple, l'idée de triangle a pour compréhension ou pour contenu : figure plane terminée par trois lignes droites qui se coupent deux à deux.

L'extension d'une idée ou son *étendue* est ordinairement définie l'ensemble des *choses* auxquelles cette idée est applicable; mais les rapports des idées avec les choses sont étrangers à la logique formelle. Par conséquent, au point de vue où nous devons nous placer ici, l'extension d'une idée doit se définir *l'ensemble des idées plus complexes dans chacune desquelles elle est contenue et dont elle peut être affirmée à titre d'attribut*. Par exemple, l'idée de triangle a pour extension ou étendue, triangle équilatéral, triangle isocèle, triangle scalène.

De même tout terme *signifie* certains attributs et *désigne* certains sujets. Stuart Mill appelle ces deux propriétés des termes, leur *connotation* (le terme oiseau *connote* un squelette, des ailes, etc.) et leur *dénotation* (il *dénote* les rapaces, les grimpeurs, les passereaux, etc.).

Les rapports des idées entre elles sont déterminés par leur compréhension et leur extension. — Deux idées étant données, il peut se présenter trois cas :

1° Soit, par exemple, les deux idées de vertébré et de mammifère. L'une de ces idées (mammifère) contient entièrement l'autre (vertébré) dans sa compréhension, et inversement elle est elle-même entièrement contenue dans son extension. On dit alors que ces deux idées sont *subordonnées* l'une à l'autre ; la plus étendue ou l'idée supérieure s'appelle *genre*, la moins étendue ou l'idée inférieure s'appelle *espèce*. Par exemple, vertébré est un *genre*, dont mammifère est une *espèce*. — Au point de vue de la compréhension, l'idée inférieure se compose de deux parties : d'abord, l'idée du genre, puis une idée qui limite et détermine le genre et qu'on appelle la *différence*. Par exemple, la compréhension de mammifère, c'est vertébré (genre) à mamelles (différence).—Il est évident qu'on peut disposer toute une série d'idées subordonnées telles que chacune d'elles soit espèce par rapport à celles qui la précèdent, genre par rapport à celles qui la suivent, sauf la première qui sera genre sans être espèce et qu'on appellera genre suprême ou généralissime (*genus summum aut generalissimum*), et la dernière qui sera espèce sans être genre et qu'on appellera espèce infime (*species infima*). Par exemple, être (genre suprême ou généralissime), vivant, animal, vertébré, mammifère, bimane, homme, blanc, Européen, Français (genres-espèces), Parisien (espèce infime). Le genre qui précède *immédiatement* une espèce (par exemple, vertébré, relativement à mammifère), est pour cette espèce le genre prochain (*genus proximum*) par opposition aux autres genres plus ou moins lointains (par exemple, animal, vivant, être, relativement à mammifère). On remarquera que dans cette sorte d'échelle la compréhension augmente à mesure que l'extension diminue et *vice versa*.

2° Soit maintenant les deux idées de mammifère et d'oiseau. Elles sont entièrement *extérieures* l'une à l'autre à la fois sous le rapport de la compréhension et de l'extension, mais elles contiennent l'une et l'autre dans leur compréhension une idée commune (l'idée de vertébré), et inversement elles sont l'une et l'autre contenues dans l'extension de cette idée commune. On dit alors que ces deux idées sont *coordonnées*; elles sont deux *espèces* d'un même *genre*. — Au point de vue de la compréhension, elles se composent d'une partie identique, le *genre*, et d'une partie qui diffère dans chacune d'elles et qui est leur *différence spécifique*.

3° Soit, enfin, deux idées qui ne se contiennent pas l'une l'autre et qui ne contiennent pas d'idée commune, comme, par exemple, mammifère et triangle, mammifère et blanc (de couleur blanche). C'est ce qu'on appelle des idées *disparates*.

Il peut alors arriver deux cas. — Ou bien, l'une de ces deux idées est nécessairement exclue de l'autre, parce qu'elles contiennent dans leurs compréhensions des idées plus simples qui se contredisent de part et d'autre (par exemple, mammifère et triangle dont l'une contient dans sa compréhension l'idée d'être et l'autre celle de rapport ou de manière d'être). — Ou bien, elle n'en est pas nécessairement exclue sans faire cependant partie de sa compréhension : elle peut par conséquent en être affirmée, car si elles ne sont pas identiques (même partiellement), elles ne sont pas non plus contradictoires (par exemple, blanc et mammifère). — Dans ce dernier cas, l'idée qui est l'attribut possible ou contingent d'une autre idée s'appelle *accident* par rapport à cette idée : c'est un *accident* pour le mammifère d'être blanc. Au contraire, l'ensemble des attributs nécessaires d'une idée (attributs qui composent sa compréhension même) s'appelle l'*essence*. Il est de l'essence du mammifère d'être un vertébré à mamelles. L'essence comprend donc les attributs génériques (genre) et les attributs spécifiques (espèce ou différence).

De là, dans l'ancienne logique, la distinction des propositions *essentielles* (affirmant d'une idée un attribut contenu dans son essence ou sa compréhension), et des propositions *accidentelles* (affirmant d'une idée un attribut étranger à sa compréhension) : c'est la distinction même faite par Kant des jugements analytiques et synthétiques.

4. Conditions de la vérité formelle des idées. Les idées vraies et fausses, claires et obscures, distinctes

et confuses. — Reste à déterminer les conditions de la vérité des idées.

Mais on objectera tout d'abord qu'une idée ne peut, à proprement parler, être ni vraie ni fausse, attendu qu'il n'y a de vérité et d'erreur que dans le jugement. Il n'y a aucune erreur à concevoir un griffon, c'est-à-dire un animal à la fois reptile, oiseau et mammifère; l'erreur n'apparaît que lorsqu'on juge qu'un tel animal existe réellement ou pourrait exister.

Cependant toute idée est la représentation d'un objet au moins possible et implique l'affirmation au moins virtuelle de la réalité ou, en tout cas, de la possibilité de cet objet. Or, tantôt l'objet d'une idée existe ou est possible; et tantôt il n'est pas réel ou même possible. Dans le premier cas, l'idée est *virtuellement* vraie : elle est virtuellement fausse dans le second.

L'*idée vraie* est donc celle à laquelle correspond un objet réel ou possible; l'*idée fausse* est celle à laquelle il ne correspond pas d'objet.

Au point de vue de la logique appliquée, une idée est vraie lorsqu'il lui correspond un objet dans la réalité : il suffit à la logique formelle que cette idée représente à l'esprit un objet possible. On pourrait appeler *vérité formelle* de l'idée sa correspondance à un tel objet.

La condition nécessaire et suffisante pour qu'une idée soit formellement vraie, c'est qu'elle n'enferme pas de contradiction. — En revanche, toute idée qui enferme une contradiction (par exemple, l'idée d'un cercle carré; l'idée d'un nombre infini, c'est-à-dire plus grand que tout nombre assignable; l'idée d'un fait psychologique sans conscience), est par cela seul formellement fausse, ce qui entraîne d'ailleurs sa fausseté matérielle.

Mais d'où vient que l'esprit puisse concevoir des idées contradictoires, alors que le principe de contradiction est la loi nécessaire de toute pensée?

La cause en est dans la *confusion* et l'*obscurité* des idées.

Une idée est *claire*, dit Leibniz, lorsqu'elle suffit pour nous faire reconnaître la chose, en d'autres termes, quand nous pouvons l'appliquer sûrement à son objet; elle est *obscure* dans le cas contraire.

Une idée est *distincte*, lorsque nous en connaissons et distinguons tous les éléments, en d'autres termes, quand nous pouvons en faire l'analyse : elle est *confuse* dans le cas contraire.

La *clarté* des idées semble se rapporter plutôt à leur *extension* ou à l'application que l'esprit en peut faire aux objets ; la *distinction* des idées est entièrement relative à leur *compréhension* ou à l'analyse que l'esprit peut faire de leur contenu intérieur.

Une idée peut être *claire* sans être *distincte*; par exemple, un jardinier a une idée claire, mais non distincte, des espèces de plantes qu'il cultive dans son jardin ; un botaniste en aurait une idée distincte.

Mais toute idée *distincte* est nécessairement *claire*. — Il y a donc une clarté des idées indépendante de leur distinction qui s'acquiert par l'expérience et se rapporte à leur usage empirique, et une clarté des idées qui dépend de leur distinction et résulte comme elle de l'analyse même de leur compréhension. — La logique formelle n'a donc affaire qu'à cette dernière : il n'y a pour elle d'idées vraiment claires que celles qui sont distinctes.

L'idée confuse étant une idée dont nous ne pensons pas tous les éléments, à cause du mot qui nous en tient lieu, on comprend que la contradiction puisse se glisser dans la partie obscure et non pensée. Par conséquent, le moyen d'éviter ou d'écarter les idées contradictoires, c'est de rendre toutes ses idées claires et distinctes en faisant une analyse aussi complète que possible de la compréhension de chacune d'elles.

Mais ce moyen qui, au point de vue de la logique formelle, est la condition de la *sûreté* de la pensée (toujours incertaine sans cela de la valeur de ses idées) est peut-être aussi, au point de vue de la logique appliquée, la condition de sa *fécondité*. En effet, comment appliquer une idée aux choses et faire cadrer sa compréhension avec leur nature, si cette compréhension même reste au moins en partie indéterminée, inconnue pour la pensée ?

Or, l'opération par laquelle les idées peuvent être rendues distinctes n'est autre que la *définition*.

5. La définition. — La définition est donc l'*analyse intégrale de la compréhension d'une idée* et par cela même *de la signification d'un terme*.

Elle s'exprime par une proposition qui a pour sujet le terme exprimant l'idée, et pour attribut la signification de ce terme ou l'énumération des idées plus simples dont se compose la compréhension de cette idée. Cette proposition, qu'on appelle aussi *définition*, est *analytique*, puisque l'attribut résulte de l'analyse du sujet, et *réciproque*, puisque l'analyse étant intégrale, l'attribut est absolument équivalent ou identique au sujet et peut, par conséquent, être mis à sa place, et le sujet mis à la sienne.

De là, cette *première règle* de la définition : « La définition doit convenir à tout le défini (*omni definito*) et au seul défini (*soli definito*). » On peut pécher contre cette règle, soit par excès (définition trop étroite), soit par défaut (définition trop large).

Mais il ne suffit pas d'*énumérer* les éléments de la compréhension de l'idée : il faut encore les *ordonner* ou les *classer*. Or, ces éléments, on l'a déjà vu, sont de deux sortes : les uns sont communs à cette idée et à un plus ou moins grand nombre d'autres; les autres lui sont propres. Les premiers peuvent se ramener à un seul, le *genre prochain* qui enveloppe dans sa compréhension tous les genres antérieurs; et les seconds se résument d'ordinaire dans la différence qui distingue éminemment l'idée de toutes celles qui appartiennent comme elle à ce même genre, la *différence spécifique*.

De là la *seconde règle* de la définition : « La définition se fait par le genre prochain et la différence spécifique (*per genus proximum et differentiam specificam*). »

Il s'ensuit que les seules idées qui puissent être définies sont celles qui ont une compréhension multiple et fixe : les idées simples, les genres suprêmes, sont indéfinissables; et de même, les idées des êtres ou des événements individuels. L'individu n'a pas d'essence propre; il a l'essence de l'espèce à laquelle il appartient, et qui se complique en lui d'accidents indéfiniment nombreux et variables. On peut le *décrire*, on ne peut le définir.

6. Les définitions de nom et de chose. — Cependant les logiciens, depuis Aristote, distinguent deux sortes de définitions: les définitions de nom ou *nominales*, et les définitions de chose ou *réelles*.

D'après la logique de Port-Royal, la définition de nom consiste à *expliquer le sens d'un mot;* la définition de chose à *expliquer la nature d'une chose*.

Or le sens d'un mot dépend de l'usage ou de la volonté de celui qui s'en sert, tandis que la nature de chaque chose est indépendante de nos conventions.

La définition de nom est donc *arbitraire* ou *libre ;* la définition de chose ne l'est pas.

Par cela même, la définition de nom ne peut être contestée et n'a pas besoin d'être prouvée. On peut contester et l'on doit prouver la définition de chose.

D'où cette autre conséquence que la définition de nom est le plus souvent le *principe* d'une recherche, tandis que la définition de chose en est la *conclusion*.

Cette distinction ne saurait avoir une valeur absolue ; elle demande à être interprétée au point de vue de la théorie logique de la définition d'après laquelle, comme nous venons de le voir, l'objet propre de la définition n'est, à vrai dire, ni le mot ni la chose, mais l'idée ou le concept.

En effet, définir un mot, c'est définir non le *son* mais le *sens*, c'est-à-dire l'idée attachée à ce son, idée qui représente nécessairement à l'esprit une chose au moins possible.

D'autre part, définir une chose, ce n'est pas définir la *chose* prise en elle-même, laquelle dans la réalité objective est individuelle et partant indéfinissable, mais l'*idée* que nous nous faisons de la chose ou plutôt du *genre* auquel elle appartient, idée qui est nécessairement exprimée par un mot.

Toute définition, nominale ou réelle, est donc en somme une définition ou une analyse d'idée. — Par suite, les définitions ne peuvent différer entre elles que sous ces deux rapports : 1° par la *nature* de l'idée ; 2° par le *mode* de l'analyse.

Or, tantôt l'idée est de celles que tout le monde possède déjà, et elle est exprimée dans la langue par un mot usuel ; tantôt au contraire elle est propre à celui qui prétend la définir et qui se sert pour l'exprimer, soit d'un mot nouveau, soit d'un mot détourné de son sens usuel. — La définition peut être dite réelle dans le premier cas, nominale dans le second.

D'autre part, l'analyse de l'idée a pour but, tantôt simplement de la faire *reconnaître* ou de la rendre suffisamment *claire* pour qu'il soit possible de l'appliquer sans erreur à son objet, tantôt de la faire *complètement connaître* ou de la rendre *distincte*. — Dans le premier cas, il ne sera pas nécessaire d'énumérer *tous* les éléments de sa compréhension ; on se contentera de ceux qui suffisent pour la faire reconnaître, et s'il y en a plusieurs, on pourra choisir n'importe lequel d'entre eux ; dans le second, l'énumération devra être complète. — La première définition pourra être dite nominale et la seconde réelle.

En un mot, la définition nominale est une définition *incomplète* donnée comme *hypothétique* et *provisoire ;* la définition réelle est une définition *complète* donnée comme *catégorique et définitive*.

Par là s'expliquent les propriétés de ces deux sortes de définitions.

Ce qu'il y a de plus ou moins arbitraire dans la définition nominale, c'est 1° le choix du *mot* destiné à exprimer l'idée ; 2° le choix des *éléments de la compréhension* destinés à la faire reconnaître. On comprend aussi pourquoi dans toute recherche on commence d'ordinaire par les définitions de nom pour finir par des définitions de chose.

* **7. La division.** — On peut rattacher à la définition une seconde opération qui en est la contre-partie et le complément, la *division*.

La division consiste à *analyser l'extension d'une idée* : elle se fait par l'énumération complète de toutes les espèces que cette idée contient dans son extension.

Elle peut, dans certains cas, remplacer la définition, car, si elle ne rend pas l'idée plus *distincte*, elle la rend plus *claire*. Mais le plus souvent elle complète la définition qu'elle présuppose.

Il s'ensuit que la division d'une idée doit être *fondée*, autant que possible, sur sa définition même. — D'où la première règle, ainsi formulée par les logiciens du moyen âge : *Divisio ne careat fundamento*. Par exemple, le triangle étant défini un polygone (genre) à trois côtés (différence), la division sera fondée sur les modifications de la différence (selon que les trois côtés sont égaux, ou deux égaux et un inégal, ou les trois inégaux) : tout triangle est équilatéral, isocèle ou scalène.

En second lieu, la division doit être *complète* (énumérer toutes les espèces contenues dans le genre), *exacte* (ne pas en énumérer qui n'y soient contenues), *irréductible* (n'énumérer que des espèces vraiment distinctes entre elles).

En résumé, la théorie formelle des idées ou des termes aboutit tout entière à cette conclusion : on ne doit jamais se servir que d'idées *claires* et *distinctes* ; et par cela même on doit toujours *définir* et *diviser* tous les termes ou se référer à des définitions et à des divisions préalables.

On retrouvera la définition et la division dans la logique appliquée où elles deviennent d'une part les définitions rationnelles et empiriques, d'autre part les classifications artificielles et naturelles.

II. — LES PROPOSITIONS.

1. Nature de la proposition. — La proposition est l'*énonciation d'un jugement*.

Elle se compose de **deux** *termes*, le sujet et l'attribut, et du verbe ou *copule* qui exprime le *rapport* de ces deux termes.

Par suite, l'élément caractéristique de la proposition est le *verbe*.

On pourrait admettre qu'il y a autant de sortes différentes de verbes qu'il y a de sortes de rapports que l'esprit peut concevoir et affirmer entre les idées ou les choses; et l'on distinguerait, à ce point de vue, au moins deux types de propositions, les unes dans lesquelles la copule s'exprime par le signe = et qui énoncent des rapports de *quantités* entre elles (propositions *mathématiques*), les autres dans lesquelles la copule s'exprime par le verbe *être* et qui énoncent des rapports entre des *qualités* (propositions *non mathématiques*).

Mais, au point de vue de la logique formelle, il est toujours possible de ramener les autres copules au verbe être et par conséquent tous les autres rapports au rapport exprimé par ce verbe.

2. Sens du verbe être. — Le verbe être ne marque pas, comme on le croit trop souvent, l'*existence*, sauf dans le cas où il est pris absolument, comme dans cette proposition : Dieu est. Il équivaut alors au verbe *exister*, et par conséquent doit se décomposer ainsi : Dieu *est* existant. Sa fonction propre est simplement d'exprimer le rapport de l'attribut au sujet, le rapport d'*attribution*.

Mais ce rapport peut être entendu de deux manières différentes :

1° Au point de vue de la *compréhension*, le verbe être exprime le rapport de la *qualité* à la *substance;* et toute proposition peut alors s'interpréter ainsi : l'attribut appartient ou convient au sujet; il est contenu dans sa compréhension ou il lui coexiste. Par exemple, les bœufs ruminent, cela veut dire : la qualité de ruminer appartient aux bœufs.

2° Au point de vue de l'*extension*, le verbe être exprime le rapport de l'*espèce* au *genre;* et toute proposition peut alors s'interpréter ainsi : le sujet rentre ou peut rentrer dans la classe de l'attribut; il est ou peut être considéré comme contenu dans son extension. Par exemple : les bœufs ruminent, cela veut dire : les bœufs sont une espèce de ruminants.

Ces deux traductions sont toujours possibles en même temps; mais la première correspond plutôt au vrai rapport des idées, tel qu'il est pensé par l'esprit. En général, nous pensons nos jugements en compréhension bien plutôt qu'en extension. — Cependant la plupart des logiciens préfèrent la seconde interprétation, qui a sur la première cet avantage d'effacer la distinction des propositions essentielles (jugements analytiques), et des propositions accidentelles (jugements synthétiques). En effet, tandis que la compréhension est nécessairement une somme *définie* d'attributs (d'où il suit que tout attribut qui n'en fait pas partie peut bien coexister avec elle mais non y être contenu), l'extension peut être considérée comme une somme *indéfinie* d'espèces; et par conséquent tout sujet, quel qu'il soit, dont on affirme l'attribut, est nécessairement contenu dans son extension.

Tel est donc, au point de vue de la logique formelle, le sens du verbe être. Il signifie que le sujet rentre dans l'extension de l'attribut.

3. Classification des propositions. — Les propositions peuvent être classées sous le rapport de la *quantité* et de la *qualité*.

Sous le rapport de la quantité, ou le sujet est pris dans *toute* son extension, ou il est pris dans *une partie* seulement de son extension. De là, les propositions *universelles* et *particulières*. — Les propositions qui ont pour sujet un terme individuel sont nécessairement universelles, puisque ce terme ne peut jamais être pris que dans toute son extension.

Sous le rapport de la qualité, ou le sujet est *inclus* dans l'extension de l'attribut, ou il en est *exclu*. De là, les propositions *affirmatives* et *négatives*.

Au total, il y a donc quatre espèces de propositions :

1° *Universelle affirmative* symbolisée par la voyelle A. Exemple : tout B est C ;

2° *Universelle négative* symbolisée par la voyelle E. Exemple : nul B n'est C ;

3° *Particulière affirmative* symbolisée par la voyelle I. Exemple : quelque B est C ;

4° *Particulière négative* symbolisée par la lettre O. Exemple : quelque B n'est pas C.

Les scolastiques ont résumé ce symbolisme dans les deux vers suivants :

Asserit A, negat E, verum generaliter ambo
Asserit I, negat O, sed particulariter ambo.

4. L'art de juger. — L'art de juger, au point de vue de la logique formelle, se ramène, soit à l'art de concevoir, soit à l'art de raisonner. — En effet, ou bien l'attribut d'un jugement est identique au sujet, ou il ne lui est pas identique. Dans le premier cas, le jugement se réduit à une analyse totale ou partielle de l'idée, par conséquent à une *définition;* dans le second cas, la liaison du sujet et de l'attribut ne peut être légitime que si elle dérive par voie d'identité d'une liaison plus générale préalablement affirmée, et, par conséquent, que si elle est une *conclusion.*

Ainsi est *vrai,* tout jugement dans lequel l'attribut est identique au sujet; est *faux,* tout jugement dans lequel l'attribut est contradictoire au sujet; peut être *vrai* et doit être prouvé, tout jugement dans lequel l'attribut, sans être identique au sujet, ne lui est pas contradictoire : ces trois thèses contiennent tout l'essentiel des conditions formelles du jugement.

III. — LES DIFFÉRENTES FORMES DU RAISONNEMENT.

1. Nature et espèces du raisonnement. — Raisonner, on l'a déjà vu, c'est d'*un ou de plusieurs jugements donnés tirer un autre jugement qui en est la conséquence.*

Seulement, tantôt les premiers jugements étant donnés, *sans autre condition,* la conséquence en dérive nécessairement, et s'ils sont vrais, elle ne peut manquer d'être vraie; par exemple : tout corps est pesant, l'air est un corps, d'où il suit que l'air est pesant; tantôt ces jugements étant donnés ne suffisent pas, sans autre condition, pour que la conséquence en dérive nécessairement; ils pourraient être vrais, et elle fausse; par exemple : la terre est pesante; l'eau est pesante; la terre et l'eau sont des corps; donc tous les corps sont pesants.

Or ce dernier cas est celui du raisonnement inductif dans lequel la conclusion excède les prémisses. Il s'ensuit que l'induction est étrangère à la logique formelle.

On ne traitera donc ici, sous le nom de raisonnement, que de la déduction ou, plus généralement, de toute inférence dans laquelle la conséquence est tirée de jugements préalables en vertu de la *forme* même de la pensée et abstraction faite de sa *matière.*

A ce point de vue, il peut se présenter deux cas : ou bien la conséquence est tirée d'un seul jugement; ou elle est tirée de plusieurs. Dans le premier cas, l'inférence est *immédiate;* dans le second, elle est *médiate*, et c'est ce qu'on appelle la déduction proprement dite.

* 2. Les inférences immédiates. Conversion et opposition. — Les deux principales sortes d'inférences immédiates sont la *conversion* et l'*opposition* (1).

La conversion consiste à *tirer d'une proposition une proposition nouvelle qui en soit la conséquence par la transposition du sujet et de l'attribut*. Exemple : aucun homme n'est parfait; donc aucun être parfait n'est homme.

Elle repose sur ces deux axiomes logiques : l'attribut des propositions affirmatives est pris seulement dans une partie de son extension. Tout A est B, quelque A est B : ces deux propositions signifient que tout A, que quelque A est quelque B. — L'attribut des propositions négatives est pris dans toute son extension. Nul A n'est B, quelque A n'est pas B : ces deux propositions signifient que nul A, que quelque A n'est aucun B.

Il s'ensuit qu'il ne suffit pas pour convertir une proposition de transposer simplement le sujet et l'attribut; il faut encore donner à l'attribut devenu sujet son extension propre.

De là, les règles de la conversion : 1° l'universelle affirmative se convertit en limitant l'extension de l'attribut devenu sujet : tous les oiseaux sont bipèdes; donc quelques bipèdes sont oiseaux. C'est la conversion dite *par accident*.

2° L'universelle négative se convertit par une simple transposition : nul poisson ne respire par des poumons; donc nul (animal) respirant par des poumons n'est poisson. C'est la conversion *simple*.

3° La particulière affirmative se convertit de même *simplement* : quelques reptiles sont vivipares, donc quelques vivipares sont reptiles.

4° La particulière négative ne peut pas se convertir : l'attribut y étant pris dans toute son extension, elle aurait pour conséquence une universelle négative, dans laquelle le sujet devenu attribut serait pris aussi dans toute son extension, alors qu'il n'a été pris d'abord que dans une partie. On la convertit indirectement, par *contraposition*, en la ramenant d'abord à la particulière affirmative, puis en convertissant celle-ci : quelques oiseaux ne sont pas capables de

(1) On pourrait y joindre les inférences par *addition* ou *soustraction* : un esclave est un homme, donc la vie d'un esclave est la vie d'un homme ; et inversement, la vie d'un esclave est la vie d'u homme, donc un esclave est un homme.

voler; quelques oiseaux sont incapables de voler; quelques (animaux) incapables de voler sont oiseaux.

Au point de vue pratique, la première règle seule est vraiment intéressante. C'est un sophisme très fréquent de convertir simplement l'universelle affirmative.

L'opposition consiste à *conclure, de la vérité ou de la fausseté d'une proposition, la vérité ou la fausseté d'une proposition opposée.*

Deux propositions sont opposées lorsque, *tout en ayant même sujet et même attribut, elles diffèrent, soit par la quantité, soit par la qualité, soit par la quantité et la qualité en même temps.*

Dans le premier cas, elles sont dites *subalternes*. Exemple : tout B est C; quelque B est C. — Nul B n'est C; quelque B n'est pas C.

Dans le second cas, elles sont dites *contraires*, si elles sont toutes les deux universelles. Exemple : tout B est C; aucun B n'est C; *subcontraires*, si elles sont toutes les deux particulières. Exemple : quelque B est C; quelque B n'est pas C.

Dans le troisième cas, elles sont dites *contradictoires*. Exemple : tout B est C; quelque B n'est pas C. — Aucun B n'est C; quelque B est C.

Voici le tableau des propositions opposées :

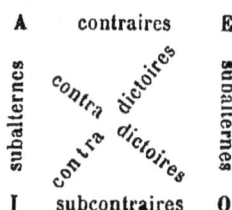

Voici maintenant les règles qui les concernent :

1° Pour les *subalternes*, si l'universelle est vraie, la particulière l'est aussi; si la particulière est fausse, l'universelle l'est aussi;

2° Pour les *contraires*, si l'une est vraie, l'autre est fausse; mais elles peuvent être toutes les deux fausses en même temps;

3° Pour les *subcontraires*, si l'une est fausse, l'autre est vraie; mais elles peuvent être toutes les deux vraies en même temps;

4° Enfin pour les *contradictoires*, si l'une est vraie, l'autre est fausse; si l'une est fausse, l'autre est vraie. Elles ne peuvent pas être vraies ou fausses toutes les deux en même temps.

Il serait facile de vérifier ces règles sur des exemples et d'en montrer la raison dans les principes d'identité et de contradiction.

3. La déduction. Analyse du syllogisme. — La déduction consiste, *deux propositions étant données, à en tirer une troisième qui en soit la conséquence nécessaire.*

Le *syllogisme* est la forme parfaite de la déduction : c'est un *argument composé de trois propositions telles que les deux premières étant posées, la troisième s'ensuit nécessairement.*

Les deux premières propositions s'appellent *prémisses* ; la troisième s'appelle *conclusion.*

Examinons comment doivent être *composées* les prémisses et quelles *conditions* elles doivent remplir pour qu'on puisse en tirer une conclusion.

Il faut tout d'abord que les prémisses contiennent au moins trois termes et qu'elles n'en contiennent pas davantage; deux qui soient *propres* à chacune d'elles, un qui soit *commun* à l'une et à l'autre. Soit ce couple de propositions : tout B est C, tout C est B, on n'en peut rien conclure. De même on ne peut rien conclure de cet autre couple : tout B est C, tout D est F. Mais soit les deux prémisses : tout B est C, tout D est B, on en peut conclure que tout D est C. — Le terme *commun* aux deux prémisses s'appelle *moyen terme*, les termes *non communs* s'appellent *extrêmes.*

On peut dès lors compléter ainsi la définition de la déduction : déduire, c'est, *deux propositions étant données qui contiennent un terme commun, en tirer une troisième proposition par l'élimination de ce terme commun et le rapprochement des deux autres termes.*

Il s'ensuit que le facteur principal de la déduction, le *pivot* du syllogisme, c'est le terme commun ou *moyen terme.*

Soit en effet cette proposition : tout avare est malheureux. Elle est d'abord pour nous à l'état de *question* ou de *thèse*, et il s'agit de la transformer en *conclusion* au moyen d'un syllogisme. Or nous ne pourrons le faire qu'en découvrant un terme nouveau qui, intercalé entre avare et malheureux, en permettra le rapprochement : ce terme sera, par exemple, inquiet. Dès lors, le syllogisme se fera ainsi : tout (homme) inquiet est malheureux, tout avare est inquiet, donc tout avare est malheureux.

Dans ce syllogisme qui peut servir de type, le *sujet* de la conclusion est, au point de vue de l'extension, le plus petit des trois termes; l'*attribut* est le plus grand; le *moyen* terme est moyen entre l'un et l'autre. On appelle donc, en général, *petit terme* le sujet de la conclusion, *grand terme* l'attribut de la conclusion, et *moyen terme* le terme présent à la fois dans les deux prémisses et absent de la conclusion.

Par cela même, celle des deux prémisses qui contient le grand s'appelle *majeure;* celle qui contient le petit s'appelle *mineure*. On énonce d'ordinaire les prémisses en commençant par la majeure, mais cet ordre n'est nullement nécessaire, et la première proposition n'est pas par cela seul la majeure. Par exemple dans ce syllogisme : tout roi est homme, tout homme est mortel, donc tout roi est mortel, la première proposition est la mineure (tout roi est homme ; roi, sujet de la conclusion, petit terme).

Ainsi le moyen doit son nom tout à la fois à son *rôle* (il est le moyen, la raison, ou la cause de la conclusion : *pourquoi* l'avare est-il malheureux? Parce qu'il est inquiet); à sa *place* (il est au milieu des extrêmes, intermédiaire entre l'un et l'autre); et à son *extension* (il est, au moins dans le syllogisme-type, plus étendu que le petit et moins étendu que le grand).

4. Rôle du moyen terme dans le syllogisme. — On peut interpréter de trois manières différentes le rôle que joue le moyen terme dans le syllogisme.

1° Au point de vue de l'*extension* (et c'est le point de vue ordinaire des logiciens), le syllogisme est fondé sur la *contenance* des termes ; il consiste à faire voir que le petit est contenu dans l'extension du grand ou en est exclu, et c'est à quoi sert le moyen. De sorte que si l'on représente respectivement les trois termes par les lettres G (grand), P (petit) et M (moyen), tous les syllogismes peuvent se ramener aux formules suivantes : P est contenu dans M, M est contenu dans G, donc P est contenu dans G ; ou bien P est contenu dans M, M est exclu de G, donc P est exclu de G, etc.

Euler, qui s'est placé à ce point de vue, a pu représenter les termes par des *cercles* et les syllogismes par des *combinaisons* de ces cercles. Trois cercles concentriques symbolisent un syllogisme où le grand terme contient le moyen qui contient lui-même le petit, et ainsi de suite.

Le principe fondamental du syllogisme à ce point de vue, c'est le *dictum de omni et nullo* qui se formule ainsi : *Dictum de omni et nullo dicitur etiam de quibusdam et singulis*. Ce qui est vrai du genre est vrai de toute espèce et de tout individu appartenant à ce genre.

On peut objecter à cette interprétation, d'abord qu'elle est tout à fait artificielle, ensuite qu'elle n'est pas toujours exacte (il y a en effet des cas où les trois termes ont la même extension, par exemple en mathématiques, d'autres où le moyen a la même extension que le grand).

Les deux autres interprétations se rapportent à la *compréhension*.

2° Si l'on admet que dans toute proposition, l'attribut est contenu dans la compréhension du sujet, le syllogisme est encore fondé sur la *contenance* des termes (mais sur leur contenance compréhensive et non, comme précédemment, sur leur contenance extensive); il consiste à faire voir que le petit est contenu dans la compréhension du grand ou en est exclu, et c'est à quoi sert le moyen. Les mêmes formules et les mêmes symboles pourraient donc être reproduits en intervertissant les rapports : G est contenu dans M, M est contenu dans P ; donc G est contenu dans P, etc.

Le principe du syllogisme, à ce point de vue, est le *dictum de continenti et contento.* — *Quod dicitur de continenti dicitur etiam de contento.* La partie de la partie est elle-même partie du tout. Ce qui est contenu dans une chose est contenu dans tout ce qui contient cette chose. — Au fond le *dictum de omni et nullo* est une simple conséquence de ce principe qui, sous sa forme la plus générale, vaut pour les rapports d'extension aussi bien que pour ceux de compréhension et qui n'est lui-même qu'un corollaire du principe d'identité.

Mais il est faux que dans toute proposition l'attribut soit contenu dans la compréhension du sujet; cela n'est vrai que pour les propositions analytiques ou essentielles. Or un syllogisme qui ne se compose que de telles propositions n'est qu'un *simulacre* de déduction : il se réduit au fond à l'analyse intégrale d'une idée (par exemple dans l'idée d'homme se trouve l'idée d'animal et dans l'idée d'animal l'idée d'être vivant ; donc tout homme est un être vivant).

3° Si l'on admet que la logique formelle n'exclut pas nécessairement les propositions dans lesquelles l'attribut n'est pas une partie de la compréhension du sujet (pas plus qu'elle n'exclut les idées composées d'idées non identiques entre elles, c'est-à-dire, en somme, toutes les idées autres que les idées absolument simples), le syllogisme est fondé sur la *convenance* ou la *liaison* des termes ; il consiste à faire voir que le grand convient au petit ou ne lui convient pas, et c'est à quoi sert encore le moyen. Dans cette hypothèse, en effet, la conclusion affirme la liaison ou convenance des deux extrêmes ; mais cette liaison n'est elle-même conclue que par l'intermédiaire de la liaison de chacun d'eux avec le moyen. Il en est de même quand la conclusion affirme la disconvenance ou l'incompatibilité des deux extrêmes.

Le principe du syllogisme peut alors se formuler ainsi : deux termes convenant à un même troisième conviennent entre eux; et deux termes dont l'un convient et l'autre ne convient pas à un même troisième ne conviennent pas entre eux. C'est à quoi reviennent les formules scolastiques : *Prædicatum prædicati est etiam prædicatum subjecti;* l'attribut de l'attribut est attribut du sujet. *Nota notæ est etiam nota rei ipsius;* le signe du signe est signe de la chose signifiée. — Stuart Mill disait à peu près de même : « Les choses qui coexistent avec une autre chose coexistent entre elles, » ou encore : « Tout ce qui a une marque a ce dont celle-ci est la marque (1). »

On verra que cette troisième interprétation est la seule qui permette de répondre aux objections dirigées contre la valeur logique de la déduction.

5. Règles du syllogisme. — La présence d'un moyen terme dans les deux prémisses est la première mais non la seule condition de la possibilité d'une conclusion. Les logiciens de l'école ont résumé toutes ces conditions, sous le nom assez impropre de règles du syllogisme, dans les huit vers suivants dont quatre sont relatifs aux termes et quatre aux propositions.

Termes . . . . .
- *Nombre* 1. Terminus esto triplex : medius, majorque, minorque.
- *Moyen* 2. Nunquam contineat medium conclusio fas est.
- 3. Aut semel aut iterum medius generaliter esto.
- *Extrêmes* 4. Latius hos quam præmissæ conclusio non vult.

Propositions
- *Qualité* 5. Ambæ affirmantes nequeunt generare negantem.
- 6. Utraque si præmissa neget, nihil inde sequetur.
- *Quantité* 7. Nil sequitur geminis ex particularibus unquam.
- *Qualité et quantité* 8. Pejorem sequitur semper conclusio partem.

Les deux premières résument ce que nous venons de dire : « Il faut un terme commun dans les prémisses, par conséquent trois termes en tout, et la conclusion s'obtient par l'élimination de ce terme commun. »

La troisième est une des plus importantes : « Il faut que le *moyen* soit pris au moins une fois dans toute son étendue. »—En effet, si dans

---

(1) Nous corrigeons la formule de la traduction française qui contient un contresens (*Système de logique*, trad. Peisse, t. I, p. 203).

chaque prémisse, on prend seulement une partie du moyen, rien ne garantit que ces deux parties seront identiques, et par conséquent les extrêmes pourront être comparés à deux termes différents : il y aura en réalité quatre termes. Par exemple : la mouche est un insecte; le papillon est un insecte : on n'en peut rien conclure. Remplaçons la seconde proposition par cette autre : tout insecte respire par des trachées, où le moyen « insecte » est pris universellement, il vient cette conclusion : donc la mouche respire par des trachées.

La quatrième concerne les extrêmes : « Ils ne doivent pas avoir plus d'étendue dans la conclusion que dans les prémisses. » Ce surplus d'étendue qui n'a pas sa raison dans les prémisses est par cela même sans raison au point de vue de la logique formelle.

Les règles relatives aux propositions déterminent quelles sortes de conclusions résultent de deux prémisses données.

1° Soit d'abord deux prémisses *affirmatives* : la conclusion ne peut être négative. En effet, de ce que les deux extrêmes sont unis avec le moyen, on ne peut pas en conclure qu'ils sont désunis entre eux. — *Ambæ affirmantes nequeunt generare negantem.*

2° Soit ensuite deux prémisses *négatives* : il ne peut pas y avoir de conclusion. Car de ce que les deux extrêmes ne sont pas unis à un troisième terme on ne peut conclure ni qu'ils sont unis ni qu'ils ne sont pas unis entre eux. — *Utraque si præmissa neget, nil inde sequetur.*

3° Soit enfin deux prémisses, l'une *affirmative*, l'autre *négative* : la conclusion sera négative. En effet, s'il y a une proposition négative, le moyen n'est pas uni à l'un des extrêmes, et ainsi il est incapable de lui unir l'autre, ce qui est nécessaire pour conclure affirmativement.

Au point de vue de la *quantité*, il y a de même trois cas : les prémisses peuvent être ou toutes deux *universelles*, ou toutes deux *particulières*, ou l'une *universelle* et l'autre *particulière*. — Le premier cas ne donne lieu à aucune règle.

Dans le second cas, il n'y a pas de conclusion. — *Nil sequitur geminis ex particularibus unquam.* — En effet, si les deux prémisses sont affirmatives, le moyen y est pris deux fois particulièrement, ce qui est contraire à la règle *aut semel aut iterum*. Si l'une des deux est négative, la conclusion l'est aussi en vertu de la règle ci-dessus, dès lors, il y a au moins deux termes universels dans les prémisses (à savoir le grand et le moyen) et par conséquent il y a dans ces prémisses au moins une proposition universelle : ce qui est contre l'hypothèse.

Enfin dans le troisième cas, la conclusion est particulière. — En effet, supposons qu'elle puisse être universelle : si elle est affirmative, elle suppose le petit terme universel et par conséquent sujet dans la mineure (l'attribut d'une proposition affirmative étant toujours pris particulièrement) ; par cela même le moyen, attribut dans la mineure, devra être universel et par conséquent sujet dans la majeure ; les deux prémisses seront donc universelles ; ce qui est contre l'hypothèse. — Le même raisonnement, *mutatis mutandis*, s'appliquerait au cas où la conclusion est négative.

On a donné le nom de *pars pejor* à la prémisse négative et à la prémisse particulière : ce qui a permis de ramener à une seule règle les conclusions des prémisses mixtes (affirmative et négative, universelle et particulière). — *Pejorem sequitur semper conclusio partem*. — La conclusion suit la partie la plus faible, c'est-à-dire qu'elle est négative, si une prémisse est négative ; particulière si une prémisse est particulière.

Telles sont les règles traditionnelles du syllogisme.

En somme, pour que de deux propositions données, on puisse tirer une conclusion, il faut et il suffit :

1° Qu'elles contiennent un moyen terme ;
2° Que ce moyen soit pris au moins une fois universellement ;
3° Qu'une des deux propositions au moins soit affirmative ;
4° Qu'une des deux propositions au moins soit universelle.

Ces conditions étant remplies, la conclusion sera :

1° Affirmative, si les deux prémisses sont affirmatives ;
2° Négative, si une des prémisses est négative ;
3° Particulière, si une des prémisses est particulière.

6. Figures du syllogisme. — Le syllogisme affecte naturellement plusieurs formes qui en sont les *figures* et les *modes*.

Les figures dépendent de la *place* du *moyen terme* dans les prémisses, ou des rapports du moyen avec les deux extrêmes.

Quand le grand terme s'affirme ou se nie du moyen, et que le moyen s'affirme ou se nie du petit, c'est-à-dire quand le moyen est sujet dans la majeure et attribut dans la mineure, le syllogisme est de la *première figure*. Exemple : toute passion est une habitude ; l'égoïsme est une passion ; donc l'égoïsme est une habitude (moyen : passion).

Quand le moyen s'affirme ou se nie des deux extrêmes, c'est-à-dire quand il est attribut dans les deux prémisses, le syllogisme est de la *seconde figure*. Exemple : nul oiseau n'est vivipare ; la chauve-souris est vivipare ; donc la chauve-souris n'est pas un oiseau (moyen : vivipare).

Quand les deux extrêmes s'affirment ou se nient du moyen, c'est-à-dire quand le moyen est sujet dans les deux prémisses, le syllogisme est de la *troisième figure*. Exemple : le mercure est liquide ; le mercure est un métal ; donc quelque métal est liquide (moyen : mercure).

D'après Aristote, la première figure est seule parfaite ; les deux autres sont imparfaites et doivent se ramener à la première. — Mais ces figures représentent toutes trois des formes également naturelles et légitimes du raisonnement. La première, selon le philosophe allemand Lambert (1) est appropriée à la détermination ou preuve des propriétés d'une chose, la seconde à la détermination ou preuve des distinctions entre les choses : la troisième à la détermination ou preuve des exemples et des exceptions.

On attribue au médecin philosophe Galien l'invention d'une *quatrième figure* dans laquelle le moyen serait attribut dans la majeure et sujet dans la mineure, mais cette quatrième figure se ramène en réalité à la première (dont les prémisses sont simplement interverties).

Ceux qui admettent quatre figures les ont réunies dans le vers suivant où *sub* signifie sujet (*subjectum*) et *præ* prédicat, attribut (*prædicatum*).

Sub præ, tum præ præ, tum sub sub, denique præ sub.

7. Modes du syllogisme. — Les modes dépendent de la *quantité* et de la *qualité* des *propositions* dont le syllogisme est composé.

Il y a plusieurs méthodes pour les déterminer :

1° *A priori*, il y a soixante-quatre combinaisons possibles des quatre espèces de propositions A, E, I, O, par groupes de trois. Par exemple avec les prémisses AA, quatre conclusions sont possibles, à savoir A, E, I, O ; autant avec les prémisses AE, en tout 4×4 pour les prémisses AA, AE, AI, AO. Il en serait évidemment de même pour E, I et O. Le total est donc bien $4 \times 4 \times 4$ ou 64. — Mais parmi

---

(1) Lambert, *Neues Organon*, 1764, cité par Stuart Mill.

ces combinaisons, la plupart sont contraires aux règles du syllogisme. Toute élimination faite, il ne reste que dix modes concluants, AAA, AAI, AEE, AII, AOO, EAE, EAO, EIO, IAI, OAO.

2° Une meilleure méthode consiste à rechercher quelles sont dans chaque *figure* les combinaisons légitimes.

On trouve ainsi *quatre modes* dans la *première* figure, AAA, EAE, AII, EIO : deux à conclusion universelle (le premier et le deuxième), deux à conclusion particulière (le troisième et le quatrième), deux à conclusion affirmative (le premier et le troisième), deux à conclusion négative (le deuxième et le quatrième).

Quatre modes dans la *seconde*, EAE, AEE, EIO, AOO, tous à conclusion *négative*, les deux premiers à conclusion universelle, les deux seconds à conclusion particulière.

Six modes dans la *troisième*, AAI, EAO, IAI, AII, OAO, EIO, tous à conclusion *particulière*, trois à conclusion affirmative (les premier, troisième et quatrième), trois à conclusion négative (les deuxième, cinquième et sixième).

Si l'on ajoute à ces quatorze modes les cinq qu'on attribue à la quatrième et qui ne sont que des interversions de ceux de la première, il y a en tout *dix-neuf modes* qui sont énumérés et dénommés dans les vers suivants où les trois premières voyelles de chaque mot symbolisent les trois propositions :

>Barbara, Celarent, Darii, Ferio, *data primæ;*
>Cesare, Camestres, Festino, Baroco, *Secundæ;*
>*Tertia,* Darapti, Disamis, Datisi, Felapton,
>Bocardo, Ferison *habet*; *Quarta insuper addit*
>Bramantip, Camenes, Dimaris, Fesapo, Fresison.

Ainsi, un syllogisme de la première figure composé de trois universelles affirmatives est en Barbara. Exemple : toute passion est une habitude, A; l'égoïsme est une passion, A; donc l'égoïsme est une habitude, A.

Ce syllogisme de la seconde figure : nul oiseau n'est vivipare, E; la chauve-souris est vivipare, A; donc la chauve-souris n'est pas un oiseau, E; est en Cesare.

Le mercure est liquide, A; le mercure est un métal, A; donc quelque métal est liquide, I; syllogisme de la troisième figure en Darapti.

On trouvera facilement des exemples des autres modes.

TABLEAU DES MODES CLASSÉS PAR FIGURES

			SEPT MODES AFFIRMATIFS	DOUZE MODES NÉGATIFS		
1re FIGURE 4	moyen	grand	Barbara	Celarent	Universels	2
	petit	moyen				
	petit	grand	Darii	Ferio	Particul.	2
2e FIGURE 4	grand	moyen		Cesare Camestres	Universels	2
	petit	moyen				
	petit	grand		Festino Baroco	Particul.	2
3e FIGURE 6	moyen	grand	Darapti	Felapton	Particuliers	6
	moyen	petit	Datisi	Ferison		
	petit	grand	Disamis	Bocardo		
4e FIGURE 5	grand	moyen		Camenes	Univ.	1
	moyen	petit	Bramantip	Fesapo	Particuliers	4
	petit	grand	Dimaris	Fresison.		

8. Variétés du syllogisme. — Il n'a été question jusqu'ici que du syllogisme *simple* ou *catégorique*, dans lequel les trois termes sont affirmés ou niés purement et simplement, mais il y a aussi des syllogismes *composés* dans lesquels l'affirmation ou la négation implique une condition ou une alternative.

Tels sont le syllogisme *hypothétique* (si P est M, il est G, or il est M, donc il est G ; ou bien si P est M, il est G, or il n'est pas G, donc il n'est pas M) ; et le syllogisme *disjonctif* (P est M ou G, or il est M, donc il n'est pas G ; ou bien P est M ou G, or il n'est pas M, donc il est G), auxquels se rattache le *dilemme* qui est une combinaison de l'un et de l'autre (si P est M ou M', il est G, or il est M ou M', donc il est G ; ou bien si P est G, il est M ou M', or il n'est ni M ni M', donc il n'est pas G).

En outre, du syllogisme simple dérivent des syllogismes plus ou moins *irréguliers*.

L'*enthymème* (du grec ἐνθύμημα, sentence) est un syllogisme abrégé par la suppression d'une prémisse : tu es homme, donc tu es faillible.

L'*épichérème* (du grec ἐπιχείρημα, effort), est un syllogisme dont chaque prémisse est accompagnée de sa preuve. On en donne souvent comme exemple le *pro Milone* de Cicéron.

Le *polysyllogisme* est une suite de syllogismes enchaînés les uns aux autres. On appelle *prosyllogisme* un syllogisme dont la conclusion sert de prémisse au suivant qu'on appelle *épisyllogisme*.

Le *sorite* (du grec σωρός, tas) est un polysyllogisme abrégé par la suppression des conclusions intermédiaires : il peut, comme le polysyllogisme, être *progressif* ou *régressif*, selon que la conclusion de chaque syllogisme sert de *majeure* ou de *mineure* au syllogisme suivant. Le fameux sorite du renard (cette rivière fait du bruit, ce qui fait du bruit remue, ce qui remue n'est pas gelé, ce qui n'est pas gelé ne peut me porter; donc cette rivière ne peut me porter) est un exemple de sorite régressif.

* 9. Valeur de la déduction et du syllogisme. — La scolastique a abusé du syllogisme : d'abord elle en a fait la méthode unique, universelle; ensuite elle l'a réduit à une mécanique, à la fois vide et compliquée, où l'application des règles dispensait de réfléchir aux idées mêmes et à leurs rapports. De là le discrédit où il est tombé.

Mais en premier lieu, le syllogisme, dans la pensée d'Aristote, était simplement la formule *théorique*, *idéale* de la déduction. Tout raisonnement, pour être correct, doit *pouvoir* s'y ramener; mais il serait trop long et le plus souvent inutile d'opérer la réduction. — Le syllogisme peut cependant être utile au point de vue pratique, soit comme *exercice logique*, pour apprendre à décomposer et à recomposer le raisonnement, soit comme *instrument de contrôle* pour analyser et mettre à l'épreuve un raisonnement obscur et compliqué, soit enfin comme *instrument d'exposition*, pour présenter un raisonnement sous sa forme la plus brève et la plus précise.

En second lieu, la déduction et à plus forte raison le syllogisme ne saurait être la méthode unique et universelle. Elle garantit la vérité de la conclusion, si les prémisses sont vraies; mais elle ne garantit pas la vérité des prémisses. Elle est donc subordonnée à une méthode supérieure qui établit les principes dont elle ne fait que tirer les conséquences.

Des objections plus graves ont été faites contre le syllogisme et la déduction.

En premier lieu, a-t-on dit, le syllogisme ne peut rien *découvrir;* c'est une pure *tautologie.* — Réduite par Descartes au seul syllogisme, l'objection a été étendue par les empiriques à la déduction elle-même. — Elle est irréfutable, si l'on admet que tout syllogisme se compose de propositions analytiques. La déduction ne consiste alors qu'à analyser soit l'extension du grand terme pour en faire sortir d'abord le moyen, puis le petit qui y *étaient déjà contenus,* soit inversement la compréhension du petit terme pour en faire sortir d'abord le moyen, puis le petit qu'elle *contenait déjà* : par cela même elle ne nous apprend rien de nouveau; elle nous fait seulement réfléchir sur ce que nous savions. — Mais l'interprétation *analytique* du syllogisme est fausse. Le petit et le moyen ne sont pas contenus *d'avance* dans l'extension du grand; le grand et le moyen ne sont pas contenus *d'avance* dans la compréhension du petit. Mais étant donné que le petit est lié au moyen, et que le moyen est lié au grand, l'esprit *découvre* une liaison nouvelle, encore inconnue, qui résulte des deux précédentes, la liaison du petit et du grand dans la conclusion.

En second lieu, a-t-on dit, le syllogisme ne peut rien *prouver* : c'est une *pétition de principe.* On y prouve en effet la conclusion par la majeure; mais la majeure, contenant la conclusion, est aussi incertaine qu'elle. On ne peut prouver que je suis mortel en s'appuyant sur cette proposition que tout homme est mortel; car elle est elle-même douteuse, s'il est douteux que je sois mortel.

Il s'ensuit, d'après Stuart Mill, que la déduction est un pseudo-raisonnement. Selon lui, on ne conclut jamais du général au particulier; on conclut toujours, soit du particulier au particulier, soit du particulier au général. La vraie preuve de la conclusion, ce n'est donc pas la majeure; ce sont les cas particuliers qui ont eux-mêmes servi à prouver la majeure. On prouve que je mourrai en faisant voir que mes ancêtres et tous leurs contemporains sont morts. Tout raisonnement effectif est une *induction.* La déduction, c'est-à-dire l'intercalation d'une proposition générale entre la vraie preuve et la conclusion, est une simple forme, un moyen de contrôle, qu'il est toujours possible, souvent utile, jamais indispensable d'employer.

Mais l'objection ne porte que contre l'interprétation *analytique* du syllogisme, celle qui considère la conclusion comme déjà contenue, déjà affirmée dans la majeure même. Or la majeure ne contient nullement la conclusion, car le sujet de celle-ci est un terme nouveau, tout à fait étranger à celle-là. La conclusion peut être douteuse sans que la majeure le soit : ainsi je peux, sans me contredire, douter que je sois mortel (par exemple, si j'ignore que je suis homme ou si j'en doute), et ne pas douter en même temps que tout homme ne soit mortel. Il n'y a donc pas de pétition de principe dans le syllogisme, et la déduction ne prouve pas une chose par elle-même; la preuve y est bien distincte et indépendante de la chose prouvée.

D'autre part, le raisonnement que Stuart Mill prétend substituer à la déduction est lui-même un pseudo-raisonnement. En effet, des cas particuliers ne peuvent servir de *preuve* que si on les suppose conformes à quelque *loi*. Du particulier comme tel, on ne peut rien conclure. Pareillement, un cas particulier ne peut être *prouvé* que si on le suppose conforme à quelque *loi* : le particulier comme tel ne peut se conclure. Or, toute loi se formule dans une proposition universelle, et, par conséquent, la proposition universelle, majeure du syllogisme, est la véritable et seule preuve de la conclusion.

Ajoutons que ces deux objections, fussent-elles valables, laisseraient intacte la troisième fonction du raisonnement déductif. Impropre par hypothèse à découvrir et à prouver, le syllogisme pourrait encore être propre à *expliquer*. Quand bien même les trois propositions qui le composent seraient connues d'avance et marquées d'une égale certitude, il y aurait encore pour l'esprit matière à connaissance dans le *rapport* même de ces propositions entre elles. Supposé que l'idée d'homme implique *à priori* les idées d'animal et de mortel, la déduction servira du moins à nous faire voir que l'homme est mortel, *parce qu'*il est un animal.

OUVRAGES A CONSULTER

Logique de Port-Royal. — Bossuet, *Logique*. — Leibniz, *Nouveaux essais*, liv. III, chap. XXII. — Kant, *Logique*. — Stuart Mill, *Philosophie de Hamilton*, chap. XX à XXIV; *Système de logique*, liv. I et II. — Waddington, *Essais de logique*. — Renouvier, *Logique*, t. II. — Taine, *L'intelligence*, liv. IV. — Lachelier, *De natura syllogismi*. — Janet, *De la nature du syllogisme; Rev. phil.*, t. XII. — Brochard, *Logique de Stuart Mill; Revue philosophique*, t. XII. — Janet et Séailles, *Histoire de la philosophie; Le problème des idées générales; La théorie du jugement; la théorie du syllogisme*. — Liard, *Les logiciens anglais contemporains*.

Voyez en outre *Psychologie*, chap. IX (Les opérations intellectuelles).

LOGIQUE FORMELLE.

SUJETS DE DISSERTATIONS

I. LOGIQUE. — Objet et divisions de la logique. Ses rapports avec la psychologie et avec les autres parties de la philosophie. 79.

Objet et division de la logique. Marquer la différence entre l'étude logique et l'étude psychologique de nos facultés de connaître. 79.

Objet et parties de la logique. 81.

Rapports de la psychologie et de la logique. 82.

Montrer que pour penser et raisonner, il ne suffit pas d'avoir appris les règles de la logique, mais qu'il importe néanmoins de les connaître. 86.

II. LOGIQUE FORMELLE. — Qu'entendait-on dans l'ancienne logique par les trois opérations de l'esprit? Expliquer les caractères propres à chacune d'elles et leurs rapports. 72.

Du principe d'identité et de contradiction. Son rôle en logique. Est-il le criterium de la vérité? 74.

III. TERMES. — 1. Des idées, de leurs caractères et de leurs différentes espèces. 73.

Comment l'idée se distingue-t-elle de l'image? Y a-t-il idée sans image? 79.

2. Classification des idées. 75

5. Règles de la définition; donner des exemples. 68.

Qu'entend-on en disant que les définitions sont libres? Expliquer et limiter ce principe. En indiquer les conséquences. 75.

Différence de la définition de mots et de la définition de choses. — Règles de l'une et de l'autre. Exemples. 70.

Utilité des définitions. Quelles choses doivent être définies? Règles de Pascal. 66.

IV. PROPOSITIONS. — Théorie de la proposition. 75-78.

Théorie de la proposition, ses éléments, ses diverses espèces. Importance de cette théorie pour la théorie du syllogisme. 67.

Quels sont les trois éléments du jugement auxquels correspondent les trois parties de la proposition? 73.

Analyser les différentes sortes de propositions. En montrer l'accord avec les lois du jugement. 75.

Montrer comment les jugements diffèrent entre eux au point de vue de la qualité et au point de vue de la quantité. Donner des exemples. 80.

Qu'appelle-t-on en logique grammaire générale? 74 (*On appelle ainsi la théorie de la proposition considérée comme élément constitutif de toutes les langues et indépendant de leurs formes particulières*).

V. SYLLOGISME. — 3. Théorie du syllogisme. 67.

Expliquer par des exemples la différence des termes et des propositions dans le syllogisme. Distinguer les règles applicables aux termes et celles qui sont applicables aux propositions. 75.

4. Du rôle du moyen terme dans le syllogisme. Donner des exemples. 80.

5. Qu'entend-on par la quantité et la qualité des propositions? Si les deux prémisses d'un syllogisme sont négatives, de quelle nature est la conclusion? Si les deux prémisses sont particulières, que doit-on conclure? 73.

6 et 7. Quelle différence y a-t-il entre les modes et les figures du syllogisme? Combien y a-t-il de figures? En quoi consistent-elles? Quels sont les modes concluants dans les deux premières figures? 72.

Modes et figures du syllogisme. 85.

8. Des diverses formes et des diverses espèces de syllogismes. 80.

Qu'appelle-t-on en logique les dilemmes? Donner des exemples. 68.

Qu'entend-on par dilemme, sorite, enthymème, épichérème, prosyllogisme? Qu'est-ce qu'un argument *ad hominem*, un argument *a fortiori*, une réduction à l'absurde ? Donner des exemples. 69.

Définir et distinguer, en donnant des exemples, le syllogisme, l'enthymème, le sorite et le dilemme. 72.

9. Du raisonnement déductif. Dire nettement en quoi il consiste et les grandes règles qu'il faut observer. Donner des exemples. 87.

CHAPITRE II

LOGIQUE APPLIQUÉE
MÉTHODE DES SCIENCES EXACTES

I. — LA MÉTHODE EN GÉNÉRAL.

1. La méthode. — La logique appliquée, qu'on appelle aussi *méthodologie*, est la *théorie des méthodes scientifiques*.

La méthode est la *suite réglée des opérations que l'esprit emploie pour arriver à la vérité*. On doit par conséquent y distinguer : 1° les *opérations* qui la composent ; 2° l'*ordre* dans lequel elles se succèdent.

2. Les diverses espèces de méthodes. — Au premier point de vue, la méthode diffère évidemment selon la *nature* des vérités qui sont les objets des différentes sciences.

Or la classification des sciences nous a montré que les unes ont pour objet des vérités complètement *abstraites* ou *idéales* (les sciences abstraites ou mathématiques), tandis que les autres ont pour objet des vérités *réelles*, plus ou moins *concrètes* (les sciences abstraites-concrètes et les sciences concrètes : sciences physiques, sciences naturelles, sciences morales et sociales).

D'autre part, toute science a pour but la découverte et la preuve de vérités *générales*; et les vérités générales, ne pouvant pas être des objets d'intuition immédiate, ne peuvent par conséquent être connues que par voie de raisonnement.

Il s'ensuit d'abord que la méthode a pour fond essentiel le *raisonnement*, et comme le raisonnement est *double* (déduction, induction), la méthode elle-même est *double*, selon qu'elle *déduit* les vérités générales de vérités plus générales encore, ou qu'elle les *induit* de vérités particulières.

Il s'ensuit, en outre, que la méthode *déductive* est plus particulièrement appropriée aux sciences *abstraites* ou *idéales* qui, créant elles-mêmes leurs objets par le moyen des *définitions*, peuvent ensuite découvrir et prouver leurs propriétés par le moyen de la *déduction;* tandis que la méthode inductive est plus particulièrement appropriée aux sciences *réelles* ou *concrètes* qui, ne connaissant leurs objets que par le moyen de *l'observation* ou de *l'expérience*, ne peuvent découvrir et prouver leurs propriétés que par le moyen de *l'induction*.

Il existe donc deux grandes méthodes scientifiques, d'une part la méthode *déductive* ou *rationnelle,* propre aux sciences mathématiques; d'autre part la méthode *inductive* ou *expérimentale*, commune (avec des modifications plus ou moins profondes) à toutes les autres sciences.

3. L'analyse et la synthèse. — Si l'on considère maintenant l'*ordre* dans lequel se succèdent les opérations de la méthode, on verra que cet ordre dépend moins du *but* poursuivi par chaque science que des *moyens* dont elle dispose.

Le but de la science, en effet, est toujours le même : la connaissance du rapport qui lie chaque vérité à celle dont elle dépend, le rapport du principe et de la conséquence, du conditionnant et du conditionné.

Mais tantôt, ce qui est immédiatement donné à l'esprit, le connu, c'est la *conséquence;* et ce qui ne lui est pas donné, ce qu'il doit découvrir, l'inconnu, c'est le *principe*.

Tantôt, au contraire, ce qui est connu ou facile à connaître, c'est le *principe,* et ce qui est inconnu et plus ou moins difficile à connaître, c'est la *conséquence*.

Dans le premier cas, l'esprit *remonte* de la conséquence au principe, et cette marche *régressive* est l'*analyse*.

Dans le second cas, il *descend* du principe à la conséquence, et cette marche *progressive* est la *synthèse*.

Mais l'analyse et la synthèse revêtent des formes plus ou moins différentes selon la nature des deux termes entre lesquels l'esprit s'efforce de saisir une liaison.

Dans les sciences abstraites, il s'agit de *propositions* qui dépendent logiquement les unes des autres, et, par conséquent, l'analyse y consiste proprement à remonter d'une proposition donnée à ses *principes,* et la synthèse à descendre d'une proposition donnée à ses *conséquences*.

Dans les sciences abstraites-concrètes, il s'agit de *faits* qui se conditionnent les uns les autres, et le rapport de la cause et de l'effet *y* remplace celui du principe et de la conséquence. Dès lors, l'analyse dans ces sciences consiste à remonter d'un fait donné à sa *cause*, et la synthèse à descendre d'une ou de plusieurs causes données à leurs *effets*.

Enfin, dans les sciences concrètes, il s'agit de *choses* ou d'*êtres* qui sont constitués par un certain ensemble d'*éléments* ou de *caractères*, et le rapport de la partie et du tout y remplace les rapports du principe et de la conséquence ou de la cause et de l'effet. Dès lors, l'analyse, dans ces sciences, consiste à *décomposer* une chose ou un être en ses éléments ou en ses caractères constitutifs, et la synthèse, à *composer* ou à *recomposer* une chose ou un être au moyen de ses éléments ou de ses caractères constitutifs.

Cette dernière forme de l'analyse et de la synthèse se distingue des deux autres en ce que l'analyse y est, non seulement *régression*, mais *décomposition*, et la synthèse, non seulement *progression*, mais *composition*. Bien qu'elle soit, ce semble, caractéristique de la méthode des sciences concrètes, elle n'est pas cependant étrangère aux autres sciences qui peuvent aussi considérer leurs objets (idées et vérités abstraites, phénomènes naturels), comme des *ensembles* ou des *touts* susceptibles d'être décomposés et recomposés.

Quoique l'analyse et la synthèse soient communes à toutes les sciences, il est évident que la marche générale des sciences idéales est plutôt la synthèse, et celle des sciences réelles l'analyse.

La méthode la plus satisfaisante pour l'esprit, c'est la synthèse ; la méthode la plus commode pour lui, c'est l'analyse. La synthèse est plutôt la méthode de l'*exposition* des vérités déjà connues ; l'analyse, celle de l'*investigation* des vérités encore ignorées. Elles se *suppléent* l'une l'autre, selon que nous connaissons mieux d'abord ou les conséquences ou les principes ; et, lorsqu'elles sont toutes deux possibles, elles se *contrôlent* l'une l'autre.

Sous toutes leurs formes, l'analyse et la synthèse sont assujetties à cette triple loi : 1° être *exactes*, aboutir aux vrais principes, aux vraies causes, aux vrais éléments ou en partir ; en d'autres termes ne rien supposer ; 2° être *complètes*, démêler ou comprendre tous les principes, toutes les causes, tous les éléments ; en d'autres termes, ne rien omettre ; 3° être *graduelles*, c'est-à-dire n'arriver aux premiers principes, aux premières causes, aux premiers éléments ou inversement aux dernières conséquences, aux derniers effets, aux derniers composés qu'en traversant de proche en proche toute la série des intermédiaires.

II. — MÉTHODE DES SCIENCES EXACTES.

1. Nature et objets des sciences exactes. — Les sciences mathématiques ont pour objets les nombres, les figures et en général les grandeurs dont elles se proposent de déterminer les rapports : tels sont l'arithmétique, la géométrie, l'algèbre et le calcul de l'infini. On peut y rattacher la mécanique rationnelle.

Bien que le nombre, la figure, la grandeur soient *en fait* des attributs des choses réelles, ils sont, pour ainsi dire, *en droit* séparables et indépendants de ces choses. Non seulement l'esprit peut les abstraire des réalités, mais ainsi abstraits, il peut les réduire à leurs éléments les plus simples, et par la combinaison de ces éléments, les reconstruire, les créer à nouveau par la pensée, et découvrir ainsi, avec une précision et une certitude absolues, toutes leurs propriétés et tous leurs rapports.

Il s'ensuit que les objets des sciences mathématiques sont des objets *idéaux* entièrement construits par l'esprit avec un petit nombre d'éléments absolument simples qui seuls sont empruntés à l'expérience ou tout au moins à l'intuition. — Ainsi les nombres, objets de l'arithmétique, ne sont pas extraits empiriquement des collections des choses sensibles ; ils sont construits *à priori* en partant de l'unité : 1 et 1 font 2, 2 et 1 font 3, 3 et 1 font 4, et ainsi de suite indéfiniment. De même les figures, objets de la géométrie, ne sont pas extraites empiriquement des formes des choses sensibles ; elles sont aussi construites *à priori* avec ces seuls éléments, l'espace, le point, et le mouvement dans l'espace.

De là résultent les caractères propres des sciences mathématiques. Elles sont les sciences *exactes* et *certaines* par excellence, attendu que leurs objets, étant construits par elles-mêmes et recevant d'elles toutes leurs propriétés, ne laissent aucune place à l'ignorance et à l'erreur. Au contraire, les autres sciences, trouvant leurs objets dans la réalité, ne peuvent être jamais sûres de les connaître à fond et définitivement.

En outre, par cela même que les objets des mathématiques sont les grandeurs, les propositions mathématiques qui énoncent leurs rapports diffèrent de toutes les autres, d'abord en ce que les termes qui les composent sont tous et nécessairement *universels* (ou pour mieux dire, étant abstraits, sans extension actuelle, mais virtuellement universels), ensuite, en ce que les copules qui les unissent expriment non les rapports de la qualité au sujet ou de l'espèce au genre, mais des rapports d'égalité ou d'équivalence. Le verbe « être » y est habituellement remplacé par le signe = « égale ».

Maintenant comment les mathématiques prouvent-elles ces rapports? Par la *démonstration*, c'est-à-dire par une suite de déductions partant de principes nécessaires et aboutissant à des conséquences nécessaires. Mais la démonstration suppose elle-même des principes. Ces principes sont de deux sortes, les *axiomes* et les *définitions*.

Axiomes, *définitions*, *démonstrations*, telles sont les trois parties constitutives de la méthode mathématique.

2. Axiomes. — On entend en général par axiome une *vérité, évidente par elle-même, qui n'a pas besoin d'être démontrée et qui sert à démontrer d'autres vérités*. Mais cette définition n'est pas suffisamment précise.

On doit, ce semble, réserver le nom d'axiomes aux *principes communs* des démonstrations mathématiques, comme par exemple : Deux quantités égales à une même troisième sont égales entre elles. Les sommes des quantités égales sont égales, etc.

L'axiome est donc une *vérité qui énonce un rapport nécessaire entre des grandeurs ou quantités quelconques* : il n'est pas seulement évident et indémontrable ; il est universel, c'est-à-dire commun à toutes les sciences mathématiques, et analytique, c'est-à-dire dérivé du principe d'identité.

Il formule la règle de toute une classe de démonstrations, en ce sens que l'égalité de deux grandeurs, nombres ou figures, ne peut se prouver que conformément à l'un ou à l'autre de ces axiomes : Deux grandeurs égales à une même troisième sont égales ; les sommes ou les différences de quantités égales sont égales, etc.

Mais par lui-même, l'axiome est stérile : il s'applique nécessairement à des grandeurs données, mais il ne donne pas lui-même ces grandeurs. — Aux principes communs s'ajoutent donc les *principes propres*, relatifs aux diverses sortes de grandeurs, qui peuvent être eux-mêmes ou *analytiques* (définitions) ou *synthétiques* (postulats, théorèmes indémontrables).

3. Définitions. — Les définitions mathématiques ont des caractères propres qui les distinguent radicalement des définitions empiriques (1).

---

(1) Voy. la thèse de M. Liard sur les *Définitions géométriques et empiriques*

1° Leur objet étant une construction purement idéale, elles ne font que retracer l'opération par laquelle l'esprit l'a construit; elles ne se font donc pas par *description*, comme les définitions empiriques, mais par *génération*, et par cela même elles emportent avec elles la certitude de la possibilité de leur objet.

2° Il s'ensuit qu'elles sont complètes et parfaites du premier coup, par conséquent *définitives* et *immuables*.

3° Il s'ensuit enfin qu'au lieu d'être comme les définitions empiriques de simples *résumés*, elles peuvent être des *principes* de connaissance.

En effet, toute démonstration ne rattache l'attribut au sujet que par l'intermédiaire de leurs définitions respectives.

Cependant, au moins en géométrie, la définition ne suffit pas toujours à faire connaître toutes les propriétés primitives d'une figure, et l'*intuition* peut lui en découvrir d'autres qui sont à la fois analytiquement irréductibles et synthétiquement liées à sa définition. Ces principes propres et synthétiques des démonstrations géométriques, compléments des définitions, ont été appelés tantôt *axiomes* (la ligne droite est le plus court chemin d'un point à un autre; par deux points donnés, on ne peut faire passer qu'une ligne droite), tantôt *postulats* (d'un point pris hors d'une droite on ne peut mener qu'une parallèle à cette droite), tantôt enfin *théorèmes indémontrables*.

4. Démonstration. — La *démonstration*, a dit Aristote, est le syllogisme du *nécessaire*. — La conclusion y est nécessaire, non pas relativement, mais d'une manière absolue, attendu qu'elle est déduite de principes nécessaires.

On appelle *théorème* toute proposition mathématique qu'il s'agit de démontrer. — On peut démontrer un théorème de deux manières : par *synthèse* ou par *analyse*.

Dans le premier cas, on part de propositions reconnues vraies et on en déduit d'autres, de celles-ci de nouvelles, et ainsi de suite, jusqu'à ce qu'on arrive au théorème. C'est la marche la plus directe, celle qu'on suit dans l'enseignement; mais cette méthode suppose que l'on sait par avance de quels principes peut et doit se déduire le théorème.

Aussi l'analyse est-elle plutôt employée pour la recherche. — Elle consiste, d'après les géomètres anciens, à supposer vrai le théorème et à en déduire des conséquences jusqu'à ce qu'on arrive à quelque proposition déjà connue; mais elle serait une pure pétition de principe si de cette dernière proposition on ne pouvait pas déduire en sens inverse toutes les conséquences intermédiaires et le théorème à démontrer, attendu que du faux on peut déduire le vrai. — Un géomètre contemporain, M. Duhamel, fait plutôt consister l'analyse dans la déduction réflexe ou *réduction* par laquelle on réduit le théorème à une autre proposition d'où il puisse dériver à titre de conséquence, celle-ci à une autre, et ainsi de suite jusqu'à ce qu'on arrive à quelque proposition déjà connue. Cette seconde analyse n'a pas besoin, comme la première, d'être complétée et contrôlée par la synthèse.

Mais l'analyse géométrique des anciens est encore susceptible d'une autre forme. Au lieu de supposer vrai le théorème à démontrer, on peut le supposer faux et tirer les conséquences de l'hypothèse, jusqu'à ce qu'on arrive à quelque proposition évidemment fausse : on en conclut alors la fausseté de l'hypothèse, partant la vérité du théorème. Cette analyse négative, dite *démonstration par l'absurde*, est plus sûre que l'analyse positive : si du faux on peut déduire le vrai, du vrai on ne peut déduire le faux. Mais elle a l'inconvénient de convaincre l'esprit sans l'éclairer.

OUVRAGES A CONSULTER

Descartes, *Discours de la méthode*, II° partie; *Regulæ ad directionem ingenii*. — Stuart Mill, *Système de logique*, livre II; *Philosophie de Hamilton*, chap. XXVII. — Duhamel, *La méthode dans les sciences de raisonnement*. — Renouvier, *Logique*, t. I. — Liard, *Les définitions géométriques et empiriques; Logique*. — Rabier, *Leçons de philosophie; Logique*, chap. XVI. — Condillac, *Logique; Art de penser*. — Berthelot, *La synthèse chimique*. — Taine, *Les philosophes classiques du dix-neuvième siècle*, chap. XIII et XIV. — Ravaisson, *La philosophie en France au dix-neuvième siècle*, chap. XXXII et XXXIII.

SUJETS DE DISSERTATIONS

I. LOGIQUE APPLIQUÉE. — Expliquer par des exemples cette maxime de Descartes : « Ce n'est pas assez d'avoir l'esprit bon, mais le principal est de l'appliquer bien. » 67.

Quels sont les différents sens des mots si souvent employés d'analyse et de synthèse? 69.

II. MÉTHODE DES SCIENCES EXACTES. — 1: Qu'appelle-t-on sciences mathématiques? En quoi consiste la méthode de ces sciences, et à quoi doit-on attribuer l'exactitude qui les caractérise? 67-81.

Les vérités mathématiques sont-elles des vérités d'expérience? 74.

Qu'appelle-t-on des axiomes? Quelle est la différence entre les axiomes et les vérités démontrées? Montrer l'importance de la règle suivant laquelle on ne demande en axiomes que des choses parfaitement évidentes. 71.

4. De la démonstration. Ses règles. Ses diverses espèces. 73.

Du raisonnement et de la démonstration. 84.

Est-il vrai de dire, avec Pascal, que la méthode la plus parfaite serait celle où l'on définirait tous les termes et où l'on prouverait toutes les propositions ? 72 (*Non : l'idée d'une telle méthode est contradictoire, toute série de définitions et de preuves ayant pour but d'arriver finalement à des termes si clairs et à des propositions si évidentes qu'il ne soit plus nécessaire ni possible de les définir et de les prouver*).

CHAPITRE III

MÉTHODE DES SCIENCES PHYSIQUES ET NATURELLES

Objet et division des sciences physiques et naturelles. — Les sciences physiques et naturelles ont pour objet les phénomènes et les êtres sensibles. Telles sont la physique, la chimie, la physiologie, la minéralogie, la botanique, la zoologie, etc.

Elles peuvent être classées de deux manières différentes, suivant que l'on considère la *nature* des objets qu'elles étudient, ou le *point de vue* sous lequel elles les envisagent.

Dans le premier cas, on distingue d'une part les sciences de la *matière brute* ou *inorganique* (physique, chimie, minéralogie), et d'autre part les sciences de la *matière organisée et vivante* (physiologie, botanique, zoologie).

Dans le second cas, on distingue d'une part les sciences qui soit dans les êtres inorganiques, soit dans les êtres vivants n'envisagent que les *phénomènes* qui s'y produisent, abstraction faite de ces êtres (physique, chimie, physiologie), d'autre part les sciences qui envisagent ces *êtres* mêmes dans toute la complexité de leur nature (minéralogie, botanique, zoologie).

Ces deux classifications ne coïncident pas, comme on le voit, absolument; et les expressions *sciences physiques*, *sciences naturelles*, étant employées indifféremment pour désigner les deux divisions de l'une et de l'autre, sont par cela même ambiguës.

Nous entendrons ici par sciences *physiques*, les sciences qui étudient des phénomènes (sciences abstraites-concrètes de M. Herbert Spencer) et par sciences *naturelles*, les sciences qui étudient des êtres (sciences concrètes de M. Herbert Spencer). Le type des premières est la *physique*, le type des secondes est la *zoologie*.

Elles diffèrent sensiblement par le *but* poursuivi et la *méthode* employée.

Les premières en effet, ayant pour objet des *phénomènes*, s'efforcent de déterminer leurs lois de *succession nécessaire* ou de *causa-*

lité. Un *couple* de phénomènes, l'un antécédent, l'autre conséquent, liés l'un à l'autre par le rapport de la cause et de l'effet, tel est le contenu des propositions auxquelles elles aboutissent.

Les secondes, ayant pour objet des *choses* ou des *êtres*, s'efforcent de déterminer les lois de *coexistence* de leurs caractères. Un *système* de caractères, les uns plus généraux et dominateurs, les autres plus particuliers et subordonnés, liés entre eux par le rapport de l'espèce au genre ou du moyen à la fin, tel est le contenu des propositions auxquelles elles aboutissent.

Il s'ensuit que les premières ont recours, non seulement à l'*observation*, mais encore à l'*expérimentation*, qui permet seule de démêler dans l'ensemble des antécédents d'un phénomène ceux qui sont vraiment *cause* et ceux qui ne le sont pas, à l'*hypothèse*, qui dirige l'expérimentation en la faisant porter sur ceux des antécédents qui ont le plus de chances d'être cause, à l'*induction* enfin qui universalise le rapport de causalité une fois découvert et vérifié.

Les secondes ont aussi pour point de départ l'*observation*, mais c'est par la *comparaison* ou l'*analogie* qu'elles dégagent les différents *types* des êtres; et la *classification*, qui d'après ces types mêmes ordonne les êtres en classes de plus en plus étendues, remplace chez elles l'induction.

I. — MÉTHODE DES SCIENCES PHYSIQUES.

1. La méthode des sciences physiques. — Tous les procédés de la méthode des sciences physiques peuvent se rapporter à deux chefs : 1° *constater* les faits; 2° les *interpréter*, les *généraliser*, en d'autres termes, les expliquer ou les comprendre.

Les faits se constatent par l'expérience ; mais l'expérience est double. Il y a l'expérience *passive*, qui est l'*observation*, et l'expérience *active*, qui est l'*expérimentation*.

Les faits s'interprètent et se généralisent par le raisonnement; mais ce raisonnement est tantôt l'*induction* pure et simple, tantôt l'induction compliquée d'*hypothèse*, d'*analogie* et de *déduction*.

Ces deux sortes de procédés peuvent se disposer de deux manières différentes. Tantôt la constatation précède et l'interprétation suit : c'est l'*analyse* qui des effets remonte aux causes; tantôt l'interprétation précède et la constatation suit : c'est la *synthèse* qui des causes descend aux effets. — La plupart du temps, la méthode expérimentale combine l'analyse et la synthèse. Le savant, selon

Claude Bernard, observe d'abord les faits; cette observation lui suggère une explication hypothétique et provisoire; de cette explication, il déduit des conséquences, et il observe de nouveau (par le moyen de l'expérimentation) pour les vérifier, recommençant cette même série d'opérations jusqu'à ce qu'il arrive à l'explication certaine et définitive. *Observer, supposer, expérimenter, induire*, tel est donc l'ordre le plus habituel des opérations de la méthode dans les sciences physiques.

On voit par là combien la méthode expérimentale diffère de l'empirisme. — L'empirisme, en logique, proscrit toute interprétation des faits, toute hypothèse, tout raisonnement : il réduit la science à un stérile entassement d'observations. Dans la méthode expérimentale au contraire, la connaissance des faits n'est qu'un moyen pour arriver à celle des lois qui seule est le véritable but de la science. D'où la part nécessaire qu'elle fait à la raison sans laquelle il n'y a ni expérimentation instructive, ni induction certaine.

2. Observation. — L'observation, c'est l'*attention scientifique*. Observer, c'est *faire attention aux phénomènes dans le but d'en découvrir les causes et les lois*.

L'observation, dans les sciences physiques, se fait par le moyen des sens : elle exige donc, comme première condition, l'intégrité et la finesse des sens. Cependant le savant peut suppléer à l'insuffisance de ses propres sens, soit en ayant recours, comme l'ont fait Huber et Arago, aux sens d'autrui, soit par l'usage des instruments d'observation qui sont comme des sens artificiels.

Parmi ces instruments, les uns étendent la *portée* des sens : tels sont le télescope, la loupe, le microscope, etc.; d'autres en augmentent la *précision* ou les *suppléent* plus ou moins complètement : tels sont la balance, le baromètre, le thermomètre, le galvanomètre, etc.; tels sont aussi les appareils dits *enregistreurs* sur lesquels les phénomènes décrivent, pour ainsi dire, eux-mêmes la série de leurs propres variations.

Mais les sens et les instruments ne sont que des outils au service de l'esprit. Les qualités mentales de l'observateur sont par cela même les plus importantes de toutes. On peut les ramener à trois principales : la *sagacité*, l'*impartialité* et la *patience* qui correspondent en quelque sorte aux trois grandes puissances de l'âme humaine, intelligence, sensibilité et volonté.

L'observateur sagace sait choisir ses sujets d'observation, et dans ces sujets même s'attacher aux circonstances essentielles ; impartial, il voit les faits tels qu'ils sont, et non tels que les lui montrent des opinions préconçues et préférées; patient, il prolonge, il recommence ses observations autant qu'il est nécessaire pour arriver à des résultats décisifs.

L'observation, en effet, est soumise à certaines règles qui sont à peu près les mêmes que celles de l'analyse et de la synthèse. Elle doit être : 1° *exacte*, ne rien ajouter ; 2° *complète* et *précise*, ne rien omettre, et en particulier ne pas omettre les *quantités* des phénomènes (temps, espace, poids, température, etc.) ; 3° *méthodique*, c'est-à-dire procéder par degrés en allant des faits plus simples aux plus compliqués ou *vice versa*.

A cette dernière règle se rattache le choix des faits qu'il convient d'étudier. Il y a pour l'observateur des faits plus instructifs, plus significatifs que les autres : ce sont ceux que Bacon appelle faits *privilégiés*. L'observateur intelligent les recherche et les étudie de préférence, attendu que les causes et les lois s'y laissent mieux voir. Tels sont les faits où la propriété se manifeste dans toute sa force (faits *ostensifs* de Bacon), ceux au contraire où elle se présente à son plus bas degré (faits *clandestins*), ceux où elle développe graduellement ses effets (faits de *migration* et de *marche*), etc.

3. Expérimentation. — Mais ces faits, la nature ne les offre pas toujours d'elle-même à notre observation. Il serait donc très avantageux de la forcer à les produire. Or c'est là ce que fait l'expérimentation.

Expérimenter, c'est *susciter un phénomène dans des conditions qui en rendent l'observation plus facile et plus instructive*. L'expérimentation est une observation provoquée et préparée.

Elle implique : 1° l'*activité* de l'esprit qui n'assiste plus seulement aux phénomènes mais qui intervient dans leur production. L'observateur lit, l'expérimentateur interroge. Le premier, a-t-on dit encore, épie la nature ; le second la met à la question et la contraint à parler ; 2° une *hypothèse* préalable, une idée directrice qu'elle a pour but de contrôler et sans laquelle elle se ferait au hasard.

Grâce à l'expérimentation, la science peut *répéter* et *multiplier* les faits; elle peut les *retarder*, les *simplifier*, de manière à mieux saisir leur marche et leurs circonstances ; elle peut enfin les *modifier* et les *combiner* de manière à dégager et à prouver les rapports de causalité qui les unissent. L'expérimentation n'est donc pas seulement un auxiliaire de l'observation : elle est la condition maîtresse de l'induction. Cent mille observations peuvent ne pas suffire à établir une loi ; une seule expérimentation bien faite peut y suffire.

Pour donner des résultats vraiment satisfaisants, l'expérimentation exige : 1° que nous puissions faire agir à volonté une cause naturelle (chaleur, lumière, électricité, etc.), en mesurant et dosant ses effets ; 2° que les circonstances dans lesquelles nous la faisons agir soient relativement simples, et, en tout cas, exactement et complètement connues de nous.

Bacon, qui compare l'art de l'expérimentateur à une chasse (la chasse de Pan, *venatio Panis*), a essayé de ramener à un petit nombre les principales formes de l'expérimentation. Il distingue, entre autres :

1° La variation de l'expérience (*variatio experimenti*), qui consiste à varier soit la matière, soit la cause, soit la quantité, etc. ;

2° L'extension de l'expérience (*productio experimenti*), qui consiste à redoubler l'expérience ou à la subtiliser, afin d'observer jusqu'où peut aller une certaine propriété ;

3° La compulsion de l'expérience (*compulsio experimenti*), qui, à l'inverse de la précédente, consiste à pousser l'expérience jusqu'à l'anéantissement de la propriété observée ;

4° Le renversement de l'expérience (*inversio experimenti*), qui consiste à faire la contre-épreuve d'une expérience précédente. Telle cause étant donnée, tel effet suit : on supprime la cause pour voir si l'effet est supprimé du même coup ;

5° Les hasards de l'expérience (*sortes experimenti*). Ce sont des expériences de tâtonnement, des expériences pour voir, souvent utiles dans les sciences encore peu avancées où, comme dit Claude Bernard, le savant doit « essayer de pêcher en eau trouble ». Il faut parfois, dit aussi Bacon, « soulever chaque pierre dans la nature ».

4. Induction. — L'induction est *l'opération par laquelle l'esprit s'élève de la connaissance des faits à celle des lois qui les régissent* (1).

Les lois, a dit Montesquieu, sont les rapports nécessaires qui dérivent de la nature des choses. — Or tout phénomène est nécessairement relatif à sa cause, de laquelle il tient son existence et sa nature.

Il s'ensuit que les lois des phénomènes naturels sont des lois de

---

(1) Lachelier, *Du fondement de l'induction*.

causalité : elles énoncent le rapport nécessaire qui lie chaque phénomène à sa cause, c'est-à-dire au phénomène antécédent qui en est la condition déterminante.

On donne souvent aussi le nom de *lois* aux rapports constants et généraux que l'observation peut découvrir dans les phénomènes ; mais ces lois purement *empiriques* n'ont qu'une valeur restreinte et précaire, tant qu'elles n'ont pas été ramenées à des lois *causales*, et elles ne sont plus ou moins probables que parce qu'on suppose qu'elles peuvent y être ramenées.

La connaissance des lois de causalité des phénomènes a une triple utilité :

1° Elle permet de comprendre ou d'expliquer les phénomènes. *Vere scire*, a dit Bacon, *est scire per causas*. La vraie science est la science des causes.

2° Elle permet de les prévoir avec certitude.

3° Elle permet de les susciter, de les empêcher, de les modifier à volonté. *Naturæ*, a dit Bacon, *non nisi parendo imperatur*. On ne commande à la nature qu'en obéissant à ses lois.

Tel étant le but que se proposent les sciences physiques, comment peuvent-elles y parvenir ?

L'induction scientifique se décompose en deux moments distincts : 1° la détermination de la cause; 2° la détermination de la loi. C'est seulement après avoir découvert et prouvé un rapport de causalité entre deux phénomènes que l'esprit peut universaliser ce rapport et le transformer en loi.

Il nous faut donc rechercher : 1° par quelle *méthode* l'esprit découvre et prouve la causalité ; 2° en vertu de quel *principe*, une fois la causalité découverte et prouvée, il conclut du passé à l'avenir, du particulier au général.

5. La détermination de la cause. — On entend par cause non pas seulement l'antécédent invariable, mais, comme dit Stuart Mill, l'antécédent inconditionnel, c'est-à-dire nécessaire et suffisant d'un phénomène.

Le problème est donc de discerner, parmi les divers antécédents d'un phénomène donné, celui qui est la condition déterminante de son existence.

Aucun signe extérieur et sensible ne distingue la cause des antécédents accidentels : elle ne peut donc être découverte que par le moyen du raisonnement.

Bacon donne à cette première partie de l'investigation scientifique le nom d'*interprétation de la nature*, et voici comment il en formule les règles :

D'abord, le savant recueillera le plus grand nombre possible de cas au moyen de l'observation et de l'expérience, et il distribuera tous ces cas sur trois listes ou trois tables.

1° Dans la table de *présence*, il mettra tous les cas où se produit le fait dont il cherche la cause, et il notera les antécédents présents ;

2° Dans la table d'*absence*, il mettra tous les cas plus ou moins semblables aux précédents, où néanmoins le fait ne se produit pas, et il notera les antécédents présents et absents ;

3° Enfin dans la table de *degrés* ou de *comparaison*, il mettra tous les cas où le fait croît et décroît, et il notera les antécédents qui croissent ou décroissent en même temps.

Puis il dépouillera ces trois tables et recherchera s'il n'y a pas quelque antécédent qui soit toujours présent et absent quand le fait est présent et absent, et qui croisse et décroisse en même temps que lui.

Il *éliminera* successivement, pour le découvrir, tous les antécédents qui ne remplissent pas ces conditions, jusqu'à ce qu'il en trouve un qui les remplisse : celui-là est la cause cherchée.

On pourrait, ce semble, ramener les trois tables à deux ; il suffirait pour cela de faire rentrer la table de degrés dans la table de présence, sauf à disposer les cas de cette dernière par ordre d'intensité décroissante, à partir de ceux où le fait est *maximum* jusqu'à ceux où il est *minimum*.

Mais la méthode baconienne a le triple défaut d'être *vague*, car elle ne détermine pas le nombre de cas nécessaires pour emplir suffisamment les trois tables ; d'être *longue*, car le savant se trouve amené par cela même à multiplier indéfiniment le nombre des cas ; d'être *incertaine* enfin, car rien ne prouve qu'un cas de plus ajouté à l'une ou à l'autre des trois tables n'infirmerait pas les résultats déjà obtenus, et rien ne garantit non plus que le dépouillement des trois tables aboutira forcément à la découverte d'un antécédent qui remplisse les conditions demandées.

C'est que Bacon a divisé artificiellement le travail du savant en deux parties distinctes, l'une qui se passe au *laboratoire* et où il accumule les observations et les expériences, l'autre qui se fait, pour ainsi dire, dans le *cabinet* et où il dépouille les trois tables ; et cette erreur vient de ce qu'il n'a pas vu le rôle de l'*hypothèse* et n'a pas compris par cela même celui de l'*expérimentation* dans l'interprétation de la nature.

En effet, l'expérimentation n'est pour lui que l'auxiliaire de l'observation : elle a pour but d'ajouter de nouveaux faits, des faits privilégiés en plus grand nombre, à ceux que l'observation a pu déjà découvrir. Or l'expérimentation a en réalité un rôle bien plus décisif : c'est elle qui contrôle les hypothèses suggérées par une première analyse des faits observés et qui seule prouve séance tenante la causalité. D'où il suit que le travail expérimental et le travail intellectuel se font non pas séparément mais en même temps et dans le laboratoire même.

Aussi Stuart Mill a-t-il modifié la théorie de Bacon et remplacé les trois tables par quatre méthodes, qui sans doute s'unissent très souvent pour la solution de certains problèmes, mais dont chacune, prise à part, suffit à la rigueur pour prouver la causalité. Ce sont les méthodes de *concordance*, de *différence*, des *résidus* et des *variations concomitantes*.

Toutes ces méthodes reposent sur ce double principe : d'abord que tout fait a une cause, ensuite, que la cause est non seulement l'antécédent *toujours* présent ou absent quand l'effet est lui-même présent ou absent et qui varie en même temps que lui, mais qu'elle est le *seul* antécédent qui soit *nécessairement* présent ou absent et qui varie *nécessairement* avec l'effet. Elles ont donc pour but d'*exclure* tous les antécédents qui peuvent être présents, l'effet étant absent ; absents, l'effet étant présent ; invariables, l'effet variant, ou *vice versa*, de manière à *isoler* le seul antécédent qui présente tous les signes distinctifs de la causalité.

1° Méthode de concordance. — Soit un fait A. Il se présente dans deux cas différents avec les antécédents ABC, ADE. Ces cas concordent par la présence de A et par sa présence seulement. Donc ni B ni C, ni D ni E ne sont causes de A; donc A est la cause cherchée.

Le canon de cette méthode se formulera donc ainsi : si deux ou plusieurs cas du fait dont on cherche la cause concordent seulement par la présence d'un seul antécédent, cet antécédent, par où ils *concordent*, est la cause cherchée.

2° Méthode de différence. — Soit un fait A. Il se présente dans un premier cas, avec les antécédents ABC; mais, dans un second cas, les antécédents étant BC, il ne se présente plus. Ces deux cas diffèrent par la présence ou l'absence de A et sont absolument identiques sous tous les autres rapports. Donc ni B ni C ne sont causes de A; donc A est la cause cherchée.

Le canon de cette méthode est le suivant : si un cas où un fait se présente et un cas où il ne se présente pas ont tous leurs antécédents communs, hors un seul, celui-ci se présentant seulement dans le premier cas, cet antécédent, par où ils *diffèrent*, est la cause cherchée.

La méthode de concordance est plutôt une méthode d'*observation*. Il est en effet à peu près impossible de réaliser artificiellement deux cas qui ne *concordent* que par une seule circonstance : on en est donc réduit à chercher par l'observation des cas aussi nombreux et aussi variés que possible. — En outre, elle ne prouve pas définitivement la causalité : car on peut toujours se demander si quelque autre antécédent *caché* n'est pas la véritable cause, l'antécédent qui nous a paru être *seul* invariable pouvant lui-même dépendre plus ou moins directement de cet antécédent caché.

Au contraire, la méthode de différence est une méthode *expérimentale*. Seule, en effet, l'expérimentation peut réaliser deux cas absolument identiques sous tous les rapports, sauf la présence et l'absence d'un seul et même antécédent. La plupart du temps, les deux expériences ne sont pas distinctes; mais ou bien on introduit brusquement un antécédent dans un groupe de circonstances exactement et complètement définies, ou bien on l'en retire brusquement. L'effet avant, l'effet après l'introduction de l'antécédent; ou bien encore, l'effet avant et l'effet après sa suppression : voilà, en une seule expérience à chaque fois, les deux cas, positif et négatif, exigés par la méthode de différence. — Mais cette méthode implique une *hypothèse* préalable : l'antécédent doit être *supposé* ou *présumé* la cause : cette supposition a été presque toujours suggérée par l'application antérieure de la méthode de concordance. La méthode de différence est donc la *contre-épreuve* expérimentale de la méthode de concordance.

A ces deux méthodes, Stuart Mill rattache une méthode mixte et secondaire qu'il appelle tantôt *méthode de concordance et de différence conjointes*, tantôt *méthode de différence indirecte*, laquelle remplace la contre-épreuve expérimentale qui n'est pas toujours possible par une application de la méthode de concordance aux cas négatifs. Ainsi, on a d'abord constaté que tous les cas où A se produit concordaient par la seule présence de A; on constatera ensuite que tous les cas où il ne se produit pas concordent par la seule absence de A; et l'on en conclura que A est la cause cherchée.

Tel est donc le canon de cette méthode : si deux ou plusieurs cas où un fait se présente concordent seulement par la présence d'un même antécédent, et si deux ou plusieurs cas où ce fait ne se présente pas concordent seulement par l'absence d'un même antécédent, cet antécédent par où diffèrent les deux groupes de cas est la cause cherchée.

3° Méthode des résidus. — Cette méthode n'est, elle aussi, qu'un cas particulier de la méthode de différence où le raisonnement remplace en partie l'expérimentation. — Soit le fait A et les antécédents ABC : je sais par des inductions antérieures quels doivent être les effets de B et C; reste l'effet A qui ne peut avoir pour cause que l'antécédent restant A.

Le canon de cette méthode est donc le suivant : si l'on retranche d'un fait complexe la partie qu'on sait, par des inductions antérieures, être l'effet de certains antécédents, le résidu est l'effet des antécédents restants.

4° Méthode des variations concomitantes. — Elle se rattache à la méthode de différence, qu'elle *supplée*, toutes les fois qu'il est impossible d'exclure ou d'isoler certains antécédents, et qu'elle *complète*, en déterminant la loi *mathématique* selon laquelle les variations de l'effet accompagnent celles de la cause.

Soit un fait A dont on observe les variations. Si parmi les antécédents présents ABC, il s'en trouve un qui varie en même temps que lui, *tous les autres restant invariables*, cet antécédent A est la cause cherchée.

Le canon de cette méthode est donc le suivant : quand un fait varie, si tous les antécédents, sauf un, demeurent invariables, l'antécédent qui varie est la cause cherchée.

Telles sont les quatre méthodes par lesquelles les sciences physiques réussissent à découvrir et à prouver les rapports de causalité des phénomènes. Comment ces rapports peuvent-ils être universalisés et transformés en lois? C'est le problème de l'induction.

6. Le fondement de l'induction. — Induire, c'est conclure du particulier au général, c'est-à-dire de quelques faits à tous les faits du même genre, d'un petit nombre à une infinité. En vertu de quel principe une telle conclusion est-elle possible?

1° Hamilton a cru pouvoir la ramener à un syllogisme et la reconnaître dans le procédé qu'Aristote a en effet décrit sous le nom d'induction et qui consiste à conclure de tous les individus d'une espèce à l'espèce tout entière, ou de toutes les espèces d'un genre à ce genre tout entier.

Soit, par exemple, cette proposition : tous les hommes sont mortels. — L'induction dont elle résulte se formulera ainsi :

Jeunes, vieux, riches, pauvres sont mortels.

Jeunes, vieux, riches, pauvres sont *tous* les hommes, ou réciproquement, tous les hommes sont jeunes, vieux, riches, pauvres.

Donc tous les hommes sont mortels.

Ainsi le moyen dans ce syllogisme est une énumération d'individus ou d'espèces qui est censée être complète, et son extension est absolument égale à celle du petit terme dont il ne diffère à vrai dire que par l'expression.

En un mot, dans la déduction, l'esprit conclut du tout aux parties, c'est-à-dire du genre aux espèces, et de l'espèce aux individus; dans l'induction, il conclut inversement des parties au tout, c'est-à-dire des individus à l'espèce, et des espèces au genre; dans les deux cas, en vertu de l'*identité* du tout et des parties.

Mais l'*induction formelle* n'est ni une véritable induction ni même un véritable raisonnement. — D'une part en effet, l'énumération complète des cas particuliers est impossible, puisque ces cas sont en nombre indéfini : une espèce n'est pas une collection *finie* d'individus; un genre n'est pas une collection *finie* d'espèces; une loi n'est pas une collection *finie* de faits. Il s'ensuit que dans l'induction formelle, la conclusion n'est pas vraiment *générale :* elle est simplement *collective ;* elle substitue un terme collectif à une série de termes singuliers; il n'y a donc pas inférence du particulier au général. D'autre part, le moyen dans le syllogisme inductif étant identique au petit, il n'y a pas, comme dans le syllogisme ordinaire, perception d'un nouveau rapport, découverte d'une vérité nouvelle; et par conséquent, ce syllogisme est non un raisonnement mais une tautologie.

2° Une autre tentative a été faite pour ramener l'induction à la déduction. D'après quelques auteurs contemporains (Claude Bernard, M. Ravaisson), l'induction serait une déduction provisoire et conditionnelle qui se change par la vérification de l'expérience en une déduction inconditionnelle et définitive (1). Induire, c'est alors chercher de quelle proposition générale admise à titre d'hypothèse,

---

(1) Ravaisson, *La philosophie en France au dix-neuvième siècle*, p. 73, 121, 133.

peuvent se déduire tels et tels cas particuliers, sauf à vérifier ensuite expérimentalement cette hypothèse. Le savant est à l'égard de la nature comme un élève à qui son maître donne un théorème de géométrie à démontrer. En un mot l'induction est une déduction réflexe ou renversée, du genre de celle que M. Duhamel appelle *réduction*.

Mais cette théorie laisse les difficultés en état. Dans la réduction géométrique, l'esprit *retrouve* une proposition générale, déjà démontrée (théorème antérieur) ou évidente par elle-même (axiome ou définition); dans l'induction, il *trouve* une proposition générale dont la preuve reste inconnue et incertaine. — Cette preuve, dira-t-on, résulte de l'expérimentation. Mais l'expérimentation ne donne jamais que des faits particuliers. La même question subsiste donc : comment des faits particuliers peut-on légitimement conclure une proposition générale?

3° D'après des philosophes de l'école écossaise et de l'école éclectique, l'induction a pour fondement une majeure sous-entendue. Cette majeure est, soit le principe de la généralité et de la stabilité des lois de la nature, soit le principe de l'uniformité de la nature. Elle pourrait donc se formuler dans le syllogisme suivant :

La nature est uniforme; les lois de la nature sont stables et générales; ou, ce qui revient au même, la nature est soumise à des lois.

Or, tous les faits d'un certain genre qu'on a observés se sont produits d'une certaine façon.

Donc, c'est la loi des faits de ce genre de se produire toujours et nécessairement ainsi.

Mais ce prétendu syllogisme est tout à la fois une déduction incorrecte et une induction illégitime. D'une part, il contient plus de trois termes, attendu que le petit dans la mineure (tous les faits observés) n'est nullement identique au petit dans la conclusion (tous les faits en général) et il pèche contre la règle : *Pejorem sequitur semper conclusio partem*.

D'autre part, de ce que tous les faits observés se sont produits d'une certaine façon, le savant ne se croit nullement autorisé à conclure qu'ils se passeront toujours et nécessairement ainsi : cette formule est celle, non de l'induction scientifique, mais de l'induction vulgaire qui, nous le savons, n'a aucune valeur logique, étant plus souvent fausse que vraie, et n'étant vraie, quand elle l'est, que par accident. Le savant ne conclut pas la loi du *nombre* et de l'*uniformité* des faits, mais de leur *qualité* intrinsèque ; et ainsi un seul fait, où se manifeste clairement un rapport de causalité, lui suffit pour induire avec certitude.

4° Sera-t-on plus heureux en introduisant la notion de causalité dans le principe qui sert, dit-on, de majeure au raisonnement inductif ?

La même cause produit toujours ou plutôt tend toujours à produire le même effet.

Or l'antécédent a est la cause de l'effet b.

Donc a produit toujours ou tend toujours à produire b.

Mais ce syllogisme est encore incorrect. En effet dans la majeure, les termes *cause, tendant à produire un effet*, sont pris dans un sens général, indéterminé ; dans la mineure et la conclusion, ils sont pris dans un sens particulier et déterminé, et deviennent *cause a, tendant à produire l'effet b*; de sorte que ce syllogisme contient en réalité plus de trois termes. — Il en est d'ailleurs toujours ainsi lorsqu'on prétend faire entrer un axiome à titre de majeure dans un raisonnement. Une conclusion *déterminée*, telle que l'homme est mortel, $a = b$, l'eau bout à cent degrés, ne peut sortir que de prémisses *déterminées*. Or tout axiome est indéterminé par essence. On ne conclura donc pas que l'homme est mortel de l'axiome « ce qui est vrai du genre est vrai de l'espèce », mais de la proposition « tout animal est mortel » ; ni que $a = b$, de l'axiome « deux quantités égales à une même troisième sont égales entre elles », mais des équations $a = c$ et $c = b$; de même « l'eau bout à cent degrés » ne se conclura pas de l'axiome « la même cause produit toujours le même effet » mais de l'expérience « cent degrés ont fait bouillir de l'eau ». On ne tire pas la conclusion *de l'axiome :* on la tire des prémisses (qui dans l'induction sont des faits convenablement analysés et interprétés) *conformément à l'axiome*.

Cette objection, toute de forme, pourrait, il est vrai, être évitée si, au lieu de donner pour sujet à la mineure l'un des deux termes de la loi, c'est-à-dire la cause, on lui donnait pour sujet le rapport des deux termes, c'est-à-dire le rapport de la cause et de l'effet. — On aurait alors cette formule :

Tout rapport de causalité est une loi.

Or le rapport de a et de b est un rapport de causalité.

Donc le rapport de a et de b est une loi.

Mais il reste alors cette objection *fondamentale* : le sujet de la mineure et le sujet de la conclusion sont en réalité deux termes distincts. Dans le premier, il s'agit d'un rapport particulier et concret, comme le sont les *a* et *b* entre lesquels il est constaté ; dans le second, il s'agit d'un rapport abstrait et universel entre tout *a* et tout *b* : or c'est dans cette substitution même d'un rapport universel à un rapport particulier que réside toute l'induction. — Le syllogisme est donc ici une pure forme, et l'induction demeure foncièrement irréductible à la déduction.

5° Il n'en est pas moins vrai que l'induction a pour fondement un principe rationnel qui légitime seul le passage des faits à la loi, du particulier au général.

Ce principe, *synthétique à priori*, lie indissolublement la causalité et l'universalité : toute cause, n'eût-elle été observée qu'une fois, par cela même qu'elle est la cause, c'est-à-dire la condition déterminante de son effet, est virtuellement universelle : partout et toujours, son effet tend à la suivre.

L'induction ne conclut donc légitimement du particulier au général qu'autant que le particulier recèle lui-même un rapport de causalité : et voilà pourquoi la recherche de la cause est l'opération capitale de la méthode inductive. Une fois la cause trouvée, l'induction, pour le savant, n'est plus qu'un jeu.

Mais le même principe intervient aussi dans la recherche de la cause. Le savant ne croit pas seulement, comme l'a dit un philosophe contemporain (1), que toute coïncidence constante des phénomènes a sa raison d'être, soit dans la causalité d'un de ces phénomènes par rapport à l'autre, soit dans une causalité commune ; formule vague qui conduirait à multiplier indéfiniment les observations sans aboutir jamais à la connaissance *précise* et *certaine* de la cause ; le savant croit que tout phénomène a une cause, c'est-à-dire un antécédent qui *suffit* seul à le déterminer. Aussi se préoccupe-t-il moins de multiplier les observations que de combiner une expérience où la présence et l'absence d'un seul et même antécédent *suffisent* pour susciter ou supprimer le phénomène. D'où cette conclusion qui s'impose : ou le phénomène n'a pas de cause (ce qui est absurde), ou il a pour cause cet antécédent.

Ainsi le principe de causalité est bien, comme l'a dit M. Ravaisson (2), le nerf caché de toute induction.

7. La valeur logique de l'induction. — On a distingué

---

(1) Janet, *Les causes finales*, Appendice.
(2) *La philosophie en France au dix-neuvième siècle.*

en psychologie deux modes de l'induction, l'un vulgaire, l'autre scientifique. Ils n'ont nullement la même valeur.

L'induction vulgaire procède, comme dit Bacon, par simple énumération, *per enumerationem simplicem* : c'est, à proprement parler, un sophisme, le sophisme du *dénombrement imparfait*. D'un petit nombre de cas, elle conclut à tous les cas du même genre; mais le nombre fût-il aussi grand qu'on voudra, elle n'en serait pas moins incertaine. Cette induction « tous les cygnes sont blancs » était déjà douteuse, même avant qu'on eût découvert en Océanie des cygnes noirs ; et cependant elle était le résultat d'une expérience constante et universelle. — Parfois l'induction vulgaire semble fondée sur un rapport de causalité : ainsi le paysan croit aux effets de la lune rousse ; mais ce rapport n'a pas été *prouvé* : il est simplement *supposé* en vertu d'une coïncidence plus ou moins constante. L'induction est alors ce sophisme appelé par les logiciens *post hoc ergo propter hoc* qui conclut de la simple succession à la causalité. Ainsi l'induction vulgaire n'a aucune valeur logique : *elle ne prouve rien.*

L'induction scientifique, qui procède, comme dit Bacon, *per exclusiones et rejectiones debitas*, est au contraire *théoriquement* certaine. Quand le savant a réussi à *isoler* la cause d'un fait par l'*exclusion* de tous les antécédents qui ne peuvent pas être cause, il est absolument sûr que le rapport de cette cause à son effet est universel et invariable. Son doute, s'il en a un, ne porte *en aucun cas* sur la valeur de la conclusion, supposé que les prémisses soient vraies : il ne porte que sur la vérité des prémisses. S'il est vrai que tout rapport de causalité soit une loi, et s'il est vrai que le rapport de a et de b soit un rapport de causalité, *forcément* le rapport de a et de b est une loi. Syllogistique ou non, ce raisonnement s'impose à l'esprit avec une certitude égale à celle de la déduction.

Mais peut-on jamais être *absolument sûr* de la vérité de la mineure : le rapport de a et de b est un rapport de causalité? Cette mineure se prouve par l'élimination successive de tous les antécédents de b sauf un seul ; mais cette élimination se fait par l'observation et l'expérimentation. On peut donc toujours se demander, d'une part si l'observation et l'expérimentation sont bien exemptes de toute *erreur*, d'autre part si l'élimination, qui ne porte que sur les antécédents *connus*, ne laisse pas échapper des antécédents *ignorés*. — Il s'ensuit qu'*en fait* l'induction n'a jamais une certitude absolue : un doute est toujours possible, parce qu'il reste toujours une place, si petite qu'on la suppose, pour la possibilité de l'ignorance et de l'erreur. Les sciences expérimentales ne peuvent donc prétendre à une certitude égale à celle des sciences mathématiques.

On pourrait aussi, d'un point de vue *métaphysique*, mettre en question le principe même de l'induction : tout fait a une cause, et les mêmes causes tendent toujours à produire les mêmes effets.

Il est clair que si ce principe dérive lui-même de l'expérience, ainsi que l'a prétendu Stuart Mill, il est tout à la fois le fondement et le résultat de l'induction, ce qui est un cercle vicieux ; à moins de supposer avec Stuart Mill qu'il a été le résultat d'une induction spontanée avant d'être le fondement de l'induction scientifique. — Mais il n'est plus alors qu'un sophisme, le sophisme du *dénombrement imparfait*.

Il ne peut donc assurer à la science la certitude dont elle a besoin que si son origine est, non dans l'expérience, mais dans l'*intelligence* même. — Mais alors se pose un nouveau problème qui ressortit, il est vrai, à la métaphysique et non plus à la logique : le problème de l'accord de l'expérience avec des principes intellectuels qui ont en elle leur *usage* sans avoir en elle leur *origine*. Ce problème est celui de la valeur objective de la raison et par conséquent de la connaissance humaine (voy. *Métaphysique*, chap. I, § 12).

8. Hypothèse. — L'hypothèse consiste à *imaginer par avance et à supposer déjà connue la vérité même que l'on cherche* : c'est une *anticipation de la vérité*.

On peut dire en un sens que l'hypothèse est un procédé commun à toutes les méthodes ; par exemple, en mathématiques, la démonstration indirecte ou analytique consiste tout d'abord à admettre ou à rejeter, par hypothèse, le théorème à démontrer ; et il est probable aussi que tout théorème, avant d'être démontré, n'a pu être qu'une hypothèse pour le mathématicien qui l'a découvert. — Mais c'est surtout dans les sciences de la nature que l'hypothèse joue un rôle prépondérant.

Elle y a en effet une double utilité, *expérimentale* et *théorique*. En premier lieu, l'hypothèse *dirige les recherches*. Tant que le savant recherche sans idée directrice les causes d'un phénomène, il ne peut qu'observer indéfiniment, et, s'il expérimente, c'est au hasard ; dès qu'une hypothèse l'a mis sur la piste d'une cause plus ou moins probable, il sait d'avance quelles sortes d'observations ou d'expériences, et en quel nombre, sont nécessaires, pour la découvrir, et il a désormais un fil conducteur qui, après des détours plus ou moins longs, pourra le conduire enfin à la cause cherchée. Sans expérience précise, il n'y a pas d'induction certaine ; mais sans hypothèse, il n'y a pas d'expérience précise. — Les hypothèses fausses ont même, à ce point de vue, leur utilité, puisque la preuve de la vraie cause ne consiste que dans l'exclusion successive et complète de toutes les causes *supposées*, hors une seule.

En second lieu, l'hypothèse *coordonne et complète les résultats déjà acquis* : elle n'est pas seulement un moyen de découverte et de preuve, elle est encore un procédé d'*explication*. — A cet égard, on peut distinguer deux sortes d'hypothèses théoriques : les unes, vraiment *explicatives*, prétendent donner l'explication réelle et définitive d'un certain ensemble de faits : telles sont l'hypothèse des ondulations de l'éther en optique, celle de la transformation des espèces par la sélection en histoire naturelle, etc.; les autres, simplement *représentatives*, permettent d'introduire dans un ensemble de faits dont la cause est encore ignorée un ordre provisoire et plus ou moins artificiel qui en facilite l'étude : elles ne sont souvent que d'anciennes hypothèses explicatives dont on a reconnu l'insuffisance mais que l'on conserve cependant à cause de leur commodité ; telles sont l'hypothèse de l'émission en optique, celle des deux fluides en électricité, etc.

L'hypothèse théorique est ordinairement plus générale que l'hypothèse expérimentale ; souvent d'ailleurs, l'hypothèse expérimentale est une conséquence particulière de quelque hypothèse théorique qui se trouve ainsi soumise indirectement au contrôle de l'expérience.

Si l'on considère non plus le *rôle* des hypothèses mais leur *contenu*, on peut, avec un philosophe contemporain (1), en distinguer de trois sortes, suivant qu'elles ont pour objet l'*existence* d'une loi; ou la *formule* précise d'une loi; ou l'existence et la nature de l'un des termes d'une loi, soit la *cause*, soit l'*effet*. Dans le premier cas, deux termes étant donnés, on se demande si l'un est bien cause et l'autre effet; dans le second, la cause et l'effet étant donnés, on se demande de quelle manière l'effet dérive et dépend de la cause; dans le troisième enfin, l'effet étant donné, on se demande quelle en est la cause, ou *vice versa*.

(1) Rabier, *Leçons de philosophie, Logique*, p. 235.

En ce qui concerne leur *origine*, les hypothèses sont tantôt *à priori*, tantôt *à posteriori*. — Une hypothèse *à priori* est une explication *déduite* de vérités déjà établies : par exemple, en optique, un phénomène nouveau, encore inconnu, étant donné, on supposera *à priori* qu'il peut se déduire des lois de l'optique déjà connues, et l'on imaginera une combinaison de ces lois susceptible de l'expliquer : telles étaient la plupart des hypothèses de Descartes en physique. — Une hypothèse *à posteriori* est une explication suggérée par l'expérience : elle peut être soit *inductive*, soit *analogique*. Dans le premier cas, on suppose que la cause d'un phénomène est tel de ses antécédents qui, autant qu'on en peut juger, présente à peu près tous les caractères de la cause : ce sont les hypothèses de ce genre qui, suggérées par la méthode de concordance, sont le plus souvent contrôlées par la méthode de différence : elles ont pour objet l'existence d'une loi. Dans le second cas, on suppose que la cause du phénomène, impossible à découvrir parmi ses antécédents connus, est quelque antécédent inconnu, *analogue* à la cause, connue d'ailleurs, d'un phénomène analogue : les hypothèses de cette sorte ont donc pour objet l'existence et la nature de l'un des termes d'une loi.

Quelles sont les règles de l'hypothèse ?

D'abord, l'hypothèse ne doit *contredire* aucun des faits déjà connus.

Ensuite, elle doit *expliquer* le plus grand nombre des faits déjà connus, et permettre d'en *découvrir* d'autres.

Cette explication même doit être la plus *simple* possible. Elle est d'autant plus vraisemblable que les causes ou les lois sont déjà *connues* d'ailleurs ou *analogues* à des causes et à des lois déjà connues.

Enfin, elle doit pouvoir être contrôlée par l'expérience ou *vérifiée*. — La vérification de l'hypothèse peut être *directe* ou *indirecte*.

La vérification directe consiste à isoler la cause supposée par le moyen de l'une ou de l'autre des méthodes expérimentales.

La vérification indirecte consiste à déduire les conséquences de l'hypothèse et à les vérifier une à une. Elle donne une probabilité d'autant plus grande que le nombre des conséquences déduites et vérifiées est lui-même plus grand : elle donnerait la certitude si l'on pouvait démontrer que *toute autre hypothèse exclut* ces mêmes conséquences ou que l'hypothèse en question les *implique seule*.

Plus une hypothèse est générale, plus il est difficile de la vérifier directement. D'où il suit que les hypothèses théoriques ne sont guère susceptibles que d'une vérification indirecte et par cela même toujours plus ou moins incomplète.

II. — MÉTHODE DES SCIENCES NATURELLES.

1. La méthode des sciences naturelles. — Les sciences *naturelles* ont pour objet les *êtres* mêmes envisagés dans la complexité de leur nature : elles ne sont pas encore très nettement distinguées des sciences *physiques*, du moins celles d'entre elles qui ont pour objet des êtres inorganiques, comme la chimie et la minéralogie.

On peut en effet distinguer dans la *chimie* deux études, et en quelque sorte deux sciences distinctes, l'une, *abstraite-concrète*, qui a pour objet les lois générales de la combinaison et de la décomposition des corps, l'autre, *entièrement concrète*, qui a pour objet les propriétés des différentes sortes de corps simples ou composés, oxygène, hydrogène, carbone, azote, etc., et qui se continue, en quelque sorte, dans la minéralogie.

D'autre part, la *physiologie* est en général considérée comme une science *naturelle*, et cependant, comme elle a pour objet, non les êtres vivants, mais les phénomènes de la vie, elle est une science *abstraite-concrète* et, comme telle, doit être classée parmi les sciences physiques.

Quel est le but des sciences naturelles? D'abord *énumérer* les différents caractères des êtres qu'elles étudient, ensuite déterminer les *lois*, s'il en existe, en vertu desquelles ces caractères s'impliquent ou s'excluent, enfin *classer* les êtres en raison du nombre et de l'importance des caractères qui les rapprochent ou les éloignent les uns des autres. La première opération est la *définition* empirique, la seconde est l'*analogie*, la troisième est la *classification*. Mais comme la classification est la raison finale des deux autres, c'est elle qu'il convient d'étudier en premier lieu.

2. La classification. — *La classification consiste à diviser les êtres en genres et en espèces d'après leurs caractères, soit afin d'en faciliter l'étude, soit afin d'en manifester les rapports.*

Elle répond en effet à une double nécessité. En premier lieu, mettre un *ordre*, au moins provisoire, dans l'ensemble des êtres qui sont l'objet d'une science (environ quatre cent mille espèces végétales, six cent mille espèces animales), de façon qu'on puisse en dresser un répertoire où chacun d'eux ait une place fixe et facile à retrouver. En second lieu, rendre sensibles les rapports de *ressemblance* et de *différence* (peut-être aussi de *parenté*), que ces êtres peuvent avoir entre eux en les rapprochant ou les éloignant plus ou moins selon qu'ils sont plus ou moins semblables ou différents.

Les classifications *artificielles* ne servent qu'à la première de ces deux fins. Les classifications *naturelles* servent à l'une et à l'autre.

Une classification artificielle est fondée sur un *petit nombre* de caractères, choisis, non en raison de leur importance, mais parce qu'ils sont *faciles à reconnaître* et déterminent par leurs modifications des classes assez distinctes et assez nombreuses pour qu'on puisse y faire rentrer aisément tous les êtres à classer.

Le modèle de cette sorte de classification est le système végétal de Linné, fondé sur les étamines et les pistils et leurs différentes modifications (selon qu'ils sont présents ou absents, réunis ou séparés, libres ou soudés, en plus ou moins grand nombre, etc.).

Les classifications artificielles sont *indispensables* au début de la science ; elles peuvent être encore *utiles* plus tard (à peu près comme les hypothèses représentatives, dont on continue à se servir, même après avoir découvert la véritable explication); mais elles n'ont aucune valeur scientifique.

La classification naturelle, ayant pour but de manifester les *vrais rapports* des êtres, est fondée sur l'*ensemble* de leurs caractères, apparents ou cachés, principalement de leurs caractères *importants* ou *essentiels*.

Remarquons que si l'on fait abstraction des *fins* différentes que l'une et l'autre se proposent pour ne considérer que les *caractères* sur lesquels elles se fondent, il est impossible d'établir une distinction absolue entre ces deux sortes de classifications. Le système de Linné n'est pas lui-même entièrement artificiel, puisqu'il contient des familles de plantes très naturelles (les labiées dans la didynamie, les crucifères dans la tétradynamie, les composées dans la syngénésie, etc.). De même, le système de Tournefort, fondé sur un assez grand nombre de caractères (d'abord le mode de la croissance, puis la structure de la corolle, puis les rapports du calice et du fruit, etc.) se rapproche sur un certain nombre de points de la classification naturelle. D'autre part, celle-ci n'est pas complètement naturelle, parce qu'elle ne peut ni tenir compte de tous les caractères ni évaluer toujours exactement leur importance.

Quelles sont les règles de la classification naturelle?

On peut, ce semble, les ramener à trois principes fondamentaux :
1° principe de l'*affinité générale;* 2° principe de la *subordination des caractères;* 3° principe de la *série naturelle.*

En premier lieu, les êtres réunis dans une même classe doivent se ressembler entre eux plus qu'ils ne diffèrent les uns des autres et en même temps plus qu'ils ne ressemblent aux êtres des autres classes. — C'est par l'application de ce principe que les naturalistes déterminent les derniers groupes de leurs classifications, genres naturels ou familles naturelles ; mais il est tout à fait insuffisant dès qu'il s'agit de faire rentrer ces groupes eux-mêmes dans des groupes supérieurs. En effet les caractères d'un genre ou d'une famille n'ont pas tous la même importance : il ne suffit donc pas de les *compter;* il faut encore les *peser.*

C'est là le principe de la subordination des caractères, définitivement établi par Antoine-Laurent de Jussieu. En effet, parmi les caractères des êtres, les uns sont *accidentels* (par exemple : la taille, la couleur, etc.); les autres *essentiels;* et parmi les caractères essentiels, les uns sont de même ordre ou *coordonnés* (par exemple : les divers caractères du carnassier, de la composée, etc.); les autres sont d'ordres différents, ceux-ci *subordonnés,* ceux-là *dominateurs* (par exemple : les caractères du vertébré sont dominateurs par rapport à ceux du mammifère, de l'oiseau, etc., qui leur sont subordonnés). Or tout caractère dominateur entraîne avec lui des combinaisons diverses de caractères qui, en même temps qu'ils lui sont subordonnés, sont coordonnés entre eux. D'où il suit que la classification présuppose la *détermination* de ces diverses sortes de caractères et par conséquent des lois en vertu desquelles ils coexistent; mais ces caractères une fois déterminés, elle doit reproduire leurs rapports, c'est-à-dire subordonner et coordonner les classes entre elles comme les caractères le sont entre eux.

La méthode par laquelle on détermine les rapports de coordination et de subordination des caractères peut être *expérimentale* ou (au moins en partie) *déductive.* — Dans le premier cas, par la comparaison des êtres entre eux, on s'efforce de déterminer quels sont les caractères qui coexistent toujours entre eux ou qui ne coexistent jamais qu'avec un caractère plus général et dominateur; dans le second cas, on s'efforce de déterminer par le raisonnement quels sont les caractères qui *doivent* être ainsi coordonnés ou subordonnés entre eux.

Les deux lois les plus générales qui puissent servir de prémisses à ce raisonnement sont d'une part la loi de Cuvier, le principe des *conditions d'existence* ou des *causes finales*, d'autre part, la loi de Geoffroy Saint-Hilaire, le principe des *connexions organiques* ou du *plan de composition*. — Le premier s'énonce ainsi : « Comme rien ne peut exister s'il ne réunit les conditions qui rendent son existence possible, les différentes parties de chaque être doivent être coordonnées de manière à rendre possible l'être total, non seulement en lui-même, mais dans ses rapports avec ceux qui l'entourent. » — On peut formuler ainsi le second : « Tout être est composé d'après un type ou plan général dont les différentes parties sont toujours en nombre égal et semblablement placées, quelles que soient les modifications secondaires qu'elles puissent subir dans les différentes espèces. »

Enfin, quand les groupes supérieurs sont formés, un dernier problème reste à résoudre : dans quel ordre faut-il les distribuer ? — C'est ici qu'intervient le principe de la série naturelle. Tous ces groupes (par exemple chez les végétaux, les monocotylédones et les dicotylédones ; chez les animaux, les vertébrés, les articulés, les mollusques, etc.) ont la même *importance*, étant fondés sur les modifications des mêmes caractères dominateurs ; mais ils n'ont pas la même *perfection*, ces modifications correspondant en chacun d'eux à des degrés différents de complication et de coordination totale. L'ordre dans lequel on les dispose n'est donc ni indifférent ni arbitraire : ils doivent être rangés en série, en progression, des moins parfaits aux plus parfaits (par exemple, chez les vertébrés, poissons, batraciens, reptiles, oiseaux et mammifères).

On peut se demander quelle est la signification objective de la classification naturelle.

Si l'on admet avec Cuvier que les espèces sont immuables, la classification naturelle nous fait connaître les véritables *affinités* des êtres, et par conséquent le *plan* de la création.

Si l'on admet avec Darwin que les espèces se transforment, elle nous fait connaître les divers degrés de *parenté* des êtres, et par conséquent la *généalogie* et l'*histoire* de la vie.

A quelque interprétation qu'on s'arrête, elle est le tableau de la nature.

3. L'analogie. — L'analogie est un *mode de raisonnement qui conclut d'une chose à une autre en raison de leur ressemblance ou analogie.*

L'analogie, considérée comme propriété des choses, est une ressemblance mêlée de différence; plus particulièrement c'est une ressemblance dans les *rapports* de *termes* qui diffèrent. Par exemple, le poumon, la branchie et la trachée diffèrent en nature ; mais ils se ressemblent par leurs fonctions : on dit qu'ils sont *analogues*. De même le poumon et la vessie natatoire, qui diffèrent par leur nature et leurs fonctions, mais qui se ressemblent par leur position et leurs connexions avec d'autres organes, et que les naturalistes appellent plus précisément *homologues*.

Au point de vue logique, l'analogie ne constitue pas une troisième sorte de raisonnement : elle se ramène à l'induction et à la déduction.

Elle diffère de l'induction proprement dite, d'abord en ce qu'elle conclut du particulier au particulier, tandis que l'induction conclut du particulier au général; ensuite, en ce qu'elle conclut du semblable au semblable, tandis que l'induction conclut du même au même.

Au fond, elle n'est qu'une déduction appuyée sur une induction préalable. Seulement cette induction est le plus souvent hypothétique, en ce qu'elle implique une loi *supposée* et non prouvée, et cette déduction est toujours hypothétique en ce qu'elle conclut le même, non du même (comme dans la déduction ordinaire), mais simplement du *semblable*.

En un mot, l'analogie consiste soit à appliquer une loi à des cas semblables mais plus ou moins différents (toute euphorbe est vénéneuse, cette plante inconnue est une euphorbe, donc elle est vénéneuse); soit à étendre une loi à des cas nouveaux et simplement analogues (les vibrations d'un fluide, l'air, expliquent le son; donc les vibrations d'un fluide, l'éther, expliquent la lumière); soit enfin à supposer une loi pour des cas qui présentent entre eux des analogies, mais où l'identité des causes n'a pas encore été démêlée (la Terre est une planète; Mars, Vénus, sont des planètes; or la Terre est habitée; donc Mars, Vénus, les planètes sont habitées).

Les conclusions de l'analogie sont d'autant plus probables :

1° Qu'elles se fondent sur un plus grand *nombre* de ressemblances *constatées* et que ces ressemblances sont plus *importantes;*

2° Que les différences *constatées*, et autant qu'on en peut juger, les différences *inconnues* sont moins nombreuses et moins importantes.

L'importance des ressemblances et des différences se mesure à leur *influence* ou à leur *causalité* plus ou moins probable.

De toute façon, l'analogie ne donne que des hypothèses. Elle est par conséquent soumise, comme l'hypothèse, à la règle de la vérification *directe* ou *indirecte*.

L'analogie est un raisonnement très fréquent dans la vie ordinaire. Dans les sciences physiques, il fait le fond de la plupart des hypothèses (Franklin suppose l'identité de la foudre et de l'électricité en raison de l'analogie de leurs effets; l'éther conçu par analogie avec les fluides pondérables en raison de l'analogie des phénomènes de lumière et d'électricité avec les phénomènes d'acoustique et d'hydrostatique, etc.); mais il peut presque toujours y être soumis au contrôle de l'expérience, et une fois vérifié il se transforme en induction. — Dans les sciences naturelles, son rôle est prépondérant, et faute d'une vérification suffisante, il y conserve sa physionomie propre.

En effet, les lois de *coexistence* des différents caractères des êtres sont des lois simplement *empiriques* et non *causales* : il s'ensuit que la présence d'un certain caractère ou d'un certain type, c'est-à-dire d'un certain ensemble de caractères, dans un être donné n'entraîne pas infailliblement la présence des autres caractères dont l'expérience nous a déjà appris la liaison avec ce caractère ou ce type chez d'autres êtres : la conclusion est seulement probable et non certaine; elle est une analogie et non une induction. Ainsi de ce que tout mammifère est vivipare, on n'est pas autorisé à conclure qu'un mammifère nouveau, d'espèce inconnue, est vivipare : en fait, l'ornithorynque (mammifère australien) est très probablement ovipare. Cuvier, de l'analogie de certains os fossiles avec les mêmes os de certaines espèces vivantes, concluait l'analogie du squelette tout entier; mais cette conclusion n'est devenue certaine qu'après la découverte d'un squelette fossile à peu près complet.

Cette incertitude fondamentale de l'analogie tient à ce qu'elle ne peut pas, comme l'induction et la déduction, prouver ou supposer que les différences connues et inconnues sont inefficaces ou insignifiantes et par conséquent en faire abstraction. — Dès lors, tandis que l'induction et la déduction reposent au fond sur ce principe qui ne rend possible qu'une seule conclusion : « des raisons identiques entraînent des conséquences identiques, » l'analogie repose sur ce principe qui rend possibles deux conclusions opposées : « des raisons analogues, en tant que semblables, entraînent des conséquences semblables, en tant que différentes, des conséquences différentes. »

D'où la nécessité pour elle d'évaluer le rapport des ressemblances aux différences, et, les différences subsistant toujours, l'impossibilité, quels que soient le nombre et l'importance des ressemblances, d'arriver jamais à une parfaite certitude.

4. La définition empirique. — Les lois de coexistence déterminées par l'analogie et la classification se résument dans les *définitions empiriques*.

Les définitions empiriques diffèrent des définitions mathématiques comme diffèrent les concepts auxquels elles se rapportent de part et d'autre.

En effet, les concepts empiriques (comme ceux du carbone, du fer, de la composée, de la dicotylédone, du carnassier, du vertébré, etc.) sont *extraits à posteriori* des choses mêmes, au lieu d'être *construits à priori* par l'esprit.

Il s'ensuit que les définitions empiriques sont elles-mêmes *à posteriori*, et qu'elles ont pour contenu l'*énumération* de tous les éléments ou de tous les caractères constitutifs des choses.

Par cela même, elles ne sont pas *complètes* et *parfaites* du premier coup; mais elles se font par *additions* et parfois aussi par *soustractions* successives, sans jamais correspondre absolument à leurs objets : aussi sont-elles *provisoires* et indéfiniment *perfectibles*.

D'autre part, en mathématiques, les concepts les plus complexes dérivent des concepts les plus simples par voie de synthèse, tandis que dans les sciences naturelles, les concepts les plus simples dérivent des concepts les plus complexes par voie d'analyse.

Il s'ensuit qu'on ne peut pas dans les sciences naturelles *déduire* les définitions des espèces de celles des genres, par exemple déduire les définitions du mammifère, de l'oiseau, du reptile, etc., de la définition du vertébré, comme on peut, en géométrie, de la définition du triangle en général, déduire celle du triangle équilatéral ou isocèle ; mais qu'on y *induit*, au contraire, les définitions des genres de celles des espèces.

Aussi les définitions empiriques sont-elles fondées sur des classifications préalables, tandis que les définitions mathématiques sont indépendantes de toute classification.

En un mot, les définitions empiriques sont le résultat et le résumé des sciences naturelles.

OUVRAGES A CONSULTER

Bacon, *De Augmentis*, liv. V; *Novum organum*. — Stuart Mill, *Système de logique*, liv. III et IV. — Bain, *Logique*. — Claude Bernard, *Introduction à l'étude de la médecine expérimentale*. — Ravaisson, *La philosophie en France*, chap. xi et xv. — Lachelier, *Du fondement de l'induction*. — Liard, *Les définitions géométriques et empiriques; Des notions de genre et d'espèce dans les sciences de la nature*, Revue philosophique, 1879, t. I. — Naville, *Logique de l'hypothèse*. — Cuvier, *Règne animal*, introduction. — Agassiz, *De l'espèce et de la classification*. — Darwin, *L'origine des espèces*. — Perrier, *La philosophie zoologique avant Darwin*. — V. Meunier, *La philosophie zoologique*.

Voyez en outre *Psychologie*, chap. ix (La généralisation et l'induction).

SUJETS DE DISSERTATIONS

I. Méthode des sciences physiques. — 1 et sq. Quelle est la différence entre les sciences physiques et les sciences naturelles? Appuyer cette distinction sur des exemples. 73.

Qu'entend-on par méthode expérimentale? En donner les règles. Citer des exemples. 71-74.

Règles de la méthode expérimentale. 76.

Définir par des exemples la méthode expérimentale dans les sciences positives. 67.

En quoi la méthode expérimentale diffère-t-elle de l'empirisme? 68.

La théorie de l'expérience conduit-elle nécessairement à l'empirisme? Montrer la différence des deux idées que ces deux termes impliquent. 76.

De l'expérience et de la méthode expérimentale. 87.

Distinguer la méthode démonstrative et la méthode expérimentale. De l'union de ces deux méthodes dans les diverses sciences. 68.

2 et 3. Distinguer l'observation et l'expérimentation. Exemples. Règles. 66-76-77.

4. Montrer par des exemples comment il faut entendre les principales règles de l'expérimentation. 75.

5. Préciser le sens scientifique du mot loi, et montrer ce qu'est la loi : 1° dans le monde physique; 2° dans le monde moral. 66.

Comment s'élève-t-on à l'idée de loi dans les sciences de la nature? Qu'est-ce qu'une loi physique? En quoi les lois physiques diffèrent-elles de la loi morale? 69-72 (Pour ces deux sujets, voy. en outre *Morale*, chap. i).

Des lois de la nature. Montrer par des exemples en quoi elles consistent, l'intérêt qu'il y a à les connaître; comment on les découvre et les vérifie. 87.

6 et 7. De l'induction. Son principe. Donne-t-elle la certitude ou seulement la probabilité? 82.

Du raisonnement inductif. Donner par des exemples une idée nette de la nature de cette opération. Du genre de certitude qu'elle comporte; des conditions requises pour qu'elle soit scientifiquement correcte. 87.

Faire la part de l'expérience et de la raison dans l'induction. 67-71.

L'induction est-elle réductible à l'expérience? Ne suppose-t-elle pas un principe rationnel, et quel est ce principe? 68.

Quel est le fondement de la certitude dans nos raisonnements inductifs? 74.

Comment peut-on légitimement conclure du particulier au général, comme le fait la méthode inductive? 77.

Du fondement de l'induction. 78.

8. De l'hypothèse. Son rôle dans les sciences. Son utilité et ses dangers.

MÉTHODE DES SCIENCES PHYSIQUES ET NATURELLES. 261

Caractères d'une bonne hypothèse. Conditions de la vérification des hypothèses. 67-70-71-73-73-75-85.

Qu'appelle-t-on un système, un système naturel, un système scientifique? Montrer que la science, ayant pour objet de reproduire la nature, doit avoir des systèmes. Quel est le péril des systèmes scientifiques? Quel est l'abus de l'esprit systématique? 73.

II. MÉTHODE DES SCIENCES NATURELLES. — 1 et 2. Des classifications. Montrer par des exemples détaillés la différence des classifications naturelles et des classifications artificielles. 67-71.

Qu'est-ce que la classification naturelle? En signaler le principe et les différents caractères. Exemples empruntés aux sciences naturelles. 68-75-80.

3. Rapports et différences entre l'induction et l'analogie. 85-85.

4. Montrer par des exemples le rapport qu'il y a entre les deux opérations de l'esprit qu'on appelle la définition et la classification. La définition est-elle possible sans la classification? 75.

CHAPITRE IV

MÉTHODE DES SCIENCES MORALES

1. Objet et division des sciences morales. — Les sciences morales ont pour objet l'*homme* considéré comme *personne*, c'est-à-dire comme être intelligent et libre.

Elles se distinguent des sciences physiques et naturelles, auxquelles certains savants et philosophes ont prétendu les ramener, dans la mesure même où leur objet se distingue des objets de ces sciences.

Or l'homme a trois attributs, *sans analogues dans la nature sensible*, qui constituent sa personnalité : la conscience, la raison et la liberté.

Tout d'abord, par la *conscience*, l'homme vit dans un monde étranger et supérieur à l'espace. Tous les phénomènes sensibles se réduisent de proche en proche à l'étendue et au mouvement ; mais ni le sentiment, ni la pensée, ni la volonté, ne sont des faits géométriques et mécaniques. Ce monde intérieur est clos et impénétrable pour les sens : la connaissance en est toute subjective et personnelle.

En second lieu, par la *raison*, l'homme comprend les choses, et il se comprend lui-même : non seulement il voit ce qui est, mais il voit aussi ce qui peut être, ce qui doit être : par delà le réel, il pressent, il affirme l'idéal.

Enfin, par la *liberté*, l'homme a le pouvoir de se modifier, de se perfectionner lui-même, et les choses avec lui : il n'est pas seulement ce que l'ont fait la nature et les circonstances extérieures ; il est ce qu'il s'est fait lui-même sous l'influence de l'idéal.

Il suit de là :

En premier lieu, que les faits étudiés par les sciences morales, quoique liés à des faits sensibles, ne sont pas susceptibles en eux-mêmes d'être constatés *objectivement*, et qu'ils ne sont pas davantage susceptibles d'être soumis à la *mesure* et au *calcul*.

En second lieu, que les lois qui régissent ces faits ne sont pas *nécessaires* au même degré que les lois qui régissent les faits sensibles. Sans doute, même dans les sciences physiques et naturelles, les lois n'expriment que des *tendances* toujours sujettes à être contre-balancées par des causes contraires; mais, si ces causes sont absentes, elles ont nécessairement leur plein effet. Dans l'homme une cause contraire peut toujours être présente et contre-balancer toutes les lois : cette cause est la *liberté*. Aussi les prévisions fondées sur ces lois sont-elles toujours conditionnelles et faillibles.

Mais ces lois mêmes dans l'homme se compliquent de lois d'un autre ordre, qui expriment non plus les tendances auxquelles il obéit en vertu de sa nature, mais les *fins* qu'il se propose, les *règles* auxquelles il se soumet en vertu de sa *raison*, lois *idéales* et non plus réelles comme les lois de la physique ou de la chimie, lois qui n'indiquent pas seulement ce que l'homme *est* en effet, qui commandent ce qu'il *doit être*.

Les sciences morales sont donc des sciences de faits qui ne peuvent être ni constatés objectivement ni mesurés et calculés; et ce sont en même temps des sciences de lois dont la nécessité est toujours et essentiellement conditionnelle, et qui ne sont pas seulement *réelles*, mais *idéales*.

On peut en conclure que ces sciences ne sauraient atteindre à la précision et à la certitude des sciences physiques et naturelles, déjà inférieures elles-mêmes sous ce rapport aux sciences mathématiques.

Il en résulte cette autre conséquence que les sciences morales peuvent se diviser en deux groupes, selon qu'elles ont pour objet l'homme *réel* ou l'homme *idéal*.

Dans le premier de ces groupes rentrent la psychologie, l'histoire, la science sociale, etc.

Dans le second, la morale, le droit, la politique, etc.

Les premières sont des sciences *théoriques*, puisqu'elles ont pour unique but la connaissance des choses humaines telles qu'elles sont; les secondes sont des sciences *pratiques*, puisqu'elles ont pour but prochain la connaissance des choses humaines telles qu'elles doivent être, et pour but final la réalisation même de ces choses.

La méthode des sciences du premier groupe ne peut être que la méthode *inductive* qui seule conclut des faits directement observés aux lois réelles qui les régissent.

La méthode des sciences du second groupe ne peut être que la méthode *déductive* qui fait seule sortir des conceptions idéales de l'esprit les conséquences nécessaires qui en résultent.

Seulement, les deux méthodes, inductive et déductive, ne sont plus dans ces sciences ce qu'elles sont dans les sciences mathématiques et les sciences physiques et naturelles : elles sont profondément modifiées par la nature même de l'objet auquel elles s'appliquent.

Ainsi, dans les sciences idéales et pratiques, c'est par déduction que doit s'établir la fin *suprême* de la vie humaine, objet de la morale, ou la fin *suprême* de l'État, objet de la politique; mais les prémisses de cette déduction, la définition de l'homme, la définition de l'État, sont au moins en partie empruntées à l'expérience, ou pour mieux dire aux sciences morales fondées sur l'expérience, aux sciences réelles et théoriques. — De même, c'est encore par déduction que doivent s'établir les fins *particulières*, conséquences nécessaires de la fin suprême; mais ici encore l'expérience se compose, en quelque sorte, avec le raisonnement pour déterminer les *circonstances* d'où résultent ces modifications de la fin suprême et les *moyens* qui permettent d'arriver à toutes ces fins.

Dans les sciences mathématiques, la méthode déductive est, pourrait-on dire, une forme qui crée son propre contenu ; dans les sciences morales qui l'emploient, c'est une forme qui s'ajoute, comme du dehors, à un contenu étranger et préexistant.

Les sciences morales de l'ordre réel peuvent toutes se grouper autour de deux sciences fondamentales, la *psychologie* et l'*histoire*.

La méthode de la psychologie a été déjà étudiée : nous n'étudierons donc ici que la méthode de l'histoire.

2. L'histoire. — L'histoire peut être envisagée, soit comme la science des *événements* de la vie passée de l'humanité, soit comme la science des *lois* de ces événements, lois qui régissent la vie, non seulement passée, mais présente et future de l'humanité.

Au premier point de vue, c'est l'*histoire proprement dite*; au second, c'est la *philosophie de l'histoire*, ou plutôt une science plus générale encore, la *science sociale* ou *sociologie*.

Évidemment, la connaissance des faits doit précéder la recherche de leurs lois : l'histoire est le fondement de la science sociale.

Mais les faits ici ne peuvent pas être observés directement : on ne les connaît que par le *témoignage*. De là une méthode d'information et de preuve qui, parmi les sciences, est exclusivement propre à l'histoire, la méthode du témoignage.

3. Le témoignage des hommes. — Le témoignage est le *récit d'un fait par un témoin*, c'est-à-dire par quelqu'un qui a vu ou entendu le fait. On ne doit pas confondre le témoignage avec l'*autorité*. — Ils ont au fond la même nature et consistent tous deux dans la confiance de l'homme en la parole de l'homme, mais ils n'ont pas le même *objet*: le témoignage se rapporte aux faits, l'autorité aux doctrines; ni le même *rôle*: l'autorité n'est par elle-même qu'un motif de croyance, le témoignage est en outre un moyen de connaissance.

Le témoignage a une importance extrême dans la vie humaine : il met au service de chaque individu les sens et la mémoire de ses semblables, contemporains et devanciers, et étend ainsi indéfiniment ses connaissances à la fois dans l'espace et dans le temps. Il est le fondement non seulement de l'histoire, mais encore de la plupart des institutions sociales, et en particulier de la justice; les sciences qui reposent sur l'observation l'impliquent elles-mêmes, attendu qu'il est impossible à chaque savant d'observer personnellement tous les faits et tous les êtres qui appartiennent à l'objet de ces sciences.

Comme toute croyance, la foi au témoignage peut être *spontanée* ou *réfléchie*. L'école écossaise, toujours portée à multiplier les facultés, l'explique en invoquant, avec Reid, deux instincts spéciaux, l'instinct de *véracité* et l'instinct de *crédulité*. — Mais la foi spontanée au témoignage résulte naturellement de cette loi de la croyance en vertu de laquelle toute idée suggérée à l'esprit devient immédiatement objet de croyance, si elle n'est pas contredite par une idée adverse; et quand bien même ces instincts existeraient, ils ne suffiraient pas à fonder une foi réfléchie, car la réflexion ne manquerait pas de leur opposer le souvenir des témoignages erronés ou mensongers dont on a déjà eu l'expérience.

Il est donc nécessaire de déterminer les conditions d'une foi *légitime* au témoignage.

Pour cela on distinguera d'abord le *fait* attesté, ensuite le *témoignage* qui le concerne.

En premier lieu, le fait lui-même peut être plus ou moins *vraisemblable* selon qu'il est plus ou moins conforme à ce que nous savons déjà des lois de la nature extérieure ou de la nature humaine. A mesure qu'un fait est plus invraisemblable, nous devons exiger des témoins qui le rapportent de plus sérieuses garanties de compétence et de véracité : nous devons seulement prendre garde de considérer comme invraisemblable ce qui n'est que contraire à nos habitudes.

En second lieu, comme le témoignage ne peut avoir que l'une de ces trois causes : ou la *réalité* du fait, ou le *mensonge*, ou l'*erreur*, le contrôle du témoignage ne peut consister que dans la détermination de la première par le moyen de l'exclusion des deux autres.

Or il peut se présenter deux cas : le témoin est *unique;* il y a *plusieurs* témoins.

Dans le premier cas, on recherche d'abord si le témoin est *sincère*, ensuite s'il est *compétent* : ce qui suppose une certaine connaissance de son caractère et de son esprit. A-t-il l'habitude du mensonge? A-t-il un intérêt à mentir dans cette circonstance particulière? D'autre part, est-il intelligent et éclairé? A-t-il vraiment assisté au fait, ou l'a-t-il simplement entendu raconter, et s'il le rapporte d'après ses souvenirs, sa mémoire est-elle fidèle? Autant de questions auxquelles il n'est pas toujours facile de répondre. Aussi un témoignage unique n'est-il jamais complètement certain.

Dans le second cas, on examine d'abord chaque témoin à part. Mais, ou bien ils sont *d'accord*, ou bien ils se *contredisent*. S'ils sont d'accord, et si cet accord ne peut s'expliquer ni par une entente commune, ni par aucune cause commune de mensonge ou d'illusion, il reste que la seule raison de leur unanimité soit la réalité même du fait qui peut dès lors être considéré comme certain. S'ils sont en désaccord, on les range en deux partis, et l'on compte, on *pèse* surtout les témoignages. Ceux qui présentent à un plus haut degré les signes distinctifs de la compétence et de la sincérité, fussent-ils moins nombreux, doivent l'emporter sur les autres.

Telles sont les règles générales de la critique des témoignages. Leur observation ne donne jamais *théoriquement* une certitude absolue, mais seulement une probabilité qui peut être plus ou moins haute, et qui dans bien des cas équivaut *pratiquement* à la certitude.

Au point de vue *logique*, le procédé qui fonde la foi légitime au témoignage est un raisonnement complexe, à la fois déductif et inductif.

D'une part, il peut se mettre sous *forme* de déduction : Tout témoignage tel qu'il exclut l'hypothèse de l'illusion ou de l'erreur prouve la réalité du fait attesté; or ce témoignage particulier, unique ou composé de plusieurs témoignages concordants, est tel qu'il exclut l'hypothèse de l'illusion ou de l'erreur ; donc ce témoignage prouve la réalité du fait attesté.

D'autre part, si l'on considère non la forme mais le *fond* de ce raisonnement, on voit qu'il consiste, comme l'induction scientifique, à conclure d'un effet à sa cause. Par exemple, le témoignage étant donné, on conclut de certains de ses caractères la compétence et la véracité du témoin (exclusion faite de l'erreur et du mensonge) ; et de celles-ci on conclut la réalité du fait.

4. La méthode historique. — L'histoire, avant de raconter les faits, doit contrôler les témoignages qui les rapportent. La méthode historique comprend donc d'abord la *critique historique* qui n'est qu'une application particulière de la critique générale du témoignage.

Les sources de l'histoire sont : les *traditions*, les *monuments* et les *écrits*.

La tradition est le *récit d'un fait transmis de bouche en bouche*. Elle est d'autant plus douteuse qu'elle rapporte des faits plus extraordinaires, qu'elle a dû attendre plus longtemps avant d'être fixée par écrit, enfin qu'elle a été formée et conservée par des témoins plus ignorants et moins désintéressés. A ce compte, il est bien peu de traditions qui ne soient tout à fait incertaines : elles ont eu sans doute pour point de départ un fait réel, mais, si on ne peut les contrôler par des témoignages d'autre sorte, il est impossible d'y faire la part de l'imagination et de la réalité. Elles gardent cependant une haute valeur comme indices des mœurs et de l'esprit du temps où elles sont nées.

A l'égard des monuments (édifices, arcs de triomphe, statues, tombeaux, médailles, monnaies, inscriptions, etc.), il faut s'assurer d'abord de leur *authenticité* (sont-ils bien de l'époque et du personnage auxquels on les attribue ?), ensuite de leur *sens* (est-on bien sûr de le comprendre exactement ?), enfin de leur *sincérité* (ne contiennent-ils aucun mensonge ?).

Les écrits sont, de beaucoup, la source la plus importante de l'histoire. On y distingue les procès-verbaux, les journaux privés ou publics, les mémoires, les annales, les histoires proprement dites, etc.

La critique doit porter d'abord sur l'*écrit* (est-il authentique ou apocryphe ?), ensuite sur le *contenu* (les faits rapportés sont-ils vraisemblables ? ne remarque-t-on dans leur rapport aucune obscurité, aucune contradiction?), enfin sur l'*auteur* (était-il témoin oculaire ou contemporain? Quelle était sa compétence, sa bonne foi, etc.?). Si l'auteur n'a fait que rapporter des témoignages antérieurs, on critique ces témoignages eux-mêmes.

Mais la critique des témoignages n'est pour l'histoire qu'un moyen de connaître et de prouver les *faits* dont elle se propose de montrer ensuite la succession et l'enchaînement. Dans cette seconde partie de sa tâche, le raisonnement intervient soit pour combler les lacunes laissées dans les faits par les témoignages, soit pour déterminer les liaisons des faits entre eux. Les conclusions de ce raisonnement ne sont jamais que plus ou moins probables, d'abord parce que les faits sur lesquels il porte sont souvent eux-mêmes incertains, ensuite parce que les principes par lesquels il les interprète et les explique sont presque toujours trop vagues ou trop hypothétiques pour asseoir une parfaite certitude.

L'histoire est donc de toutes les sciences celle qui fait la plus grande part à la simple probabilité.

Ne pourrait-on cependant arriver à déterminer, soit par l'analyse et la comparaison des faits historiques, soit par toute autre méthode, des lois à la fois certaines, générales et précises, par lesquelles s'expliqueraient ensuite ces faits eux-mêmes? Ce problème est celui de la philosophie de l'histoire ou de la science sociale.

5. La méthode de la science sociale. — La science sociale est la *recherche des lois qui régissent les faits de la vie sociale de l'humanité*.

Ces faits, extraordinairement divers et complexes, peuvent cependant être groupés sous un petit nombre de chefs dont voici les principaux : les races, les langues, le régime de la famille, le régime social, les faits économiques (agriculture, industrie, commerce), les institutions politiques, les religions, les mœurs, les idées philosophiques et scientifiques, les arts et les littératures, les migrations, guerres, conquêtes, révolutions, progrès, décadence, etc.

Les lois de ces faits sont de deux sortes : lois de *coexistence*, lois de *succession*. — Les premières, qui sont, d'après Auguste Comte, l'objet de la *statique sociale*, déterminent les connexions des divers éléments d'un état social : dans une société comme dans un être vivant, toutes les parties composantes ont entre elles des rapports de coordination et de subordination nécessaires. Les tragédies de Racine et la cour de Louis XIV sont évidemment des phénomènes corrélatifs.

Les secondes, qui sont l'objet de la *dynamique sociale*, déterminent les causes des modifications successives des sociétés : elles sont proprement des lois de causalité.

Les unes et les autres sont très difficiles à déterminer, d'abord à cause de la *complexité* des causes qui produisent les faits sociaux, ensuite et surtout, parce qu'au nombre de ces causes, il s'en trouve d'*accidentelles* dont on ne peut ni prévoir ni mesurer l'influence (en particulier les grands hommes).

Aussi la science sociale tend-elle à se subdiviser en un grand nombre de sciences particulières dont chacune étudie une espèce de faits sociaux (histoire du droit, science des religions, science des langues, économie politique, histoire proprement dite, etc.); mais cette subdivision, si elle a ses avantages, a aussi ses inconvénients, en ce que les lois déterminées par chacune de ces sciences ne sont plus vraies qu'*in abstracto* et cessent de l'être dès qu'on replace le fait qu'elles régissent dans l'ensemble des autres faits sociaux dont il est en réalité inséparable.

Ce n'est donc pas trop pour la science sociale des ressources de toutes les méthodes, dans la mesure où elles sont applicables à l'objet de ses recherches.

Ainsi elle recourt à la méthode *inductive* pour déterminer par la comparaison et l'analyse des faits sociaux les lois plus ou moins générales qui les régissent. L'expérimentation étant impossible, elle la remplace par le *nombre* et la *qualité* des observations; mais comme elle ne peut guère faire usage de la méthode de différence, et que les autres méthodes expérimentales ne prouvent jamais complètement la causalité, ses inductions ne peuvent être que probables.

La méthode *déductive* y sert de contre-épreuve à la méthode inductive, soit en déduisant des lois obtenues par induction toutes les conséquences qu'elles enferment et en vérifiant ces conséquences par des observations nouvelles, soit en déduisant ces lois elles-mêmes des lois plus générales de la nature humaine et en déterminant ainsi les conditions et les limites de leur vérité.

La connaissance des lois sociales, quand elle sera suffisamment précise et assurée, permettra non seulement d'expliquer les faits passés de la vie de l'humanité, mais encore de prévoir et de maîtriser dans la mesure du possible les faits à venir : elle sera tout à la fois le fondement d'une histoire scientifique et d'une politique rationnelle. Mais il faudra sans doute plusieurs siècles de travaux avant qu'un pareil résultat soit atteint.

OUVRAGES A CONSULTER

Stuart Mill, *Système de logique*, liv. vi. — Cournot, *Exposition de la théorie des chances*. — Caro, *Problèmes de morale sociale*. — Spencer, *Introduction à la science sociale*. — Aug. Comte, *Cours de philosophie positive*, 48° leçon. — Ollé-Laprune, *La certitude morale*. — Naville, *Comptes rendus de l'Académie des sciences morales et politiques*, avril 1873. — Daunou, *Cours d'études historiques*, 1ᵉʳ vol. — Laplace, *Essai philosophique sur la probabilité*.

SUJETS DE DISSERTATIONS

1 et 2. Que doit-on entendre par l'expression : sciences morales, et en quoi les sciences morales diffèrent-elles des sciences physiques ? 66-82.

Qu'appelle-t-on sciences morales et politiques? Quelles sont ces sciences? En quoi se distinguent-elles des sciences physiques et naturelles ? 75.

Comparer la méthode applicable aux sciences physiques et la méthode employée dans les sciences morales. 85.

Montrer combien la connaissance de l'activité libre est importante pour les sciences morales. 72.

Montrer que les **vérités** de l'ordre moral ne sont pas susceptibles du même genre de démonstration que les vérités mathématiques et que les vérités de l'ordre physique. 69-86.

De la certitude propre aux vérités de l'ordre moral. 71.

En quoi diffère l'évidence géométrique de l'évidence morale ? (Pour ces trois derniers sujets, voyez aussi chapitre suivant : La certitude et ses différentes espèces, et dans la *Morale* : La méthode de la morale.) 73.

3. Sur quels fondements repose la croyance à la véracité du témoignage humain ? 77.

Analyser la foi naturelle au témoignage de nos semblables. Quelle est la part du témoignage dans le progrès des connaissances humaines ? 79-80.

Des règles du témoignage humain selon qu'il s'applique à des doctrines ou à des faits. 69.

4. Exposer les règles de la critique des témoignages. Appliquer ces règles spécialement à la critique des témoignages historiques. 69-73.

Règles de la critique historique. 68.

Du témoignage et de la critique historique. Principales sources des erreurs en histoire. Règles à observer pour s'en défendre. 87.

CHAPITRE V

LA VÉRITÉ ET L'ERREUR

I. — LE CRITERIUM DE LA VÉRITÉ.

1. La vérité et l'erreur. — La vérité est ordinairement définie *l'accord de la pensée et de son objet* : « *adæquatio mentis et rei,* » disaient les scolastiques ; l'erreur sera donc le *désaccord de la pensée et de son objet.*

Or tantôt l'esprit croit absolument à la vérité de sa pensée, et c'est alors la *certitude;* tantôt, tout en croyant qu'elle est vraie, il conçoit qu'elle pourrait être fausse, et c'est l'*opinion;* tantôt enfin, dans l'ignorance où il est de sa vérité ou de son erreur, il ne se fixe en aucune croyance, et c'est le *doute.*

Il y a donc lieu de rechercher quels sont les caractères de la pensée qui en fait ou en droit déterminent ces trois états de l'esprit, la certitude, l'opinion ou croyance proprement dite, et le doute.

2. La certitude et ses diverses espèces. — La certitude a été définie l'*adhésion ferme et immuable de l'esprit à ce qu'il connait,* adhésion qui exclut le doute : *adhæsio mentis firma et immutabilis rei cognitæ, dubium excludens.*

Prise en elle-même, elle est donc un état subjectif, une sorte d'assiette et d'équilibre de l'esprit qui se repose et se complaît dans sa pensée : elle n'est pas autre chose enfin que la *croyance*, dans toute sa pureté et toute sa force.

L'opinion, au contraire, est une *adhésion mêlée de doute* et par conséquent plus ou moins chancelante et inconstante.

D'où il suit que la certitude est absolue et indivisible, tandis que l'opinion est susceptible d'une infinité de degrés, à partir de la certitude même jusqu'au doute.

Cependant on peut distinguer dans la certitude plusieurs espèces d'après les *facultés* qu'elle accompagne ou les *circonstances* dans lesquelles elle se produit.

Au premier point de vue, la distinction la plus générale est sans doute celle de la *certitude de fait* et de la *certitude de raison*.

Je puis être certain d'une chose ou parce que je la *vois* ou parce que je la *comprends*.

La première certitude est celle qui s'attache à la perception des choses réelles : c'est une certitude empirique ou expérimentale.

La seconde est celle qui s'attache à l'intelligence des vérités nécessaires : c'est une certitude rationnelle.

Dans la première rentre la certitude appelée par l'École certitude *physique* ou *sensible*, qui accompagne l'exercice des sens, par exemple, la certitude de l'existence des objets extérieurs; mais le type véritable de la certitude de fait est la certitude *psychologique* inséparable de la conscience.

Dans la certitude rationnelle, il convient peut-être de distinguer deux cas. Tantôt en effet, les vérités dont nous comprenons la nécessité sont de telle nature qu'elles se réalisent aussi en fait indépendamment de notre volonté, comme par exemple les vérités mathématiques : deux et deux font quatre; entre deux points donnés, on ne peut mener qu'une ligne droite. Tantôt, au contraire, elles sont de telle nature qu'elles ne peuvent se réaliser que par l'intermédiaire de notre volonté; et telles sont les vérités morales, comme par exemple qu'un dépôt appartient au propriétaire et non au dépositaire, qu'un enfant doit obéir à ses parents, etc.

La certitude des vérités purement spéculatives s'appellera certitude *mathématique* ou *métaphysique*.

La certitude des vérités d'ordre pratique ou moral s'appellera certitude *morale*.

Toutefois on a souvent donné d'autres sens aux mots « certitude morale ».

Ainsi Euler entend par là la certitude fondée sur le témoignage unanime des hommes; mais ce sens n'est qu'un cas particulier d'un sens plus général, d'après lequel la certitude morale est toute certitude qui, insuffisante au point de vue intellectuel c'est-à-dire sous le rapport des *raisons* ou des *preuves*, a des fondements suffisants dans nos instincts, nos sentiments, notre volonté, en un mot dans notre nature morale pour exclure en fait toute espèce de doute et déterminer notre conduite. La certitude morale, ainsi entendue, n'est qu'une forme, très intéressante il est vrai, de la simple croyance. Kant l'appelle *foi* et la définit une croyance *objectivement* insuffisante mais suffisante *subjectivement*. Elle se trouve ainsi intermédiaire entre la *certitude* proprement dite, qui est subjectivement et objectivement suffisante, et l'*opinion*, qui est subjectivement et objectivement insuffisante.

Si l'on considère maintenant la façon dont l'esprit arrive à la certitude, on distinguera la certitude *immédiate* ou *intuitive* et la certitude *médiate* ou *discursive* (du verbe latin, *discurrere*, traverser une série de points).

La première résulte de la *vue* même de la chose ou de la vérité qui suffit à la produire ; la seconde de la vue du *rapport* de cette chose ou de cette vérité avec une autre à laquelle seule était d'abord attachée la certitude. — La certitude médiate implique donc un raisonnement par lequel la certitude se trouve ainsi transférée d'une chose ou vérité à une autre; elle implique par cela même la certitude immédiate, d'abord de la première chose ou vérité, ensuite du rapport de la seconde à la première.

En combinant cette distinction avec la précédente, on remarquera que la certitude de fait peut être double : *immédiate* (par exemple celle de la conscience), *médiate* (par exemple celle des sens, de la mémoire, de l'induction, du témoignage); et de même la certitude de raison : certitude *intuitive* des axiomes mathématiques, des principes de contradiction et de causalité, certitude *déductive* ou *démonstrative* des vérités dont on ne pourrait douter sans douter de ces axiomes ou de ces principes.

Il faut prendre garde de ne pas confondre la certitude immédiate et médiate qui sont deux *espèces* de certitude avec la certitude spontanée et réfléchie qui sont deux *états* de la certitude.

La certitude *spontanée* est celle qui est antérieure à l'examen et au doute; la certitude *réfléchie* est celle qui a survécu à l'épreuve plus ou moins prolongée du doute et de l'examen. Dans la première, on est certain sans savoir pourquoi; dans la seconde, on connaît les raisons de sa certitude.

3. L'évidence. — Les choses et les vérités, objets de la certitude (soit de fait, soit de raison) ne sont, à les prendre dans l'intelligence même, que des *pensées :* il reste donc à rechercher quel est le caractère de nos pensées qui détermine la certitude.

On l'appelle ordinairement *évidence*, et l'on définit par conséquent l'évidence, ce *caractère des choses ou des vérités qui détermine dans l'esprit la certitude.*

Il suit de cette définition que l'évidence et la certitude sont entièrement corrélatives l'une à l'autre : elles sont les deux aspects d'un même fait. Dire que je suis certain d'une chose ou que la chose est évidente pour moi, c'est tout un. Seulement la certitude est un état du sujet, elle est *subjective;* l'évidence est un caractère de l'objet, elle est *objective.*

Il suit encore de cette définition que tout ce qui se dit de la certitude peut se dire *mutatis mutandis* de l'évidence : on distinguera donc une évidence de fait et une évidence de raison ; ou encore une évidence sensible, une évidence rationnelle et une évidence morale ; ou enfin une évidence immédiate et une évidence médiate.

Mais cette définition de l'évidence est purement nominale, et ne résout en aucune façon le problème posé. Il reste toujours à savoir en quoi consiste ce caractère (qu'on l'appelle évidence ou autrement) qui détermine la certitude, et même s'il est unique, ou s'il n'y en a pas en réalité plusieurs, spécifiquement différents les uns des autres, correspondant aux différentes espèces ou aux différents états de la certitude. — En effet la certitude spontanée, qu'elle soit d'ailleurs légitime ou illégitime, n'est, on l'a vu en psychologie, que le résultat de cette loi de la croyance en vertu de laquelle toute idée qui n'est pas contredite est immédiatement affirmée; d'où il suit que l'évidence qui détermine cette certitude se réduit à *l'absence d'une seconde idée capable de contredire la première.*

Aussi convient-il peut-être de restreindre, comme l'ont fait la plupart des philosophes, le sens du mot évidence, pour lui faire signifier le caractère *sui generis* qui détermine, non toute certitude en général, spontanée ou réfléchie, légitime ou illégitime, mais seulement la certitude *réfléchie* et *légitime*.

C'est en ce sens seulement qu'on peut dire de l'évidence, avec Descartes, qu'elle est le *criterium* de la certitude ou de la vérité ; à la condition, il est vrai, de compléter cette définition en disant quelle est précisément la nature de ce caractère.

4. Le criterium de la vérité. L'autorité des anciens.

— On comprendra mieux la nature de l'évidence si l'on passe successivement en revue les diverses sortes de criteriums qui ont été proposées par les différentes écoles philosophiques.

Le criterium (1) de la certitude ou de la vérité peut se définir le *signe qui permet à l'esprit de distinguer avec certitude la vérité de l'erreur.*

Un criterium longtemps invoqué (surtout au moyen âge) est celui

---

(1) Du grec κριτηρίον, moyen de juger (κρίνειν).

de l'*autorité*. « Est certainement vrai tout jugement confirmé par l'autorité, c'est-à-dire par les personnes qui ont autorité pour juger. » Cette autorité, en matière de sciences et de philosophie, ne peut être que celle des *anciens* ou celle des gens *compétents*.

On peut ramener à quatre principales les objections contre le prétendu criterium de l'autorité des anciens. La plupart ont été développées par Pascal dans sa préface du *Traité du vide*.

1° Ce criterium ne donne à l'esprit qu'une certitude aveugle, la certitude de la *foi* et non celle de la *science* : on *croit* que les anciens ont dit vrai; on ne *voit* pas qu'ils ont dit vrai.

2° Il suppose nécessairement lui-même un autre criterium, antérieur et supérieur, celui-là même dont les anciens se sont servis pour découvrir directement la vérité. Mais s'ils ont eu le pouvoir et le droit de s'en servir, pourquoi n'aurions-nous pas le même pouvoir et le même droit?

3° Ce criterium n'est nullement infaillible : car rien ne prouve que les anciens aient toujours dit vrai. Ils ont jugé d'après leur expérience, mais la nôtre étant plus longue et plus complète, nous avons plus de chances qu'eux de bien juger. « Ceux que nous appelons anciens, dit Pascal, étaient véritablement nouveaux en toute chose; et c'est en nous que l'on peut trouver cette antiquité que nous révérons dans les autres. » Bacon a dit de même : « *Antiquitas sœculi, juventus mundi.* »

4° Enfin ce criterium rend impossible tout progrès de la connaissance humaine et met, comme dit Pascal, la raison de l'homme en parallèle avec l'instinct des animaux.

Presque toutes ces objections pourraient aussi s'adresser au criterium de la compétence. L'autorité des gens compétents peut être un motif de croyance : elle n'est pas une règle de certitude.

5. Le criterium du consentement universel. — Quelques théologiens philosophes (entre autres M. de Lamennais) ont remplacé l'autorité des anciens ou des gens compétents par celle du genre humain. C'est le criterium du *consentement universel*. « Est certainement vrai tout jugement confirmé par le consentement universel de l'humanité. »

Mais tout d'abord, le consentement universel est très difficile à constater : il nous est matériellement impossible de savoir s'il est vraiment universel dans l'espace et surtout dans le temps. Ce qu'on appelle ainsi n'est en fait que l'opinion professée *jusqu'à ce jour* par la *majorité* des hommes.

En second lieu, ce consentement, s'il existe, ne porte que sur un nombre très restreint de vérités (la réalité des faits donnés dans l'expérience, les principes de la raison) : doit-on en conclure que tout le reste est à jamais incertain? Ce serait rendre impossible tout progrès de la connaissance humaine.

Enfin, ce criterium lui-même en présuppose un autre. Si chaque homme pris à part est incapable de discerner la vérité par lui-même, comment l'humanité, qui n'est que l'ensemble des hommes, en serait-elle capable? Il faut donc que chaque homme ait en soi, antérieurement au consentement universel, une règle de jugement, faute de quoi il attendra, pour juger, le jugement de ses semblables, lesquels attendront eux-mêmes le sien ; et ainsi aucun jugement ne se formera jamais. En fait d'ailleurs, il est de consentement universel que chacun peut et doit juger par lui-même du vrai et du faux. La doctrine se retourne donc contre ses partisans eux-mêmes.

6. Le criterium du sens commun. — L'école écossaise, avec Reid et Hamilton, a vu dans le *sens commun* le criterium de la vérité. « Est certainement vrai tout jugement conforme au sens commun, et certainement faux tout jugement qui lui est contraire. » Par sens commun, elle entend non pas seulement la *raison*, qui est en effet commune à tous les hommes, mais un *ensemble de croyances naturelles, universelles, pratiquement invincibles*, telles que la croyance à la réalité du monde extérieur et à sa perception immédiate par l'esprit, la croyance à l'unité et à l'identité du moi, la croyance à la liberté morale, etc.

Les objections portent, soit sur la possibilité d'appliquer le criterium, soit sur sa valeur intrinsèque.

1° Il est bien difficile de savoir si une croyance est naturelle ou acquise ; si elle est commune à toute l'espèce humaine ou seulement aux hommes de notre pays et de notre temps ; si sa nécessité pratique est définitivement ou provisoirement invincible. Ainsi la vision des objets à distance implique une croyance acquise qui paraît naturelle ; l'existence des revenants et des sorciers, l'immobilité de la Terre, ont été pendant longtemps l'objet de croyances universelles. On risque donc de prendre des *préjugés* pour des vérités de sens commun.

2° Rien ne prouve que le sens commun soit infaillible. De ce qu'une croyance est *naturelle*, il ne s'ensuit pas qu'elle soit vraie. Il peut y avoir des illusions naturelles ; il y en a. Par exemple nous localisons nos sensations là où elles ne sont pas et ne peuvent pas être. — De même l'*universalité* d'une croyance ne prouve pas sa vérité. Tous les hommes, dit-on, ne peuvent pas se tromper. C'est retourner au consentement universel. « La pluralité des suffrages, dit Descartes, n'est pas une preuve qui vaille rien pour les vérités un peu malaisées à découvrir. » — Enfin, une croyance peut être *pratiquement invincible* sans être vraie. Je ne peux pas m'empêcher d'agir pratiquement comme si la couleur était un mode des objets; je n'en sais pas moins que cela est faux. D'ailleurs le sens commun se contredit souvent lui-même; il est souvent contredit par les découvertes scientifiques (antipodes, rotation de la Terre), et sur la plupart des questions de sciences et de philosophie, il est muet et incompétent.

Le défaut commun à toutes les doctrines précédentes est de chercher le criterium de la vérité dans une *autorité extérieure à l'esprit* (car le sens commun, s'il n'est pas la raison même, ne peut être que l'autorité de la multitude); elles ôtent ainsi à l'esprit l'initiative et la responsabilité de ses jugements, mais par cela même, elles ne lui donnent toutes qu'une *certitude aveugle* : l'esprit, quand il applique un tel criterium, peut *croire* que ce qu'il pense est vrai, mais il n'en *voit* pas, il n'en *comprend* pas lui-même la vérité.

Tel est aussi le défaut du criterium cartésien de la *véracité divine:* « Est certainement vrai tout jugement dont nous ne pouvons douter sans nier la véracité divine, c'est-à-dire sans supposer, par voie de conséquence, que Dieu a voulu nous tromper. » Ici encore la certitude n'a pas sa raison dans la chose même dont on est certain, mais en dehors d'elle, dans l'autorité de Dieu qui est censée se manifester par une impulsion naturelle et irrésistible à croire. Cette doctrine revient donc au fond à celle du sens commun, et partant elle est sujette aux mêmes objections. L'existence d'illusions naturelles et invincibles ne prouverait pas plus contre la véracité de Dieu que l'existence du mal ne prouve contre sa bonté ou sa justice.

Restent donc les doctrines qui ont placé le criterium de la certitude dans un caractère inhérent à l'objet même de la certitude. On peut les ranger en deux classes, selon que le criterium qu'elles proposent est particulier ou universel.

7. Le criterium de l'expérience. — Parmi les premières se trouvent d'abord les doctrines empiriques qui font consister le criterium dans l'*expérience*. « Est certainement vrai tout jugement conforme à l'expérience, et certainement faux tout jugement qui lui est contraire. »

L'expérience est en effet un criterium de vérité; mais elle n'est pas le *seul*. Elle produit la certitude de fait, mais elle laisse en dehors d'elle la certitude des vérités de raison (vérités logiques, mathématiques et morales).

En outre, ce criterium est *vague* et *équivoque*. — Par expérience, entend-on l'expérience *brute* ou l'expérience *interprétée par l'intelligence?* Dans le premier cas, il n'y a plus de certitude que dans la sensation présente, dans l'état de conscience actuel; car toute perception, tout souvenir, toute induction, en un mot toute pensée implique une interprétation de la sensation, une inférence de ce qui est donné dans la conscience à ce qui n'y est pas et ne peut y être donné (les objets extérieurs, les esprits distincts du nôtre, le passé, l'avenir, etc.). Ce n'est pas assurément ce que veulent dire les partisans de cette doctrine.

Ils entendent donc par expérience, avec tout le monde, cette combinaison de sensations, de mémoire et de raisonnement par laquelle nous acquérons la connaissance des choses et des phénomènes sensibles. — Mais l'expérience ainsi entendue, a elle-même besoin d'un criterium. Il y a, en effet, des perceptions fausses, des souvenirs inexacts, des inductions illégitimes. A quel signe peut-on distinguer toutes ces erreurs de la vérité?

Ce signe, dira-t-on peut-être, c'est l'expérience elle-même qui le fournit. L'*expérience constante de l'humanité*, voilà le criterium.

Mais il n'est guère plus facile de constater cette expérience universelle que de constater le consentement universel.

En outre, une seule expérience suffit au savant pour affirmer avec certitude une loi encore ignorée du reste des hommes; et l'expérience constante de l'humanité ne suffit pas à prouver que le soleil tourne autour de la terre.

A défaut de l'expérience passée, on se rejettera sur l'expérience future. Le criterium de la vérité, c'est, dira-t-on, la vérification finale, c'est le *succès*. Toute prévision qui réussit est vraie; toute prévision démentie par l'événement est fausse. — Sous cette dernière forme, la doctrine du criterium expérimental renferme une grande part de vérité; mais elle est *incomplète*, d'abord en ce que toute pensée ne se ramène pas nécessairement à une prévision (ainsi la mémoire, les jugements mathématiques, moraux, etc.); ensuite en ce que la prévision est elle-même un raisonnement, et que le raisonnement, avant toute vérification de l'expérience, contient en soi un premier criterium.

8. Le criterium du principe de contradiction. — De là une autre doctrine, attribuée à Wolf, disciple de Leibniz, d'après laquelle le criterium de la certitude est le principe d'*identité* ou de *contradiction*. « Est certainement vrai tout jugement qu'on ne peut nier sans se contredire, et certainement faux tout jugement qui enveloppe une contradiction. »

Tel est bien en effet le criterium de la pensée formelle. Il n'est pas, comme on l'a dit, purement négatif. Non seulement il donne la certitude de l'erreur (quand la pensée est contradictoire), mais il peut donner aussi la certitude de la vérité (quand la pensée opposée est contradictoire). Il n'est pas, il ne peut pas être le *criterium universel*. A moins de réduire la pensée à la seule affirmation de l'identité de chaque chose avec elle-même et de sa non-identité avec toutes les autres, il suppose des jugements préalables où l'esprit fait la synthèse de choses distinctes; et c'est ce qui a lieu en mathématiques, en mécanique, dans toutes les sciences déductives; dès lors est faux, en vertu du principe de contradiction, tout jugement qui contredit ces prémisses, et vrai, tout jugement qu'on ne peut nier sans les contredire. Mais cette fausseté et cette vérité des conséquences sont toutes relatives : elles dépendent de la vérité même des prémisses dont le principe de contradiction ne peut évidemment donner la certitude.

9. Le criterium du principe de raison. — D'autres disciples de Leibniz ont proposé comme criterium le principe de *raison*. « Est vrai tout ce qui a sa raison d'être ou ce qui est soi-même une raison d'être; est faux tout ce qui n'a pas de raison d'être ou ce qui n'est la raison d'être de rien. » Telle est, ce semble, la formule qu'on pourrait donner de ce criterium.

L'esprit humain paraît l'appliquer en bien des circonstances, soit spontanément, par exemple, dans la perception extérieure où il croit avec certitude à la réalité des objets extérieurs, seule raison d'être de ses sensations, soit avec réflexion, par exemple dans les méthodes expérimentales qui tendent toutes vers cette conclusion ou qu'un fait n'a pas de raison d'être ou qu'il a pour raison d'être un de ses antécédents.

Seulement, comme le principe d'identité, le principe de raison suppose une matière à laquelle il s'applique, des choses données pour lesquelles se pose déjà la question de la vérité et de l'erreur et dont il ne fonde pas par conséquent la certitude. En outre, il est d'une application bien plus difficile que le principe d'identité; car si nous sommes certains que tout ce qui a ou tout ce qui est une raison d'être est vrai, sommes-nous jamais certains de connaître exactement la raison d'être d'aucune chose?

10. Le criterium de l'évidence. — Ainsi l'expérience, le principe de contradiction, le principe de raison sont bien, chacun pris en soi, un criterium. Mais aucun n'est universel et ne se suffit entièrement à lui-même. Le criterium *universel* et *absolu*, d'après l'école cartésienne, c'est l'*évidence*. « Tout ce qui est évident est certainement vrai; tout ce qui n'est pas évident est douteux et peut être faux. »

Le criterium de l'évidence est, dit-on, impliqué dans tous les autres. L'expérience ne donne la certitude que si elle est *évidente*. Une proposition peut être contradictoire en soi : nous ne serons certains de sa fausseté que lorsque nous apercevrons *évidemment* la contradiction. De même, il ne suffit pas qu'une chose soit la raison d'être d'une autre pour que nous soyons certains de sa réalité, s'il n'est pas *évident* pour nous qu'elle en est la raison d'être.

En revanche, le criterium de l'évidence dispense de tous les autres : du moment qu'une vérité est évidente, nous en sommes certains, de quelque façon d'ailleurs que nous ayons aperçu son évidence.

Il faut cependant définir l'évidence elle-même, et c'est dans cette définition même que s'accumulent les difficultés.

On la définit trop souvent par des métaphores. C'est, dit-on, un éclat de la vérité, qui ravit l'assentiment de l'esprit, *fulgor quidam veritatis assensum mentis rapiens;* ou encore la lumière même de la vérité.

Cependant ces métaphores recouvrent une thèse. Cette thèse, c'est que la vérité fait sur l'esprit une impression *sui generis* qui est le signe infaillible de sa présence et dont l'effet nécessaire est la certitude.

Mais cette thèse est fausse. — D'une part, toute vérité n'est pas évidente, et même une vérité évidente pour un individu ne l'est pas nécessairement pour tous les autres; et d'autre part, cette impression qui détermine la certitude peut accompagner l'erreur : le faux est souvent évident pour celui qui s'en croit certain.

Tout au moins faudrait-il essayer de définir la nature de cette impression que la vérité fait sur notre esprit (non pas toujours, mais seulement quand elle est en effet évidente) et qui, par hypothèse, ne se rencontre jamais avec l'erreur.

On peut, ce semble, ramener à deux les définitions qu'on en a tentées.

1° L'*évidence*, a-t-on dit, c'est une *nécessité de penser*, une *impossibilité* de croire ou même de concevoir le contraire, une sorte de *contrainte* irrésistible exercée sur l'esprit par la vérité. Telle est au fond la doctrine de M. Herbert Spencer pour qui le criterium de la vérité est « l'inconcevabilité du contraire ».

Les objections qu'on adresse d'ordinaire à cette doctrine ne nous semblent pas toutes bien convaincantes. — La vérité, dit-on, n'exerce pas toujours cette contrainte sur notre esprit. — Aussi, peut-on répondre, n'est-elle pas toujours évidente. — Telle vérité, dit-on encore, qui s'impose à l'un ne s'impose pas à l'autre. — C'est donc, répondra-t-on, qu'elle est évidente pour le premier et qu'elle ne l'est pas pour le second. — *En fait*, notre certitude résulte souvent d'une impossibilité de concevoir ou du moins de croire le contraire de notre pensée. Je ne puis pas, au moment même où j'éprouve une sensation, croire que je ne l'éprouve pas : je ne puis pas, quand je pense que 2 et 2 font 4, concevoir qu'ils font 5, 6, ou n'importe quel autre nombre. — Mais en *droit*, cette inconcevabilité du contraire n'est pas un signe infaillible de vérité. L'habitude peut produire en nous des nécessités et des impossibilités de penser qui nous rendent souvent certains de choses douteuses ou fausses. Il faudrait donc un nouveau criterium pour distinguer la force de la vérité de la force de l'habitude.

2° L'*évidence* (et c'est là peut-être la vraie doctrine de Descartes) c'est une *simplicité* de la vérité telle que l'esprit ne peut manquer de la *voir* tout entière et telle qu'elle est. *Évident* et *clair*, c'est même chose, mais cela seul est *clair* qui est *simple*. Les pensées compliquées peuvent être vraies : elles ne sont pas évidentes, et par conséquent on ne peut pas être certain qu'elles sont vraies, tant qu'elles n'ont pas été *éclaircies*, c'est-à-dire ramenées par l'analyse à des pensées simples.

Cette définition, qui peut d'ailleurs se concilier avec la précédente, est, à notre avis, la plus grande approximation que l'on puisse donner de la nature de l'évidence. Mais la simplicité n'est pas plus que la nécessité, un criterium infaillible de la vérité ; car l'habitude peut nous faire paraître simples des choses qui sont en réalité très compliquées.

En résumé, si l'on entend par criterium un signe de la vérité qui la fasse reconnaître infailliblement sans que l'esprit ait à en juger par lui-même à ses risques et périls, il n'y a pas de criterium, et il ne peut pas y en avoir, car il faudrait un autre criterium pour assurer à l'esprit qu'il applique correctement le premier, et ainsi de suite à l'infini. Mais, si l'on entend par criterium le signe ou l'ensemble de signes que l'esprit a jusqu'ici reconnu dans les vérités dont il a désormais une certitude aussi parfaite qu'il est humainement possible de l'avoir, en ce sens, il y a un criterium, et l'on peut même dire que ce criterium est l'évidence (1), c'est-à-dire la *nécessité* avec laquelle les vérités *simples*, une fois *vues*, s'imposent à l'esprit, et ajouter que cette évidence n'apparait nulle part ailleurs aussi clairement que dans les faits d'expérience immédiate et dans les principes de la raison (principes de contradiction et de raison).

Donc, au point de vue pratique, on a les plus grandes chances de ne pas se tromper, si, comme le dit Descartes, on tâche de ramener toutes les choses qui ne sont pas évidentes à celles qui le sont, et si l'on n'admet comme vraies que celles qui sont évidentes. Mais encore faut-il que l'esprit juge en chaque cas particulier si ce qu'il prend pour la simplicité et la nécessité de l'évidence n'est pas le résultat de l'habitude.

11. La probabilité. — La probabilité est à l'opinion ce que l'évidence est à la certitude, c'est-à-dire ce caractère des choses qui nous détermine à y croire.

Mais ici encore, il ne s'agit pas des choses, qui prises en elles-mêmes ne sont ni probables ni improbables : il s'agit des choses en tant que représentées dans l'esprit. De sorte qu'en dernière analyse la probabilité est un caractère de nos jugements.

Un jugement est probable quand les *raisons* d'y croire l'emportent sur les *raisons* de n'y pas croire, ou, plus brièvement, quand les *raisons pour* l'emportent sur les *raisons contre*.

Quand le contenu d'un jugement probable est la prévision d'un événement, on dit que cet événement est lui-même probable, et les raisons s'appellent des *chances*.

Dans ce dernier cas, les raisons ou chances peuvent être d'une part les causes connues de nous qui tendent à produire l'événement, d'autre part les causes connues ou ignorées qui tendent à l'empêcher. Elles peuvent être aussi d'une part le nombre des événements

---

(1) On ne parle ici que de l'*évidence immédiate*, mais on a vu plus haut comment l'*évidence médiate* s'y ramène.

de même espèce qui se sont déjà produits dans des circonstances analogues, d'autre part le nombre des événements qui ne se sont pas produits.

On distingue deux sortes de probabilités : la probabilité *mathématique* et la probabilité *philosophique* ou *morale*.

La première est celle qui peut être *calculée*. Elle n'a lieu que lorsque les raisons pour et contre sont *toutes* connues (ou qu'on peut sans inconvénient faire abstraction de celles qui ne le sont pas) et toutes de *même nature* (ou telles qu'on peut sans inconvénient faire abstraction de leurs différences spécifiques).

Soit par exemple une urne contenant vingt boules absolument pareilles sauf la couleur, quinze blanches et cinq rouges. La probabilité qu'on tirera une blanche dépend ici uniquement de la *proportion numérique* des blanches et des rouges : elle peut donc s'exprimer en chiffres et se calculer.

La probabilité mathématique s'exprime par une fraction qui a pour numérateur le nombre des raisons favorables et pour dénominateur le nombre total des raisons. Dans l'exemple précédent, la probabilité qu'une blanche sortira est de $\frac{15}{20}$ ou de $\frac{3}{4}$.

A ce point de vue, il y aura *doute* quand le numérateur sera égal à la moitié du dénominateur ($\frac{1}{2}$ c'est-à-dire autant de raisons pour que contre) et *certitude* quand le numérateur sera égal au dénominateur ($\frac{2}{2}$ ou l'unité : toutes les raisons pour, aucune contre).

Le calcul des probabilités a reçu un certain nombre d'applications non seulement aux *loteries* et *jeux de hasard* mais encore (par l'intermédiaire de la *statistique*) aux *assurances*.

Il peut servir aussi dans les *sciences* à déterminer indirectement les effets et les causes. Ainsi étant donnée une cause constante ou générale agissant dans un très grand nombre de cas, l'effet qui se reproduit dans le plus grand nombre de ces cas est probablement l'effet de cette cause, et cette probabilité, toutes choses égales d'ailleurs, est d'autant plus grande que le nombre des cas considérés est plus grand. Telle est la loi dite « loi des grands nombres ».

Toutefois la probabilité mathématique ne donne qu'une fausse précision lorsqu'il s'agit de jugements dont les raisons sont de natures très diverses et sans commune mesure. On doit alors se contenter de la probabilité *morale* ou philosophique dans laquelle il s'agit moins de *compter* les raisons que de les *évaluer* en ayant même égard aux raisons *ignorées* dont la vérité des jugements peut dépendre. Ainsi il serait absurde, dans une affaire criminelle où dix témoignages sont favorables et quinze contraires, d'en conclure que l'accusé est probablement coupable, et que cette probabilité est de $\frac{15}{25}$ ou de $\frac{3}{5}$, car ces témoignages n'ont pas tous la même *valeur*, et rien ne prouve qu'ils représentent la somme de tous les indices possibles pour ou contre la culpabilité de l'accusé.

La probabilité philosophique est le caractère de toutes les hypothèses scientifiques : une hypothèse est d'autant plus probable qu'elle s'accorde avec un plus grand nombre de faits connus et que le nombre des faits inconnus où il pourrait s'en rencontrer qui la contredisent est, autant qu'on en peut juger, plus restreint. De même, on l'a vu, la probabilité du raisonnement par analogie croît en raison directe du nombre et de l'importance des analogies constatées entre les deux objets qu'il rapproche et en raison inverse du nombre et de l'importance des différences constatées ou présumées.

En somme, la probabilité, mathématique ou morale, est de mise, dans toutes les recherches où il faut déterminer l'existence d'une cause ou d'un effet (elle est par cela même exclue des sciences mathématiques), et où il est impossible de procéder à la détermination directe de la cause par l'élimination de toutes les causes hors une seule (c'est-à-dire dans les sciences naturelles et les sciences morales, et même bien souvent dans les sciences physiques, où l'on n'est pas toujours certain que toutes les causes éliminées représentent bien la somme de toutes les causes *possibles*, connues ou *inconnues*, hors une seule).

Dans la vie pratique, on n'agirait pour ainsi dire jamais si l'on ne devait se décider que d'après des certitudes. Il n'est presque pas de jugement où l'esprit ne doive réserver la part de l'inconnu ; par conséquent, le rôle de la probabilité, dans les opinions et les affaires humaines, est, ce semble, incomparablement plus étendu que celui de la certitude.

II. — L'ERREUR ET LES SOPHISMES.

1. L'erreur. — La logique, qui traite de la vérité (évidente ou probable), doit traiter aussi de l'erreur : « Les contraires, dit Aristote, appartiennent à une seule et même science. »

L'erreur est, on l'a vu, le *désaccord de la pensée avec son objet*. Mais la pensée se présente sous trois formes : 1° l'idée ou la représentation ; 2° le jugement ; 3° le raisonnement. L'erreur peut-elle être commune à ces trois formes de la pensée ?

Tout d'abord, l'idée, prise *en elle-même*, ne peut être ni vraie ni fausse : elle ne devient vraie ou fausse que lorsque l'esprit la rapporte à un objet avec lequel elle s'accorde ou ne s'accorde pas. Or, l'acte par lequel une idée est ainsi rapportée à un objet est un jugement. Il n'y a donc, à proprement parler, d'erreur que dans le jugement. — Ce qu'on vient de dire de l'idée peut se dire aussi de la sensation : une sensation par elle-même ne saurait être erronée : elle est nécessairement ce qu'elle doit être, étant donnés l'action de l'objet extérieur et l'état de nos organes : l'erreur ne réside que dans l'*interprétation* de la sensation, c'est-à-dire dans la *perception*, qui est, en définitive, un jugement.

D'un autre côté, on ne voit pas non plus comment l'erreur serait possible si, le sujet et l'attribut d'un jugement étant l'un et l'autre *donnés* actuellement dans la conscience, l'esprit ne faisait en jugeant que constater leur coexistence actuelle dans la conscience. Aussi tous les jugements identiques (où l'attribut est identique au sujet), et tous les jugements où l'esprit ne fait que constater ses propres états actuels (sans référence au monde extérieur, au passé, à l'avenir, aux autres esprits, etc.) sont-ils nécessairement infaillibles. Mais quand le jugement affirme le rapport d'une représentation à son objet, il est impossible que le sujet (qui est la représentation) et l'attribut (qui est le rapport de la représentation à son objet) soient donnés l'un et l'autre actuellement dans la conscience. Le sujet seul est *donné;* l'attribut est *inféré*, est *conclu* en vertu de certains caractères du sujet; et c'est précisément parce que l'attribut n'est pas *donné* mais *inféré*, n'est pas *vu* mais *supposé*, que l'erreur devient possible.— L'erreur réside donc, à proprement parler, dans l'inférence. Toute erreur est une erreur de raisonnement.

Telle est la théorie adoptée par un grand nombre d'auteurs. Elle ne nous semble admissible que sous certaines réserves.

1° Elle a pour conséquence d'ôter toute distinction entre le jugement et le raisonnement. En effet, sauf le cas cité plus haut, des jugements identiques et subjectifs qui sont, en quelque sorte, des jugements artificiels, tout jugement consiste à « objectiver une représentation ». Dès lors, dans tout jugement, vrai ou faux, l'esprit interprète une représentation comme signe ou image d'un objet, il conclut de la représentation à l'objet, il fait un raisonnement. — Mais c'est là abuser du mot raisonnement. L'acte par lequel l'esprit objective une représentation est un acte immédiat, effet nécessaire de la représentation elle-même, qui ne demande aucune autre cause que l'absence d'une représentation contraire. On doit réserver, ce semble, le mot de raisonnement pour le cas où l'esprit conclut, non d'une représentation à son objet, mais d'une représentation ou d'un objet à un autre, ou même d'une représentation à son objet, mais en vertu de caractères *expressément* pensés dans la représentation. Il est absurde de prétendre qu'un halluciné fasse le raisonnement suivant : toute sensation est le signe habituel de la présence d'un objet; or ce que j'éprouve est une sensation; donc cette sensation est le signe d'un objet présent. — Il peut donc y avoir des erreurs de jugement, irréductibles au raisonnement.

2° D'autre part, il n'y a pas sans doute d'erreur *actuelle* sans un jugement; mais, si l'idée ou la représentation n'est pas déjà, prise en elle-même, en désaccord avec son objet, il ne peut pas davantage y avoir d'erreur dans le jugement qui l'objective. On pourrait donc distinguer avec Descartes l'*erreur matérielle* qui réside dans la représentation et qui consiste dans le désaccord de la représentation avec son objet et l'*erreur formelle* qui réside dans le jugement et qui consiste à objectiver une représentation matériellement fausse.

Il s'ensuit qu'il y a trois grandes classes d'erreurs, les *illusions* (erreurs d'intuition), les *préjugés* (erreurs de jugement) et les *sophismes* (erreurs de raisonnement).— Dans les illusions, une idée (ou une sensation) s'objective elle-même en vertu de sa *force intrinsèque*, elle est identifiée à un objet (imaginaire ou autre que l'objet réel); dans les préjugés, un jugement, en vertu d'une force qu'il tient de l'*habitude*, est affirmé sans preuve comme s'il était évident; enfin dans les sophismes, un jugement est conclu d'un autre jugement dont il n'est pas la conséquence légitime.

2. Les causes de l'erreur. — Les causes générales de l'erreur ont été réduites à deux par Descartes : l'imperfection de l'intelligence, la précipitation de la volonté. La première tient à ce que notre intelligence a des bornes; la seconde à ce que notre volonté n'en a pas. Nous ne voyons pas toutes choses, nous ne voyons pas complètement les choses mêmes que nous voyons; mais la volonté étant libre, nous pouvons toujours vouloir affirmer, vouloir juger même à l'égard des choses que nous ne voyons pas ou que nous voyons incomplètement.

Mais ainsi présentée, la thèse repose sur une hypothèse psychologique très contestable : l'hypothèse du jugement volontaire et libre.

Ce que Descartes appelle ici la volonté n'est au fond que la tendance de toute idée (complète ou incomplète, exacte ou inexacte) à s'objectiver tant qu'elle n'en est pas empêchée par une contradiction. Il reste donc, ce semble, comme cause unique de l'erreur, l'imperfection de l'intelligence. — Mais encore faut-il expliquer en quoi consiste et d'où procède cette imperfection.

Tout d'abord il sera peut-être utile de remarquer que l'erreur est tantôt *passive*, suggérée et comme imposée à l'esprit du dehors (comme par exemple l'hallucination, la plupart des erreurs des sens, les préjugés inculqués dès l'enfance, etc.) et tantôt *active*, formée plus ou moins spontanément par l'esprit lui-même (comme les fictions, les fausses hypothèses, les systèmes erronés, etc.). Cette distinction faite, les causes ou conditions immédiates de l'erreur semblent pouvoir se ramener à trois : l'*ignorance*, l'*imagination* ou l'*habitude* et l'*irréflexion*, dont le concours est nécessaire et suffisant pour la produire.

L'ignorance, sans doute, n'est pas l'erreur ; mais elle est le champ où germe l'erreur. On ne se trompe que parce qu'on ignore ou à l'égard des choses qu'on ignore. Ainsi, dans les erreurs des sens, on juge d'après ce qu'on sait, sans tenir compte de ce qu'on ne sait pas, et c'est l'omission de ces circonstances inconnues qui fausse le jugement. D'autre part, si l'on invente des fictions, des hypothèses, c'est parce qu'on ignore et qu'on désire suppléer, en quelque sorte, à son ignorance par un simulacre de savoir.

Toutefois l'ignorance est si loin d'être l'erreur que la conscience de l'ignorance est le plus sûr préservatif de l'erreur et la condition préalable de la science. « Je ne sais qu'une chose, disait Socrate, c'est que je ne sais rien. » L'erreur est, en quelque sorte, une double ignorance : non seulement on ne sait pas, mais on ne sait pas qu'on ne sait pas, et l'on croit savoir.

A l'ignorance, condition purement négative, doit donc s'ajouter quelque condition positive qui donne à l'erreur son contenu. — Dans les erreurs passives, cette cause est extérieure à l'esprit : ce sont les *sens* qui nous transmettent des impressions plus ou moins altérées par le milieu extérieur ou les organes, c'est la *parole* de nos semblables qui nous suggère et nous inculque des idées fausses, c'est l'*habitude* enfin qui en reproduisant sans cesse les mêmes sensations ou les mêmes pensées leur donne la force de s'imposer à notre esprit. — Dans les erreurs actives, cette cause tout intérieure, est l'*imagination*, ouvrière infatigable d'erreur. L'humanité ignorante ne s'est guère composée jusqu'à ce jour que de deux sortes d'hommes, d'imaginations inégales, dont l'une a inventé les erreurs que l'autre s'est appropriées.

Cependant aucune de ces causes ne produirait définitivement l'erreur, si l'esprit se tenait en garde contre elles. Les hypothèses, les fictions, ne nous trompent que si nous nous laissons aller à y croire. En fait, il y a dans l'esprit une crédulité native, une tendance à croire toute idée qui se présente à lui avec une certaine force et qui ne rencontre ou ne réveille aucune idée contradictoire. Il suffit donc que l'esprit *ne réfléchisse pas* pour que cette tendance ait aussitôt son effet et pour que l'erreur se produise. — L'*irréflexion*, l'absence d'effort pour résister à la crédulité native, telle est donc la cause qui, en s'ajoutant à l'ignorance et à la représentation illusoire, œuvre de l'imagination ou de l'habitude, consomme en quelque sorte l'erreur.

Toutes les autres causes n'opèrent que par l'intermédiaire de celles-là. On les classe le plus souvent en causes *intellectuelles* (langage, association des idées) et causes *morales* (émotions, inclinations, passions). Les unes et les autres ne nous induisent en erreur, 1° qu'en nous suggérant des idées incomplètes ou inexactes; 2° en communiquant à ces idées une très grande force qui nous incline à croire; 3° en nous empêchant d'acquérir ou de nous rappeler les les idées qui contrediraient les premières. Il serait facile de le vérifier sur des exemples.

3. Les sophismes. — Mais les erreurs les plus intéressantes pour la logique sont les *erreurs de raisonnement* qu'on appelle *sophismes* ou *paralogismes*. — Sans doute, bon nombre de préjugés ont été à l'origine de faux raisonnements, mais la plupart de ceux qui y croient en ignorent l'origine. Tous ceux qui redoutent le nombre treize savent-ils que ce nombre n'est devenu redoutable qu'à la suite du dernier repas de Jésus-Christ avec ses disciples? La force d'un préjugé ne lui vient pas des prémisses dont il a été autrefois la conclusion : elle lui vient du sentiment et de l'habitude, et c'est pourquoi un préjugé survit souvent à sa réfutation. La logique peut avoir raison d'un simple sophisme : elle est impuissante devant un préjugé.

On rejettera donc la division des sophismes proposée par quelques logiciens en *sophismes du cœur* et *sophismes de l'esprit*. Les prétendus sophismes d'amour-propre, d'intérêt et de passion, si finement étudiés par Nicole dans la *Logique* de Port-Royal, sont moins des sophismes que des illusions ou des préjugés. Tout sophisme, s'il est un raisonnement et non une simple affirmation sans preuve même apparente, est un sophisme de l'esprit, que la cause première en soit d'ailleurs dans l'esprit ou dans le cœur.

L'ancienne logique divisait les sophismes en sophismes de *diction* et sophismes de *pensée*, selon que l'erreur du raisonnement vient des *mots* par lesquels on l'exprime ou des *idées* et des *jugements* dont il se compose.

Les principaux sophismes verbaux sont l'*équivoque* et l'*amphibologie*. — L'équivoque résulte de l'*ambiguïté des termes*. Un même terme peut avoir plusieurs sens et par conséquent être le signe de choses plus ou moins analogues ou voisines, mais distinctes : on conclura donc d'un sens à un autre, c'est-à-dire d'une chose à une autre comme s'il y avait identité ; ce qui équivaut à quatre termes dans un seul syllogisme.

L'amphibologie résulte de l'*ambiguïté des constructions grammaticales* : c'est en quelque sorte l'équivoque dans la proposition. Comme l'équivoque proprement dite, elle consiste dans une *confusion*.

Le sophisme appelé par les logiciens « *passage du sens divisé au sens composé et vice versa* » tient à l'équivoque de certains termes, en particulier des mots « tout, aucun, etc. » qui peuvent être pris tantôt dans un sens distributif (divisé), tantôt dans un sens collectif (composé), et par suite à l'amphibologie des propositions où ils entrent. Ainsi dans ce raisonnement du prodigue : « cette dépense ne me ruinera pas, ni cette autre, ni cette autre encore, donc *toutes* ces dépenses ne me ruineront pas », on passe illégitimement du sens divisé (toutes ces dépenses, prises *chacune à part*) au sens composé (toutes ces dépenses, prises *ensemble*) grâce à l'ambiguïté du mot *tout*,

On peut encore classer parmi les sophismes verbaux le sophisme de l'*étymologie*, qui consiste à raisonner des choses d'après l'étymologie des noms qu'elles portent, comme si leurs noms étaient nécessairement l'expression exacte de leur nature, le sophisme de l'*abstraction réalisée*, qui consiste à prendre pour des êtres les qualités et relations des choses transformées par le langage en substances et à raisonner en conséquence, le sophisme des *distinctions verbales*, qui consiste à distinguer des choses au fond identiques parce que le langage se trouve avoir deux termes distincts pour les désigner, etc.

BOIRAC. — Cours de philosophie.

Les sophismes de pensée étaient divisés par l'ancienne logique en sophismes d'*induction* et sophismes de *déduction*.

Stuart Mill a proposé une classification des sophismes dont voici le tableau :

Sophismes	d'inférence			
	de simple inspection................			1. Sophismes *à priori*.
		de preuve non distinctement conçue.		2. Sophismes de confusion.
		de preuve distinctement conçue	inductifs	3. Sophismes d'observation.
				4. Sophismes de généralisation.
			déductifs	5. Sophismes de raisonnement.

La première classe contient tous les jugements faux qu'on admet à priori comme *évidents*, c'est-à-dire en somme tous les préjugés ; mais, comme on l'a déjà vu, les préjugés ne sont pas, à proprement parler, des sophismes, à moins qu'on ne rétablisse les raisonnements (presque toujours inductifs) dont ils ont pu être primitivement les conclusions, et ils rentrent alors dans quelqu'une des quatre autres classes. Tout sophisme véritable est donc un sophisme d'inférence.

Parmi les sophismes de confusion Stuart Mill range : 1° les sophismes résultant de l'*ambiguïté des termes*, ou sophismes verbaux dont il vient d'être parlé ; 2° la *pétition de principe;* et 3° l'*ignorance de la question* qu'on rattache d'ordinaire aux sophismes déductifs parce qu'ils se produisent toujours dans l'emploi de la déduction. Du reste, les sophismes verbaux eux-mêmes, ou sont de simples erreurs ou, en tant qu'ils impliquent un raisonnement, sont des *déductions* fautives, des syllogismes à quatre termes (*quaternio terminorum*).

On ramènera donc tous les sophismes à deux grandes classes : *sophismes d'induction, sophismes de déduction.*

Les prétendus sophismes d'observation de Stuart Mill, qui consistent soit à ne pas voir les faits ou leurs circonstances, soit à les mal voir, ne sont pas non plus, pris en eux-mêmes, des sophismes : ce' sont de simples erreurs d'où résultent, il est vrai, des sophismes, à savoir les inductions auxquelles ces observations incomplètes ou inexactes servent de base.

Les sophismes inductifs peuvent se ramener à trois : 1° le *dénombrement imparfait;* 2° l'*ignorance de la cause;* 3° la *fausse analogie*.

Le premier, qui serait mieux nommé sophisme de *l'induction par simple énumération*, consiste à tirer une conclusion générale d'un plus ou moins grand nombre de cas sans rechercher les cas négatifs ou sans en tenir compte, et par conséquent sans déterminer aucune cause.

Peu importe d'ailleurs, que la conclusion soit vraie en elle-même : elle est sophistique par cela seul qu'elle est tirée d'une simple énumération, sans exclusion des cas négatifs et sans preuve de la causalité. Exemple : tous les corps en mouvement finissent par s'arrêter : donc tout mouvement a une fin (omission des cas négatifs : les mouvements célestes; omission de la cause : la résistance du milieu extérieur). Il y a toujours eu des guerres, donc il y en aura toujours, etc.

Le sophisme de l'ignorance de la cause (*non causa pro causâ*) consiste à prendre pour cause un antécédent plus ou moins constant. Les logiciens l'appelaient aussi « *post hoc ergo propter hoc* », ou « *cum hoc ergo propter hoc* ». Exemple : l'eau monte dans le tube dès qu'on a fait le vide; donc le vide est la cause de l'ascension de l'eau. La présence d'une comète dans le ciel a été accompagnée de grands désastres; donc toute comète est un fléau, etc.

La fausse analogie consiste à conclure d'une chose à une autre en raison d'une ressemblance accidentelle et en dépit d'une différence essentielle. Exemple : le pouvoir du père dans la famille est absolu et irresponsable; donc le pouvoir du chef de l'État doit être aussi absolu et irresponsable. La terre est habitée, la lune est analogue à la terre; donc la lune doit être habitée.

Les sophismes déductifs peuvent se produire soit dans les déductions immédiates (conversion et opposition des propositions), soit dans les déductions médiates (syllogismes et démonstrations).

Le *sophisme de conversion* le plus fréquent consiste à convertir simplement une proposition universelle. Exemple : tous les esprits puissants ont de larges cerveaux, donc tout large cerveau appartient à un esprit puissant. Si un homme a la fièvre, il a chaud; or il a chaud, donc il a la fièvre.

Le *sophisme d'opposition* le plus fréquent consiste à conclure de la fausseté d'une proposition la vérité d'une proposition contraire. Exemple : il est faux que tout homme soit menteur, donc aucun homme n'est menteur.

Les sophismes de *déduction médiate* consistent à tirer de certaines prémisses la preuve apparente d'une conclusion qui en réalité n'est pas prouvée : soit 1° parce que cette conclusion est au fond identique à ces prémisses mêmes et par conséquent aussi incertaine qu'elles ; soit 2° parce qu'elle est différente de la vraie conclusion qui dérive de ces prémisses; soit enfin 3° parce que les prémisses sont telles qu'on n'en peut tirer aucune conclusion.

La première sorte de sophisme déductif est la *pétition de principe*. Elle consiste à prendre pour accordée la proposition même qu'il s'agit de démontrer, en un mot à prouver ou à expliquer une chose par elle-même. Exemple : ce qui est évident est vrai ; car cette proposition elle-même (que ce qui est évident est vrai) est évidente; donc elle est vraie. L'opium fait dormir parce qu'il a une vertu dormitive. — Une forme plus compliquée de ce sophisme est le *cercle vicieux* qui consiste à prouver une proposition par une autre, laquelle ne peut se prouver elle-même que par la première (ce qui est évident est vrai, car, si l'évidence pouvait nous tromper, Dieu ne serait pas veridique. Or il est évident que Dieu est véridique ; donc il est vrai que l'évidence ne peut pas nous tromper).

La seconde sorte de sophisme déductif (tirer de prémisses supposées une conclusion autre que celle qui en dérive nécessairement) est susceptible d'un assez grand nombre de formes dont les principales sont l'*ignorance de la question*, le *sophisme de l'accident*, et le *dénombrement imparfait*.

L'ignorance de la question (*ignoratio elenchi*) consiste à déplacer la question, c'est-à-dire à prouver une proposition autre que celle qu'il s'agit de prouver. D'où il suit que les prémisses invoquées, si elles prouvent quelque chose, ne prouvent pas en tout cas la conclusion qu'on prétend en tirer. Exemple : il faut prouver que l'égoïsme est le principe *unique* de tous nos sentiments ; on allègue des prémisses d'où il résulte que l'égoïsme entre toujours, à quelque degré, dans la composition de tous nos sentiments.

Le sophisme de l'accident (*fallacia accidentis*) a été rapporté par quelques logiciens à l'induction. On en distingue deux formes : le sophisme de l'accident proprement dit qui consiste à conclure de l'essence à l'accident (de ce qui n'est vrai qu'en général et d'une manière abstraite à ce qui est vrai dans un cas particulier), sophisme très fréquent dans les sciences morales et sociales, et le sophisme inverse qui consiste à passer du relatif à l'absolu (*a dicto secundum quid ad dictum simpliciter*) ou à conclure de l'accident à l'essence (de ce qui n'est vrai que sous une certaine condition et dans un cas particulier à ce qui est vrai en général). — Dans cette seconde espèce de sophisme rentrent les syllogismes de la troisième figure à conclusion universelle (cet homme est intolérant, cet homme est religieux ; donc tout homme religieux est intolérant), où l'on peut voir aussi des inductions sophistiques.

Le dénombrement imparfait, dans la déduction, consiste à appliquer à toutes les espèces d'un genre une conclusion qui n'a été prouvée que pour quelques-unes d'entre elles. Ces espèces sont le plus souvent deux ou plusieurs hypothèses rentrant dans une hypothèse plus générale. Exemple : a est plus grand ou plus petit que b ; or il n'est pas plus petit ; donc il est plus grand. On oublie l'hypothèse où a serait égal à b.

Dans la troisième sorte de sophisme déductif, les prémisses sont telles qu'on ne peut en tirer de conclusion. C'est ce qui a lieu par exemple lorsqu'elles sont toutes les deux négatives, ou toutes les deux particulières, ou quand le moyen terme est pris les deux fois particulièrement, ou lorsqu'elles contiennent quatre termes. Ce dernier cas est un des plus fréquents : on a vu comment il résulte de l'*ambiguïté des termes*.

Telles sont les différentes sortes de sophismes.

4. Les remèdes de l'erreur. — Comment peut-on s'en préserver ?

S'il s'agit des *sophismes* proprement dits, le préservatif ne peut consister que dans la connaissance et l'usage des *méthodes expérimentales* et *rationnelles* dont la logique appliquée et formelle nous enseigne la théorie en même temps que les sciences physiques et mathématiques nous en apprennent la pratique.

S'il s'agit des *erreurs* en général, les préceptes de la logique sont nécessairement plus vagues et moins efficaces. « *Se défier de la fausse évidence* » telle est, ce semble, la règle suprême. D'où il suit qu'on doit : 1° s'accoutumer à *suspendre son jugement* et à *douter* tant qu'on n'a pas examiné et trouvé les preuves ; 2° se tenir en garde contre l'influence de l'*autorité*, de l'*habitude*, de l'*imagination*, des *passions*, en un mot exclure, autant que possible, toutes les *causes* déterminantes de l'erreur ; 3° enfin s'efforcer de ne juger et raisonner que des choses parfaitement *connues* ou faire en tout cas dans ses jugements et raisonnements une part suffisante à l'*inconnu*.

Par l'observation systématique de ces règles, l'esprit, s'il ne découvre pas toujours la vérité, évitera du moins l'erreur autant qu'il est possible à la condition humaine.

OUVRAGES A CONSULTER

I. LE CRITERIUM DE LA VÉRITÉ. — Descartes, *Discours de la méthode*. — Pascal, *L'autorité en matière de philosophie; L'art de persuader*. — Javary, *La certitude*. — Laplace, *Essai philosophique sur la probabilité*. — Stuart Mill, *Système de logique*, liv. II, chap. vii. — Spencer, *Principes de psychologie*. — Cournot, *De l'enchaînement des idées fondamentales ; Essai sur les fondements de nos connaissances*. — Ravaisson, *La philosophie en France au dix-neuvième siècle*, chap. xxxii.

Voyez en outre *Métaphysique*, chap. i (Les arguments du scepticisme).

II. L'ERREUR. — Port-Royal, *Logique*, liv. III. — Descartes, *Méditations*, III. — Bacon, *Novum organum*, liv. I. — Locke, *Essai sur l'entendement humain*, III⁰ partie. — Stuart Mill, *Système de logique*, liv. V. — Malebranche, *Recherche de la vérité*. — Brochard, *L'erreur*. — J. Sully, *Les illusions des sens et de l'esprit*.

Voyez en outre *Notions d'Histoire de la philosophie*, chap. vii (Bacon).

SUJETS DE DISSERTATIONS

I. LE CRITERIUM DE LA VÉRITÉ. — 1, 2, 3. Que doit-on entendre par les différentes expressions : certitude, doute, opinion, erreur, science? En quoi consistent : le pyrrhonisme, le dogmatisme, le probabilisme? 68.

Qu'entend-on par foi, doute, opinion, science, ignorance, erreur, probabilité, certitude? 69.

Quelle différence y a-t-il entre l'opinion et la science? Citer des exemples. 74.

De la croyance et de la science. Caractères et différences de ces deux états de l'esprit. 76.

Distinguer les principaux degrés de l'affirmation. Donner des exemples. 82.

Définir la vérité, l'évidence et la certitude. 78.

Définir la certitude, la croyance et le doute. Donner des exemples. Dans quelles circonstances et avec le concours de quelles facultés se produisent ces trois états de l'esprit. 80-82-83.

Y a-t-il d'autres certitudes que la certitude des sens et celle du raisonnement? Quelles sont ces certitudes? Quel en est le principe? Quelles en sont les règles? 74.

Distinguer par des exemples et des analyses ces trois sortes d'évidences : l'évidence sensible, l'évidence rationnelle et l'évidence morale. 74.

De la certitude propre aux vérités de l'ordre moral. 71.

En quoi diffère l'évidence géométrique de l'évidence morale? 73.

Convient-il d'établir une différence entre la certitude dite métaphysique et la certitude morale? 84.

Quelle différence existe-t-il entre convaincre et persuader? 66 (*Convaincre, c'est produire une certitude purement intellectuelle ou spéculative : persuader, c'est produire une certitude morale*).

4. Criterium de la certitude. Quels sont les différents principes auxquels on attribue le rôle de criterium? 67-75-86.

Que signifie cette maxime de Bacon : « *Veritas filia temporis, non auctoritatis?* » 72-77.

L'antiquité et la généralité des opinions doivent-elles servir de règles à notre raison dans les sciences physiques et mathématiques? Quelle est sur ce point l'opinion de Pascal exposée dans les fragments de l'*Autorité en matière de philosophie?* 68.

De l'autorité en matière de philosophie. Exposer l'opinion de Pascal sur cette question. 67.

5. Du consentement universel. Ses principales applications aux questions philosophiques. Appréciation de la valeur de cet argument. 67-76.

6. Du sens commun. Montrer que s'il est des choses parfaitement démontrées qui sont au-dessus du sens commun, rien ne saurait lui être contraire. 69.

Quelle est en philosophie l'autorité de ce qu'on appelle le sens commun ? 84.

8. Du principe d'identité et de contradiction. Son rôle en logique. Est-il le criterium de la vérité ? 74.

11. La probabilité. La distinguer de la certitude. Dans quel cas est-elle mesurable par le calcul ? 74.

Qu'est-ce que la probabilité ? En quoi diffère-t-elle de la certitude ? Qu'appelle-t-on le probabilisme ? 71.

De la nature et des degrés de la probabilité. 76.

II. L'ERREUR. — 1 et 2. L'erreur est-elle dans l'idée ou le jugement ? 77-78.

Qu'est-ce que l'erreur ? Est-elle imputable à l'intelligence et, dans ce cas, comment peut-on défendre contre les sceptiques la légitimité de nos facultés de connaître ? 78.

L'erreur est-elle un fait de l'entendement ou de la volonté ? 80-81.

Dans quelle mesure est-il vrai de dire que l'erreur est involontaire ? 81.

De l'erreur et de ses causes. 85.

L'ignorance et l'erreur. Analyser ces deux états de l'esprit. 86.

De l'erreur. En dire la nature et les causes principales. 86-87.

En combien de classes peut-on diviser nos erreurs ? Quels sont les moyens d'y remédier ? Donner des exemples. 72.

Analyser les causes morales de nos erreurs. Donner des exemples. 76.

De l'influence des passions sur l'entendement. Erreurs qui en dérivent. 68.

Qu'appelle-t-on sophismes d'amour-propre, d'intérêt et de passion ? 74.

3. Des erreurs qui ont leur origine dans le langage. Des moyens d'y remédier. 67.

De l'ambiguïté des termes et des moyens d'y remédier. 81.

Des diverses manières de mal raisonner que l'on nomme sophismes. Quelles sont les principales sources de mauvais raisonnement ? Donner des exemples. 66.

Définir les paralogismes et les sophismes. Donner des exemples de la pétition de principe, du dénombrement imparfait, de l'ignorance de la cause et des ambiguïtés de mots. 75.

Examiner le sophisme de logique qui consiste à supposer vrai ce qui est en question, ou pétition de principe. Donner des exemples de ce genre de sophisme. 69.

Examiner les principaux sophismes. Donner des exemples. 85.

LIVRE III
MORALE

1. Définition et division de la morale. — La morale est la *science du bien*, c'est-à-dire de la fin à laquelle doivent se rapporter toutes les actions de la volonté humaine.

De même, en effet, que la vérité est l'objet de l'intelligence, le bien est l'objet de la volonté.

La morale se propose d'abord de déterminer le bien, puis de déduire du bien pris comme principe les règles de la conduite de l'homme dans les diverses circonstances de la vie.

Le caractère propre de ces règles, c'est qu'elles sont *obligatoires*, c'est qu'on *doit* leur obéir : aussi sont-elles appelées *devoirs*.

Il s'ensuit que la morale comprend deux grandes parties :

1° La morale *spéculative* ou *théorique*, qui est proprement la science du bien ;

2° La morale *pratique*, qui est plus particulièrement la science des devoirs.

La morale théorique, qui a pour objet les principes suprêmes de la conduite humaine, est évidemment une science ; la morale pratique qui se compose surtout d'applications et de préceptes, est plutôt un art, celui que les anciens appelaient l'*art de vivre*.

Doit-on, comme on l'a prétendu (1), placer la morale pratique avant la morale théorique ?

Il faut, a-t-on dit, dans toute science procéder du connu à l'inconnu. Or les principaux devoirs de l'homme sont connus ; leurs principes ne le sont pas. La morale, science inductive, doit donc constater d'abord les faits, c'est dire les devoirs, pour s'élever ensuite aux principes qui les expliquent.

Cet argument repose sur une fausse idée de la morale pratique.

(1) Janet, *Traité élémentaire de philosophie*, p. 569.

La morale pratique n'est pas une simple *énumération* de devoirs déjà connus de tout le monde, énumération qui ne prouverait rien et ne servirait à rien; elle est la détermination et la *démonstration* de tous les devoirs connus ou inconnus; mais déterminer et démontrer les devoirs, c'est les déduire de principes préalablement établis. La morale théorique qui établit ces principes doit donc précéder la morale pratique.

Il est vrai que la morale théorique comprend elle-même une partie préliminaire dans laquelle on constate l'existence de la moralité chez les hommes, leur croyance au devoir, leur accord même dans la reconnaissance de certains devoirs. Mais cette partie préliminaire est la théorie de la conscience morale et non la morale pratique.

2. La méthode de la morale. — Il suit de là que la morale est une science non inductive mais *déductive*.

Sans doute, l'expérience et l'induction sont nécessaires pour mettre la morale en possession de ses idées fondamentales (idées du bien, du devoir, du droit, etc.); mais c'est par la méthode *rationnelle* ou *déductive* qu'elle les élève à leur plus haut degré d'abstraction et de généralité et qu'elle en tire les formules suprêmes des devoirs; c'est par la même méthode, malgré des emprunts multipliés à l'observation de la nature et de la vie humaines, qu'elle tire de ces formules les préceptes des devoirs particuliers.

On peut même se demander si les premiers principes de la morale s'établissent par expérience et induction, ou s'ils ne sont pas plutôt connus par une sorte d'*intuition* analogue à celle par laquelle se connaissent en géométrie les premiers principes. A l'occasion des droites sensibles, l'esprit conçoit la droite idéale et juge aussitôt qu'elle est le plus court chemin d'un point à un autre. De même la morale a ses *axiomes* qui apparaissent à l'occasion des faits, mais qui ne tirent pas des faits leur certitude, qui pourraient par conséquent être contestés au point de vue de l'empirisme pur.

C'est pourquoi certains philosophes admettent une espèce particulière d'évidence, l'*évidence morale,* sensible non seulement à l'esprit mais au cœur. D'où ce mot de Pascal au sujet des vérités morales : « il faut les aimer pour les connaître. »

3. Les rapports de la morale et de la psychologie. — La morale a des rapports nécessaires avec la psychologie et la métaphysique.

1° Elle emprunte à la psychologie la notion même de ses principes (existence de la moralité dans la nature humaine, idées du bien, du devoir, du droit, etc.);

2° Le bien, objet de la morale théorique, est l'idéal d'une nature et d'une vie parfaites; mais cet idéal ne peut nous concerner et nous obliger que s'il est l'idéal de la nature et de la vie *humaines*. Pour montrer à l'homme ce qu'il doit être, il faut avoir égard à ce qu'il est.

3° A plus forte raison, la morale pratique suppose-t-elle une connaissance approfondie de la nature de l'homme; car il ne suffit pas d'indiquer à l'homme ses devoirs, il faut encore lui enseigner les moyens de les remplir, et ces moyens doivent nécessairement être appropriés à sa nature.

4. Les rapports de la morale et de la métaphysique.
— On a prétendu que la morale pouvait et devait être *indépendante* de la métaphysique.

On peut sans doute constituer la morale en faisant *abstraction* des problèmes métaphysiques impliqués dans ses principes, comme on peut constituer la géométrie en faisant abstraction du problème métaphysique de la nature de l'espace; mais cette abstraction, dans une science *philosophique* comme la morale, est nécessairement *provisoire*.

Bien plus, en posant les principes de la morale, c'est-à-dire en admettant à priori qu'il y a pour l'homme un idéal de vie parfaite qui l'oblige et auquel il est libre de se conformer, on résout implicitement les problèmes métaphysiques dans un certain sens, et on exclut par cela même des solutions contraires, partant des systèmes métaphysiques, tels que le scepticisme, le fatalisme, le matérialisme, etc.

La morale ne peut donc être complètement séparée de la métaphysique; si elle n'en part pas, elle y conduit.

Ainsi recherche-t-on ce que peut être en soi l'idéal du bien et pourquoi il a autorité sur nous? On ne peut, ce semble, arrêter cette recherche avant d'être arrivé à quelque principe du bien, déjà réel dans le monde ou au delà du monde, c'est-à-dire à Dieu.

De même si l'on se demande quelle est la valeur et la destinée de l'œuvre à laquelle travaille l'homme de bien, on ne peut affirmer qu'elle est sérieuse et durable, sans admettre au moins, comme objet de foi morale, l'immortalité de l'âme et la sanction d'outre-tombe.

La théodicée est donc le couronnement nécessaire de la morale, comme la psychologie en est le fondement nécessaire.

CHAPITRE PREMIER

PRINCIPES DE LA MORALE

Division de la morale spéculative. — On peut diviser la morale spéculative en deux grandes parties, l'une *préliminaire*, qui est l'étude de la *conscience morale*, c'est-à-dire de la connaissance naturelle et commune du bien et du mal, l'autre *constitutive*, qui est l'étude du bien pris en lui-même ou du *bien en soi*, principe suprême de la morale.

La théorie du bien comprend elle-même plusieurs questions. Il s'agit d'abord de déterminer la nature du bien et de le distinguer des autres motifs d'action avec lesquels il a pu être confondu ou qu'on a prétendu lui substituer ; il s'agit ensuite d'étudier les conséquences immédiates qu'il entraîne et qui sont d'une part le *devoir*, d'autre part, la *responsabilité* et la *sanction*.

Telles sont donc en résumé les quatre parties de la morale spéculative : 1° théorie de la conscience morale ; 2° théorie du bien ; 3° théorie du devoir ; 4° théorie de la responsabilité morale.

I. — LA CONSCIENCE MORALE.

1. Les principaux motifs des actions humaines. — Le point de départ nécessaire de la morale est, ce semble, la constatation d'un grand fait psychologique et social, à savoir l'*existence de la moralité*.

L'idée du bien n'est pas une invention des moralistes : elle est donnée, antérieurement à toute morale, dans l'âme humaine qui non seulement la conçoit mais se juge obligée d'y conformer sa volonté. Elle est, au point de vue psychologique, un des motifs de nos actions.

Quelque variés que soient les motifs des actions de l'homme, ils peuvent en effet se ramener tous à trois principaux, l'*inclination*, l'*intérêt*, le *bien* ou le *devoir*.

L'homme agit d'abord par *inclination*, pour satisfaire un penchant de sa nature. Ce motif qui précède toute réflexion et qui serait plus justement nommé mobile, est le plus ancien de tous. L'enfant n'en connaît guère d'autre. Les moralistes l'ont souvent décrit sous les noms de *plaisir* ou de *passion*. Il représente en nous l'influence persistante de la spontanéité ou de l'instinct, et peut d'ailleurs revêtir les formes les plus diverses, les plus viles comme les plus nobles, selon le naturel des individus. D'autant plus puissant que l'homme a moins appris à se gouverner lui-même, il est aveugle et variable comme la sensibilité dont il procède.

L'*intérêt*, c'est-à-dire la recherche du bonheur personnel, est au contraire un motif essentiellement réfléchi : il implique l'idée du moi, l'idée de l'avenir, et une préoccupation constante des suites plus ou moins lointaines et de l'utilité finale de l'action. Plus tardif que l'inclination, il est aussi plus cohérent, plus uniforme : c'est qu'il résulte de la subordination de tous les penchants à un penchant fondamental, celui de la personnalité, et cette subordination même est l'œuvre de la volonté et de l'intelligence.

Enfin, dans certains cas, on voit l'homme agir, même contre son inclination ou son intérêt, parce qu'il juge qu'agir ainsi est *bien*, que c'est ce qu'il *doit* faire, que c'est son *devoir* en un mot. Ce troisième motif paraît donc être une *idée pure*, l'idée d'une fin meilleure que toutes les autres, non pas seulement pour nous mais en soi. Il est accompagné d'un sentiment particulier, le sentiment de l'*obligation* qui ne se confond ni avec l'attrait de l'agréable ni avec l'attrait de l'utile. C'est le propre de l'homme que d'agir ainsi pour une idée pure, l'idée de ce qui doit être fait, l'idée du *rationnel* absolu ou du *meilleur*, au point de lui sacrifier parfois ses inclinations, son intérêt, sa vie même.

Ces trois motifs ne s'excluent pas nécessairement entre eux. Une même action peut être en même temps conforme à l'inclination, à l'intérêt et au devoir : telle est, pour le savant, la recherche de la vérité. Quelquefois le devoir s'allie à l'inclination pour combattre l'intérêt, ou à l'intérêt pour combattre l'inclination. Mais on ne voit jamais mieux combien il est distinct de l'un et de l'autre que dans les cas où il les combat l'un et l'autre.

En somme, l'inclination et l'intérêt peuvent se ramener à l'unité : tous deux ne sont au fond que la sensibilité, tantôt aveugle et livrée à elle-même, tantôt éclairée et dirigée par l'intelligence. Le devoir c'est l'intelligence, la raison elle-même qui commande, abstraction faite de la sensibilité.

Il nous reste maintenant à rechercher la nature et l'origine de cette idée du bien ou du devoir.

2. La définition de la conscience morale. — La conscience morale est la *faculté de juger du bien et du mal*.

Il ne faut pas la confondre avec la *conscience psychologique*.

La conscience psychologique est l'*intuition* de ce qui se passe en nous-même, non seulement de nos actions mais de nos sensations, de nos émotions, de nos pensées; la conscience morale est l'*appréciation* de nos seules actions et aussi des actions d'autrui. La première est un témoin, la seconde est un juge.

La conscience psychologique nous est commune (au moins sous sa forme spontanée) avec les animaux; elle naît en nous avec la vie et est perpétuellement en exercice. La conscience morale est le propre de l'homme, elle n'apparaît pas dès l'origine et ne s'exerce pas toujours. En revanche, la conscience psychologique ne s'étend pas au delà de notre âme : la conscience morale juge nos semblables aussi bien que nous.

3. Les phénomènes de la conscience morale. Les jugements moraux. — Les phénomènes qu'on peut rapporter à la conscience morale sont de deux sortes : intellectuels et affectifs, *jugements* et *sentiments*.

Les jugements de la conscience se produisent soit *avant*, soit *après* l'action.

1° Avant l'action, nous jugeons qu'elle est *bonne* ou *mauvaise*, qu'il est *bien* ou *mal* d'agir ainsi, et partant, si cette action est en notre pouvoir, que nous *devons* ou la faire ou nous en abstenir.

La conscience joue ici le rôle d'un conseiller ou plutôt d'un législateur, d'un souverain : elle nous dicte notre conduite, elle commande ou défend comme ferait un maître.

Deux notions fondamentales sont impliquées dans ce premier jugement : 1° la notion du *bien en soi*, de l'*idéal moral*, auquel l'action est conforme ou contraire; et 2° la notion du *devoir*, de l'*obligation morale*, c'est-à-dire de la nécessité d'accomplir cette action ou de s'en abstenir par cela seul qu'elle est conforme ou contraire au bien en soi. Ces deux notions sont indissolublement liées l'une à l'autre : cela est *bien* et je peux le faire; donc je *dois* le faire; telle est la formule générale de tous les jugements moraux qui précèdent l'action.

2° Après l'action, nous jugeons qu'elle est *bonne ou mauvaise*, c'est-à-dire faite par respect pour le devoir ou au mépris du devoir, et partant, qu'elle entraîne le *mérite* ou le *démérite* de son auteur.

C'est ici que la conscience fait l'office du juge : elle absout ou condamne, loue ou blâme, récompense ou punit.

Deux notions nouvelles apparaissent dans ce second jugement : 1° la notion du *bien moral* et 2° la notion du *mérite* et du *démérite* ou de la *responsabilité morale*. Elles paraissent aussi liées l'une à l'autre par une synthèse à priori. De même que le bien à faire, le bien possible, est obligatoire, de même le bien réalisé est méritoire.

Il importe de distinguer avec précision le bien en soi et le bien moral. Le premier est le bien de l'*action ;* le second, le bien de l'*intention*.

Venir en aide aux malheureux est en soi une bonne action ; mais elle n'est moralement bonne que si elle est faite par devoir et non par inclination ou par intérêt.

Il s'ensuit qu'une action bonne en soi peut être moralement mauvaise (si elle est faite dans une mauvaise intention) et inversement qu'une action mauvaise en elle-même peut être moralement bonne (si son auteur ignore qu'elle est mauvaise et a l'intention de bien faire).

Le bien en soi est antérieur au devoir dont il est le fondement : c'est parce que l'action est bonne en elle-même qu'on doit la faire. Le bien moral lui est postérieur, car il consiste uniquement dans la volonté d'obéir au devoir.

En somme, le bien en soi, c'est l'idéal moral ; le bien moral, c'est l'effort de la volonté pour se conformer à cet idéal.

Kant distingue à peu près de même dans les actions la *légalité* (qui est la conformité extérieure à la loi, c'est-à-dire au bien) et la *moralité* (qui est la volonté intérieure du bien).

4. Les sentiments moraux. — Ces jugements sont accompagnés de sentiments qui peuvent être plus ou moins vifs, plus ou moins durables, selon les personnes et les circonstances et qui se divisent aussi en deux groupes, les uns *précédant*, les autres *suivant* l'action.

Les premiers sont un sentiment d'amour et de respect pour le bien, un sentiment de crainte, de répugnance, quelquefois d'horreur pour le mal. — On peut y voir les formes diverses d'un même sentiment fondamental, le sentiment de l'*obligation*, identique, d'après Kant, au sentiment du *respect*. L'homme ne peut concevoir le bien sans éprouver en présence de cette idée un sentiment qui tout ensemble l'attire et le tient à distance, le *respect*, mélange indéfinissable de crainte et d'amour. Le bien, en effet, est conforme à notre nature ; il est l'idéal désiré en nous par la raison ; et c'est pourquoi il nous attire. Mais en même temps il nous dépasse et nous domine ; il exerce une contrainte sur nos penchants inférieurs, sur l'animal qui est en nous ; nous nous sentons petits devant lui ; et c'est pourquoi il nous tient, pour ainsi dire, à distance. — Le respect est donc, d'après Kant, qui en a fait l'analyse, le sentiment moral par excellence ; il ne s'attache qu'à l'idée du devoir dont il est le signe. Si nous respectons des personnes, c'est parce que nous respectons en elles le devoir qu'elles personnifient à nos yeux.

Les sentiments qui succèdent à l'action sont la *satisfaction morale* ou le *remords*, si nous sommes acteurs ; l'*estime* ou le *mépris*, l'*admiration* ou l'*indignation*, l'*enthousiasme* ou l'*horreur*, si nous sommes simples témoins.

Tels sont les principaux phénomènes de la conscience morale.

5. La nature de la conscience morale. La doctrine du sens moral. — Il reste à en donner l'explication.

On peut ramener à trois toutes les explications proposées : 1° la conscience morale est un *sens* ou un *instinct* ; 2° elle est un résultat de l'*expérience* ; 3° elle est une forme de la *raison*.

La première doctrine est celle de l'école écossaise, qui donne à la conscience le nom de *sens moral*.

De même que la nature nous a donné un sens pour distinguer les bonnes et les mauvaises saveurs, elle nous a donné un sens pour distinguer les bonnes et les mauvaises actions ; et de même qu'au sens du goût est joint un instinct qui nous fait préférer ce qui lui est agréable et rejeter ce qui lui est pénible, de même au sens moral est joint un instinct qui nous pousse à rechercher les bonnes actions et à éviter les mauvaises.

Il s'ensuit que l'homme juge du bien comme du beau, non par expérience ou par raison, mais par le *sentiment* immédiat qu'il en éprouve. Le bien, c'est ce qui plaît au sens moral ; le mal, c'est ce qui lui déplaît. Le jugement par lequel nous déclarons une action bonne ou mauvaise est donc postérieur au sentiment moral dont il n'est que l'effet et la traduction.

L'école écossaise, tout en remarquant que les actions qui plaisent au sens moral sont d'ordinaire celles qui sont conformes à l'*intérêt général de l'espèce humaine*, ne donne pas d'autre explication de l'existence de ce sens que la constitution originelle de notre nature ou la volonté du Créateur.

Herbert Spencer, qui est en même temps disciple de Reid (par l'intermédiaire d'Hamilton) et de Darwin, considère ce sens, ainsi que tous les autres, comme un legs héréditaire, et il admet qu'il a été acquis par nos ancêtres à mesure que l'expérience les instruisait des actions utiles ou nuisibles à l'espèce humaine.

Il se peut que l'homme éprouve pour certaines actions une répugnance ou même une horreur irraisonnée, instinctive, et que ce soit là un des éléments constituants de la conscience morale; mais ce n'est pas une raison pour l'expliquer par un sens ou un instinct spécial. Une telle hypothèse est ce que Leibniz appelait de la « *philosophie paresseuse.* » Rien ne prouve en effet que ce sentiment ne résulte pas, comme le prétendent les empiriques, soit d'une expérience ou habitude précoce, soit, comme le prétendraient les rationalistes, d'un jugement spontané et à peine conscient. Il ne suffit pas, en tous cas, à constituer la conscience morale tout entière : dans la grande majorité des cas, nous jugeons qu'une action est bonne ou mauvaise avant d'éprouver aucune émotion morale ; ou, si les deux phénomènes sont à peu près simultanés, il est visible que l'émotion est l'effet et non la cause du jugement. Souvent même, nous nous défions de notre sensibilité morale et nous nous efforçons de demeurer calmes et froids pour apprécier plus exactement la valeur morale des actions. Le bien et le mal ne sont donc pas simplement pour nous ce qui plaît ou déplaît à notre sens moral; nous avons pour en juger un autre criterium, lequel ne peut venir que de l'expérience antérieure ou de la raison.

Quant à la doctrine d'Herbert Spencer, elle fait en somme dériver la conscience de l'expérience, et quelque part qu'elle fasse à l'expérience collective des ancêtres transmise aux hommes d'aujourd'hui par l'hérédité, elle ne peut refuser à l'expérience individuelle de ces hommes mêmes le pouvoir de compléter et de modifier la conscience morale. Elle revient donc finalement à l'hypothèse empirique.

6. L'explication empirique de la conscience morale. — L'école empirique fait sortir la conscience morale de l'*expérience* par l'intermédiaire de l'*association* des idées et de l'*habitude*. L'expérience génératrice de la conscience est celle des *caractères* et des *effets sociaux* de nos actions.

Dans toute société véritable, il existe une *autorité* qui *prescrit* ou *défend* certaines actions qu'elle juge avantageuses ou nuisibles. Cette autorité loue et blâme, récompense et punit. Elle peut être exercée soit par les parents, soit par les chefs religieux, soit par les chefs politiques, soit enfin et surtout par l'opinion de la majorité.

Il s'ensuit que chez tous les hommes appartenant à une telle société l'idée d'un *ordre* ou d'une *défense*, l'idée d'une *obligation*, d'un *devoir* s'associe indissolublement aux idées de certaines actions, et cette idée est elle-même accompagnée d'un sentiment de contrainte et de désir ou de crainte (selon que les actions sont louées et récompensées ou blâmées et punies). Comme cette association se fait dès la première enfance, l'*habitude* en dérobe l'origine et, plus tard, même en l'absence de toute autorité, les actions paraissent prescrites ou défendues, c'est-à-dire bonnes ou mauvaises, en vertu de leur nature même.

Les partisans de cette doctrine croient la vérifier en faisant voir que là où manquent les conditions de sa genèse, la conscience morale manque; et qu'elle se modifie dans la mesure même où ces conditions se modifient. On peut, avec un philosophe contemporain (1), résumer ainsi cette double loi : « chez les peuples sauvages, moralité *nulle;* chez les peuples civilisés, moralité *contradictoire.* »

Tout d'abord, l'idée même du devoir fait nécessairement défaut là où aucune autorité n'intime ses ordres ou ses défenses à l'individu et ne les appuie d'une sanction. C'est ce qui arrive chez les sauvages; c'est ce qui peut arriver chez les peuples civilisés pour tout individu soustrait dès l'enfance à toute autorité, et pour ces peuples eux-mêmes, si toute autorité vient un jour à disparaître parmi eux.

D'autre part, comme les ordres et les défenses sont attachés dans les différentes sociétés aux actions les plus diverses, la conscience morale change avec les pays et les époques. Ce qui est bien pour les uns est mal pour les autres et *vice versa*. De là ces contradictions de la conscience morale si éloquemment signalées par Pascal après Montaigne : « On ne voit presque rien de juste ou d'injuste qui ne change de qualité en changeant de climat. Trois degrés d'élévation du pôle renversent la jurisprudence. Le droit a ses époques. L'entrée de Saturne au Lion nous marque l'origine d'un tel crime. Plaisante justice qu'une rivière borne ! »

(1) Janet, *La morale.*

Cette doctrine contient une grande part de vérité. — La conscience morale est un tout complexe où entrent certainement les expériences et associations d'idées dont on vient de parler.; il se peut même que ces éléments prédominent dans certaines âmes au point qu'ils semblent la constituer tout entière ; mais la question est de savoir si elle n'enferme et ne suppose *rien autre chose*.

On peut distinguer dans les idées morales de l'humanité la *forme* et le *fond*. La forme, ce sont les idées mêmes du bien et du mal, du devoir, du droit, etc., avec les sentiments qui les accompagnent ; le fond, ce sont les idées des diverses actions auxquelles cette forme est appliquée. Or, si la matière des idées morales varie extrêmement avec les individus, les pays et les époques, la forme en est universelle et invariable. Tous les hommes ne placent pas, il s'en faut, le bien et le mal dans les mêmes actions ; mais tous les hommes (tous ceux du moins qui ne sont pas des bêtes à face humaine) distinguent un bien et un mal, l'un qu'on doit faire, l'autre dont on doit s'abstenir.

Cette forme du bien et du devoir, l'empirisme l'explique par l'existence d'une *autorité* sociale qui commande et défend. Mais l'explication, ce semble, est superficielle. On peut en effet se demander si l'existence même de cette autorité ne présuppose pas les idées qu'on prétend lui faire engendrer. Si elle n'est pas autre chose que la *force* et si on lui obéit seulement par *crainte* des coups, il est douteux qu'elle réussisse jamais à produire même un simulacre de conscience morale. Si elle est autre chose que la force, c'est que les hommes reconnaissent en elle un pouvoir *légitime* et *raisonnable* auquel il est *bon* d'obéir, et c'est cette idée plus ou moins confuse du *bien* qui est le fondement même de l'autorité. Dès lors, les prescriptions et les défenses de l'autorité, avec les sanctions qui les appuient, pourront donner à l'idée du devoir plus de précision et de puissance, elles pourront même peut-être la suppléer dans quelques âmes, mais, à considérer l'humanité dans son ensemble, elles ne pourront pas la créer, parce qu'elles n'en sont elles-mêmes que des conséquences.

En fait, il n'est pas d'autorité dans les sociétés humaines, qui ne se recommande du droit et du devoir : toutes se prétendent légitimes, quelques-unes même sacrées. Sans doute un grand nombre de leurs prescriptions sont inspirées ou par l'intérêt de ceux qui les exercent, ou par l'intérêt général de la communauté ; mais souvent aussi elles se réfèrent à certains principes de justice, de dignité, de piété qu'elles supposent par cela même déjà présents et agissants dans les consciences humaines.

C'est ce fond de moralité antérieur à toute autorité sociale qui permet de comprendre les transformations mêmes des institutions et des lois. Comment l'individu pourrait-il juger les prescriptions de l'autorité, les approuver et les désapprouver, leur décerner lui-même l'éloge ou le blâme, si sa conscience était le reflet de cette autorité, l'écho de ces prescriptions? Or, c'est la critique incessante des institutions et des lois par les individus qui contribue à les rapprocher de plus en plus de l'idéal de la justice et de la moralité parfaites.

La conscience morale semble donc contenir en elle, indépendamment de toute expérience, la notion ou le sentiment du bien. L'homme a le besoin, le pressentiment inné de l'idéal moral.

Mais il reste à expliquer comment cette forme des idées morales est susceptible de tant d'applications diverses et contradictoires.

Les mêmes causes qui expliquent les contradictions et les erreurs humaines en toute autre matière suffisent aussi à expliquer les contradictions et les erreurs de la conscience morale.

Parmi ces causes, les plus influentes sont, nous le savons, l'*intérêt* et la *passion*. Or elles n'agissent nulle part avec autant de force que dans le domaine des choses morales. « Si la géométrie, dit Leibniz, s'opposait autant à nos passions et à nos intérêts présents que la morale, nous ne la contesterions et la violerions guère moins, malgré toutes les démonstrations d'Euclide et d'Archimède, qu'on traiterait de rêveries et croirait pleines de paralogismes (1). » D'autre part, l'influence de l'*exemple*, de la *tradition*, de la *coutume* est ici plus grande que partout ailleurs : elle explique comment la conscience morale de l'individu est souvent toute pénétrée des préjugés de ses contemporains ou de ses devanciers.

Maintenant, si l'on examine de près ces contradictions et ces erreurs, on voit qu'elles sont presque toujours relatives non aux *principes fondamentaux* de la morale, mais aux *conséquences* plus ou moins lointaines qui en dérivent, et qu'elles résultent d'une *expérience* et d'une *analyse* insuffisantes. Ainsi les anciens condamnaient le *prêt* à intérêt, et les modernes l'autorisent ; les uns et les autres en vertu de ce même principe : « Nul ne doit s'enrichir au détriment d'autrui. » Seulement, faute d'une expérience et d'une analyse suffisante des

---

(1) Leibniz, *Nouveaux Essais*, liv. I, chap. II, § 12.

faits économiques, les anciens voyaient dans le prêt à intérêt l'enrichissement du prêteur au détriment de l'emprunteur, tandis que les modernes, mieux informés, voient dans le prêt gratuit (s'il est imposé par la loi) l'enrichissement de l'emprunteur au détriment du prêteur. Les hommes sont donc souvent d'accord, sans le savoir, sur les principes moraux ; mais, ne considérant pas de la même façon les données de fait auxquelles ils les appliquent, ils en tirent des conséquences diverses et contradictoires. — Souvent aussi ils tirent d'un principe moral les conséquences les plus extrêmes sans s'apercevoir qu'elles sont contredites par un autre principe qui limite le premier, et sans s'efforcer de concilier ces principes entre eux ou sans y réussir.

Mais les principes moraux eux-mêmes ne peuvent être déterminés sans le concours de l'expérience et de la réflexion, et par conséquent il y a encore ici une place pour les contradictions et les erreurs. Le bien, fondement de tous les devoirs, est l'idéal de la nature humaine dans l'individu et la société. Or la nature humaine n'apparaît pas tout entière dans l'homme dès l'origine : elle est d'abord ensevelie et comme étouffée en lui sous la nature animale. A mesure qu'elle s'en dégage, l'homme se fait une plus haute idée de ses devoirs envers lui-même. — De même l'homme se sent fait dès l'origine pour la société : son idéal moral est un idéal social, mais la société pour lui, ce n'est encore que la famille ou la tribu ; il ne se reconnaît donc pas de devoirs envers les étrangers. A mesure que la société humaine s'élargit, les devoirs sociaux s'étendent.

Il suffit cependant d'éliminer toutes ces causes de variation pour voir que l'accord tend à se faire entre les hommes sur toutes les grandes vérités morales. — Ainsi tout d'abord que des *philosophes*, faisant autant que possible abstraction des traditions et des coutumes, s'efforcent de constituer la morale par une méthode scientifique sans égard aux intérêts et aux passions des hommes, on les verra aboutir à des conclusions concordantes. Manou, Confucius, Socrate, Kant, malgré la différence des milieux et des époques, parlent le même langage. — En outre, l'*humanité* elle-même se rapproche de plus en plus de l'unité morale, comme si le temps éliminait à la longue toutes les causes de diversité. On peut se demander si la conscience morale a plus d'*autorité* chez les hommes d'aujourd'hui que chez ceux d'autrefois, si elle exerce sur leur conduite et leurs mœurs une influence plus *efficace* : on ne peut douter qu'elle n'ait chez eux une plus grande *compétence*, et qu'elle ne leur enseigne plus *clairement* et plus *complètement* leurs devoirs.

On peut en conclure que la conscience morale n'est pas un simple amas d'opinions fortuites, changeant indéfiniment avec les accidents de la vie des individus et des peuples : elle contient un élément fixe et universel (l'idée du Bien) et, malgré les perturbations causées par des influences extérieures, elle se développe et progresse selon une loi constante et générale.

7. La conscience morale et la raison. — Mais, si la conscience morale ne dérive pas *tout entière* de l'expérience, elle implique par cela même la raison : elle est la raison appliquée au règlement de la vie, ou, comme l'appelle Kant, la *raison pratique*.

On peut comprendre de deux manières différentes les rapports de la conscience morale et de la raison : 1° la conscience morale est une *espèce* de raison, qui n'a de commun avec la raison ordinaire ou raison spéculative que son caractère à priori ; 2° elle est une *forme* de la raison, et par conséquent la raison pratique et la raison spéculative sont au fond réductibles à l'unité : elles ne diffèrent que comme les deux emplois d'une seule et même force.

Dans la première hypothèse (qui est, d'après ses partisans, celle de Kant) les notions de la conscience morale (bien, devoir, etc.) sont les catégories de l'action comme les notions de la raison (substance, cause, fin, etc.) sont les catégories de l'expérience et de la pensée ; elles sont comme elles à priori, universelles et nécessaires, mais ont dans l'esprit une autre origine et peuvent par conséquent avoir une autre valeur.

Dans la seconde hypothèse, la raison étant vraiment une, la raison spéculative et la raison pratique diffèrent par leurs *applications ;* mais les notions qui les constituent l'une et l'autre ont nécessairement même *origine* et même *valeur*.

Or, en fait, les notions de la conscience morale sont foncièrement identiques à celles de la raison. La notion du bien en soi ou de l'idéal moral, c'est la notion d'une *fin absolue ;* la notion du devoir, c'est la notion d'une *loi* ou *nécessité universelle*. Mais les notions de fin, de loi, d'universel et d'absolu sont les notions mêmes de la raison spéculative.

La conscience morale, en son essence, ce n'est donc pas autre chose que la raison s'efforçant d'introduire l'ordre dans la vie humaine ; de même que l'intelligence spéculative ou scientifique, c'est la raison s'efforçant d'introduire l'ordre dans l'expérience et la pensée.

Ainsi la raison ne s'intéresse pas seulement à l'intelligibilité des choses : elle s'intéresse aussi à l'intelligibilité de la vie humaine. Seulement l'intelligibilité des choses est déjà réalisée en soi, et notre raison ne peut que la *découvrir*. L'intelligibilité de la vie humaine ne se *réalise* que par l'effort même de notre raison. De là le caractère essentiellement *pratique* des notions et des vérités morales.

8. La valeur de la conscience morale. — La valeur qu'on attribue à la conscience morale diffère évidemment selon la nature et l'origine qu'on lui suppose.

On peut, à cet égard, distinguer trois doctrines principales :

1° D'après la plupart des philosophes des écoles écossaise et éclectique, la conscience est *infaillible* : c'est une voix intérieure qui révèle et dicte à chacun ses devoirs, un oracle qui répond toujours à quiconque l'interroge et qui ne répond jamais que la vérité.

Mais cette doctrine est manifestement contraire aux faits. Comme l'associationnisme et l'évolutionnisme l'ont fait voir, la conscience s'est souvent *contredite;* elle s'est souvent *trompée*. Chacun peut constater en soi qu'elle est parfois *ignorante* et muette, parfois aussi incertaine et *perplexe*. La science morale serait superflue si la conscience morale était toujours et nécessairement infaillible.

2° D'autre part, si l'on admet que la conscience s'explique tout entière par la coutume, l'éducation et l'hérédité, on ne peut plus, ce semble, lui reconnaître aucune valeur. Telle était, en effet, la doctrine des *sophistes* et des *sceptiques*. — Les partisans de l'associationnisme et de l'évolutionnisme contemporains (Stuart Mill, Spencer) prétendent cependant conserver son autorité à la conscience : on peut se demander si ce n'est pas une inconséquence de leur part. La conscience morale, dans leur doctrine, n'est qu'une habitude ou un instinct qui lui-même résulte d'une habitude. Le plus souvent utile à l'espèce, elle peut être nuisible à l'individu, par exemple lorsqu'elle le pousse à sacrifier son intérêt à l'intérêt d'autrui. Dès lors, sachant qu'elle n'est qu'un produit d'associations accidentelles, l'esprit ne verra plus qu'une illusion dans l'obligation qu'elle impose, et la raison, n'y trouvant rien de rationnel, ne consentira plus à lui obéir. C'est le propre de la réflexion de dissoudre tous les instincts et toutes les habitudes qui ne sont pas légitimés par la raison.

3° La conscience morale n'a donc quelque valeur et quelque autorité que si elle se ramène à la raison. — Mais, nous le savons, elle ne s'y ramène pas tout entière. La raison dans l'homme est, d'ailleurs, inséparable de l'expérience, de la sensibilité, de toute sa nature; et voilà pourquoi elle a son évolution et son histoire; voilà aussi pourquoi, *absolue* en son essence, elle devient plus ou moins *relative* en ses manifestations. En tant qu'elle nous *prescrit certains devoirs*, la conscience morale n'a qu'une valeur relative : il reste à savoir, en effet, si elle ne se trompe pas, si ces devoirs sont fondés en raison; mais en tant qu'elle nous *prescrit le devoir* en général, la conscience a une valeur absolue. Telle la raison spéculative est infaillible quand elle affirme que tout ce qui arrive a une cause, mais elle peut se tromper quand elle affirme qu'un certain effet vient d'une certaine cause.

Kant, il est vrai, a prétendu que la raison pratique avait une valeur supérieure à la raison spéculative. Cette assertion ne nous semble pas justifiée. Tout au contraire, la raison spéculative a cet avantage qu'elle est indéfiniment confirmée par l'expérience (du moins en ses plus importantes affirmations, telles que, par exemple, le principe de causalité) (1). La raison pratique n'a pas de vérification expérimentale. Kant lui-même se demande si un seul acte vraiment moral a été jamais accompli dans l'humanité. Au fond, comme nous le verrons en métaphysique, la raison spéculative et la raison pratique impliquent l'une et l'autre le même postulat fondamental, le postulat d'une harmonie préétablie entre la raison même de l'homme et la nature des choses. Ce postulat devient de plus en plus pour la raison spéculative objet de science (sans le devenir jamais entièrement) : pour la raison pratique, il demeure toujours objet de foi.

II. — LE BIEN.

1. Les rapports du bien et du devoir. — La morale est la science du bien et du devoir. — Mais lequel de ces termes, bien, devoir, précède l'autre? Il nous faut tout d'abord résoudre ce problème.

Tous les philosophes, avant Kant, ont admis l'*antériorité* du bien sur le devoir. Il existe, disaient tous les moralistes anciens,

---

(1) Il n'en est pas tout à fait de même, on l'a vu, pour le principe de finalité.

une fin à laquelle toutes les autres se subordonnent, un bien supérieur à tous les autres, un *souverain bien* (*summum bonum*) et c'est la raison pour laquelle il y a certaines actions qu'on *doit* faire ou dont on *doit* s'abstenir, selon qu'elles sont conformes ou contraires au bien même.

Kant a prétendu, au contraire, que le devoir est antérieur au bien et par conséquent qu'il en est indépendant. Le bien, c'est une volonté conforme au devoir; et le devoir, c'est une loi qui commande par elle-même sans se référer à aucune fin étrangère et supérieure. Ainsi une action n'est pas obligatoire parce qu'elle est bonne : elle est bonne parce qu'elle est obligatoire et si elle a été faite par respect pour l'obligation.

On peut admettre avec Kant (et tous les moralistes l'ont fait) l'existence d'un bien postérieur au devoir et qui est proprement le *bien moral;* mais cela n'exclut pas nécessairement l'existence d'un bien antérieur au devoir, d'un *bien en soi*, principe et raison même du devoir. — Malgré les apparences contraires, il nous semble que Kant lui-même a admis un tel bien. Remarquons, en effet, qu'il distingue le plus souvent le *Devoir* et la *Loi morale*. Le devoir est défini par lui « la nécessité d'accomplir une action par respect pour la loi morale ». La loi morale est donc le principe et la raison du devoir. Mais dans la loi morale elle-même, on peut distinguer, d'une part, le *commandement* d'où dérive le devoir ou l'obligation, d'autre part, la *raison* du commandement. Ces deux éléments sont au moins *idéalement distincts*, et il est clair que la *raison* du commandement est logiquement antérieure au commandement lui-même. C'est cette raison, quelle qu'elle soit d'ailleurs, qui est proprement le bien en soi. — D'après Kant, elle consiste dans l'*universalité* possible de la maxime d'action, c'est-à-dire, en somme, dans la *rationalité* intrinsèque de l'action elle-même. On examinera plus tard si cette raison est suffisante, si l'*universalité rationnelle* est vraiment le souverain bien. Toujours est-il qu'elle est certainement, d'après Kant, le principe et la raison du devoir. Ainsi une action est bonne (moralement) parce qu'elle est obligatoire; mais il est impossible de s'arrêter là : elle est obligatoire, parce qu'elle peut être universalisée, c'est-à-dire parce qu'elle est bonne (en elle-même).

Le bien est donc logiquement antérieur au devoir, et la morale n'est la science du devoir que parce qu'elle est la science du bien.

2. La détermination du bien et la méthode em-

pirique. — Le bien, c'est la fin suprême. Mais comment déterminer cette fin?

La méthode qui semble d'abord la plus naturelle, c'est de chercher dans l'*expérience* quelles sont en fait les fins poursuivies par les hommes et s'il en est quelqu'une à laquelle ils subordonnent toutes les autres. C'est la méthode des *empiriques*.

Mais elle ne donne pas de résultats satisfaisants. L'expérience, en effet, semble prouver que les fins poursuivies par les hommes sont très diverses, selon le caractère et la situation de chacun d'eux, le plus souvent opposées entre elles, et sans qu'il y en ait aucune à laquelle toutes les autres soient constamment subordonnées. La conclusion qui sortirait de là, c'est qu'il n'y a pas de fin absolue et universelle, mais que le bien varie indéfiniment avec les personnes et les circonstances.

On peut, il est vrai, soutenir que cette extrême diversité des fins humaines est apparente, qu'il est possible de les ramener à un petit nombre, peut-être même à une seule.

Par exemple, dira-t-on, tous les hommes recherchent le *bonheur*, et c'est en vue du bonheur qu'ils recherchent tout le reste. Le bonheur, voilà donc le souverain bien. C'est le principe sur lequel, on le verra plus tard, les utilitaires, tels que Bentham et Stuart Mill, fondent leur morale.

Mais cette réduction des fins humaines à une seule est plus nominale que réelle. Le bonheur, en effet, est pour chaque individu la *satisfaction de ses tendances dominantes;* mais ces tendances elles-mêmes changent d'un individu à un autre, et en chacun d'eux elles poursuivent des fins différentes, souvent opposées. Dès lors, si le bonheur est, en effet, le souverain bien pour tous les hommes, il s'ensuit que le souverain bien est susceptible d'autant de déterminations différentes qu'il y a de caractères différents dans l'humanité.

On peut même contester que le *bonheur* soit la fin universellement poursuivie par les hommes et mise par eux avant toutes les autres. En effet, la conception du bonheur suppose la *conscience réfléchie des tendances dominantes* : or, cette conscience, l'enfant ne l'a pas, l'homme même ne la conserve pas toujours. Nous l'avons vu, les hommes agissent par inclination avant d'agir par intérêt, et l'intérêt même est souvent trahi par eux pour l'inclination. L'enfant qui joue, songe à s'amuser et non à être heureux; l'ambitieux vise moins le bonheur que le pouvoir.

Ainsi la méthode empirique n'aboutit pas à déterminer une fin universelle.

Supposons cependant qu'elle y parvienne ; cette fin sera-t-elle vraiment absolue, et pourra-t-on en déduire des devoirs ?

En fait, dira-t-on, tous les hommes poursuivent cette fin et lui subordonnent toutes les autres. Cependant *en droit*, c'est-à-dire au regard de la raison, cette fin est indifférente : l'expérience montre bien que les hommes s'y intéressent et la désirent, mais en simple qualité d'êtres sensibles. Des intelligences pures ne s'en soucieraient en aucune façon. L'homme même, lorsqu'il fait abstraction de sa sensibilité, s'en désintéresse. Dès lors, cette fin est toute relative, et, si nous nous sentons *attirés* par elle, nous ne voyons pas qu'elle nous *oblige*.

3. La détermination du bien et la méthode rationnelle. — Il s'ensuit qu'on ne peut sans la *raison* déterminer le souverain bien.

Les empiriques ont fait sans doute une place à la raison en morale, mais une place accessoire et subalterne. La raison n'a rien à dire, en quelque sorte, sur les fins de la vie humaine, qui nous sont révélées par la sensibilité : tout son rôle se borne à déterminer les moyens qui peuvent convenir à ces fins. Mais, ces fins étant opposées, comment la raison ne comprendrait-elle pas qu'aucune d'elles n'est la fin suprême, à moins qu'elle ne tire de son propre fond une règle de comparaison et de choix ? Réussit-on, d'ailleurs, à les rapporter toutes à une fin unique, cette fin resterait un simple fait d'où ne pourrait sortir aucun devoir, tant que la raison n'en verrait pas la nécessité.

Il s'ensuit que le souverain bien doit être avant tout *rationnel*. *La raison ne peut s'intéresser qu'à ce qui lui est conforme.* Ce principe, qu'on pourrait appeler, d'une expression empruntée à Kant, le principe de l'*autonomie de la raison*, est fondamental en morale.

Au fond, tous les systèmes de morale rationaliste (Socrate, Platon, les stoïciens), ont été fondés plus ou moins explicitement sur ce principe. La conception du bien y varie nécessairement plus ou moins avec l'idée qu'on s'y fait de la raison et du rationnel. — On peut même se demander si beaucoup de systèmes empiriques ne se réfèrent pas sans le savoir à ce principe. Les utilitaires, par exemple, en s'efforçant de démontrer que la recherche de l'intérêt personnel est une fin raisonnable, la seule fin raisonnable pour l'homme, ne supposent-ils pas implicitement qu'une fin raisonnable est seule bonne et que la fin la plus raisonnable est la meilleure?

Mais le problème de la détermination du souverain bien n'est que transformé : il n'est pas résolu. — Si le bien, c'est le rationnel, en quoi consiste le rationnel? A quel signe la raison reconnaît-elle ce qui lui est conforme?

D'après Malebranche, la raison découvre dans les choses deux sortes de rapports, des rapports de *grandeur* et des rapports de *perfection*.

Les rapports de grandeur existent entre des choses de même nature et se mesurent exactement : ils engendrent des vérités purement spéculatives (logiques et mathématiques); les rapports de perfection existent entre des choses de diverse nature et ne peuvent se mesurer exactement : ils engendrent des vérités pratiques (morales).

Ainsi l'homme est plus parfait que l'animal; dans l'homme, l'âme est plus parfaite que le corps; dans l'âme, l'esprit est plus parfait que les sens, etc., d'où il suit qu'on doit subordonner pratiquement l'animal à l'homme, le corps à l'âme, les sens à l'esprit, etc. L'ensemble de ces rapports de perfection, leur hiérarchie constituent l'*ordre*. L'ordre est donc le souverain bien.

Cette doctrine a été reprise de nos jours par certains philosophes (1) qui ont fait aussi consister le bien dans la *perfection* ou l'*excellence*. — A notre avis, elle est moins inexacte qu'incomplète. L'idée de perfection est, on l'a vu, une des idées maîtresses de la raison, mais il reste à savoir comment la raison peut apercevoir et apprécier le degré de perfection des différentes fins naturelles. La doctrine de Malebranche admet au fond des actes d'*intuition* : la raison *voit* évidemment que telle fin est plus parfaite que telle autre; mais il est impossible de dire à quel signe elle le voit. C'est retourner, ce semble, à l'hypothèse d'un *sens* moral.

On essayera donc avec Leibniz d'éclaircir l'idée de la perfection en la ramenant à deux idées plus simples : 1° l'idée de l'*être* qui peut être plus ou moins grand, plus ou moins intense, et qui est plus ou moins parfait à proportion; 2° l'idée de l'*intelligibilité*, c'est-à-dire de l'accord, de l'unité dans la pluralité, de cet *ordre* même que la raison s'efforce de découvrir dans les choses et qui est le fond commun de la vérité et de la beauté.

Mais que sont au fond l'être et l'intelligibilité, sinon les objets de

---

(1) Cf. Janet, *La morale*.

la raison, qui, étant elle-même réelle et vivante, ne peut s'exercer que dans la réalité et la vie, et qui s'intéresse d'autant plus aux choses qu'elle y trouve plus d'occasions d'y manifester sa puissance ordonnatrice?

Le bien est donc le plus haut degré possible de *réalité* et d'*harmonie*, la réalité et l'harmonie absolues. Telle est la première conclusion à laquelle nous arrivons en suivant la méthode de Malebranche et de Leibniz.

La méthode suivie par Kant est différente : elle est fondée, non comme la précédente, sur la *compréhension*, mais, en quelque sorte, sur l'*extension* du bien.

D'après Kant, le caractère propre du rationnel, c'est l'*universalité*. La raison est essentiellement la faculté de ramener toutes choses à des lois universelles : d'où il suit qu'une fin n'est légitime à ses yeux qu'autant qu'elle est *susceptible d'être voulue universellement*. Toute fin, telle que celui qui se la propose ne peut vouloir sans contradiction qu'elle soit toujours et partout voulue à la fois par lui et par les autres, est irrationnelle et mauvaise : le bien seul peut être l'objet d'une volonté universelle, éternelle, exempte d'inconstance et de regret.

On peut admettre avec Kant que l'*universalité* est un des caractères du rationnel et par conséquent du bien, sans admettre en même temps qu'elle soit le bien tout entier. Il est clair, en effet, que l'universalité est une pure *forme* qui exige un contenu ; et que, sans une certaine notion de ce contenu, il devient impossible d'appliquer cette forme avec certitude. A quel signe reconnaîtra-t-on, parmi les différentes fins, celles qui peuvent et celles qui ne peuvent pas s'universaliser? Il ne servirait de rien de recourir à l'expérience, laquelle prouverait seulement qu'une certaine fin ne peut pas s'universaliser *en fait*, à cause des lois de la nature, mais non qu'elle ne peut s'universaliser *en droit*. Il faut donc que la raison distingue les fins universalisables de celles qui ne le sont pas, ou par des actes d'intuition, ou à quelque caractère qu'elle démêle dans ces fins mêmes ; et ce caractère ne peut être, ce semble, que leur *excellence* ou *perfection*.

Kant en arrive finalement à ce dernier criterium lorsqu'il fait de la *personnalité humaine* la *fin en soi*, c'est-à-dire la *fin absolue* seule capable et seule digne d'être l'objet d'une *volonté universelle*. C'est reconnaître implicitement que la personnalité est la perfection ou l'excellence même.

Le bien, pris en soi, réduit à ses caractères les plus abstraits, peut donc se définir la *perfection universelle*.

4. L'idée du bien et l'idéal moral. — Mais, ainsi abstraite, l'idée du bien n'est plus qu'un cadre vide, une sorte de *schéma* qui vaut peut-être pour tous les êtres possibles (en tant qu'ils sont pourvus de raison), mais qui est trop indéterminé, trop éloigné des conditions de la nature et de la vie humaines pour servir de but et de modèle à la volonté de l'homme.

Il faut donc que l'idée du bien se détermine et s'emplisse, qu'elle se transforme en *idéal* du bien. Dans cette transformation, elle devient nécessairement *relative* : elle n'est plus, à proprement parler, l'idée du *bien en soi*, elle est l'idée du bien de l'*humanité*. Par cela même, le bien n'est plus la réalité, l'harmonie, l'universalité *absolues* : il est *le plus haut degré possible* de réalité, d'harmonie, d'universalité *dans la vie humaine*.

On a vu, en étudiant la raison spéculative, comment l'idée de *raison* se transforme en idée de *cause*, idée de *substance*, idée de *fin*, toutes idées plus ou moins relatives aux conditions de l'expérience et de la pensée humaines : la notion fondamentale de la raison pratique subit, pour s'adapter aux conditions de la vie humaine, une transformation analogue.

Ainsi l'idéal moral consiste pour l'homme dans la *conservation* et le respect de sa nature, dans le libre et harmonieux *épanouissement* de toutes ses facultés sous l'empire de la raison, dans l'égale *dignité* et l'égale *indépendance* de toutes les personnes humaines, dans leur intime union par l'*amour*.

Tous les traits de cet idéal résultent de l'application à la nature et à la vie humaines des trois caractères du bien : réalité, harmonie, universalité. — Il appartient à la morale pratique de les déterminer plus complètement et d'en déduire les principales sortes de devoirs.

III. — LE DEVOIR.

1. Le devoir et la loi morale. — Le devoir a été défini par Kant la *nécessité d'accomplir une action par respect pour la loi morale*.

On peut cependant considérer le devoir et la loi morale comme les deux aspects d'une seule et même idée. — La loi morale, c'est le devoir même, le fait du devoir, envisagé dans toute sa généralité ; le devoir, c'est la loi morale appliquée à une action particulière.

L'idée du devoir, c'est donc l'idée d'une *nécessité,* analogue à celle des *lois civiles* qui commandent ou interdisent aux citoyens d'un État un certain ensemble d'actions, analogue aussi à celle des *lois naturelles* qui déterminent forcément le cours des phénomènes qu'elles régissent.

De là, dans toutes les langues, des métaphores qui assimilent le devoir à une *loi;* de là l'expression de *loi morale*. Ainsi Antigone, dans Sophocle, parle de *lois non écrites,* ἄγραφοι νόμοι, portées par les dieux, auxquelles on doit obéir de préférence aux lois écrites, portées par les hommes.

2. Les lois naturelles. — « Les lois, dit Montesquieu, sont les rapports nécessaires qui dérivent de la nature des choses. »

Cette définition ne convient pleinement qu'aux lois naturelles.

Ces lois énoncent non ce qui doit se faire, mais ce qui se *fait nécessairement:* elles sont *indicatives* et non impératives; ce sont des *formules,* non des commandements.

On en peut distinguer de deux sortes :
1° Les lois logiques et mathématiques;
2° Les lois naturelles proprement dites (physiques, chimiques, biologiques, etc.).

Les premières ont une nécessité à la fois *idéale* et *réelle, rationnelle* et *empirique.* — D'une part, il faut que deux quantités égales à une même troisième soient égales entre elles; cela est vrai et nécessaire *en droit.* — D'autre part, cela est aussi vrai et nécessaire *en fait;* deux quantités égales à une même troisième sont toujours et immanquablement égales entre elles. La nécessité de ces lois est donc complète et absolue.

Les secondes ont une nécessité *de fait :* un corps abandonné à lui-même tombe nécessairement; tout organe qui s'exerce à intervalles rapprochés augmente nécessairement de force et de volume, etc.; mais, *en droit,* elles sont contingentes. Leur nécessité est réelle et empirique, non idéale et rationnelle; valable seulement pour notre monde et notre expérience, sans valeur peut-être au delà.

Du reste, mathématiques ou physiques, les lois naturelles ne sont sujettes à aucune exception. Comme elles n'impliquent aucune intelligence, aucune liberté dans les êtres et les faits qu'elles régissent, elles n'ont besoin d'être ni connues ni consenties pour être obéies : elles sont donc partout et toujours observées.

A vrai dire, c'est par *métaphore* ou par *hypothèse* que ces rapports sont appelés lois. — *Tout se passe comme si* une volonté intelligente et toute-puissante avait dès l'origine déterminé par des lois la façon dont les phénomènes de l'univers devaient se produire dans toutes les circonstances possibles. — Mais, toute métaphore et toute hypothèse étant écartées, l'expérience nous montre seulement que les phénomènes se conforment toujours à ces rapports, et la raison, au moins pour quelques-uns d'entre eux, nous en fait comprendre la nécessité en les déduisant de ses propres principes.

3. Les lois civiles. — Les lois *civiles* ou *positives*, émanées de la volonté d'un législateur, règlent la conduite des citoyens d'un État.

Un double caractère les distingue des lois naturelles.

1° Ce sont des lois *pratiques* et non théoriques : elles énoncent ce qui *doit* se faire, non ce qui se fait nécessairement. Elles sont *impératives* et non simplement indicatives. — C'est qu'elles impliquent l'intelligence et la liberté des êtres qu'elles régissent : elles ne peuvent être obéies qu'à la condition d'être connues et consenties. D'où il suit qu'elles sont sujettes à être violées et que les faits ne leur sont pas nécessairement conformes.

2° Établies par la volonté humaine, elles sont toujours plus ou moins *artificielles* et *arbitraires*. Elles ne dérivent de la nature des choses, ni *en droit*, comme les lois mathématiques, ni *en fait*, comme les lois physiques. Aussi sont-elles contingentes au regard de la raison, et l'expérience montre qu'elles ne sont ni universelles ni invariables, mais différentes selon les lieux et les temps.

4. La loi morale. — La loi morale participe à la fois des caractères des lois civiles et des lois naturelles.

D'une part, comme les lois civiles, elle est une loi *pratique*, un *commandement* et non une simple formule. Par cela même, elle n'est obéie que si elle est connue et consentie des êtres intelligents et libres qu'elle gouverne : aussi ne l'est-elle pas toujours. « On ne doit pas mentir », dit la loi morale. L'expérience n'en montre pas moins qu'on peut mentir.

Mais d'autre part, comme la loi naturelle, la loi morale *dérive de la nature des choses:* elle n'est ni artificielle ni arbitraire, et c'est pourquoi elle est universelle et immuable. Elle se rapproche même en un sens de la nécessité idéale ou rationnelle des vérités mathématiques. Étant donnée, par exemple, la nature d'un dépôt, il est *rationnellement nécessaire* que ce dépôt appartienne au propriétaire et non au dépositaire : cette vérité s'impose à notre raison aussi irrésistiblement qu'un théorème de géométrie. Mais les vérités mathématiques, nécessaires *en droit*, le sont aussi *en fait* : un triangle n'a jamais que les propriétés qu'il doit avoir. Il n'en est pas ainsi des vérités morales. Le dépôt, qui en droit appartient au propriétaire, peut rester en fait aux mains du dépositaire.

5. Les caractères de la loi morale. — La loi morale est marquée de trois caractères principaux : 1° elle est *obligatoire;* 2° elle est *absolue;* 3° elle est *universelle.*

1° L'obligation est une espèce toute particulière de nécessité, la *nécessité pratique* ou *morale* (*necessitas moralis*). Dire qu'on est *obligé* de faire une chose, ce n'est pas dire qu'on est *forcé* de la faire. L'obligation n'est pas une contrainte qui exclut la liberté : elle n'existe, au contraire, qu'autant qu'on est libre de s'y soumettre ou de s'y soustraire. — Ainsi nous sommes *tenus* de faire notre devoir; aucune puissance au monde ne peut nous en dispenser, et cependant il est en notre pouvoir de le faire ou de ne pas le faire. Celui qui demanderait pourquoi il doit le faire, du moment où rien ni personne ne l'y force, prouverait seulement par là qu'il n'a pas l'idée claire du devoir.

2° L'obligation imposée par la loi morale n'est pas relative, comme celle des lois civiles : elle est *absolue*.

Kant distingue à ce propos deux sortes d'impératifs : l'*impératif hypothétique* et l'*impératif catégorique*.

Un impératif hypothétique est un commandement subordonné à une condition exprimée ou sous-entendue, laquelle n'est pas elle-même obligatoire. Telles sont les règles de la prudence ou de l'intérêt personnel. — « Si tu veux retenir ta clientèle, pourrait-on dire à un marchand, ne la trompe pas sur la qualité des marchandises. » Impératif hypothétique, qui exprime une nécessité relative, la nécessité de vouloir les moyens si l'on veut la fin; mais il suffit de renoncer à la fin pour y échapper. Ainsi le marchand pourrait répondre : « Je ne tiens pas à conserver mes clients; pourvu qu'ils se renouvellent assez vite et que j'aie le temps de m'enrichir avant que le public s'aperçoive de ma fraude, c'est tout ce que je demande. » — Mais le même commandement devient un devoir, si on le présente sous forme catégorique : « Tu ne dois pas tromper. » Le devoir, en effet, commande sans condition; c'est un *impératif catégorique*. On peut, il est vrai, exprimer une *condition apparente* dans la formule d'un devoir, dire, par exemple : « Tu ne dois pas tromper, *si tu veux être juste,* » mais cette prétendue condition n'est elle-même qu'un devoir plus général impliqué dans le premier. De proche en proche, on arriverait finalement à cette formule : « Tu dois faire cela (ou ne pas le faire), *si tu veux faire le bien.* » Or, dans cette formule il y a identité entre le devoir et sa condition : le devoir n'est rien s'il n'est le devoir de faire le bien. D'où il suit que le bien est moins la *condition* que la *raison* du devoir et que le vrai sens des formules précédentes est celui-ci : « Tu ne dois pas tromper, *car* tu dois être juste; — tu dois faire cela, *car* tu dois faire le bien. »

Par ce caractère absolu, la loi morale diffère non seulement des maximes d'action que chacun peut se faire pour sa propre gouverne, mais encore des lois civiles, lesquelles tirent toute leur autorité soit de la loi morale (si tu veux être juste, obéis aux lois de ton pays), soit de la sanction qui les accompagne (obéis aux lois de ton pays, si tu veux éviter les peines qu'elles infligent).

3° Enfin, la loi morale est *universelle*. Ses commandements sont les mêmes pour tous les hommes, dans tous les temps et dans tous les lieux.

L'universalité est, d'après Kant, le caractère constitutif de la loi morale. Il est le criterium du bien et du mal.

« Agis toujours de telle sorte que tu puisses vouloir que la maxime de ton action soit érigée en loi universelle » : telle est, selon Kant, la formule de l'impératif catégorique.

En effet, toutes les fois qu'on fait le mal, c'est par une sorte d'exception et de faveur qu'on se le permet à soi-même; mais on ne consentirait pas volontiers à transformer son action en règle et en modèle pour tous les hommes. Par exemple, on veut bien tromper les autres, mais on ne veut pas soi-même être trompé. — La volonté du mal ne peut s'universaliser sans se contredire. Le bien, au contraire, est tel qu'on peut le vouloir partout et toujours, chez soi et chez autrui, sans contradiction. Ce que l'honnête homme a fait, il est prêt à le refaire, prêt à vouloir que les autres le fassent comme lui. — Au fond, les deux maximes populaires si célèbres : « Ne faites pas aux autres ce que vous ne voudriez pas qu'on vous fît; faites aux autres ce que vous voudriez qu'on vous fît », ne sont que des corollaires de la formule de Kant.

6. Le fondement de la loi morale. — Il reste à déterminer le fondement de la loi morale ou du devoir.

Le devoir, on l'a vu, présuppose nécessairement le bien, de quelque façon d'ailleurs qu'on envisage le bien lui-même, soit qu'on le définisse comme nous l'avons fait, soit qu'on le fasse consister, avec Kant, d ns la simple *universalité des maximes* ou dans la *personne fin en soi* (c'est-à-dire dans la dignité humaine).

Mais le devoir dérive-t-il nécessairement du bien, de sorte que notre esprit ne puisse concevoir le bien sans le concevoir comme obligatoire, ou quelque autre principe doit-il intervenir pour opérer la liaison de ces deux termes?

D'après un certain nombre de théologiens et de philosophes, le bien n'est pas obligatoire par lui-même : il ne devient tel que par la volonté de Dieu. Le devoir est donc, dans cette doctrine, le *commandement divin*. Si l'on fait abstraction de la volonté divine, le bien peut encore subsister comme un *idéal* qui nous *attire*, mais non plus comme une loi qui nous *oblige;* il peut conserver encore quelque *influence* (au moins sur les êtres raisonnables qui le conçoivent), il n'a plus [d'*autorité;* il n'oblige, à proprement parler, que ceux qui veulent bien s'obliger eux-mêmes.

On ne doit pas confondre cette doctrine avec celle qui fait dériver non seulement le devoir, mais encore le bien même, de la volonté arbitraire de Dieu, doctrine qui supprime en réalité toute morale.

Il est certain que la croyance à un commandement divin donne une plus grande *force* au devoir; mais est-elle la condition de son existence même? Il est permis d'en douter.

D'abord, *en fait*, notre esprit attache le plus souvent l'idée du devoir à certaines actions, par cela seul qu'il les juge bonnes en elles-mêmes, sans faire intervenir l'idée de la volonté de Dieu. Ainsi, celui qui a fait une promesse croit qu'il *doit* la tenir, et cela, évidemment, non parce que Dieu commande de tenir ses promesses, mais parce que tenir ses promesses est juste, et parce qu'on doit faire ce qui est juste.

Puis, *en droit*, la liaison immédiate du bien et du devoir est logiquement impliquée dans la doctrine même qui prétend la faire dériver de la volonté de Dieu. En effet, si l'on admet que l'on doit obéir à la volonté de Dieu, la raison n'en demande pas moins *pourquoi* on doit lui obéir. — Il ne suffirait pas de répondre qu'on doit lui obéir parce qu'il est tout-puissant et qu'il nous punira infailliblement si nous lui désobéissons; car, dans cette hypothèse, le mal lui-même pourrait devenir obligatoire si Dieu commandait de le faire. — On répondra qu'on doit obéir à Dieu, parce que ce qu'il commande est juste et bon en soi. Mais alors la première et essentielle raison du devoir, c'est le juste ou le bien en soi, et non le fait du commandement. — On peut, il est vrai, ajouter qu'on doit obéir à Dieu, non seulement parce qu'il commande ce qui est bien, mais encore parce que, étant pour les créatures la cause de leur existence et de toutes leurs facultés, il a droit à leur reconnaissance et partant à leur obéissance. — Mais cette réponse même présuppose la liaison immédiate du bien et du devoir. Pourquoi, en effet, doit-on être reconnaissant ? Ce devoir ne peut dériver de l'autorité de Dieu, puisqu'il fonde lui-même cette autorité. La raison n'en peut être que celle-ci : on doit être reconnaissant, parce que la reconnaissance est juste et bonne en elle-même.

Ainsi, la volonté de Dieu peut bien être un motif *additionnel* pour faire le bien : elle ne peut pas, elle ne doit pas être le motif *unique* ou même *principal*, et cela sous peine de détruire la moralité, qui consiste avant tout à faire le bien pour le bien lui-même.

Le bien est donc par lui-même le principe du devoir. La raison ne peut concevoir la perfection comme supérieure à toutes les fins possibles sans juger par cela même qu'elle doit leur être préférée. — Il y a pour elle une sorte de convenance à priori entre la perfection et l'être : on peut même se demander si une synthèse est nécessaire pour relier les deux termes, s'ils ne dérivent pas analytiquement l'un de l'autre. Le bien doit être; cela veut dire, au fond : il est bon que le bien soit (1).

Quelque opinion qu'on ait de la valeur logique de la preuve de l'existence de Dieu, proposée par saint Anselme et par Descartes, elle montre bien que, dans l'idée de l'être absolument parfait, l'esprit ne peut s'empêcher de mettre ou de voir l'idée de l'existence nécessaire. C'est, en quelque sorte, la même loi intellectuelle qui, l'idée du bien étant donnée, force l'esprit à y ajouter ou à en tirer l'idée du devoir.

Le devoir, c'est donc la supériorité que la raison reconnaît à l'idéal moral sur toutes les autres fins de la volonté humaine et la sorte d'empire que cet idéal exerce sur nous en vertu de sa supériorité même.

Peut-être, cependant, faut-il distinguer l'*idée du devoir*, qui est purement rationnelle, et le *sentiment de l'obligation*, qui résulte du conflit de cette idée avec les diverses inclinations de notre sensibilité. La première existerait encore chez un être qui, par hypothèse, serait tout entier raison pure ou dans lequel la volonté serait

---

(1) Cf. Fouillée, *La liberté et le déterminisme*, 1ʳᵉ édition, p. 57.

toujours conforme à la raison; le second n'existe que chez un être tel que l'homme, dans lequel la raison est unie à la sensibilité.

Ainsi l'homme ne juge pas seulement que le bien *doit* être réalisé; il juge que *lui-même doit* le réaliser, et cela *malgré la résistance de ses penchants* : « Fais ce que dois, advienne que pourra. » Mais ce jugement est par cela même accompagné d'un *sentiment*, le sentiment d'une lutte et d'une contrainte, le sentiment de *l'obligation*.

Il résulte de cette condition particulière de l'homme la nécessité, pour la morale, de justifier le devoir, non pas seulement au regard de la raison, mais encore au regard de la sensibilité.

Le devoir se justifie de lui-même au regard de la raison, car il est identique à la raison. Le bien, on l'a vu, c'est le rationnel. Dès lors, affirmer que le bien doit être réalisé, c'est affirmer que la raison doit être satisfaite. En proclamant le devoir, la raison ne fait que proclamer sa propre *hégémonie*. — Mais, si l'on se place au point de vue de la sensibilité, on peut objecter que c'est là une pétition de principe et que la raison est ici juge et partie dans sa propre cause. — Certes, pour un être raisonnable, la satisfaction de la raison est un bien; mais, pour un être sensible, la satisfaction des penchants est aussi un bien. Dès lors, dans un être à la fois raisonnable et sensible tel que l'homme, la raison peut sans doute affirmer que son bien est supérieur à celui de la sensibilité et doit lui être préféré; mais elle n'est pas dispensée de prouver que, même du point de vue de la sensibilité, son bien est au fond préférable à l'autre, ou, pour mieux dire, que le conflit des deux biens est apparent et que le vrai bien de la sensibilité se confond avec le sien.

Cette preuve ne peut, ce semble, être complètement donnée qu'à la condition d'admettre certaines hypothèses métaphysiques (existence de Dieu; immortalité de l'âme; sanction d'outre-tombe), qu'on peut par cela même appeler, avec Kant, les *postulats de la morale*.

OUVRAGES A CONSULTER

Malebranche, *Morale*. — Kant, *Fondements de la métaphysique des mœurs et Critique de la raison pratique*. — Jouffroy, *Cours de droit naturel*. — Bain, *Les émotions et la volonté*. — Spencer, *Les bases de la morale évolutionniste*. — Renouvier, *La science de la morale*. — Secrétan, *La philosophie de la liberté*. — Janet, *La morale*. — Bouillier, *La vraie conscience* et *Morale et progrès.* — Vacherot, *Essais de philosophie critique.* — Beaussire, *Le fondement de l'obligation morale.* — Ravaisson, *La philosophie en France au dix-neuvième siècle,* chap. XXXVI. — Fouillée, *Critique des systèmes de morale contemporains.*

SUJETS DE DISSERTATIONS

Morale. — De l'objet de la morale. La morale est-elle une science ou un art? 71.

Objet et divisions de la morale et plus spécialement de la morale spéculative. 80-82.

Objet et parties de la morale. Ses rapports avec la psychologie. 79.

En quoi la morale suppose-t-elle la psychologie? 70.

Des rapports de la morale et de la théodicée. 68.

Peut-on séparer la morale de la théodicée? 74.

I. La Conscience. — 1. Quels sont les principaux motifs de nos actions? Peuvent-ils se réduire à l'intérêt et au devoir? 79-83.

Quels sont les mobiles essentiels de nos actions? Peut-on les réduire à un seul? 78.

Quels sont les principaux motifs de nos actions volontaires? 83.

2. Établir avec précision les différents sens du mot conscience en philosophie. 68-76-76.

Établir la distinction entre la conscience psychologique et la conscience morale. 85.

3. Analyse de la conscience morale. 66.

La conscience morale est-elle une faculté à part ou peut-elle être réduite à une faculté plus générale? 68.

Qu'est-ce que la conscience morale? Faut-il la rapporter à la sensibilité ou à la raison? 77-78.

Qu'est-ce que la conscience morale? Est-ce la même chose que la raison? 82.

4. Déterminer les différences et les rapports de la conscience morale et du sentiment moral. 73.

Montrer que le vrai sentiment auquel on reconnaît la présence de la loi morale, c'est le respect. C'est un phénomène tout à fait distinct, comme Kant l'a remarqué et de l'inclination et de l'admiration. 73.

5. Peut-on dire avec certains philosophes qu'il existe en nous un sens moral? Faire la critique de cette expression. 86.

6. De l'universalité des notions morales. Discuter les objections des sceptiques. 73-77-84.

Réfuter le scepticisme moral fondé sur la diversité et la contradiction des mœurs, des opinions et des doctrines. 83.

Réfuter l'opinion suivant laquelle la distinction du bien et du mal n'est qu'un résultat de la coutume et de l'éducation. 66.

Peut-on expliquer par l'éducation et la coutume l'origine des idées morales dans l'humanité? 69.

II. Le Bien. — Qu'appelle-t-on le bien moral? Quelle distinction doit-on établir entre le bien absolu ou bien en soi, et le bien moral? 73.

III. Le Devoir. — 1, 2, 3 et 4. Préciser le sens scientifique du mot loi, et montrer ce qu'est la loi : 1° dans le monde physique; 2° dans le monde moral. 66.

Comment s'élève-t-on à l'idée de loi dans les sciences de la nature? Qu'est-ce qu'une loi physique? En quoi les lois physiques diffèrent-elles de la loi morale? 69-72.

5. Quels sont les caractères essentiels à la loi morale? Quels sont ceux de ces caractères qui manquent le plus à la règle de l'intérêt personnel? 67.

De l'obligation morale. En quoi elle consiste et ce qu'elle produit en nous? 66-72.

L'idée du devoir, ses caractères, son fondement. 79.

CHAPITRE II

EXAMEN DES MORALES EMPIRIQUES

Division des morales empiriques. — Toutefois, avant de rechercher comment l'obligation morale peut se concilier avec les légitimes exigences de la sensibilité, il est nécessaire d'examiner les tentatives faites par les doctrines empiriques pour trouver dans la sensibilité même, abstraction faite de la raison, un but suffisant à l'activité humaine.

Il nous a paru qu'en principe (1) ces tentatives ne pouvaient pas réussir; voyons si ce jugement sera confirmé par l'examen des résultats.

Les doctrines de morale empiriques peuvent se diviser en deux groupes : doctrines *utilitaires*, doctrines *sentimentales*.

D'après les premières, la sensibilité est nécessairement égoïste et intéressée, et par conséquent le bien ne peut consister que dans le plaisir ou le bonheur de l'individu.

D'après les secondes, la sensibilité est susceptible de désintéressement, et le désintéressement, supérieur à l'égoïsme, est le bien même.

I. — LES DOCTRINES UTILITAIRES.

1. La morale du plaisir. — On peut voir la première et la plus grossière forme de l'utilitarisme dans la doctrine d'Aristippe de Cyrène, qu'on appelle souvent *morale cyrénaïque* ou *morale du plaisir*.

L'homme, d'après Aristippe, ne connaît qu'un seul bien, le *plaisir*, qu'un seul mal, la *douleur*; et comme l'avenir est chanceux et que le présent seul est certain, la vraie sagesse est de profiter de tout plaisir qui s'offre, de tout *plaisir du moment*. L'instinct qui nous y pousse est en cela un meilleur guide que la raison.

Cette doctrine rejette évidemment toutes les croyances morales

---

(1) Voy. plus haut, p. 314.

de l'humanité où elle ne peut voir qu'un amas de préjugés contre nature. Elle supprime même toute morale scientifique et tout art de vivre. A quoi bon, en effet, des théories et des préceptes quand l'instinct suffit? — Il importe d'en discuter le principe.

Le plaisir est sans doute un bien; mais il n'est pas le bien suprême; et surtout il n'est pas un bien *par lui-même*, ramassé en soi, abstraction faite des causes qui le produisent et des effets qui le suivent.

Tout d'abord, l'homme véritable n'est pas une sorte de bête impatiente de jouir, à peine supérieure au tigre et au pourceau; c'est un être infiniment plus compliqué, chez lequel l'intelligence et la volonté demandent à être satisfaites tout aussi impérieusement que la sensibilité ou l'instinct.

En outre, le plaisir même, comme l'ont fait voir les stoïciens après Aristote, n'est pas le but primitif de l'activité : c'est un résultat et non un principe ; dans l'intention de la nature, c'est un moyen et non une fin. La fin, et par conséquent le bien, c'est d'abord de se conserver, de s'accroître, d'exercer librement et sans effort toutes ses puissances naturelles. Le plaisir apparaît quand l'activité atteint sa fin ou s'en rapproche. C'est, comme disait Aristote, un surcroît qui s'ajoute à l'acte. Aussi, bien souvent, le moyen d'arriver au plaisir, c'est de ne pas le chercher; on poursuit pour elle-même quelque autre fin, et c'est dans cette poursuite qu'on rencontre le plaisir.

Enfin, si le plaisir est un bien, la douleur est un mal, et la nature les a indissolublement liés l'un à l'autre. D'où il suit que, courant après le plaisir, on tombe souvent dans la douleur, et que souvent aussi il faut passer par la douleur pour arriver au plaisir.

Ainsi cette doctrine, qui se prétend *conforme à la nature*, est en réalité *contraire à la nature*. La nature n'a nullement fait l'homme ni aucun être vivant pour jouir à satiété. De là les conséquences désastreuses de cette morale pour ceux qui la mettent en pratique : le dégoût, la folie, la mort à bref délai pour les individus, et tour à tour l'anarchie et le despotisme pour les peuples.

2. La morale de l'intérêt dans Épicure. — Épicure transforme la morale du plaisir en une morale de l'intérêt.

Il admet, lui aussi, que le plaisir est le bien suprême; mais encore ce plaisir doit-il être durable, assuré, exempt de toute douleur; et, pour nous y conduire, l'instinct ne suffit plus; la raison est nécessaire. D'où l'utilité d'une morale, d'un art de vivre.

Il y a, en effet, d'après Épicure, deux sortes de plaisirs : l'un (*plaisir en mouvement*) vif, violent même, mais passager et traînant la douleur après lui ; l'autre modéré, calme, plus durable et sans conséquence fâcheuse. La sagesse, c'est de préférer celui-ci à celui-là, d'autant que le meilleur est aussi le plus facile à se procurer. Satisfaction des besoins naturels, absence de douleur : il ne consiste pas en autre chose. « Avec un pain d'orge et un peu d'eau, le sage peut disputer de félicité avec Jupiter. »

Pourtant cette doctrine austère, avec Métrodore, disciple d'Épicure, retourne au cyrénaïsme. C'est qu'au fond plaisir et intérêt sont bien voisins. Si le plaisir est le bien (principe commun aux deux doctrines), chacun est libre de prendre son plaisir où il le trouve. Vous préférez les plaisirs calmes, un autre préfère les plaisirs violents ; affaire de tempérament.

Mais c'est surtout chez les modernes qu'il faut étudier l'utilitarisme.

3. La morale utilitaire de Bentham. — Bentham (philosophe anglais de la fin du dix-huitième siècle) pose l'*utilité* ou le *bonheur* comme le premier principe du droit et de la morale.

Le *bonheur*, c'est la plus grande somme de plaisirs diminuée de la plus grande somme de douleurs.

Une action est *utile* quand la somme de ses conséquences agréables excède la somme de ses conséquences pénibles, et elle est *nuisible* dans le cas contraire.

La morale est le calcul de l'*utilité* des actions humaines. Prévoyant d'après l'expérience les conséquences habituelles de chacune d'elles, elle détermine celles qui sont utiles ou nuisibles et partant celles qu'on doit préférer ou dont on doit s'abstenir. Tout devoir, en effet, se justifie non par des raisons sentimentales ou mystiques mais par une raison d'utilité. La tempérance, la probité, etc., sont des devoirs, parce que, tout calcul fait, elles procurent un excédent de plaisir.

Pour faire ce calcul, on doit, d'après Bentham, envisager les plaisirs et les peines à sept points de vue différents.

1° L'*intensité*; 2° la *durée* (les plaisirs peuvent être vifs ou faibles, passagers ou durables); 3° la *proximité*; 4° la *certitude* (ils peuvent être proches ou lointains, assurés ou problématiques); 5° la *pureté* (le plaisir pur est celui qui est net de toute peine); 6° la *fécondité* (un plaisir est fécond, lorsqu'il est suivi de beaucoup d'autres); 7° l'*étendue* (un plaisir est d'autant plus étendu qu'il peut être goûté en même temps par un plus grand nombre de personnes).

On remarquera que Bentham ne distingue pas les plaisirs sous le rapport de la *qualité* : selon lui, tous les plaisirs sont *homogènes* ou de même espèce; ils ne diffèrent que par la *quantité* (intensité, durée) ou par des circonstances *extrinsèques* (proximité, certitude, etc.).

On remarquera aussi que Bentham n'exclut pas nécessairement de l'utilité ou du bonheur la considération de l'intérêt d'autrui. Tout au contraire, le principe de la législation, d'après Bentham, c'est le plus grand bonheur du *plus grand nombre* : lui-même, dans la détermination des devoirs, se réfère à l'intérêt social plus encore peut-être qu'à l'intérêt personnel.

C'est que, dans sa pensée, le bonheur individuel est inséparable du bonheur général, et cela pour deux raisons principales :

1° L'individu ne peut se défendre, se procurer les commodités nécessaires à la vie, etc., en dehors de la société. Son intérêt est donc solidaire de celui des autres : « En travaillant pour la ruche, l'abeille travaille pour elle-même. »

2° L'homme est un être sympathique : la plupart de ses plaisirs les plus vifs lui viennent par ricochet du plaisir qu'il voit ou qu'il fait lui-même éprouver à ses semblables. Donc l'égoïste fait un mauvais calcul, même au point de vue de son bonheur personnel, en se désintéressant du bonheur des autres.

4. L'utilitarisme rectifié de Stuart Mill. — Stuart Mill réforme la doctrine de Bentham sur deux points :

1° Il tient compte non seulement de la quantité, mais encore de la *qualité* des plaisirs. Certains plaisirs ont une qualité, une *valeur intrinsèque* qui les rend incomparables : mis en balance avec des plaisirs plus nombreux, plus intenses, etc., mais plus grossiers, ils doivent leur être préférés, quand bien même ils auraient pour conditions ou conséquences de grandes douleurs. Tels sont les plaisirs de l'esprit ou du cœur en comparaison des plaisirs des sens : « Mieux vaut être un Socrate mécontent qu'un pourceau satisfait. »

2° Il pose expressément comme premier principe de la morale « le bonheur de l'*humanité* ». — Est bonne toute action qui tend à promouvoir le bonheur de l'humanité; est mauvaise toute action qui le compromet ou le retarde.

5. La critique générale de l'utilitarisme. — On peut faire à l'utilitarisme deux objections principales:

1° Quand bien même l'intérêt bien entendu aboutirait dans la pratique aux mêmes résultats que le devoir, il ne produirait pas pour cela une véritable moralité.

Bentham prétend que notre intérêt est d'être laborieux, tempérants, justes, charitables, etc. Admettons qu'il ait raison. Serons-nous *vertueux* en suivant ses préceptes? Non, nous serons simplement *habiles*. La conscience humaine distinguera toujours entre deux hommes dont l'un fait le bien par intérêt, l'autre par devoir. Le désintéressement est l'essence même de l'honnêteté. Persuadez à l'humanité que le mobile de tous les actes vertueux est l'intérêt, et les sentiments moraux s'évanouiront. On dira avec Fontenelle d'un voleur mené en prison : voilà un homme qui a mal calculé. On pourra encore admirer l'homme de bien, on ne l'estimera plus ; on plaindra le méchant, on le raillera peut-être : on ne le méprisera plus. Bentham conserve donc le simulacre extérieur de la moralité, mais il lui enlève son âme.

2° Il est faux que l'intérêt bien entendu aboutisse toujours dans la pratique aux mêmes résultats que le devoir.

Sans doute, dans la *moyenne des cas*, le devoir et l'intérêt coïncident; mais les écarts entre l'un et l'autre sont possibles et relativement même fréquents. L'honnêteté, a-t-on dit, est la meilleure des politiques, et cela est vrai comme règle générale. Mais Bentham est bien optimiste s'il ne fait aucune place aux exceptions. Par exemple, l'intérêt, en temps ordinaire, nous conseille de ne pas voler; mais, si la somme est énorme, si le vol ne peut être prouvé ni puni, si l'opinion publique elle-même peut être achetée avec le fruit du vol, notre intérêt ne nous conseille-t-il pas de risquer l'aventure? L'intérêt, en effet, varie avec les circonstances et les personnes; il n'a pas l'universalité, la fixité du bien. Aussi toute règle utilitaire est-elle un impératif hypothétique. Chacun est juge en dernier ressort de l'obéissance qu'il lui doit; elle n'est pas respectable par elle-même; elle n'est pas vraiment obligatoire. Dans tous les arts, à côté des règles qui valent pour les moyennes, on prévoit des exceptions pour lesquelles de nouvelles règles sont nécessaires. Suivre en ce cas les vieilles règles, c'est pure superstition. Les Autrichiens, dit-on, se firent battre par Bonaparte pour ne pas déroger aux règles de la tactique traditionnelle, comme si la première règle n'était pas de vaincre. Or, dans la morale utilitaire, la première règle est de *réussir*.

6. La critique de l'utilitarisme de Stuart Mill. —

Suffira-t-il de substituer, avec Stuart Mill, la *qualité* des plaisirs à la quantité pour sauver l'utilitarisme de ces objections? Nous ne le croyons pas.

Outre que dans cette hypothèse la moralité n'est plus qu'un égoïsme aristocratique et raffiné, une sorte de *dilettantisme moral*, le principe même de « la qualité du plaisir » demeure obscur et incertain.

Ce qui fait la supériorité d'un plaisir, c'est la supériorité même de la cause (inclination ou faculté) qui le produit; et celle-ci ne peut se constater et s'évaluer qu'en admettant l'existence préalable de la moralité : point de vue interdit à Stuart Mill. Dès lors, tous les plaisirs sont de même nature, quelle que soit leur origine, et on ne peut plus les distinguer que par leur quantité.

Cependant, dit Stuart Mill, si une personne qui a goûté de deux plaisirs préfère l'un à l'autre, quoique inférieur en quantité, cela ne prouve-t-il pas que le plaisir préféré est d'une qualité supérieure?

Il faudrait prouver, répondrons-nous, qu'aucune raison *morale*, tirée du bien ou du devoir, n'intervient dans cette préférence. Or l'expérience prouve presque toujours le contraire.

D'ailleurs, quand le principe serait vrai, on ne voit pas comment il pourrait être appliqué. — Qui appréciera, en effet, la qualité de toutes les espèces de plaisirs? On récusera, dit Stuart Mill, ceux qui n'ont pu les goûter tous. L'ivrogne est mauvais juge quand il préfère le plaisir de boire à des plaisirs plus nobles. Mais l'ivrogne à son tour récusera peut-être l'homme sobre. Où trouver un arbitre-expert universel des plaisirs?

En fait, certains hommes, après avoir goûté tous les plaisirs, ont paru préférer ceux de l'ordre le plus élevé : tel saint Augustin. Mais, remarque M. Janet, cette comparaison n'a pu se faire que dans la vieillesse où ils comparaient non des plaisirs actuels entre eux mais des plaisirs actuels avec des souvenirs de plaisir. D'autre part, des hommes, tels que César, Gœthe, etc., sont passés alternativement d'une sorte de plaisirs à une autre sans en préférer ni en dédaigner aucune.

Il s'ensuit que, si l'on fait abstraction de tout idéal moral, on peut bien faire un choix entre les plaisirs d'après leur intensité, leur durée, etc., mais non d'après leur excellence ou leur noblesse.

7. La critique de la morale du bonheur de l'humanité. — La plus haute transformation de l'utilitarisme consiste à donner comme objet à la morale non plus l'intérêt particulier, le bonheur de l'individu, mais l'intérêt général, le bonheur de l'humanité.

Sans doute, au yeux de la raison, le bonheur général l'emporte en perfection, *ceteris paribus*, sur le bonheur individuel et doit par conséquent lui être préféré, mais ce point de vue est interdit à l'utilitarisme qui ne peut se placer qu'au point de vue de la sensibilité.

Or, pour la sensibilité, il n'y a pas d'autre bonheur que le bonheur individuel, celui qu'on ressent *soi-même*. On ne pourra jamais désintéresser complètement l'individu si l'on ne fait appel qu'à son intérêt particulier. En tant qu'être sensible, l'individu préfère naturellement son bonheur à celui de l'humanité tout entière. On pourra, il est vrai, lui conseiller d'avoir égard, dans une certaine mesure, au bonheur d'autrui, d'abord parce que son intérêt est solidaire de celui des autres, ensuite parce que la sympathie l'associe, bon gré mal gré, aux plaisirs et aux peines de ses semblables; mais on ne pourra l'obliger à subordonner ou à sacrifier son bonheur à celui des autres.

Il y a donc une sorte de contradiction, dans l'*utilitarisme humanitaire*, entre la conclusion où il prétend nous conduire et le principe dont il part. Ce principe, c'est que le bonheur est la seule raison d'être de l'activité et de la vie; cette conclusion est qu'on doit, le cas échéant, faire le sacrifice de son bonheur au bonheur de l'humanité. Les moyens termes imaginés pour passer de l'un à l'autre sont visiblement insuffisants.

Seule la raison peut nous faire préférer le bonheur général à notre bonheur propre, parce qu'elle seule peut démontrer que l'humanité tout entière vaut mieux qu'un seul individu et qu'en toutes choses on doit préférer le meilleur.

II. — LES DOCTRINES SENTIMENTALES.

1. Le principe commun des morales sentimentales. — Les doctrines sentimentales ont compris qu'il est impossible de dériver le désintéressement de l'intérêt, la moralité de l'égoïsme. Mais elles ont cru trouver dans la sensibilité même un principe de désintéressement et de moralité.

Selon elles en effet, il y a dans l'âme humaine deux ordres de sentiments et de penchants, les uns intéressés, égoïstes, les autres désintéressés, sociaux ou tout au moins impersonnels. La moralité consiste à préférer les seconds aux premiers et à traduire cette préférence dans la conduite.

On peut les ramener à trois principales : 1° la doctrine du *sens moral* ; 2° la doctrine de la *bienveillance* ; 3° la doctrine de la *sympathie*.

2. La doctrine du sens moral. — On a déjà vu combien la doctrine du sens moral, professée par un certain nombre de philosophes écossais, est insuffisante comme explication psychologique de la conscience morale : elle ne l'est pas moins comme théorie du fondement de la morale.

En admettant que le bien et le mal nous fassent éprouver des sentiments *sui generis*, on ne voit pas comment de ce fait d'observation une règle d'action peut sortir.

1° Le plaisir moral, pris en soi, ne diffère en rien des autres plaisirs ; il n'y a donc aucune raison pour le préférer aux autres, s'il ne se fait pas préférer lui-même. Plaisir pour plaisir, chacun, ce semble, est libre de choisir selon son goût, et nul n'est obligé de préférer un plaisir médiocre à un autre qui l'émeut et l'attire plus fortement.

2° Il *varie* avec les personnes. La même action plaît au sens moral des uns, déplaît à celui des autres. — Lesquels ont raison, lesquels ont tort ? Nul moyen de décider entre eux.

3° Il fait même parfois *défaut* : que dire à ceux qui ne l'éprouvent pas ? et comment les convaincre qu'ils doivent préférer à tous les autres un plaisir dont ils n'ont aucune idée ?

La morale, dans cette doctrine, ne peut être que le catalogue des impressions variables et souvent contradictoires du sens moral dans l'humanité.

3. La doctrine de la bienveillance dans Hutcheson. — Le philosophe écossais Hutcheson voit dans la *bienveillance* le principe de la morale. On peut rapprocher de cette doctrine toutes celles qui font consister la moralité dans l'*amour* (doctrine de certains théologiens ; morale *altruiste* d'Auguste Comte).

Les actions vertueuses sont, d'après Hutcheson, celles qu'inspire la bienveillance ; elles sont d'autant plus méritoires qu'elles résultent d'une victoire plus disputée des sentiments bienveillants sur les sentiments intéressés. Il s'ensuit que le devoir qui résume tous les autres, c'est l'amour et le dévouement.

On pourrait objecter à cette morale qu'elle est *incomplète* (en ce qu'elle ne tient aucun compte des devoirs de *dignité personnelle* et de *justice*, évidemment irréductibles à la bienveillance ou à l'amour); mais une objection plus décisive, c'est qu'*elle ne fonde en réalité aucun devoir.*

En effet, la bienveillance, prise en soi, est un sentiment comme les autres. Elle peut être conforme aux intérêts de l'humanité, à la volonté de Dieu, au devoir même; mais ce n'est en somme qu'un fait naturel qui ne se commande pas. On ne peut pas *obliger* les gens à éprouver les sentiments bienveillants et à les éprouver avec plus de force que les sentiments intéressés, si en fait ils ne les éprouvent pas ou les éprouvent faiblement.

Admettons, si l'on veut, que la bienveillance soit supérieure à tous les autres sentiments; c'est, en effet, ce semble, le jugement de l'humanité. — Encore faudrait-il expliquer et démontrer cette supériorité. Hutcheson ne le fait pas. Il affirme que la bienveillance vaut mieux que l'égoïsme ou la haine; mais il ne le prouve pas.

4. La doctrine de la sympathie d'Adam Smith. — Adam Smith a compris que les sentiments les plus divers (et non pas seulement la bienveillance) peuvent inspirer des actions vertueuses, et il a, en outre, essayé de découvrir la raison de la supériorité attribuée à ces sentiments par l'humanité. Il a cru la trouver dans une loi générale de la sensibilité, la *sympathie*.

La sympathie, telle qu'il l'entend, n'est pas un sentiment particulier (comme on l'entend d'ordinaire); elle est une propriété commune à tous les sentiments, la propriété qu'ils ont de se propager d'une âme à une autre. On ne peut être témoin de la joie, de la tristesse, de la crainte, etc., sans devenir soi-même involontairement joyeux, triste, craintif, etc.

Mais il faut remarquer : 1° que tous les sentiments ne sont pas *contagieux* ou *sympathiques* au même degré. — D'après Adam Smith, les moins sympathiques sont, d'une part, les sentiments *violents*, *excessifs*, d'autre part, les sentiments *malveillants* ou *haineux*; 2° que la sympathie est elle-même l'origine de sentiments secondaires de *plaisir*, de *peine* et de *désir*. On éprouve du plaisir à partager les sentiments d'autrui et surtout à voir ses propres sentiments partagés par autrui; l'absence de sympathie est pénible. Les hommes désirent donc la sympathie de leurs semblables et font effort pour l'obtenir.

Par là s'explique d'abord l'*approbation*. Approuver une action, c'est sympathiser avec le sentiment qui l'inspire, c'est se sentir porté à l'imiter.

Par là s'explique aussi *l'obligation*. L'obligation est le sentiment de malaise et de contrainte que nous ressentons à la pensée d'une action dont le mobile exciterait l'antipathie des spectateurs.

Par là s'expliquent enfin le *mérite* et le *démérite*. Quand une personne fait du bien à une autre, la sympathie du spectateur est double : il sympathise avec le bienfaiteur, il approuve sa conduite. Il sympathise aussi avec l'obligé. Or le sentiment de l'obligé, c'est la reconnaissance, le désir de rendre le bien pour le bien. Le spectateur désire donc que le bien soit rendu pour le bien ; il juge que de bien *mérite* une récompense. — Quand une personne fait du mal à une autre, la sympathie va en général à l'opprimé plutôt qu'à l'oppresseur : on désire, comme lui, que le mal soit rendu pour le mal ; on juge que le mal *mérite* une punition.

La règle qui semble dériver naturellement de ces données est celle-ci : « Agis toujours de façon à provoquer la plus grande sympathie chez le plus grand nombre de spectateurs. »

Mais Adam Smith reconnaît que la sympathie du plus grand nombre n'est pas toujours un criterium infaillible du bien et du mal. Les sentiments qui animaient Socrate étaient sans doute peu sympathiques à la majorité de ses concitoyens, et cependant Socrate avait raison contre eux. Aussi la règle, d'après Adam Smith, c'est de se proposer pour fin « *la sympathie d'un spectateur impartial et désintéressé* ».

5. La critique de la doctrine de la sympathie. — Tout d'abord, au point de vue *psychologique*, les analyses d'Adam Smith sont ingénieuses et enferment une certaine part de vérité.

Beaucoup de gens (vaniteux, ambitieux ou pusillanimes) prennent, en effet, pour règle de leurs sentiments et de leurs actions la sympathie de leur entourage ; le souci du « *qu'en dira-t-on ?* », le sentiment de l'honneur, si puissant dans certaines âmes, ne sont que des formes plus ou moins élevées du désir de la sympathie. Mais il est faux que ce désir soit le facteur principal de la conscience morale.

Ainsi l'approbation et la sympathie peuvent s'accompagner, mais elles sont absolument distinctes. — Sans doute, quand j'approuve une action, je puis sympathiser sans réserve avec le sentiment qui l'a inspirée, mais la sympathie est ici l'effet et non la cause de l'approbation. — D'autre part, je puis désapprouver une action inspirée par un sentiment qui m'est sympathique ; j'étouffe alors autant que je puis cette sympathie pour apprécier l'action en elle-même, abstraction faite du sentiment.

Au point de vue de la *morale* proprement dite, la doctrine d'Adam Smith est encore moins satisfaisante.

Il prétend que les sentiments modérés ou bienveillants sont seuls sympathiques; cette assertion est démentie par les faits. En réalité, un sentiment est d'autant plus sympathique que les spectateurs sont plus disposés à l'éprouver eux-mêmes et qu'ils sont plus accoutumés à le voir éprouver autour d'eux. D'où il suit, par exemple, que, dans une société d'hommes violents et féroces, les sentiments de violence et de férocité exciteront nécessairement plus de sympathie que des sentiments doux et bienveillants. — La règle de la sympathie est donc de refléter les sentiments, quels qu'ils soient, du milieu où on vit.

Cette règle mobile, Adam Smith croit la fixer en substituant à la multitude un spectateur impartial. — Mais ce spectateur est un être imaginaire auquel on ne peut donner ou que ses propres sentiments ou que les sentiments de son propre entourage. S'il est impartial, il devra ou sympathiser également avec les uns et les autres ou ne sympathiser ni avec les uns ni avec les autres. La sympathie demeure donc essentiellement variable, indéterminée, et cette prétendue règle universelle des sentiments réclame elle-même une règle qu'elle ne peut trouver que dans la raison.

6. Les objections générales contre les doctrines sentimentales. — Ainsi, quelque sentiment qu'on choisisse, on ne peut faire de la sensibilité le fondement d'une morale.

D'abord, parce que la sensibilité est essentiellement *variable :* d'où la *mobilité* des règles qui en dérivent.

Ensuite, parce que, si la sensibilité peut bien exciter, incliner, entraîner la volonté, elle ne peut pas l'*obliger*. De cette prémisse, « les hommes tendent naturellement à agir ainsi », on ne fera jamais sortir cette conclusion : « donc ils doivent agir ainsi ».

OUVRAGES A CONSULTER

Guyau, *La morale d'Épicure* et *La morale anglaise contemporaine*. — Stuart Mill, *L'utilitarisme*. — Jouffroy, *Cours de droit naturel*. — Jules Simon, *Le devoir*. — Fouillée, *Critique des systèmes de morale contemporains*.

SUJETS DE DISSERTATIONS

I. Définir les systèmes incomplets ou faux qui altèrent ou nient le principe de la loi morale. 77.

EXAMEN DES MORALES EMPIRIQUES.

Quelle différence y a-t-il entre le plaisir et l'intérêt? Donner des exemples. 74.

Faire voir qu'il n'y a pas de différences essentielles entre le plaisir et l'intérêt. 75 (*Pour ces deux sujets, voy. aussi au chapitre précédent :* Les motifs des actions humaines).

Du bonheur en psychologie et en morale. 89.

De la morale utilitaire. 80.

De l'utile et de l'honnête. En expliquer les différences. 66-75.

Caractères qui distinguent le principe du devoir du principe de l'intérêt personnel. 69-70-83.

Distinguer le principe du devoir des règles de la prudence et des calculs de l'intérêt. 67.

A supposer que l'intérêt bien entendu produise les mêmes résultats pratiques que le motif du devoir, est-il important de maintenir la distinction théorique entre les deux motifs? 69.

II. Expliquer et réfuter la doctrine qui fait reposer toute la morale sur le sentiment. 66.

En quoi consiste la doctrine morale que l'on appelle du sentiment? Quels en sont les mérites et les défauts? En quoi diffère-t-elle de la doctrine utilitaire et de la doctrine du devoir? 69.

Expliquer et apprécier la théorie qui fait de la sympathie le principe de la morale. 75-79-84-84.

Qu'est-ce que le sentiment de l'honneur? Peut-il remplacer l'idée du devoir comme règle absolue et obligatoire de la conduite? 86.

CHAPITRE III

LA RESPONSABILITÉ ET LA SANCTION

1. La responsabilité. — La responsabilité est ce *caractère des personnes qui peuvent et doivent rendre compte de leurs actions*, c'est-à-dire s'en reconnaître les auteurs et en supporter les conséquences.

Au terme *responsable* correspond le terme *imputable* : mais responsable se dit des personnes, imputable se dit des actions. Imputer une action à quelqu'un, c'est la mettre à son compte ou la lui attribuer, c'est l'en rendre responsable.

On peut distinguer deux sortes de responsabilités : 1° la responsabilité *légale* ou *sociale*; 2° la responsabilité *morale*.

Au point de vue social, on est responsable devant les tribunaux des infractions aux lois positives.

Au point de vue moral, on est responsable devant sa conscience, devant la conscience de ses semblables, devant Dieu, de toutes ses actions dans la mesure même où elles sont moralement bonnes ou mauvaises.

La responsabilité légale est l'œuvre des conventions humaines; la responsabilité morale est une conséquence de notre nature. Toute personne, par cela même qu'elle se juge à la fois *libre*, c'est-à-dire capable de choisir entre le bien et le mal, et sujette du *devoir*, c'est-à-dire obligée de préférer le bien au mal, se juge nécessairement responsable.

2. Le principe et les conditions de la responsabilité morale. — La responsabilité morale dépend d'un certain nombre de conditions.

La plus importante de toutes, celle qui peut en être considérée comme le principe, c'est la *liberté*. On ne peut être responsable que des actions qu'on a librement voulues, c'est-à-dire dont on a pris soi-même l'initiative ou auxquelles on a donné son consentement.

C'est pourquoi les choses et les animaux, faute de liberté morale, sont irresponsables; nul n'est responsable d'être beau ou laid, intelligent ou stupide, et ainsi de suite; l'enfant n'est pas responsable des actes que lui font commettre ses parents; le fou n'est pas responsable des actes commis pendant un de ses accès, etc. Toutes les influences qui suspendent ou diminuent dans l'homme la liberté morale suspendent ou diminuent en même temps sa responsabilité.

La liberté physique devient elle-même une condition de la responsabilité quand elle se trouve être une condition de la volonté. Ainsi on ne peut évidemment vouloir les actes auxquels on est matériellement contraint, et, par conséquent, on n'en est pas responsable : « A l'impossible nul n'est tenu. »

Cependant c'est toujours à la volonté prise en elle-même, et non à ses effets extérieurs, que s'attache la responsabilité morale. Au point de vue légal, la volonté ne suffit pas : il faut en outre un commencement d'exécution. Au point de vue moral, l'intention vaut le fait.

La seconde condition de la responsabilité morale est la *connaissance du bien et du mal*. Elle diffère, sous ce rapport, de la responsabilité légale. La loi civile, afin de contraindre les citoyens à la connaître, n'admet pas l'excuse, trop facile à invoquer, de l'ignorance : « Nul n'est censé ignorer la loi. » Mais, au point de vue moral, nul n'est coupable à son insu. La loi n'oblige que ceux qui la connaissent. L'ignorance, si elle est invincible et involontaire, est irresponsable. En revanche, plus on est éclairé, plus la responsabilité augmente. Aussi va-t-elle croissant dans l'humanité avec les progrès de la civilisation.

3. Le mérite et le démérite. — La responsabilité morale a deux aspects : la responsabilité du bien et la responsabilité du mal, le *mérite* et le *démérite*.

On peut, d'après un moraliste contemporain, M. Janet, envisager le mérite et le démérite soit *en eux-mêmes*, soit dans leurs *conséquences*, c'est-à-dire dans leur rapport avec la récompense ou la punition.

Pris en soi, le mérite est l'*accroissement volontaire de la valeur morale de la personne*. C'est en ce sens qu'on dit d'une personne qu'elle a du mérite. Le démérite est au contraire la *diminution volontaire de la valeur morale*, la dégradation ou la déchéance morale de la personne résultant de ses actions mêmes.

La personne humaine, en effet, a une valeur qui fait sa dignité et son excellence. Elle la tient en partie de sa *nature* d'être raisonnable et libre et, à ce point de vue, qui est celui du droit, toutes les personnes sont égales, elles se doivent mutuellement le respect; en partie aussi de sa *volonté* et de ses actions, et, à ce point de vue, qui est celui du mérite, les personnes sont inégales, selon qu'elles réalisent plus ou moins en elles-mêmes l'idéal du bien. Ce surplus de dignité et d'excellence, qui varie avec la conduite des personnes et leur asssure un droit à un respect supérieur, à l'estime, à la louange, à la récompense, est le mérite. — Le démérite n'est pas seulement l'absence du mérite; c'est un mérite en moins, une sorte de quantité négative en morale.

Le même moraliste compare ingénieusement la *valeur morale* des personnes à la *valeur économique* des choses qui est, elle aussi, susceptible de monter et de descendre. Le mérite est, pour ainsi dire, la *hausse morale*, le démérite la *baisse morale*.

Le mérite, envisagé dans ses conséquences, est le *rapport de l'agent moral avec la récompense*, la qualité qui le rend digne d'être récompensé. Le démérite est, au contraire, le rapport de l'agent moral avec la punition : c'est, comme disait Platon, le *droit à la punition*.

Les deux circonstances qui déterminent les variations du mérite et du démérite sont la valeur intrinsèque et la *difficulté* du devoir.

La première est assez difficile à définir. On ne peut pas la confondre avec la *gravité* ou l'*importance* du devoir ; car les devoirs de justice (ne pas tuer, ne pas voler) sont à coup sûr parmi les plus importants, et cependant leur observation est en général peu méritoire. Certains moralistes ont même prétendu qu'un devoir était d'autant plus méritoire qu'il était, en quelque sorte, moins obligatoire. Pourtant on n'attachera pas un grand mérite à des actions, même très difficiles et à peine obligatoires, qui auront simplement pour but l'accomplissement d'un devoir personnel (comme par exemple le développement des forces corporelles par la gymnastique). Il semble que dans l'évaluation du mérite et du démérite, la conscience vulgaire se fonde sur des considérations *esthétiques* au moins autant que morales. Le devoir le plus méritoire est à ses yeux le plus *beau* devoir (par exemple, celui de l'héroïsme ou du dévouement), c'est-à-dire, en somme, le devoir qui témoigne d'une rare générosité de sentiments ou d'une rare énergie de caractère. Au point de vue strictement moral, peut-être le mérite est-il indépendant de la *matière* même du devoir : pourvu qu'une action soit vraiment obligatoire, elle est, par cela même, méritoire ; et c'est sa difficulté seule qui mesure les degrés du mérite qu'elle entraîne.

Ainsi un devoir est d'autant plus méritoire qu'il est plus difficile à remplir. Par exemple, un misérable peut avoir un grand mérite à ne pas voler. Il est d'autant moins méritoire qu'il est plus facile à remplir. Un riche n'a pas grand mérite à ne pas s'approprier le bien d'autrui.

Au contraire, le démérite est d'autant moindre que le devoir est plus difficile et d'autant plus grand qu'il est plus facile. C'est ce qui a fait dire que, pour un devoir donné, le mérite et le démérite sont en raison inverse l'un de l'autre.

4. La vertu. — La théorie de la vertu est le complément naturel de la théorie du mérite.

Qu'est-ce, en effet, que la vertu, sinon un *mérite durable, habituel*, qui résulte d'un grand nombre d'actes faits par devoir?

Cette théorie avait, dans la morale des anciens, une importance extrême : elle résumait presque à elle seule la morale tout entière.

La méthode des moralistes anciens était plus synthétique que la nôtre. Au lieu de déterminer les différents devoirs, ils dressaient, pour ainsi dire, en pied, le portrait du sage, c'est-à-dire de l'homme *vertueux* par excellence, et c'est au sujet des conditions fondamentales de la vertu qu'ils discutaient les principaux problèmes étudiés par nous dans la morale théorique.

De là les diverses définitions de la vertu proposées par les différentes écoles.

1° D'après Socrate et Platon, la vertu est la *connaissance du bien*, de même que le vice en est l'*ignorance*. « Nul, disait Socrate, n'est méchant volontairement : οὐδεὶς κάκος ἕκων. »

C'était revendiquer hautement les droits de l'intelligence ou de la raison en morale contre les prétentions de la sensibilité. La connaissance du bien et du mal est, en effet, la condition *nécessaire* et principale de la vertu, et cette connaissance est, avant tout, du ressort de la raison. Mais il ne s'ensuit pas qu'il *suffise* de connaître son devoir pour l'accomplir; il faut encore l'*aimer* ; il faut surtout le *vouloir* d'une volonté libre, ferme et persévérante. On peut, sans doute, pour beaucoup de fautes humaines, invoquer l'excuse évangélique : « Pardonnez-leur, car ils ne savent pas ce qu'ils font, » mais souvent aussi, l'homme pèche en sachant qu'il fait le mal, comme l'attestent ces vers si souvent cités : *Video meliora proboque, Deteriora sequor.*

2° Platon définit encore la vertu une *harmonie.* C'est l'harmonie de l'âme dont toutes les facultés rendent, pour ainsi dire, leur note dans un parfait accord; c'est aussi l'harmonie de l'individu avec la société et l'univers. Par là, Platon semble, d'une part, avoir surtout marqué le caractère essentiel du Bien qui est l'harmonie, c'est-à-dire l'ordre, et, d'autre part, avoir implicitement réfuté la doctrine du mysticisme ascétique qui fait consister la vertu dans une *simplification* ou plutôt dans une mutilation de l'âme. Aucune des parties de l'homme n'est exclue de l'idéal moral : même le corps y a sa place, car il est, lui aussi, nécessaire à l'harmonie de l'être, pourvu qu'il se montre subordonné aux parties supérieures.

3° La vertu, disait encore Platon, est une *ressemblance,* une *assimilation avec Dieu,* ὁμοίωσις τῷ θεῷ. C'est que Dieu, pour Platon, est l'idéal réalisé : c'est l'unité dans laquelle se réunissent et se concilient toutes les perfections des créatures. L'homme vertueux aura donc sans cesse les yeux tournés vers Dieu comme le statuaire vers son modèle, et c'est ainsi qu'il sculptera peu à peu dans son âme la divine statue de la perfection morale.

4° Aristote définit la vertu une *habitude,* et par là il se sépare de Platon. Il ne suffit pas de savoir la définition de la vertu pour être vertueux. C'est en jouant de la cithare qu'on devient joueur de cithare; de même, c'est en accomplissant des actes de vertu qu'on devient vertueux. Encore quelques actes ne suffisent-ils pas: il faut le nombre, la continuité. « Un acte vertueux ne fait pas plus la vertu qu'une hirondelle ne fait le printemps. »

En quoi consiste cette habitude? à tenir le *milieu entre deux extrêmes.* Définition célèbre qu'on retrouve dans Horace : *Virtus est medium vitiorum utrinque reductum.*

Saint Paul a dit dans le même esprit: *Oportet sapere cum sobrietate.* Ce que Molière a traduit dans le *Misanthrope :*

> La parfaite raison fuit toute extrémité.
> Et veut que l'on soit sage avec sobriété.

Aristote donne en faveur de sa théorie deux preuves: d'abord tout excès a coutume d'être nuisible : trop manger et pas assez, trop de repos et trop d'activité, etc.; puis le bien ou la perfection, étant ce à quoi on ne peut rien retrancher ni rien ajouter, est par cela même un *milieu* entre l'excès et le défaut; et il la vérifie sur un grand nombre de vertus : courage entre témérité et lâcheté, économie entre avarice et prodigalité, etc.

Aristote semble avoir confondu toutes les vertus avec la *tempérance* qui est la vertu propre de la sensibilité. La loi des désirs et des passions est en effet la *mesure*. Mais on ne peut faire consister l'idéal moral dans la seule modération des sentiments. Le bien n'est pas une pure affaire de quantité. Ainsi, lorsqu'il s'agit de défendre son pays ou la cause de la vérité et de la justice, est-ce un excès que de se dévouer jusqu'au sacrifice de sa vie ? Il y a donc une sorte de cercle vicieux à prétendre déterminer le bien par les extrêmes, quand ces extrêmes eux-mêmes ne peuvent être déterminés que par celui qui sait déjà où est le bien. Encore arrive-t-il souvent que le bien, comme dans l'exemple précédent, se confond avec l'un des extrêmes. Prise à la lettre, la doctrine d'Aristote exclurait de la vertu tout héroïsme.

Mais, à vrai dire, l'erreur d'Aristote est plutôt relative à la nature du bien qu'à celle de la vertu. Il reste vrai que la vertu est *l'habitude du bien* (soit qu'on définisse le bien par la mesure ou de quelque autre manière).

Seulement cette habitude ne doit pas être aveugle et involontaire, comme celle d'un homme qu'on dresserait dès l'enfance à accomplir des actes de vertu, sans qu'il eût une connaissance et une volonté propres du bien : elle doit être *éclairée* et *volontaire*.

Il faut y joindre aussi *l'amour du bien*. Sans doute, si l'amour supplée la vertu dans certaines âmes, il n'est pas la vertu même ; mais, dans toutes, il la prépare et la soutient : il est pour elle ce que l'instinct ou l'inclination est pour l'intelligence et la volonté. En un sens aussi, il est l'effet et la récompense de la vertu. « L'homme vertueux, a dit Aristote, est celui qui trouve du plaisir à faire des actes de vertu. » Le tort de Kant et des stoïciens, en morale, est d'avoir vu dans la vertu l'œuvre de la seule raison et d'en avoir exclu le sentiment et l'amour.

En résumé, la connaissance, l'amour, la volonté et l'habitude, telles sont les conditions de la vertu, que l'on peut définir avec un moraliste contemporain (M. Paul Janet) : *l'habitude d'obéir librement, avec lumière et amour, à la loi du devoir*.

L'idéal, dont la vertu s'approche sans jamais l'atteindre, est la *sainteté*. C'est l'état d'une volonté qui s'est si pleinement identifiée avec sa loi qu'elle lui obéit sans effort.

5. La sanction. — Responsabilité, mérite, vertu, tous ces termes impliquent un rapport du bien moral, qui est le bien de la raison, avec le bonheur, qui est le bien de la sensibilité. La raison nous commande, on l'a vu, de préférer son bien à tout autre, de lui subordonner, de lui sacrifier même notre bonheur propre; et c'est en cela que consiste l'obligation morale. Mais, après tout, n'est-il pas naturel et légitime, même aux yeux de la raison, qu'un être sensible, tel que l'homme, s'intéresse à son bonheur? et par conséquent la raison même n'est-elle pas tenue de démontrer que la fin qu'elle nous propose se concilie et s'accorde au fond avec la fin même de notre sensibilité? L'idéal moral ne serait pas le souverain bien, la réalité et l'harmonie absolues, universelles, s'il laissait en dehors de lui la fin naturelle et légitime des êtres sensibles.

Il s'ensuit que les conflits du bien et du bonheur ne peuvent être que superficiels et provisoires : le bonheur *doit* être la conséquence du bien. En d'autres termes, le bonheur doit *sanctionner* le bien.

On appelle, en effet, sanction d'une loi l'*ensemble des récompenses et des peines attachées à l'observation ou à la violation de cette loi.*

Toutes les lois humaines sont sanctionnées. Le législateur, voulant être obéi, promet de récompenser ceux qui observeront la loi ou plus souvent menace de punir ceux qui oseront l'enfreindre.

La sanction est donc ici un simple *moyen* en vue de l'obéissance.

Il n'en peut être de même de la sanction de la loi morale. Obéir à la loi morale par crainte des punitions ou par espoir des récompenses, c'est, au fond, ne pas lui obéir : on ne fait vraiment son devoir que si on le fait par devoir et non par cupidité ou par peur. D'où vient cependant que notre raison affirme ce principe : « Il faut que celui qui a fait le bien soit heureux, que celui qui a fait le mal en souffre ? »

La justification de ce principe se trouve, d'après Kant, dans l'idée même du *souverain bien*, qui unit indissolublement les deux idées du bien moral et du bien sensible, de la vertu et du bonheur. L'idéal complet, absolu pour l'homme, la perfection, par conséquent ce qui doit être aux yeux de la raison, ce n'est ni le bonheur sans la vertu, ni la vertu sans le bonheur : c'est le bonheur mérité par la vertu, ou la vertu récompensée par le bonheur. Aussi sommes-nous choqués, comme d'une inconséquence ou d'une contradiction, lorsque nous voyons le bien retourner en mal, le mal retourner en bien vers leurs auteurs. C'est là un désordre qui, croyons-nous, ne saurait être qu'apparent et passager. Il est dans l'ordre, pourrait-on dire, que celui qui fait le bien jouisse de son œuvre, et dans l'ordre aussi que celui qui s'écarte de l'ordre y soit ramené par la punition.

Maintenant ce postulat de notre raison est-il vérifié par l'expérience ? La réalité visible se conforme-t-elle à cet idéal ? En un mot, la loi morale est-elle sanctionnée ?

Elle ne l'est pas, il est vrai, d'une façon systématique, comme les lois civiles : elle l'est cependant assez pour qu'on puisse dire qu'en somme et dès cette vie même la vertu est encore le plus sûr moyen d'être heureux. Si donc on rassemble les principaux effets qui suivent l'obéissance ou la désobéissance au devoir, on peut les considérer comme autant de *sanctions de la loi morale.*

Ainsi tout d'abord, les actes bons et mauvais ont des *conséquences naturelles* souvent avantageuses ou nuisibles à leurs auteurs : la tempérance conserve la santé et prolonge la vie ; l'homme instruit et laborieux se tire presque toujours d'affaire tandis que l'ignorant et le paresseux réussissent malaisément. C'est la justice des choses, en d'autres termes la *sanction physique* ou *naturelle* de la loi morale.

En outre, la *société* punit et récompense et cela de deux manières, soit par les honneurs et les châtiments, soit par l'estime et le mépris publics. L'opinion frappe ceux que le code ne peut atteindre. De là deux *sanctions sociales*, l'une purement *morale*, l'autre *légale*.

Enfin la *conscience* qui promulgue la loi est en même temps le juge qui la sanctionne. L'homme vertueux trouve dans la satisfaction du devoir accompli la plus sûre et la plus douce des récompenses. Le remords poursuit l'injustice, même au sein de ses prospérités usurpées.

Ainsi l'expérience vérifie le postulat de notre raison. Mais il s'en faut que la vérification soit complète ou même suffisante. A ne considérer que les choses de ce monde, le bien n'a pas toujours raison contre le mal. Trop souvent ce scandale attriste la conscience : le droit abattu et bafoué, la force insolemment triomphante. Trop souvent la mort semble égaler dans le même anéantissement final le juste opprimé et le méchant qui l'opprime.

Mais rien ne prouve que l'expérience soit le tout des choses. Par conséquent la raison peut et doit étendre son postulat bien au delà des limites de l'expérience. La métaphysique devient ainsi le complément nécessaire de la morale. La croyance en Dieu et à l'immortalité de l'âme est rationnellement inséparable de la croyance au devoir.

OUVRAGES A CONSULTER

Janet, *La morale*. — Caro, *Problèmes de morale sociale*. — Guyau, *Esquisse d'une morale sans obligation ni sanction*. — Vallier, *L'intention morale*. — Marion, *La solidarité morale*.

SUJETS DE DISSERTATIONS

1 et 2. De la responsabilité morale. En exposer le principe, les conditions et les conséquences. 66-69-82-83-84-85.

Analyser l'idée et déterminer les conditions de la responsabilité morale. Donner des exemples. 79.

De la responsabilité morale. Ses rapports et ses différences avec la responsabilité légale. 85-85.

De la responsabilité morale ; dire exactement quelles conditions elle suppose et dans quel cas elle s'accroît ou diminue. 87.

Quelles sont les conditions de l'imputabilité des actes moraux? 76.

3. Du mérite et du démérite. Définir ces deux notions. En établir les fondements et les conséquences. 73.

4. De la vertu et des diverses espèces de vertus. 74.

Énumérer et classer les différentes vertus humaines en les faisant rentrer dans les divisions habituelles des devoirs en trois groupes, à savoir : les devoirs envers nous-mêmes, envers nos semblables, et envers Dieu. 77 (*Vertus privées ou individuelles : sagesse, tempérance, courage; vertus publiques ou sociales, justice et bienfaisance ou charité; vertus religieuses : piété*).

En quoi consistaient les quatre vertus cardinales des anciens? Cette classification embrasse-t-elle toute la moralité humaine? 79 (*Les quatre vertus cardinales sont la sagesse, la tempérance, le courage et la justice*).

Est-il vrai de dire avec Platon que la vertu est la science du bien et que le vice en est l'ignorance? 73.

Déterminer la part de vérité et la part d'erreur qui se trouvent dans cette proposition socratique : « Nul n'est méchant volontairement. » 86.

Est-il vrai, comme l'a pensé Aristote, que la vertu soit toujours un milieu entre deux extrêmes? Signaler les faits moraux qui autorisent cette définition et ceux qui la contredisent. 69-72.

Expliquer et discuter ces deux maximes d'Aristote : « La vertu est une habitude. » — « La vertu est un milieu entre deux extrêmes. » 75.

5. Des peines et des récompenses. Leurs différentes espèces. 68.

Sanctions de la loi morale : les énumérer, les définir, appuyer chaque définition par un ou plusieurs exemples. 70.

CHAPITRE IV

LES DEVOIRS — MORALE PERSONNELLE

1. La morale pratique. Les principes de la détermination des devoirs. — La morale pratique détermine les différentes sortes de devoirs en les déduisant des principes établis par la morale théorique.

Ces principes sont les définitions des éléments essentiels de l'idéal moral ou du souverain bien.

Ces éléments sont :

1° La notion d'une *loi universelle* et obligatoire par elle-même. « Agis toujours de telle sorte que la maxime de ton action puisse être érigée en loi universelle. »

2° La notion de la *justice* ou du respect des droits d'autrui.

3° La notion de la *dignité personnelle*.

Ces deux éléments du souverain bien sont les deux aspects d'un seul et même principe : le principe de la *valeur absolue de la personne* humaine que Kant formulait ainsi : « Agis de telle sorte que tu traites l'humanité (c'est-à-dire la personne humaine), en toi-même et en autrui, toujours comme une fin, jamais comme un moyen. »

Il est clair en effet que, si l'idéal moral, dans sa plénitude, est la perfection de la nature et de la vie humaines, la première et la plus indispensable condition pour que cet idéal se réalise, c'est que la personne humaine soit d'abord respectée dans sa vie et sa nature.

De là ces deux principes généraux : « Ne fais rien de contraire à ta dignité personnelle. » — « Ne fais rien de contraire aux droits d'autrui. »

4° La notion du *perfectionnement moral* ou du développement rationnel de la personnalité. — Cette notion se déduit immédiatement de l'idée même de perfection, identique à celle du souverain bien ; elle est une application de cette idée à la nature et à la vie de l'homme. Or l'idée de perfection se ramène : 1° à celle de l'être, de la réalité ou de la puissance ; 2° à celle de l'ordre ou de l'harmonie.

— Le perfectionnement moral, c'est donc le plus complet épanouissement de notre être, de nos facultés, chacune d'elles cependant étant maintenue en harmonie avec toutes les autres et développée en proportion même de son importance.

5° Enfin la notion de la *solidarité* ou de la *fraternité humaine*. Il est évident en effet que, toutes choses égales d'ailleurs, la société vaut mieux que l'individu, et, par conséquent, l'idéal moral est l'idéal non d'une perfection individuelle et solitaire mais d'une perfection sociale qui embrasse virtuellement l'humanité, qui peut-être même la dépasse au point d'envelopper l'univers entier. D'où il suit que l'individu ne doit pas vivre uniquement pour lui-même, mais aussi et principalement pour le Tout.

Quel que soit l'ordre dans lequel on dispose les éléments de l'idéal moral, tous sont évidemment nécessaires, et tous se déduisent de l'idée rationnelle de la plus grande perfection, de la perfection absolue, appliquée à la nature et à la vie humaines.

Mais avant de faire servir ces principes à la détermination des devoirs, il convient tout d'abord de faire la classification des devoirs.

Les devoirs peuvent se diviser soit d'après leur *forme*, soit d'après leur *matière*.

2. La division des devoirs d'après leur forme. — D'après leur forme, c'est-à-dire d'après la façon dont ils se formulent, on distingue les devoirs *positifs* et les devoirs *négatifs*. Les premiers *commandent* d'agir. Ex. : Cultive ton intelligence, obéis à tes parents, rends à chacun ce qui lui appartient, etc. Les seconds *défendent* d'agir. Ex. : Ne mens pas, ne vole pas, ne tue pas, etc.

Les devoirs négatifs se rapportent plutôt à la dignité personnelle et à la justice. Ils sont en quelque sorte les plus indispensables, les plus urgents des devoirs : ils énoncent les *conditions élémentaires de la moralité*. Il y a un grand démérite à les violer, peu ou point de mérite à les remplir. Qui les observe s'abstient de faire le mal : il ne fait pas encore le bien.

Les devoirs positifs se rapportent plutôt au perfectionnement moral ou à la charité : ils sont plus beaux et plus nobles ; ils confèrent aussi un plus grand mérite. Kant les appelle *devoirs de vertu* et les oppose aux précédents qu'il appelle *devoirs de justice*.

Ainsi respecter la vie de nos semblables, c'est justice ; risquer notre vie pour sauver la leur, c'est vertu.

Ces devoirs expriment donc, non le *minimum* de moralité,

au-dessous duquel la vie morale de l'homme devient impossible et sa nature se dégrade, mais une sorte de *maximum*, indéterminé d'ailleurs, de telle façon que chacun peut toujours ajouter quelques degrés de plus à la perfection qu'ils nous commandent de poursuivre.

Quelques moralistes appellent les devoirs négatifs devoirs *stricts*, les devoirs positifs devoirs *larges*, voulant dire par là qu'on est strictement tenu d'obéir aux premiers et que les seconds sont, en quelque sorte, *facultatifs*. Cette théorie, très contestable, dédouble l'idéal moral et donne la médiocrité pour but au commun des hommes, réservant la perfection pour une élite. — Mais il est contradictoire, si les devoirs positifs sont facultatifs, de les appeler devoirs : qui dit devoir dit obligation. La vérité c'est que tout devoir est strictement obligatoire.

Mais il est certain que les devoirs positifs ne peuvent être formulés avec la même précision que les devoirs négatifs. On ne peut prévoir les formes sans nombre qu'ils revêtiront pour chaque personne, dans chaque circonstance, et par conséquent l'obligation qui s'y attache est *théoriquement* une obligation générale, indéterminée, que chacun doit déterminer lui-même *pratiquement* en la particularisant selon les circonstances. Les devoirs larges sont donc simplement des devoirs *indéterminés* ; les devoirs stricts des devoirs *déterminés*. Le devoir le plus large en apparence devient évidemment un devoir strict dès qu'on le suppose déterminé.

3. La division des devoirs d'après leur matière. — Au point de vue de leur *matière*, c'est-à-dire des objets auxquels ils se rapportent, les devoirs peuvent se diviser en :

1° Devoirs envers soi-même ;
2° Devoirs envers les autres hommes ;
3° Devoirs envers Dieu.

Quelques moralistes y ajoutent des devoirs envers les animaux et les choses, que d'autres font rentrer plus ou moins indirectement dans les trois classes précédentes.

D'autre part, les devoirs envers les autres hommes sont les uns *généraux*, c'est-à-dire indépendants de la qualité des personnes, les autres *particuliers*, c'est-à-dire relatifs aux diverses sortes de rapports qui peuvent exister entre les hommes (par exemple, rapports des membres de la famille, rapports des membres de l'État, etc.).

On pourrait encore, au point de vue de la matière des devoirs, distinguer d'une part la plus ou moins grande *étendue*, d'autre part la plus ou moins grande *excellence* de leurs objets.

D'après l'*étendue* de leurs objets, les devoirs s'échelonneraient ainsi : devoirs envers soi-même; devoirs envers la famille; devoirs envers la patrie; devoirs envers l'humanité.

D'après l'*excellence* de leurs objets, les devoirs s'échelonneraient ainsi : devoirs relatifs aux biens extérieurs (richesse, honneur, réputation, etc.); devoirs relatifs aux biens du corps (force, santé, vie); devoirs relatifs aux biens de l'âme (vérité, justice, dignité, etc.).

4. Le conflit des devoirs. — Par cela même que les devoirs sont divers, il peut se présenter des cas où ils paraissent s'opposer et se contredire. Le conflit des devoirs a été surtout étudié chez les anciens par l'école stoïcienne ; il a été l'objet, dans la théologie chrétienne, de toute une science annexe de la morale, la *casuistique* ou science des *cas de conscience*.

Voici des exemples de ce conflit.—Un homme, qui est le seul soutien de sa famille, a évidemment le devoir de se conserver lui-même, sa vie étant nécessaire à ses enfants : dans une catastrophe où il peut sauver des étrangers, a-t-il le devoir de risquer sa vie ?

Un fils apprend que son père est complice d'un projet d'assassinat ou d'un complot contre l'État : doit-il le dénoncer ? etc.

Un moraliste contemporain (1) a essayé d'établir quelques principes qui permettent de résoudre ces difficultés.

Il distingue d'abord l'ordre des biens et l'ordre des devoirs.

L'*ordre des biens*, c'est l'échelle des devoirs rangés d'après l'excellence croissante de leurs objets.

L'*ordre des devoirs*, c'est l'échelle des devoirs rangés d'après l'étendue croissante de leurs objets. — Cette distinction faite, voici les trois principes :

1° Quand le conflit a lieu entre un devoir et un autre sous le rapport de l'excellence, l'étendue étant par hypothèse identique de part et d'autre, le devoir le plus excellent l'emporte. Ainsi on doit préférer la vie à la richesse, la dignité ou la justice à la vie.

2° Quand le conflit a lieu entre un devoir et un autre sous le rapport de l'étendue, l'excellence étant par hypothèse identique de part et d'autre, le devoir le plus étendu l'emporte. Ainsi on doit préférer sa famille à soi-même, sa patrie à sa famille, l'humanité à sa patrie.

Janet, *La morale.*

3° Enfin, quand le conflit a lieu entre un devoir et un autre, à la fois sous le rapport de l'étendue et de l'excellence, le point de vue de l'excellence prime celui de l'étendue, ou, comme dit ce moraliste, l'ordre des biens l'emporte sur l'ordre des devoirs. Ainsi l'honneur étant un bien plus excellent que la richesse, on ne doit pas se déshonorer même pour enrichir sa famille.

5. Les devoirs envers soi-même. — L'homme a des devoirs envers lui-même.

La pratique de ces devoirs est la condition indispensable de l'accomplissement des devoirs envers autrui. Il est impossible d'être vraiment juste et charitable si l'on est cupide, emporté, paresseux, intempérant, etc.

Les devoirs *individuels* ou *personnels* pourraient donc se déduire en partie de cette formule : « L'homme doit réprimer en lui-même les tendances contraires et développer les tendances favorables à l'accomplissement de ses devoirs envers autrui. »

Mais, fût-il seul au monde ou séparé de toute société, l'homme aurait encore le devoir de respecter sa dignité et de perfectionner sa nature.

Les devoirs individuels ont un double fondement :

1° La *dignité* de la nature humaine, que nous devons respecter en nous-mêmes : de là des devoirs négatifs envers soi-même correspondant aux devoirs de justice envers autrui ;

2° La *perfectibilité* de la nature humaine, que nous devons développer en nous-mêmes : de là des devoirs positifs envers soi-même correspondant aux devoirs de charité envers autrui.

On divise d'ordinaire les devoirs individuels, d'après les différentes parties de la nature humaine, en devoirs relatifs au *corps*, et devoirs relatifs à l'*âme*, et ces derniers en devoirs relatifs à l'*intelligence*, à la *volonté* et à la *sensibilité*.

6. Les devoirs relatifs au corps. — La vie, la santé, la vigueur et la souplesse corporelles ne sont pas par elles-mêmes des biens au point de vue moral ; mais, dans la mesure où elles sont les conditions et les moyens de la vie de l'âme et de son aptitude à remplir tous ses devoirs, elles deviennent des biens, et nous devons nous efforcer soit de les *conserver*, si nous les possédons déjà, soit de les *acquérir* ou de les *développer*, si nous ne les possédons pas encore.

De ce principe dérivent les *devoirs physiques* ou *corporels*, évidemment subordonnés aux autres devoirs et presque tous indéterminés ou larges.

1° Le premier nous défend de *détruire* en nous la *vie* ou de la *compromettre* inutilement.

La raison générale qui condamne le suicide, c'est qu'on ne peut, sans contradiction, admettre en même temps que l'homme a des devoirs et qu'il lui est cependant permis de se débarrasser de tous ses devoirs en se débarrassant de la vie. Le suicide est, selon Kant, une véritable *désertion* morale.

La vie physique, étant la condition générale de l'accomplissement de tous nos devoirs, doit nous être précieuse à ce titre, mais à ce titre seulement. Si un devoir évident (par exemple, le salut de la patrie) en exige le sacrifice, il ne faut pas, selon le mot du poète, préférer la vie à l'honneur et perdre par amour de la vie les seules raisons qu'il y ait de vivre :

> Summum crede nefas animam præferre pudori
> Et propter vitam vivendi perdere causas. (Juvénal.)

2° Pareillement, on ne doit pas ruiner volontairement sa *santé*, par des excès d'aucune sorte ni par imprudence.

L'*hygiène* rentre ainsi indirectement dans la morale : c'est un devoir d'en connaître et d'en pratiquer, autant que possible, les prescriptions. On ne saurait attacher trop d'importance à la *propreté* que recommande d'ailleurs aussi le respect de la dignité personnelle.

3° Enfin on doit s'efforcer d'acquérir ou de développer la *vigueur* et la *souplesse* du corps, parce que la faiblesse ou la maladresse physiques empêche ou amoindrit bien souvent l'accomplissement de la plupart des devoirs.

Telle est, en partie, la raison de l'importance que les anciens attachaient justement aux exercices corporels et à la gymnastique.

7. Les devoirs relatifs à l'âme. — Les devoir individuels qui concernent la *vie intellectuelle et morale* étaient rapportées par les anciens à trois grandes vertus correspondant aux trois facultés de l'âme : la sagesse, vertu de l'*intelligence*, le courage, vertu de la *volonté*, la tempérance, vertu de la *sensibilité*.

8. La sagesse. — Les devoirs de sagesse sont relatifs ou à l'*intelligence* même ou à la *vérité*, objet de l'intelligence.

Tout d'abord, on doit prendre garde de ne pas fausser et pervertir son intelligence par une trop grande complaisance pour la rêverie et la fiction ; mais on doit au contraire développer en elle des habitudes de réflexion, d'observation, de jugement et de raisonnement, et faire, en quelque sorte, soi-même l'*éducation* de son *esprit*. On doit aussi acquérir des connaissances, d'abord celles qui sont les moyens indispensables de toute instruction, puis celles qui se rapportent à nos devoirs, puis celles qui sont nécessaires pour bien remplir notre profession, enfin toutes celles qu'il nous est possible d'acquérir.

Instruis-toi : tous ces devoirs se résument dans ce mot.

L'instruction, en effet, est doublement nécessaire. D'abord, il faut être éclairé pour bien remplir tous ses devoirs. Une volonté ignorante peut faire le plus grand mal avec l'intention de faire le bien ; mais elle n'est excusable que si son ignorance est involontaire. Ensuite, la science est par elle-même un bien désirable. L'homme est visiblement fait pour connaître. Il serait absurde de supposer que l'idéal d'un être raisonnable consiste à ne pas user de sa raison.

A l'égard de la *vérité*, le devoir de l'aimer et de la rechercher se confond avec le devoir de s'instruire ; mais, tout en la recherchant, nous devons nous tenir en garde contre l'*erreur*. Ainsi on ne doit admettre aucune opinion sans l'avoir examinée et en avoir reconnu l'évidence ou les preuves, quelles que soient les raisons d'intérêt ou de sentiment qui porteraient à y croire. Si on l'admet sans preuves suffisantes, ce ne peut être qu'à titre de simple croyance et non de certitude, et en la subordonnant aux vérités certaines. D'autre part, a-t-on reconnu la vérité d'une opinion, on doit l'admettre, quelles que soient les raisons d'intérêt ou de sentiment qui pourraient en détourner.

Ces devoirs se résument dans ces mots : *Sois sincère envers toi-même*.

L'expression de la vérité se fait soit par le discours, soit par la conduite. Il ne faut jamais altérer la vérité. Le *mensonge* est contraire non seulement à la justice et à la charité, mais encore à la dignité personnelle. Il est permis en certains cas de *taire* la vérité ; mais, quand on est obligé de parler, on ne doit dire que ce que l'on pense. — D'autre part, il faut conformer sa conduite à ses croyances. Les mêmes raisons qui condamnent le mensonge condamnent aussi le *respect humain* et l'*hypocrisie*.

9. Le courage. — La volonté, avec la liberté qui en est le caractère propre, est la condition première de toute moralité. L'homme qui ne s'appartient pas à lui-même, qui est l'esclave des autres hommes ou des choses, n'existe pas moralement

C'est pourquoi, dans nos relations avec nos semblables, nous ne devons jamais abdiquer notre liberté entre leurs mains. L'*esclavage volontaire*, qu'il ait pour cause l'intérêt, la paresse, la crainte ou l'amour, est un suicide moral.

Nous ne devons pas non plus nous laisser volontairement asservir, exploiter, opprimer par autrui : nous devons défendre nos droits, toutes les fois que nous ne pourrions y renoncer sans danger pour notre dignité et notre sécurité physique ou morale. Supporter l'injustice sans résistance, soit par lâcheté, soit par fausse humilité, c'est encourager l'injustice elle-même et par là se rendre coupable à la fois envers ceux qui en seront plus tard les victimes et envers ceux qui la commettent.

Le devoir de conserver son indépendance et sa dignité personnelles n'exclut ni la modestie et la déférence pour toutes les supériorités légitimes, ni les engagements d'intérêt ou d'amitié qui nous lient à autrui, ni le pardon des injures.

Dans nos relations avec les choses, nous devons aussi nous efforcer de rester maîtres de nous-mêmes. De là le devoir de *patience* qui commande de supporter la douleur, et le devoir de *courage* qui commande de l'affronter et, s'il le faut, de s'exposer au danger et à la mort.

Ils pourraient se résumer dans ces deux mots : « *Exerce et fortifie ta volonté.* » Une volonté libre et forte est, en effet, la condition de l'accomplissement de presque tous les devoirs, et elle ne peut s'acquérir d'un seul coup au moment même où elle est le plus nécessaire.

10. La tempérance. — A l'égard de la sensibilité, le devoir le plus général, c'est de ne se laisser jamais entraîner à une action par un sentiment, quelque vif qu'il soit, quelque innocent ou noble qu'il paraisse, sans être certain que l'action est bonne en elle-même.

Les sentiments les plus légitimes, les meilleurs peuvent, en effet, nous conduire à la violation de nos devoirs, quand ils ne sont pas contrôlés par la raison et maîtrisés par la volonté.

On doit donc surveiller et discipliner tous les sentiments.

A ce devoir de modération se joint un devoir de culture. Parmi les sentiments, il en est de mauvais (colère, envie, moquerie, haine); il en est d'inoffensifs qui deviennent dangereux dès qu'ils dépassent une certaine mesure (la plupart des sentiments personnels); il en est enfin qui sont naturellement amis de la moralité (tendresse, pitié, bienveillance, amitié, patriotisme, amour du beau, amour de la vérité, sentiment religieux). Il faut extirper de soi les premiers, contenir les seconds dans de justes bornes, développer les derniers, en un mot faire soi-même l'*éducation* de sa *sensibilité*.

11. Le travail. — Tels étant les principaux devoirs de l'homme envers lui-même, on peut se demander quels sont les moyens pratiques d'acquérir les trois grandes vertus de la sagesse, du courage et de la tempérance.

Ces moyens se ramènent, ce semble, à deux principaux : la *connaissance de soi-même*, le *travail*.

Pour être à soi-même son éducateur, il faut évidemment se connaître et par conséquent s'étudier soi-même. L'*examen de conscience* est un excellent moyen de perfectionnement moral.

Le travail est l'application soutenue de toutes nos facultés à une action utile : il intéresse la sensibilité, il exerce l'intelligence, il fortifie graduellement la volonté. L'homme étant fait pour agir, celui qui ne travaille pas n'est pas pour cela inactif ; mais son activité se dépense au hasard, en des actions futiles ou mauvaises. L'oisiveté, dit le proverbe, est la mère de tous les vices. Le travail, pourrait-on dire, est le père de toutes les vertus, et particulièrement du courage. Le paresseux est souvent lâche. Les peuples vaillants sont les peuples laborieux.

12. Les devoirs relatifs aux animaux et aux choses.
— On peut rattacher aux devoirs envers soi-même les devoirs relatifs aux animaux et aux choses.

L'homme, en effet, dans ses rapports avec les êtres inférieurs, se doit *à lui-même* d'agir en homme, c'est-à-dire en être raisonnable et libre. Il ne doit donc pas gaspiller, abîmer, détruire sans raison c'est-à-dire sans nécessité, ou pour satisfaire des passions qui l'aveuglent et l'asservissent.

On peut ajouter qu'il doit *aux autres hommes* de ne pas s'accoutumer à la cruauté en faisant souffrir les animaux et de ne pas les priver sans nécessité d'objets qui peuvent leur être utiles ; *à Dieu* de ne pas mutiler ou détruire sans nécessité les œuvres de sa Providence.

OUVRAGES A CONSULTER

Kant, *Métaphysique des mœurs* ; *Doctrine de la vertu.* — Janet, *La morale.* — Thamin, *Un problème moral dans l'antiquité ; la casuistique stoïcienne.* — Blackie, traduit par Pécaut, *l'Éducation de soi-même.* — Bacon, *De augmentis scientiarum*, liv. VII, chap. I.

SUJETS DE DISSERTATIONS

1. La formule célèbre des stoïciens « *Abstine, sustine* » contient-elle toute la morale ? 69-83.

2. Qu'entend-on par devoirs positifs et devoirs négatifs? En donner des exemples. 76, — soit dans la morale individuelle, soit dans la morale sociale, soit dans la morale religieuse. 68-77.

3 et 4. Du conflit des devoirs. D'après quel principe doit-on résoudre les difficultés qui naissent de ce conflit? Donner des exemples. 74.

Du conflit apparent ou réel de certains devoirs entre eux. Peut-il y avoir une véritable opposition entre deux devoirs et comment peut-on la régler? Donner des exemples. 86.

5. L'homme a-t-il des devoirs envers lui-même ? 68-71.

Les devoirs de la morale individuelle. A quelles vertus la pratique de ces devoirs donne-t-elle naissance? 80.

Du principe de la dignité personnelle, considéré comme principe de tous les devoirs de l'homme envers lui-même. 68.

Rapporter les devoirs de l'homme envers lui-même à ces deux vers de Juvénal :

> Summum crede nefas animam præferre pudori
> Et propter vitam vivendi perdere causas. 73.

6. Discuter la question du suicide. Réfuter les arguments par lesquels on a essayé de le justifier. 70-71-76-89.

7 et suivants. Quelle est en morale l'importance du γνῶθι σέαυτόν. 83 (voy. aussi *Morale*, chap. I, *Les rapports de la morale et de la psychologie*).

Quels sont les moyens pratiques par lesquels l'homme peut arriver à corriger son caractère et à gouverner ses passions? 69.

Quels sont les moyens pratiques qui peuvent servir à notre perfectionnement moral? 79.

CHAPITRE V

MORALE SOCIALE

1. La morale sociale. — La morale sociale traite des devoirs de l'homme envers ses semblables.

Ces devoirs peuvent être étudiés soit dans la *société* en général, abstraction faite des rapports particuliers qui peuvent exister entre les hommes, soit dans la *famille* et l'*État* où ils sont modifiés par l'existence de tels rapports.

Les devoirs généraux de la vie sociale sont de deux sortes : devoirs de *justice* et devoirs de *charité*.

La justice se rapporte tout entière au droit : elle peut se définir le *respect du droit*.

2. Le droit. — La notion du droit est corrélative de celle du devoir.

« Le droit, a dit Leibniz, est un *pouvoir moral* comme le devoir est une *nécessité morale.* »

Ainsi, tout d'abord, le droit est un *pouvoir*, une liberté, une prérogative, tandis que le devoir est une nécessité, une obligation, une charge. — Le droit pour l'agent moral, c'est en quelque sorte son *actif*, ce qui lui est dû, tandis que le devoir, c'est son *passif*, ce qu'il doit lui-même.

Avoir le droit d'aller, de venir, d'exercer une profession, d'acquérir ou de posséder un objet, c'est *pouvoir faire librement* toutes ces choses sans qu'il soit permis à personne au monde de nous en empêcher. De là l'équivalence fréquente des mots droit et liberté. Ainsi liberté de conscience, c'est-à-dire droit de penser par soi-même ; liberté individuelle, c'est-à-dire droit d'agir à l'abri de toute contrainte et de toute entrave.

Mais le droit est un pouvoir *moral*, c'est-à-dire idéal, rationnel, qui appartient logiquement à toute personne humaine et qui cependant, *en fait*, peut ne pas exister, peut être entravé ou contraint.

De même que le devoir est une nécessité qui ne nécessite pas toujours, puisqu'on peut lui désobéir, de même le droit est **un pouvoir qui est souvent impuissant,** puisqu'il peut être violé.

Le droit est donc, en définitive, non une réalité empirique, mais une idée rationnelle.

Cette idée est celle de la liberté qui doit appartenir à toute personne humaine pour qu'elle puisse accomplir sa tâche et poursuivre sa destinée.

On pourrait donc définir le droit : le pouvoir d'agir en toute liberté qui doit appartenir également à tous les hommes en leur qualité de personnes morales, ou, plus brièvement, le droit, c'est la *liberté d'agir qui est due à toute personne morale*, c'est l'*autonomie de la personne*.

3. Caractères du droit. — Le droit a des caractères analogues à ceux du devoir.

1° En premier lieu, il est *inviolable*, de même que le devoir est obligatoire. Sans doute, il peut être violé : l'expérience, l'histoire le prouvent assez. Mais il s'agit ici de ce qui doit être, non de ce qui est, de l'idéal, non du réel. Le droit a beau être violé en fait : notre raison proteste, elle affirme qu'il ne *doit* pas être violé.

2° En second lieu, le droit est *absolu*. Les manifestations du droit peuvent être plus ou moins relatives, mais le droit, considéré dans son essence, n'est assujetti à aucune condition : il est attaché à la seule qualité d'*homme* ou de *personne morale*. Par cela seul qu'on est homme, on a des droits, et nulle considération d'intérêt ou de sentiment ne peut prévaloir contre eux. « Il n'y a pas de droit contre le droit, » a dit Bossuet.

3° En troisième lieu, le droit est *universel*, c'est-à-dire commun à tous les hommes. Il existe, il est vrai, des droits particuliers qui varient avec les personnes, par exemple, autre est le droit de l'officier, autre celui du soldat; autre le droit du magistrat, autre celui du citoyen, etc. Mais il s'agit ici du droit fondamental, principe de tous les autres, le droit de s'appartenir, de faire soi-même sa destinée.

Par cela même que le droit est universel, il s'ensuit que les droits des différentes personnes se limitent réciproquement, et que chacun d'eux a pour condition le respect des droits d'autrui.

Le droit, pris en soi, est donc nécessairement *égal* chez tous les hommes. Aussi pourrait-on le définir encore : le *pouvoir de faire tout ce qui n'est pas incompatible avec l'égale liberté d'autrui.*

La justice, c'est-à-dire le respect des droits d'autrui, et le droit lui-même sont inséparablement liés : on n'est soi-même dans son droit que si l'on n'empiète pas sur le droit des autres. Là où n'est pas la justice, disait saint Augustin, là ne peut être le droit. *Ubi non est justitia, ibi non potest esse jus.*

La justice, c'est donc le *respect mutuel des personnes*, l'*égalité des droits*, l'*équilibre des libertés*, et c'est pour cela que les anciens lui donnaient comme symbole soit le niveau, soit la balance.

Le droit étant égal chez tous les hommes, les devoirs de justice sont essentiellement *réciproques*. Ce que j'ai le droit de faire, les autres ont le droit de le faire aussi, donc je dois respecter leur liberté si je veux qu'ils respectent la mienne. — La maxime populaire de la justice : « ne faites pas aux autres ce que vous ne voudriez pas qu'on vous fît, » marque bien cette réciprocité.

4° Enfin le droit a un quatrième caractère par lequel il se distingue profondément du devoir : *on peut en exiger le respect par la force.*

On ne peut me contraindre à être charitable, la justice même le défend ; mais on peut me contraindre à être juste, c'est-à-dire à respecter le droit d'autrui.

Tout droit confère à celui qui le possède le *pouvoir de le défendre ou de le revendiquer par la force*. Ce pouvoir est une sorte de *droit complémentaire* qui accompagne et garantit tous les autres ; ou plutôt c'est un autre aspect du droit lui-même. Si l'une des mains de la justice tient une balance, l'autre tient une épée.

On nomme souvent *droit de légitime défense* ce droit que Kant appelait *droit de contrainte physique.*

Aussi les devoirs de justice ne sont pas seulement *obligatoires* comme les autres : ils sont de plus *exigibles*.

Dans l'état social, le droit de contrainte physique n'est pas exercé par l'individu : nul ne s'y fait justice à soi-même. Ce droit est mis aux mains de la société qui l'exerce par l'intermédiaire des juges et des agents de la justice.

En effet, l'exercice direct du droit de légitime défense, en dehors des cas de force majeure, aurait un double inconvénient.

D'abord l'individu serait à la fois juge et partie dans sa propre cause. Il n'y aurait donc le plus souvent aucune proportion entre le tort subi et la réparation exigée. Bien plus, toute agression contre le droit se couvrirait du prétexte de la réparation d'une injustice.

En outre, la force ne serait pas nécessairement du côté du droit.

L'individu lésé, en poursuivant une réparation, ne réussirait peut-être qu'à attirer sur soi une injustice encore plus grave, sinon irréparable.

D'où la nécessité de confier l'exercice de ce droit à un arbitre qui soit à la fois plus impartial et plus fort qu'aucun individu pris isolément. Cet arbitre ne peut être que la société.

Inviolable, absolu, universel et égal dans tous les hommes, exigible par la force et garanti par la loi sociale, tels sont les principaux caractères du droit.

4. Le principe du droit. — Quel est le principe du droit ? Cette question a reçu des solutions analogues à celles de la question du principe du devoir.

1° D'après Helvétius, philosophe du dix-huitième siècle, qui est ici l'analogue d'Aristippe, le principe du droit, c'est le *désir*. On a droit à tout ce qu'on désire. Doctrine favorite de beaucoup de romanciers qui ont prêché la légitimité ou même la sainteté de la passion.

Mais si deux individus désirent en même temps le même objet, comment déterminer le droit de chacun d'eux ? Est-ce le désir le plus vif qui confère le plus grand droit ? Comment mesurer alors cette vivacité du désir ? — Sans doute par la grandeur des efforts et finalement par leur succès. La doctrine d'Helvétius revient donc à dire : chacun a droit à tout ce qu'il désire sous la condition *sine qua non* qu'il soit assez fort pour s'en emparer. Le droit, c'est la force.

2° Destutt de Tracy, philosophe du commencement de ce siècle, fait dériver le droit du *besoin*, modification analogue à celle qu'Épicure apporta au cyrénaïsme. Les désirs sont passagers, souvent factices : les besoins sont permanents, naturels, ils sont surtout les mêmes chez tous les hommes. Tout homme a besoin de sécurité, de liberté, de propriété : donc sécurité, liberté, propriété sont des droits.

Mais il est impossible de fixer une limite entre le désir et le besoin. Les progrès de la civilisation transforment en besoins ce qui n'était à l'origine que des désirs. D'ailleurs, la même difficulté subsiste : quand deux hommes ont un égal besoin d'un même bien, quelle règle déterminera le droit de chacun d'eux ? Cette règle ne peut évidemment être tirée des besoins eux-mêmes : si elle n'est pas une idée de la raison, elle ne peut être, comme tout à l'heure, qu'un fait d'expérience, la force.

3° Toutes les théories empiriques du droit reviennent donc à celle de Hobbes, *le droit, c'est la force.* — Vous avez le droit de faire tout ce que vous pouvez faire en effet.

Mais la proposition : le droit, c'est la force, est analytique ou synthétique. — Dans le premier cas, il est évident qu'on peut toujours faire ce qu'on fait, que c'est le plus fort qui l'emporte toujours. Seulement identifier ainsi le droit avec la force, c'est au fond nier le droit. Qu'au lieu de dire : le droit, c'est la force, on dise donc simplement : la force, c'est la force, ou selon le dicton populaire : contre la force point de résistance. — Si la proposition est synthétique, elle n'est pas évidente. Vous êtes le plus fort, cela ne prouve pas que vous ayez raison, que vous ayez fait *légitimement* ce que vous avez eu le *pouvoir* de faire.

Or quelle preuve donner de la légitimité de la force? On n'en voit pas d'autre, ce semble, que celle-ci : du moment que je réussis, c'est que Dieu est avec moi ; la force est une manifestation de la volonté divine, lui résister est donc impie.

Mais rien n'est plus obscur et plus contestable que ce caractère mystique de la force. Dieu n'est pas une puissance aveugle et brutale, il est avant tout raison et sagesse. D'ailleurs, la force dont un homme dispose est toujours limitée et passagère. Au prétendu droit d'aujourd'hui on peut toujours opposer le droit de demain, ce qui revient à dire que la force n'a aucun des caractères du droit, qu'elle est au contraire essentiellement relative et changeante. Donc la force en aucun cas ne fonde le droit; elle-même n'est légitime que lorsqu'elle est au service du droit. Contre les triomphes de la force injuste, il est toujours permis d'espérer et de préparer les réparations futures.

4° Cependant Spinoza place le fondement du droit dans *l'utilité sociale.* Le *droit naturel*, c'est bien le droit de tout désirer et de tout faire, pourvu qu'on soit le plus fort; mais l'état social n'est possible que si les individus renoncent tous à une partie de leur droit pour jouir plus sûrement de la partie restante. La part de liberté que la société concède et garantit à tous ses membres en vue de l'utilité commune est le *droit social.*

Cette doctrine confond les formes positives que le droit peut revêtir dans les différents États avec l'essence même du droit. — De là les objections qu'elle soulève.

Tout d'abord, si le droit dérive de l'utilité sociale et des *conventions* qui la formulent, il varie nécessairement avec ces conventions elles-mêmes. Les droits que la société octroie à l'individu, elle peut toujours les modifier, les retirer, si son intérêt le lui commande; ils sont donc essentiellement précaires.

En outre, la société ne peut, ce semble, être injuste à l'égard de l'individu. Si l'intérêt commun exige qu'« un seul meure pour le peuple tout entier », cet innocent n'aura aucun droit personnel à lui opposer. *Salus populi suprema lex esto*. Admet-on que la société elle-même doit, dans ses conventions, reconnaître et respecter les droits des individus? on admet par cela même l'existence de droits naturels, antérieurs et supérieurs aux conventions sociales et indépendants de l'intérêt de la société.

D'ailleurs, l'autorité des conventions sociales présuppose le droit et la justice même qu'on prétend leur faire engendrer. En effet, si l'individu n'obéit à ces conventions que par un motif d'intérêt personnel et non par un motif de justice, il ne se croira plus tenu d'obéir dès qu'elles ne lui sembleront plus suffisamment conformes à son intérêt. Despotisme ou anarchie, telle est donc l'alternative dans laquelle cette doctrine enferme à la fois les individus et la société.

D'autre part, elle a encore cette conséquence que celui qui ne fait pas partie d'une société n'a vis-à-vis d'elle aucun droit ni aucun devoir. D'où il suit que tout est permis contre un étranger; et d'autre part, si un individu se refuse à entrer dans une société et à en respecter les conventions, on n'a non plus aucun recours contre lui, aucun autre du moins que la force, et une force qui n'est ni légitimée ni limitée par aucun droit.

5. La liberté, principe du droit. — Le principe du droit est le même que le principe du devoir. « Le devoir et le droit sont frères, a dit Victor Cousin, leur mère commune est la *liberté*. » Cette doctrine est la vérité même pourvu qu'on ne sépare pas le bien de la liberté.

En effet, l'idéal du bien comprend en soi la liberté comme sa condition nécessaire : la vraie perfection de la personne est une perfection voulue et faite par la personne elle-même.

Non seulement donc nous devons être libres de faire notre devoir, ce qui est évident de soi, mais même nous devons êtres libres de ne pas le faire; car qu'est-ce qu'un devoir qu'on fait malgré soi? Toute la valeur du bien moral est dans sa spontanéité, sa liberté.

Donc, il faut que la personne accomplisse le bien, et c'est là le principe du devoir; mais il faut aussi qu'elle l'accomplisse *libre-*

ment, sans en être empêchée, cela va sans dire, ni même sans y être contrainte, et c'est là le principe du droit.

Bref le droit, c'est le pouvoir de faire son devoir, mais comme il doit être fait, c'est-à-dire librement, ou selon l'expression de Kant, c'est l'*autonomie de la personne.*

De là, la maxime du même philosophe : « Agis de telle sorte que tu traites l'humanité toujours comme une fin, jamais comme un moyen. »

La personne, en effet, a en elle-même sa fin qui est sa perfection ; elle ne doit donc pas être subordonnée, sacrifiée à une fin étrangère.

6. Les rapports du droit et du devoir. — Ces principes permettent de résoudre la question des rapports du droit et du devoir.

Le droit est plus étendu que le devoir. « La législation, dit Bentham, a le même centre mais non la même circonférence que la morale. » On a donc le droit de faire des choses qu'on a le devoir de ne pas faire. Le droit n'est pas seulement, comme on l'a dit, le pouvoir de faire son devoir, il est le pouvoir de faire tout ce qui n'est pas incompatible avec l'égale liberté d'autrui.

A tout devoir dans une personne correspond nécessairement un droit, le droit nécessaire pour le libre accomplissement de ce devoir. Si j'ai le devoir de travailler, j'en ai donc le droit. Le père de famille a le devoir d'élever ses enfants, il a donc le droit de leur donner les conseils et les ordres qu'il juge utiles à leur éducation, etc.

Mais le devoir dans une personne ne correspond pas nécessairement au droit dans une autre personne. Seuls, les devoirs de justice correspondent toujours à des droits.

7. Les formes particulières du droit. — Toutes les conditions nécessaires pour que la personne s'appartienne et puisse réaliser librement l'idéal moral sont par cela même autant de droits.

Ainsi tout d'abord, la *vie* : d'où le droit de *sécurité* ;

Ensuite, la *liberté de penser* : d'où le droit de *liberté de conscience* ;

Ensuite, la *liberté d'agir à sa guise* : d'où le droit de *liberté individuelle* ;

Enfin l'*acquisition* et la *possession des objets nécessaires à la subsistance* : d'où le droit de *propriété*.

Mais, outre ces *droits naturels*, la volonté humaine peut encore créer des *droits positifs*, et cela par le fait de *conventions* ou de *contrats*. Je m'engage à vous rendre un service : ce service devient pour vous un droit, non naturel mais contractuel; pour moi un devoir de justice. La famille, la société reposent sur des droits de cette sorte.

D'où vient que la volonté a ainsi le pouvoir de produire des droits? C'est que la volonté d'une personne influe, par le moyen même du contrat, sur la volonté d'une autre personne. La première pourrait donc empiéter sur la liberté de la seconde, la supprimer pratiquement, si elle n'était pas obligée à remplir la condition sans laquelle l'autre n'aurait pas agi ou consenti. Le devoir d'observer les contrats est donc une simple conséquence du devoir de respecter la liberté d'autrui.

8. Les devoirs de justice. — Les devoirs de justice se rapportent aux différents droits qu'on vient d'énumérer. — On les résume ordinairement dans la maxime populaire : Ne fais pas aux autres ce que tu ne voudrais pas qu'on te fît.

Les stoïciens avaient une autre formule : *Neminem lædere, suum cuique tribuere*, ne faire de tort à personne, rendre à chacun le sien.

1° Le premier de tous les droits étant la *sûreté personnelle*, la justice nous défend d'abord d'attenter à la vie de nos semblables, elle interdit l'homicide sous toutes ses formes : assassinat, duel, homicide par imprudence, exécution sans jugement, etc., et, par voie de conséquence, les mutilations, les blessures, les coups, les mauvais traitements, les menaces de mort, etc.

2° En second lieu, la justice nous commande de respecter la *liberté* de nos semblables : elle condamne donc, non seulement les institutions de l'esclavage et du servage, mais encore tous les actes de violence ou de fraude qui ont pour but d'entraver, de contraindre ou de circonvenir la liberté d'autrui.

3° C'est encore un devoir de justice de respecter la *conscience* d'autrui : chacun doit être libre de former lui-même ses convictions et d'y conformer sa conduite sous la seule réserve de respecter les droits d'autrui. — La forme de l'injustice qui consiste à violer la liberté de conscience s'appelle *intolérance*.

4° Nous devons respecter la *propriété* d'autrui. Ce devoir exclut le brigandage, le vol, l'escroquerie, l'indélicatesse, en un mot tous les procédés par lesquels on s'approprie, ouvertement ou en cachette, ce qui appartient à autrui. Il entraîne aussi l'obligation de restituer au propriétaire des biens tombés en notre main et que nous savons lui appartenir. La vertu qui correspond à ce devoir s'appelle *probité*.

On peut y rattacher le devoir de respecter la réputation et l'honneur d'autrui, qui sont une sorte de propriété morale.

5° Enfin la justice nous commande d'observer fidèlement tous les *contrats*, soit que nous les ayons expressément consentis, soit qu'ils résultent tacitement de nos paroles ou de nos actes. Le respect des contrats est la *loyauté*.

Les devoirs de justice sont presque tous négatifs, stricts et déterminés. On peut les exiger par la force. Ils sont imposés et sanctionnés par la loi civile. Les droits naturels, en effet, sont définis et garantis par l'État, et deviennent ainsi des droits *civils* ou *positifs*.

9. Les formes de la justice. — Aristote distinguait la justice *commutative*, qui s'exerce entre les *égaux*, se rapporte au *droit*, et dont la règle est l'*égalité*, et la justice *distributive*, qui s'exerce entre inégaux, se rapporte au *mérite*, et dont la règle est la *proportionnalité*.

La justice distributive est la vertu du père de famille, du maître, du juge, du magistrat, etc. Sa formule est : à chacun selon son mérite.

Dans la justice pénale, Aristote distingue la *justice* proprement dite et l'*équité*, la première appliquant strictement la loi, sans acception de personnes ou de circonstances; la seconde, tenant compte, dans l'application de la loi, de la diversité des circonstances et de l'inégalité des personnes. La première est une règle de fer; la seconde, une règle de plomb, comme celle des architectes lesbiens. C'est de la première qu'on a dit : *Summum jus, summa injuria*. — Une justice extrême est une extrême injure.

10. La charité. — La charité est la vertu qui consiste à *faire du bien* à ses semblables, à traiter les autres hommes comme d'autres « soi-même », comme des frères. Aussi la nomme-t-on également *bienfaisance* ou *fraternité*.

Les devoirs de charité sont presque tous positifs et indéterminés. Aucune loi civile ne les prescrit et ne les sanctionne. Ils ne correspondent à aucun droit chez celui qui en est l'objet. — On les résume ordinairement dans la maxime populaire : Fais aux autres ce que tu voudrais qu'on te fît.

A cause de leur indétermination même, il est difficile d'en faire une énumération précise et complète.

On peut, soit les rapporter tous à deux fins principales :

1° Le perfectionnement moral de nos semblables : « Travaille à rendre les autres meilleurs » ;

2° Le bonheur de nos semblables : « Travaille à rendre les autres plus heureux » ;

Soit les rapprocher des devoirs de justice auxquels ils correspondent un à un.

Ainsi la justice nous défend d'attenter à la vie de nos semblables; la charité nous commande de la protéger, de la sauver, dussions-nous pour cela risquer la nôtre.

La justice nous défend de violenter ou de corrompre la conscience d'autrui; la charité nous commande de l'éclairer, de la fortifier par nos conseils et nos exemples.

La justice nous défend de toucher au bien d'autrui; la charité nous commande de lui faire part de notre bien propre, etc.

Mais le plus sûr inspirateur des devoirs de charité est sans doute le *cœur*, l'amour de l'humanité, le besoin de dévouement et de sacrifice, ce sentiment à la fois tendre et ardent dont saint Paul a dit : « Quand je distribuerais tout mon bien pour nourrir les pauvres, et quand je livrerais mon corps pour être brûlé, si je n'ai point la charité, tout cela ne me sert de rien. »

11. Les rapports de la charité et de la justice. — La charité est le complément indispensable de la justice. La vraie justice dérive au fond de la même source que la charité : on ne respecte vraiment que ce qu'on aime.

D'autre part, la justice est la condition nécessaire de la charité. On n'a pas le droit d'exiger de moi la charité; je n'ai pas le droit d'imposer ma charité aux autres. La charité doit être libre dans celui qui l'exerce, libre dans celui qui la reçoit. Séparée de la justice, elle n'est plus qu'hypocrisie et oppression. Nul ne doit violer le droit, même avec les meilleures intentions du monde.

OUVRAGES A CONSULTER

Kant, *Principes métaphysiques du droit*. — Fouillée, *L'idée moderne du droit*. — Caro, *Problèmes de morale sociale*. — Renouvier, *La science de la morale*. — Jules Simon, *La liberté*. — Beaussire, *Les principes du droit*.

SUJETS DE DISSERTATIONS

1. Qu'est-ce que la morale sociale? Quels en sont les principes et les règles essentielles? 71.

2 et 3. Le droit et le devoir. 76-81.

Relation des deux idées de droit et de devoir. 87.

De l'idée du droit. Ses caractères. Son origine. 82.

4. L'idée du juste peut-elle se ramener à celle de l'utilité sociale ? 85.

5. Qu'est-ce que le droit ? Comment le droit dérive-t-il de la liberté ? 72.

6. De la différence du droit et du devoir. Est-ce le droit qui repose sur le devoir ou le devoir qui repose sur le droit ? 72.

Des rapports du devoir et du droit. Est-ce le droit qui est le fondement du devoir ou le devoir qui est le fondement du droit ? 75.

Est-il vrai, comme on l'a prétendu, que dans la morale tout devoir corresponde à un droit ? Donner des exemples à l'appui de l'opinion qui sera soutenue. 69.

Le droit peut-il se régler sur le devoir ? Donner des exemples. 85.

En quel sens et dans quelles limites y a-t-il corrélation et réciprocité entre l'idée du droit et celle du devoir ? Donner des exemples. 82-83.

Du droit en morale. Dans quels rapports sont entre elles, selon vous, les notions du droit et du devoir. Donner des exemples. 87.

7. Quelle différence y a-t-il entre le droit naturel et le droit positif ? Donner des exemples. 72.

8. Distinguer les devoirs de justice et les devoirs de charité. 68-71.

Faire voir que Cicéron a résumé tous les principes moraux dans cette formule tirée du *De Officiis* : « *Primum ut ne cui noceatur, deinde ut communi utilitati inserviatur.* » 72 (*Cette formule résume non tous les principes moraux, mais seulement les principes de la morale sociale*).

9. Définir par des analyses et des exemples la justice, l'équité, la probité, la charité, la vertu. 74.

Expliquer et développer par quelques exemples la maxime latine : « *Summum jus, summa injuria.* » 86.

10. Du dévouement. 76.

Des philosophes contemporains prétendent que la charité est une fausse vertu, inutile et même funeste ; car, sous prétexte de soulager les misères humaines, elle les perpétue en assurant l'existence d'individus qui, par leurs maladies et leurs vices, arrêtent le progrès de l'humanité. 82.

CHAPITRE VI

MORALE DOMESTIQUE

1. La morale domestique. — La morale domestique traite des devoirs des membres de la famille. On peut la diviser ainsi :
1° Théorie de la famille; du mariage; devoirs des époux entre eux.
2° Devoirs des parents envers leurs enfants.
3° Devoirs des enfants envers leurs parents.
4° Devoirs des enfants entre eux.

La plupart des devoirs domestiques ont été *enseignés* aux hommes par le *cœur*, par l'affection naturelle que ressentent les uns pour les autres des êtres unis par le sang; mais c'est la *raison* seule qui peut les *démontrer* en les déduisant des principes généraux de la justice et de la charité.

2. La famille et le mariage. — L'institution de la famille répond à une double nécessité :
1° Protéger les *droits de la femme* qui, au point de vue de la force physique, est inférieure à l'homme, et, au point de vue de la morale et du droit, est son égale;
2° Protéger les *droits des enfants*.

D'une part, la *liberté* et la *dignité de la femme* ne peuvent être sauvegardées dans l'union des sexes que si l'homme et la femme s'engagent librement l'un envers l'autre et se reconnaissent réciproquement des droits et des devoirs égaux.

D'autre part, la *conservation* et l'*éducation des enfants* ne peuvent être assurées que si le père et la mère s'engagent à remplir envers eux tous les devoirs que le fait même de la paternité leur impose.

Le mariage, fondement de la famille, est le contrat par lequel l'homme et la femme s'associent volontairement en vue de la vie commune et d'une assistance mutuelle, ainsi que pour l'éducation de leurs enfants. La société y intervient, non seulement comme témoin d'un acte qui est la condition de sa propre subsistance, mais encore comme représentante des droits de toutes les parties intéressées dans cet acte, et principalement des enfants à venir.

Le mariage impose aux deux époux des devoirs de *fidélité* et d'*assistance réciproque*.

Le devoir d'assistance est plus strict pour le *mari*, parce qu'il peut mieux protéger et faire prospérer la famille, étant plus fort, plus expérimenté, plus capable d'agir au dehors. A lui donc de travailler, de se dévouer pour sa femme et ses enfants.

A ce surcroît d'obligation et de responsabilité correspond l'*autorité maritale* ou le droit de gouverner la famille, droit qui est, non le privilège du plus fort, mais un simple moyen de mieux remplir de plus grands devoirs.

3. Les devoirs des parents envers leurs enfants. L'éducation. — Les devoirs des parents envers leurs enfants se résument dans ce seul mot : les *élever*, c'est-à-dire conserver leur vie, les nourrir, les soigner, les instruire, en faire des personnes capables de se suffire et de se conduire.

Ces devoirs dérivent du fait même de la *paternité*. Il n'est pas permis d'appeler au monde un être humain sans se soucier ensuite de ce qu'il deviendra. Un enfant n'est pas une chose qu'on puisse créer, détruire, abandonner à son gré : c'est un être moral qui, comme tel, a des droits sur ceux qui lui ont donné la vie. Quiconque aventure sans son consentement les intérêts ou la vie d'une personne ne peut ensuite se refuser à la tirer d'embarras : c'est là un principe de justice générale qui s'applique évidemment à la situation des parents et des enfants.

Le devoir d'élever ses enfants est donc un devoir de *justice* et non, comme on l'a trop longtemps prétendu, un simple devoir de *charité*, et la société peut et doit en imposer l'observation.

Quant au devoir d'assurer le bonheur des enfants, de leur rendre la vie facile et douce, c'est un simple devoir de charité qui, la plupart du temps, est rempli par amour.

4. L'autorité paternelle. — Pour remplir ces devoirs, il faut que les parents puissent retenir leurs enfants sous leur surveillance, leur commander tout ce qu'ils jugent nécessaire à leur éducation, s'en faire obéir et par conséquent les récompenser et les punir. Ce pouvoir qui leur est dû à l'exclusion des étrangers est l'*autorité paternelle*.

La même raison qui le fonde le limite. Ainsi, les parents ne doivent pas traiter leurs enfants comme une chose dont on use à sa fantaisie, les faire souffrir sans nécessité, les laisser croître dans l'ignorance, les pervertir, etc.

La société peut et doit intervenir, conformément aux lois qui fixent les droits et les devoirs respectifs des parents et des enfants, toutes les fois que ces droits et ces devoirs sont violés.

5. Les devoirs des enfants envers leurs parents. — Le premier devoir des enfants est l'*obéissance*. Une fois l'enfant devenu homme, il doit encore à ses parents la déférence et la reconnaissance, le respect et l'amour.

6. Les devoirs des enfants entre eux. — Les enfants d'une même famille se doivent une assistance réciproque; c'est plus particulièrement le devoir des aînés d'aider les parents dans leur tâche ou même de les suppléer s'ils viennent à disparaître avant d'avoir pu achever de la remplir.

C'est dans la famille que se fait l'apprentissage de toutes les vertus privées et publiques. La famille est la grande école de la justice et du dévouement. Tant que la famille subsistera, il ne faudra pas désespérer de la moralité humaine.

OUVRAGES A CONSULTER

Janet, *La famille*. — Ad. Coste, *Les conditions sociales du bonheur et de la force*.

SUJETS DE DISSERTATIONS

Quels sont les fondements et les limites du pouvoir paternel? 73.

CHAPITRE VII

MORALE CIVIQUE

1. La morale civique. — La morale civique traite des devoirs de l'homme considéré comme membre d'un État ou citoyen.

Un *État*, c'est une société organisée en vue de la justice et de l'utilité commune.

Une *société*, c'est, d'une manière générale, un ensemble d'hommes unis par des rapports généraux et permanents. Plus ces rapports sont nombreux, importants et durables, plus la société est réelle. Par suite des progrès de la civilisation, l'humanité tout entière tend à ne plus former qu'une seule société, du moins au point de vue *économique* et *scientifique;* mais cette société universelle est plutôt idéale que réelle.

La société la plus réelle est fondée sur une communauté d'origine, de territoire, de langue, de mœurs, d'intérêts, de souvenirs et de sentiments : c'est celle qu'on nomme une *nation*. — Toute nation, libre et maîtresse d'elle-même, prend naturellement la forme d'un État.

La nation, considérée comme attachée à un certain sol qui est pour elle ce que le corps est pour l'âme humaine, et comme subsistant à travers les siècles malgré les générations qui se succèdent en elle, c'est la *patrie*.

2. L'origine de la société. — La société est un fait naturel : elle ne résulte ni d'un artifice, ni d'une convention. Hobbes et Rousseau la font dériver d'un contrat. C'est qu'ils confondent l'État et la société. Encore l'État repose-t-il le plus souvent sur un contrat tacite et non formel. Il est impossible d'admettre que l'état primitif et naturel de l'homme soit l'isolement individuel. L'homme, a dit Aristote, est un animal sociable : ἄνθρωπος ζῷον πολιτικόν.

Tout d'abord, la société humaine n'est pas un fait sans analogue dans le monde : la plupart des animaux, surtout des animaux supérieurs, vivent aussi en société.

En outre, toutes les facultés de la nature humaine (sympathie, raison, langage, moralité) ou sont des moyens en vue de la vie sociale ou exigent elles-mêmes la vie sociale comme la condition nécessaire de leur développement. L'homme, en dehors de la société, est à peine égal à la brute.

Enfin, sans l'association, l'humanité n'aurait pu évidemment subsister.

Mais la société humaine n'est pas seulement l'œuvre de la nature : elle est aussi l'œuvre de la volonté. *En fait,* tout homme naît et vit dans une société déjà constituée ; mais, *au regard de la raison,* est-ce un devoir d'appartenir à une société, à un État ?

3. La raison morale de l'État. — De l'idée même de la *fraternité humaine* dérive, ce semble, le devoir de s'associer avec ses semblables, de s'intéresser à leur destinée, de coopérer à leurs efforts. Il n'est permis à aucun homme de s'isoler volontairement, systématiquement du reste de l'humanité. Le devoir d'appartenir à un État n'est qu'une forme particulière de ce grand devoir.

D'autre part, chaque personne a le droit d'exiger qu'on la respecte et par conséquent de défendre sa vie, sa liberté, sa conscience, sa propriété, etc. ; mais, on l'a vu, il est impossible qu'elle exerce directement ce droit, sauf les cas de force majeure. De plus, toute personne a le devoir de défendre les autres personnes quand elles sont menacées dans leur vie, leur honneur, leurs biens, etc.

De là dérive l'obligation, pour des hommes vivant en société, de se concerter en vue de la défense commune de leurs droits, et par conséquent l'obligation de constituer un État.

A plus forte raison est-ce un devoir, pour celui qui naît et vit dans un État, de lui appartenir volontairement.

4. Les fonctions de l'État. — L'État remplit deux sortes de fonctions, les unes *essentielles,* les autres plus ou moins *accidentelles* :

1° Des fonctions de *justice ;*

2° Des fonctions d'*utilité publique.*

En tant qu'il représente la justice, l'État assure à chaque citoyen la paisible jouissance de tous ses droits.

En tant qu'il représente l'utilité publique, l'État pourvoit à certains intérêts généraux : facilité des communications par le moyen des routes, des canaux et des postes, développement de l'instruction, assistance publique, etc.

Ces dernières fonctions pourraient à la rigueur être remplies directement par des particuliers ou par des associations privées. Mais dans bien des cas, elles ne pourraient l'être sans danger pour l'existence même de l'État ; et c'est la principale raison pour laquelle elles lui sont exclusivement confiées chez la plupart des nations civilisées.

5. L'État et le gouvernement. Les trois pouvoirs.
— Le Gouvernement est l'ensemble des hommes qui représentent l'État, qui en sont les mandataires. Il est donc distinct de l'État et doit lui être subordonné.

Il se compose de trois pouvoirs : pouvoir législatif, pouvoir exécutif, pouvoir judiciaire. Le premier fait les lois, le second en assure l'exécution, le troisième les applique aux circonstance particulières et punit ceux qui les enfreignent.

Ces trois pouvoirs, naturellement distincts, et réclamant des capacités différentes, doivent être maintenus distincts dans la pratique.

Le gouvernement en est le dépositaire, non le propriétaire.

6. La souveraineté nationale. — L'ensemble de ces pouvoirs appartient, en effet, à la nation. La *souveraineté nationale* est le droit qui appartient à la nation de faire des lois et d'en poursuivre l'exécution. La nation peut déléguer l'exercice de ce droit à des individus ; mais ce droit lui-même demeure en elle inaliénable et imprescriptible.

On appelle *constitution* la convention qui détermine le mode de formation et d'exercice des pouvoirs de l'État, principalement des pouvoirs législatif et exécutif.

Dans certains États, la convention est tacite et non expresse : la coutume, la tradition y tiennent lieu de constitution.

Même les constitutions écrites présupposent des conventions tacites. Telle est par exemple la *loi des majorités*, qui est un des principes les plus importants du droit politique. En vertu de cette loi, qui est censée *admise à l'unanimité*, l'avis de la majorité prévaut dans toutes les questions qui concernent l'État.

7. Origine du gouvernement et de la loi. — Le gouvernement peut avoir *en fait* un grand nombre d'origines : la force, la tradition, etc. ; mais, *en droit*, il n'est légitime que s'il représente tout à la fois la justice et la volonté nationale.

De même la loi n'est obligatoire qu'autant qu'elle est conforme à la justice et acceptée par la nation.

8. Origine de la justice sociale. — Le droit social de

punir est une transformation du droit de légitime défense ou de contrainte physique qui appartient à l'individu. On sait quelles raisons empêchent l'individu de l'exercer lui-même directement. Il est donc transféré à la société, qui se trouve ainsi chargée de réprimer toutes les injustices.

Par cela même l'individu renonce à se faire justice; on ne peut donc admettre la légitimité de la *vendetta* ou du duel.

D'autre part, le droit de la société n'est pas un droit mystique d'expiation. Elle n'a pas mission de faire régner la vertu. Même en frappant les coupables, elle doit respecter en eux la dignité humaine et se reconnaître envers eux des devoirs non seulement de justice, mais encore de charité.

Toute rigueur qui n'est pas strictement nécessaire à la défense du droit et de l'ordre social est illégitime. La justice n'est pas la vengeance.

On voit par là combien le droit social de punir diffère du droit de punir qui appartient aux parents sur leurs enfants ou de celui que les croyances religieuses de l'humanité attribuent à Dieu sur les hommes.

9. Les devoirs des citoyens envers l'État. L'obéissance aux lois. — Le premier devoir du citoyen envers l'État est l'obéissance aux lois et aux magistrats qui commandent au nom des lois.

La loi, en effet, n'est pas l'œuvre d'une volonté injuste ou arbitraire : elle est l'œuvre de la nation qui exprime en elle, sous des formes plus ou moins particulières, sa volonté d'assurer à tous la justice. L'obéissance à la loi n'est donc pas une servitude : elle est la condition même de la liberté.

Or la loi fondamentale, c'est la *constitution* dans laquelle se formule le pacte social. La méconnaître, la braver, conspirer contre elle, c'est travailler à la dissolution de l'État, à la ruine de la patrie. Le citoyen peut s'efforcer de la modifier, de l'améliorer par les voies légales; mais, tant qu'elle subsiste, il lui doit l'obéissance et le respect. Un pays où les partis mettraient sans cesse en question le pacte fondamental serait une proie toute prête pour l'étranger.

10. L'éducation des enfants. — L'éducation des enfants est un devoir non seulement envers les enfants eux-mêmes, mais encore envers la patrie.— La patrie en effet ne traverse les siècles que grâce à la continuité des traditions morales, historiques et politiques. C'en est fait de son existence si les nouvelles générations qui s'élèvent dans son sein restent indifférentes à son génie, ignorent son histoire et se désintéressent de ses institutions et de ses lois. Le devoir du père de famille n'est donc pas seulement de faire de ses enfants des hommes : il doit en faire aussi des citoyens, capables de comprendre la patrie, de l'aimer, de la défendre, et, s'il le faut, de mourir pour elle.

11. L'impôt. — Les services que l'État rend aux citoyens, les services publics, entraînent des dépenses qui ne peuvent être que publiques. Puisque tous profitent de ces services, il est juste que tous contribuent à les payer en proportion même de leurs ressources. L'impôt est une dette, et, dans les pays de suffrage universel, une dette voulue, consentie par les citoyens eux-mêmes : se soustraire à l'impôt, c'est à la fois commettre un vol et manquer à ses engagements.

12. Le vote. — Chez les peuples libres, tout citoyen participe à la souveraineté nationale : il nomme plus ou moins directement les hommes chargés de faire les lois et de pourvoir à leur exécution. Le vote n'est pas seulement pour lui un droit : c'est un devoir. Aucune société ne peut prospérer ni durer si les associés se tiennent à l'écart des affaires communes. Mais le citoyen doit, en votant, se préoccuper moins de ses préférences et de ses convenances personnelles que des suprêmes intérêts de la justice et du bien public.

13. Le service militaire. — Les nations ont, comme les individus, leur destinée, leurs droits, leurs devoirs, leur dignité et leur responsabilité morale ; mais elles n'ont pas au-dessus d'elles une autorité reconnue et respectée qui leur impose à toutes l'observation des règles de la justice dans leurs rapports réciproques. Aussi, quand une nation est attaquée ou lésée dans sa sécurité, sa liberté, son honneur, elle ne peut compter que sur ses propres forces pour défendre ou pour revendiquer ses droits. — De là dérive pour tous les citoyens l'obligation du *service militaire*. Mais ce n'est pas seulement à l'heure du danger que la patrie peut attendre d'eux ce service : même en temps de paix, c'est un devoir pour eux de s'y préparer. Ceux-là seuls peuvent en être dispensés que la loi en dispense, sans doute parce qu'elle attend d'eux d'autres services. Mais quand l'existence même de la patrie est menacée, il n'est besoin d'aucune loi pour faire de tout citoyen un soldat.

14. Le dévouement à la patrie. — La patrie, en effet, ne doit pas seulement être servie dans les limites de la loi : elle doit être librement et passionnément aimée par ses enfants.

L'amour de la patrie est un sentiment d'autant plus profond qu'il est plus complexe : il donne emploi et satisfaction à la plupart des penchants et des facultés de notre nature ; il tient à notre cœur par presque toutes ses fibres.

L'*instinct* y a d'abord sa part. C'est une loi de la vie que tout être vivant est lié à son milieu. Il existe de même une sorte d'adaptation et d'harmonie, mystérieuse mais certaine, entre chacune des races de l'humanité et le sol où elle est fixée. C'est pour ainsi dire le sol qui a fait la race, lentement, insensiblement, pendant des siècles. Maintenant ils tiennent l'un à l'autre, et l'individu sent bien cet invisible lien qui l'attache à son pays au malaise qu'il éprouve souvent lorsqu'il est transporté loin du sol natal.

L'*habitude* joint ses effets à ceux de l'instinct. — Notre enfance, notre jeunesse se sont écoulées dans ce petit coin du monde : c'est là que sont tous nos souvenirs : nous avons mis là toute notre âme. Qu'importe qu'un peu d'égoïsme se mêle à cet amour? Il n'en est que plus fort et plus vivace. Aimer sa patrie, c'est bien, en un sens, s'aimer soi-même, car c'est aimer le pays où l'on est chez *soi*, avec les *siens*, dans une atmosphère morale où l'âme s'épanouit à l'aise. N'est-il pas naturel qu'on préfère ce pays à tous les autres ?

Mais cet amour contient de plus nobles penchants. — Ainsi, où l'homme trouverait-il une plus ample satisfaction à son *besoin d'aimer et d'être aimé* que dans la patrie où la famille est comme enveloppée et qui elle-même est comme une plus grande famille? L'humanité est trop grande, elle est trop loin de nous pour offrir un objet saisissable à notre amour. La patrie, au contraire, nous devient visible dans tous ces êtres dont la vie est continuellement mêlée avec la nôtre et qui font avec nous un échange incessant de sentiments et de pensées.

De même, l'homme est naturellement amoureux de l'*idéal*. Il voudrait en vain borner sa vue et son amour aux objets les plus proches : si c'est à eux qu'il s'attache d'abord, une force irrésistible le pousse plus loin et plus haut. Il faut à sa volonté un but plus grand que son propre bonheur, plus grand même que le bonheur des siens : il a besoin de se suspendre à quelque chose de plus solide et de plus durable que sa personnalité et sa famille. Or, la patrie ne se présente-t-elle pas à lui, lorsqu'il la voit dans l'histoire, comme une sorte d'être idéal, plus grand que les individus, qui dure à travers les siècles, toujours animé d'un même esprit et poursuivant une même œuvre? Cette patrie qui est immortelle, en laquelle vit à jamais la mémoire de nos ancêtres, en laquelle vivra la nôtre, il est beau de travailler, il est beau de se sacrifier pour elle! Voilà qui donne un but à la vie : voilà une vraie raison de vivre.

Que sera-ce donc quand la patrie personnifiera aux yeux de ses enfants la plus haute et la plus belle de toutes les idées, l'idée de la *justice* et de la *fraternité humaine,* quand toutes les pages de son histoire porteront la trace des épreuves qu'elle a subies et des sacrifices qu'elle a faits pour réaliser cette idée? — L'amour de la patrie se confondra alors avec l'amour même du grand et du beau : il ne sera pas seulement légitime, il sera saint. Ce sera la religion de la patrie. Et cette patrie-là, on pourra l'aimer passionnément, sans craindre de faire tort à ce qu'on doit d'amour à l'humanité, car elle-même devra toute sa grandeur à son dévouement à l'humanité.

Cette raison d'aimer son pays, la plus belle, la meilleure de toutes, nous l'avons, nous Français, sans préjudice des autres. Notre nation a commis bien des erreurs et bien des fautes ; mais, tandis que d'autres, plus habiles peut-être, travaillaient seulement à leur propre puissance, elle travaillait au bonheur de tous les hommes, et elle a bien mérité qu'on puisse dire d'elle avec un grand historien contemporain (1) :

« Si l'on voulait entasser ce que chaque nation a dépensé de sang, d'or et d'efforts de toute sorte pour les choses désintéressées, qui ne devaient profiter qu'au monde, la pyramide de la France irait montant jusqu'au ciel; et la vôtre, ô nations, toutes tant que vous êtes, l'entassement de vos sacrifices irait au genou d'un enfant. »

OUVRAGES A CONSULTER

J.-J. Rousseau, *Le contrat social.* — Janet, *Histoire de la science politique dans ses rapports avec la morale.* — Fouillée, *La science sociale contemporaine.*

SUJETS DE DISSERTATIONS

1. Définir chacune de ces expressions : Société, État, Patrie, Gouvernement. En montrer les rapports et les différences. 86.

2. De l'origine de la société. Par quels arguments peut-on démontrer que l'origine de la société est un fait naturel et nécessaire, non un fait arbitraire et accidentel, comme on l'a quelquefois prétendu? 67.

Y a-t-il contradiction, comme l'a prétendu Rousseau, entre l'état de nature et l'état social? 73.

---

(1) Michelet, *Le peuple,* p. 71.

L'homme, en tant qu'homme, a des devoirs envers la société ; en tant que citoyen, il a des devoirs envers l'État. Marquer par une analyse précise la distinction qu'il convient d'établir entre ces deux sortes de devoirs. 69-83.

3, 4, 5, 6, 7. Quelle est la notion de l'État ? Quel est le rôle de l'État dans les sociétés humaines ? 81.

8. Du droit de punir et de son fondement. 73.

Comment se fait-il que la morale défende de rendre le mal pour le mal, quand la justice veut qu'il soit fait à chacun selon ses œuvres ? Expliquer pourquoi la loi du talion est réprouvée, et au nom de quel principe ? 86.

9. Quels sont les droits respectifs de l'État et des individus dans la morale sociale ? 69.

CHAPITRE VIII

RAPPORTS DE LA MORALE ET DE L'ÉCONOMIE POLITIQUE

1. L'économie politique. — L'économie politique est la *science de la richesse*. Elle recherche selon quelles lois la richesse est produite, échangée, répartie et consommée. De là les quatre grandes théories qui la composent : 1° *production*, 2° *circulation*, 3° *distribution*, 4° *consommation*.

Elle peut être considérée comme une branche de la *science sociale*. Elle est à la sociologie tout entière à peu près ce que la physiologie de la digestion et de la circulation est à la physiologie générale.

On pourrait donc la définir: la science du système d'opérations par lesquelles les sociétés humaines pourvoient à leurs besoins matériels.

Ayant pour but la détermination de lois naturelles, l'économie politique est une science *théorique*; elle peut cependant aboutir à des conclusions *pratiques*.

Par cela même qu'elle détermine les lois ou conditions sous lesquelles la richesse peut être produite, échangée, répartie et consommée dans l'humanité, elle est féconde en maximes utiles pour le moraliste et l'homme d'État.

2. Les rapports de la moralité et de la richesse. — La moralité est liée à la richesse à deux points de vue différents :

1° En tant que cause ou condition ;
2° En tant qu'effet ou conséquence.

D'une part l'expérience et la théorie prouvent que, sans un certain *minimum* de justice et de moralité, la richesse, soit des individus, soit des nations est impossible, et la morale se trouve ainsi comme à la base de l'économie politique.

D'autre part, l'expérience et la théorie prouvent aussi que la misère a souvent l'injustice et l'immoralité pour conséquences. De sorte que beaucoup de problèmes moraux, surtout de ceux qui concernent la société, sont en même temps des problèmes économiques.

Tels sont en général les rapports de la morale et de l'économie politique.

3. La richesse. — On entend par richesse toute chose utile et susceptible d'être échangée.

Les deux propriétés constitutives de la richesse sont donc :

1° L'*utilité :* toute richesse satisfait quelqu'un des besoins de l'homme, naturel ou factice, réel ou imaginaire.

2° La *valeur :* toute richesse peut être échangée contre une autre richesse, et c'est le rapport même de ces deux richesses échangeables qui est leur valeur. La valeur représentée en monnaie s'appelle le *prix*.

Comment la richesse est-elle produite ?

Les agents de la production de la richesse sont :

1° La matière première et principalement la terre ;

2° Le travail ;

3° Le capital.

4. Le travail. — Le plus important de ces agents est non la terre (comme l'enseignait l'école des physiocrates), mais (comme l'a démontré Adam Smith, le véritable fondateur de l'économie politique) le *travail*.

Il faut distinguer le *travail intellectuel,* qui invente et dirige, et le *travail manuel,* qui exécute.

Les trois conditions les plus favorables à la fécondité du travail sont la liberté, l'association et la division.

1° *La liberté.* — Que chacun soit libre de choisir le genre de travail vers lequel il se sent porté par ses aptitudes et ses goûts : point d'esclavage, de servage, de corporations héréditaires.

2° *L'association.* — Que les travailleurs mettent en commun leur force, leur intelligence, toutes leurs ressources.

3° *La division.* — Que dans l'entreprise commune, chaque travailleur s'occupe et s'exerce exclusivement à une tâche spéciale, dont l'habitude lui rendra l'exécution de plus en plus facile et prompte.

C'est conformément à ces trois lois que le travail se fait aujourd'hui dans toutes les sociétés civilisées.

On peut même considérer une société comme une association de travailleurs dans laquelle le travail collectif est divisé entre toutes les sortes particulières d'industries.

Cette division suppose nécessairement la *circulation* ou l'*échange* des richesses. Chaque travailleur, en effet, produit des richesses, non pour les consommer lui-même, mais pour les échanger contre d'autres richesses qu'il puisse consommer.

La loi naturelle qui règle les échanges est la *loi de l'offre et de la demande*.

La valeur d'une richesse est en raison inverse de l'offre et en raison directe de la demande. Plus un produit ou un service est offert, moins il a de valeur; plus il est demandé, plus il a de valeur.

5. Le capital. — Le capital est une *richesse épargnée qui sert à la production de nouvelles richesses.*

Il est le fruit de la *privation* ou de la *prévoyance*, soit que le travailleur retranche sur sa consommation ou qu'il augmente sa production dans le but de rendre plus facile un travail ultérieur.

Le capital met à la disposition du travail les instruments et les ressources nécessaires.

La richesse produite, étant l'effet de ces trois agents, terre, travail et capital, se répartit naturellement entre eux. La part qui revient à la terre s'appelle *rente foncière;* celle du travail s'appelle tantôt *salaire* et tantôt *bénéfice* (selon qu'elle est fixe et payée d'avance, ou variable et payée seulement après que la richesse a été complètement réalisée); celle du capital s'appelle *revenu*.

Cette répartition se fait selon la loi de l'offre et de la demande. Celui des trois agents qui est le moins offert et le plus demandé prélève la plus grosse part; celui qui est le moins demandé et le plus offert prélève la plus petite.

Mais est-il juste que la terre et le capital prennent ainsi une part, et souvent la plus grande, du produit? Cette question est celle du droit de propriété. La propriété, en effet, se présente en économie politique sous la double forme de la terre (*propriété foncière*) et du capital (*propriété mobilière*).

6. Le droit de propriété. — Le droit de propriété était défini par les jurisconsultes romains *jus utendi, fruendi et abutendi*.

Uti, c'est se servir de la chose: par exemple habiter sa maison.

Frui, c'est en percevoir les fruits naturels ou civils: par exemple, toucher le loyer.

Enfin, *abuti*, c'est faire de son droit de propriété un usage qui le fait s'évanouir: par exemple, démolir sa maison ou la vendre.

Quel est le fondement du droit de propriété?

Il est évident que l'homme ne peut vivre sans les objets matériels nécessaires à sa subsistance.

Il a donc le droit de *s'approprier* ces objets, pourvu qu'ils n'appartiennent encore à personne.

Une fois l'appropriation faite, elle se prolonge et devient définitive par le travail. L'objet approprié et élaboré est, en quelque sorte, le symbole de la personne : il est marqué au sceau de son activité volontaire ; il est respectable comme elle.

Dès lors, s'il lui appartient légitimement, elle a le droit d'en disposer soit pour elle-même, soit au profit d'autrui.

Ainsi *occupation* première et *travail*, l'un et l'autre expressions de la volonté de la personne et conditions de sa subsistance matérielle, telles sont les deux sources légitimes du droit de propriété.

Mais la quantité des objets susceptibles d'appropriation étant limitée, l'individu, en exerçant son droit d'acquérir, ne doit pas rendre impossible l'exercice du même droit chez les survenants.

D'où il suit que la faculté d'acquérir et de posséder ne saurait, *en droit naturel*, être illimitée pour personne, mais qu'elle cesse nécessairement là où elle rencontre le droit des autres, non seulement de ceux qui possèdent déjà, mais encore de ceux qui ont droit à acquérir.

La société est donc autorisée à déterminer par le moyen des lois les limites de la propriété individuelle. Le droit de propriété ne diffère donc pas à cet égard des autres droits qui tous sont nécessairement limités et dont les limites peuvent et doivent être fixées par les lois sociales.

Les membres d'une association ont évidemment le droit de mettre en commun les biens qui appartiennent à chacun d'eux, et de transformer ainsi la propriété individuelle en une propriété collective ; mais nul ne doit y être forcé. — Au point de vue économique, le régime de la propriété individuelle paraît infiniment plus favorable à la production des richesses que celui de la propriété collective. Au point de vue moral, il assure plus efficacement l'indépendance de l'individu et de la famille, partant leur liberté et leur responsabilité morale.

OUVRAGES A CONSULTER

Adam Smith, *Traité de la richesse des nations*. — Bastiat, *Les harmonies économiques*. — Thiers, *La propriété*. — Proudhon, *Qu'est-ce que la propriété?* — Baudrillard, *Des rapports de la morale et de l'économie politique*. — De Laveleye, *Éléments d'économie politique*. — Stuart Mill, *Principes d'économie politique*. — Stanley Jevons, *Économie politique*. — Fouillée, *La propriété sociale et la démocratie*.

SUJETS DE DISSERTATIONS

Du droit de propriété. Réfuter les objections dont il a été l'objet. 73.

Du droit de propriété. Sur quoi est-il fondé? Dans quel rapport est-il avec la personnalité humaine? 75.

LIVRE IV
MÉTAPHYSIQUE

1. Objet et divisions de la métaphysique. — La métaphysique a été ainsi nommée dans la philosophie d'Aristote, parce qu'elle vient *après la physique* ou la science de la nature (μετὰ φυσικὰ); elle est la science du surnaturel.

Aristote, qui l'appelle encore *philosophie première*, la définit tantôt la *science des premiers principes et des premières causes*, tantôt la *science de l'être en tant qu'être*.

Ces deux définitions ont le même sens. Toutes les sciences ont au fond l'*être* pour objet; mais ou bien elles étudient certaines espèces d'êtres (comme la physique, la chimie, la biologie, etc.), ou bien elles étudient des propriétés de l'être qui sont indépendantes de son existence même (comme les mathématiques). Aucune n'étudie l'être en lui-même, dans ses propriétés universelles, *en tant qu'il est*. Or, que sont les premiers *principes* et les premières *causes*, sinon les *lois* et les *raisons universelles* de l'être?

On a encore défini la métaphysique la *science de l'absolu*. Elle s'efforce, en effet, de déterminer l'essence *absolue* des choses dont les autres sciences n'étudient que les relations et les phénomènes, et même d'arriver jusqu'à l'*être absolu*, cause première et universelle des choses.

La métaphysique comprend trois grandes théories:

1° Théorie de la *connaissance*.

2° Théorie de l'*être*.

3° Théorie du *premier principe* de la connaissance et de l'être (l'Absolu, Dieu).

La première est la *critique*; la seconde est l'*ontologie*; la troisième est la *théologie* ou (d'un nom emprunté à l'œuvre de Leibniz) la *théodicée*.

La critique et l'ontologie composent la métaphysique *régressive*, laquelle remonte par l'analyse de la connaissance aux premiers principes qui la fondent, et par l'analyse de l'existence ou de la nature des choses aux causes premières dont elle dépend. La théologie constitue la métaphysique *progressive* qui de Dieu, premier principe et première cause, redescend à l'explication universelle des vérités et des êtres.

2. Légitimité de la métaphysique. — Diverses écoles, principalement les *criticistes* (disciples de Kant) et les *positivistes* (disciples d'Auguste Comte), ont contesté la légitimité de la métaphysique.

Mais leurs objections portent moins contre la métaphysique elle-même que contre une certaine façon d'entendre la métaphysique.

Ainsi, d'après Auguste Comte, la métaphysique est illégitime parce que les métaphysiciens n'ont jamais réussi à se mettre d'accord sur les principes de leur prétendue science, et l'on doit lui substituer une philosophie exclusivement *positive*, c'est-à-dire fondée sur les résultats généraux des sciences particulières.

Mais cette philosophie est elle-même une sorte de métaphysique, c'est-à-dire un essai de synthèse et d'explication universelles, dans la mesure où le permet l'état des sciences particulières; et par conséquent Auguste Comte supprime moins la métaphysique ou philosophie première qu'il ne propose une nouvelle méthode pour la traiter. Ce qu'il supprime, c'est une métaphysique à priori, fondée sur la raison pure, ou une métaphysique *subjective*, fondée sur la réflexion de la conscience. Encore n'a-t-il pas prouvé que cette autre sorte de métaphysique fût illégitime. Sans doute, *en fait*, l'accord n'existe pas entre les métaphysiciens, mais il ne s'ensuit pas qu'*en droit*, cet accord soit à jamais impossible. De ce qu'une vérité n'a pas encore été découverte, on ne peut pas conclure qu'elle ne le sera jamais.

La vraie preuve de l'illégitimité de la métaphysique consisterait à montrer, par l'analyse même de l'intelligence humaine, que les problèmes métaphysiques sont hors de sa compétence. Cette preuve, Kant a cru la donner.

La métaphysique, dit-il, prétend connaître les choses telles qu'elles sont en elles-mêmes : or l'intelligence humaine ne peut rien connaître absolument. — Il s'ensuit qu'une certaine métaphysique est impossible; mais la critique, qui démontre *par hypothèse* cette impossibilité, est elle-même une sorte de métaphysique. S'il faut

philosopher, disait Aristote, il faut philosopher; s'il ne faut pas philosopher, il faut encore philosopher (à savoir, pour prouver qu'il ne faut pas philosopher); donc, de toutes façons, il faut philosopher.
— En outre, à défaut d'une connaissance absolue de la nature des choses, l'intelligence humaine peut en poursuivre une connaissance relative, et, à défaut de cette connaissance même, se contenter d'hypothèses plus ou moins probables. Théoriquement insuffisantes, ces hypothèses pourront encore avoir une certaine valeur pratique. Il vaudra toujours la peine de les discuter.

Ainsi la métaphysique est nécessaire, et même en supposant qu'elle ne puisse aboutir à des solutions positives pour tous les problèmes dont elle traite, c'est à elle seule qu'il appartient de démontrer et d'expliquer cette impossibilité. Elle répond en somme au même besoin fondamental de l'esprit humain que la *science*, au besoin de coordonner en système nos idées des choses. Seulement il s'agit ici d'un système qui embrasse la réalité tout entière, et c'est pourquoi la coordination, étant plus vaste, est plus difficile et plus incertaine; mais elle est tout aussi légitime et peut-être plus indispensable, parce que, de l'aveu même d'Auguste Comte, toute l'organisation de la pensée et de la vie humaine en dépend. Sous une forme ou sous une autre, les idées métaphysiques dominent et mènent l'humanité.

CHAPITRE PREMIER

DE LA VALEUR OBJECTIVE DE LA CONNAISSANCE
DOGMATISME, SCEPTICISME, IDÉALISME

1. Le problème de la connaissance. — Le problème de la *valeur de la connaissance humaine* n'a pas toujours été posé dans les mêmes termes par les différentes écoles et aux différentes époques de l'histoire de la philosophie.

Pour la philosophie ancienne, la question se pose ainsi : « La connaissance peut-elle jamais être *certaine*, ou implique-t-elle toujours un *doute ?* En fait, l'esprit est souvent ou croit être certain, mais cette certitude est-elle légitime ? et, si la réflexion en examinait les motifs, ne se transformerait-elle pas toujours en incertitude ? »

C'est à la question ainsi posée, au point de vue de la *certitude* et du *doute*, que répondent les deux doctrines contraires du *dogmatisme* et du *scepticisme*.

Chez les modernes, la question se pose plutôt ainsi : « La connaissance que nous avons des choses, en la supposant certaine, est-elle *absolue* ou *relative ?* Est-ce la connaissance des choses telles qu'elles sont en elles-mêmes, ou seulement des choses telles qu'elles apparaissent à notre esprit ? — Bien plus, cette connaissance est-elle vraiment *objective*, ou *subjective ?* est-ce bien la connaissance des choses, ou n'est-ce pas simplement la connaissance que l'esprit a de ses propres états, de ses idées transformées en choses ? »

La doctrine de la *relativité de la connaissance* et l'*idéalisme*, avec les doctrines qui les contredisent de part et d'autre, répondent à la question ainsi posée.

2. Le dogmatisme, le probabilisme, le scepticisme. — Le problème de la valeur de la connaissance étant pour les anciens le problème de la légitimité de la certitude, les deux solutions opposées de ce problème sont nécessairement le dogmatisme et le scepticisme.

D'après le *dogmatisme*, l'esprit humain est capable de connaître les choses avec certitude : il existe des vérités que le doute ne peut atteindre.

D'après le *scepticisme*, on peut, on doit douter de toutes choses : la connaissance certaine est impossible.

Toutefois dans le scepticisme même, on peut distinguer le *scepticisme absolu* et le *scepticisme relatif* ou *probabilisme*.

Le probabilisme professe que toute opinion est nécessairement incertaine, mais qu'il y a des degrés dans l'incertitude, et qu'une opinion peut être plus ou moins probable que l'opinion opposée. D'où il suit que dans la pratique, on peut préférer une opinion à une autre en raison de sa probabilité supérieure.

Le scepticisme absolu professe, au contraire, que toutes les opinions sont également incertaines et qu'on doit s'abstenir de juger.

Le probabilisme a été la doctrine de la nouvelle Académie (Arcésilas et Carnéade). Cicéron s'en est déclaré partisan. Il serait la vérité même s'il se bornait à prétendre que la probabilité, pour l'homme, est la règle, et la certitude l'exception. Mais il ne peut, sans contradiction, admettre la probabilité seule à l'exclusion de la certitude. En effet, la probabilité n'est qu'une approximation plus ou moins grande de la certitude : donc elle ne peut exister, on ne peut même la concevoir sans la certitude (1).

3. Histoire du scepticisme. — Le scepticisme paraît avoir été préparé en Grèce par la *sophistique*.

Tous les sophistes admettaient comme un axiome que rien n'est certain. Protagoras et Gorgias essayent de le démontrer. D'après Protagoras, l'homme est la mesure de toutes choses; d'après Gorgias, l'être n'est pas; s'il était, on ne pourrait le connaître; si on le connaissait, on n'en pourrait rien dire.

Cependant les sophistes différaient des sceptiques en ce qu'ils affirmaient qu'il n'y a pas de vérité, tandis que les sceptiques doutaient seulement que nous puissions la connaître, et s'abstenaient d'ailleurs de toute affirmation.

En outre, les sophistes appliquaient principalement leur dogmatisme négatif aux croyances morales et religieuses, tandis que les sceptiques professaient plutôt pour ces croyances, au moins dans la pratique, une sorte de respect. En somme, le scepticisme ne fut,

---

(1) Il faut dire, d'ailleurs, que les probabilistes admettaient la certitude des phénomènes (voy. Brochard, *Les sceptiques grecs*, p. 426).

pour les sophistes, qu'un simple moyen : leur fin véritable était la rhétorique et la politique, c'est-à-dire l'art de manier à leur gré et pour leur profit personnel les opinions et les volontés des autres hommes.

Le véritable scepticisme fut fondé par PYRRHON (365-275 av. J.-C.). Selon lui, des raisons de force égale peuvent toujours être invoquées pour et contre chaque opinion. Le mieux donc est de ne pas prendre parti, d'avouer qu'on ne sait pas, ou plutôt de ne rien dire. L'*époque*, c'est-à-dire l'abstention ou le doute, conduisant à l'*apathie*, c'est-à-dire à l'indifférence ou à l'insensibilité, telle est la suprême sagesse. — Cependant Pyrrhon ne doute pas des phénomènes, il ne doute que des réalités en tant que distinctes des apparences. Le sceptique ne conteste pas que tel objet lui paraisse blanc, que le miel lui paraisse doux. Mais l'objet est-il blanc? le miel est-il doux? Il l'ignore.

La nouvelle Académie continua le scepticisme de Pyrrhon en le modifiant dans le sens du probabilisme. Le pyrrhonisme proprement dit reparut avec ÉNÉSIDÈME (vers 70 ou 80 av. J.-C.). On peut lui attribuer les *dix tropes* ou catégories du doute (1), que d'autres font remonter jusqu'à Pyrrhon. Ils peuvent tous se ramener à deux : la *relation* et la *contradiction*. On ne peut rien affirmer avec certitude et définitivement parce que, tout étant relatif, tout varie et se contredit sans cesse, à la fois dans le *sujet* et dans l'*objet* de la connaissance humaine. — En outre, Énésidème soutint et développa ces trois thèses : il n'y a point de *vérité;* il n'y a point de *causes;* il n'y a point de *signes*, de *preuves* ou de *démonstration*. Ni la *perception* sensible, ni la *science* n'atteignent la réalité.

AGRIPPA réduisit toute l'argumentation sceptique à *cinq tropes* : le désaccord ou la contradiction, le progrès à l'infini, le diallèle, l'hypothèse et la relation. Toute thèse est posée comme *évidente de soi* ou comme *prouvée* par un principe. Dans le premier cas, on peut lui objecter d'abord qu'elle est sujette à être contredite, ensuite qu'elle n'est qu'une hypothèse, enfin, qu'elle est, en tout cas, relative à la nature de l'esprit humain. Dans le second, la preuve demande elle-même une autre preuve, celle-ci une autre encore, et ainsi de suite à l'infini, ou la démonstration tourne dans un cercle, la thèse et le principe se servant réciproquement de preuve.

Enfin, une secte de médecins empiriques (vers le milieu du troi-

---

(1) Voy. Brochard, *op. cit.*, p. 254.

sième siècle après J.-C.) appliqua le scepticisme à la médecine, qu'elle réduisit à l'observation des faits et à l'énonciation de leurs rapports. Le plus célèbre d'entre eux est Sextus Empiricus, qui, dans ses *Hypotyposes pyrrhoniennes*, a résumé toute l'argumentation des sceptiques.

Chez les modernes, le scepticisme n'est plus guère qu'un objet d'érudition ou une méthode de controverse. Montaigne, La Mothe le Vayer, Huet, Bayle, etc., reproduisent en somme les arguments des sceptiques anciens. La plupart voient dans le scepticisme un moyen de dégoûter les hommes de la science et de la philosophie, et de les conduire à la foi religieuse. Pascal, et plus tard l'abbé de Lamennais, mettent ainsi le scepticisme au service de l'apologétique chrétienne. Puisqu'on ne peut rien savoir, le mieux est encore de croire. On y gagnera la tranquillité en cette vie et peut-être le bonheur éternel dans l'autre.

Hume n'est sceptique qu'en apparence. Sa doctrine véritable est l'idéalisme phénoméniste. — De même, ni Berkeley ni Kant ne doivent être classés parmi les sceptiques. Le premier est idéaliste, le second professe la relativité de la connaissance. — L'idéalisme et le relativisme ont, en effet, remplacé le scepticisme chez les modernes : ils ont bien en commun avec lui certaines prémisses, mais ils n'en tirent pas, on le verra, les mêmes conclusions. L'existence de la *science* est un fait qui rend désormais le scepticisme impossible. Dès lors, la discussion ne roule plus sur la *possibilité de la science*, mais sur sa portée et la nature de son objet.

4. Les arguments du scepticisme. — Il s'ensuit que les arguments du scepticisme n'offrent plus qu'un intérêt historique ; leur réfutation même ne paraît plus guère qu'un exercice de dialectique. De nos jours, le véritable débat est ailleurs.

Ces arguments ont été ramenés à quatre : 1° l'ignorance ; 2° l'erreur ; 3° la contradiction ; 4° l'impossibilité pour la raison de prouver sa propre véracité.

1° L'argument tiré de l'*ignorance* est, ce semble, propre à Pascal. Toutes choses étant liées en tous sens, pour en connaître une, il faudrait les connaître toutes. Or nous ignorons bien des choses, et, par conséquent, nous ne savons rien.

2° L'argument tiré de l'*erreur* se confond historiquement avec celui de la contradiction, dont il n'a été distingué que par les critiques modernes. — L'esprit humain se trompe souvent, et, au moment où il se trompe, il croit être dans la vérité : il est donc permis de supposer qu'il se trompe toujours; et il n'y a aucun moyen d'exclure définitivement cette supposition.— Comme exemple d'erreurs, on cite les erreurs des sens, les hallucinations, les rêves, le délire, la folie, etc. — Descartes s'est, en quelque sorte, approprié cet argument de l'erreur, et il l'a transformé en imaginant un malin génie sans cesse occupé à nous tromper, en d'autres termes, une cause permanente et essentielle d'erreur inhérente à la constitution même de notre esprit.

3° En somme, les deux grands arguments communs à tous les sceptiques sont ceux de la contradiction et du diallèle. L'argument de la *contradiction* consiste à montrer que l'esprit humain se contredit nécessairement lui-même, soit dans l'*espace* (vérité en deçà des Pyrénées, erreur au delà), soit dans le *temps* (le droit a ses époques; l'entrée de Saturne au Lion nous marque l'origine d'un tel crime), soit dans les *facultés* mêmes qui le composent (les sens contredisent la raison; la raison contredit les sens; les sens se contredisent entre eux; la raison se contredit elle-même).

4° L'argument du *diallèle* résume au fond presque tous les tropes d'Agrippa, hypothèse, cercle vicieux, progrès à l'infini et relativité.

Il a été présenté sous diverses formes selon qu'il porte sur le *criterium de la vérité* ou sur la *raison* elle-même. — Admet-on un criterium de la vérité? Mais ou ce criterium ne se prouve pas, et alors c'est une hypothèse et une hypothèse toute relative à notre esprit, sans autre valeur que celle de notre esprit lui-même; ou il se prouve par un autre criterium, et celui-ci par un autre encore, c'est le progrès à l'infini; ou il se prouve par lui-même, c'est la pétition de principe ou le cercle vicieux.

Dit-on qu'il n'y a pas de criterium en dehors de la raison même, que la raison, quand elle aperçoit évidemment la vérité, est infaillible? — On s'enferme encore dans un cercle; car c'est la véracité de la raison qui est suspecte, et c'est à la raison qu'on demande d'affirmer et de prouver sa propre véracité. Autant demander à un témoin soupçonné de mensonge d'attester lui-même qu'il ne ment pas.

La conclusion générale tirée par le scepticisme de tous ces arguments, c'est qu'il faut se désintéresser de la science, douter de toutes choses et, dans la pratique, céder à l'instinct ou à l'habitude et régler sa conduite sur les apparences.

5. La critique du scepticisme. — Envisagés en eux-mêmes, les arguments du scepticisme, ou reposent sur des données inexactes, ou tirent de ces données des conséquences illégitimes, ou même impliquent une contradiction entre les conséquences et les données.

1° **L'argument de l'*ignorance*** affirme que toutes choses sont liées en tous sens et, comme il est impossible de les connaître toutes, on en conclut qu'il est impossible d'en connaître aucune.

Mais il est faux que toutes choses soient liées en tous sens ; les vérités mathématiques sont indépendantes des vérités physiques ; les vérités physiques sont indépendantes des vérités morales, etc. : c'est seulement dans l'ordre des *choses* concrètes que les phénomènes et les êtres dépendent les uns des autres à l'infini. Or la science ne se rapporte nullement à la connaissance de ces choses. — De ce que toutes choses sont liées par hypothèse, il s'ensuit qu'on ne peut en connaître *complètement* aucune ; il ne s'ensuit pas qu'on ne puisse la connaître *partiellement*, et que cette connaissance partielle ne soit *parfaitement suffisante* pour les fins que se propose l'esprit humain. — Enfin, il est contradictoire d'affirmer dans les prémisses que nous ignorons beaucoup de choses et d'en conclure que nous n'en connaissons aucune. Car, dire que nous ignorons beaucoup de choses, c'est dire implicitement que nous en connaissons au moins quelques-unes.

2° **L'argument de l'*erreur*** repose sur une donnée exacte : il est vrai que l'esprit humain se trompe souvent et qu'au moment où il se trompe, il croit être dans la vérité.—Mais la conclusion qu'on en tire est illégitime. Il ne s'ensuit pas que l'esprit se trompe toujours et que le seul moyen d'éviter l'erreur consiste à s'abstenir de tout jugement. Sans doute l'erreur est toujours *possible* (*errare humanum est*), mais elle n'est jamais *nécessaire*, en ce sens qu'elle ne dérive jamais de la nature même de notre intelligence, mais des conditions plus ou moins accidentelles dans lesquelles elle s'exerce (lacunes de nos sens, de notre mémoire, influence de la sensibilité, etc.) On peut donc toujours espérer l'éviter en excluant les causes qui la produisent, et quand on a pris contre elle toutes les précautions requises, l'hypothèse de la possibilité d'une erreur devient pratiquement négligeable. Il serait aussi absurde de ne pas vouloir juger sous prétexte qu'on peut se tromper que de ne pas vouloir marcher sous prétexte qu'on peut tomber.

En outre, la conclusion contredit les prémisses. Dire que l'esprit humain se trompe souvent, c'est dire qu'il ne se trompe pas toujours ; c'est dire en tout cas qu'il est capable de reconnaître ses propres erreurs, capable, par conséquent, de discerner l'erreur de la vérité.

On se contredit donc en concluant ensuite qu'il se trompe peut-être toujours et n'est pas capable de discerner l'erreur de la vérité.

3° On peut tout d'abord contester la donnée sur laquelle repose l'argument de la *contradiction*. — Certes, les hommes ont varié et se sont contredits sur bien des points ; mais il est faux que la contradiction soit universelle et absolue. Aucun échange de pensées, aucune discussion ne serait possible si certains principes n'étaient tacitement admis et accordés par tous les hommes : tels sont par exemple le principe de contradiction et le principe de raison. Les sceptiques eux-mêmes se fondent sur ces principes, puisqu'ils s'efforcent de donner des *raisons* de leur doute et que la principale de ces raisons est l'*impossibilité de croire* en même temps à deux opinions *qui se contredisent*. — En fait, la contradiction ne réside pas dans les principes mêmes de l'intelligence mais dans les faits auxquels ils s'appliquent. Comme Pascal l'a fait voir dans la préface de son *Traité du vide*, les modernes ne contredisent pas les anciens en disant autrement qu'eux. Les anciens raisonnaient d'après leur expérience : nous raisonnons d'après la nôtre qui est différente et plus complète. S'ils avaient connu les faits que nous connaissons aujourd'hui, ils en auraient tiré les mêmes conclusions que nous. Leur raison était donc au fond d'accord avec la nôtre. — De là vient que, dans toutes les connaissances qui dépendent de la seule raison, l'accord s'établit et subsiste. La géométrie n'a pas changé depuis Euclide : elle a découvert de nouveaux théorèmes ; elle n'a rejeté aucun des anciens.

Mais, la donnée de l'argument fût-elle exacte, la conséquence que le scepticisme en tire est illégitime. — Quand bien même tous les hommes se seraient contredits jusqu'ici, il ne s'ensuit pas qu'ils se contrediront toujours. C'est un pur sophisme que de conclure sans autre preuve du passé à l'avenir. En fait, l'histoire des sciences nous montre que l'accord tend à se faire de plus en plus. A la contradiction passée on peut donc opposer l'harmonie future. — Ce qu'il faudrait prouver, c'est que la contradiction n'est explicable que par une infirmité radicale de la raison humaine. Cette preuve, les sceptiques ne l'ont pas faite. Ils ont conclu cette infirmité, sans la démontrer directement, du fait même de la contradiction : c'était commettre une pétition de principe. Tout, au contraire, tend à prouver que les principales causes de la contradiction sont extérieures à la raison même ; et ce sont, d'une part, la diversité des données sur lesquelles elle s'exerce, d'autre part, la diversité des passions dont elle subit l'influence. On voit, en effet, la contradiction croître et décroître avec elles.

4° Reste l'argument du *diallèle*. — Il faut admettre le principe sur lequel il repose : à savoir, que la raison ne peut, sans cercle vicieux, démontrer elle-même sa propre véracité; mais on peut, on doit contester la conséquence que le scepticisme en tire : à savoir que la raison est par cela même suspecte et indigne de toute confiance. — Si, en effet, on commence par admettre que la raison est illusoire et mensongère, cette hypothèse, combinée avec le principe de l'argument, donnera comme conséquence la nécessité de douter de la raison ; mais cette hypothèse est une pétition de principe : c'est la chose même qu'il s'agit de démontrer. Aucune intelligence, si elle se mettait elle-même en question, ne pourrait lever un pareil doute, pas même l'intelligence divine. C'est donc aux sceptiques à prouver d'abord que ce doute est légitime. — En fait l'intelligence ne doute pas d'elle-même, de sa puissance d'atteindre le vrai : c'est un acte de foi, si l'on veut, mais il est naturel et inévitable. Les sceptiques eux-mêmes n'y échappent point; car, au moment même où ils s'efforcent de démontrer l'impuissance de la raison, ils postulent implicitement la validité de la démonstration et par conséquent la puissance de la raison.

Que peut-on opposer à cet acte de foi ? — Le tableau des contradictions et des erreurs humaines ? Nous venons de voir qu'il n'autorise pas à désespérer de la raison. — Ce prétendu axiome : que tout ce qui n'est pas démontré est douteux ? Mais cet axiome, n'étant pas démontré, doit être lui-même douteux pour ceux qui l'énoncent, et il ne peut pas être démontré, car il est absurde : toute démonstration consiste à ramener de proche en proche une proposition à des principes évidents et indémontrables. Tout se démontre, si l'on veut, excepté les principes mêmes par lesquels tout se démontre et à fortiori la faculté même qui engendre et applique ces principes, la raison. — Objectera-t-on enfin la nature *relative* et *subjective* de notre raison ? Dira-t-on qu'avec une raison autrement constituée nous verrions autrement les choses ? Que nous ne pouvons pas sortir de notre pensée et pensons la vérité, non telle qu'elle est en soi, mais telle qu'elle nous apparaît ? — L'objection examinée de près revient à dire qu'il y a une connaissance concevable en dehors de toutes les conditions de la connaissance, en dehors même de tout sujet connaissant, et que cette connaissance-là est peut-être la vraie, tandis que la nôtre est illusion et mensonge. Une telle hypothèse n'est qu'un tissu de contradictions et de non-sens. Il n'y a pas de connaissance concevable, même en Dieu, qui n'implique un sujet connaissant et qui n'applique à son objet les formes rationnelles de l'identité et de la raison.

Il n'y a donc pas de motif légitime de suspecter à priori la valeur de la raison, et, d'autre part, l'expérience confirme à postériori la foi spontanée qu'elle nous inspire. Certes, la vérification n'est pas complète et définitive, mais elle suffit pour nous assurer que la raison nous a été donnée comme un organe non d'erreur mais de vérité.

6. Le rôle du scepticisme. — Mais pour apprécier sainement le scepticisme, il faut surtout l'envisager au point de vue *historique*, comme une critique du dogmatisme des Stoïciens et des Épicuriens. On comprend alors sa vérité relative et l'utilité du rôle qu'il a rempli.

Les dogmatiques, en effet, enseignaient la possibilité d'une connaissance intuitive, adéquate, absolue des choses : ils faisaient consister la certitude dans une intuition immédiate de la réalité objective par l'esprit; ils ne voyaient pas que toute la connaissance humaine a pour point de départ la conscience des phénomènes tels qu'ils sont donnés dans le sujet et ne dépasse cette conscience que par des interprétations où la croyance et l'hypothèse ont nécessairement une part. Contre le dogmatisme ainsi entendu, les sceptiques, il faut bien le dire, avaient raison. Si l'objet de l'intelligence est une réalité absolument extérieure à l'esprit et hétérogène, la connaissance est à jamais impossible. — En faisant voir que la connaissance est nécessairement relative à l'esprit, les sceptiques ont donc contribué à préparer l'avènement de l'idéalisme et du relativisme : ils ont imposé désormais à tous les systèmes l'obligation de fonder leurs théories dogmatiques sur une critique préalable de la connaissance humaine.

Mais dans leur réaction contre un dogmatisme exagéré, les sceptiques sont allés d'un extrême à l'autre. Ils n'ont pas vu qu'à défaut de la science chimérique, promise ou rêvée par les dogmatiques, une autre science était possible, relative aux phénomènes, il est vrai, mais réelle et certaine comme les phénomènes, suffisante pour la pratique et indéfiniment progressive. Si la certitude, entendue comme prise de possession par l'esprit d'une réalité extérieure à l'esprit, est une utopie, il ne s'ensuit pas qu'on ne puisse concevoir, rechercher et obtenir une autre certitude, celle où l'esprit prend possession d'une réalité qui lui est intérieure et identique. De même, si la certitude, de quelque façon qu'on l'entende, est l'exception pour l'homme et non la règle, il ne s'ensuit pas qu'en dehors de la certitude, il n'y ait place pour des probabilités qui s'en approchent de plus en plus et dont la poursuite est raisonnable et nécessaire. En un mot, les sceptiques n'ont pas vu que les prémisses de leur doctrine enveloppaient, non le doute absolu et universel, mais un dogmatisme plus profond et plus solide que celui-là même qu'ils attaquaient.

De là les contradictions dans lesquelles ils sont tombés. D'une part, dans la spéculation, ils ont souvent outré leur doute au point de sembler l'étendre même aux phénomènes. « Les sceptiques, dit Leibniz, gâtent ce qu'ils disent de bon, en le portant trop loin, et en voulant même étendre leurs doutes jusqu'aux expériences immédiates (1). » D'autre part, dans la pratique, ils étaient bien forcés de faire sa part à la croyance, partant à l'affirmation. « Vivre, c'est agir ; et agir, c'est choisir, préférer entre plusieurs actions possibles, celle qu'on juge meilleure. Point d'action sans jugement. Que devient alors la maxime sceptique : « Il faut suspendre son jugement (2) ? » Le doute universel et absolu demeurait donc, pour les sceptiques eux-mêmes, une attitude impossible à garder jusqu'au bout, un idéal irréalisable. Ils se contredisaient encore en s'efforçant de démontrer leur doctrine, car toute démonstration fait nécessairement appel à des principes admis de part et d'autre, à des règles évidentes et universelles. Aussi a-t-on suspecté leur bonne foi. « Le pyrrhonisme, dit la *Logique* de Port-Royal, n'est pas une secte de gens qui sont persuadés de ce qu'ils disent, mais c'est une secte de menteurs. » — « C'étaient, dit-elle encore, des jeux et amusements de personnes oisives et ingénieuses, mais ce ne furent jamais des sentiments dont ils fussent intérieurement persuadés et par lesquels ils voulussent se conduire. » Spinoza de même condamnait le sceptique à ne rien dire et à ne rien faire et déclarait qu'il fallait moins réfuter sa doctrine que guérir son obstination.

On comprend dès lors combien le doute de Descartes et des cartésiens diffère du doute sceptique. Descartes ne doute que des opinions ; le sceptique doute de la raison même. Le doute est pour Descartes un moyen d'arriver à la vérité ; il est pour le sceptique

(1) Leibniz, *Nouveaux essais*, liv. IV, chap. II, § 14.
(2) Brochard, *Les sceptiques grecs* p. 411.

la fin où il tend et se repose. Aussi est-il provisoire pour Descartes et définitif pour le sceptique. Chez l'un c'est un système, chez l'autre ce n'est qu'une méthode. On peut douter sans être sceptique. « C'est une partie de bien juger, dit Bossuet, que de douter quand il faut. Celui qui juge certain ce qui est certain, et douteux ce qui est douteux, est un bon juge. »

* 7. Le relativisme. Les deux doctrines de la relativité de la connaissance. — La doctrine de la *relativité de la connaissance* appartient au moins à deux écoles différentes, d'une part celle de Kant (école criticiste), d'autre part celle d'Auguste Comte (école positiviste). On peut citer parmi ses partisans Hamilton, Stuart Mill, Herbert Spencer, etc. Elle ne se distingue pas toujours bien nettement de l'idéalisme, et en général, elle est souvent présentée en termes obscurs et équivoques.

Distinguons d'abord en elle ces deux thèses qui ne sont nullement identiques, ni même connexes :

1° L'esprit humain ne peut rien *connaître d'absolu*;

2° L'esprit humain ne peut rien *connaître absolument*.

Dans la première thèse, Absolu signifie existant en soi et par soi, indépendamment de toute relation avec autre chose : il est synonyme d'Essence ou de Cause première. En ce sens, nous ne connaissons pas Dieu, nous ne connaissons pas davantage la Matière ou la Force, si par hypothèse, elles sont l'essence ou la cause première des choses; mais rien ne nous empêche de connaître *absolument* les choses mêmes. L'esprit humain ne connaît que le relatif, mais peut-être le connaît-il absolument.

Dans la seconde thèse, Absolu signifie conforme à la réalité même, adéquat à la réalité, tel dans le sujet qu'il est dans l'objet, indépendant de toute condition subjective. En ce sens, nous pouvons connaître l'absolu, mais nous ne le connaissons pas absolument ; la connaissance que nous en avons ne lui est pas adéquate : elle n'est pas une intuition de l'absolu ; elle n'en est pas même une représentation fidèle ; elle n'en est qu'une traduction nécessairement imparfaite, un symbole plus ou moins grossier. Mais nous ne connaissons pas autrement le relatif lui-même : il n'est lui non plus l'objet que d'une connaissance symbolique.

* 8. Le relativisme positiviste ou objectif. — De ces deux thèses, il semble bien que la première soit plus particulièrement celle du relativisme positiviste ou évolutionniste (Auguste Comte et Herbert Spencer), tandis que la seconde paraît être plutôt celle du relativisme criticiste (Kant). — En effet, ce qu'Auguste Comte et Spencer refusent à l'intelligence humaine, ce n'est pas, croyons-nous, le pouvoir de *connaître absolument* les phénomènes et les lois de l'univers : ils ne doutent pas que les choses ne soient en elles-mêmes telles que la science ou telles que leur philosophie les représente; ce qu'ils nous condamnent à ignorer, c'est le *fond absolu* des choses, leurs *causes premières* ou leurs *fins dernières*. La relativité qu'ils professent est donc plutôt celle de l'*objet* de la connaissance que celle de la *connaissance* elle-même, et c'est pourquoi leur doctrine pourrait s'appeler un « relativisme objectif ».

Les raisons qu'on peut donner en faveur de cette thèse peuvent, ce semble, se ramener à deux :

En premier lieu, *l'esprit humain n'a pas de mode de connaissance approprié à un objet tel que l'absolu*. En effet, nos sens (en y comprenant notre conscience) ne nous font connaître que des phénomènes indéfiniment relatifs les uns aux autres; et nous n'avons pas d'autres moyens d'information que nos sens. Aussi toutes les hypothèses que les métaphysiciens ont pu faire sur la nature de l'absolu sont-elles également plausibles et également incertaines, sans qu'il y ait aucun moyen de choisir entre elles ou de les mettre d'accord.

C'est une question *de fait* que de savoir si l'expérience sensible est notre seul moyen de connaître la réalité. — Tout d'abord beaucoup de philosophes ont admis une intuition directe de l'absolu par l'esprit, et Herbert Spencer lui-même professe que la conscience du relatif enveloppe la conscience de l'absolu. Il y a en tout cas une autre expérience que l'expérience sensible : ou plutôt l'expérience sensible elle-même implique une expérience d'un autre ordre, l'intuition que l'esprit a de sa propre existence en tant qu'il est le sujet auquel se rapportent en définitive tous les phénomènes. Quand l'esprit se saisit ainsi lui-même, ne saisit-il pas quelque chose d'absolu, l'essence même de la pensée et de l'être? — D'autre part, à défaut d'une expérience sensible ou supra-sensible, l'intelligence humaine peut, ce semble, atteindre la réalité par l'intermédiaire de ses *conceptions* et de ses *raisonnements*. Les mathématiques tout entières n'ont pas d'autre méthode : elles ne connaissent, il est vrai, aucune *existence absolue;* elle connaissent du moins des *vérités absolues*. Les sciences de la nature procèdent par cette voie à la détermination des causes invisibles des phénomènes (molécules,

atomes, éther, mouvements moléculaires, atomiques, éthérés, etc.).
Pourquoi l'absolu ne pourrait-il pas être l'objet d'une connaissance
de cette sorte? — Si l'on objecte qu'il ne sera plus alors qu'une hypothèse dont la vérification manquera toujours, il est facile de répondre
que la plupart des grandes hypothèses scientifiques ne sont pas non
plus susceptibles d'une vérification expérimentale : elles se vérifient par l'explication qu'elles apportent à tout un ensemble de faits ;
mais cette vérification indirecte pourrait ne pas faire défaut à l'hypothèse de l'absolu. — On objectera peut-être encore que les conceptions par lesquelles les sciences atteignent ainsi des réalités dont
nous n'avons pas l'expérience sont du moins formées d'éléments
empruntés à l'expérience, tandis que les conceptions de l'absolu ne
peuvent être formées de tels éléments. — Mais cette objection suppose sans preuve qu'il y a nécessairement une hétérogénéité radicale
entre les choses relatives et l'absolu. L'absolu diffère du relatif en
tant qu'absolu, mais non pas nécessairement sous tous les autres
rapports. L'expérience pourrait donc contribuer à fournir à la raison
les matériaux de ses conceptions : la raison n'y ajouterait qu'une
forme, la forme de l'absolu.

Toute la conclusion qu'on peut tirer de l'argument, c'est que
l'esprit humain n'est pas arrivé *en fait* à une connaissance de
l'absolu assez complète ni même assez distincte pour lever tous les
doutes ; mais on ne peut en conclure qu'il ne puisse *en droit* jamais
arriver à aucune connaissance de l'absolu.

Le second argument du relativisme a donc pour but de montrer que
cette connaissance est *logiquement impossible, contradictoire en
soi*. C'est ce qu'Hamilton a essayé de faire, réduisant ainsi la première thèse de la relativité de la connaissance à la seconde. —
L'absolu, dit-on, ne peut être connu qu'absolument. Une connaissance relative de l'absolu est une contradiction dans les termes.
Étant connu non tel qu'il est en soi, mais dans son rapport avec
le sujet et modifié par ce rapport même, l'absolu serait connu comme
relatif. Donc, par cela même que nous ne connaissons rien absolument, nous ne pouvons rien connaître d'absolu.

Seulement, si l'on admet cette réduction, il faut aller plus loin
encore et prétendre avec Hamilton que nous ne *concevons* même
pas l'absolu; car cette conception est évidemment relative comme
la connaissance, et pour la même raison. On a déjà réfuté ces assertions. Sans doute, nous ne pouvons avoir une connaissance intuitive
ou adéquate de l'absolu (non plus, d'ailleurs, que d'aucune autre

chose, en dehors de nos états de conscience et des objets des mathématiques), mais nous pouvons concevoir l'absolu, nous pouvons même être assurés qu'il existe (ni Hamilton ni M. Spencer ne doutent de son existence). Or avoir l'idée d'une chose que l'on sait exister, c'est avoir, à quelque degré, la connaissance de cette chose. D'autre part, connaître une chose comme existant par elle-même indépendamment de toute condition, c'est la connaître non comme relative, mais comme absolue. Il n'importe donc pas que notre connaissance de l'absolu soit relative : elle n'en est pas moins une connaissance de l'absolu.

En résumé, le relativisme objectif n'a pas démontré que nous ne puissions avoir aucune connaissance, même relative, de l'absolu, c'est-à-dire de l'essence et de la cause première des choses.

* 9. Le relativisme criticiste ou subjectif. — Mais la vraie doctrine de la relativité de la connaissance est celle qui place la relativité dans la connaissance elle-même et non dans son objet, celle qu'on pourrait appeler le *relativisme subjectif* et qui est d'ailleurs extrêmement voisine de l'idéalisme.

D'après Kant, qui est le premier auteur de cette doctrine, nous ne pouvons connaître les choses *absolument*, c'est-à-dire *telles qu'elles sont en elles-mêmes*, et cela pour deux raisons :

1° D'abord, les choses nous étant extérieures, nous ne pouvons les connaître que par l'intermédiaire des impressions qu'elles produisent sur nous. Nous n'en saisissons donc que les apparences ou les phénomènes : pour savoir ce qu'elles sont en soi, il faudrait que leur existence se confondît avec la nôtre, que leur nature tout entière fût l'œuvre même de notre pensée.

2° On pourrait, il est vrai, supposer que les phénomènes ressemblent aux choses, qu'ils en sont les équivalents ou les images, en un mot, que les choses nous apparaissent telles qu'elles sont en soi. Mais cette conformité des phénomènes aux choses n'est pas seulement impossible à vérifier, elle est impossible à concevoir. En effet, l'esprit est de moitié dans les phénomènes qu'il reçoit, et sa nature s'y exprime au moins autant que celle des choses. La sensation, disait déjà Aristote, est l'acte commun du sensible et du sentant. Ainsi l'espace et le temps, dans lesquels nous percevons tous les phénomènes, ne sont pas des propriétés des choses, mais des formes de notre sensibilité. De même la pensée mêle sa propre nature à la nature de ses objets. Selon le mot de Bacon, l'intelligence humaine est comme un miroir inégal qui détourne et déforme les rayons des choses. La connaissance est nécessairement relative à la nature de nos facultés de connaître.

Pour bien démêler la part de vérité et la part d'erreur contenues dans cette doctrine, il faut distinguer très nettement la *connaissance sensible* ou *empirique* et la *connaissance rationnelle*, et les examiner l'une et l'autre au point de vue de la relativité.

Tout d'abord, il n'est pas douteux que la connaissance sensible ne soit, en effet, relative. Nos sens ne perçoivent pas les choses, mais seulement les impressions faites sur eux par les choses : avec d'autres sens, les choses nous apparaîtraient autrement. La perception n'est pas l'intuition des réalités externes : elle n'est que l'interprétation des sensations ; et les sensations sont les signes et non les images de ces réalités. — Sur tous ces points, le relativisme a cause gagnée.

Prenons garde cependant à la véritable portée de cette première thèse. Elle revient à dire que la connaissance sensible est relative parce qu'elle est une connaissance *médiate* et *représentative*. Mais il s'ensuit aussitôt une double conséquence.

La première, c'est que la connaissance de tout ce qui est donné dans la conscience, étant immédiate, est nécessairement *absolue*. Il est contradictoire de supposer que toute connaissance est médiate. Je ne connais l'objet extérieur que par l'intermédiaire de mes sensations, et par conséquent ma connaissance est relative à mes sensations mêmes ; mais par conséquent aussi je connais mes sensations sans intermédiaire, telles qu'elles sont en soi, et j'en ai une connaissance absolue. Ainsi la connaissance sensible est *absolue*, si on la réduit à la connaissance des phénomènes donnés dans la conscience ; elle n'est *relative* que dans la mesure où par le moyen de ces phénomènes elle s'efforce d'atteindre les choses mêmes. Elle serait donc *absolue*, sans restriction ni réserve, si l'on supposait avec l'idéalisme que ce qu'on appelle les choses mêmes n'existe pas et que les sensations seules sont réelles.

La seconde conséquence, c'est que la connaissance sensible, impliquant un rapport nécessaire des sensations ou des phénomènes aux réalités qu'ils représentent, implique par cela même quelque chose d'absolu. S'il n'y avait, en effet, aucune relation entre le phénomène et la réalité, il n'y aurait aucune raison de les rapporter l'un à l'autre, et de voir dans le premier une connaissance même relative, de la seconde. Il doit donc y avoir, sinon une certaine *ressemblance*, du moins une certaine *analogie* entre nos représentations et les choses. Les rapports qui existent entre nos représentations peuvent correspondre aux rapports qui existent entre les choses, comme les rapports qui existent entre les mots d'une phrase correspondent aux rapports des idées exprimées par ces mots, bien qu'il n'y ait aucune ressemblance entre les idées et les mots. Donc, par l'intermédiaire de nos sensations, nous pouvons acquérir une connaissance *réelle* et par conséquent *absolue*, sinon de la *nature intrinsèque* des choses externes, du moins des *relations* qui existent entre elles ; et c'est ainsi que la science, bien que fondée sur la connaissance sensible, est, au moins partiellement, une connaissance *absolue*.

En résumé, *la connaissance sensible est relative*, mais sa relativité même n'est que partielle, car elle implique des éléments dont la connaissance est ou peut être absolue.

Un de ces éléments consiste dans les *rapports* que notre intelligence aperçoit entre les phénomènes et qui sont les objets propres de la connaissance rationnelle. Mais le relativisme conteste que ces rapports puissent avoir une signification objective ou absolue. Les phénomènes ne nous représentent pas sans doute la nature des choses en soi : ils nous en révèlent du moins l'existence et la causalité ; mais les rapports (de temps, d'espace, de nombre, de substance, de cause, etc.) ne nous révèlent rien que les formes ou les nécessités subjectives de notre pensée. Il est absurde de supposer qu'il puisse exister des *rapports objectifs* dont les rapports de nos représentations seraient les équivalents absolus : tout rapport est nécessairement subjectif ; il résulte uniquement de la nature de notre faculté de penser. Donc nous ne pouvons rien connaître absolument, pas même les phénomènes : car la sensation, telle qu'elle est donnée dans la conscience, est déjà modifiée et altérée par les formes de temps, d'espace, de qualité, de quantité, etc., que notre esprit lui impose au moment même où il la reçoit. A plus forte raison, les prétendues lois de la nature ne sont-elles au fond que les lois mêmes de notre pensée. Nos mathématiques, notre physique, toutes nos sciences n'ont dans la réalité absolue ni signification ni valeur.

Ainsi, pour démontrer complètement la relativité de la connaissance sensible, il faut aller plus loin encore et soutenir la relativité de la connaissance rationnelle ou de la raison.

Mais cette seconde doctrine n'est qu'un amas de contradictions. — En effet, si les rapports ne sont que des lois de notre pensée sans signification et sans valeur en dehors des phénomènes, nous n'avons pas le droit de les appliquer au delà des phénomènes et par conséquent de supposer des choses en soi dont les phénomènes nous révéleraient (en vertu de ces rapports) l'existence et la causalité. Il n'y a donc que des phénomènes, existant par eux-mêmes, et non à titre de représentations ou de signes de réalités étrangères. Mais alors ces phénomènes sont connus en eux-mêmes et par conséquent nous en avons une connaissance *absolue;* car ils n'existent que dans notre pensée, et ils n'ont pas d'autre réalité, pas d'autre nature que celles-là mêmes que notre pensée leur attribue. — Si, au contraire, nous avons le droit de supposer des choses en soi, comme cette supposition ne peut se faire sans attribuer aux *rapports* (particulièrement aux rapports de substance et de causalité) une signification et une valeur en dehors des phénomènes, il s'ensuit que les lois de la pensée sont en même temps les lois des choses, et que, par conséquent, nous pouvons avoir une connaissance *absolue* des rapports existant entre les choses par l'intermédiaire des rapports existant entre les phénomènes qui nous les révèlent.

Il faut donc admettre avec le relativisme que les rapports sont, en effet, des formes de notre pensée, mais il faut admettre en même temps qu'ils sont des formes de la réalité. Il se peut qu'*en fait* nous ne puissions les appliquer qu'aux phénomènes, et que notre connaissance rationnelle participe ainsi de la relativité de la connaissance sensible; mais, *en droit*, ils sont applicables à toutes choses, phénomènes ou existences supra-phénoménales (ce que Kant appelle les noumènes), s'il y en a de telles; car ces existences mêmes, nous ne pouvons les supposer que par la vertu de tels rapports. Par conséquent, *en droit*, et si on n'en considère que *la forme* pure, *la connaissance rationnelle est absolue.*

Reste, il est vrai, à expliquer comment les lois de notre pensée peuvent être en même temps les lois des choses; mais, explicable ou non, cette identité des lois fondamentales du sujet et de l'objet est impliquée dans la notion même de la connaissance. En effet, si, par hypothèse, il n'y avait aucun rapport entre notre connaissance et son objet, notre connaissance de cet objet ne serait même pas relative : elle serait nulle; elle n'en serait, à aucun degré, en aucun sens, la connaissance.

Le relativisme absolu se trouve ainsi ramené au *scepticisme;* car notre connaissance n'est plus qu'une illusion si elle n'a aucun rapport avec la réalité. Ou, si, comprenant que cette réalité prétendue inconnaissable n'est pas et ne peut pas être l'objet de la connaissance puisqu'elle n'a avec elle aucun rapport, il renonce à placer l'objet de la connaissance en dehors de l'esprit même, le relativisme se ramène à l'*idéalisme*. Mais, dans cette seconde hypothèse, il ne faut plus dire que la connaissance est *relative;* il faut dire au contraire qu'elle est *absolue;* car, connaître les choses telles qu'elles apparaissent à l'esprit ou telles que l'esprit les pense, c'est les connaître telles qu'elles sont. — Parler d'une connaissance *absolument relative*, c'est donc parler d'une connaissance nulle ou d'une connaissance absolue. De toute façon, c'est se contredire. La relativité de la connaissance ne peut être que partielle.

*10. L'idéalisme. — La racine commune du scepticisme et du relativisme absolu paraît être la supposition d'une réalité extérieure à l'esprit, dont la nature serait foncièrement irréductible à celle de la pensée, et qui serait pourtant l'objet propre de la connaissance.

Cette supposition, le dogmatisme vulgaire la fait aussi : il semble évident au sens commun que les choses sont absolument distinctes de l'esprit qui les pense, et que, cependant, l'esprit peut ou les saisir directement en elles-mêmes, ou tout au moins en refléter exactement les images. Mais l'analyse montre bientôt l'impossibilité de la connaissance dans une telle hypothèse. Comment l'esprit pourrait-il penser un objet qui, par hypothèse, serait essentiellement extérieur et étranger à la pensée ? La connaissance n'est évidemment possible que s'il y a, sinon *identité*, tout au moins *similitude*, *homogénéité* entre l'intelligence et son objet. — Il n'y a donc pas, ce semble, d'autre solution dogmatique au problème de la connaissance que la solution *idéaliste* : la réalité, objet de l'intelligence, n'est pas au fond d'une autre nature que la pensée elle-même ; la réalité est une pensée.

Toutefois, dans l'idéalisme même, on peut distinguer deux thèses qui ne sont pas nécessairement connexes : la première est relative à la connaissance en général; la seconde concerne plus particulièrement la connaissance sensible ou la connaissance du monde extérieur.

D'après la première, la connaissance ne suppose pas nécessairement l'*identité* de l'objet avec le sujet de la pensée, mais seulement leur *homogénéité*, leur *similitude* : ils peuvent être numériquement distincts l'un de l'autre dans la réalité sans que cela les empêche de s'unir l'un à l'autre dans la connaissance. Ainsi, d'autres êtres peuvent exister en dehors de moi, indépendamment des sensations qui me les révèlent et des idées par lesquelles je me les représente; il suffit, pour que je puisse les connaître, qu'ils soient constitués en eux-mêmes par des phénomènes et des rapports plus ou moins analogues à ceux qui constituent ma propre pensée. Cet idéalisme, qui admet ainsi des objets existant en dehors du sujet (et dont chacun par rapport à lui-même est un sujet, et n'est objet que par rapport aux autres), pourrait s'appeler *idéalisme objectif*. — Tel est l'idéalisme de Leibniz.

D'après la seconde, l'objet de la connaissance est *identique* au sujet; il n'existe que dans le sujet même, il en est une forme ou un aspect. Si notre représentation du monde s'évanouissait, le monde s'évanouirait : il n'est que cette représentation même. On pourrait donner à cet idéalisme le nom d'*idéalisme subjectif*, puisqu'il enferme toute réalité dans l'enceinte de notre pensée subjective. Tel est l'idéalisme de Fichte.

*11. L'idéalisme objectif. — On démontrera plus loin l'existence objective du monde extérieur. Voyons comment, si l'on prend pour accordée cette existence, on peut expliquer et légitimer la connaissance du point de vue de l'idéalisme objectif.

Tout d'abord, la connaissance a pour matière les *données de notre conscience :* ces données, ce ne sont pas seulement les sensations de toutes sortes, signes des objets et des événements extérieurs, ce sont aussi nos actes d'attention et de volonté, nos désirs, nos émotions, et en général toutes les opérations et tous les états de notre âme. Ces données, nous pouvons par la pensée les simplifier, les compliquer, les combiner d'une infinité de façons, et ainsi nous représenter une infinité de natures ou d'existences *possibles* en dehors de la nôtre, et cependant toutes foncièrement *analogues* à la nôtre. Ainsi, nous connaissons par *intuition immédiate* ce qui est en nous, et par *construction* et *analogie* ce qui peut être hors de nous.

Mais la connaissance implique, en outre, des *rapports* par lesquels ces données sont liées entre elles. Les deux grandes lois selon lesquelles l'esprit établit ces rapports sont le *principe d'identité* et le *principe de raison*. Or telle est la vertu de ces deux principes que notre intelligence les pose comme immuables et nécessaires, non seulement pour elle-même, mais pour toutes les intelligences possibles, s'il en existe d'autres en dehors d'elle. Telle est plus particulièrement la vertu du principe de raison qu'il autorise et contraint tout ensemble notre pensée à sortir des *données* de la conscience actuelle et subjective pour affirmer des *inconnues*, soit dans le passé ou le futur, soit même en des objets extérieurs à la conscience, et à déterminer plus ou moins complètement ces inconnues par analogie avec les données de la conscience.

Aucune explication, aucune justification n'est nécessaire, tant que l'esprit ne fait que percevoir ses propres phénomènes et les rapports immédiatement donnés dans ces phénomènes. Les sceptiques eux-mêmes, on l'a vu, n'ont pas douté de la conscience. La *certitude subjective* est absolue. — Il n'en est plus de même dès que l'esprit franchit les limites de sa conscience. Sans doute, il n'hésite pas à le faire; mais en a-t-il le droit? Les principes de la raison qui l'y invitent sont-ils donc les lois absolues et universelles de la réalité? Ces lois, après tout, si on les considère en elles-mêmes, ne semblent être que des hypothèses : ce sont des postulats que l'intelligence admet à priori, parce qu'ils réalisent les conditions les plus favorables à son exercice; mais rien ne prouve qu'ils soient vrais, et que les choses doivent nécessairement s'y conformer pour nous complaire.

On peut faire remarquer que, *en fait*, ces hypothèses réussissent; nous croyons à priori que tous les faits ont leurs causes, et la science découvre à posteriori qu'ils en ont tous. — Mais cette rencontre de l'expérience avec la raison pourrait à la rigueur être fortuite : elle n'est, prise en elle-même, qu'un fait dont on n'a pas, dont il faut chercher l'*explication*. — D'ailleurs, le succès de ces hypothèses est-il vraiment complet? Toutes, ce semble, ne réussissent pas au même degré. Ainsi, le principe de finalité trouve l'expérience moins complaisante que le principe de causalité. Où est la vérification expérimentale des postulats de la raison en morale? La certitude objective de la raison demeure donc un problème.

Ce problème ne peut se résoudre *théoriquement*. Toute la science, toute la connaissance humaine reposent sur un *fait*, l'acte de foi de la raison en elle-même, l'affirmation spontanée de sa valeur universelle, absolue, éternelle.

Tout ce que peut faire la théorie, c'est d'*expliquer* comment est possible cette harmonie de la réalité et de la raison, de la rendre intelligible aux yeux de la raison même, et de justifier ainsi pour la réflexion l'acte de foi spontané que toute connaissance présuppose.

*12. L'explication de la valeur objective de la connaissance. — On peut, d'après Kant, imaginer trois hypothèses pour expliquer l'accord des lois de la nature avec les lois de notre raison.

La première est celle de l'empirisme. Les lois de notre raison sont les lois mêmes de la nature imprimées en nous par l'action sans cesse renouvelée des choses sensibles.

Mais une telle hypothèse est une *pétition de principe*. En effet, on commence par supposer une nature déjà réglée en elle-même par des lois universelles et nécessaires; or comment sait-on que cette nature existe? Cette supposition est justement celle que fait notre raison en affirmant la valeur objective de ses propres lois, et il s'agit de savoir si elle est légitime et quel en est le fondement. Au point de vue strictement empirique, la nature n'est qu'un amas de faits entre lesquels nous remarquons des rapports; mais ces rapports mêmes ne sont, pas plus que les faits qu'ils relient, universels et nécessaires. Comment, d'ailleurs, des rapports, des lois pourraient-ils exister dans une réalité qui, par hypothèse, serait d'une tout autre nature que la pensée, et comment pourraient-ils se réfléchir dans la pensée et y être connus à titre de lois et de rapports? Ce prétendu monde de choses en soi n'est donc, lui aussi, qu'une raison identique en essence à la nôtre; il est tout au moins enveloppé dans une raison dont les principes se confondent avec les principes de la nôtre; et c'est pourquoi il s'accorde avec elle et la confirme.

La première hypothèse se trouve ainsi ramenée à cette autre : l'harmonie de la raison et de la réalité s'explique par l'unité radicale de la réalité et de la raison. L'esprit et le monde dérivent l'un et l'autre d'une Pensée absolue qui les soumet tous deux aux mêmes lois. Telle est, en effet, la seule hypothèse qui permette de comprendre et de légitimer la foi de la raison en sa valeur objective. Si la raison n'est pas le principe même des choses, elle ne peut jamais être assurée que les choses lui seront nécessairement conformes : la science est une œuvre de hasard. Croire à la science, c'est croire à une harmonie préétablie entre le monde et notre intelligence, c'est croire à l'unité primitive de la raison et de la réalité. L'affirmation d'une pensée immanente à l'être, d'un esprit universel en qui toutes choses subsistent, tel est donc le postulat suprême de la raison. « Toute parole, toute pensée, a dit Leibniz, est un acte de foi en Dieu. »

Cependant Kant a imaginé une troisième explication qui, n'impliquant, selon lui, aucune hypothèse métaphysique, doit par cela même être préférée. — Si les choses se soumettent aux lois de la pensée, c'est que la pensée impose aux choses ses propres lois. Il s'ensuit que l'accord des choses et de la pensée est non pas seulement un fait, mais une nécessité. Il est impossible que les choses ne soient pas conformes aux lois de la pensée; car les choses mêmes n'existent pour nous qu'autant qu'en les pensant nous les soumettons à ces lois. « Avant moi, dit Kant, on faisait tourner l'intelligence autour des choses. Comme Copernic, j'ai changé le système du monde : j'ai fait tourner les choses autour de la pensée. »

La doctrine de Kant nous semble être, comme celle de l'empirisme, une *pétition de principe*, ou se ramener à la doctrine de Leibniz, c'est-à-dire à l'hypothèse d'une harmonie originelle et essentielle de notre raison et de la raison universelle.

En effet, la thèse de Kant est ambiguë et susceptible d'une double interprétation.

Kant veut-il dire que, la pensée n'étant possible qu'à certaines conditions, à savoir si les choses sont conformes à ses lois, il faut bien que ces conditions soient remplies, puisqu'en fait la pensée existe et par conséquent est possible? Dans cette hypothèse, les choses sont déjà intelligibles en elles-mêmes, et c'est leur intelligibilité qui est non plus l'effet, mais, tout au contraire, la condition de la pensée.

Mais il est évident que cette prétendue explication n'est que le problème à résoudre transformé en solution par un artifice de langage. — On demande comment il se fait que les choses s'accordent avec la pensée et s'il est assuré que cet accord doive durer toujours. — On répond qu'il faut bien que cet accord existe et dure, puisque sans lui la pensée serait impossible. Mais où est la preuve que la pensée doive nécessairement réussir dans son entreprise, ou, ce qui revient au même, soumettre les choses à ses lois? — C'est cela même qui est en question. L'accord des choses avec la pensée demeure donc un fait contingent dont la raison nécessaire nous échappe. Notre intelligence découvre dans les choses un ordre qu'elle n'y met pas et qui par le plus grand des hasards est justement celui qu'elle y cherche; mais, ne sachant d'où il vient, elle ne peut se démontrer à elle-même qu'elle l'y découvrira toujours.

Une autre interprétation, plus conforme, ce semble, à l'esprit général de la philosophie de Kant, c'est de supposer que l'ordre de la nature est l'œuvre de la pensée. Quand bien même les choses ne seraient soumises à aucun ordre, il suffit que notre pensée se tourne vers elles pour qu'un ordre y naisse, l'ordre dont elle a besoin et qu'elle y suscite elle-même. L'action de la pensée sur la nature peut se comparer dans cette hypothèse à celle de l'imagination sur le pendule dans l'expérience de Chevreul. Tous les mouvements que nous imaginons, le pendule les exécute tour à tour ; c'est nous qui les lui imprimons sans en avoir conscience. De même, si la nature se meut dans la direction de la pensée, c'est dans la pensée qu'il faut chercher l'inconsciente impulsion qui la dirige.

Mais cette hypothèse se heurte à une double impossibilité.

Premièrement, ce que nous appelons les choses ou la nature n'est, d'après la philosophie de Kant, que l'ensemble des phénomènes suscités par l'action des choses en soi dans notre sensibilité qui les reçoit et les enserre dans les formes de l'espace et du temps. Mais il est impossible que les choses en soi déterminent l'*existence* des phénomènes sans déterminer du même coup leurs *caractères* et leurs *rapports*. De même les formes de la sensibilité, espace et temps, revêtent nécessairement les phénomènes de certains rapports, rapports de coexistence, de situation, de succession, de durée, etc. Donc, avant toute opération de l'entendement, les phénomènes sont déjà soumis à un certain ordre ; ils sont déjà liés par des rapports, et ces rapports sensitifs préexistent aux rapports intellectuels qui, d'après Kant lui-même, n'en sont que des modes. La cause, par exemple, n'est qu'un rapport de *succession* nécessaire ; la substance, un rapport de *permanence* nécessaire, etc. — Dès lors, ou bien l'entendement n'imposera ses propres rapports aux phénomènes qu'en abolissant, par une sorte de coup d'État, ceux qu'ils tenaient déjà de leur commune appartenance aux formes de la sensibilité, et la connaissance ne sera plus alors qu'une œuvre d'arbitraire : on pourra objecter à Kant ce qu'il objecte lui-même à Leibniz, que « nous lions subjectivement les phénomènes autrement qu'ils ne sont liés en soi » ; — ou bien l'entendement, cherchant à mettre dans les phénomènes l'ordre qu'il y désire, se verra prévenu par eux ; et la sensibilité lui offrira d'elle-même tous les rapports qu'il réclame. Mais alors l'hypothèse est renversée : l'esprit n'est plus que le témoin et non l'auteur de l'ordre de la nature ; et cet ordre même reste sans explication.

Si l'on passe sur cette première difficulté, si l'on admet que les phénomènes sont par eux-mêmes étrangers et indifférents à tout rapport, il devient impossible d'accorder à la connaissance aucune valeur objective. En effet, la raison demeure libre d'ordonner les phénomènes à sa guise sous la seule condition d'être toujours fidèle à ses propres principes ; les phénomènes se prêtant sans résistance à son action, il suffit qu'elle les pense comme liés par le rapport de causalité pour que ce rapport s'établisse effectivement entre eux. — Or en fait, nous n'avons pas conscience d'exercer sur la nature un pouvoir autocratique. Si nous affirmons à priori avec une confiance invincible que tout phénomène a une cause, nous sommes beaucoup moins hardis dès qu'il s'agit d'affirmer que tel phénomène a telle cause. Bien souvent nous confessons notre ignorance ; nous voyons bien le phénomène, mais nous n'en devinons pas la cause. D'où vient cela, si c'est de nous seuls que le phénomène attend sa cause? Souvent aussi nous suppléons à notre ignorance par une hypothèse ; mais ce rapport de causalité hypothétique ne nous paraît pas solide tant qu'il n'a pas été éprouvé par l'expérience. Qu'est-ce qui manque donc à l'esprit pour le transformer en un rapport réel, si les phénomènes sont en ses mains comme l'argile aux mains du potier? — D'autre part, si chaque intelligence ordonne les phénomènes à sa guise, les lois de la nature changeront d'un esprit à un autre. Seules les lois de la raison seront vraiment universelles : mais ces lois s'accommodent d'une infinité d'arrangements divers. Et pourtant l'ordre de la nature est le même pour toutes les intelligences. Comment expliquer cet accord miraculeux? — Dira-t-on que chaque intelligence a égard à toutes les autres : l'ordre qu'elle s'efforce de mettre dans les phénomènes, c'est un ordre tel qu'il soit le même pour tous les esprits. — Mais, répondrons-nous, le seul ordre nécessairement le même pour tous les esprits, c'est celui qui s'impose à eux en même temps et de la même manière que les phénomènes. Tout autre peut être accepté par eux comme *rationnel* ; il ne sera pas forcément reconnu par eux comme *réel*. Si c'est un tel ordre que toutes les intelligences cherchent dans les phénomènes, il n'est pas évident à priori qu'elles ne pourront manquer de l'y trouver ; il faut donc supposer qu'il y existe en effet. — Mais nous revenons ainsi à notre première interprétation : ce n'est pas la pensée qui rend les phénomènes intelligibles en les pensant ; c'est au contraire l'intelligibilité des phénomènes qui est la condition de la pensée.

Ainsi l'explication proposée par Kant implique de toute façon ce postulat : il existe une harmonie préétablie entre la sensibilité et l'entendement, entre la nature et la pensée. Mais ce postulat lui-même, on l'a vu, ne se comprend et ne se justifie rationnellement que si la réalité, en son fond absolu, est identique à la raison même. Kant a vu la nécessité d'un tel postulat pour la morale ; il n'est pas moins nécessaire pour la science. Soit que notre raison affirme la réalité de l'ordre naturel, ou qu'elle entrevoie celle de l'ordre moral auquel elle aspire, Dieu reste le suprême garant de l'accord final de la réalité avec ses légitimes exigences.

OUVRAGES A CONSULTER

Kant, *Critique de la raison pure* et *Prolégomènes à toute métaphysique future*. — Liard, *La science et la métaphysique*. — Brochard, *Les sceptiques grecs*. — Herbert Spencer, *Les premiers principes*. — Ravaisson, *Rapport sur le prix Victor Cousin*. — Saisset, *Le scepticisme*. — Rabier, *Leçons de philosophie*, t. I, p. 385. et t. II. p. 153. — Fouillée, *L'avenir de la métaphysique*.

SUJETS DE DISSERTATIONS

I. MÉTAPHYSIQUE. — Notions principales de métaphysique générale. 75.

Qu'est-ce que la métaphysique ? Montrer que la philosophie, comme la plupart des sciences, a un côté spéculatif et un côté pratique ; établir cette distinction par des exemples. 69.

La métaphysique est-elle possible sans la psychologie ? 78 (*Voy. pour ces deux derniers sujets le premier chapitre du cours : Division de la philosophie*).

Que faut-il penser des doctrines qui nient la légitimité de la métaphysique ? 85.

Quel est au juste l'objet de la métaphysique ? Comment en concevez-vous le plan et la méthode ? 88.

II. DE LA VALEUR OBJECTIVE DE LA CONNAISSANCE. — 1, 2, 3, 4, 5. Quelle différence doit-on faire entre le dogmatisme, le probabilisme et le scepticisme ? Donner des exemples historiques de ces trois états de l'esprit philosophique. 75.

Qu'est-ce que le scepticisme ? Portée philosophique de ce système. Principaux philosophes sceptiques de l'antiquité et des temps modernes. 75.

Des différentes formes du scepticisme. Les énumérer, les classer, les réduire. 72-75-80-83.

Exposer et réfuter les objections du scepticisme contre la certitude de la connaissance humaine. 68-71-80.

Définir le scepticisme. Classer les arguments sur lesquels il s'appuie et indiquer la méthode par laquelle on peut répondre à ces arguments. 73.

Que peut-on répondre à l'argument sceptique tiré de la contradiction des opinions humaines ? 69.

Discuter ce mot célèbre de Pascal : « Vérité en deçà des Pyrénées, erreur au delà. » 74.

Qu'appelle-t-on doute méthodique dans la philosophie de Descartes, et en quoi se distingue-t-il du doute des sceptiques ? 67-81.

Marquer la différence entre le doute considéré comme un état de l'esprit et le scepticisme considéré comme un système. 81-85.

En quoi consiste ce que Fénelon appelle le doute universel du vrai philosophe ? — Importance de ce doute pour la recherche de la vérité. Différence de ce doute et du doute absolu. 69.

Malgré les analogies apparentes, qu'y a-t-il de profondément différent entre la sophistique et le pyrrhonisme ? 86.

Qu'est-ce que le probabilisme ? En quoi se distingue-t-il du scepticisme ? Quelles objections soulève cette doctrine ? 78.

6. Qu'entend-on aujourd'hui en philosophie par les mots de subjectif et d'objectif ? Quels sont les problèmes liés à l'opposition de ces deux termes ? 76.

Qu'entend-on par principe de la relativité de la connaissance ? En quel sens et dans quelle mesure ce principe est-il vrai ? 84.

Quels sont dans l'intelligence les idées et les principes irréductibles à l'expérience ? Quelle en est la portée légitime ? Est-il vrai que ces idées et ces principes ne représentent que des lois formelles de la pensée, des conditions à la fois subjectives et nécessaires, subjectives parce qu'elles sont nécessaires ? 77.

CHAPITRE II

DE L'EXISTENCE DU MONDE EXTÉRIEUR

1. La théorie idéaliste de l'existence du monde extérieur. — On entend ordinairement par *idéalisme* la doctrine philosophique qui nie l'existence objective du monde extérieur (1).

Voyons tout d'abord les raisons que l'idéalisme apporte en faveur de sa thèse : nous examinerons ensuite quelle sorte d'existence il attribue à ce qu'on est convenu d'appeler le monde extérieur.

Ces raisons peuvent se ranger en trois groupes, selon qu'elles visent les objets sensibles, la matière, ou en général toute réalité objective distincte et indépendante de l'esprit.

2. Les objections idéalistes contre l'existence objective des corps. — Par monde extérieur, le sens commun entend cet ensemble de corps étendus, figurés, résistants, colorés, etc., qu'il s'imagine exister en dehors de l'esprit, indépendamment de la conscience, et qui serait cependant pour l'esprit l'objet d'une perception immédiate.

Mais ces prétendus corps ne sont rien de plus que nos propres sensations : ils n'existent qu'autant que nous les percevons ; pour eux, selon la formule de Berkeley, être, c'est être perçu, « *esse est percipi* ». En effet, la science elle-même démontre que la couleur, l'odeur, la saveur, etc., et en général les différentes propriétés des corps sont essentiellement relatives à notre sensibilité. Nous prenons pour des objets les états mêmes de notre conscience. — Que nous n'ayons pas affaire aux choses mêmes dans la perception, les *erreurs des sens* le prouvent : ces erreurs sont inexplicables si les sens nous mettent en rapport avec des réalités. De même, les *illusions des songes*, les *hallucinations* prouvent jusqu'à l'évidence qu'il n'y a pas de différence intrinsèque entre les *images* de notre esprit, quand elles sont suffisamment vives et distinctes, et les pré-

---

(1) C'est celle que nous avons appelée précédemment idéalisme subjectif.

tendus objets extérieurs. « Les perceptions externes, dit avec raison Leibniz, ne sont que des rêves bien liés. » — D'ailleurs, en admettant l'existence objective des corps, comment pourrions-nous avoir l'intuition immédiate de leur existence, puisqu'on les suppose extérieurs à notre conscience et à notre corps et ne communiquant avec nous que par l'intermédiaire des nerfs et des centres cérébraux?

3. Les objections idéalistes contre l'existence objective de la matière. — Les savants et la plupart des philosophes passent condamnation sur l'existence objective des corps; mais ils soutiennent l'existence objective d'une substance permanente des corps, d'une cause générale des sensations qu'ils appellent la *matière*.

Mais tout d'abord la matière ne nous est pas connue en elle-même : elle est conçue et non perçue ; c'est une hypothèse imaginée pour expliquer nos propres sensations et qui n'est pas susceptible d'une vérification directe.

La science attribue à la matière des propriétés qu'elle croit être objectives et qui peuvent en somme se ramener à deux : l'*étendue* et la *force*. La couleur, l'odeur, la saveur, etc., sont, selon elle, des propriétés *subjectives* ou *secondes*, toutes *relatives* à notre constitution physique ou mentale : elles s'évanouiraient avec les êtres sentants ; mais en l'absence de toute conscience la matière n'en continuerait pas moins d'occuper l'espace et d'y mouvoir ses parties réciproquement impénétrables. L'étendue, la force, l'impénétrabilité sont des propriétés vraiment *premières*, *objectives* et *absolues*.

Cependant les idéalistes objectent, avec Berkeley, que l'*étendue* ne nous est jamais connue que comme un rapport ou une forme de nos sensations visuelles, tactiles ou musculaires. Quand je regarde un papier blanc et carré, se peut-il que la forme carrée soit objective et la couleur blanche subjective ? Un mode d'une propriété seconde (et l'étendue n'est pas autre chose) ne peut pas être lui-même une propriété première. — D'ailleurs, l'étendue, c'est la synthèse de parties coexistantes et contiguës ; mais par cela même, elle n'est et ne peut être qu'un point de vue de l'esprit. Elle est une forme de l'unité synthétique d'une pluralité de sensations ou d'images, et ne peut par conséquent exister en dehors d'une conscience.

De même, la *force*, l'*impénétrabilité* ne nous sont connues que par nos sensations subjectives d'effort et de résistance : elles sont ces sensations mêmes objectivées. Mais comment des sensations pourraient-elles exister objectivement, en dehors de notre esprit dont elles ne sont que des modes?

La prétendue matière n'est donc ou qu'un corps abstrait, le résidu de toutes nos sensations, ou un x indéterminé dont nous ne pouvons absolument rien dire, si ce n'est qu'il produit nos sensations et a en soi toutes les propriétés requises pour les produire. — D'ailleurs, en admettant l'existence de la matière, comment pourra-t-elle entrer en relation avec l'esprit, puisqu'elle est, par hypothèse, d'une nature absolument irréductible à la sienne? De là tant de difficultés gratuites et insolubles dont la philosophie se délivre d'un seul coup en rejetant l'existence objective de la matière.

4. Les objections idéalistes contre toute réalité objective. — La plupart des idéalistes s'arrêtent là. Quelques-uns vont plus loin encore et contestent l'existence en dehors de l'esprit d'une réalité quelconque, même d'une cause inconnue, indéterminée, des sensations.

En effet, l'hypothèse d'un x en dehors de l'esprit est invérifiable : supposé qu'il existe, nous ne pourrons jamais le savoir. — Elle est de plus gratuite et inutile ; car quelle nécessité d'imaginer quelque chose que nous ne connaissons pas et ne pourrons jamais connaître par delà nos sensations qui seules nous sont véritablement connues ? Supprimez cet inconnaissable et conservez les sensations avec tous leurs caractères et tous leurs rapports : qu'y aura-t-il de changé pour nous dans la réalité ? — Mais l'hypothèse est surtout gênante pour la pensée : car, si ce qu'il y a de vraiment réel, c'est justement ce que nous ne connaissons pas et ne pouvons pas connaître, la connaissance humaine semble perdre aussitôt tout son prix : elle n'a plus pour objet que des ombres. Il suffit de réfléchir que cette réalité prétendue objective est un fantôme évoqué par la pensée elle-même pour la voir aussitôt s'évanouir. Elle n'est au fond qu'une idée, l'idée purement négative du contraire de la pensée et de l'être.

5. Le mode d'existence du monde extérieur d'après l'idéalisme. — Telle est la critique idéaliste de l'existence objective du monde extérieur. — Il faut se garder d'en conclure, comme on le fait trop souvent, que, d'après l'idéalisme, le monde extérieur n'existe absolument pas ou se confond avec nos fictions et nos rêves. De là ces réfutations trop faciles par un appel au témoignage des sens ou aux croyances du sens commun: de là le fameux *argumentum baculinum* (Si on donnait des coups de bâton à l'idéaliste, contesterait-il encore l'existence du monde extérieur?) — La plupart des idéalistes ont professé que leurs doctrines ne changeaient rien à la vie pratique. Le monde extérieur n'existe sans doute que dans l'esprit : il n'en est pas moins réel pour cela. Si, comme le vulgaire, on entend par esprit non la conscience en général, mais l'ensemble des opérations intellectuelles et volontaires, il est même parfaitement exact de dire que ce monde est extérieur à l'esprit. Seulement il n'est pas, il ne peut pas être extérieur à la conscience.

Voyons donc quelle sorte de réalité l'idéalisme peut attribuer aux objets extérieurs, après les avoir réduits à de simples systèmes de sensations.

Les sensations sont, il est vrai, semblables aux images et au fond de même nature, mais elles s'en distinguent manifestement par un certain nombre de propriétés.

D'abord, elles sont en général infiniment plus vives et plus stables. Elles sont, comme dit Herbert Spencer, des *états forts*, tandis que les images sont des *états faibles*.

En second lieu, elles sont tout à fait indépendantes de nos désirs et de nos volontés. Nous appelons ou chassons les images à notre gré : les sensations s'imposent à nous.

En troisième lieu, elles forment des groupes ou des séries dont tous les termes sont enchaînés entre eux dans un ordre fixe ; et cet ordre, notre volonté ne peut le modifier ni le détruire.

Quatrièmement, elles sont toutes contenues dans une forme commune qui est l'*espace*, tandis que les images, bien qu'elles paraissent avoir une certaine étendue et une certaine figure, ne se localisent pas cependant avec elles dans ce même cadre.

Enfin, comme nous pouvons nous en assurer par la conduite et les discours de nos semblables, elles se produisent en même temps et avec les mêmes caractères et les mêmes rapports dans les différents esprits.

Cela suffit pour distinguer radicalement des images vagues, fugaces, presque entièrement soumises à la volonté, sans liaison nécessaire entre elles, sans situation dans l'espace, essentiellement personnelles, le monde des phénomènes précis, fatals, liés, localisés, impersonnels que constituent nos sensations.

6. Les diverses formes de l'idéalisme. — Pourtant il faut bien expliquer ce monde des phénomènes. Les sensations n'exigent-elles pas une cause en dehors de l'esprit ? Les différentes formes de l'idéalisme sont autant de réponses à cette question.

On peut en distinguer quatre principales :

1° L'idéalisme transcendantal de Kant ;
2° L'idéalisme de Berkeley ;
3° L'idéalisme de Fichte ;
4° L'idéalisme de Hume et de Stuart Mill.

La doctrine de KANT n'est pas absolument idéaliste : elle fait une certaine part au réalisme, mais cette part est un *minimum*. Tout ce qu'on peut admettre au delà des sensations, c'est une *chose en soi* qui se manifeste par leur intermédiaire à notre esprit, un *noumène* correspondant à ces phénomènes. Mais de cette chose en soi, en dehors de son existence, nous ne savons rien et ne pouvons rien savoir. Les seuls objets connus de nous sont ceux que nous constituons nous-mêmes en imprimant aux sensations la forme de l'espace et en les liant les unes aux autres par les notions intellectuelles de l'unité, de la substance, de la causalité, etc.

BERKELEY admet aussi une cause de nos sensations ; mais selon lui l'esprit seul peut être cause. Ce qu'il y a derrière nos sensations, ce n'est pas la matière, c'est Dieu, l'esprit universel et créateur, présent à toutes les consciences, leur parlant en quelque sorte par l'intermédiaire des phénomènes et déroulant en elles le spectacle toujours changeant de la nature.

FICHTE imagine une hypothèse plus simple, plus économique encore, virtuellement contenue dans celle de Kant. D'après Kant, l'esprit impose ses lois aux sensations et en forme des objets ; mais ces sensations lui viennent d'une source étrangère. Comment, se demande Fichte, l'esprit pourrait-il être le législateur obéi de la nature, s'il n'en était pas l'unique créateur? Pour que les sensations se prêtent à l'action de la pensée, il faut qu'elles soient déjà l'œuvre de la pensée. Donc la prétendue chose en soi, c'est l'esprit lui-même qui, par l'effet d'une activité inconsciente, instinctive, se donne ses propres sensations. Le sujet se dédouble dès l'origine et se transforme en objet : il s'oppose un non-moi afin de pouvoir se poser comme moi. Le monde extérieur est tout entier une création de la pensée.

Enfin HUME et STUART MILL, écartant toute hypothèse métaphysique, ne cherchent aucune cause aux sensations, ni hors de l'esprit ni dans l'esprit même. L'idée de cause, selon eux, n'est applicable que dans la sphère des sensations : elle n'a plus de sens, si on la projette au delà. Des sensations qui coexistent ou se succèdent selon des lois uniformes, voilà tout le monde extérieur. — Pourtant, dit Stuart Mill, même quand un objet extérieur n'est représenté en nous par aucune sensation, nous croyons qu'il existe : c'est que les sensations qui le constituent, si nous ne les éprouvons pas actuellement, n'en demeurent pas moins possibles; croire à l'existence de l'objet en dehors de notre conscience actuelle, c'est croire à la possibilité permanente de sensations. Le monde extérieur est donc une *possibilité permanente de sensations* qui ne se réalise que dans notre conscience, dans la conscience de nos semblables, dans la conscience collective des êtres sentants.

7. Les raisons de croire à la réalité objective du monde extérieur. — Pour savoir si la croyance à la réalité du monde extérieur est légitime, on doit tout d'abord distinguer la *croyance vulgaire* et la *croyance philosophique* qui diffèrent à la fois par l'objet auquel elles se rapportent et par les raisons sur lesquelles elles se fondent.

La croyance vulgaire se rapporte au monde des objets sensibles : le sens commun prend les sensations mêmes pour des choses existant en dehors de l'esprit; et la raison pour laquelle il croit à la réalité du monde extérieur, c'est qu'il s'imagine le percevoir directement.

Mais les objets sensibles ne sont pas vraiment extérieurs à l'esprit, et s'il existe des objets vraiment extérieurs à l'esprit, il est impossible que nous les percevions directement. — La croyance vulgaire est donc fausse, et l'idéalisme a pleinement raison contre elle.

La croyance philosophique affirme non que les sensations existent en dehors de l'esprit, mais qu'elles correspondent à des réalités existant en dehors de l'esprit, et la raison sur laquelle elle se fonde est le *principe de causalité*.

Ce principe, sous une forme ou sous une autre, est admis par les idéalistes eux-mêmes : il peut donc être invoqué contre eux.

Ainsi tout d'abord l'*existence* même des sensations exige une cause. On répondra peut-être avec Stuart Mill que la cause d'une sensation, c'est une sensation antécédente que l'expérience nous montre liée à la première par une loi. Mais presque jamais cette sensation antécédente n'est donnée dans notre conscience : elle n'existe pas actuellement pour nous; elle n'est qu'une possibilité de sensation. Qu'est-ce donc qu'une possibilité de sensation, sinon une sensation que nous pourrions éprouver sans doute, mais qu'en fait nous n'éprouvons pas, et qui par conséquent n'existe pas ? Donc, pour qu'une sensation donnée dans notre conscience ait une cause, il faut qu'il existe en dehors de notre conscience non pas seulement une possibilité de sensation, mais une réalité dont cette possibilité n'est elle-même que l'effet et le signe.

A plus forte raison, ne peut-on ramener entièrement à nos sensations actuelles ou possibles les événements qui se passent en notre absence, en l'absence de tous les êtres sentants et que le principe de causalité nous contraint cependant à admettre en vertu de leur liaison ave les états de notre conscience. Que deviennent, par exemple, dans l'idéalisme de Stuart Mill, les faits antérieurs à l'apparition des êtres sentants? Ces possibilités de sensations qui existaient déjà et qui évoluaient pendant des milliards de siècles, alors qu'en fait aucune sensation n'était possible, faute d'un organisme ou d'un sujet capable de sentir, ne faut-il pas, si elles sont quelque chose de réel, qu'elles soient en elles-mêmes des faits positifs et actuels? — Ce sont, répondrait Stuart Mill, les séries de sensations que nous aurions pu avoir et que nous aurions eues *si* nous avions existé à cette époque. — Mais précisément nous ne pouvions pas exister à cette époque, ni nous ni aucun être sentant : par conséquent ces prétendues possibilités de sensations sont au fond des sensations impossibles.

En second lieu, l'*accord* permanent des sensations que nous rapportons à un même objet exige une cause; et cette cause ne peut être que l'unité même de l'objet. Il est impossible de comprendre nos diverses sortes de sensations autrement que comme des expressions ou des traductions différentes, mais corrélatives entre elles, d'une même réalité objective.

De même enfin l'harmonie permanente des sensations dans les *différents esprits* exige une cause; et cette cause ne peut être que l'unité objective d'un monde réel représenté simultanément dans les différents esprits.

Cependant, en admettant que nos sensations exigent, en effet, une cause, qu'est-ce qui prouve, demandera peut-être l'idéalisme, que cette cause soit un monde extérieur à la conscience? — Il ne suffit donc pas de prouver qu'il existe une cause des sensations : il faut encore prouver que cette cause ne peut être qu'un monde extérieur.

Supposons, en effet, avec Fichte qu'elle soit le moi lui-même déterminant sa propre sensibilité par une action involontaire et inconsciente. Il s'ensuit aussitôt que notre moi se divise en deux parties, dont l'une est proprement le moi lui-même, le sujet individuel qui a pour attributs la conscience et la volonté, tandis que l'autre pourrait aus si bien s'appeler un non-moi et, par cela même qu'elle est étrangère à toute conscience, ne peut sans contradiction être considérée comme un mode de l'esprit. En outre, si l'on admet l'existence des autres hommes (et Fichte ne l'a jamais contestée), l'accord de leurs perceptions exige que la partie inconsciente de leur moi soit commune à tous et antérieure même au moi de chacun d'eux. Dès lors, en quoi cette cause inconsciente, involontaire, qui préexiste au moi de chaque individu et agit simultanément sur les différents esprits, se distingue-t-elle d'un monde extérieur ?

On pourrait supposer, avec Berkeley, que cette cause est elle-même un esprit, l'esprit universel et éternel. Mais, dans cette hypothèse, Dieu se dédouble nécessairement en deux moitiés. L'une, immuable, supérieure au temps et à l'espace, toute ramassée en sa perfection, est proprement Dieu lui-même. L'autre, sans cesse changeant avec les sensations qu'elle nous procure, déroulant ses actions dans l'espace et dans le temps selon les lois d'un déterminisme inflexible, nécessairement imparfaite en ses manifestations, est-elle encore Dieu, ou n'est-elle pas plutôt la nature?

Ainsi nous arrivons de toute façon à cette conclusion : il existe, en dehors des esprits individuels, une cause multiple, inerte, sans cesse en voie de changement, qui se reflète dans ces différents esprits sous l'image d'un monde extérieur.

La nature n'existe donc pas seulement dans nos sensations : elle existe en elle-même; elle a une réalité objective. De même que nos semblables ont une double existence, d'abord en nous, dans les sensations qui nous les représentent, ensuite en eux-mêmes, dans les états de conscience qui les constituent et qui sont indépendants de nos sensations, le monde extérieur a aussi une double existence, d'abord dans nos sensations et possibilités de sensations, ensuite dans ses états propres, dont nos sensations actuelles ou possibles ne sont que les signes. Il subsiste donc en notre absence, et, quand bien même les esprits humains s'anéantiraient, il ne s'anéantirait pas avec eux.

OUVRAGES A CONSULTER

Berkeley, *Dialogues d'Hylas et de Philonoüs*. — Hume, *Traité de la nature humaine*. — Kant, *Critique de la raison pure, Esthétique et analytique transcendantales*. — Stuart Mill, *Philosophie de Hamilton*, chap. x, xi, xiii. — Penjon, *La philosophie de Berkeley*. — Huxley, *Hume et sa philosophie*; et *Discours sur les sciences naturelles*, chap. xiv. — Compayré, *La philosophie de Hume*. — Dunan, *Essai sur les formes à priori de la sensibilité*.

Voyez en outre *Psychologie*, chap. vii (La perception extérieure).

SUJETS DE DISSERTATIONS

De la réalité du monde extérieur. Discuter les objections dont elle a été l'objet. 72.

Y a-t-il lieu de mettre en doute la réalité des choses extérieures? Sur quo a-t-on pu fonder un doute aussi extraordinaire et si contraire au sens commun ? 72.

Sur quelles raisons s'est-on appuyé pour mettre en doute l'existence des corps? 84.

De l'existence des corps. Quelles sont les objections des sceptiques contre la réalité de cette existence, et que peut-on répondre à ces objections? 76.

Les perceptions externes ne sont-elles que des rêves bien liés, suivant l'expression de Leibniz? 75-80-86.

Sur quel fondement repose notre croyance à l'existence du monde extérieur? 77-78.

CHAPITRE III

DE LA NATURE EN GÉNÉRAL. — LA MATIÈRE ET LA VIE

1. La nature. — Par la démonstration de l'existence du monde extérieur, la métaphysique passe de la théorie de la connaissance à la théorie de l'être, de la critique à l'ontologie. Il s'agit maintenant de savoir en quoi consiste la réalité objective de la nature.

La nature nous apparaît tout d'abord comme encadrée dans l'*espace* et dans le *temps* : c'est sur ce double théâtre qu'elle déroule indéfiniment ses *phénomènes*. Mais elle ne serait qu'une vaine fantasmagorie si ces phénomènes se produisaient au hasard, sans *lois* fixes et générales, et s'ils ne recouvraient un fond permanent, immuable, la *matière*.

Espace, temps, phénomènes, lois, matière, tels sont donc les éléments les plus généraux de notre conception de la nature.

En outre, l'observation nous découvre dans la nature trois ordres de choses superposés : la *matière brute*, la *vie*, l'*âme* ou la *pensée*. Il appartient à l'ontologie d'étudier successivement ces trois ordres, et d'en déterminer les rapports.

* 2. L'espace et le temps. — L'espace et le temps sont l'un et l'autre des sortes de *réceptacles* où toutes choses peuvent entrer : rien n'existe, ce semble, au moins dans la nature, au dehors d'eux ; ils paraissent être des *conditions universelles* de l'être. — Tous deux sont conçus comme *nécessaires* et *infinis*. Quand tout événement aurait cessé, le temps s'écoulerait encore ; que le monde s'évanouisse, l'espace n'en continuera pas moins d'exister. Impossible d'imaginer une limite au temps et à l'espace : chacun d'eux n'est borné que par lui-même. — Enfin, l'un et l'autre sont des *quantités* homogènes, continues, divisibles à l'infini : le *point* et l'*instant* ne sont que des haltes provisoires dans une décomposition sans fin.

Si nous considérons maintenant leurs propriétés distinctives, le temps est plutôt la condition d'existence des *événements* ou des *phénomènes*, l'espace celle des *objets* ou des *êtres*. — La première idée du temps nous est donnée dans la conscience et la mémoire de nos changements intérieurs; la première idée de l'espace dans la perception sensible du monde extérieur. — Les parties du temps sont *successives* : elles existent l'une *après* l'autre et s'excluent réciproquement; les parties de l'espace sont *coexistantes* : elles existent l'une *avec* l'autre, l'une *à côté* de l'autre, et se supposent réciproquement. Aussi les premières, par leur ensemble, composent une *durée;* les secondes une *étendue.* On pourrait donc définir le temps soit l'*ordre des successions*, soit la *durée absolue et infinie*, et l'espace soit l'*ordre des coexistences*, soit l'*étendue absolue et infinie.* — Le temps n'a qu'une seule dimension, la longueur. Il suffit, pour déterminer la place d'un événement dans le temps, de connaître ses rapports de succession avec deux autres événements, l'un antérieur, l'autre postérieur. L'espace a trois dimensions, la longueur, la largeur et la profondeur. Il faut, pour déterminer la place d'un objet dans l'espace, connaître ses rapports de distance au moins avec trois autres objets situés à l'extrémité des perpendiculaires qui se coupent en cet objet même. — Le *mouvement* est la synthèse de l'espace et du temps : il sert à mesurer l'un par l'autre. Nous nous représentons le temps comme une ligne droite qu'un mobile parcourt avec une vitesse uniforme, et nous le mesurons par un mouvement de cette sorte.

Est-il possible de les ramener l'un à l'autre? Il faudrait, pour cela, que la succession pût se réduire à la coexistence, la durée à l'étendue ou *vice versa.* Il est évident que le temps ne peut se réduire à l'espace, car l'idée de coexistence exclut l'idée de succession. Mais l'espace, quoi qu'en ait dit Herbert Spencer, ne peut pas davantage se réduire au temps. La coexistence n'est, selon lui, qu'une succession interversible à volonté. A et B coexistent lorsque nous pouvons percevoir indifféremment A après B, B après A. C'est confondre un de nos moyens de constater la coexistence avec la coexistence elle-même. Si la doctrine de Spencer est exacte, il s'ensuit qu'en réalité la coexistence n'existe pas. Mais, subjectivement au moins, la connaissance même de la succession implique la coexistence, à savoir celle du souvenir de l'événement précédent avec la conscience de l'événement suivant. En outre, le rapport constitutif de l'espace n'est pas le simple rapport de coexistence, mais le rapport de *coexistence dans l'étendue* ou de *situation* et de *distance*. La notion de l'espace est donc plus complexe que la notion du temps, et, par conséquent, ne peut s'y réduire.

*3. Les théories de l'espace et du temps. — Quelle est la nature de l'espace et du temps?

On peut rapporter à deux chefs les doctrines proposées à ce sujet. Les unes admettent la *réalité objective* du temps et de l'espace, les autres ne leur accordent qu'une *réalité subjective*.

1° D'après CLARKE et NEWTON, l'espace et le temps sont indépendants de leur contenu : ils sont vraiment nécessaires et infinis. Ce sont, en quelque sorte, deux absolus, conditions de toutes les autres existences, ou pour mieux dire, ce sont des attributs de l'être absolu. Le temps est la durée infinie de Dieu ; l'espace est son étendue infinie. C'est dans l'espace que Dieu se rend présent à toutes choses et les perçoit : l'espace est le *sensorium* de Dieu. — Un philosophe contemporain, Adolphe Garnier, a admis de même l'existence indépendante et nécessaire du temps et de l'espace, mais sans en faire des attributs de Dieu.

D'après DESCARTES, l'espace et le temps sont des modes inséparables des choses. En l'absence de tout événement, le temps s'évanouit : il est la durée même des événements. De même, l'espace n'existe plus si on supprime les corps. Sans doute, nous pouvons *par abstraction* séparer l'étendue et la durée des sujets auxquels elles appartiennent, et en cet état, comme il n'y a plus aucune raison de les déterminer à telle ou telle grandeur, elles nous paraissent infinies ou pour mieux dire, indéfinies ; mais il ne s'ensuit pas que l'étendue et la durée puissent exister à part des choses.

Le défaut commun à ces deux doctrines, c'est qu'elles affirment, *sans la démontrer*, l'existence objective du temps et de l'espace. Or, en fait, nous ne connaissons d'abord le temps que comme une forme de nos états de conscience, et de même l'espace n'est originellement pour nous qu'un ordre inséparable de nos sensations tactiles, visuelles et musculaires. Nous avons, il est vrai, une tendance naturelle à les objectiver ; mais cette tendance est commune à toutes nos représentations et ne prouve nullement que l'espace et le temps existent objectivement.

2° De là les théories de LEIBNIZ et de KANT, qui n'assignent à l'espace et au temps qu'une réalité subjective.

D'après Leibniz, l'espace et le temps ne peuvent se séparer, sinon *par abstraction*, de leur contenu ; mais ce contenu, ce ne sont pas les choses mêmes, ce sont les *perceptions* que nous avons des choses.

En outre, ils ne consistent pas, comme l'a prétendu Descartes, dans les *attributs* de l'étendue ou de la durée, mais dans les *rapports* de succession ou de coexistence : ils sont, non des *propriétés* mais des *ordres*, c'est-à-dire des systèmes de relations. Le temps est l'*ordre des phénomènes successifs*, l'espace est l'*ordre des phénomènes coexistants* en tant qu'ils sont *situables* les uns par rapport aux autres. Si on les considère *in abstracto*, ils s'appliquent, aussi bien que le *nombre*, non seulement au réel mais encore au possible, et c'est là ce qui explique leur nécessité apparente. Quant à leur infinité, elle vient de ce qu'il n'y a à priori pour l'esprit aucune raison de limiter le nombre des successions ou des coexistences possibles.

Cependant, d'après Kant, il faut expliquer ces formes constantes et générales de nos perceptions. D'où vient que nos perceptions se présentent toujours à nous, quelle que soit leur diversité, avec ces mêmes rapports de coexistence et de succession? C'est sans doute parce qu'elles les tiennent de la constitution même de notre esprit. *Quidquid recipitur*, disaient les scolastiques, *recipitur ad modum recipientis*. Notre sensibilité, recevant en elle les phénomènes, leur imprime nécessairement ses propres formes. L'espace et le temps sont donc les formes à priori de notre sensibilité. L'espace est la forme des sens extérieurs ; le temps est la forme du sens intime. — Il s'ensuit que l'un et l'autre préexistent virtuellement aux phénomènes et en sont indépendants. Aussi ne pouvons-nous pas imaginer leur non-existence. Toute perception étant, par hypothèse, écartée, nous continuons à imaginer le temps et l'espace vides. D'autre part, leurs propriétés et leurs relations s'imposent nécessairement aux phénomènes, et c'est là ce qui fait la certitude des vérités mathématiques.

La doctrine de Kant peut donc être considérée à certains égards comme le complément de la théorie de Leibniz (1).

 * **4. La critique des théories de l'espace et du temps.**
— Il nous semble cependant que, comme expression des faits tels qu'ils sont donnés dans la conscience, la théorie de Leibniz est plus positive, moins mélangée d'hypothèse que celle de Kant.

C'est un *fait* que nos perceptions nous apparaissent comme liées entre elles par des rapports d'espace et de temps, c'est un *fait* aussi que nous pouvons en abstraire l'ensemble de ces rapports et qu'ainsi

---

(1) Nous avons fait voir ailleurs les analogies de la doctrine de Kant avec celle de Clarke et de Newton. Voy. *Revue philosophique*, août 1877.

abstraits ils prennent à nos yeux une nécessité et une infinité apparentes ; mais c'est une *hypothèse* que de supposer l'ensemble de ces rapports préexistant dans notre esprit aux perceptions et s'appliquant à elles en vertu de la constitution subjective de notre sensibilité au lieu de résulter de la nature de ces perceptions elles-mêmes.

Or cette hypothèse a des conséquences graves. Elle refuse au temps et à l'espace non seulement toute *réalité objective*, mais même toute *signification*, toute *valeur* en dehors de notre sensibilité : elle en fait des illusions inhérentes à notre humaine nature, des *idola tribus*, pour parler comme Bacon. Tandis que l'existence et les qualités des phénomènes expriment dans une certaine mesure l'essence des choses externes, l'espace et le temps ne correspondent à rien dans ces choses : ils n'expriment que la structure de nos facultés.

Quelles preuves pourrait-on donner en faveur de l'hypothèse de Kant ? D'abord, pourrait-on dire, cette hypothèse assure seule aux sciences mathématiques une certitude absolue. — Ceci ne pourrait être vrai en tout cas que de la géométrie ; mais, si la nécessité des vérités géométriques est fondée sur la nature de notre sensibilité, cette nécessité est toute relative, car rien ne prouve que cette nature soit nécessairement commune à tous les êtres sentants, ni même qu'elle ne doive jamais se modifier dans l'humanité. L'hypothèse de Kant n'a donc, à ce premier point de vue, aucun privilège sur la théorie de Leibniz.

En second lieu, cette hypothèse permet seule d'expliquer tous les caractères de l'espace et du temps. — En effet, les phénomènes sont divers et variables ; l'espace et le temps sont uniformes et invariables. Donc les phénomènes expriment les choses en soi ; l'espace et le temps expriment la sensibilité qui est nécessairement présente et constante dans toutes les perceptions. — Si l'on admet avec Kant que notre connaissance est l'œuvre commune du sujet et de l'objet, on n'a pas le droit de la diviser arbitrairement en deux parts, dont l'une serait exclusivement l'œuvre du sujet, l'autre de l'objet. De même que les phénomènes, tout en étant représentatifs de l'objet, n'existent que dans le sujet et ne sont possibles que par lui, de même rien ne prouve que l'espace et le temps, malgré leur nature subjective, ne correspondent pas à ce qu'il peut y avoir d'uniforme et d'invariable dans l'objet. Le criterium dont Kant se sert pour démêler le subjectif et l'objectif dans la connaissance est justement le contre-pied de celui de la science. Est objectif, pour lui, tout ce qui est variable et accidentel; subjectif, tout ce qui est invariable et essentiel. La science part d'un principe contraire. Kant commet donc une pétition de principe en supposant que l'espace et le temps ne peuvent être les formes générales de nos perceptions qu'à la condition d'exprimer la nature toute subjective de la sensibilité humaine. — D'un autre côté, la théorie de Leibniz n'explique pas moins que celle de Kant les caractères d'indépendance et de nécessité apparente attribués à l'espace et au temps par notre esprit.

Enfin, la preuve la plus décisive qu'on puisse donner en faveur de l'hypothèse de Kant, c'est que le temps et l'espace sont pour nous des objets, non de conception rationnelle, mais d'intuition sensible.

L'espace, par exemple, est la sensation ou l'image de l'*étendue ;* il serait par conséquent inconcevable pour une intelligence pure. Il existe pour nous ; il n'existe pas pour Dieu. Leibniz lui-même le reconnaît : « Les notions qui consistent dans l'étendue renferment, dit-il, quelque chose d'imaginaire (1). » De même, le temps n'est qu'un sentiment, le sentiment de la *durée,* du flux ininterrompu des phénomènes ; et c'est pourquoi, selon la remarque de Condillac (2), il est entièrement relatif à notre conscience. Le temps nous paraît long ou court, selon le plus ou moins grand nombre de phénomènes que nous sentons se succéder en nous.

Il ne nous paraît pas douteux, en effet, que l'espace et le temps, tels que nous nous les représentons, ne contiennent des éléments de *sensation* ou d'*image* et par conséquent ne soient relatifs à notre sensibilité. Mais ils nous paraissent contenir aussi des éléments *rationnels* et par conséquent universels et absolus. Ainsi la notion du temps, ce n'est pas seulement le sentiment de la durée, c'est aussi le *rapport de la succession ;* et ce rapport peut, ce semble, se ramener à des concepts purement intelligibles, à savoir aux concepts de l'être, du non-être et de leur exclusion et liaison réciproques. « Une chose est, elle cesse d'être : voilà la succession. La succession est l'existence de choses qui s'excluent (3). » Aussi l'idée du temps est-elle liée au principe le plus général de la pensée, le principe de contradiction : ils se présupposent l'un l'autre.

Il s'ensuit que toute intelligence, même une intelligence divine, peut avoir l'idée du temps : seulement, s'il n'y a pas de phénomènes

---

(1) *Correspondance de Leibniz et d'Arnaud,* 1re lettre.
(2) Condillac, *Traité des sensations,* p. 111 et suiv.
(3) Balmès, *Philosophie fondamentale,* t. III, liv. XI.

en elle, elle le concevra sans l'imaginer ou le sentir. — D'autre part, comme les idées de l'être et du non-être sont nécessairement applicables à toutes choses, il en résulte que l'idée du temps est non pas seulement une forme de notre sensibilité, mais une loi ou condition de toute connaissance en général.

On en pourrait dire autant de l'idée d'espace. Là encore à la sensation ou plutôt à l'intuition de l'étendue s'ajoute l'idée purement intellectuelle de la coexistence. Concevoir une multiplicité d'êtres qui coexistent dans un certain ordre de sorte que chacun d'eux soit plus particulièrement lié avec l'un ou l'autre des êtres du même système, c'est concevoir l'espace dans ce qui constitue son essence même, et cela, soit qu'on imagine ou non une étendue où on croie voir les êtres situés les uns à côté des autres.

* 5. Le fondement objectif de l'espace et du temps. — En résumé, quand bien même l'espace et le temps seraient en effet des formes de notre sensibilité, on n'en doit point conclure qu'ils n'ont aucune signification objective.

D'abord il n'y a pas de raison pour les limiter exclusivement à notre sensibilité humaine. Dès lors, si tout être réel est nécessairement sensible, c'est-à-dire s'il représente, s'il exprime par ses états internes ce qui existe ou ce qui se passe en dehors de lui, l'espace et le temps seront nécessairement donnés dans la constitution de tous les êtres.

En outre, rien n'empêche qu'ils soient les schèmes ou les symboles de rapports existant dans la réalité même. Par exemple, si dans la réalité absolue, telle que Dieu la connaît par hypothèse, toute chose, étant imparfaite, est contingente et changeante et par conséquent enveloppe l'alternative de l'être et du non-être s'excluant et s'appelant à la fois, le temps exprimera en nous par la vicissitude de nos perceptions ce rapport de l'être et du non-être qui est toute l'essence du changement. — De même encore, si dans la réalité absolue il existe une multiplicité de choses qui dépendent les unes des autres dans un certain ordre de coexistence, cette coordination des êtres s'exprimera en nous par la continuité des perceptions qui nous les manifestent : elle sera symbolisée par l'espace, comme le devenir des êtres est symbolisé par le temps.

*6. Les lois de la nature. — Dans l'espace et dans le temps se déploient incessamment les phénomènes : tout s'écoule, rien ne demeure, disait le vieil Héraclite, au spectacle de cette mobilité universelle. Pourtant, à travers le flux des phénomènes, les *lois* subsistent, invariables, nécessaires, éternelles; et la connaissance de ces lois est le but même de la science.

On ne peut examiner ici tous les problèmes métaphysiques qui les concernent et dont les uns, qui se rapportent à leur *connaissance*, peuvent se résoudre par les principes généraux que nous avons déjà établis, dont les autres, qui se rapportent à leur *nature*, demandent seuls à être étudiés plus en détail.

1° On peut d'abord se demander comment une connaissance des lois objectives des choses est possible, alors que les sensations et les rapports des sensations sont les seuls objets de notre connaissance immédiate, alors surtout que des rapports (et les lois ne sont rien de plus) ne peuvent exister que dans une intelligence, alors enfin que ces rapports supposés invariables appartiennent cependant à une intelligence toujours changeante. — Nul moyen, croyons-nous, de résoudre ces difficultés, si on n'admet 1° que nos sensations correspondent à des faits objectifs dont elles sont les signes, 2° que les rapports par lesquels nous lions les phénomènes en nous sont identiques en essence à ceux qui lient en général tous les phénomènes hors de nous, 3° enfin que ces rapports, appartenant en effet à l'intelligence et ne pouvant être vraiment invariables si l'intelligence humaine existe seule, impliquent une intelligence éternelle, universelle, adéquate à la totalité des choses, en laquelle les lois de la nature ont leur principe et leur fondement.

2° On peut aussi se demander ce que sont les lois en elles-mêmes et d'où elles viennent, si elles expriment une *nécessité* absolue ou manifestent au contraire par leur *contingence* une *liberté* absolue dans l'origine première des choses.

Admet-on la première hypothèse? Il s'ensuit d'abord que toutes les lois de la nature se rattachent nécessairement les unes aux autres à partir d'une loi primitive, comme une série de théorèmes dérive de proche en proche d'une première définition; ensuite que cette loi primitive est elle-même nécessaire en soi, d'une nécessité absolue.

Par conséquent, la vérification de cette hypothèse consisterait à partir d'une loi absolument nécessaire en elle-même et à en déduire ou à y réduire progressivement toute la hiérarchie des lois de la nature. Beaucoup de panthéistes et d'idéalistes (Spinoza, Hegel) l'ont tenté : aucun n'y a réussi.

Tout d'abord, la seule loi qui soit pour la pensée absolument universelle et nécessaire, c'est le principe d'identité ou de contradiction. « Ce qui est est, une même chose ne peut à la fois être et n'être pas. » Mais cette loi est stérile : elle n'est la source d'aucune autre. Elle-même présuppose une donnée : à savoir, l'être. Si l'être est, il faut qu'il soit, et il ne peut pas ne pas être. Mais y a-t-il de l'être? et pourquoi y en a-t-il? Le principe d'identité ne donne aucune réponse à cette double question.

D'autre part, les lois de la nature peuvent sans doute se définir avec Montesquieu, « les rapports nécessaires qui dérivent de la nature des choses », mais, d'après cette définition même, la *nature des choses* est antérieure aux lois qui en dérivent. Or, qu'est-ce qui prouve que cette nature soit nécessaire? Étant donnée la nature des nombres, les lois numériques en dérivent nécessairement; mais est-il nécessaire qu'il y ait des nombres? Étant donnée la nature de l'espace, les lois géométriques en dérivent nécessairement; mais est-il nécessaire qu'il y ait de l'espace? Étant donnée la nature du mouvement, les lois mécaniques en dérivent nécessairement; mais est-il nécessaire qu'il y ait du mouvement? et ainsi de suite.

En outre, si les lois de la nature se supposent les unes les autres, elles ne s'engendrent pas les unes les autres. Les lois mécaniques supposent avant elles les lois géométriques; mais, de l'existence supposée de l'espace, on ne pourra jamais par le seul raisonnement faire sortir l'existence de la matière et du mouvement.

Il semble donc que la nécessité de lois de la nature soit une nécessité subordonnée et relative : ni l'existence des choses, ni leurs rapports les plus généraux (en dehors de ceux qu'exigent les lois primordiales de la pensée) ne paraissent vraiment nécessaires. A la rigueur, d'autres lois, une autre nature seraient possibles, et par conséquent, si l'on remonte jusqu'à leur première origine, leur nécessité même se transforme en contingence dans l'absolue liberté de la volonté créatrice dont elles procèdent.

7. La matière. — Mais n'y a-t-il rien de permanent dans la nature que les lois qui régissent les phénomènes? ou ne faut-il pas attribuer aussi une certaine permanence aux êtres dans lesquels se passent ces phénomènes et qui composent pour nous le monde extérieur?

Le *sens commun* admet, en effet, que le monde extérieur se compose non de faits, mais de substances; et ces substances qu'il appelle les *corps*, il croit les percevoir directement, et il leur assigne un grand nombre de propriétés diverses, étendue, forme, solidité, couleur, odeur, etc. A ses yeux, les faits dont témoignent nos sens ne sont que les changements des corps eux-mêmes produits par leurs actions réciproques. Telle est notre première conception du monde extérieur.

La *science* la modifie profondément. Elle s'assure d'abord que l'individualité des différents corps étant tout apparente et passagère, ils sont moins des substances distinctes que des modes divers d'une même substance : la *matière*. Des propriétés que les sens leur assignent, elle fait deux parts : d'un côté, les *propriétés secondes*, celles qui résultent du conflit de la matière avec les sens et qui n'existeraient plus en l'absence des êtres sentants, ou paraîtraient autres à d'autres sens, couleur, son, odeur, saveur, etc. ; de l'autre, les *propriétés premières*, celles qui appartiennent à l'essence même de la matière, sans relation aucune avec notre sensibilité et qui subsisteraient telles quelles, même si les êtres sentants disparaissaient ou acquéraient d'autres sens : étendue, mobilité, inertie, forces attractives et répulsives, etc. En soi donc, dans la réalité absolue, la matière n'est ni colorée, ni sonore, ni odorante, ni sapide, etc. : elle se compose de particules infiniment petites, d'*atomes* qui occupent chacun une portion de l'espace, en excluent tout autre occupant, et qui, capables de se déplacer, sans cesse en mouvement, sont les derniers éléments des choses et les causes productrices de tous les phénomènes.

Cette conception de la matière, que la science substitue à celle du sens commun, infiniment plus simple, plus claire, plus cohérente, est-elle l'expression de la réalité absolue ? ou la *métaphysique*, en nous démontrant sa relativité, nous invite-t-elle à en chercher une troisième qui approche davantage de la véritable essence des choses ?

La science, pour expliquer les phénomènes, n'a guère fait autre chose que reproduire, en la modifiant dans les détails, la vieille hypothèse *atomistique* de Démocrite et d'Épicure. Mais cette hypothèse est moins une explication qu'une systématisation des phénomènes. Elle est la représentation de l'univers non tel qu'il est en soi pour une intelligence absolue, mais tel qu'il apparaîtrait à une intelligence réduite aux seules perceptions du toucher et de la vue ou plutôt aux seules perceptions communes à ces deux sens (étendue, forme, mouvement, solidité, etc.), mais qui pousserait l'acuité de ces perceptions jusqu'à leurs dernières limites. Elle remplace donc nos divers sens par un sens unique plus parfait, mais elle ne nous fait pas sortir des sens et par conséquent des apparences.

Si l'on examine, en effet, la conception de l'atome, il devient évident qu'elle ne peut correspondre à quelque chose de réel. L'atome a deux sortes de propriétés, les unes *géométriques*, qui se ramènent à l'étendue, les autres *dynamiques*, qui se ramènent à la force ; mais la coexistence de ces deux sortes de propriétés dans un même sujet implique contradiction. L'étendue est composée, la force est simple ; l'étendue est divisible à l'infini, la force est indivisible ; l'étendue peut s'imaginer ; la force ne s'imagine point : on la conçoit, selon la remarque de Leibniz, à l'exemple de l'âme. — Si l'on objecte que par force il faut simplement entendre une cause de mouvement (et c'est, en effet, ainsi que l'entend la science), les propriétés de la matière se réduisent à une seule, l'*étendue*, avec les mouvements qui s'y produisent et les lois selon lesquelles ces mouvements dépendent les uns des autres. A ce point de vue, la force n'est pas une propriété, mais un rapport : le rapport des mouvements entre eux, le rapport du mouvement-cause au mouvement-effet ; et à l'hypothèse de Démocrite et d'Épicure se substitue l'hypothèse de Descartes, plus simple, plus claire et plus cohérente encore.

Il ne reste plus dès lors pour constituer la matière que l'*étendue* avec l'infinité des mouvements qui la parcourent. Mais l'étendue, comme l'a montré Leibniz, n'est pas, ne peut pas être une substance réelle : c'est une diffusion, une répétition de parties qui présuppose la substance répandue ou répétée. Elle est par essence indifférente au repos et au mouvement : pour mieux dire, nous comprenons que quelque chose puisse se mouvoir en elle ; nous ne comprenons pas qu'elle-même puisse se mouvoir. Aussi le mouvement, pour les partisans de cette doctrine, devient-il, malgré qu'ils en aient, une sorte de substance, distincte de l'étendue même, à qui l'étendue sert de théâtre, et c'est le mouvement ainsi substantifié qu'ils appellent force (1). — Toutes ces contradictions viennent de ce qu'on prend l'étendue pour une réalité objective : non seulement elle n'est pas une substance, mais elle n'est même pas une propriété des choses ; elle n'est qu'un ordre de nos perceptions. — Le jour où la science aura, comme le voulait Descartes, réduit tout l'univers à des mouvements de points mathématiques dans l'espace infini, ce jour-là, impuissante à comprendre comment les parties de l'espace,

---

(1) Telle est en somme la doctrine de M. Spencer dans ses *Premiers principes*.

homogène et immobile par essence, pourraient se différencier les unes des autres et se mouvoir, elle soupçonnera peut-être que ses explications sont entièrement relatives aux apparences et qu'elles perdent toute espèce de sens ou se résolvent en contradictions dès qu'on prétend les transporter dans l'absolu.

L'hypothèse de Leibniz demeure ainsi la suprême ressource de la pensée. La réalité qui se cache derrière l'étendue et le mouvement, ce sont des êtres plus ou moins analogues à nous-mêmes, des activités sentantes, des forces représentatives, des centres de perceptions et d'efforts; ce sont ces unités vivantes que Leibniz appelle des *monades* (du grec μονὰς, unité). De l'homme à l'animal, de l'animal à la plante, de la plante au minéral, la gradation est continue et insensible : on y suit l'obscurcissement progressif de l'activité spirituelle depuis notre conscience où elle se voit immédiatement elle-même jusqu'à ce dernier degré de la matière où elle cesse de nous être visible, mais où elle existe sans doute encore.

Cette hypothèse, il est vrai, fait violence à nos préjugés et à notre imagination; mais elle a pour elle l'analogie; elle est le seul moyen qui nous reste d'attribuer une réalité objective au monde extérieur et de nous en faire une idée qui ne soit point contradictoire; elle satisfait enfin notre raison, en supprimant l'irréductible dualité de l'esprit et de la matière et en ramenant toutes choses à l'unité de l'esprit.

8. La vie. — La vie est comme une région intermédiaire entre la matière brute et la pensée. Là se rencontrent et s'harmonisent les principes partout ailleurs opposés, déterminisme et spontanéité, finalité et mécanisme, etc., et s'il nous est difficile de comprendre comment ils s'y rejoignent et s'y fondent, nous y trouvons du moins la preuve que leur opposition est apparente et non réelle, relative sans doute à notre façon de connaître et non à la nature des choses, et qu'elle recouvre au fond une essentielle identité.

D'une part, les êtres vivants, plantes et animaux, présentent tous les attributs de la matière brute et obéissent à toutes les lois physico-chimiques. Ils sont composés des mêmes éléments que les corps inorganisés (hydrogène, oxygène, carbone, azote, phosphore, fer, etc.), et sont soumis à l'action des mêmes forces (pesanteur, chaleur, lumière, électricité, affinité chimique, etc.).

D'autre part, ils diffèrent profondément des autres êtres par trois caractères qui semblent comme les signes d'une intelligence ou d'une volonté présente en eux, la *finalité*, la *spontanéité*, la *sensibilité* ou l'*instinct*.

1° Tout être vivant est un organisme dont les parties sont les pièces d'un même *type*, dont les fonctions sont les moyens d'une même *fin*. « En présence des êtres organisés, on s'aperçoit, dit Auguste Comte, que le détail des phénomènes, quelque explication plus ou moins suffisante qu'on en donne, n'est ni le tout ni même le principal ; que le principal, et l'on pourrait presque dire le tout, c'est l'*ensemble dans l'espace*, le *progrès dans le temps*, et qu'expliquer un être vivant, ce serait montrer la raison de cet ensemble et de ce progrès qui est la vie même. »

2° Tout être vivant se forme, s'accroît, se conserve, se reproduit en vertu d'une *force* interne et non sous l'impulsion et la direction des circonstances extérieures. Il a en lui-même le principe et la règle de son évolution. Dans l'animal, cette *activité spontanée* devient plus manifeste encore par les mouvements qu'elle imprime à l'organisme tout entier, devenu capable de se déplacer à travers l'espace.

3° Enfin, tout être vivant paraît *sensible* à quelque degré : il a plus ou moins obscurément conscience de ses besoins et des impressions qui lui viennent du dehors ; une sorte d'intelligence instinctive semble présider à toutes ses actions. Cette sensibilité est surtout visible chez les animaux, mais d'après les expériences de Claude Bernard, il n'est guère douteux qu'elle n'existe aussi chez les végétaux. Tous les réactifs de la sensibilité animale (éther, chloroforme, etc.) produisent, en effet, chez les plantes une suspension des fonctions vitales qui semble prouver que ces fonctions mêmes dépendent d'une secrète sensibilité.

Tels étant les caractères de la vie, faut-il voir en elle la manifestation d'une cause spéciale, ou peut-elle s'expliquer par des principes généraux et déjà connus, tels que la matière ou la pensée ?

Trois hypothèses se proposent : l'*organicisme*, le *vitalisme* et l'*animisme*.

9. L'organicisme. — L'organicisme explique la vie par l'organisation. Il faut et il suffit que la matière s'organise pour qu'elle vive. — Mais on peut comprendre de deux façons différentes les rapports de l'organisation et de la vie.

D'après l'*organicisme vitaliste*, la vie a pour condition nécessaire les propriétés physico-chimiques de la combinaison d'éléments au sein de laquelle elle apparaît, mais elle est irréductible à ces propriétés. Elle n'est point une force unique, localisée en quelque centre mystérieux d'où elle rayonnerait à travers l'organisme tout entier ; diffuse dans la matière organisée comme la pesanteur dans les molécules des corps, elle est la somme des propriétés des organes. L'expérience montre qu'elle apparaît toutes les fois que la matière s'organise, qu'elle dure aussi longtemps que l'organisation persiste, qu'elle s'évanouit dès que l'organisation cesse ; mais loin qu'on puisse la ramener par le raisonnement aux seules propriétés de la matière, elle est plutôt en opposition permanente avec elles. La mort n'est que le triomphe final des propriétés physico-chimiques sur les propriétés vitales. La vie est donc, selon la célèbre définition de Bichat, partisan de cette doctrine, « l'ensemble des forces qui résistent à la mort ».

Mais le conflit que cette doctrine suppose entre les propriétés vitales et les propriétés physico-chimiques, qui sont cependant les conditions de leur existence, n'est ni intelligible ni vérifié par l'expérience. Il y a, au contraire, une corrélation, une proportionnalité constante entre les unes et les autres. Dès lors, il est bien difficile de voir autre chose dans la vie que la résultante des propriétés physico-chimiques des organes. Telle est l'hypothèse de l'*organicisme mécaniste* dont Descartes est le premier auteur.

La vie, d'après Descartes, n'est, comme tous les autres phénomènes de l'univers, qu'un mode particulier du mouvement. Il n'y a rien de plus dans un animal que dans un minéral, sinon l'arrangement de ses parties et les mouvements qui en résultent, comme il n'y a rien de plus dans une horloge que dans les matériaux, cuivre, acier, émail, etc., qui la composent. Circulation du sang, respiration, digestion, etc., autant de phénomènes physiques ou chimiques et par conséquent mécaniques. Or la vie n'est que la série toujours recommencée de ces phénomènes. — Une des conséquences de cette hypothèse, c'est que la vie pourra être produite à volonté dans les laboratoires, le jour où l'on connaîtra le mode d'organisation de la matière dont elle est l'effet naturel.

Il semble que l'organicisme mécaniste soit l'hypothèse la plus conforme à l'esprit de la science positive et la plus favorable à ses recherches. Claude Bernard s'en est inspiré. — Mais, au point de vue métaphysique, elle laisse toutes les difficultés sans solution.

En premier lieu, il n'est pas encore prouvé que toutes les fonctions vitales puissent se réduire à des phénomènes uniquement physiques et mécaniques. La réduction n'a été faite encore, ce semble, que pour les phénomènes les plus extérieurs et, en quelque sorte, les plus grossiers ; les phénomènes vraiment intimes, ceux qui, se produisant au plus profond de l'être, donnent le branle à tous les autres (et tels sont, par exemple, chez les animaux les phénomènes nerveux), paraissent bien impliquer autre chose que le mouvement, à savoir des sensations à défaut desquelles le mouvement même n'aurait plus lieu.

Mais quand l'explication mécaniste du détail des phénomènes serait plus avancée qu'elle ne l'est, il y aurait encore dans la vie quelque chose qu'elle n'expliquerait pas, à savoir l'*organisation* elle-même, c'est-à-dire l'*ordre* et le *concert* que forment ces phénomènes et qui se montrent surtout dans l'*évolution graduelle* propre aux êtres organisés. Aussi Claude Bernard y voit-il l'effet d'un type défini, préexistant, et il appelle ce type « *une idée organique ou créatrice* ». La vie, dit-il, c'est la *création*, — non des phénomènes particuliers qui devront tôt ou tard être réduits à des faits physiques et chimiques, mais de la machine à laquelle ils appartiennent. « Quand un poulet se développe dans un œuf, ce ne sont point les combinaisons chimiques des éléments qu'il faut attribuer à la force vitale, ces combinaisons étant le résultat des propriétés physico-chimiques de la matière ; ce qui n'appartient ni à la chimie ni à la physique ni à rien d'autre, mais qui est le propre de la vie, c'est l'idée directrice de l'évolution organique. Tout dérive donc de l'idée qui seule dirige et crée ; les moyens de manifestation physico-chimiques sont communs à tous les phénomènes de la nature, et restent confondus pêle-mêle comme les lettres de l'alphabet dans une boîte où cette force va les chercher pour exprimer les pensées ou les mécanismes les plus divers. »

Il s'ensuit que l'espoir de créer la vie de toutes pièces en organisant la matière est chimérique. L'organisation elle-même est un effet de la vie. Nulle part, on n'a vu la matière s'organiser et vivre spontanément : *omne vivum ex vivo*. L'organicisme s'enferme donc dans un cercle en prétendant expliquer la vie par l'organisation qui ne s'explique elle-même que par la vie.

10. Le vitalisme. — Le vitalisme a été surtout professé par l'école de médecine de Montpellier, et son plus célèbre défenseur est Barthez. Mais on peut aussi le faire remonter jusqu'à la doctrine du philosophe anglais Cudworth. Tout être vivant, d'après le vitalisme, est composé, d'abord d'une *matière* douée de propriétés physico-chimiques, ensuite, d'une force immatérielle, la *force vitale*, qui présente à l'organisme tout entier, en fait l'intime unité, lui imprime une forme et lui infuse la vie, excite et modère tour à tour ses différentes fonctions, joue en un mot le rôle d'un principe organisateur et directeur. Cette force est l'idée organique ou créatrice de Claude Bernard, mais c'est une idée substantielle et active, analogue à l'âme, sans conscience et sans volonté. Il s'ensuit que l'on doit distinguer dans l'homme deux principes immatériels : la force vitale et l'âme pensante. D'où le nom de *duodynamisme* donné quelquefois à la doctrine.

On peut lui reprocher d'abord sa *complication*. Là où l'expérience nous montre déjà deux termes en présence, l'âme et le corps, elle en suppose un troisième, la force vitale, et ajoute ainsi un nouveau problème à celui qu'il s'agissait de résoudre. Comment en effet concevoir la force vitale, et quels rapports peut-elle avoir avec l'âme et avec le corps ?

La notion qu'on s'en fait est nécessairement ou *indéterminée* ou *contradictoire*. — Si l'on se contente de la définir par ses effets, en disant qu'elle est la cause de l'organisation et de la vie, cela revient à dire qu'on ignore absolument ce qu'elle est en soi. Elle n'est plus alors qu'une entité verbale, comparable à la vertu dormitive de l'opium : le corps vit parce qu'il y a quelque chose en lui qui le fait vivre. Si on la définit par analogie avec l'âme pensante, on se trouve amené à lui assigner des propriétés qui s'excluent ; d'une part, elle est immatérielle, elle sent ce qui se passe dans les organes, elle agit d'après un plan et pour des fins ; d'autre part, elle est diffuse à travers le corps, étendue par conséquent comme lui, étrangère à toute conscience, et ne se manifestant, comme les forces physico-chimiques, que par les mouvements qu'elle imprime à la matière. Elle est donc un composé de deux natures contradictoires, à la fois matière et esprit.

Enfin, l'hypothèse d'une force vitale échappe, ce semble, à toute preuve. Cette force est imaginée de toutes pièces pour expliquer un certain ordre de phénomènes ; mais on n'a par ailleurs aucun indice de son existence, comme on a des indices de l'existence de l'âme et de la matière.

11. L'animisme. — Il paraît donc plus rationnel d'identifier la force vitale à l'âme, principe commun de la vie et de la pensée. Telle est la doctrine de l'animisme, qui fut celle de tous les philosophes de l'antiquité et du moyen âge jusqu'à Descartes. Aristote définit même l'âme par ses fonctions vitales et non, comme les modernes, par ses facultés intellectuelles et morales. « L'âme est, dit-il, la forme d'un corps organisé ayant la vie en puissance. » De même pour saint Thomas, l'âme humaine est la forme essentielle du corps humain. Stahl, médecin du dix-septième siècle, restaure l'animisme : il enseigne que l'âme construit elle-même son corps et en règle toutes les fonctions par des pensées et des volontés dont elle a conscience. Quelques philosophes contemporains (entre autres M. Francisque Bouillier) ont repris les mêmes idées.

Mais cette hypothèse, sous la forme qu'on lui donne d'ordinaire, est sujette à bien des difficultés.

D'abord, l'âme, quoi qu'en dise Stahl, n'a pas conscience d'être la cause première des fonctions vitales. Si elle fait battre le cœur, respirer les poumons, sécréter les glandes, etc., c'est par des actions qu'elle n'ignore pas moins que si elles appartenaient à une force étrangère. Or la conscience est l'attribut essentiel de l'âme. Nous sommes sans doute avertis par diverses sensations de l'état de nos organes ; mais ces sensations prouvent que l'âme subit l'influence de la vie corporelle : elles ne prouvent pas que l'âme soit elle-même le principe de cette vie. — En outre, nous ne pouvons nous faire aucune idée claire du mode d'action de l'âme sur les organes. Comment, en effet, pourrait-elle agir sur eux sans les mouvoir, et les mouvoir sans être diffuse à travers leur matière, par conséquent étendue comme le corps et matérielle comme lui ? Mais alors son action est tout à fait inutile, et il suffit de supposer que les parties du corps se meuvent d'elles-mêmes dans l'ordre requis pour produire l'organisation et la vie.

D'autre part, la vie n'est pas le privilège de l'homme et des animaux supérieurs : elle leur est commune avec les animaux les plus infimes et avec les plantes. Il faudra donc supposer des âmes, même chez les infusoires, même chez les végétaux. Mais ces âmes elles-mêmes, il faudra les supposer aussi nombreuses dans chaque être vivant que les cellules dont il est composé. Si l'on coupe en morceaux certains organismes inférieurs, chacun de ces morceaux reconstitue l'organisme tout entier : l'individu primitif contenait-il donc autant d'âmes qu'il s'est formé d'individus nouveaux par sa segmentation ? Dans un végétal, chaque rameau est une tige, chaque bourgeon un rameau en puissance : le végétal a-t-il donc autant d'âmes que de rameaux et de bourgeons ? Il semble, si l'âme est le principe de la vie, qu'elle ne puisse vivifier la matière qu'à la condition de lui être, en quelque sorte, immanente jusque dans ses dernières profondeurs, et alors, en quoi se distingue-t-elle de la matière elle-même ?

Toutes ces difficultés sont insolubles si l'on s'en tient à l'animisme seul : on ne peut les résoudre qu'en absorbant l'animisme dans un système supérieur, l'idéalisme objectif ou le spiritualisme monadiste de Leibniz. Si l'âme et le corps, si la matière et l'esprit sont au fond de même nature, s'ils ne diffèrent que comme l'unité et la pluralité, le plus parfait et le moins parfait, on peut comprendre comment l'âme, et par conséquent la vie, sont en effet contenues en puissance dans la matière, et comment elles en sortent et se développent naturellement sous l'influence d'une âme déjà vivante. Le problème de la vie se trouve ainsi ramené à un problème plus général, le problème des rapports de l'âme et du corps ou de la matière et de l'esprit.

OUVRAGES A CONSULTER

I. L'ESPACE ET LE TEMPS. — Leibniz, *Correspondance avec Clarke*. — Kant, *Critique de la raison pure, Esthétique transcendantale*. — Garnier, *Traité des facultés de l'âme*, t. III. — Balmès, *Philosophie fondamentale*, t. II et III. — Magy, *Science et nature*. — Stuart Mill, *Philosophie de Hamilton*, chap. XI. — Spencer, *Premiers principes*. — Dunan, *Essai sur les formes à priori de la sensibilité*. — Guyau, *La genèse de l'idée de temps*.

II. LES LOIS DE LA NATURE. — Boutroux, *De la contingence des lois de la nature*. — Taine, *Les philosophes classiques du dix-neuvième siècle*, chap. XIII et XIV. — Cournot, *Traité de l'enchaînement des idées fondamentales*.

III. LA MATIÈRE. — Liard, *Descartes*. — Leibniz, *Monadologie*. — Papillon, *Histoire de la philosophie moderne*. — Lange, *Histoire du matérialisme*. — Balfour Stewart, *La conservation de l'énergie*. — Stallo, *La matière et la physique moderne*. — Fouillée, *L'évolutionnisme des idées-forces*.

IV. LA VIE. — Bouillier, *Le principe vital et l'âme pensante*. — Lemoine, *L'animisme de Stahl*.

SUJETS DE DISSERTATIONS

1, 2, 3, 4 et 5. Les idées d'espace et de temps. 78.
Nature et origine des idées d'espace et de temps. 84.
6. Les lois de la nature sont-elles contingentes ou nécessaires ? 78.
7. Comment arrivons-nous à la connaissance de la matière ? Cette connaissance est-elle, à proprement parler, une perception ou une conception ? 69.
Qu'entend-on par les qualités premières et les qualités secondes de la matière ? 69.

Est-on d'accord sur le sens du mot matière ? Quelles sont les différentes théories que vous connaissez sur la matière ? 85.

Tout peut-il se réduire, comme le voulait Descartes, à l'étendue et à la pensée ? 79.

Exposer la théorie de Leibniz sur les monades. 83.

8. Le principe de la vie est-il le même que le principe de la pensée ? Quelles raisons peut-on donner pour ou contre cette théorie ? 78.

CHAPITRE IV

L'AME. — MATÉRIALISME ET SPIRITUALISME

1. L'existence de l'âme. — Ni la matière ni la vie ne nous ont paru s'expliquer par elles-mêmes : nous sommes ainsi conduits à chercher dans l'âme ou l'esprit le principe de l'explication universelle.

Cependant, avant d'aborder cette recherche, il nous faut résoudre deux questions préjudicielles, en premier lieu, celle de l'*existence* de l'âme, en second lieu, celle de sa *nature* et de ses *rapports* avec le corps.

D'une part en effet, un grand système métaphysique, le matérialisme, enseigne que l'âme n'est pas distincte du corps, que l'esprit est un simple effet de la matière.

D'autre part, un assez grand nombre de philosophes, appartenant à différentes écoles, s'accordent pour écarter le problème de la nature de l'âme comme insoluble, attendu que l'existence même de l'âme est une hypothèse impossible à vérifier.

Voyons donc, d'abord si l'âme existe, ensuite ce qu'elle est.

2. Le phénoménisme psychologique. — Tous ceux qui interdisent à l'intelligence humaine la connaissance des substances et des causes, sceptiques, criticistes, positivistes, etc., opposent aux matérialistes comme à leurs adversaires la même fin de non-recevoir.

L'âme, disent-ils, est, par hypothèse, le sujet et la cause des phénomènes de conscience, et il s'agit de savoir si elle est matérielle ou spirituelle. Pour résoudre ce problème, il faudrait pouvoir pénétrer par delà les phénomènes jusqu'aux réalités dont ils dépendent : or nous n'avons pas ce pouvoir. Nos facultés n'atteignent que les apparences ; l'être, tel qu'il est en soi, leur est fermé. Dès lors, nous pouvons bien observer et décrire les phénomènes, les distribuer en groupes, déterminer les rapports de ces groupes entre eux ; mais toute tentative pour connaître leur nature intime et leur origine absolue est nécessairement condamnée à l'insuccès. Les mots âme, corps, matière, esprit, ont par suite un double sens ; *positif* et légitime : ils désignent alors des groupes de phénomènes distincts ; et en ce sens, l'âme est le groupe des faits de conscience, le corps est le groupe des faits physiologiques, etc. ; ou *métaphysique* et illégitime : ils désignent alors des prétendues entités auxquelles on rapporte comme à leur substance ou à leur cause ces groupes de phénomènes distincts ; et c'est en ce sens que spiritualistes et matérialistes les entendent lorsqu'ils discutent sur la nature de la matière et de l'esprit.

Par là s'explique la commune impuissance de ces systèmes. A l'égard des choses en soi, on peut tout supposer, on ne peut rien prouver. Peut-être y a-t-il en effet deux substances, spirituelle et matérielle. Peut-être la matière est-elle l'unique substance. Peut-être, comme les panthéistes le prétendent, la substance universelle est-elle à la fois matière et esprit, matière, quand elle apparaît à nos sens, esprit, quand elle se manifeste à notre conscience. Peut-être enfin n'existe-t-il aucune substance, et les phénomènes se suffisent-ils à eux-mêmes. A tout prendre, cette dernière hypothèse est la plus simple ; elle ne suppose même rien au delà de ce que nous connaissons avec certitude, c'est-à-dire au delà des phénomènes, et la philosophie ferait sans doute mieux de s'y tenir. Sur quoi repose le monde ? demandait-on à un philosophe indien. Sur un éléphant. Et l'éléphant ? Sur une tortue. Et la tortue ? Le philosophe fut forcé d'avouer que la tortue ne reposait sur rien. De même il est superflu d'imaginer un support quelconque des phénomènes : les phénomènes constituent toute la réalité.

3. La spiritualité de l'âme au point de vue du phénoménisme. — Même en se plaçant au point de vue du phénoménisme, la question de la nature de l'âme subsiste : elle est seulement transposée. Entendons par âme et par corps deux ordres différents de phénomènes : il y a toujours lieu de se demander si ces deux ordres de phénomènes sont réellement distincts et irréductibles, ou si au contraire ils sont de même nature et peuvent se ramener l'un à l'autre. Qu'importe qu'au lieu de parler d'esprit et de matière, on ne parle plus que de mouvement et de pensée, s'il reste acquis que le mouvement et la pensée sont deux phénomènes hétérogènes et que la pensée est irréductible au mouvement !

On pourrait, il est vrai, faire bien des réserves sur l'existence objective du mouvement. Le mouvement ne nous est connu en fait que dans nos sensations musculaires, visuelles et tactiles : tel que nous le connaissons par la conscience il n'est rien de plus qu'une synthèse de sensations ; et d'autre part, il implique logiquement les représentations du temps et de l'espace qui, nous l'avons vu, ne peuvent exister que dans un esprit. D'où l'on pourrait conclure, ce semble, qu'il est absurde de concevoir le mouvement comme un phénomène existant *en soi* à part de la pensée afin de pouvoir le distinguer de la pensée et l'opposer à elle, alors qu'il n'existe en réalité que dans la pensée.

Mais, si l'on passe sur cette première difficulté et si l'on suppose en effet un mouvement objectif susceptible d'exister en dehors de toute conscience, il est évident que de l'existence du mouvement on ne pourra jamais passer à l'existence de la pensée. Autre chose est une série de positions successivement occupées par un point dans l'espace, autre chose une sensation, une émotion, une pensée, un effort de volonté, états relativement stables et plus ou moins intenses. Qu'on modifie le mouvement comme on voudra : il deviendra plus lent ou plus rapide, uniforme ou varié, rectiligne ou curviligne, etc. : il restera toujours un mouvement, avec trajectoire et vitesse ; jamais par conséquent il ne se transformera en pensée.

Pourtant, un philosophe contemporain, M. HERBERT SPENCER, a prétendu ramener la pensée au mouvement. L'ancienne physique admettait dans la nature une multitude de forces distinctes et irréductibles, gravitation, lumière, chaleur, électricité, affinité chimique, etc. La physique moderne a découvert que ces forces sont toutes des modes d'une force unique, le mouvement, et qu'elles peuvent par conséquent se transformer les unes dans les autres. Ainsi le mouvement devient tour à tour chaleur, lumière, électricité, affinité chimique, etc. ; mais à l'issue de ce cycle on le retrouve tel qu'il était à l'entrée, c'est-à-dire mouvement, invariable en essence et en quantité. On peut donc supposer que la transformation des forces se continue dans le corps humain : la force physique ou chimique s'y convertit en force nerveuse, et la force nerveuse est métamorphosée par le cerveau en sensation, en émotion, en pensée. Il ne sert de rien d'objecter que cette transformation est inconcevable ; car nous ne concevons pas davantage la transformation du mouvement en chaleur, et cependant cette transformation est réelle. La dualité du mouvement et de la pensée est donc apparente : la pensée n'est que du mouvement transformé.

Mais cette doctrine repose sur une interprétation abusive de la théorie scientifique de l'équivalence des forces. Si par chaleur, lumière, électricité, etc., on entend les phénomènes tels qu'ils affectent nos sens, la science n'a pas supprimé leurs différences et ne les a nullement réduits les uns aux autres ; mais, au lieu de les expliquer par autant de *causes* distinctes, comme faisait l'ancienne physique qui *supposait* une force pour produire la chaleur, une autre force pour produire la lumière, etc., la physique moderne les explique par une seule cause plus ou moins diversement modifiée, à savoir le mouvement des particules invisibles de la matière. La chaleur ne se transforme nullement en lumière ; mais un certain mouvement qui se manifestait à nous par une sensation de chaleur se transforme en un autre mouvement manifesté par une sensation de lumière. La transformation se fait donc d'un mouvement à un autre par un changement dans la distribution, les vitesses, les trajectoires, etc., mais elle ne se fait pas et ne peut pas se faire d'un mouvement à une sensation. On aurait beau démontrer que sous toutes nos sensations il y a toujours divers mouvements invisibles : l'existence des sensations n'en restera pas moins un phénomène *sui generis* qui s'ajoutera à l'existence des mouvements, mais qui ne pourra s'y réduire.

Donc, même au point de vue phénoméniste, l'esprit est distinct de la matière : si l'on voit comment le mouvement pourrait se ramener à la pensée (puisqu'il ne nous est donné que comme une synthèse de sensations), on ne voit pas en revanche comment la pensée pourrait se ramener au mouvement.

4. La critique du phénoménisme psychologique. — Maintenant doit-on s'en tenir à cette seule vérité, ou doit-on essayer de la compléter en expliquant l'irréductibilité des deux ordres de phénomènes par celle des causes profondes dont ils dépendent de part et d'autre ?

Il nous faut tout d'abord distinguer, parmi les philosophes dont nous discutons les doctrines, ceux qui admettent l'existence des êtres mais nous en refusent la connaissance et ceux pour lesquels les êtres mêmes n'existent pas ou du moins ne sont que des groupes ou séries de phénomènes.

D'après les premiers, les êtres étant extérieurs aux phénomènes, et les phénomènes étant seuls objets d'expérience ou de connaissance directe, nous ne pouvons savoir ce que sont les êtres en eux-mêmes : nous n'en avons qu'une idée tout indéterminée en vertu de cette nécessité intellectuelle qui nous fait supposer des réalités derrière les apparences.

Cependant, à défaut d'une connaissance expérimentale des
« choses en soi », il n'est pas prouvé que toute autre connaissance
en soit impossible. Le raisonnement, ce semble, permet de se faire
une idée de la cause d'après la nature de ses effets. A priori, la
réalité doit être telle qu'elle explique et non qu'elle contredise les
apparences qu'on lui rapporte. C'est ainsi, selon la remarque d'Ampère dans une de ses lettres à Maine de Biran, que l'astronomie, bien
qu'elle ne puisse observer qu'un ciel apparent, a réussi cependant
à se faire une idée du ciel réel. Par conséquent, étant donnée l'âme
telle qu'elle s'apparaît dans la conscience, on peut essayer de déterminer ce qu'elle doit être en soi. Supposé qu'elle soit composée de
parties distinctes, comme le prétend le matérialisme, et qu'il n'y
ait en elle aucun élément permanent, est-il encore possible d'expliquer sans contradiction les apparences qu'elle nous présente?

Mais il faut aller plus loin encore et contester cette assertion que
« les êtres étant extérieurs aux phénomènes, nous ne pouvons en
avoir une connaissance directe ». Elle est vraie sans doute pour
cette réalité hypothétique qu'on appelle la matière : elle n'est pas
vraie pour l'esprit. Des sensations qu'il éprouve l'esprit conclut à
une chose en soi qui les lui procure et dont il se fait une idée plus
ou moins exacte d'après ces sensations mêmes; mais il ne se conclut pas de ses propres sensations : il s'aperçoit en même temps
qu'elles, comme le sujet même auquel elles apparaissent.

Non seulement donc il est faux que nous ne connaissions que
des phénomènes, mais encore il est faux que les phénomènes seuls
soient réels, attendu que les phénomènes eux-mêmes impliquent,
comme condition de leur existence, un être qui n'est autre que l'esprit. — Les phénoménistes purs s'enferment dans une contradiction. « La notion de fait ou d'événement, dit l'un d'entre eux (1),
correspond seule à des choses réelles. » Il s'ensuit que le moi ou
l'esprit n'est qu'une série de phénomènes : des sensations, plus des
idées, plus des émotions, etc., c'est là toute l'âme. Aucune unité
dans cette juxtaposition accidentelle de faits. Cependant ce même
philosophe avoue que « le moi n'est pas un simple total; c'est
seulement pour la commodité de l'étude que nous séparons les
événements les uns des autres; ils forment effectivement une
trame continue où notre regard délimite des tranches arbitraires. »
Mais alors, loin d'être réels, les phénomènes sont des abstractions

---

(1) Taine, *De l'intelligence.*

ou des fictions de la pensée; la vraie réalité, c'est l'esprit même dans l'unité et la continuité de son existence.

On arriverait à la même conclusion par l'analyse des définitions phénoménistes du moi. « Le moi, dit-on, n'est qu'une série distincte de phénomènes. » Mais tout d'abord une série suppose l'existence préalable de ses parties successives. Or dans cette série qu'on appelle le moi, une partie est toujours dans le passé, une autre dans l'avenir; la série, par un de ses bouts, n'existe pas encore; par l'autre, elle n'existe plus. Il ne reste donc en réalité, pour constituer le moi, qu'un terme unique, mais sans cesse différencié, qui par la différenciation incessante de son unité, produit l'illusion d'une série de termes successifs. — En outre, en quoi cette série est-elle distincte de toutes celles qui se déroulent en même temps qu'elle dans l'infinité de l'univers? On ne peut pas dire que tous les termes qui la composent soient liés entre eux, à l'exclusion des termes des autres séries, par des rapports de causalité; car ce qui se passe en nous dépend le plus souvent de ce qui se passe au dehors. La seule explication possible, c'est que tous ces termes ont un caractère commun, le caractère de nous apparaître comme intérieurs, tandis que les termes des autres séries ou ne nous apparaissent pas ou nous apparaissent comme extérieurs. Seulement cette explication du moi commence par le présupposer. Les termes de la série ne peuvent nous apparaître comme intérieurs que si nous sommes nous-mêmes quelque chose de réel et de permanent, un sujet conscient impliqué dans la série et coexistant avec tous les termes qui la composent.

Ainsi la réflexion et l'analyse se confirment réciproquement. La notion de l'être est donnée dans la notion du phénomène. En prenant conscience de ses états et de ses actes, l'esprit prend conscience de soi.

5. Les preuves de la spiritualité de l'âme. — Il s'ensuit que le problème de la spiritualité de l'âme, tel qu'on le pose d'ordinaire, est un problème mal posé. On suppose en effet que les phénomènes psychologiques étant seuls connus d'une manière immédiate, il s'agit de déterminer par le raisonnement leur cause inconnue et de rechercher si cette cause est la matière ou une substance immatérielle qu'on appellerait âme ou esprit. Poser ainsi la question, c'est faire le jeu du matérialisme.

C'est admettre en effet, par un étrange renversement des rôles, que la matière est une substance dont l'existence et la nature sont connues de soi, tandis que l'esprit est imaginé et supposé pour expliquer des phénomènes qu'on ne lui rapporte que faute de pouvoir les expliquer par la matière. Tout au contraire, ce qui nous est immédiatement connu, c'est l'esprit avec les phénomènes qui s'y déploient, et la matière est simplement imaginée et supposée pour expliquer une partie de ces phénomènes, à savoir les sensations, dont nous ne trouvons pas en effet l'explication dans l'existence et la nature de l'esprit.

Cependant, même en se plaçant au point de vue illusoire du matérialisme, c'est-à-dire en admettant comme certaine l'existence objective de la matière douée des propriétés qu'il lui assigne, étendue, impénétrabilité, inertie, etc., on peut démontrer que le principe du sentiment et de la pensée en est nécessairement distinct. C'est à quoi tendent les trois preuves classiques de la spiritualité.

6. Preuve par l'unité de l'âme. — Le principe de la pensée est un, simple, indivisible. Sans doute, il y a en nous des phénomènes multiples, des facultés diverses; mais ce sont là les modes d'un seul et même sujet qui se réunissent et se confondent dans l'unité de sa conscience. Le moi qui pense, le moi qui sent, le moi qui veut, ne sont pas trois êtres distincts, mais un être unique. — Supposons un moment l'âme composée de différentes parties : aucune perception, aucune pensée n'est plus possible. Toute pensée consiste en effet dans la réduction d'une pluralité de sensations ou d'idées à l'unité de la conscience; mais chaque partie de l'âme ayant par hypothèse conscience d'une sensation ou d'une idée et d'une seule, où et comment pourrait se faire la réduction à l'unité? Condillac et Laromiguière l'ont eux-mêmes fait voir. Soit, par exemple, l'opération intellectuelle de la *comparaison* dans un sujet composé : une partie connaîtra un premier terme, une autre en connaîtra un second; mais une troisième partie ne connaîtra le rapport des deux termes qu'à la condition de les connaître l'un et l'autre : dès lors, elle seule est le véritable sujet de la comparaison. Si on la supposait composée, le même raisonnement recommencerait jusqu'à ce qu'on supposât finalement une partie sans parties, ou, ce qui revient au même, un sujet absolument simple.

D'autre part, le corps, le cerveau sont essentiellement composés. Organes, tissus, cellules, principes immédiats, molécules, atomes, tels sont les divers degrés de composition de toute substance vivante: encore plusieurs de ces degrés enveloppent-ils eux-mêmes d'autres degrés de composition. L'unité de notre organisme est donc toute formelle, tout idéale : on pourrait la comparer à celle d'une armée ou d'une maison. Les cellules de notre cerveau sont sans doute contiguës, elles peuvent être impressionnées ensemble, vibrer ensemble : elles n'en sont pas moins distinctes les unes des autres ; et leur action collective n'est que la somme de leurs actions individuelles. Chacune d'elles d'ailleurs est elle-même un système prodigieusement complexe de molécules et d'atomes ; un petit monde aussi compliqué en proportion que le grand. Impossible de faire sortir l'unité de la conscience du fourmillement confus de ces innombrables multitudes. — Si l'on dissémine la faculté de sentir et de penser à travers toutes ces cellules ou ces atomes, il y aura, non plus une conscience unique, mais une pluralité de consciences. — Si on la concentre dans l'un d'entre eux, cet élément sera l'âme même ; encore faudra-t-il le supposer absolument simple, et non composé comme la cellule ou l'atome (lequel étant étendu est par cela même divisible) ; car on se retrouverait en présence de la même impossibilité. — Quant à prétendre que la pluralité des consciences composantes nous fait l'illusion d'une conscience unique à cause de leur continuité, à peu près comme des myriades d'étoiles vues de loin nou font l'illusion d'une seule tache lumineuse, cela n'est pas moins impossible : cette illusion implique en effet comme sa condition nécessaire l'unité même de la conscience qu'on voudrait lui faire engendrer ; s'il n'y avait que des consciences multiples et distinctes, par rapport à qui l'illusion d'une conscience unique pourrait-elle bien exister ?

7. Preuve par l'identité de l'âme. — Le principe de la pensée est identique à lui-même dans le temps. Certes, il se fait en nous bien des changements : notre conscience est sans cesse traversée par de nouveaux phénomènes ; nos opinions, nos sentiments, notre caractère même se modifient, mais le sujet de tous ces changements reste le même : le moi d'hier n'est pas un autre que le moi d'aujourd'hui ; s'il ne restait rien de ce qu'il fut, il ne saurait même pas qu'il a été ; pour s'apercevoir qu'on a changé, il faut n'avoir pas changé absolument. — La *mémoire* suppose et prouve cette identité du sujet conscient. Se souvenir, c'est reconnaître qu'on a déjà perçu ce qu'on perçoit, qu'on a déjà pensé ce qu'on pense. — Bien plus, toutes les *opérations intellectuelles*, par cela même qu'elles se font dans le temps et impliquent une succession, seraient impossibles si l'esprit qui en parcourt la filière s'évanouissait et se renouvelait sans cesse à chacun des moments dont leur durée se compose. Ainsi le raisonnement exige que le sujet qui pense le rapport des extrêmes dans la conclusion soit identique à celui qui a pensé le rapport de l'un et de l'autre avec le moyen dans les prémisses. — Enfin, la *responsabilité morale* serait absurde sans l'identité de la personne. Comment en effet être et se croire responsable d'une action commise autrefois, si l'on n'est pas, si l'on n'a pas conscience d'être encore aujourd'hui identique à celui qui l'a commise? Si l'on réussissait à convaincre l'homme que son esprit n'est qu'un jeu d'ombres toujours changeantes, c'en serait fait chez lui du sentiment de sa responsabilité.

D'autre part cependant, le corps, le cerveau sont toujours en voie de transformation. « La vie, a dit Cuvier, est un tourbillon perpétuel. » Sans cesse les organes s'usent et se réparent : de nouvelles matières se substituent insensiblement aux anciennes : au bout d'un laps de temps plus ou moins long, il ne reste plus un atome dans notre corps de la substance qui le constituait tout d'abord. Les croyances populaires assignent une durée de sept ans à ce renouvellement complet : les expériences des physiologistes, en particulier de Flourens, tendent à prouver qu'une durée bien moindre (quelques mois peut-être) est suffisante. S'il en est ainsi, l'identité de notre organisme est toute formelle, tout idéale : ce sont les mêmes rapports de situation, de dépendance, etc.; ce ne sont pas les mêmes termes. Supposez qu'on retire et remplace une à une toutes les pierres d'un édifice, il sera toujours le même en apparence : au fond, il ne restera plus rien dans l'édifice d'aujourd'hui de l'édifice d'autrefois, rien que des rapports, c'est-à-dire une abstraction à laquelle un esprit, capable de mémoire, pourra seul communiquer un semblant de réalité. Or cet édifice, c'est le corps de l'homme. Où trouver en lui le sujet du souvenir, des opérations intellectuelles, de la responsabilité morale? Son identité apparente, c'est à un esprit qu'elle se réfère : elle n'existe que pour lui et par lui; et cependant c'est par elle qu'on prétendrait expliquer celle de l'esprit. Quand bien même on attribuerait une conscience à chacune des molécules qui entrent dans notre cerveau, toutes ces consciences successives, éteintes presque en même temps qu'allumées, formeraient une série discontinue de consciences, et non une conscience unique et continue. — Cette série, dira-t-on peut-être, nous fait l'illusion de la continuité, à cause de la rapidité avec laquelle les consciences s'y succèdent, à peu près comme une série d'étincelles peut nous faire l'illusion d'un flamboiement continu. — Mais ici encore, on oublie que l'illusion même a pour condition nécessaire la permanence de la conscience qu'on voudrait lui faire engendrer; car, s'il n'y avait que des consciences distinctes et successives, par rapport à qui l'illusion d'une conscience permanente pourrait-elle bien exister?

8. Preuve par la spontanéité et la liberté de l'âme.
— Enfin, le principe de la pensée est une activité spontanée, capable de commencer par elle-même l'action; et cette spontanéité, quand la réflexion et la raison s'y ajoutent, se transforme en liberté.

Nous avons *conscience* de posséder en nous-même une énergie toujours prête à se manifester par les actes les plus divers; et nous avons aussi conscience d'en susciter, d'en régler à notre gré les manifestations. — Mais on peut prouver sa réalité en faisant voir qu'elle est tout à la fois la condition de l'*art*, de la *science* et de la *moralité*. En effet, l'art, c'est le libre jeu de l'activité humaine; un être purement mécanique serait-il capable d'un pareil jeu? La science semble impossible si l'homme ne peut pas se distinguer lui-même de la nature, s'opposer à elle, modifier à volonté le cours de ses phénomènes pour en découvrir le déterminisme caché; et il ne peut tout cela que s'il est lui-même une force indépendante et maîtresse d'elle-même. A plus forte raison, la moralité témoigne-t-elle dans l'homme d'une volonté libre, capable de vouloir le bien, même quand elle veut le mal, et qui, par cela même qu'elle a l'initiative de ses actes, en a aussi la responsabilité.

D'autre part, le corps, comme toute la matière, est inerte. Bien des forces sont en lui, les unes latentes, et comme en réserve, les autres en train de se dépenser. Mais ces forces ne peuvent commander par elles-mêmes ni leur mouvement ni leur repos. De même que dans un mécanisme, elles partent ou s'arrêtent selon les impulsions extérieures ou leurs actions et réactions réciproques. L'homme réduit à elles seules n'est, à la lettre, qu'un automate. Impossible de faire sortir de cet ensemble de rouages et de ressorts une volonté comme la nôtre, qui, loin d'être l'effet de cette machine, en est au contraire le principe moteur et directeur.

Telles sont les trois preuves traditionnelles de la spiritualité de l'âme.

9. Le matérialisme. — Le matérialisme peut être considéré sous deux aspects : soit comme une théorie particulière des phénomènes intellectuels et moraux, soit comme un système général de métaphysique.

Au premier point de vue, le matérialisme est l'explication des phénomènes intellectuels et moraux par les fonctions cérébrales; au second point de vue, il est l'explication de tous les ordres de choses par l'existence et les propriétés de la matière.

Les objections qu'il adresse à la spiritualité de l'âme peuvent se ramener à trois principales :

1° L'âme ne peut se voir ni se toucher : elle ne tombe sous aucun de nos sens : on ne peut s'en faire aucune idée positive ; c'est une hypothèse, une abstraction, une entité purement verbale. Il est antiscientifique d'expliquer par un tel principe les phénomènes du sentiment et de la pensée : la seule explication admissible *à priori* est celle qui les rapporte à une cause dont la réalité est du moins certaine et peut être vérifiée par tout le monde, à savoir l'organisme ou, pour mieux dire, le cerveau.

2° Cette explication est aussi la seule admissible *à posteriori*. En effet, l'expérience démontre que la pensée n'existe jamais sans le cerveau, qu'elle est toujours donnée quand le cerveau est donné, qu'elle est plus ou moins vive et plus ou moins parfaite en raison de la structure et de l'activité du cerveau. D'une manière générale, les rapports du physique et du moral prouvent que le moral n'est, selon le mot de Cabanis, que l'*envers* du physique.

3° Enfin, cette explication est d'accord avec les résultats généraux de toutes les sciences, qui montrent la matière acquérant sans cesse de nouvelles propriétés et le mouvement capable de se transformer en toutes sortes de forces. Quelques corps simples suffisent à produire par leurs combinaisons l'infinie variété des êtres inorganiques et vivants : si le mouvement peut se convertir en chaleur, en lumière, en électricité, en force chimique, en force vitale, il peut bien aussi se convertir en pensée.

On a déjà virtuellement répondu à ces objections.

La première repose sur une très fausse idée des conditions de la connaissance humaine. Il est faux que les sens soient pour nous le seul moyen, ou même qu'ils soient un moyen de connaître les réalités ; tout au contraire, ils ne nous font connaître que nos propres sensations, c'est-à-dire les états de notre propre esprit. Notre cerveau, notre corps ne nous est connu que comme un ensemble de sensations ; nous ignorons absolument ce qu'il est *en soi*. La conception que nous nous en faisons comme d'un système de molécules ou d'atomes est donc une hypothèse, une abstraction ; tandis que la conscience, avec tout ce qu'elle contient, est évidemment réelle. « L'âme, disait avec raison Descartes, est plus aisée à connaître que le corps. » — D'ailleurs, si l'argument matérialiste prouvait quelque chose, il prouverait trop. Ce n'est pas seulement l'âme qui ne tombe pas sous les sens : les phénomènes du sentiment et de la pensée ne peuvent pas davantage être vus ni touchés : en conclura-t-on qu'ils n'existent pas ?

La seconde objection repose sur des faits exacts, mais elle en tire une conclusion abusive. L'expérience montre bien le parallélisme du physique et du moral, la coexistence du cerveau et de la pensée : mais elle ne montre pas leur identité. Tout ce qui résulte des faits, c'est que le cerveau est, dans l'état actuel de notre expérience, la *condition nécessaire* de la pensée ; mais il n'en résulte pas que le cerveau soit la *condition suffisante*, la cause unique et totale de la pensée. *Logiquement*, étant données les propriétés du cerveau, il est impossible d'en conclure que le cerveau *peut* et *doit* penser : la liaison des fonctions cérébrales et des facultés mentales est un fait, nullement une nécessité. *Expérimentalement*, étant donné un cerveau, on ne peut pas prouver qu'il pense par cela seul qu'il est donné, comme si, par exemple, construisant artificiellement un cerveau par une combinaison de matières, on le trouvait immédiatement capable de penser et pensant en effet. Le cerveau peut donc être l'organe de la pensée : il n'est pas pour cela le sujet pensant.

La troisième objection repose, comme on l'a déjà démontré, sur une fausse interprétation des théories de la science moderne. Si la matière revêt des propriétés nouvelles, si le mouvement se métamorphose, ce sont là des apparences qui n'existent que pour l'esprit et qui, par conséquent, supposent que l'esprit existe. Abstraction faite de l'esprit, les propriétés de la matière restent toujours les mêmes : le mouvement, à travers toutes ses transformations, est et demeure un mouvement. L'existence de la conscience est donc, au point de vue du matérialisme, un prodige incompréhensible, un véritable « scandale ». Logiquement, la conscience ne devrait pas exister : c'est ce que les matérialistes avouent lorsqu'ils disent qu'elle est une apparence, une illusion, une sorte de mirage. Encore est-il certain que cette apparence existe ; or le système promet d'en donner l'explication, et il ne l'explique qu'en la supprimant.

Considéré comme théorie de l'ensemble des choses, le matérialisme, a dit M. Ravaisson, d'après Auguste Comte, est l'explication du supérieur par l'inférieur. La matière, c'est-à-dire une substance réduite aux seuls attributs de l'étendue et de la force motrice, existe par elle-même, éternellement : et toutes choses naissent fatalement de ses transformations, les corps bruts, la vie, la pensée.

Mais ni le principe du système ni les explications qu'on en tire ne résistent à l'examen. — D'une part, on a vu que la notion de la matière, toute relative en somme à nos sensations, ne peut pas être l'expression d'une réalité objective. — D'autre part, on a vu aussi que ni la vie ni la pensée ne sont explicables par la seule matière : les lois de la physique et de la chimie impliquent elles-mêmes autre chose que des mouvements résultant indéfiniment les uns des autres ; elles impliquent, ce semble, des principes d'ordre et d'unité imprimant à ces mouvements des directions harmoniques et constantes. L'atome, où le matérialisme croit voir le dernier élément des choses, n'est sans doute, lui aussi, comme l'admettent déjà certains savants contemporains, qu'un système de mouvements, analogue à ceux qui forment les cristaux, les cellules, les organismes vivants, plus simple et plus durable, mais qui ne s'explique comme eux que par une idée de type ou de fin. Loin donc que la matière contienne la raison de la vie et de la pensée, elle ne peut elle-même se comprendre que par la pensée et la vie dont elle est, pour ainsi dire, la dégradation ou l'ébauche. C'est le supérieur seul qui explique l'inférieur.

10. Le spiritualisme. — Par *spiritualisme* on peut entendre soit la théorie particulière de la spiritualité de l'âme ou de la distinction de l'âme et du corps, soit un système général de métaphysique qui explique toutes choses par l'esprit.

Au premier point de vue, qui est celui du *spiritualisme dualiste*, on admet l'existence de deux ordres de choses absolument distincts, irréductibles l'un à l'autre, la matière et l'esprit, les corps et les âmes, et l'on se préoccupe surtout de montrer que l'esprit ne peut se ramener à la matière, que l'âme est distincte du corps. Tel est le spiritualisme de Descartes, tel est aussi celui de la plupart des éclectiques français.

Au second point de vue, qui est celui du *spiritualisme moniste* ou *absolu*, la distinction de la matière et de l'esprit ne peut être que relative : l'esprit étant la seule existence réelle, la matière doit finalement se ramener à l'esprit. Tel est le spiritualisme de Leibniz; tel est aussi celui de philosophes contemporains tels que M. Ravaisson et M. Fouillée.

Le spiritualisme dualiste, moins hardi, moins profond, effraie moins le sens commun. Il est cependant moins satisfaisant pour la raison parce qu'il la laisse en présence de deux termes opposés, irréductibles, dont la coexistence et l'accord demeurent pour elle un mystère.

11. L'union de l'âme et du corps. — De là vient que le spiritualisme dualiste, si décisif tant qu'il s'agit de prouver la *distinction* de l'âme et du corps, devient si incertain dès qu'il s'agit d'expliquer leur *union*. — Comment comprendre en effet qu'une *substance étendue*, comme le corps, et une *substance pensante*, comme l'âme, puissent être *unies* l'une à l'autre et *communiquer* entre elles? Il semble qu'une substance étendue puisse seule s'unir à une substance étendue : où se ferait l'union, sinon dans le même espace? Et, cependant, l'âme n'a pas d'étendue et est étrangère à l'espace. — D'un autre côté, on comprend qu'un mouvement produise un mouvement, qu'une idée suscite une idée : mais on ne comprend pas qu'une idée puisse produire un mouvement ou qu'un mouvement puisse susciter une idée : il faut bien pourtant que cela soit si l'âme et le corps communiquent entre eux.

On ne résout pas ces difficultés, on ne les voit pas ou on les supprime tacitement en admettant avec EULER (philosophe et mathématicien du dix-huitième siècle) une influence naturelle, un *influx physique* du corps sur l'âme et de l'âme sur le corps. Cette influence réciproque, on ne nous donne aucun moyen de la concevoir; rien ne l'explique, tout la contredit dans la nature qu'on attribue de part et d'autre à l'âme et au corps.

DESCARTES a eu le sentiment de ces difficultés : il ne les a pas vraiment résolues. Selon lui, l'âme, qui n'est en aucune façon le principe de la vie corporelle, a pour siège la partie la plus intime et la plus centrale du cerveau, la *glande pinéale* : elle est en communication avec toutes les autres parties du corps par le moyen des *esprits animaux*, sorte de fluide analogue au *fluide nerveux* de quelques savants contemporains : les mouvements centripètes des esprits déterminent en elle des sensations, des images, etc.; elle-même détermine en eux des mouvements centrifuges qui contractent les muscles et déplacent les organes locomoteurs.

Mais toute cette mécanique physiologique n'explique pas comment l'âme inétendue peut résider dans l'étendue de la glande pinéale, ni comment ses pensées peuvent influer sur le mouvement des esprits animaux ou en ressentir l'influence.

Descartes, il est vrai, prétend que l'âme ne produit pas ces mouvements, mais qu'elle les *dirige*, comme le cavalier ne produit pas mais dirige les mouvements de son cheval. — Seulement, pour changer la direction d'un mouvement, une force mécanique n'est pas moins nécessaire que pour produire un mouvement : le problème subsiste toujours.

MALEBRANCHE a donc complété sur ce point le cartésianisme par sa célèbre hypothèse des *causes occasionnelles*. — A vrai dire, ni le corps n'agit sur l'âme, ni l'âme n'agit sur le corps : cela est inconcevable et impossible. Quand je veux remuer mon doigt et que mon doigt se remue, ma volonté n'est pas vraiment la cause de ce mouvement : une infinité d'intermédiaires que j'ignore s'interposent entre elle et lui ; et je n'ai nullement conscience de mouvoir le centre nerveux d'où part cependant l'impulsion. La vraie cause, la *cause efficiente* du mouvement, ne peut donc être que Dieu, présent à la fois dans mon corps et dans mon âme, seul capable de faire concorder les états de l'une et de l'autre. Mais comme Dieu ne meut mon corps qu'à l'occasion des volontés de mon âme ou ne produit des sensations dans mon âme qu'à l'occasion des mouvements de mon corps, le corps et l'âme se trouvent être les *causes occasionnelles* de leurs modifications réciproques.

On a fait des objections à cette doctrine, et pas toujours méritées. On lui a reproché d'être *fataliste, panthéiste*, etc. Nous lui objecterons surtout qu'elle ne résout nullement les difficultés pour lesquelles on la propose. — En effet, si Dieu est une intelligence, un esprit, il reste toujours impossible de comprendre comment il peut être présent dans notre corps, uni à lui, sans être étendu, et comment il peut produire en lui des mouvements, non en vertu de mouvements antérieurs, mais par des déterminations purement spirituelles, telles que des idées ou des volontés. — De même, la loi de la conservation de la force entrevue par Descartes et Malebranche n'est pas moins violée, soit que notre esprit, ou que l'esprit divin produise des mouvements dans notre corps ou y change la direction des mouvements déjà existants. — Ainsi les difficultés reculent simplement de l'âme à Dieu. La communication de l'esprit avec la matière est tout aussi inconcevable, que cet esprit soit fini ou infini. Alléguer la toute-puissance de Dieu, c'est invoquer un miracle et non éclaircir le mystère.

Il ne servirait de rien de prétendre, comme Malebranche le fait quelquefois, que Dieu est à la fois étendue et pensée, matière et esprit, ou plutôt principe commun de l'étendue et de la pensée, de la matière et de l'esprit, ou de supposer, à défaut de Dieu, une substance mixte, à la fois matérielle et spirituelle, pour servir d'intermédiaire entre l'âme et le corps. C'est l'hypothèse qu'on prête souvent (1) au philosophe anglais Cudworth, sous le nom d'hypothèse du *médiateur plastique.* Si dans ce médiateur, fini ou infini, peu importe, l'étendue et la pensée peuvent ainsi s'unir au point de ne plus former qu'une seule nature, qu'un seul être, pourquoi ne pourraient-elles pas s'unir directement dans notre âme même ou notre corps? et qu'est-ce qui empêche d'admettre, avec les matérialistes, une âme corporelle ou une étendue pensante? Il ne suffit donc pas, pour rapprocher l'âme et le corps, d'intercaler entre eux une substance qui participe aux caractères de l'un et de l'autre : on complique ainsi la difficulté, on ne la résout aucunement.

Il semble que l'hypothèse leibnizienne des *monades* diminue du moins l'intervalle. L'âme et le corps sont au fond de même nature : l'âme est une force; le corps est un système de forces. Le problème n'est donc plus de comprendre comment deux choses hétérogènes, comme l'étendue et la pensée, peuvent être unies et communiquer l'une avec l'autre : il s'agit seulement de découvrir le mode d'union et de communication de deux choses homogènes, qui ne diffèrent l'une de l'autre que par le nombre (l'âme étant une seule monade et le corps une pluralité de monades) et par le degré de perfection (l'âme étant une monade consciente et raisonnable, les monades corporelles n'ayant ni conscience distincte ni raison).

Dans ce nouveau problème, Leibniz aperçoit une difficulté qui semble avoir échappé à tous les philosophes, nullement propre d'ailleurs à la monadologie, mais commune à tous les systèmes, quels qu'ils soient, qui admettent une action réciproque des êtres : c'est la contradiction qui semble enveloppée dans le concept même de l'action réciproque ou simplement transitive. Par *action transitive,* on entend l'action d'un être sur un autre, une action qui, commencée dans l'un, passe, pour ainsi dire, et se termine dans l'autre. L'*action immanente* est, au contraire, l'action d'un être sur lui-même, une action qui reste dans l'être où elle s'exerce. Mais, dit Leibniz, l'action ne peut se séparer, sinon par abstraction, du sujet agissant : elle est un état de ce sujet même ; il est donc impossible qu'elle appartienne en même temps à deux sujets différents, à celui qui l'exerce et à celui qui la subit : on ne peut concevoir une manière d'être à cheval, pour ainsi dire, sur deux êtres. Il

(1) On la lui prête gratuitement, car sa vraie doctrine est tout autre.

s'ensuit que l'action transitive se décompose en deux états dont chacun appartient à un sujet distinct, états corrélatifs, sans doute, mais non identiques : elle n'est en définitive que la *correspondance* ou l'*harmonie* de ces deux états ; on appelle *actif* l'être dont l'état précède et explique celui de l'autre ; *passif*, l'être dont l'état suit celui du premier et est expliqué par lui. — Qu'on le remarque, cette difficulté se retrouve aussi bien dans l'action réciproque des corps, telle qu'on l'imagine d'ordinaire, que dans celle des monades. On suppose, en effet, qu'un corps transmet son mouvement à un autre par l'effet du choc ; mais, outre que les corps qui se choquent ne sont nullement en contact immédiat, le mouvement d'un corps ne peut se séparer de ce corps que par abstraction : il est ce corps même en train de se mouvoir ; il ne peut donc devenir le mouvement d'un autre corps. La prétendue communication du mouvement ne peut donc consister qu'en ceci : un corps se met de lui-même en mouvement lorsqu'il se trouve à proximité d'un autre corps qui est déjà en mouvement.

Mais, si l'on remplace l'action transitive des êtres par la correspondance de leurs états respectifs, encore faut-il expliquer cette correspondance. Leibniz l'explique par son hypothèse de l'*harmonie préétablie*. Il suppose que la série des états de chaque monade a été réglée dès l'origine de manière à correspondre avec celle des autres : ainsi au moment où la volonté de lever le bras se produit en moi comme conséquence de mes pensées antérieures, le mouvement du bras se produit dans mon corps comme conséquence des mouvements antérieurs. On peut comparer l'âme et le corps à deux horloges qui marchent ensemble. L'hypothèse d'Euler équivaut à supposer entre elles un lien matériel ; dans celle de Malebranche, il faut une intervention constante de l'horloger pour les mettre d'accord ; dans celle de Leibniz, elles ont été si bien accommodées d'avance l'une à l'autre que leurs mouvements s'accordent toujours. Une autre comparaison, moins grossière peut-être, est celle d'un orchestre de musiciens où chacun joue sa partie, sans s'occuper de ses compagnons, et cependant s'accorde avec eux, parce que le compositeur a pris soin, en écrivant chaque partie, d'avoir égard à toutes les autres.

La principale objection qu'on a faite à l'harmonie préétablie, c'est qu'elle conduit au *déterminisme* et au *fatalisme* ; mais une objection plus directe, c'est qu'elle ne résout pas le problème pour lequel Leibniz la propose, du moins telle qu'on la comprend d'ordinaire. En effet, l'action de la monade créatrice sur les monades créées n'est pas plus intelligible que celle des monades créées les unes sur les autres, puisqu'elle est elle-même par hypothèse une action extérieure ou transitive. La doctrine de Leibniz a sans doute un sens plus profond. On pourrait, croyons-nous, la résumer dans les propositions suivantes : « L'âme et le corps, et en général tous les êtres ne peuvent communiquer entre eux que s'ils sont de même nature, c'est-à-dire s'ils sont des forces capables de perception et d'action spontanée. C'est spontanément qu'ils harmonisent leurs états respectifs, par une sorte de divination sympathique, qui est comme la première forme de la connaissance et de l'amour. La raison qui explique en eux cette faculté d'harmonie n'est autre que leur unité originelle et peut-être substantielle : tous dérivent d'une même activité, d'une même intelligence primordiale ; elle les contient et les unit, bien que distincts. — Si l'on supprime ce principe supérieur, il devient absolument impossible de comprendre les rapports des êtres entre eux et l'harmonie de l'univers. »

Ainsi la théorie de la connaissance et la théorie de l'existence aboutissent à la même conclusion : ni l'accord de notre pensée avec les choses, ni l'accord des choses entre elles ne se peuvent expliquer en dehors de l'Esprit universel et absolu.

OUVRAGES A CONSULTER

Spencer, *Premiers principes* et *Principes de psychologie*. — Kant, *Critique de la raison pure ; Dialectique transcendantale*. — Lotze, *Psychologie physiologique*. — Lange, *Histoire du matérialisme*. — Janet, *Le cerveau et la pensée* et *Le matérialisme contemporain*. — Leibniz, *Nouveaux essais*, liv. II, chap. XXIII et XXVII, et liv. IV, chap. III ; *Monadologie*. — Ravaisson, *La philosophie en France au dix-neuvième siècle*. — Taine, *L'intelligence*. — Büchner, *Force et matière*.

Voyez en outre *Psychologie*, chap. I (Caractères propres des faits psychologiques).

SUJETS DE DISSERTATIONS

1, 2, 3 et 4. Est-il vrai, comme on l'a dit, que le moi ne soit qu'une collection de sensations ? 84-85.

Que faut-il penser de cette proposition : « Le moi est une collection d'états de conscience ? » 82.

5, 6, 7 et 8. Distinguer par leurs caractères essentiels l'âme et le corps. 70.

Commenter, à l'aide de Descartes, cette parole de Pascal : « Je puis bien concevoir un homme sans mains, pieds, tête, mais je ne puis concevoir l'homme sans pensée. » 82-85.

Prouver par l'analyse des conditions de la pensée et de la responsabilité que le principe des faits psychologiques doit être un, simple et identique. 74.

Démontrer l'unité et la simplicité du moi par l'analyse des opérations intellectuelles. 78.

La liberté morale peut-elle s'accorder avec le matérialisme? 79.

9 et 10. Exposer et discuter les objections du matérialisme contre la distinction de l'âme et du corps. 67.

Nature et destinée de l'âme. 84.

De la nature de l'âme, ses attributs, sa destinée. 75-77.

11. De l'union de l'âme et du corps. 76.

En quoi consiste la question si controversée des rapports du physique et du moral? 73.

En quoi consiste la question des rapports de l'âme et du corps? Que savez-vous des différentes solutions proposées sur cette question? 78.

Qu'est-ce que la théorie de l'harmonie préétablie dans la philosophie de Leibniz? 82.

CHAPITRE V

DIEU. — LA PROVIDENCE. — LE PROBLÈME DU MAL

I. — EXISTENCE ET ATTRIBUTS DE DIEU.

1. Théodicée. — La théodicée comprend trois grandes questions : 1° l'existence de Dieu ; 2° la nature ou les attributs de Dieu ; 3° les rapports de Dieu avec le monde et l'humanité.

2. Les preuves de l'existence de Dieu. — Pour prouver l'existence de Dieu, il faut d'abord avoir une certaine idée de Dieu et, par conséquent, le définir.

Dieu, c'est l'Être absolu et parfait, cause première de toutes choses. *Existence absolue* (exister par soi indépendamment de toute autre cause), *essence parfaite* (contenir en soi la plénitude de l'être), *causalité universelle* (être la raison et la cause de toute autre existence et de toute autre essence), telles sont les trois notions dont la synthèse constitue l'idée de Dieu.

Les preuves de l'existence de Dieu sont de trois sortes :
1° *Preuves physiques*, tirées du monde extérieur ;
2° *Preuves métaphysiques*, tirées de notre raison ;
3° *Preuves morales*, tirées de la nature humaine.

Kant, qui en a fait la critique, distingue, d'une part, les preuves métaphysiques, qu'il rejette et qu'il réduit à trois principales : *cosmologique*, *téléologique* et *ontologique* ; d'autre part, les preuves morales ou plutôt la preuve *morale* qu'il admet, moins, il est vrai, à titre de preuve qu'à titre de postulat.

3. Les preuves physiques. — On peut, dans le monde extérieur, considérer soit son *existence* pure et simple, soit les *changements* qui s'y produisent, soit les *rapports* des diverses parties qui le composent.

De là trois preuves physiques :
1° La preuve par l'existence du monde (*a contingentia mundi*);

2° La preuve par le mouvement de la matière (argument cosmologique de Kant);

3° La preuve par l'ordre de la nature (preuve des causes finales, argument téléologique ou physico-théologique de Kant).

Ces trois preuves ont pour majeure le principe de raison ou de causalité : elles concluent d'un certain *effet*, qui est l'existence du monde, ou le mouvement de la matière, ou la finalité de la nature, à une *cause* suffisante, laquelle est Dieu.

4. La preuve par la contingence du monde. — Le monde est contingent : il existe, mais il pourrait aussi bien ne pas exister : on peut sans contradiction concevoir sa non-existence. Il n'existe donc pas par lui-même. Or, tout ce qui n'existe pas par soi-même existe par autre chose que soi. Le monde existe donc par la vertu d'un autre être : cet être, existant par soi, est l'être nécessaire ou absolu, c'est-à-dire Dieu. Donc Dieu existe.

Au point de vue logique, on pourrait objecter qu'affirmer la contingence du monde, c'est supposer ce qui est en question. Sans doute, le monde tel que nous le concevons ne nous paraît pas nécessaire; mais notre conception du monde est certainement inadéquate. Dès lors, il est permis de supposer que, si nous le connaissions complètement, nous verrions peut-être en lui la raison qui le fait exister, et nous ne pourrions plus sans contradiction concevoir sa non-existence. — Il faudrait, pour étayer la preuve, montrer que le concept du monde non seulement *n'implique pas* la nécessité d'existence, mais qu'il l'*exclut*. Par monde, en effet, on entend une pluralité d'êtres distincts (atomes, forces, monades, peu importe) : or aucun de ces êtres n'a évidemment en lui-même sa raison d'exister et, par conséquent, n'existe par lui-même : ils sont, en effet, tous relatifs les uns aux autres et se conditionnent réciproquement; donc l'ensemble de ces êtres, qui est le monde, n'existe pas par lui-même : ce qu'il fallait démontrer.

Ainsi rectifiée, la preuve conduit à l'affirmation d'une *unité absolue* et primitive, dans laquelle la pluralité des êtres a sa raison. Mais on peut encore se demander si cette unité est un esprit ou si elle n'est pas simplement la substance même du monde.

5. La preuve par le mouvement. — La preuve tirée du mouvement de la matière, que l'on peut faire remonter à Aristote, a été présentée de deux façons différentes, selon que l'existence de Dieu est conclue, soit de ce fait que le mouvement *a commencé*, soit de l'*existence pure et simple* du mouvement.

1° La matière se meut, ses mouvements actuels résultent de mouvements antérieurs ; ceux-ci, d'autres mouvements encore, mais on ne peut admettre que ses mouvements se continuent sans fin dans le passé ; comme dit Aristote, il faut s'arrêter : ἀνάγκη στῆναι. La série des mouvements a donc commencé ; et par conséquent il existe une cause éternelle qui a imprimé le mouvement à la matière.

On contestera qu'il soit nécessaire de s'arrêter. Prétendre que la série des mouvements ne peut être infinie, c'est supposer ce qui est en question. Il n'y a, au contraire, aucune raison de ne pas toujours chercher la cause d'un mouvement dans un mouvement antérieur : sans doute, nous ne pouvons concevoir ou imaginer cette régression infinie ; mais concevons-nous ou imaginons-nous davantage une cause qui, dans l'infinité de la durée, agit sans aucune raison à un moment plutôt qu'à un autre ?

Il faudrait donc démontrer et non pas seulement affirmer que la série des mouvements a, en effet, commencé. Des philosophes contemporains (M. Renouvier) ont cru pouvoir le démontrer par l'*impossibilité de l'infini actuel*. Tout nombre, quelque grand qu'il soit, est nécessairement fini ; un nombre infini est une contradiction dans les termes. Mais, si la série des mouvements n'a pas commencé, le nombre des mouvements qui ont précédé les mouvements actuels est infini : ce qui est absurde. La série a donc commencé (1).

2° D'ailleurs, qu'il y ait eu ou non un premier mouvement, de l'existence du mouvement en général on peut conclure à l'existence de Dieu. En effet, la matière est inerte, c'est-à-dire indifférente au mouvement et au repos : or elle se meut, donc il y a une cause qui la fait se mouvoir ; et si le mouvement est éternel, la cause de ce mouvement est éternelle. Cette seconde preuve est bien plutôt celle d'Aristote que la première.

On pourrait y faire une objection analogue à celle que l'on a déjà faite à la preuve par la contingence du monde. Sans doute, la matière, telle que nous la concevons, est inerte ; mais, si nous en avions une conception plus complète, nous verrions peut-être en elle la raison qui la nécessite à se mouvoir. — On répondra, à peu près comme à l'objection correspondante, que la matière, quelque progrès que fasse la conception que nous en avons, si elle est toujours conçue comme une matière, c'est-à-dire comme une pluralité d'êtres dont

---

(1) Voy. la discussion de cette doctrine dans la *Critique philosophique* du 26 avril 1877.

aucun n'agit et ne se meut par lui-même, exigera toujours en dehors d'elle une cause unique, absolue, capable de susciter en elle l'action et le mouvement.

6. La preuve par les causes finales. — Cette preuve est une des plus anciennes (on la trouve dans Socrate) et des plus populaires. Kant lui-même en parle avec une sorte de respect. Elle peut se résumer dans le syllogisme suivant :

1° Tout système de moyens et de fins est l'effet d'une cause intelligente (*majeure*);

2° Or la nature est un système de moyens et de fins (*mineure*);

3° Donc la nature est l'effet d'une cause intelligente (*conclusion*).

La majeure est un corollaire du principe de raison ou de causalité. Étant donné un système de moyens et de fins, la seule raison vraiment suffisante de cet effet est une cause intelligente. Dans un tel système, la fin, c'est-à-dire l'effet futur, détermine les moyens, c'est-à-dire les causes présentes; mais un effet futur est une simple possibilité qui, pour déterminer ses propres causes, doit être déjà réelle et présente en quelque manière : elle ne peut l'être que dans une intelligence capable de prévision et de volonté.

La mineure se prouve par l'expérience. Sans doute, dans le règne inorganique, la finalité est encore voilée. Nous ne pouvons, par exemple, affirmer avec certitude que l'admirable ordonnance des cieux se rapporte à un but ou à un plan; mais, dans le monde des vivants, la finalité est partout visible. Une production organisée de la nature, a dit Kant, est celle dans laquelle tout est réciproquement fin et moyen. Que l'on considère les plantes et les animaux, soit dans les rapports des fonctions entre elles, soit dans les rapports des organes entre eux, soit dans les rapports des fonctions et des organes, soit enfin dans les rapports des êtres mêmes avec leurs milieux, il est impossible de ne pas reconnaître une adaptation systématique de moyens à des fins. — Mais, si la majeure et la mineure sont certaines, l'une à priori en vertu de la raison, l'autre à posteriori en vertu de l'expérience, la conclusion l'est aussi.

7. Les objections contre la preuve des causes finales. — On a multiplié les objections contre la preuve des causes finales. Elles ont porté principalement sur la mineure, c'est-à-dire sur l'existence de la finalité dans la nature.

Quelques-uns, comme Descartes, ont prétendu que les causes finales étaient douteuses; d'autres, comme les épicuriens dans l'antiquité et les évolutionnistes chez les modernes, ont soutenu qu'elles n'existaient pas.

L'homme, d'après Descartes, ne peut pas savoir quelles fins Dieu s'est proposées en créant le monde : toutes celles qu'il imagine sont des hypothèses arbitraires et impossibles à vérifier. — On a, il est vrai, souvent abusé des causes finales, par exemple, lorsqu'on a supposé que l'homme était le but et le centre de la création. Souvent aussi la *finalité externe* des êtres nous échappe ; nous voyons bien, par exemple, que tous les organes de la vipère ont pour but sa conservation et sa reproduction ; mais à quoi bon la vipère ? Ces ignorances et ces erreurs ne nous empêchent pas d'affirmer que les yeux sont faits pour la vision, les oreilles pour l'ouïe, les sens pour la connaissance du monde extérieur, etc. ; et notre affirmation est aussi certaine ou du moins aussi probable que les inductions par lesquelles nous déterminons les causes efficientes des phénomènes.

Les épicuriens et les évolutionnistes objectent que les causes finales sont inutiles là où les causes efficientes suffisent. « L'oiseau n'a pas des ailes pour voler ; il vole parce qu'il a des ailes. » Mais le mécanisme n'exclut pas la finalité. Sans doute, l'oiseau vole parce qu'il a des ailes, comme l'horloge sonne l'heure parce qu'elle a un timbre ; mais pourquoi l'horloge a-t-elle un timbre sinon pour sonner l'heure ? et, de même, pourquoi l'oiseau a-t-il des ailes sinon pour voler ? — On répond que l'existence des ailes peut s'expliquer sans supposer que l'idée du vol ait contribué à les former. Les êtres vivants, d'après Épicure, sont résultés de toutes sortes de combinaisons, parmi lesquelles il devait nécessairement s'en rencontrer d'harmonieuses. L'évolutionnisme, avec Darwin, Spencer, Hæckel, etc., croit expliquer la finalité apparente des êtres vivants par la *concurrence vitale* et la *sélection naturelle*. Tous les êtres luttant entre eux pour la vie (*struggle for life*), ceux-là subsistent seuls et transmettent leur organisation à des descendants qui se trouvent être adaptés aux conditions d'existence. Mais, si l'hypothèse explique la survivance des plus aptes, elle n'explique pas l'origine même des adaptations : ou cette origine n'est que le *hasard*, c'est-à-dire une coïncidence accidentelle de causes aveugles, ou elle est une *loi* inhérente à la vie même, en vertu de laquelle tous les êtres vivants tendent à s'adapter aux conditions d'existence. Dans le premier cas, quoi de plus invraisemblable qu'un hasard aussi répété, aussi constant ! Dans le second cas, cette loi de la vie est la loi même des causes finales.

Les objections de Kant portent plutôt contre la majeure ou contre le rapport de la conclusion avec les prémisses.

A la majeure, Kant objecte qu'un système de moyens et de fins n'est pas nécessairement l'effet d'une cause intelligente. Il peut être l'effet soit d'une cause *instinctive*, soit d'une *pluralité* de causes agissant de concert. Par exemple, l'instinct de l'animal trouve, aussi bien que l'intelligence humaine, les moyens les plus convenables pour une fin. Il semble même que la nature agisse plutôt par instinct que par intelligence : ses œuvres sont l'effet d'un art spontané, non d'un artifice réfléchi. — Kant oublie que l'instinct est lui-même un des cas de finalité qu'il faut expliquer ; car, si l'animal ignore la fin pour laquelle il agit, comment cette fin peut-elle déterminer ses actes ? Ignorée de l'animal, il faut qu'elle soit connue de la cause qui meut l'animal. Cette cause est donc intelligente.

D'autre part, plusieurs causes, agissant par intelligence ou par instinct, peuvent produire par leur coopération un système de moyens et de fins. La nature pourrait donc être l'œuvre de plusieurs principes. Le conflit des différentes fins que les êtres y poursuivent semble même prouver qu'il en est ainsi. — Plusieurs causes peuvent, en effet, produire un système de moyens et de fins, mais à la condition de se concerter entre elles ou d'être toutes subordonnées à une cause directrice dont elles suivent les plans. Or, les forces dont la nature se compose s'ignorent les unes les autres, et, par conséquent, si elles s'harmonisent, c'est parce qu'elles obéissent toutes à une commune direction.

Enfin, Kant objecte que la conclusion excède les prémisses. Quand bien même la nature serait l'effet d'une cause intelligente, il ne s'ensuivrait point que cette cause est Dieu, c'est-à-dire l'Être absolu et parfait. La même objection pourrait d'ailleurs être faite à la *preuve cosmologique*.

Les causes finales prouvent peut-être une cause ordonnatrice du monde ; mais elles ne prouvent pas une cause *créatrice*. — En outre, l'ordre du monde est imparfait et mêlé de désordre : il témoigne donc d'une très grande puissance et d'une très grande intelligence, mais non d'une puissance et d'une intelligence *infinies*.

On pourrait répondre que l'ordre du monde n'est pas, comme dans les œuvres de l'homme, une forme extérieure imprimée à une matière toute passive, qu'il sort du fond des choses, qu'il est inséparable de leur existence même, et qu'ainsi la cause ordonnatrice se confond avec la cause créatrice. — D'autre part, si l'on admet une cause première, il n'y a aucune raison, à priori de limiter sa perfection : c'est donc arbitrairement qu'on lui assignerait un certain degré de puissance ou d'intelligence. — Mais, quand bien même on admettrait cette dernière objection de Kant, la seule conséquence à en tirer, c'est que la preuve des causes finales est *incomplète* et qu'elle demande, comme toutes les preuves physiques, le complément de preuves d'un autre ordre.

8. Les preuves métaphysiques. — Les preuves métaphysiques sont tirées des idées de la raison. Elles aboutissent à un Dieu véritablement absolu et parfait, et non, comme les preuves physiques, à un Dieu cause suffisante du monde; mais elles sont toutes sujettes aux objections que les empiriques et les relativistes soulèvent contre la raison.

On peut en distinguer trois principales ;
1° Preuve par les vérités éternelles ;
2° Preuve par l'idée de l'infini ;
3° Preuve *ontologique* par l'idée de la perfection.

9. Preuve par les vérités éternelles. — Elle a été surtout exposée par Bossuet et Leibniz. — Il existe des vérités éternelles. Telles sont, entre autres, les vérités mathématiques et morales, tels sont aussi les principes de la raison. Ces vérités sont indépendantes du monde où elles se réalisent et de notre esprit qui les conçoit. Mais, si l'on ne voit en elles que des possibilités, elles n'ont aucune existence réelle : ce qui est en contradiction avec l'éternité qu'on leur attribue. Il faut donc qu'elles subsistent dans une intelligence éternelle.

On pourrait généraliser l'argument et prétendre que toutes les vérités, tous les rapports des choses ont aussi pour condition l'existence d'une raison absolue et universelle. Telle a été du moins pour nous la conclusion de la théorie de la connaissance.

10. Preuve par l'idée de l'infini. — Cette preuve a été inventée par Descartes. J'ai, dit-il, l'idée de l'infini, c'est-à-dire d'une existence et d'une nature sans bornes. La présence de cette idée en moi est un effet qui exige une cause. Elle ne peut me venir de moi-même ni des choses extérieures où je vois partout des bornes. Il faut donc qu'elle me vienne d'un être infini qui l'a mise en moi « *comme la marque de l'ouvrier sur son ouvrage* ».

On a objecté que l'idée de l'infini pouvait dériver du travail de l'esprit sur les données de l'expérience. Par exemple, étant donné le fini, l'imagination l'ajoute à lui-même, et comme il n'y a pas de limite à cette *addition*, elle conçoit ainsi l'infini. — Mais on répondra que l'idée obtenue de la sorte est celle de l'*indéfini*, non celle de l'*infini*, et qu'elle suppose comme sa condition l'idée de l'*infini* véritable : pour penser que la borne, bien que toujours existante, peut toujours être reculée, il faut avoir l'idée d'un pouvoir supérieur à toute borne.

Au lieu d'une addition, on a invoqué une *soustraction*. Étant donné le fini, il suffit d'abstraire ou de nier les bornes pour concevoir l'infini. — Mais, si le fini n'a pas été d'abord conçu comme une négation ou limitation de l'infini, en ôtant les bornes, on l'ôtera lui-même tout entier. L'idée d'infini n'est donc négative qu'en apparence; en réalité, c'est l'idée du fini qui implique une négation et qui est par conséquent postérieure à celle de l'infini (1).

11. Preuve ontologique. — Cette preuve a été imaginée par saint Anselme dans son *Proslogium*. Elle a été retrouvée depuis par Descartes.

Saint Anselme prenant pour texte cette phrase de l'Ecriture : « *Dixit insipiens in corde suo : Non est Deus*. L'insensé a dit dans son cœur : Il n'y a point de Dieu, » prétend donner une preuve de l'existence de Dieu telle que l'insensé lui-même ne puisse la contester. — Dieu est, par définition, l'être absolument parfait, tel par conséquent qu'on ne puisse en concevoir un plus parfait; mais, si l'on suppose qu'il existe seulement dans notre pensée (*in intellectu*) et non dans la réalité (*in re*), on peut par cela même concevoir un être plus parfait, à savoir un être existant non seulement dans notre pensée mais encore dans la réalité. Mais il est absurde qu'on puisse concevoir un être plus parfait que l'être absolument parfait. Donc Dieu existe réellement.

L'existence, dit Descartes, est comprise dans l'idée que j'ai d'un être parfait en même façon qu'il est compris en celle d'un triangle que ses trois angles sont égaux à deux droits.

On pourrait résumer la preuve dans ce syllogisme : L'être absolument parfait possède toutes les perfections; or l'existence est une perfection; donc l'être absolument parfait existe.

Un moine de l'abbaye de Marmoutiers, Gaunilon, répondit à saint Anselme dans un écrit intitulé *Liber pro insipiente*. Il réduisit l'argument à l'absurde en montrant qu'on pourrait par le même

---

(1) Voy. une discussion plus complète de cette preuve dans l'*Introduction à la recherche des causes premières*, Bertauld, t. II, p. 108.

raisonnement démontrer l'existence des îles Fortunées. Les îles Fortunées sont les îles les plus parfaites qu'on puisse concevoir ; mais, si elles n'existaient pas réellement, on pourrait en concevoir de plus parfaites, ce qui est absurde ; donc elles existent. — Saint Thomas ne vit aussi dans la preuve de saint Anselme qu'une pétition de principe.

Leibniz prétend que la preuve est incomplète : elle suppose en effet tacitement que Dieu est possible, ou que le concept d'un être absolument parfait n'enveloppe aucune contradiction. Il la formule donc ainsi : un être dont l'essence enveloppe l'existence, s'il est possible (c'est-à-dire s'il a une essence), existe ; or Dieu est par définition l'être dont l'essence enferme l'existence, donc Dieu, *s'il est possible,* existe ; et il démontre qu'il est possible tantôt en ayant recours à la preuve *a contingentia :* « Si l'être de soi est impossible, tous les êtres par autrui le sont aussi, puisqu'il ne sont enfin que par l'Être de soi ; ainsi rien ne saurait exister » ; tantôt en faisant remarquer que « rien ne saurait empêcher la possibilité de ce qui n'enferme aucune borne, aucune négation, et par conséquent aucune contradiction ».

Mais la critique la plus pénétrante de la preuve ontologique a été faite par Kant, qui appelle cet argument l'*Achille de la métaphysique.* Kant ne conteste pas, du moins expressément, la possibilité de l'Être absolu ou parfait ; mais il conteste, d'abord que le concept d'un tel Être enferme l'existence ; et, en second lieu, quand bien même il l'enfermerait, on ne peut pas, selon lui, en conclure que l'Être parfait existe.

Il nous semble difficile de prétendre que notre esprit, dans l'idée qu'il se fait d'un Être absolument parfait, n'introduise pas nécessairement l'idée d'existence. Si l'on objecte, avec Kant, que l'existence pure et simple n'est pas une perfection, l'existence nécessaire en est certainement une. — Mais, d'autre part, il faut, ce semble, concéder à Kant qu'il est illégitime de conclure de l'idée à la réalité. L'argument de saint Anselme et de Descartes prouve qu'il est absurde de concevoir un Être absolument parfait sans le concevoir comme existant nécessairement : il ne prouve pas que cet être existe en effet. Autre chose est le concept de l'existence, autre chose l'existence effective. L'idée de Dieu qui est dans notre esprit enveloppe dans notre esprit l'idée d'existence : mais Dieu existe-t-il ? Un objet correspond-il dans la réalité à ce concept d'un être auquel ne manquerait aucune perfection, pas même l'existence ?

La question demeure toujours pendante. La réalité des choses ne peut pas se prouver par l'analyse de leurs concepts : d'une perfection idéale on ne peut faire sortir qu'une existence idéale. L'argument ontologique est l'un ou l'autre de ces deux sophismes : une pétition de principe, s'il enferme d'avance l'affirmation de l'*existence réelle* dans l'idée de la perfection; une ignorance du sujet (*ignoratio elenchi*), s'il prétend avoir prouvé l'existence réelle de Dieu parce que l'*idée d'existence* est contenue dans l'idée de la perfection.

Toutefois, s'il est vrai que nous ne puissions pas concevoir l'être parfait sans le concevoir comme existant nécessairement, le doute qu'on élève sur la valeur de la preuve ontologique est en somme un doute élevé sur la valeur même de la raison. La raison juge à priori que l'être parfait doit exister. La vérification à postériori de ce jugement fait défaut. Est-ce vraiment un motif suffisant pour la raison de douter de sa vérité? Sous l'appareil du syllogisme, la preuve de saint Anselme et de Descartes dissimule au fond un acte de foi de la raison dans la portée objective de ses concepts et en particulier du plus compréhensif de tous, le concept de l'être parfait.

12. Les preuves morales. — On a réuni sous le nom de preuves morales un certain nombre d'arguments tirés de la nature morale de l'homme et auxquels aussi manque peut-être, dans la pensée de leurs partisans, une certitude (physique ou métaphysique) égale à celle qu'ils attribuent aux précédents.

1° *Preuve par le consentement universel.*— Une croyance universelle ne peut être fausse. Or tous les hommes croient en Dieu. Donc Dieu existe. — Cet argument n'a aucune valeur logique. Il implique en effet un cercle vicieux. Si une croyance universelle ne peut être fausse, c'est parce qu'on suppose qu'elle est l'effet d'un instinct et que l'instinct est infaillible : mais l'instinct n'est infaillible que dans l'hypothèse où la nature est l'œuvre d'un Dieu sage et bienfaisant.

2° *Preuve par les facultés de l'âme humaine.* — La sensibilité aspire à un bien infini, comme le prouve l'inquiétude même de nos désirs.

> Une immense espérance a traversé la terre,
> Malgré nous vers le ciel il faut lever les yeux.

La cause d'effets aussi puissants ne peut manquer d'être réelle.
« Un seul soupir de l'âme vers le meilleur, le futur et le parfait,

a dit le philosophe Hemsterhuys, est une démonstration plus que géométrique de la divinité. »

D'un autre côté, l'existence de la raison en nous prouve l'existence d'une raison absolue et parfaite à l'origine des choses. « Quelle plus grande absurdité, a dit Montesquieu, qu'une fatalité aveugle qui aurait produit des êtres intelligents ! »

Enfin, la volonté de l'homme ne peut être l'effet de la nature où tous les phénomènes se déterminent mécaniquement les uns les autres. Sa liberté relative prouve l'existence, à l'origine des choses, d'une volonté surnaturelle absolument libre.

3° *Preuve par l'obligation et la sanction morale.* — L'idée d'obligation s'attache d'elle-même dans notre conscience à l'idée du bien, loi suprême de notre volonté. Mais la raison n'en recherche pas moins pourquoi il existe un bien obligatoire ; et la seule raison possible d'une telle loi, c'est l'existence d'une justice et d'une sainteté absolues, d'un bien réel et vivant qui, par l'affinité de sa nature avec la nôtre, se propose et s'impose à nous comme notre modèle et notre fin.

De même, la loi morale doit être sanctionnée : l'harmonie doit finalement se faire entre les commandements de notre raison et les aspirations de notre sensibilité. Mais cet accord n'est possible et assuré que si le législateur de la nature est en même temps l'auteur de la loi morale.

13. Les attributs de Dieu. — La théologie traditionnelle distingue en Dieu deux sortes d'attributs : *métaphysiques* et *moraux*.

Les attributs métaphysiques appartiennent à Dieu en tant qu'être absolu et infini : ils se *déduisent à priori* de sa notion : ce sont l'unité, la simplicité, l'immutabilité, l'éternité et l'immensité.

Dieu est *un* : deux êtres infinis se confondraient ou se limiteraient.

Il est *simple*, c'est-à-dire sans parties : toute composition, dit Descartes, marque de la dépendance.

Il est *immuable* : car il ne peut devenir ni plus parfait ni moins parfait.

Il est *éternel*, sans commencement et sans fin, ou plutôt étranger et supérieur à la durée : la durée, en effet, implique succession et changement.

Il est *immense* : exister dans un lieu, c'est être borné ; exister en tous lieux, c'est être étendu et par conséquent composé. Il est donc en dehors et au-dessus de l'Espace, comme il est en dehors et au-dessus du Temps.

Les attributs moraux appartiennent à Dieu en tant que cause absolument parfaite des créatures : ils *s'induisent à posteriori* des attributs que l'expérience nous révèle dans le monde ou en nous-mêmes ; mais cette *méthode d'analogie* doit en même temps être rectifiée par une méthode de *transcendance* qui élève ces attributs à l'infini avant de les affirmer de Dieu.

Leibniz ramène tous les attributs moraux de Dieu à trois principaux :

1° La *puissance*, qui est la perfection absolue de l'activité ;
2° La *sagesse*, qui est la perfection absolue de l'intelligence ;
3° La *bonté*, qui est la perfection absolue de l'amour.

Dieu, considéré au seul point de vue des attributs métaphysiques, n'est qu'un *être*, une *substance*. Les attributs moraux constituent sa *personnalité*.

14. Le panthéisme. — D'après le panthéisme, Dieu est la substance universelle : il est l'être universel dont tous les autres êtres sont des modes ; il n'a, par conséquent, ni conscience ni volonté. — Ainsi, d'après les stoïciens, le monde et Dieu ne sont qu'une même existence envisagée sous deux aspects : le monde, c'est la matière ; Dieu, c'est la force, qui lui imprime l'ordre et le mouvement ; mais la matière et la force sont inséparables : isolée, chacune n'est plus qu'une abstraction. — D'après Spinoza, un seul être existe, nécessaire, infini, avec deux attributs parallèles, l'étendue et la pensée, dont les innombrables modes composent de part et d'autre le monde des corps et celui des âmes. — Toutes ces doctrines reconnaissent à Dieu les attributs métaphysiques, mais lui refusent les attributs moraux.

Le panthéisme n'est pas seulement en contradiction avec l'expérience qui nous montre la *pluralité* des consciences et par conséquent des substances, en même temps que la *liberté* et la *moralité* humaines, incompatibles avec la nécessité universelle qui dérive de son principe ; il est en contradiction avec lui-même. En effet, il pose Dieu comme absolu et infini, et cependant il l'identifie avec la nature, qui est essentiellement finie et relative.

Dieu n'est pas la substance des choses : il en est la raison et la cause.

15. La création. — La création est l'acte par lequel Dieu fait être le monde.

Par cela même que la perfection absolue existe, une infinité d'êtres plus ou moins parfaits sont possibles. Dieu connaît ces possibilités enveloppées dans sa puissance. Sa bonté les réalise.

Le *dualisme* suppose une matière coéternelle à Dieu : c'est supposer deux absolus qui se limitent réciproquement. L'absolu est un ou il n'est pas.

II. — LA PROVIDENCE ET LE PROBLÈME DU MAL.

1. La Providence. —La Providence est l'action par laquelle Dieu conserve et gouverne le monde conformément à ses attributs : c'est la manifestation dans le monde de la puissance, de la sagesse et de la bonté de Dieu.

On donne souvent le nom de *déisme* à la doctrine qui, tout en admettant la création, rejette la Providence. Dieu, d'après le déisme, est la cause originelle de l'existence du monde; mais, une fois existant, le monde se conserve par sa propre force et se gouverne par ses propres lois. Voltaire a été partisan de cette doctrine.

Comment prouve-t-on la Providence? Descartes la prouve par l'identité en Dieu de l'acte créateur et de l'acte conservateur. La conservation du monde est une *création continuée*. Les moments de la durée étant distincts et indépendants les uns des autres, si Dieu ne donnait à chaque instant l'être aux choses, à chaque instant elles retomberaient dans le néant. La création n'est donc pas un acte unique, instantané, qui diviserait l'éternité de Dieu en deux moitiés, l'une antérieure, l'autre postérieure : c'est un acte éternel, qui coexiste avec toute la durée du monde et dans lequel cette durée même a sa raison.

On pourrait la prouver encore à priori par la notion des attributs de Dieu. En effet, Dieu ne serait ni infiniment puissant, ni infiniment sage, ni surtout infiniment bon, si le monde pouvait se conserver et s'ordonner sans son concours, et si lui-même se désintéressait de la destinée de son œuvre.

Enfin, on trouve une autre preuve, à posteriori, dans le spectacle du monde et de l'humanité. L'ordre qui règne dans la nature, le progrès qui s'y manifeste sont inexplicables par les seules forces et les seules lois de la nature, sans l'assistance perpétuelle d'une pensée prévoyante et bienfaisante. De même, l'histoire de l'humanité témoigne, d'après Bossuet, Herder, Quinet, etc., de la direction imprimée aux choses humaines par une sagesse divine.

2. Le problème du mal. — La grande objection contre la Providence, c'est l'existence du mal, comme le grand argument en sa faveur, c'est l'existence du bien. « *Si Deus est, unde malum? Si non est, unde bonum?* » Car enfin, ou Dieu pouvait empêcher le mal, et il ne l'a pas voulu. Que devient alors sa bonté? Ou il le voulait et il ne l'a pas pu. Que devient alors sa puissance? Tragique dilemme où la conscience religieuse se débat!

Nier le mal, ce serait nier l'évidence. Il se présente à nous sous tant de formes! Leibniz les ramène toutes à trois principales : le mal métaphysique, le mal physique, le mal moral.

3. Les trois formes du mal et leurs rapports. — Le *mal métaphysique*, c'est l'imperfection générale des créatures. Toute créature, en effet, est imparfaite : elle est toujours et nécessairement limitée sous tous les rapports. Son existence est contingente et dépendante; ses attributs finis en nombre et en degré. Aucune n'est tout ce qu'elle pourrait et devrait être.

Le *mal physique*, ce sont les désordres de la nature inanimée et vivante, les cataclysmes, les monstruosités, les maladies, la mort, ce sont surtout les souffrances des êtres sentants.

Le *mal moral*, enfin, le seul que reconnût le stoïcisme, ce sont les fautes, les crimes, les injustices et turpitudes de toute sorte dont l'homme est à la fois l'auteur et la victime.

Le premier est le mal de l'être; le second, le mal de la sensibilité; le troisième, le mal de la volonté.

Le mal métaphysique, on l'a fait souvent remarquer, est purement *négatif* : c'est une simple limitation de l'être, c'est l'absence ou la privation d'un bien. Par exemple, savoir est un bien, ignorer est un mal; mais l'ignorance n'est que la privation ou la limitation de la science. Si l'on considère un être en lui-même, son existence, ses attributs sont autant de perfections ou de biens; mais, si on le compare à un autre plus parfait ou à ce qu'il pourrait et devrait être lui-même, ce qui lui manque pour égaler cet idéal est précisément ce qui constitue en lui le mal métaphysique. Ce mal résulte donc d'une simple relation : c'est un moindre bien, un moindre être. Dès lors, le mal absolu serait identique au non-être, ce qui revient à dire que le mal absolu n'existe pas ou que le mal est essentiellement relatif.

Le mal physique et le mal moral sont, au contraire, des maux *positifs*. La souffrance, le crime, ne sont pas de simples privations. Le dicton scolastique rapporté par Leibniz : « *Bonum ex causa*

DIEU. — LA PROVIDENCE. — LE PROBLÈME DU MAL. 477

integra, malum ex quolibet defectu, » et cet autre : « *Malum causam habet non efficientem sed deficientem*, » ne sont vrais que du mal métaphysique.

On peut cependant montrer que le mal métaphysique est la condition et la racine des deux autres formes du mal.

En effet, un être absolument parfait et bon serait tout à la fois impassible et impeccable. Qu'est-ce que la souffrance, sinon la conscience d'une imperfection, *sensus alicujus imperfectionis?* Dès que notre existence est menacée, notre activité défaillante ou contrariée, ce mal, devenu sensible pour nous, c'est la douleur. Pareillement, qu'est-ce que la faute, sinon un mauvais usage de la liberté, et qu'est-ce que la liberté dans un être imparfait, ignorant et passionné comme l'homme, sinon la possibilité de faillir?

Par cela même, le problème du mal se dédouble. Premièrement, comment Dieu a-t-il pu vouloir ou permettre le mal métaphysique? En second lieu, comment a-t-il pu vouloir ou permettre ces aggravations du mal métaphysique qu'on appelle le mal physique et le mal moral?

4. La raison du mal métaphysique. — La première question revient à se demander pourquoi Dieu a créé un monde imparfait. Mais, répond Leibniz, un monde créé est nécessairement imparfait, par cela seul qu'il est créé et qu'il est un monde. En effet, il serait contradictoire que la créature fût parfaite, puisque son existence est contingente et dépendante, puisqu'elle n'a d'être que ce que lui en communique la cause même qui la crée. Un monde absolument parfait ne serait plus un monde, mais un Dieu. Or Dieu est nécessairement unique. Poser deux dieux, c'est poser deux indiscernables, c'est poser un seul Dieu sous deux noms différents. Par conséquent, ou Dieu ne devait pas créer du tout, ou, s'il créait, il créait nécessairement un monde, et un monde imparfait. Vouloir qu'il crée la perfection, c'est vouloir qu'il crée et qu'il ne crée pas en même temps, ou, pour mieux dire, c'est ne pas savoir ce qu'on veut. L'imperfection fait donc partie de l'essence de la création : il est contradictoire que l'effet puisse être identique à sa cause. Dieu peut tout, excepté l'absurde, c'est-à-dire l'impossible.

Du moins, dira-t-on, Dieu ne pouvait-il pas faire un monde moins imparfait? Si le mal devait nécessairement entrer dans le monde avec l'être même, Dieu ne pouvait-il le réduire au minimum?

Ici se présentent les divers systèmes qui prétendent répondre à la question et qui se groupent sous ces deux chefs : pessimisme, optimisme.

5. Le pessimisme. — D'après le pessimiste, le monde est essentiellement et radicalement mauvais. Il a l'être sans doute : mais, comme l'être n'est en lui que la condition de la déraison, du désordre, de la souffrance et du crime, loin d'être un bien, il est la source même du mal.

Chez beaucoup de gens, le pessimisme est moins un système philosophique qu'une disposition toute subjective, un effet du tempérament ou du caractère. Ils voient tout en noir, comme d'autres voient tout en rose. A ce *pessimisme individuel* peut se rapporter celui des *poètes*, tels que lord Byron, Léopardi, Mme Ackermann, qui cependant s'efforcent de raisonner et de justifier l'arrêt qu'ils portent contre le monde ou contre Dieu.

L'Inde a vu naître une *religion pessimiste*, le bouddhisme. D'après le Bouddha Sakya-Mouni, le monde est une illusion, un rêve sans but et sans terme. La loi de l'être est de se métamorphoser sans cesse, et à travers toutes ces métamorphoses, la souffrance seule subsiste. Le moyen d'échapper à ce cauchemar, c'est d'éteindre en soi le désir de vivre : on obtient ainsi, par le renoncement à toute chose, la seule félicité possible, c'est-à-dire l'anéantissement, le *nirvâna*.

Des doctrines analogues ont reparu de nos jours en Allemagne, chez Schopenhauer, Hartmann et Bahnsen.

D'après SCHOPENHAUER, le monde est l'effet d'une force ou volonté aveugle, l'absolu, qui produit toutes choses sans raison et sans but. Présente dans tous les êtres, elle leur inspire à tous le même désir, le désir d'être ou de vivre. Mais vivre, c'est faire effort, c'est souffrir. Schopenhauer en conclut que, le suicide n'empêchant pas la renaissance indéfinie de l'être, le vrai remède au mal, c'est de se désintéresser de la vie.

D'après HARTMANN, la cause du monde est l'inconscient. L'homme s'imagine que sa vie a un but, le bonheur : de là les trois erreurs par lesquelles l'humanité est passée. On a d'abord rêvé le bonheur pour l'individu sur cette terre même : c'est l'erreur de toute l'antiquité païenne. Puis le christianisme a rêvé pour l'individu un bonheur ultra-terrestre. Enfin de nos jours on rêve pour l'humanité future un bonheur indéfiniment croissant : cette croyance au progrès dont nombre de libres penseurs se font une sorte de religion n'est pas moins illusoire que les deux autres. De toute nécessité, la somme des douleurs l'emportera toujours sur celle des plaisirs. Cependant, le jour où l'humanité aura compris la fondamentale absurdité de la vie, la somme de volonté qu'elle concentre en elle annulera la volonté de vivre de l'absolu, et le monde s'évanouira.

Mais, d'après BAHNSEN, cet espoir d'une délivrance finale par une sorte de suicide cosmique est une chimère. Le monde restera éternellement ce qu'il est. Le mal est indestructible comme l'être même.

6. L'optimisme. — L'optimisme, au contraire, prétend que le monde est bon, que la vie a un sens et un but, qu'il vaut la peine de vivre.

Cette doctrine, déjà professée par Socrate, Platon, les Stoïciens, les Alexandrins, etc., n'est guère devenue le sujet d'une théorie ou d'un système distinct que chez les modernes.

On distingue généralement deux formes de l'optimisme : l'*optimisme relatif*, professé par Bossuet, Fénelon et la plupart des théologiens, et l'*optimisme absolu*, qui est la doctrine propre de Leibniz.

Selon le premier, le monde est bon, suffisamment bon pour être l'œuvre de Dieu; mais il pourrait être meilleur.

Selon le second, le monde est le meilleur possible. Dieu, dit Leibniz, conçoit une infinité de mondes possibles, différents les uns des autres par leur degré de perfection, depuis le plus imparfait jusqu'au plus parfait possible. Mais si, pouvant créer le meilleur, il préférait le médiocre ou le passable, quelle serait la raison de ce choix évidemment contraire à la sagesse et à la bonté? Donc Dieu a dû créer le meilleur des mondes possibles : donc le monde créé, notre monde, est le meilleur.

7. L'optimisme relatif. — Les partisans de l'optimisme relatif font à Leibniz trois objections principales.

D'abord il est absurde de supposer un monde le meilleur possible, un *maximum*, un *optimum* en fait de monde. Quelque parfait qu'un monde soit par hypothèse, on peut toujours en concevoir un meilleur. Ainsi il ne nous est pas difficile de concevoir un monde plus parfait que le nôtre : il suffit pour cela d'y supprimer par la pensée quelqu'une de ses innombrables imperfections. — Dès lors, le monde créé n'est pas, ne peut pas être le meilleur : si Dieu avait dû créer le meilleur, il n'eût pas créé du tout.

En outre, si la série des mondes possibles, au lieu d'être indéfinie, avait pour limite un *optimum*, Dieu ne serait plus libre : il y aurait pour lui obligation, nécessité de créer cet *optimum*.

Enfin, au point de vue moral, l'optimisme absolu rend le progrès impossible et la vertu inutile. Voltaire a spirituellement développé cette objection dans son roman de *Candide*. Le monde est-il le meilleur? Alors, il est absurde et impie de souhaiter en lui quelque correction, quelque perfectionnement. La souffrance, le crime sont justifiés puisqu'ils font partie intégrante et nécessaire d'une œuvre parfaite. La vertu, qui essaye d'améliorer cette œuvre, est insensée et sacrilège.

8. L'optimisme absolu. — Mais ces objections portent contre un faux optimisme, contre un optimisme mal entendu.

Elles reviennent toutes à concevoir le monde comme un certain *quantum* fini de perfection qui serait par hypothèse le plus grand possible. Mais quelque grand que soit ce *quantum*, du moment qu'il est fini, il est toujours possible d'en concevoir un plus grand encore, et cela indéfiniment. Donc cette conception est absurde.

Seulement cette conception que l'on prête à Leibniz n'est pas la sienne.

Par monde, Leibniz n'entend pas notre monde, notre globe terrestre, tel qu'il est en ce moment même : il entend le monde total, l'univers, dans l'espace et le temps sans bornes. Seul l'univers ainsi envisagé est le meilleur des mondes possibles. Par cela même, notre petit monde pris à part n'est pas le meilleur possible : il pourrait y en avoir un meilleur; il pourrait lui-même être meilleur. Mais rien ne prouve que ce monde meilleur n'existe pas quelque part dans l'univers, ou que notre monde lui-même ne deviendra pas meilleur dans l'avenir.

Le monde le meilleur est donc celui qui équivaut à cette série indéfinie de mondes toujours plus parfaits où le choix de Dieu ne trouverait en effet aucune raison de s'arrêter : il n'est pas l'un des mondes compris dans cette série, quelque parfait qu'on le suppose; et comme les termes de cette série ne peuvent exister simultanément, mais qu'ils peuvent cependant exister les uns après les autres, il s'ensuit que le monde le plus parfait est un monde indéfiniment perfectible. Dieu est la perfection absolue ; le monde est la perfectibilité indéfinie : telle l'asymptote dont la courbe se rapproche toujours sans se confondre jamais avec elle.

Aussi Leibniz retourne-t-il la première objection contre ses adversaires. S'il n'y avait pas eu d'*optimum*, Dieu, selon lui, n'aurait pas eu de raison de choisir. La sagesse divine ne fait rien sans raison suffisante. « Là où il n'y a rien de suffisamment déterminé, rien ne se fait. » Se représente-t-on Dieu tirant à la courte paille le monde qu'il va créer?

Il ne s'ensuit pas pour cela que Dieu ne soit point libre. Car cette obligation de créer le monde le meilleur possible a sa raison en lui, dans sa bonté même. C'est parce qu'il est bon d'une bonté souverainement libre, qu'entre tant de mondes possibles il appelle à l'existence le meilleur.

Un tel optimisme est-il immoral? Non, car, loin de supprimer le progrès et la vertu, il en fait, au contraire, les conditions nécessaires de la bonté du monde. Ce monde n'est le meilleur possible que parce qu'il a en lui un principe de progrès sans fin, et la vertu n'est-elle pas ce principe même, devenu enfin conscient de soi dans l'humanité?

9. Le rôle de la liberté dans l'optimisme absolu. — Il est vrai que, pour disculper entièrement l'optimisme absolu du reproche d'immoralité, il faut peut-être faire à la *liberté* une part plus large que celle que Leibniz lui a mesurée. Si en effet le progrès est fatal, le labeur de la vertu n'est plus qu'un vain simulacre.

A ces deux éléments introduits par Leibniz dans la question : grandeur infinie du monde dans l'espace; perfectibilité indéfinie du monde dans le temps, il convient d'en ajouter un troisième : spontanéité originelle et liberté progressive des actes par lesquels le monde se rapproche sans cesse de la perfection absolue de Dieu.

Si l'on admet cette transformation de l'optimisme absolu, il semble que le monde le meilleur possible au regard de Dieu ne soit pas par cela même le meilleur possible au regard de telle de ses créatures, par exemple au regard de l'humanité. — Dieu a fait, en quelque sorte, tout ce qu'il devait faire ; il a créé, en effet, le monde le meilleur possible en créant un monde capable d'acquérir progressivement toutes les perfections et de les acquérir par lui-même, au lieu de les recevoir passivement du dehors ; mais précisément parce que la liberté fait partie intégrante de l'équation du monde le meilleur, cette équation peut recevoir une infinité de solutions différentes selon les différentes valeurs que peut prendre la liberté. Nous pouvons donc quelque chose, nous pouvons même beaucoup, pour que le monde devienne meilleur: c'est, en quelque sorte, à nous d'achever l'œuvre de Dieu. Déjà aussi parfaite que possible par rapport à lui, elle le sera de même par rapport à nous, si nous le voulons ainsi.

L'optimisme absolu paraît donc infiniment plus rationnel que l'optimisme relatif, ou, pour mieux dire, il est seul fondé en raison; mais n'est-il pas par cela même en contradiction flagrante avec l'expérience qui nous montre partout le mal ?

10. La conciliation des formes particulières du mal avec la Providence. — On peut, ce semble, ramener à quatre les défauts de l'œuvre divine qui choquent le plus gravement notre raison et qui semblent incompatibles avec l'idée même d'une Providence : ce sont les désordres de la nature, la souffrance, le péché et la mort.

1° Les *désordres de la nature* (cataclysmes, fléaux, maladies, monstruosités, etc.) sont en un sens conformes à l'ordre : ils résultent des lois mêmes de la nature. On peut sans doute concevoir leur suppression, mais, en vertu de la solidarité universelle, ils ne pourraient être supprimés sans que ce changement s'étendît de proche en proche à l'univers tout entier. Qu'est-ce qui prouve, dit Leibniz, que le monde ainsi modifié serait en somme meilleur ? — Dieu, dira-t-on, pourrait du moins suspendre l'action des lois naturelles lorsqu'elles doivent produire de tels effets. Mais un monde où Dieu interviendrait ainsi sans cesse n'aurait aucune stabilité, aucune réalité véritable. Plus de science, plus d'action possible pour les êtres intelligents qui feraient partie d'un monde sans lois. — Mais, dira-t-on encore, Dieu aurait pu choisir des lois meilleures. Pourtant, si notre raison envisage ces lois en elles-mêmes, abstraction faite des inconvénients accidentels qui peuvent en résulter, elle ne peut s'empêcher de reconnaître qu'elles sont les plus simples, les plus harmonieuses et en définitive les plus bienfaisantes qu'il lui soit possible de concevoir. D'ailleurs, si quelques-unes des conséquences de ces lois nous semblent mauvaises, c'est parce qu'elles se traduisent en souffrances pour les êtres sentants. Que nous importeraient, en effet, les désordres apparents de la nature, si nous ne devions pas en souffrir ? La grande difficulté, c'est donc l'existence de la douleur.

2° La *douleur* paraît être la conséquence naturelle de l'imperfection dans un être capable de sensibilité et de conscience. Un être inconscient, comme le minéral ou la plante, quelque imparfait qu'il soit, ne souffre pas. Supposez, au contraire, qu'un être imparfait

ait conscience de son imperfection, cette conscience ne se traduira-t-elle pas en lui par un sentiment particulier, la douleur, comme la conscience de la perfection qu'il peut avoir, se traduit en lui par un sentiment opposé, le plaisir ? Se plaindre de l'existence de la douleur dans le monde, c'est donc se plaindre de l'existence de la conscience. Or, n'est-il pas évident que la conscience ajoute au monde une perfection supérieure ? — D'autre part, pour un être imparfait, le mal, c'est de rester dans son imperfection, le bien, c'est d'en sortir. En attachant la douleur à l'imperfection, la Providence a, en quelque sorte, chargé le mal de se combattre et de se détruire lui-même : il porte avec lui son ennemi. La souffrance est l'aiguillon du progrès.

> L'homme est un apprenti, la douleur est son maître.
> (ALFRED DE MUSSET.)

On comprend dès lors comment la douleur a pu paraître un bien au stoïcisme : elle développe dans l'homme l'énergie morale, la patience, le courage, toutes les vertus de force, et en même temps, par la sympathie qu'elle excite en lui pour ses semblables, la pitié, le dévoûment, la charité, toutes les vertus de douceur. Ainsi Dieu a su faire sortir du mal lui-même ce qui fait le prix de la vie.

3° Mais comment justifier le *péché?* — Le péché n'est pas, comme la douleur, une suite nécessaire des lois de notre nature : il est un effet de l'exercice de notre liberté. Dieu n'en est donc pas responsable : c'est nous et non lui qu'il faut en accuser. — Pourtant, en nous donnant la liberté, Dieu nous a donné le pouvoir de faillir. Pourquoi n'a-t-il pas fait des créatures impeccables ? S'il ne fait pas le mal, il le permet : il en partage donc avec nous la responsabilité. — On oublie, en raisonnant ainsi, que la liberté, avec son double pouvoir du bien et du mal, est la condition même de la moralité. Certes, Dieu eût pu créer un monde d'automates incapables de mal faire ; mais leur innocence n'eût pas été une vertu. Le mérite n'est réel que là où la faute est possible. Valait-il donc mieux créer un monde d'où la liberté fût absente ? Non, la liberté est un bien, et elle est la condition du plus grand des biens, la vertu. Un être libre participe au plus divin des attributs de Dieu : il est « cause de soi », ouvrier de sa propre nature. C'est là ce qui fait la valeur infinie d'un acte de bonne volonté. Un tel bien n'est pas acheté trop cher, même au prix du mal ; et d'ailleurs le mal, que la liberté a fait, ne peut-elle pas toujours le réparer et le défaire ?

4° Alors se dresse la plus terrible objection contre la Providence, l'objection de la *mort*. Si ce qui fait la valeur de la vie, c'est la perfection qu'il nous est donné d'y acquérir par nos efforts, d'où vient que cette perfection s'efface et s'évanouit dans la mort comme une vague se dissipe et se perd dans l'Océan ? Seules les choses, qui n'ont ni conscience ni volonté, subsistent : les personnes apparaissent un moment, elles souffrent, elles luttent, accomplissent leur œuvre, bonne ou mauvaise, et disparaissent pour toujours. La vertu travaille-t-elle donc en pure perte? Il faudrait une sanction à l'épreuve de la vie. La mort, qui la termine, est un déni de justice. — Contre une telle objection, il ne suffirait pas de montrer, avec les Stoïciens, que la mort est une conséquence inévitable de l'ordre de la nature. Cet ordre même, qui ne peut subsister que par l'anéantissement des âmes, est un mal. Le sage, disent les Stoïciens, comprend qu'il ne peut pas vivre toujours, qu'il doit céder la place à d'autres, que c'est la loi universelle des êtres vivants, et il se résigne et consent lui-même à mourir. — Mais un tel monde, qui n'aspire, en quelque sorte, à la moralité que pour l'abîmer dans le néant, est un absurde et cruel contresens. Si la vie doit aboutir à cette déception, peut-être ne vaut-il pas la peine de vivre. Mais peut-être aussi la mort n'est-elle que le passage à une nouvelle vie. Que l'âme soit immortelle, et la création cesse d'être une indéchiffrable énigme : la vertu peut compter sur un lendemain. L'immortalité de l'âme est la suprême justification de Dieu.

OUVRAGES A CONSULTER

Descartes, *Discours de la méthode*, chap. IV; *Méditations*. — Bossuet, *Traité de la connaissance de Dieu et de soi-même*. — Fénelon, *Traité de l'existence de Dieu*. — Leibniz, *Essais de théodicée*. — Kant, *Critique de la raison pure; Dialectique transcendantale*. — Janet, *Les causes finales*. — Fouillée, *La philosophie de Platon*, t. II, Conclusion. — Liard, *La science positive et la métaphysique*. — Sécrétan, *La philosophie de la liberté*. — Bertauld, *Introduction à la recherche des causes premières*. — Ribot, *La philosophie de Schopenhaüer*. — Hartmann, *La philosophie de l'inconscient*. — Vacherot, *La métaphysique et la science*. — Caro, *L'idée de Dieu*.

SUJETS DE DISSERTATIONS

I. EXISTENCE ET ATTRIBUTS DE DIEU. — 1. Qu'appelle-t-on dans les sciences philosophiques la théodicée? Quelles questions contient-elle? Dans quel ordre ces questions doivent-elles être traitées? 70.

DIEU. — LA PROVIDENCE. — LE PROBLÈME DU MAL.

Des principaux rapports de la psychologie, de la logique et de la morale avec la théodicée. 77.

2. Énumérer et classer les preuves de l'existence de Dieu. 75-77.

3, 4, 5. Les causes secondes suffisent-elles à expliquer l'origine et le développement du monde? 84.

6, 7. Qu'entend-on par causes finales? Doit-on en reconnaître dans la nature? 69-75.

Des causes finales. 79.

Exposer avec précision la preuve de l'existence de Dieu dite des causes finales. 66-68.

Exposer et discuter l'argument des causes finales appliqué à la démonstration de l'existence de Dieu. 74.

10 et 11. Que voulait dire Bossuet quand il écrivait ces paroles : « Le parfait est premier en soi et dans nos idées, et l'imparfait en toutes façons n'en est qu'une dégradation? » 72.

12. Exposition des preuves morales de l'existence de Dieu. 68.

Exposer et apprécier la preuve de l'existence de Dieu par le consentement universel. 80.

Expliquer comment il faut entendre cette parole de Bossuet : « La connaissance de nous-mêmes nous élève à la connaissance de Dieu. » 72.

13. Par quelle méthode peut-on déterminer les attributs de Dieu? Est-ce par la méthode déductive ou par la méthode inductive ou par les deux à la fois? Distinguer les attributs métaphysiques des attributs moraux. 71.

En quoi consiste la distinction des attributs métaphysiques et des attributs moraux de Dieu? Se démontrent-ils les uns et les autres par la même méthode? 80-81.

Qu'entend-on par attributs moraux de Dieu? Par quelle méthode peut-on les démontrer? 78-79.

Démontrer que les attributs métaphysiques de Dieu reposent tous sur l'idée de l'infini. 74.

Prouver qu'il n'y a qu'un Dieu et qu'il ne peut y en avoir plusieurs. 09.

14. En quoi consistent le panthéisme et l'athéisme? Quels sont leurs rapports et leurs différences? 74.

Qu'est-ce que le panthéisme? En réfuter le principe, en exposer les conséquences. 70-80 (voy. en outre *Notions d'histoire de la philosophie, les Stoïciens et Spinoza*).

II. LA PROVIDENCE ET LE PROBLÈME DU MAL. — 1. De la Providence divine. Comment se manifeste-t-elle dans la nature et dans l'histoire? 67.

De la Providence. Quelles sont les objections élevées contre la Providence, et comment peut-on y répondre? 70.

La connaissance scientifique du monde diminue-t-elle ou augmente-t-elle notre admiration pour son auteur? 67.

2. Expliquer et développer ce dilemme célèbre : « *Si Deus est, unde malum? Si non est, unde bonum ?* » 71

Comment se pose le problème du mal? Présenter par ordre les principaux points du débat. 88.

3. Expliquer et développer cette maxime scolastique : « *Malum causam habet non efficientem sed deficientem.* » 74.

Qu'entend-on par le mal physique et par le mal moral? Répondre aux objections que l'on en a tirées contre la Providence. 66-68-71.

Expliquer la distinction du mal physique et du mal moral et la part de l'homme dans la production de l'un et de l'autre. 80-80-81.

5. Que savez-vous du pessimisme? Comment peut-on le réfuter? 82.

6. Qu'est-ce que l'optimisme ? Que savez-vous et que pensez-vous de ce système ? 77.

Qu'est-ce que l'optimisme ? Quelles sont les formes les plus célèbres de l'optimisme dans l'antiquité et dans les temps modernes ? 79.

Du vrai et du faux optimisme. 73-80.

Imaginer un dialogue entre un optimiste et un pessimiste. 81.

10. De la douleur. Peut-on la concilier avec la Providence ? 76

Le nature de la douleur et son rôle dans la vie humaine. 85.

Montrer le rôle et la part de la douleur dans l'éducation de l'intelligence et de la volonté. 78.

Exposer la doctrine de l'épreuve. Montrer combien la vie morale de l'homme serait incomplète sans la douleur, la peine et le travail. 74.

CHAPITRE VI

L'IMMORTALITÉ DE L'AME. — LA RELIGION NATURELLE

1. La nature des preuves de l'immortalité. — Sur la question de l'immortalité, l'expérience est muette : elle montre la disparition des âmes, elle ne prouve pas leur anéantissement. On ne peut rien en conclure ni pour ni contre leur future renaissance ou leur survivance actuelle dans un monde supra-sensible. Ce mystérieux problème attend sa solution de la seule raison. Mais la raison pourra-t-elle le résoudre ?

Certes, la raison démontrera que l'immortalité de l'âme est *possible*, qu'elle est *probable*, qu'elle est *nécessaire* : elle ne prouvera pas ce que l'expérience seule pourrait prouver, qu'elle est *réelle*. Quelques motifs qu'elle apporte d'y croire, il sera toujours possible d'en douter : elle ne fera pas un objet de *science* de ce qui, par la nature même des choses, ne peut être qu'un objet de *foi*. Mais il en est de même, à vrai dire, de toutes les grandes vérités : ni les principes fondamentaux de la science, ni ceux de la moralité ne peuvent être établis sans ce postulat dont la preuve catégorique est impossible : la valeur objective de la raison. Quand il s'agit d'asseoir la science, personne ne refuse à la raison le crédit qu'elle nous demande : avons-nous le droit d'être plus difficiles, lorsqu'il s'agit de cette entreprise autrement importante : donner une assiette à la vie ?

2. Preuve métaphysique. — Tout d'abord, l'âme peut survivre au corps en vertu de sa nature même. La mort, en effet, n'est pas l'anéantissement, mais la décomposition du corps : tout se déplace, rien ne se perd. Mais l'âme n'est pas un composé de parties momentanément unies et tendant à se disjoindre : elle est essentiellement simple. Elle échappe donc à la décomposition et par conséquent à la mort.

On a fait deux objections à cette preuve :

1° Elle prouve peut-être l'immortalité *substantielle*, mais non l'immortalité *personnelle*.

2° De ce que l'âme ne peut périr par décomposition, il ne s'ensuit point qu'elle ne puisse périr par *extinction* ou par *anéantissement*.

L'immortalité qui nous importe, ce n'est pas l'immortalité de la *substance*, c'est l'immortalité de la *personne*. La première, après tout, aucun système ne la conteste. Même dans l'hypothèse du matérialisme ou du panthéisme, tout ce qui constitue notre être subsistera éternellement ; mais de notre conscience, de notre volonté, de notre personnalité morale, il ne restera rien.

Dès lors, à quoi sert de prouver que notre âme continuera d'être, unité de force toujours présente dans l'univers, si l'on ne prouve pas en même temps qu'elle continuera de se savoir être, de sentir, de penser et de vouloir ? Si elle doit après la mort retomber à l'état des forces inconscientes dont la matière est sans doute composée, une telle immortalité ne vaut guère mieux que l'anéantissement.

D'autre part, la mort semble bien moins une décomposition du corps qu'une extinction de la force qui le faisait vivre. L'argument confond un effet extérieur et plus ou moins tardif de la mort avec la mort elle-même. Une force simple, comme l'âme, ne peut, en effet, être décomposée ; mais elle peut s'affaiblir par degrés et s'éteindre. Ne voyons-nous pas déjà ce phénomène se produire dans le sommeil, dans l'évanouissement ? L'extrême vieillesse fait souvent mourir l'âme, en quelque sorte, avant le corps.

Dans ces deux objections, on distingue, au point de les séparer, la *substance*, qui serait seule indestructible, et les *attributs* de la substance, qui pourraient s'évanouir dans la mort.

Mais la substance sans les attributs n'est qu'un mot vide de sens. Tout être véritable est une activité, une force, et ce qui se conserve dans la nature, ce n'est pas seulement la matière, c'est la force, à laquelle, on l'a vu, la matière elle-même peut se réduire. Dès lors, les manifestations d'une force peuvent être amoindries, empêchées, annulées par les circonstances extérieures : cette force même subsiste toujours, et, dès qu'elle rencontre des conditions favorables à son action, elle reprend son développement interrompu.

Si donc l'âme est une force qui tend à se penser elle-même en pensant toutes choses, elle peut être momentanément incapable d'exercer son acte propre ; mais elle ne perd jamais sa nature et tôt ou tard elle se ressaisira tout entière.

Qu'est-ce qui prouve, dira-t-on, que cette survivance ou cette renaissance de la personnalité morale soit assurée par les lois de la nature? Peut-être l'âme n'est-elle destinée à rencontrer qu'une seule fois les conditions favorables à l'épanouissement de ses facultés; peut-être, à la mort, conscience, mémoire, volonté, tout cela se reploie-t-il pour toujours. Il faut donc rechercher si tel doit être en effet notre avenir.

3. Preuve psychologique. — Si la nature sait ce qu'elle fait en créant les êtres, la destinée qu'elle leur assigne est évidemment conforme à l'organisation qu'elle leur donne. Ainsi un oiseau fait pour voler dans les nuages ne sera pas cloué au sol par la lourdeur de son corps. En étudiant les facultés et les tendances de l'âme humaine, on peut donc découvrir la fin réservée par la nature à notre organisme spirituel.

Sommes-nous faits uniquement pour cette vie terrestre? ou notre constitution témoigne-t-elle d'une destination supérieure? Quelques instincts, il est vrai, nous attachent à la terre, ceux qui nous sont communs avec les animaux ; mais notre être tout entier témoigne d'une vocation plus haute. Nous essayons ici-bas nos facultés ; nous ne les employons pas. Ce monde éveille toutes nos aspirations, il n'en satisfait aucune. L'homme, dit Pascal, est produit pour l'infinité. Sa raison voudrait tout connaître, son amour tout embrasser. Aucun idéal de vérité, de beauté, de justice n'est trop grand pour ses désirs; à tout ce qu'il fait, à tout ce qu'il sent, à tout ce qu'il rêve, il mêle une idée d'éternité. Quelle contradiction cependant s'il n'est fait que pour vivre quelques instants sur cette terre et disparaître à jamais! Pourquoi la nature a-t-elle donné des ailes à notre âme si elle doit lui fermer le ciel ? A ce compte, plus l'homme s'élève au-dessus de la condition animale, plus il est infidèle à sa véritable destinée. Les plus belles intelligences, les plus nobles cœurs sont des êtres contre nature : ce sont des monstres, et ceux-là seuls emplissent la mesure de l'humanité qui restreignent leur âme au cadre étroit de cette vie. Dieu ne peut s'être si grossièrement trompé.

Le papillon encore enfermé dans la chrysalide a des organes qui ne lui sont d'aucun usage pour sa vie présente ; mais ils préparent une seconde vie. De même l'homme porte écrites dans sa nature des promesses d'immortalité.

4. Preuve morale. — Une raison plus décisive légitime nos espérances. C'est un devoir pour nous de travailler au perfectionnement indéfini de notre être : comment ce devoir aurait-il un sens, si notre être devait finir? La moralité est comme une perspective ouverte sur l'éternité : le bien commencé ici-bas doit se continuer ailleurs. — La justice même se révolte en nous à la pensée que le néant pourrait être le salaire de la vertu. Non, si Dieu est juste, s'il est un Dieu, l'immorale indifférence de la nature entre le bien et le mal n'est qu'apparente et provisoire : malgré la mort qui semble les égaler l'un à l'autre, c'est le bien qui aura le dernier mot.

Telles sont les raisons de croire à l'immortalité. Aucune n'emporte une parfaite certitude; mais cette possibilité du doute est nécessaire : elle est la condition même du désintéressement et de la vertu.

5. La religion naturelle. — L'existence de Dieu, l'immortalité de l'âme, ces deux croyances donnent seules à la vie humaine tout son sens. Elles sont au fond de toutes les religions, elles sont la religion même.

L'homme, en effet, éprouve le besoin de se rattacher à l'ordre universel. Lui qui participe à la raison, il ne peut croire que son existence soit un accident : il veut avoir sa place et son rôle dans l'infini. Si jamais ce sentiment pouvait s'éteindre dans l'humanité, ce ne pourrait être qu'au détriment de la dignité de l'homme ou de son bonheur, soit qu'il s'accoutumât à cette déchéance, soit qu'il en fût désespéré.

Mais ce sentiment ne s'éteindra jamais. Quoi qu'il puisse arriver des diverses formes que la religion a revêtues, la religion, en son essence, est éternelle, parce qu'elle est fondée sur la nature de l'homme et sur la nature des choses. Tant que l'humanité voudra vivre, elle devra croire, croire en sa raison, croire en une raison suprême qui a tout fait, le monde et l'homme, pour le bien.

OUVRAGES A CONSULTER

Platon, *Le Phédon*. — Kant, *Critique de la raison pratique* et *Critique du jugement*. — Janet, *La morale* (dernier chapitre). — Courdaveaux, *De immortalitate apud stoicos*. — Leibniz, *Monadologie*, 70 et suivants; *Théodicée*, 397; *Principes de la nature et de la grâce*, 14. — Bertrand (Alexis), *De immortalitate pantheistica*. — Lamennais, *Esquisse d'une philosophie*. — P. Leroux, *L'humanité*. — Jean Reynaud, *Terre et ciel*. — Spinoza, *Éthique*, V, 39. — Jules Simon, *La religion naturelle*. — Guyau, *L'irréligion de l'avenir*.

SUJETS DE DISSERTATIONS

Preuves de l'immortalité de l'âme. Distinguer l'argument métaphysique et l'argument moral. 67-71.

Exposer la preuve métaphysique de l'immortalité de l'âme. Montrer comment cette preuve a besoin d'être complétée par la preuve morale. 70-77-83-84.

Quelle différence y a-t-il entre l'immortalité de substance et l'immortalité personnelle? 73.

Prouver que la destinée de l'homme ne peut s'accomplir entièrement sur la terre. 74.

Quelles conséquences philosophiques et morales peut-on tirer de ce vers de Lamartine sur l'homme :

> Borné dans sa nature, infini dans ses vœux? 73.

De la nature de l'âme, ses attributs, sa destinée. 75-77.

La croyance à l'immortalité de l'âme enlève-t-elle à la vertu son désintéressement et son mérite? 86.

LIVRE V

NOTIONS D'HISTOIRE DE LA PHILOSOPHIE

INTRODUCTION

1. Les systèmes et les écoles philosophiques. — L'histoire de la philosophie est l'histoire des grands systèmes et des grandes écoles philosophiques. Elle a pour but de nous les faire connaître, d'en expliquer la succession et d'en apprécier la valeur.

On entend par *système philosophique* un ensemble de doctrines fondées sur un petit nombre de *principes* ou même sur un principe unique, et qui donnent la solution des principaux problèmes philosophiques, tels que la nature de l'homme, l'origine des choses, la règle de la vie, etc.

On appelle *école philosophique* un ensemble d'hommes qui, professant le même système, suivent la tradition d'un même chef.

Un même système peut donc être commun à plusieurs écoles différentes. Ainsi le matérialisme a été tour à tour professé par l'école d'Abdère, par l'école épicurienne, par les encyclopédistes (d'Holbach, Helvétius, Lamettrie, etc.).

2. Classification des systèmes philosophiques. — On peut ramener tous les systèmes philosophiques à un petit nombre de systèmes fondamentaux.

Victor Cousin les classait d'après la solution qu'ils donnent au problème *de l'origine et de la valeur des connaissances humaines.* Il distinguait quatre grands systèmes :

1° Le *sensualisme* ou *empirisme*;
2° L'*idéalisme*;
3° Le *scepticisme*;
4° Le *mysticisme*.

Mais cette classification est, d'une part, trop étroite, puisqu'elle ne laisse aucune place pour un système tel que le *panthéisme*, qui a cependant une physionomie bien distincte, et, d'autre part, trop large, puisqu'elle voit un système philosophique dans le mysticisme, qui est bien plutôt une simple tendance d'esprit, commune à bien des philosophes soit idéalistes, comme Malebranche, soit panthéistes, comme Spinoza, soit même sceptiques, comme Pascal.

En outre, il est faux que le problème de la connaissance ait été considéré par tous les philosophes comme le problème fondamental.

Il convient donc de classer les systèmes d'après la solution qu'ils donnent au problème métaphysique *de la nature et du principe de l'être*.

A ce point de vue, on distinguera :

1° Le *scepticisme*, qui déclare le problème insoluble et réduit toute réalité aux seuls *phénomènes*;

2° Le *matérialisme*, qui enseigne que la *matière* est le premier principe de toute existence ;

3° Le *panthéisme*, qui admet comme premier principe une *substance* unique dont toutes choses ne sont que des modes, à la fois Dieu et Nature, identité de la matière et de l'esprit ;

4° L'*idéalisme*, qui nie la réalité de la matière ou la dérive de celle de l'esprit, et dans lequel on peut distinguer l'*idéalisme* proprement dit et le *spiritualisme*. — Le premier n'admet pas que la conscience et la personnalité soient des attributs nécessaires de l'esprit; le second explique toutes choses par un esprit analogue en essence à l'esprit humain, c'est-à-dire conscient et personnel.

Cependant quelques philosophes, exclusivement *logiciens* et *psychologues*, ne peuvent entrer dans les cadres de cette classification; tels sont, par exemple, Locke et Condillac. On les distinguera en *rationalistes* et *empiriques* selon qu'ils attribuent à l'expérience ou à la raison l'origine des connaissances humaines.

3. Les grandes divisions de l'histoire de la philosophie. — L'histoire de la philosophie se divise, comme l'histoire générale, en trois grandes périodes :

1° Antiquité ;

2° Moyen âge ;

3° Renaissance et temps modernes.

La philosophie ancienne va de Thalès (environ 500 ans avant J.-C.)

jusqu'à la fermeture de l'école d'Athènes par l'empereur Justinien (529 après J.-C.).

La philosophie du moyen âge s'étend du neuvième au seizième siècle.

La philosophie moderne, préparée par la Renaissance au seizième siècle, se continue jusqu'à nos jours.

Dans ces trois périodes, la philosophie est marquée d'un caractère différent.

Elle est surtout *métaphysique* et *morale* dans la première; *théologique* ou *religieuse* et *logique* dans la seconde; *scientifique* et *sociale* dans la troisième.

4. La philosophie ancienne. — La philosophie ancienne comprend elle-même trois périodes :

1° Avant Socrate;

2° De Socrate à l'ère chrétienne;

3° De l'ère chrétienne au moyen âge.

Dans la période qui précède Socrate, l'objet presque unique de la philosophie est la *nature*. On s'efforce de découvrir la substance et l'origine des choses, sans autre méthode que l'*hypothèse*.

De là un grand nombre de doctrines métaphysiques où s'ébauchent en quelque sorte les systèmes qui se développeront plus tard : Panthéisme naturaliste des *Ioniens* (Thalès, Anaximandre, Anaximène, Diogène d'Apollonie; — Héraclite, Empédocle, Anaxagore);

Matérialisme de l'école d'*Abdère* (Démocrite);

Idéalisme mathématique de l'école d'*Italie* (Pythagore, Philolaüs, etc.);

Idéalisme absolu de l'école d'*Élée* (Xénophane, Parménide, Zénon d'Élée).

Du conflit de ces doctrines sort la *sophistique* (Protagoras et Gorgias), qui est l'antécédent du scepticisme et qui commence la réflexion de la pensée sur elle-même.

Au début de la seconde période, SOCRATE donne à la philosophie une *méthode*, l'analyse des concepts, un *objet*, la nature humaine, un *but*, le règlement de la vie morale et sociale. Malgré les tendances métaphysiques de ses successeurs immédiats (Platon et Aristote), la philosophie ancienne reste fidèle à la direction morale de Socrate, et l'*homme* demeure son principal objet.

Cependant les systèmes de la période précédente reparaissent, mais transformés. — PLATON s'efforce de concilier l'idéalisme de Pythagore et de Parménide avec la doctrine de Socrate. A l'idéalisme platonicien Aristote substitue un spiritualisme qui fait en même temps une plus large part au naturalisme. Après lui, le panthéisme des Ioniens renaît dans l'école stoïcienne, et le matérialisme de Démocrite dans l'école d'Épicure, tandis que Pyrrhon et ses continuateurs (Énésidème, Agrippa, etc.) et la nouvelle Académie (avec Arcésilas et Carnéade) à tous les systèmes dogmatiques opposent le scepticisme.

La troisième période est la transition de la philosophie ancienne à la philosophie du moyen âge. Sous l'influence des religions orientales, *Dieu* devient le principal objet des recherches philosophiques. De là le mysticisme de l'école d'Alexandrie (Plotin) et de l'école d'Athènes (Proclus).

5. La philosophie du moyen-âge. — La philosophie du moyen âge se développe à peu près exclusivement dans les écoles. Aussi l'appelle-t-on la *scolastique*.

Enseignée par des religieux, elle est essentiellement théologique et fondée sur l'autorité (de l'Église et des anciens, en particulier d'Aristote). La logique formelle y tient une très grande place, et on y discute passionnément le *problème des universaux*.

Cependant on distingue dans l'histoire de la scolastique trois périodes, selon les rapports que la philosophie entretient avec la théologie.

Dans la première, qui s'étend du neuvième siècle à la fin du douzième, la philosophie est subordonnée à la théologie : *philosophia theologiæ ancilla* (Scot Érigène, saint Anselme, Guillaume de Champeaux, Roscelin, Abélard, saint Bernard).

La seconde, l'*âge d'or de la scolastique*, comprend tout le treizième siècle. La philosophie et la théologie y sont distinctes, mais alliées (saint Thomas, Duns Scot, Roger Bacon, Raymond Lulle).

Dans la troisième, du quatorzième au quinzième siècle, la philosophie et la théologie se séparent et se combattent : les logiciens nient l'accord de la raison et de la foi; les mystiques nient la valeur de la logique (Guillaume d'Okkam, Jean Gerson).

6. La philosophie de la Renaissance. — La philosophie de la Renaissance (quinzième et seizième siècles) est une réaction contre la scolastique, au nom des anciens mieux connus et de l'observation de la nature. Presque tous les systèmes de l'antiquité reparaissent, le platonisme dans l'école de *Florence* (Marsile Ficin, Pic de la Mirandole, etc.), le péripatétisme dans l'école de *Padoue*

(Pomponat, Césalpini, etc.), le pythagorisme avec Nicolas de Cuss, le pyrrhonisme avec Montaigne, etc.

7. La philosophie moderne. — Les fondateurs de la philosophie moderne sont BACON et DESCARTES, qui l'ont complètement affranchie de l'autorité des anciens et lui ont donné sa double méthode, à la fois expérimentale et rationnelle.

Cette philosophie occupe trois siècles. Son histoire est celle des luttes et des compromis de l'idéalisme et de l'empirisme.

Au dix-septième siècle, l'idéalisme triomphe avec la philosophie de Descartes. L'empirisme n'est représenté, en France, que par Gassendi, en Angleterre, par Bacon et Hobbes.

Au dix-huitième siècle, l'empirisme, transporté d'Angleterre en France par Voltaire avec la philosophie de Locke, remplace peu à peu l'idéalisme cartésien. Parmi les principaux noms de cette époque, il faut citer Condillac, Helvétius, d'Holbach, Lamettrie, Diderot, d'Alembert, etc. Cependant l'idéalisme ne disparaît pas complètement, mais subsiste et se transforme, en Allemagne, dans la philosophie de LEIBNIZ.

Vers la fin du dix-huitième siècle, une réaction se fait contre l'empirisme, — en Angleterre, avec l'école écossaise (Reid, Dugald-Stewart, Hamilton); en Allemagne, avec Kant et ses continuateurs (Fichte, Schelling, Hegel); en France, avec Maine de Biran, Royer-Collard et l'école éclectique (V. Cousin, Jouffroy, Garnier, etc.).

Cette réaction dure environ jusqu'à la moitié du dix-neuvième siècle, puis l'empirisme reprend l'offensive, en Angleterre, avec Stuart Mill, Herbert Spencer, etc.; en France, avec Auguste Comte et toute l'école positiviste.

De part et d'autre, cependant, les systèmes opposés se font des concessions réciproques, et semblent tendre à une conciliation finale. Bien des signes permettent de prévoir l'avènement d'une philosophie compréhensive, dans laquelle s'harmoniseront enfin tous les divers aspects de la vérité.

OUVRAGES A CONSULTER

V. Cousin, *Histoire générale de la philosophie*. — Fouillée, *Histoire de la philosophie*. — Ravaisson, *La philosophie en France au dix-neuvième siècle*, chap. I. — Janet, *Histoire de la philosophie morale et politique dans l'antiquité et les temps modernes*. — Renouvier, *Manuel de la philosophie ancienne*. — Ravaisson, *Essai sur la métaphysique d'Aristote*. — Zeller, *La philosophie des Grecs*, trad. Boutroux. — Denis, *Histoire des théories et des idées morales dans l'antiquité*. — Fouillée, *Philosophie de Platon*, t. II.

SUJETS DE DISSERTATIONS

En quoi l'histoire de la philosophie peut-elle être utile à la philosophie elle-même ? 66-67.

Énumérer et classer les principaux systèmes philosophiques. 77.

Définir le mot système. Qu'est-ce qu'un système en philosophie ? Donner des exemples. Qu'appelle-t-on un esprit systématique ? 79-83.

Quelle différence y a-t-il entre un système et une théorie ? Donner des exemples tirés de la philosophie. 82 (*Un système est plus étendu qu'une théorie et contient une plus grande part d'hypothèse : ainsi le matérialisme est un système ; la distinction des qualités premières et des qualités secondes de la matière est une théorie*).

Quel est le caractère propre des différentes doctrines philosophiques que l'on désigne sous les noms de spiritualisme, matérialisme, panthéisme, scepticisme, mysticisme ? 76.

Qu'est-ce que le panthéisme ? Quels sont les principaux représentants de ce système dans l'histoire de la philosophie ? 81 (Voy. en outre *Les Stoïciens, Spinoza*).

Qu'est-ce qu'un stoïcien, un épicurien, un pyrrhonien, un platonicien, un péripatéticien, un néo-platonicien ? 68.

Qu'est-ce que le mysticisme ? Passer rapidement en revue les principaux philosophes mystiques de l'antiquité, du moyen âge et des temps modernes ? 79.

Nommer les plus grands philosophes modernes en caractérisant brièvement leurs doctrines. 74.

Que connaissez-vous de la philosophie du dix-huitième siècle ? 76.

Quels sont les principaux philosophes du dix-huitième siècle en Angleterre et en Allemagne ? 79.

CHAPITRE PREMIER

SOCRATE

1. Vie de Socrate. — Socrate naquit à Athènes, en 470 avant J.-C. Son père, Sophronisque, était sculpteur; sa mère, Phénarète, sage-femme. Il fut d'abord lui-même sculpteur; puis, sur les conseils de son ami Criton, il se consacra entièrement à la philosophie. Entouré de jeunes gens que charmaient sa bonhomie, sa finesse et son éloquence, souvent aux prises avec les sophistes et les rhéteurs, il passa désormais sa vie à discuter librement les plus hautes questions morales et religieuses. Cependant il remplit avec courage tous ses devoirs de citoyen et de soldat. Il défendit seul contre la multitude les généraux qu'elle voulait condamner après les Arginuses; il résista en face aux trente Tyrans. Il sauva, dit-on, la vie à Xénophon et à Alcibiade sur les champs de bataille. Son influence sur tous ceux qui l'approchaient était extraordinaire. L'oracle de Delphes le désigna comme le plus sage des hommes. On le croyait inspiré de Dieu. Lui-même parlait souvent d'un démon (δαιμόνιον), sorte de voix mystérieuse et divine qui le conseillait dans toutes les circonstances graves de la vie.

Confondu avec les sophistes, dont il était cependant l'infatigable adversaire, il fut mis sur la scène par Aristophane dans les *Nuées*. Ses doctrines sociales et politiques l'avaient rendu suspect aux deux partis qui se disputaient Athènes, mais principalement au parti démocratique. On lui reprochait d'ébranler la religion nationale et les institutions de la cité. Aussi, après l'expulsion des trente Tyrans, dont l'un, Critias, avait été son disciple, Socrate fut-il accusé par Mélitus, Lycon et Anytus, de ne pas croire aux dieux et de corrompre la jeunesse. Il refusa de se défendre, estimant que sa vie parlait pour lui, irrita ses juges par le calme dédaigneux de ses réponses, et fut condamné à boire la ciguë (400). Il passa ses derniers moments à entretenir ses disciples de l'immortalité de l'âme.

Socrate n'a rien écrit. Nous connaissons sa vie et sa doctrine par ses deux disciples, Xénophon et Platon. On s'expliquerait mal l'action qu'il a exercée sur ses contemporains, et sur toute la philosophie grecque après lui, s'il avait été seulement le moraliste sensé, mais un peu terre à terre, que Xénophon nous fait voir dans ses *Mémorables*. D'autre part, Platon prête évidemment à Socrate ses propres spéculations métaphysiques. Il est donc nécessaire de corriger et de compléter Platon et Xénophon l'un par l'autre : on doit aussi les contrôler tous les deux par les renseignements que nous donne Aristote, et qu'il tenait sans doute de la tradition.

2. Méthode de Socrate. — On peut distinguer chez Socrate sa méthode et sa doctrine.

La méthode de Socrate comprend deux sortes de procédés : les uns qui sont propres à Socrate et qui caractérisent son mode personnel d'enseignement ; les autres qu'on retrouve après lui chez tous les philosophes grecs et qui sont les opérations constitutives de la science. Les premiers s'appellent l'*ironie* et la *maïeutique;* les seconds, l'*induction* et la *définition*.

1° La méthode d'enseignement de Socrate est essentiellement interrogative : c'est une conversation, un dialogue : de là le nom de *dialectique* (du grec διαλέγεσθαι, converser, discuter) qu'il lui donne le plus souvent.

La dialectique a pour but tantôt de réfuter l'erreur, et elle s'appelle alors l'ironie (εἰρωνεία, interrogation), tantôt d'enseigner la vérité, et elle s'appelle alors la *maïeutique* (μαιευτική, art d'accoucher). A proprement parler, ce n'est pas Socrate qui réfute ou qui enseigne : il ne fait que solliciter son interlocuteur, par une suite de questions, à se réfuter ou à s'enseigner lui-même.

Socrate employait surtout l'ironie avec les sophistes, les adversaires, ou avec ceux de ses disciples qu'il ne connaissait pas encore familièrement et qu'il voulait amener à ce premier degré de la science qui est la conscience de son ignorance. « Tout ce que je sais, disait-il lui-même, c'est que je ne sais rien. » Aussi l'ironie consiste-t-elle à admettre tout d'abord la thèse de celui qu'on interroge, puis à lui en faire tirer les conséquences jusqu'à ce qu'il reconnaisse lui-même que, ces conséquences étant finalement absurdes, la thèse dont elles dérivent ne peut être vraie. Elle n'est donc pas autre chose qu'une méthode de réduction à l'absurde, ou la forme *négative* de l'*analyse*.

La maïeutique, que Socrate appelait ainsi par allusion à la profession de sa mère, et qu'il employait surtout avec ses disciples, est l'art d'accoucher les esprits, c'est-à-dire de faire découvrir à l'interlocuteur lui-même les vérités dont son âme est grosse. Elle consiste à amener progressivement celui qu'on interroge vers la solution du problème d'abord posé, par l'examen des conditions auxquelles cette solution même doit satisfaire. Platon en donne un exemple remarquable dans le *Ménon*, où Socrate fait trouver à Ménon la solution d'un problème de géométrie, que celui-ci, au début de l'entretien, se croyait incapable de résoudre. La maïeutique est donc une *analyse positive*, qui ramène par degrés les questions complexes et obscures aux vérités simples et évidentes qui permettent de les résoudre.

2° La méthode propre de la science se compose pour Socrate de l'*induction* et de la *définition*, qui sont en même temps les deux éléments principaux de la maïeutique.

Il semble que Socrate se soit élevé le premier à l'idée de la *science*, c'est-à-dire d'un système de notions générales, de |*concepts*, superposés les uns aux autres dans un ordre fixe. Il nous paraît douteux que cette idée soit enveloppée, comme on l'a prétendu (1), dans la physique des Ioniens, et que Socrate l'en ait simplement dégagée pour l'appliquer à un autre objet. La géométrie, telle que les Pythagoriciens l'avaient déjà constituée, eût été plus propre, ce nous semble, à la lui suggérer.

Si toute science est composée de concepts, la première opération de la science a pour but l'établissement des concepts. Cette opération est l'*induction* qui, par l'analyse et la comparaison des cas particuliers, extrait l'ensemble de leurs caractères dont le concept est le résumé. L'induction socratique est donc une *généralisation méthodique* : elle aboutit à une *idée générale*, non, comme l'induction des modernes, à une proposition générale ou à une loi.

Une fois les concepts formés, la seconde opération de la science ne peut consister qu'à déterminer les rapports (de compréhension et d'extension) selon lesquels ils s'enveloppent les uns les autres. Tout concept contient un *genre* et une *différence*, et c'est le genre qui, aux yeux de Socrate, exprime l'essence même des choses. L'opération qui analyse ainsi les concepts et en manifeste les rapports est la *définition*. — Savoir, d'après Socrate, c'est connaître la définition des choses. Il n'y a de science que par le moyen des con-

(1) Boutroux, *Socrate fondateur de la science morale.*

cepts, il n'y a de science que du général. La philosophie socratique, a dit l'historien Zeller, est la *philosophie du concept*.

On peut donc considérer Socrate comme l'inventeur d'une nouvelle méthode qui sera, après lui, celle de toute la philosophie ancienne.

3. Doctrine de Socrate. — A cette méthode, Socrate donne pour objet, non plus l'univers, mais l'homme. Il fait descendre, dit Cicéron, la philosophie du ciel sur la terre. Sa maxime favorite est le γνῶθι σεαυτόν (connais-toi toi-même).

A l'égard des sciences de la nature, il professe un véritable scepticisme. Les dieux se sont réservé les secrets des choses naturelles : quand nous pourrions les pénétrer, à quoi cela nous servirait-il ? Le seul objet que nous puissions étudier et que nous ayons intérêt à connaître, c'est nous-même. La philosophie de Socrate est donc exclusivement psychologique et morale.

1° Socrate paraît avoir admis le premier la distinction radicale dans l'homme de l'âme et du corps. Il attribue à l'âme deux grandes facultés : 1° les *sens*, qui la mettent en rapport avec les choses particulières ; 2° la *raison*, qui forme les idées générales et qui tend à se subordonner les sens.

Les actions de l'homme sont la conséquence nécessaire de ses pensées. Il se porte naturellement vers ce qu'il croit être le meilleur. Il ne fait donc le mal que parce qu'il se trompe. Toute faute vient d'une erreur ; toute erreur a pour cause l'ignorance. Nul n'est méchant volontairement.

2° Il s'ensuit que la vertu est identique à la science et peut être enseignée comme elle. La *sagesse* est la première de toutes les vertus, ou plutôt elle est la vertu même, et le courage, la tempérance, la justice, la piété n'en sont que les diverses applications.

La règle de la vertu est de subordonner le particulier au général, le corps à l'âme, les sens à la raison, l'individu à la famille, la famille à la cité, en un mot de traduire dans ses actions les rapports que l'intelligence aperçoit entre les concepts ou les genres.

Ces rapports sont fondés dans la nature même des choses : ce sont des lois divines, *non écrites*, qui emportent avec elles-mêmes leur sanction. Le bien et le mal sont tels par nature (φύσει) et non, comme le prétendaient les sophistes, par convention (θέσει ou νόμῳ).

La politique, comme la morale, est identique à la science. Le gouvernement appartient de droit aux plus savants, qui sont en même temps les meilleurs : il doit s'exercer, non par la force, mais par la persuasion, et avoir pour but le bien général de l'État.

3° La philosophie de Socrate exclut toute métaphysique, mais elle enferme une théodicée, sans doute parce que la religion est, aux yeux de Socrate, le complément nécessaire de la morale.

Dieu est une intelligence suprême, une raison parfaite, qui est dans le monde comme l'âme humaine est dans son corps. Son existence se prouve soit par les causes efficientes, soit par les causes finales. — Si l'homme possède la raison, il n'en est pas l'auteur. La cause qui a créé l'homme est donc elle-même raisonnable. — Tout est fait pour le mieux dans le monde, tout est donc l'œuvre d'une intelligence.

Socrate croyait à une Providence qui gouverne le monde selon la loi même de la raison, c'est-à-dire en y subordonnant le particulier au général et en y faisant concourir toutes les parties à l'harmonie de l'ensemble. Il croyait même à une sorte de communication mystique de l'âme humaine avec la Providence : n'en avait-il pas un exemple dans son démon ? Il croyait enfin à l'immortalité de l'âme comme à une conséquence nécessaire de la justice divine.

4. Les demi-socratiques. — Le vrai continuateur de Socrate fut Platon. Les autres disciples sont surtout intéressants parce qu'ils ont, en quelque sorte, préparé les doctrines des écoles postérieures à Aristote. — Aristippe de Cyrène professe que le plaisir est le souverain bien, et ce principe se retrouvera plus tard dans la morale d'Épicure. — Antisthène, le chef de l'école cynique, enseigne que la vertu est le souverain bien, et que tout le reste est indifférent, Les Stoïciens lui emprunteront ce principe. — Enfin, Euclide de Mégare, chef de l'école éristique (du grec ἐρίζειν, discuter, ergoter). semble préluder aux doctrines du Pyrrhonisme et de la Nouvelle Académie.

OUVRAGES A CONSULTER

Chaignet, *Vie de Socrate*. — Fouillée, *La philosophie de Socrate*. — Boutroux, *Socrate fondateur de la science morale*.

SUJETS DE DISSERTATIONS

Exposer la philosophie de Socrate. 69.
Qu'est-ce que la méthode socratique ? De quel usage peut-elle être encore aujourd'hui dans l'enseignement ? 68.

De la méthode socratique et de ses deux principales formes : l'ironie et la maïeutique. 72.

Socrate, d'après les Mémoires de Xénophon. 76.

Le Socrate de Xénophon est-il le vrai Socrate de l'histoire ? 75.

Montrer, par des exemples tirés des ouvrages philosophiques, la méthode de réfutation que Socrate opposait aux sophistes. 76.

Expliquer et apprécier cette proposition de Socrate et de ses successeurs qu'il n'y a de science que du général. 78.

Comparer la docte ignorance de Socrate et le doute méthodique de Descartes. 84.

CHAPITRE II

PLATON

1. Vie de Platon. — Platon (428-347) naquit à Égine, d'une des plus illustres familles d'Athènes. Il descendait de Solon par sa mère, de Codrus par son père.

Il entendit d'abord Cratyle, disciple d'Héraclite, puis, à vingt ans, il s'attacha à Socrate. Après la mort de son maître, il se réfugia à Mégare où il étudia sans doute les doctrines de l'école d'Élée. Il alla ensuite à Cyrène, où il apprit les mathématiques auprès de Théodore, visita l'Égypte, la Grande Grèce, où il rencontra le philosophe Archytas et s'instruisit dans les doctrines pythagoriciennes, enfin passa en Sicile où Denys l'Ancien l'accueillit d'abord avec beaucoup d'égards. Plus tard, irrité de sa franchise, le tyran le fit vendre comme esclave. Platon fut racheté par un ami. Il retourna encore deux fois en Sicile auprès de Denys le Jeune, mais ces voyages ne furent guère plus heureux et il se fixa définitivement à Athènes où il avait ouvert dans les jardins d'Académus une école qui prit le nom d'Académie. Il mourut à l'âge de quatre-vingt-un ans.

2. Ouvrages de Platon. — Les ouvrages de Platon sont tous en forme de dialogue. Socrate en est le principal personnage.

On peut les ranger en trois groupes : 1° ceux où il traite surtout des questions morales : l'*Eutyphron* (sur les rapports de la religion et de la morale); le *Criton* (sur l'obéissance aux lois); l'*Apologie de Socrate;* le *Charmide* (sur la modération); le *Lachès* (sur le courage); le *Lysis* (sur l'amitié); le *Gorgias* (sur la rhétorique); l'*Ion* (sur la poésie), etc.;

2° Ceux où il fait plutôt de la dialectique : le *Cratyle* (sur le langage); le *Théétète* (sur la science); le *Sophiste* (sur l'être); le *Parménide* (sur les Idées); le *Protagoras* (sur les sophistes), etc.

3° Enfin ceux où il unit intimement la morale, la dialectique et la physique : le *Phèdre* (sur le beau); le *Philèbe* (sur le plaisir);

le *Banquet* (sur l'amour); le *Phédon* (sur l'immortalité de l'âme); le *Timée* (sur la nature); la *République* et les *Lois*.

3. Caractère général de la philosophie de Platon. — L'ambition de Platon fut de concilier toutes les doctrines des philosophes de la première période, Ioniens, Pythagoriciens, Éléates, dans une doctrine compréhensive fondée sur la méthode logique et le principe moral propres à Socrate. Il crut avoir opéré cette synthèse dans sa théorie des Idées.

La théorie des Idées est le centre de la philosophie platonicienne. On l'étudiera donc en premier lieu, avant de rechercher quelles conséquences elle entraîne en *théodicée*, en *psychologie*, en *morale* et en *politique*.

4. Théorie des Idées. — Platon ne distingue pas, comme le fera plus tard Aristote, la logique et la métaphysique. La *dialectique*, où elles se confondent, est la science des Idées, premiers principes des choses.

L'Idée platonicienne n'est pas un simple concept, une forme de l'intelligence humaine; c'est une réalité objective, absolue, distincte et indépendante tout à la fois des objets qui lui sont plus ou moins conformes et des esprits qui s'en font une idée plus ou moins parfaite; elle est l'essence idéale, le type exemplaire de toute une classe de choses, en même temps que l'objet et le modèle du concept qui lui correspond dans l'esprit humain. Ainsi le cercle existait en soi, avant qu'aucun cercle fût tracé dans l'espace, avant qu'aucun géomètre en formulât la définition; et il en est de même non seulement de toutes les essences mathématiques, mais encore des lois de la nature sensible, des formes des êtres vivants, des qualités et des relations morales, etc. En un mot, dans la pensée de Platon, le possible est antérieur et supérieur au réel, l'abstrait précède et détermine le concret, ou plutôt ce que le vulgaire et même la plupart des philosophes appellent le possible et l'abstrait est la véritable réalité concrète dont l'autre n'est qu'une lointaine et grossière image.

Platon semble avoir été conduit à cette doctrine à la fois par les théories de Socrate et par celles des Pythagoriciens. En effet, Socrate donnait pour objet à la science non les êtres et les phénomènes particuliers, mais leurs caractères et leurs rapports généraux. Comment l'objet de la science ne serait-il pas réel ? Le général est donc pour le moins aussi réel que le particulier : il l'est même davantage, ou, pour mieux dire, il est seul réel, car, ainsi qu'Héraclite l'a démontré, les objets sensibles sont dans un continuel écoulement, et c'est la raison même pour laquelle toute science de ces objets est impossible. — D'un autre côté, les Pythagoriciens avaient aussi posé les nombres comme antérieurs et supérieurs aux choses : mais les nombres ne sont qu'une espèce particulière d'Idées; et s'ils expliquent peut-être le monde physique, ils ne sauraient expliquer le monde moral. Platon attribue donc à toutes les Idées le mode d'existence et d'action que les Pythagoriciens attribuaient aux seuls nombres.

Les Idées sont les *principes de la connaissance* et les *principes de l'existence*. La connaissance, en effet, n'est pas la *sensation* toujours changeante et insaisissable comme le mouvement même des choses; elle n'est pas davantage l'*opinion* qui, se rapportant à la sensation, en a tous les caractères; elle est l'*intuition* de l'élément constant et général, ou plutôt de l'Idée dont cet élément manifeste la présence. Le particulier, le phénomène, comme tel, est senti, mais non compris : on ne le connaît qu'indirectement, par le moyen du général ou de l'Idée.

C'est que les choses sensibles sont composées de deux principes : 1° une *matière*, informe, indéterminée, toujours en voie de changement; 2° une *forme* ou *essence* qui, imprimant à cette matière des rapports définis et invariables, fait l'unité et la stabilité relative des choses. Cette forme est l'Idée même, ou du moins une *imitation*, une *participation* de l'Idée.

Dès lors les Idées ont deux caractères essentiels qui paraissent s'opposer, et qui, cependant, s'appellent l'un l'autre :

1° Elles sont *universelles*, c'est-à-dire présentes et communes à toute une classe d'êtres dont elles font la ressemblance;

2° Elles sont *substantielles*, c'est-à-dire existant en elles-mêmes, plus réelles, plus parfaites qu'aucun des êtres qu'elles marquent de leur empreinte, et dont la suite indéfinie est elle-même impuissante à les exprimer entièrement. De là leur immutabilité, leur éternité.

Toutefois les Idées ne sont pas étrangères les unes aux autres. Bien que distinctes, elles communiquent entre elles, elles s'ordonnent, d'après leurs degrés de perfection, dans une sorte de hiérarchie dont l'Idée du Bien occupe le suprême sommet.

5. Théodicée de Platon. — Dieu est l'Idée du Bien ; mais c'est une Idée souverainement réelle, une Idée vivante et intelligente. Il semble que Platon distingue en lui trois aspects principaux.

Dieu est d'abord le Bien ou l'Unité, identique à l'Être, supérieur à l'Essence et à l'Intelligence même ; c'est le soleil intelligible, père de la vérité et de l'intelligence.

Dieu, c'est ensuite la Raison, lieu des Idées, en qui elles subsistent toutes, monde idéal, dont le monde sensible n'est qu'une copie imparfaite.

Enfin, dans le *Timée*, Dieu est surtout considéré comme l'âme du monde ; c'est l'ouvrier, le créateur qui meut et travaille la matière d'après le modèle des Idées.

Le *bien*, l'*intelligence* et l'*âme*, tels sont donc les trois aspects du Dieu de Platon.

Comme Socrate, Platon prouve l'existence de Dieu par la cause efficiente et par la cause finale ; mais, à vrai dire, cette existence est la conclusion nécessaire de toute la dialectique. D'Idées en Idées, la dialectique ne peut manquer d'arriver à l'Idée suprême qui est l'unité et la perfection de toutes les autres.

Dieu a fait le monde par bonté : « Il était bon, et celui qui est bon n'est avare d'aucun bien. Il a donc créé le monde aussi bon que possible, et, pour cela, il l'a fait semblable à lui-même. » Ce monde, œuvre de Dieu, est gouverné par sa Providence, qui « rapporte sans cesse le bien de chaque être à lui-même et au tout, selon les lois de l'existence universelle. »

Cependant un point reste obscur. Comment Dieu a-t-il créé le monde ? Si les Idées sont seules vraiment réelles, quelle sorte de réalité ont donc les choses sensibles ? Et d'où vient qu'il puisse y avoir une autre existence en dehors de celle de Dieu ? — Dans le *Timée*, Platon admet un principe coéternel à Dieu, la *matière*. Le monde naît de la participation de la matière aux Idées. Dans le *Sophiste*, la matière n'est plus que le non-être, et le non-être lui-même est une Idée, l'Idée de la distinction des Idées et de leur limitation réciproque. Le monde naîtrait alors d'une sorte de réfraction des Idées, comme la multitude des couleurs naît de la réfraction de la lumière. Cette dernière hypothèse paraît bien être la plus conforme à l'esprit général du platonisme.

6. Psychologie de Platon. — L'âme humaine est, d'après Platon, une Idée ou un être semblable aux Idées, qui a déjà vécu dans le monde intelligible, éternellement uni à Dieu, avant d'apparaître dans le monde sensible.

Par une condescendance analogue, sans doute, à celle qui produit la création, l'âme tombe dans la matière et devient la forme d'un corps, oubliant son existence antérieure.

Platon distingue en elle trois parties : l'intelligence, τὸ λογιστικόν, λόγος, νοῦς, qu'il place dans la tête; la colère ou le courage, faculté de s'émouvoir et de se porter spontanément à l'action, τὸ θυμοειδές, θυμός, qu'il place dans le cœur, et qu'il compare à un lion ; enfin le désir ou plutôt l'appétit, τὸ ἐπιθυμητικὸν, ἐπιθυμία, qu'il place dans le ventre et qu'il compare à un monstre à mille têtes.

Cette dernière faculté résulte évidemment dans l'âme de son union avec le corps. Elle est le principe de *l'opinion*, c'est-à-dire de la connaissance toute relative des choses sensibles, et de *l'amour terrestre* et populaire qui attache l'âme aux biens apparents de ce monde.

La raison, au contraire, est le principe de la *science* et du *véritable amour*. Endormie dans l'âme, elle s'y éveille par degrés, elle reprend possession d'elle-même. La vue de ce que les choses sensibles enferment de vérité et de perfection l'excite à se ressouvenir des Idées qu'elle a autrefois contemplées. La science est une *réminiscence*.

Entre la raison et la sensibilité, se place le courage, sorte d'activité spontanée qui subit tour à tour l'influence de chacune d'elles, bien qu'il ait une plus grande affinité naturelle avec la raison. On pourrait l'assimiler à la volonté, s'il était libre. Mais Platon professe, comme Socrate, le déterminisme rationnel. L'homme agit nécessairement comme il pense. Toute faute est une erreur, et l'on se trompe parce qu'on ignore. Nul n'est méchant volontairement.

L'âme, qui a déjà vécu, ne doit pas mourir. Elle est éternelle, comme les Idées elles-mêmes.

7. Morale de Platon. — Platon enseigne, comme Socrate, l'identité de la vertu et de la science. Seulement, la science identique à la vertu, ce n'est plus la science de l'homme, c'est la science du Bien ou de Dieu même. La vertu est la ressemblance avec Dieu.

Dieu étant l'unité harmonieuse de toutes les essences, ressembler à Dieu, c'est mettre l'ordre et l'unité dans les diverses facultés de la nature humaine élevées à leur plus haut point de perfection. A chacune des parties de l'âme répond donc une vertu : à l'ἐπιθυμία, la tempérance (σωφροσύνη); au θυμός, le courage (ανδρία); au νοῦς, la sagesse (σοφία). Mais la vertu parfaite est la justice (δικαιοσυνή), qui résulte de l'accord des trois autres, chaque faculté de l'âme exerçant sa fonction propre et se subordonnant à celle qui lui est supérieure, l'ἐπιθυμία au θυμός et le θυμός au νοῦς.

Le bonheur et la vertu sont inséparables : ils sont attachés l'un à l'autre par un « lien de fer et de diamant ». Qui s'est écarté de l'ordre doit y rentrer. Mieux vaut donc subir l'injustice que la commettre. Le coupable doit rechercher et non fuir l'inévitable expiation. L'âme immortelle peut compter sur la justice de Dieu.

8. Politique de Platon. — La politique a le même objet que la morale : la vertu ; elle n'est qu'une morale élargie, ou plutôt la morale est comprise dans la politique. L'individu n'existe que pour l'État, comme l'organe pour le corps. L'État est un être vivant dont les individus sont les membres. On retrouve en lui les trois facultés de l'âme auxquelles répondent trois classes sociales ; à l'ἐπιθυμία, les laboureurs, les artisans, tous ceux en général qui travaillent à la satisfaction des besoins matériels ; au θυμός, les guerriers qui défendent l'État ; au νοῦς, les magistrats qui le gouvernent.

Dans la République parfaite, ces trois classes sont absolument distinctes, et chacune exerce sa fonction propre sans empiéter sur celle des autres : la multitude travaille et ne s'occupe ni de la guerre, ni du gouvernement ; les guerriers ne travaillent ni ne gouvernent, mais combattent ou s'exercent à combattre ; les magistrats, enfin, n'ont pas d'autre devoir que de gouverner, et ils en ont seuls le droit. En outre, chacune de ces classes se subordonne à celle qui lui est supérieure : la multitude obéit aux guerriers, les guerriers obéissent aux magistrats. La justice, dans la République, naît de cette subordination et de cet accord de trois classes, dont chacune a sa vertu propre : les travailleurs, la tempérance ; les guerriers, le courage ; les magistrats, la sagesse.

Pour mieux assurer l'unité de l'État, Platon supprime, dans sa République, la propriété individuelle et la famille. Les femmes, les biens, tout est commun entre les citoyens. Les enfants appartiennent à l'État et reçoivent une éducation commune. D'après les aptitudes et les inclinations qu'ils manifestent, ils sont rangés dans l'une ou l'autre des trois classes. Les plus intelligents et les meilleurs sont soumis à une éducation plus longue et plus complète ; et quand ils ont parcouru le cycle entier des sciences et de la philosophie, ils prennent part au gouvernement de l'État. Comme Socrate, Platon fonde donc sa politique sur le principe de la *compétence*. Le pouvoir revient de droit, non à la majorité ni à une oligarchie, mais à ceux qui sont capables de l'exercer, à ceux qui savent.

Il semble que, dans les *Lois*, Platon ait voulu rapprocher de la réalité l'idéal qu'il avait proposé dans la *République*. Il y admet la famille et la propriété individuelle ; des lois écrites servent de règle et de limite au gouvernement des magistrats. Mais il assigne toujours la même mission à l'État : faire régner la vertu.

OUVRAGES A CONSULTER

Chaignet, *La vie et les écrits de Platon* et *Psychologie de Platon*. — J. Simon, *Théodicée de Platon et d'Aristote*. — Janet, *La dialectique dans Platon et dans Hégel*. — Fouillée, *La philosophie de Platon*.

SUJETS DE DISSERTATIONS

Que savez-vous de Platon ? 72.
Comparer Socrate et Platon. 75.
Des Idées de Platon. 77.
Exposer dans leurs traits essentiels la morale et la politique de Platon. 83.
Quelle différence y a-t-il entre l'ancienne et la nouvelle Académie ? 75.

CHAPITRE III

ARISTOTE

1. Vie d'Aristote. — Aristote (384-322) naquit à Stagyre, colonie grecque de Thrace. Son père, Nicomaque, était médecin du roi de Macédoine Amyntas, père de Philippe. Dans sa dix-huitième année, il vint à Athènes et y resta près de vingt ans : c'est alors qu'il suivit l'enseignement de Platon. Après un séjour de sept ans en Asie Mineure, il fut appelé en Macédoine par Philippe, qui lui confia l'éducation de son fils Alexandre, alors âgé de treize ans. Un peu avant le départ de son élève pour l'Asie, Aristote revint à Athènes, où il ouvrit une école dans le Lycée. Il avait l'habitude d'enseigner en se promenant : d'où le nom de Péripatéticiens que prirent ses disciples. Après la mort d'Alexandre, Athènes se souleva contre les Macédoniens, et Aristote dut se retirer à Chalcis, dans l'île d'Eubée, où il mourut dans sa soixante-troisième année.

2. Ouvrages d'Aristote. — Les ouvrages d'Aristote, tous écrits en forme de traités, composent une véritable encyclopédie : ils se rapportent à toutes les branches de la connaissance humaine, divisée, comme on le sait, par Aristote en sciences *poétiques*, *pratiques* et *spéculatives*.

Les traités qui concernent les œuvres de l'intelligence humaine sont la *Poétique*, la *Rhétorique*, et l'*Organon* ou la Logique, qui comprend les *Catégories*, l'*Hermeneia* ou traité de la Proposition, les *Analytiques premiers* ou traité du Syllogisme, les *Analytiques seconds* ou traité de la Démonstration, les *Topiques* et les *Arguments sophistiques*.

Aristote a déterminé les lois de l'activité humaine dans trois Morales, dont la plus importante est la *Morale à Nicomaque*, dans l'*Économique*, dont une partie est attribuée à Théophraste, et dans la *Politique*.

Les sciences spéculatives sont étudiées dans le *Traité du Ciel*, la *Météorologie*, la *Physique*, le *Traité des Plantes*, l'*Histoire des animaux*, etc. L'âme est l'objet d'un traité spécial (περὶ ψυχῆς) auquel peuvent se joindre des opuscules sur la *Sensation*, la *Mémoire*, le *Sommeil*, etc. Enfin, un traité sur la Philosophie première, mis par les commentateurs après la Physique, d'où son nom de *Métaphysique*, domine et couronne toute l'œuvre d'Aristote.

3. Caractère général de la philosophie d'Aristote. — La philosophie d'Aristote s'oppose à celle de Platon, dont elle sort.

Platon expliquait les choses par les Idées. Aux yeux d'Aristote, les Idées non seulement ne sont pas les principes des choses, mais elles n'ont par elles-mêmes aucune réalité. Les individus seuls existent réellement : c'est l'esprit qui, séparant par abstraction les modes ou rapports des individus, donne une sorte d'existence apparente à l'universel. On n'explique pas les choses en élevant, comme le fait Platon, au-dessus d'elles une Idée qui n'en est, pour ainsi dire, que la doublure. Les raisons des choses doivent être individuelles et actives comme les choses mêmes, ou plutôt ce sont les choses qui s'expliquent les unes les autres. Ce n'est pas l'*homme en soi* qui engendre un homme : c'est un autre homme (ἄνθρωπος ἄνθρωπον γεννᾷ). A la *Dialectique*, science des Idées, Aristote substitue donc la *Métaphysique*, science des Causes.

4. Métaphysique d'Aristote. — Tout d'abord, Aristote distingue quatre sortes de causes, la cause matérielle, la cause formelle, la cause efficiente et la cause finale.

La *cause matérielle* ou la *matière*, c'est ce dont une chose est faite; par exemple, dans une statue, le bois, la pierre ou l'airain.

La *cause formelle* ou la *forme*, c'est ce qui, s'ajoutant à la matière, la détermine et fait être la chose ce qu'elle est; par exemple, dans une statue, la forme de l'homme ou du dieu.

La *cause efficiente* est ce qui imprime une forme à la matière; ainsi l'artiste, qui fait la statue.

La *cause finale*, c'est le but que poursuit la cause efficiente et en vue duquel la chose existe; par exemple, la gloire ou le gain.

Toute explication peut et doit envisager les choses sous ces quatre rapports : elle n'est vraiment complète que lorsqu'elle enferme les quatre causes. Mais il faut les examiner de plus près.

La matière et la forme sont les principes internes et constitutifs de tous les êtres.

La matière, envisagée dans son rapport avec la forme, n'est que la possibilité même de la forme : c'est, en chaque chose, ce qu'elle n'est pas, ce qu'elle peut devenir. La forme, au contraire, est essentiellement actuelle, c'est la réalisation et l'achèvement de ce qui n'existait encore dans la matière que virtuellement et en projet. Aristote identifie donc la matière avec la *puissance*, et la forme avec l'*acte*.

Par ces deux principes s'explique le caractère le plus général de la nature, le *mouvement*. Tout être en effet se meut sans cesse : se mouvoir ou changer, c'est devenir ce qu'on n'était pas ; c'est passer de la possibilité à la réalité, de la puissance à l'acte ; et voilà pourquoi la *cause efficiente* peut aussi s'appeler *cause motrice*.

Dans les œuvres de l'art humain, les quatre causes sont distinctes ; dans les œuvres de la nature, par exemple dans une plante, dans un animal, elles se réduisent à deux : la matière d'une part, de l'autre la forme, qui est à la fois cause finale et cause efficiente. En effet, ces êtres ne reçoivent pas leur forme du dehors ; ils la réalisent eux-mêmes, ou plutôt elle se réalise d'elle-même en eux par un mouvement incessant ; et, si elle les meut ainsi, c'est parce qu'étant leur acte, c'est-à-dire la réalisation de leurs puissances, elle est par cela même le but auquel ils aspirent comme à leur bien. La forme dans les êtres naturels n'est donc pas, comme dans les œuvres de l'art humain, une figure extérieure et immobile : c'est un principe actif et vivant, intérieur à la matière, qui la travaille et l'ordonne, idée substantielle, qui chez les êtres inorganiques s'appelle *nature*, et chez les vivants où elle s'élève jusqu'à la sensation et à la pensée, s'appelle *âme*.

Maintenant, si l'on considère l'ensemble des choses, on voit qu'elles forment une série d'existences de plus en plus parfaites où les inférieures servent de matière aux supérieures, sans que les deux termes extrêmes de ce mouvement progressif se laissent voir. Ainsi le minéral est la matière de la vie végétative ; la vie végétative semble tendre à la vie animale ; la vie animale prépare la vie humaine. Mais le minéral lui-même a déjà une forme, et par conséquent on peut concevoir une matière encore plus simple et plus indéterminée, une matière qui soit puissance pure sans aucune forme actuelle. D'autre part, la vie humaine n'est pas non plus un acte pur : elle aussi aspire à une réalité plus parfaite qui la dépasse et, avec elle, toute la nature.

Entre ces deux limites, la matière première et le bien absolu, s'échelonnent les diverses formes de l'être ; et la vie universelle est tout entière dans l'effort, dans le désir par lequel la matière monte ainsi de degré en degré vers la fin surnaturelle qui l'attire.

5. Théodicée d'Aristote. — Le monde ne se suffit donc pas à lui-même : il est comme suspendu à Dieu. Aristote prouve l'existence de Dieu par la nécessité d'un premier moteur. — Le monde a toujours existé; le mouvement est éternel; et par conséquent la série des causes secondes est infinie; mais il n'en faut pas moins expliquer cet éternel passage du possible à la réalité. En toutes choses, l'acte est antérieur à la puissance : c'est par l'action d'un être déjà existant que le possible se réalise. Le mouvement éternel est donc l'effet d'un moteur éternel et immobile.

Si Dieu contenait en lui-même quelque puissance, il ne serait pas tout ce qu'il peut être, il serait incomplet, inachevé, il serait sujet au désir et au changement. Dieu est donc un acte immatériel, absolument simple et parfait. Pour connaître sa nature, il suffit de considérer la fin à laquelle tend le progrès du monde : cette fin est la pensée. La pensée est donc l'acte de Dieu; non l'intelligence, la puissance de penser, mais l'action de penser, et cette pensée n'est pas attachée à un objet distinct d'elle-même : elle est à soi-même son propre objet; elle est la pensée de la pensée.

Ainsi Dieu est tout pensée, et il se pense éternellement lui-même. Comment dès lors meut-il le monde ?

Tout d'abord, Dieu ne connaît pas le monde : « Il y a des choses qu'il vaut mieux ignorer que savoir. » Le spectacle d'une existence imparfaite comme celle du monde troublerait la pure félicité de la vie divine. — Pareillement Dieu n'est pas en contact avec le monde et ne lui imprime pas une impulsion : il agirait alors comme un moteur matériel qui subit la réaction du mobile. — Il reste donc que Dieu agisse par attrait, à la façon du bien et du beau, qui n'ont aucun effort à faire et à qui il suffit d'exister pour attirer à soi tous les regards et éveiller dans les âmes le désir de leur devenir semblables. — Dieu meut donc la matière par le désir qu'il met en elle : il est créateur sans le vouloir et sans le savoir.

De même, c'est spontanément que la nature s'organise : aucune Providence, extérieure aux choses, ne leur imprime l'ordre; par cela seul qu'elles tendent vers la pensée, elles trouvent l'ordre d'elles-mêmes. La finalité sort, pour ainsi dire, des entrailles mêmes de la nature : c'est la nature qui est l'architecte du monde, et non Dieu ; et par là s'expliquent les tâtonnements et les défauts de la création.

6. Psychologie d'Aristote. — Comme tous les êtres, l'homme se compose d'une matière et d'une forme. La matière en lui, c'est le corps organisé, capable de vivre, ou ayant la vie en puissance : l'âme est la forme de ce corps ; elle en est donc inséparable, comme toute forme est inséparable de sa matière.

Ainsi l'âme est l'acte auquel tend le corps et dans lequel il réalise ses puissances ; mais cet acte même comprend en soi plusieurs degrés qui, réunis dans l'homme, sont plus ou moins séparés chez les autres êtres où ils constituent par conséquent autant d'âmes différentes, âme végétative, âme sensitive, âme pensante et raisonnable.

En premier lieu, l'âme est la cause de la vie : c'est elle qui donne au corps sa forme et son unité; c'est sous son influence que s'exécutent toutes les opérations vitales.

En second lieu, l'âme est le principe de la sensation et de toutes les opérations qui en dépendent, perception, mémoire, imagination, association des idées, désir, passion, mouvement instinctif, etc.

Enfin, l'âme est le principe de la pensée et de toutes les opérations proprement intellectuelles. Prenant pour matière les sensations et les images sensibles, la raison en dégage la forme de l'universel, et en pensant cette forme, elle se pense elle-même, et à l'exemple de Dieu, elle devient conscience de soi. Dans cet acte, il semble même qu'elle s'identifie avec Dieu.

De la raison jointe à l'inclination ou au désir, Aristote fait dériver la volonté qui se porte naturellement au bien comme à sa fin, mais qui s'y porte par des moyens dont elle a le libre choix. L'avenir, du moins en ce qui la concerne, n'est donc pas entièrement déterminé d'avance : l'homme est bien « le principe et le père de ses actions ».

Cependant l'âme humaine, étant liée au corps, est sans doute mortelle comme lui. Seul l'acte de la Pensée pure auquel l'homme participe ne meurt pas, mais son immortalité semble être moins celle de l'âme que celle de Dieu.

7. Morale d'Aristote. — Tel étant l'homme, quel est pour lui le bien suprême, non un bien en soi, commun à tous les êtres, ainsi que Platon l'imagine, mais, un bien propre à l'homme et, partant, conforme à sa nature? Ce bien, qui n'est pas une perfection abstraite et purement logique, mais qui n'existe qu'à la condition qu'on le connaisse et qu'on en jouisse, est le *bonheur :* le *plaisir* en est l'élément nécessaire. Mais le plaisir ne se sépare pas de l'activité dont il est le signe : sa valeur se mesure à celle de l'acte qu'il accompagne. Le bonheur réside donc pour l'homme dans l'exercice de l'activité qui lui est propre : la vie conforme à la raison, voilà le souverain bien.

La vertu est la condition nécessaire et principale du bonheur ; mais elle ne lui est pas identique : il lui faut le complément des biens extérieurs, santé, fortune, etc. Platon se trompe en la faisant consister dans la seule science : elle est bien plutôt l'œuvre de la liberté et de l'habitude. — On peut distinguer en elle comme deux degrés : le premier est celui des *vertus pratiques* où la raison s'exerce sur la matière des passions et les soumet à sa règle qui est la *mesure;* elles peuvent se définir un juste milieu, également éloigné des extrêmes ; le second est la vertu *contemplative* où la raison se saisit elle-même dans l'acte de la pensée consciente de soi. Mais l'homme ne peut atteindre son bien en dehors de la société de ses semblables. Aux vertus individuelles s'ajoutent donc les vertus sociales, la *justice* et l'*amitié*.

8. Politique d'Aristote. — Pour Aristote comme pour Platon, la politique est inséparable de la morale : la fin dernière de l'État, c'est la vertu. Mais l'État est d'abord un fait naturel, et la nature même de l'homme fait de la famille et de la propriété individuelle les conditions nécessaires de son existence. La perfection de l'État ne peut donc en exiger la suppression. — Aristote voit dans l'esclavage une autre condition nécessaire de la vie sociale ; il assimile l'esclave à un instrument animé et divise tous les hommes en deux classes : les uns libres par nature et faits pour commander, les autres incapables de raison et destinés à obéir. — La meilleure constitution pour l'État est celle où la loi est souveraine et où elle est faite par la majorité des citoyens. Il faut, dans une démocratie, une certaine égalité générale : toute révolution a pour cause un manque d'équilibre entre les diverses classes de la société.

9. Comparaison de Platon et d'Aristote. — On peut voir maintenant en quoi diffèrent les deux philosophies de Platon et d'Aristote.

Toutes deux font consister l'essence des choses dans le *général*, objet du concept ; mais Platon sépare le général du particulier et voit en lui la seule réalité ; Aristote, au contraire, l'unit intimement au particulier ; l'individu, qui est la synthèse de l'un et de l'autre, est seul réel à ses yeux.

Il s'ensuit que pour Platon, les sens et en général l'expérience sont étrangers à la science ; ils en sont pour Aristote l'indispensable condition. — Aussi Platon explique-t-il les choses par des formes logiques, par des types abstraits et immuables. Aristote a le sentiment profond de l'*activité* des êtres, de la *vie* de la nature ; c'est par le mouvement et le désir qu'il explique tout.

10. La philosophie grecque après Platon et Aristote.
— Cependant Platon et Aristote s'accordent à élever au-dessus du monde, comme la raison dernière de son existence, un Dieu absolument parfait. — Après eux, la philosophie s'enferme dans le monde, et le problème auquel se subordonnent désormais tous les autres est le problème moral. Comment l'homme pourra-t-il arriver au bonheur? Toutes les doctrines qui se développent à cette époque, scepticisme des pyrrhoniens, probabilisme de la nouvelle Académie, épicuréisme, stoïcisme, sont autant de réponses diverses à cette même question. Les deux plus importantes, celles qui exercent sur les esprits non seulement en Grèce mais dans l'empire romain l'influence la plus étendue et la plus durable, sont celles des épicuriens et des stoïciens.

OUVRAGES A CONSULTER

Ravaisson, *Essai sur la métaphysique d'Aristote.* — Waddington, *Psychologie d'Aristote.* — Ollé-Laprune, *Essai sur la morale d'Aristote.* — Boutroux, *Grande encyclopédie*, art. ARISTOTE.

SUJETS DE DISSERTATIONS

Que savez-vous d'Aristote ? 79.

Quels sont les caractères principaux qui distinguent la philosophie d'Aristote et la philosophie de Platon ? 75.

Platon et Aristote. 80.

Exposer et comparer dans leurs traits essentiels la morale de Platon et celle d'Aristote. 82.

Que voulait dire Aristote en disant : « Il n'y a pas de science du particulier ? » Rapprocher cette formule de celle des philosophes scholastiques : « *Nulla est fluxorum scientia.* » 73.

Quel est le sens philosophique de ces paroles célèbres de Bossuet : « La perfection est la raison d'être ? » Montrer qu'elles résument la métaphysique de Platon et celle d'Aristote. 79.

CHAPITRE IV

L'ÉPICURÉISME

1. Vie d'Épicure. Les principaux Épicuriens. —
Épicure (341-270 avant J.-C.) naquit à Athènes, d'autres disent à Samos. Il était fils d'un maître d'école et d'une magicienne, et dut, pendant son enfance, assister plus d'une fois aux incantations de sa mère : de là, peut-être, sa haine contre la superstition. Il eut, dit-on, pour maître un disciple de Démocrite. Vers l'âge de trente-six ans il ouvrit à Athènes une école qu'il présida jusqu'à sa mort. Unis entre eux par l'amitié la plus vive, ses disciples lui vouèrent une sorte de culte. L'anniversaire de sa naissance était célébré dans des réunions solennelles ; on portait son image sur des médailles et des anneaux.

De toutes les doctrines de la philosophie grecque, celle d'Épicure fut, au témoignage de Cicéron, la première que connurent les Romains. Lucrèce, dans le *De natura rerum*, la revêtit de la plus éclatante poésie. Elle eut un grand nombre d'adeptes dans les hautes classes de la société romaine : César, Cassius, Horace, etc., firent profession d'épicuréisme.

2. Caractère général de la philosophie épicurienne.
— La philosophie d'Épicure se compose de trois parties : une morale, une physique, une canonique ou logique. Aucune n'est originale. Épicure a emprunté le principe de sa morale à Aristippe ; la théorie des atomes, qui est toute sa physique, lui vient de Démocrite ; et sa canonique a probablement la même origine. Mais ce qui donne à sa doctrine une physionomie toute particulière, c'est l'ordre qu'il met entre ces parties.

La question suprême, pour Épicure, est la question du *souverain bien*. Le point de vue pratique prime donc chez lui le point de vue spéculatif : la physique et la canonique ne sont que des moyens dont la morale est la fin. Si Épicure s'intéresse à la connaissance de la nature des choses et aux règles qui permettent le discernement du vrai et du faux, c'est parce qu'il y voit la condition du bonheur.

3. Physique d'Épicure. — En effet, la plus grande cause des inquiétudes et des misères de l'humanité, c'est la crainte des dieux et des enfers. Il importe donc de montrer à l'homme qu'il est seul maître de sa destinée et qu'il dépend toujours de lui d'être heureux.

Le monde n'est pas l'œuvre d'une volonté surnaturelle : il est l'effet de l'existence des atomes. Éternellement les atomes se meuvent dans le vide : en nombre infini, indivisibles, immuables, ils sont tous portés par la pesanteur dans des directions parallèles, mais chacun d'eux (et en ce point Épicure se sépare de Démocrite) a le pouvoir de *décliner*, c'est-à-dire de changer, d'une quantité aussi petite qu'on voudra, la direction de son mouvement. C'est par l'exercice de ce pouvoir, par ce *clinamen*, comme l'appelle Lucrèce, que les atomes se rencontrent, s'agrègent et que le monde se forme. Aucun but d'ailleurs, aucun plan ne dirige ces combinaisons. La spontanéité des atomes est aveugle et agit au hasard ; mais nécessairement, dans l'infinité des composés qu'ils produisent, quelques-uns se trouvent être harmonieux et stables.

Néanmoins Épicure admet l'existence des dieux, mais ces dieux ne sont que des créatures parfaites, tels que les artistes les représentent, avec des formes humaines d'une idéale beauté : ils vivent dans les intervalles des mondes, heureux, oisifs, immortels.

Ainsi l'homme n'a rien à espérer, rien à craindre des dieux. Lui-même est, comme tout le reste, un effet et un composé des atomes. L'âme n'est pas moins matérielle que le corps dont elle est la partie la plus intime, la plus subtile. Mais les atomes conservent en elle la faculté de modifier leur mouvement naturel ; et ce pouvoir fait sa liberté. « Mieux vaudrait encore, dit Épicure, être asservi aux fables vulgaires sur les dieux qu'à la fatalité des physiciens. Encore peut-on espérer de fléchir les dieux ; la nécessité est inexorable. » L'homme peut donc, s'il le veut, résister aux impulsions qui le meuvent, et sa conduite et sa vie à venir ne sont pas déterminées d'avance. A tout moment, il reste libre d'incliner d'un côté ou de l'autre, de s'arrêter, ou même de revenir en arrière.

4. Canonique d'Épicure. — Le type et la source de toute connaissance est la sensation. Dans la sensation en effet, l'objet lui-même s'imprime en nous : aucune connaissance n'est certaine, si celle-là ne l'est pas. Les sens jugent seuls en dernier ressort de la vérité et de l'erreur. La sensation se prolonge, en quelque sorte, dans le souvenir. Du souvenir de plusieurs sensations semblables naît l'idée générale qui, une fois fixée par un mot, permet l'anticipation (πρόληψις) de l'expérience future. Mais le souvenir et l'idée empruntent à la sensation toute leur valeur.

5. Morale d'Épicure. — Or les sens, interrogés sur le souverain bien, répondent que le souverain bien c'est le plaisir. Tous les animaux recherchent le plaisir et fuient la douleur; nul autre signe du bien et du mal que le plaisir et la peine qu'ils nous causent. — Mais il faut distinguer deux sortes de plaisirs. L'un est le *plaisir en mouvement*, vif mais passager, mêlé de trouble et de douleur; l'autre est le plaisir *stable* ou *constitutif*, calme, durable, exempt de peine et de crainte. Le premier naît du chatouillement des sens; le second de la seule absence de la douleur. Quand les besoins du corps sont satisfaits, quand l'âme est libre de tout souci, la pure sensation de la vie est le plaisir suprême. Se sentir être, jouir de soi dans l'apaisement de tous les désirs, c'est là le souverain bien. Il est facile d'y arriver. Les désirs vraiment *naturels et nécessaires*, sont en effet, tels que la faim et la soif, peu nombreux et peu exigeants : « Avec un pain d'orge et un peu d'eau, le sage dispute de félicité avec Jupiter. » Les autres désirs ne sont ni naturels, ni nécessaires, par exemple ceux de la richesse, du pouvoir, de la gloire ; ou, s'ils sont naturels, ne sont pas nécessaires ; par exemple ceux du mariage, de l'amour, etc. Ceux-là sont innombrables et insatiables ; aussi le plus simple est d'y renoncer.

Tel est donc le but de la vertu : assurer à l'homme l'*ataraxie*, c'est-à-dire l'absence de la douleur, et par conséquent la félicité parfaite. Tout son prix lui vient du plaisir qu'elle nous procure. La prudence nous sert à discerner les vraies et les fausses voluptés; la tempérance, à résister à l'attrait des faux plaisirs ; le courage, à nous préparer pour l'avenir un plus grand bien en supportant un mal présent et inévitable. La justice, par une convention réciproque, nous garantit des violences d'autrui. L'amitié enfin nous soutient et nous console. Ainsi le sage épicurien pratique toutes les vertus; mais en les ramenant sans cesse à sa tranquillité et à son intérêt personnels comme à leur fin nécessaire.

Comme on le voit, la morale d'Épicure est plutôt triste et sévère. Le plaisir qu'elle prêche est tout négatif : pour l'obtenir, il faut dire adieu à tous les plaisirs véritables, car il n'en est pas un seul qui n'exige une dépense d'activité et n'entraîne une chance de douleur.

A force de vouloir échapper à la souffrance, l'épicurien s'interdit toute action, tout mouvement, et il se fait de la vie un idéal qui la rend presque semblable à la mort.

Il semble cependant que certains disciples, entre autres MÉTRODORE, aient entendu autrement la recherche de la volupté : de là sans doute l'idée qu'on se fait vulgairement de la morale épicurienne et qui avait déjà cours chez les Romains au temps d'Auguste ; mais, si le nom d'épicurien a pu devenir par la suite synonyme de voluptueux et de débauché, il serait injuste d'en faire remonter la faute à Épicure.

OUVRAGES A CONSULTER

Guyau, *La morale d'Epicure*. — Martha, *Le poème de Lucrèce*. — Liard, *De Democrito*.

SUJETS DE DISSERTATIONS

Exposer la théorie des atomes dans la philosophie épicurienne. 73.

Exposer et réfuter le système des atomes. 75.

Qu'appelle-t-on atome ? Exposer les théories atomistiques dans l'école d'Épicure. 80.

Comment la doctrine du plaisir a-t-elle pu amener Épicure à la théorie de la frugalité, du désintéressement et de l'immobilité ? 81.

CHAPITRE V

LE STOÏCISME

1. Vie de Zénon. Les principaux stoïciens. — ZÉNON (336-264), le fondateur de la philosophie stoïcienne, naquit à Cittium, petit port de l'île de Chypre. Son père, qui était marchand, lui rapporta d'Athènes quelques traités socratiques dont la lecture éveilla en lui l'amour de la philosophie. Un naufrage lui ayant enlevé sa fortune, il vint à Athènes et fréquenta l'école de Cratès, chef des cyniques; mais la grossièreté de leurs mœurs le révolta. Il erra alors, pendant vingt ans, d'école en école, jusqu'au jour où lui-même en ouvrit une dans la galerie, alors abandonnée, qui avait été autrefois le lieu de réunion des poètes : cette galerie ou Portique donna son nom (στόα) à la nouvelle école. Parvenu à un âge très avancé, il se donna, dit-on, la mort; les Athéniens lui élevèrent des monuments portant cet éloge que sa vie n'avait pas cessé de ressembler à sa philosophie.

CLÉANTHE (331-232) fut, après Zénon, le chef de l'école stoïcienne. D'abord athlète, il avait, pour suivre les leçons de Zénon, gagné sa vie en puisant de l'eau la nuit au service d'un jardinier d'Athènes. Il nous reste de lui des fragments d'un hymne à Jupiter d'une haute inspiration religieuse.

CHRYSIPPE (282-209), successeur de Cléanthe, a été appelé le second fondateur de l'école stoïcienne. On disait de lui : Si Chrysippe n'existait pas, il n'y aurait pas de Portique. Il modifia, en effet, en bien des points, les doctrines de Zénon et de Cléanthe, et surtout les défendit avec une dialectique infatigable contre les attaques de leurs divers adversaires, principalement des nouveaux académiciens et d'Arcésilas.

Parmi les principaux disciples de Chrysippe, il faut citer DIOGÈNE de Babylone, qui vint à Rome, en qualité d'ambassadeur, avec Carnéade (vers 155); PANÉTIUS de Rhodes (vers 130), qui tint école à Rome et accompagna Scipion l'Africain à Alexandrie; enfin

Posidonius, disciple de Panétius, surnommé le Rhodien, à cause de l'école qu'il établit à Rhodes vers la fin du second siècle avant J.-C. — Ces deux derniers composèrent des traités de morale auxquels Cicéron a fait de larges emprunts.

Cicéron n'appartient pas complètement au stoïcisme, puisqu'il se déclare partisan de la nouvelle Académie : il a cependant contribué plus que personne à faire connaître la morale stoïcienne aux Romains.

Transporté de la Grèce à Rome, le stoïcisme y devient surtout une école de vie pratique, une doctrine morale, politique et religieuse. Sous les empereurs, il est, pour les hautes classes de la société romaine, une sorte de religion. Dans ces temps de trouble et de corruption, il enseigne la dignité et le courage; il inspire l'héroïsme de Thraséas et d'Helvidius Priscus. Malgré ses défaillances morales, Sénèque est un des plus éloquents prédicateurs des grandes idées stoïciennes : il trouve du moins dans sa foi philosophique la force de bien mourir. Néron, Vespasien, Domitien chassent les philosophes de Rome et de l'Italie; ils n'empêchent pas leur influence de pénétrer et de modifier les opinions et même les lois. Tous les grands jurisconsultes, Gaïus, Paul, Ulpien, Papinien, appliquent au droit les principes du stoïcisme; et tandis qu'Épictète, dans son *Manuel*, apprend à tous les hommes le secret d'être libre même au sein de la servitude, Marc-Aurèle donne au monde l'étonnant spectacle d'un empereur philosophe, qui consacre toutes ses pensées et toute sa vie au bonheur de l'humanité.

2. Caractère général de la philosophie stoïcienne.
— Le stoïcisme répond au même besoin moral que l'épicuréisme : assurer à l'homme le bonheur. Mais l'épicuréisme conclut à l'inertie, au relâchement (ἄνεσις); au contraire, le stoïcisme se résume tout entier dans l'idée de la tension (τόνος, ἐπιτάσις). C'est qu'il procède d'un tout autre principe. La métaphysique épicurienne est le *matérialisme;* la métaphysique stoïcienne est le *panthéisme*.

Au point de vue des origines, le stoïcisme se rattache à la fois au naturalisme des Ioniens et particulièrement d'Héraclite; à la doctrine morale d'Antisthène, dont il adopte la maxime fondamentale : « vivre conformément à la nature » et qui, comme lui, faisait consister le souverain bien dans la vertu et la vertu dans la peine et l'effort; enfin, à la métaphysique d'Aristote, dont il reproduit les idées sur la matière et la forme, le mouvement et la finalité universelle. On pourrait presque dire que le Dieu des stoïciens, c'est la Nature d'Aristote, mais une Nature qui se suffit à elle-même, sans le couronnement de l'Acte pur.

Malgré les efforts des stoïciens grecs, et principalement de Chrysippe, pour ramener ces éléments si divers à l'unité d'un même système, le stoïcisme n'est pas exempt de contradictions : aussi, à mesure qu'il s'est développé, le désaccord est devenu de plus en plus sensible entre sa morale et sa métaphysique. Les derniers stoïciens n'ont résolu la difficulté qu'en subordonnant de plus en plus la métaphysique à la morale.

3. Métaphysique stoïcienne. — Comme Épicure, Zénon divise la philosophie en trois parties, la physique ou physiologie, la logique et la morale. Il fait donc rentrer la métaphysique dans la physique.

Pour le stoïcisme, toute existence est matérielle. L'abstrait seul est incorporel. La réalité se compose de deux éléments inséparables ; l'un, passif, la *matière*, l'autre, actif, la *force*, qui, tendue dans la matière, la pénétrant jusqu'en ses moindres parties, lui imprime par sa tension le mouvement et la forme. Pas de matière sans force ; pas de force sans matière. L'Idée de Platon, l'Acte pur d'Aristote sont des abstractions ; ce qui fait l'être et l'unité des choses est intérieur et consubstantiel aux choses mêmes.

La force qui anime ainsi la matière, c'est Dieu présent à l'univers comme une âme l'est à son corps. Dieu n'est pas seulement force motrice ; il est aussi sensibilité, raison, volonté. Il fait de l'univers un véritable être vivant dont toutes les parties conspirent et sympathisent. Sous son action, toutes choses se meuvent avec ordre et constance, selon des lois immuables et pour des fins rationnelles.

Le désordre, le hasard sont de fausses apparences : tout est voulu et fatal. L'enchaînement des moyens et des fins ne fait qu'un avec celui des causes et des effets. Le Destin et la Providence sont les deux aspects d'un seul et même Dieu.

La distinction même de la matière et de la force se résout finalement, pour le stoïcisme, en une identité. Il se représente la force à l'image du feu d'Héraclite, comme « un souffle pensant et enflammé ». La matière même, c'est encore la force, mais la force, détendue, relâchée ; c'est le feu, mais le feu éteint ou près de s'éteindre. Dieu est donc la substance unique et universelle. Par ses alternatives de relâchement et de tension, le feu divin produit et détruit tour à tour toutes choses. L'univers rentrera de nouveau en Dieu pour en sortir de nouveau, et ainsi de suite éternellement.

4. Psychologie stoïcienne. — Tous les êtres particuliers sont composés, comme la substance, d'un élément multiple, passif, inerte, et d'un principe d'unité, d'activité et de vie.

Dans le minéral, ce principe fait la cohésion (ἕξις) des molécules; dans le végétal, il est la nature (φύσις), la raison séminale (λόγος σπερματικός) qui développe la semence et en fait sortir un organisme vivant et conforme au type de son espèce; dans l'animal, il est l'âme (ψυχή), capable de sensation et d'appétit. Enfin dans l'homme, sans perdre aucune de ces fonctions inférieures, il devient la raison, le principe dirigeant (τὸ ἡγεμονικόν) et se connaissant lui-même, il s'appelle moi (τὸ ἐγώ).

Dans la raison le stoïcisme distingue la connaissance et l'action.

La connaissance a pour matière la *sensation* où l'âme subit l'impression de l'objet extérieur et en reçoit une image qui le représente. Il n'y a rien dans l'entendement, disaient les stoïciens, qui n'ait d'abord été dans les sens. Mais dans la sensation même l'âme n'est pas entièrement passive : tendue pour ainsi dire, contre le choc de l'objet, elle réagit immédiatement par une sorte d'élasticité naturelle. Cette réaction, toute volontaire, est l'*assentiment*. Parmi les représentations des choses, il en est qui emportent avec elles la certitude de la réalité de leur objet; ce sont les représentations *compréhensives;* leur évidence se mesure à leur force; leur force à celle de la réaction volontaire qui leur répond. De plusieurs représentations compréhensives, l'esprit tire une idée générale qui lui permet d'anticiper l'avenir, et par la coordination des idées générales, il constitue lui-même la science. Zénon comparait la sensation à la main ouverte, l'assentiment à la main demi-fermée, la compréhension à la main fermée, la science à la main fermée et fortement serrée par l'autre main. Mais c'est un seul et même principe, la raison qui traverse successivement tous ces degrés.

Pareillement, d'après le stoïcisme, l'instinct, la volonté, la passion sont trois états d'un seul et même principe, et ce principe est encore la raison, mais appliquée à l'action et non plus à la connaissance. Dans l'instinct, la force dirigeante s'éveille et semble se chercher elle-même; dans la volonté, elle se possède et se gouverne; dans la passion, elle se relâche et s'affaiblit.

Ainsi, tandis qu'Aristote avait distingué dans l'âme humaine une diversité de puissances, sensibilité, entendement, volonté, la psychologie stoïcienne n'admet dans l'homme qu'un principe unique : la *raison,* source commune de l'activité, de l'intelligence et de la vie, qui, plus ou moins diversifiée et multipliée en ses manifestations inférieures, fait sans cesse effort pour les ramener à l'unité de sa véritable nature.

8. Morale stoïcienne. — Il est assez malaisé de donner une idée d'ensemble de la morale stoïcienne, non seulement à cause des aspects divers sous lesquels on peut l'envisager, mais peut-être aussi parce qu'elle est, de toutes les parties du stoïcisme, celle qui s'est le plus modifiée à travers les différentes périodes de son histoire.

Cependant, s'il fallait indiquer l'idée originale et dominante de cette morale, elle semblerait bien pouvoir se résumer dans cette formule sur laquelle tous les stoïciens sont d'accord, depuis Zénon jusqu'à Épictète et Marc-Aurèle, et qu'on ne retrouve nulle part ailleurs : *la vertu est le souverain bien, l'unique bien.*

De ce principe dérivent plusieurs conséquences :

D'abord, la vertu ne poursuit pas une fin supérieure à elle-même, différente d'elle-même. Dans toute autre doctrine, la vertu se rapporte à un objet, que cet objet soit Dieu, d'après Platon, le bonheur, d'après Aristote, le plaisir, d'après Épicure ; dans le stoïcisme, la vertu est à soi-même son propre objet. Il en est de l'homme vertueux comme de la nature universelle : l'un et l'autre trouvent leur bien dans leur action même et non dans une fin extérieure à l'action. Il s'ensuit que la valeur morale des actes, d'après le stoïcisme, dépend, non de leur matière, mais de leur forme, non du résultat, mais de l'intention. La vertu consiste à bien vouloir, et non à bien faire.

En second lieu, si la vertu est l'unique bien, tout le reste est indifférent. Le plaisir et la douleur ne sont par eux-mêmes ni bons ni mauvais ; de même la richesse et la pauvreté, la santé et la maladie, la vie et la mort. Le bien et le mal résident uniquement dans notre volonté, qui seule peut faire un bon ou un mauvais usage de toutes choses.

Mais la vertu ainsi séparée de toute matière et concentrée, pour ainsi dire, en elle-même, est nécessairement une et indivisible. De là cette troisième conséquence, qu'il n'y a pas de milieu entre posséder la vertu et ne la posséder pas. Toutes les fautes sont égales. Celui qui n'est pas sage est fou. En revanche, le sage est souverainement bon et parfaitement heureux : il est l'égal des dieux, il leur est même supérieur, puisqu'il ne doit sa perfection qu'à lui-même.

Dès lors, la vertu trouve en soi sa récompense. *Gratuita est virtus*, disait Sénèque, *virtutis præmium ipsa virtus*. Il est inutile de demander pour elle un salaire au delà de cette vie : elle tient les dieux quittes de l'immortalité.

Telles sont les conséquences, souvent paradoxales, du principe fondamental de la morale stoïcienne. Ce principe, peut-être emprunté à l'école cynique, s'accorde d'ailleurs avec cet autre principe de la métaphysique stoïcienne, que l'univers enferme en lui-même sa cause et sa fin dans la force qui lui est immanente.

Mais, si la vertu est le souverain bien, en quoi consiste-t-elle ? C'est ici, ce semble, que les divers philosophes stoïciens, sans se contredire précisément les uns les autres, ont cependant envisagé la question de points de vue différents.

Ainsi, d'après une définition qu'on attribue à Cléanthe, la vertu consiste à *suivre la nature*, à vivre conformément à la nature. La vertu, sans doute, se suffit à elle-même, mais elle n'en implique pas moins une matière qu'elle trouve dans la nature de l'homme, c'est-à-dire dans ses instincts. Avant même d'avoir ressenti aucun plaisir, tout être vivant tend à conserver sa constitution, à exercer ses puissances; et les actes par lesquels il y tend sont ceux qui conviennent à sa nature, d'un seul mot les convenables (τὰ καθήκοντα) ou, suivant l'expression latine, les fonctions, les offices (*officia*). Telles sont les fonctions de la nutrition et de la reproduction dans l'animal ; chez l'homme, de plus, l'acquisition du savoir, les soins de la famille, de la société, etc., en un mot tout ce à quoi nous porte notre nature, et par-dessus tout, les actes qui tendent au salut et au bien des autres hommes. Il y a donc pour l'homme un premier bien, un bien naturel qui résulte de l'accomplissement de ses fonctions. — Mais le propre de l'homme, c'est de s'élever jusqu'à la raison, et une fois qu'il y est parvenu, d'apercevoir entre ses diverses fonctions naturelles un accord, une harmonie plus estimables que ces fonctions mêmes, et où il semble que la raison se reconnaisse elle-même. Dès lors, la vertu consiste, selon les expressions d'un historien du stoïcisme (1), à achever, à parfaire en soi-même la nature, « en voulant, par raison, pour l'ordre et la beauté qui y règnent, ce que la nature poursuit par instinct, et par conséquent en ne prenant pour but que l'ordre et la beauté ».

Cette conception de la vertu, qui fut principalement celle de

(1) Ravaisson, *Essai sur la métaphysique d'Aristote*, t. II, p. 197.

Panétius et de Cicéron, atténue les paradoxes de la morale stoïcienne, mais elle est bien difficile à concilier avec le principe que le bien suprême, unique, est la vertu. Si les instincts naturels étaient absolument indifférents, quelle raison la vertu aurait-elle de choisir entre eux ?

Aussi, le stoïcisme s'est-il efforcé de réduire ou même de supprimer entièrement cette part qu'il faisait d'abord à la nature. La vraie nature de l'homme, c'est la raison. Dès lors, vivre conformément à la nature, c'est vivre conformément à la raison.

Mais dans la raison même, on peut distinguer, d'une part, l'*ordre* qu'elle imprime à toutes choses, d'autre part l'*effort*, la *tension* qui la constituent et dont l'ordre est la manifestation extérieure.

Au premier point de vue, qui est celui de l'intelligence, la vertu, c'est la *logique*, c'est-à-dire la conséquence, l'accord avec soi-même (ὁμολογία). Le sage fait de sa vie un tout concordant et harmonieux comme une œuvre d'art. Mais il ne s'accorde pas seulement avec lui-même : il s'accorde aussi avec les autres hommes. Une seule et même raison anime toute l'humanité. Les hommes sont des égaux et comme des frères. C'est ainsi que le stoïcisme fonde le droit, et ce que Cicéron appelle la charité du genre humain (*caritas generis humani*). « La servitude, disent les jurisconsultes stoïciens, est un état contre nature. » « L'homme, dit Sénèque, est une chose sacrée pour l'homme. » La raison se reconnaît aussi dans l'ordre de l'univers. Pour rester d'accord avec elle-même, elle doit donc se soumettre aux lois qui font la stabilité et l'harmonie de la nature. Le sage est citoyen du monde : il obéit volontiers aux lois de la République universelle. De là, un acquiescement, une résignation à tout ce qui arrive en vertu de ces lois, même à la souffrance, à la maladie et à la mort.

Au second point de vue, qui est celui de la volonté, la vertu, c'est la *force* ou le courage, l'effort de l'âme, se ramassant tout entière sur soi et luttant contre les choses extérieures. C'est surtout ainsi qu'elle est comprise par Épictète dont la morale peut se résumer dans la célèbre formule : Supporte et abstiens-toi (ἀνέχου καὶ ἀπέχου). A cette conception se rattachent celles de l'*impassibilité* du sage et de sa *liberté*. La passion est le relâchement de l'âme : elle est donc contraire à la vertu. Le sage est toujours calme, maître de soi : joie, tristesse, désir, crainte, colère, admiration même et pitié, il ignore toutes ces faiblesses. Par cela même, il est *libre*. Il y a des choses, dit Épictète, qui dépendent de nous, d'autres qui ne dépendent pas de nous. Le secret de la vertu et du bonheur est de se désintéresser, de s'abstenir de celles-ci pour s'attacher uniquement aux premières. Exempt des passions qui nous asservissent aux choses, le sage ne peut être contraint ni entravé par aucune puissance extérieure. Pour atteindre cet état, il suffit de le vouloir : la volonté est toujours complice de son propre esclavage.

La morale stoïcienne s'écarte ainsi de plus en plus des principes métaphysiques du système ; elle admet implicitement le libre arbitre, avec Épictète ; elle aspire, en quelque sorte, à l'immortalité de l'âme, avec Marc-Aurèle ; avec l'un et l'autre, elle rapproche le Dieu-Nature du Dieu-Providence, pour en faire un objet de vénération et d'amour plus saisissable à l'âme humaine. C'est que le stoïcisme enveloppe une contradiction fondamentale : comment la moralité pourrait-elle être le bien absolu et suprême, si elle n'est qu'un accident fatal et passager de la vie universelle ?

OUVRAGES A CONSULTER

Ravaisson, *Essai sur le stoïcisme* (*Mém. de l'Acad. des Inscriptions*, t. XXI, déc. 1849 et fév. 1851). — Guyau, *Le manuel d'Epictète*. — Martha, *Les moralistes sous l'empire romain; Études morales sur l'antiquité*. — Ogereau, *Essai sur le système philosophique des stoïciens*. — Thamin, *Un problème moral dans l'antiquité, étude sur la casuistique stoïcienne*.

SUJETS DE DISSERTATIONS

Que savez-vous du stoïcisme ? 73.
Qu'est-ce que les stoïciens entendaient par les choses qui dépendent de nous et celles qui n'en dépendent pas ? 78.
Comparer et apprécier le stoïcisme et l'épicuréisme. 66.
Sur quoi portait le débat entre les épicuriens et les stoïciens ? 68.
Comparer la doctrine des épicuriens et celle des stoïciens sur le souverain bien. 75.
Quelles sont les écoles de philosophie désignées par ces noms : l'Académie, le Lycée, le Portique ? Caractères principaux de chacune de ces écoles. 68-72.

CHAPITRE VI

BACON

1. Vie de Bacon. — François Bacon (1561-1626) est né à Londres. Son père fut pendant plus de vingt ans lord garde du grand sceau sous Élisabeth. Ses études achevées, à l'âge de seize ans, il fit un voyage en France et fut rappelé en Angleterre par la mort de son père. Malgré la protection du comte d'Essex, malgré le rôle qu'il consentit à jouer dans l'accusation capitale portée au nom de la Cour contre son protecteur, il ne réussit point à arriver aux honneurs, tant que dura le règne d'Élisabeth.

Sa fortune politique commença avec le règne de Jacques Ier. Ami du favori Buckingham, il fut fait successivement garde des sceaux, chancelier, pair, avec le titre de lord Verulam et vicomte de Saint-Alban. Mais il laissa de nombreux abus se commettre sous son ministère. Accusé de corruption et de vénalité par le Parlement (1621), il fut condamné par la Chambre des lords à l'amende et à la prison. En outre l'arrêt le déclarait incapable d'occuper aucun poste dans l'État ni même un siège au Parlement.

Le roi lui fit grâce de l'amende et de la prison. Il passa dans la retraite les six années qui lui restaient à vivre, travaillant à achever ses ouvrages philosophiques.

Le plus important est l'*Instauratio magna* (ou Grande Réforme), dont le plan devait comprendre six parties, et dont les deux premières ont été seules publiées en 1623. La première est le *De dignitate et augmentis scientiarum* où il fait d'abord le panégyrique des sciences, puis leur classification et leur inventaire; la seconde est le *Novum Organum* (Nouvel Instrument, Nouvelle Méthode, par opposition à l'Ὄργανον d'Aristote), où il expose ses vues sur la méthode expérimentale et inductive.

2. Caractère général de la philosophie de Bacon. — Bacon est considéré, avec Descartes, comme l'un des fondateurs de la philosophie moderne. Il partage avec lui la gloire de l'avoir affranchie de l'autorité des anciens et d'avoir prévu et préparé les progrès de la science en l'armant d'une nouvelle méthode. Pourtant, de l'aveu même des critiques anglais (entre autres de Huxley), son œuvre est bien inférieure à celle de Descartes.

D'abord, Bacon est un pur logicien. Il n'a pas construit, comme Descartes, une métaphysique originale dont les idées maîtresses se retrouvent après lui, plus ou moins transformées, dans toutes les doctrines de la philosophie moderne. Il n'a pas même appliqué sa méthode aux sciences et n'en a fait sortir aucune grande découverte.

En second lieu, la méthode baconienne est moins générale, moins philosophique que la méthode cartésienne. Elle n'est applicable qu'à un certain ordre de recherches. Même dans ces limites, Bacon n'a pas eu toujours une idée bien nette du but et des conditions de la méthode expérimentale. Comme un alchimiste de la Renaissance, il a cru qu'elle pouvait viser à la transmutation des essences et à la fabrication de l'or. Dans sa réaction excessive contre les procédés à priori, il n'a pas vu le rôle nécessaire de l'hypothèse et du calcul dans les sciences de la nature.

Aussi Bacon n'a pas eu d'école. Hobbes (1588-1679) et Gassendi (1592-1655) l'ont connu et admiré; mais ils ne sont pas vraiment ses disciples. Gassendi se réclame lui-même d'Épicure qu'il essaye de réhabiliter, et la méthode de Hobbes, toute déductive et mathématique, est bien plus voisine de Descartes que de Bacon.

Cependant, à partir du dix-huitième siècle, Bacon est généralement considéré comme le chef de l'école empirique. Il représente, en effet, la tendance empirique à l'origine de la philosophie moderne, de même que Descartes représente plutôt la tendance idéaliste ou rationnelle.

On peut ramener à trois les principales théories de Bacon : 1° la classification des sciences ; 2° les causes d'erreur ; 3° l'objet et la méthode des sciences de la nature.

3. Classification des sciences. — Bacon divise la connaissance humaine en trois grandes parties : l'histoire, la poésie et la philosophie, d'après les trois facultés, *mémoire, imagination* et *raison*, qu'il distingue dans l'esprit humain.

L'histoire est ou *naturelle* ou *civile*, selon qu'elle a pour objet les faits du monde extérieur ou ceux de la vie humaine, et dans l'histoire civile sont comprises l'histoire littéraire et l'histoire ecclésiastique.

La poésie, que Bacon définit une libre imitation de l'histoire (*historiæ imitatio ad placitum*), et dont il se fait par conséquent une idée sensiblement différente de l'idée commune, est divisée en narrative, dramatique et parabolique ou, en termes peut-être plus clairs, épique, dramatique et symbolique.

La philosophie, enfin, ayant un triple objet, se partage en trois branches : la science de Dieu, la science de la nature et la science de l'homme, auxquelles Bacon superpose la philosophie première, science des vérités universelles ou des axiomes communs aux sciences particulières.

Mais des trois parties de la philosophie, la plus importante aux yeux de Bacon est celle qui a pour objet la nature. Seule en effet, d'après lui, « la nature frappe l'intelligence humaine d'un rayon direct ». Dieu ne nous est connu que par « un rayon réfracté », l'homme par « un rayon réfléchi ».

Il faut donc avant tout réformer ou plutôt fonder à nouveau la philosophie naturelle.

4. Les causes d'erreur. — Le plus grand obstacle aux progrès de la science de la nature, ce sont les illusions ou fantômes (*idola*) qui s'interposent entre l'esprit humain et les choses. Bacon en distingue de quatre sortes qu'il appelle *idola tribus, idola specus, idola fori* et *idola theatri*.

Les *idola tribus* sont les illusions qui ont leur origine dans la nature de l'homme et sont communes à la *tribu*, ou à l'espèce humaine tout entière. Ainsi, l'homme juge plus volontiers de la nature selon lui que selon elle.

Les *idola specus* sont propres à chaque individu et dépendent de son tempérament, de son caractère, de ses passions, etc. Chacun en effet, dit Bacon, a, en quelque sorte, sa *caverne* où la lumière de la nature ne pénètre que brisée et corrompue. Les uns sont plus sensibles aux différences, les autres aux ressemblances ; de là des distinctions ou des généralisations abusives, etc.

Les *idola fori* sont les erreurs du langage qui se transmettent d'homme à homme sur la place publique (*forum*) par le moyen du discours. L'intelligence croit commander aux mots ; elle n'est bien souvent que leur esclave. Tantôt en effet les mots, œuvre du vulgaire, désignent des choses qui n'existent pas, tantôt les idées qu'ils expriment sont confuses, mal définies, extraites des choses au hasard.

Enfin les *idola theatri* sont les préjugés qui naissent des divers systèmes et des diverses méthodes philosophiques. Bacon les nomme ainsi parce qu'il compare les systèmes philosophiques à des pièces de théâtre (*fabulæ*), et il en distingue trois espèces principales (rationalisme pur; empirisme pur; mysticisme) sous les noms de philosophie *sophistique, empirique* et *superstitieuse*.

5. L'objet et la méthode des sciences de la nature.
— Quand l'esprit se sera débarrassé de tous ses préjugés, il pourra s'appliquer à l'étude de la nature. Mais quel but devra-t-il se proposer dans cette étude? et quelle méthode adopter?

On peut résumer la pensée de Bacon dans ces trois aphorismes :

1° La science a pour but moins de comprendre la nature que de la *maîtriser*.

2° Elle a donc pour objet propre non les causes efficientes ni les causes finales, mais les *causes formelles*, c'est-à-dire les *lois* des phénomènes naturels.

3° Elle ne peut arriver à la connaissance des lois que par une méthode absolument différente de la déduction syllogistique, par une *induction expérimentale*.

1° La science que Bacon veut fonder est pratique et non pas seulement spéculative ; elle est puissance en même temps que science. La philosophie ancienne n'était féconde qu'en mots ; la philosophie nouvelle sera féconde en œuvres. Elle fera de l'homme, non seulement l'interprète, mais le ministre de la nature.

2° Mais que faut-il savoir pour être capable de commander à la nature? Uniquement les lois auxquelles elle obéit. — Pour Bacon comme pour Aristote, la vraie science est la science des causes : *vere scire per causas scire;* et les vraies causes sont les formes ou causes formelles. Il n'y a dans la nature que des êtres et des phénomènes individuels: *in natura nihil aliud existit præter corpora individua edentia actus individuos;* mais ces êtres sont revêtus de caractères généraux, ces phénomènes se produisent selon des lois générales. La science n'a pas pour objet les individus: *nulla est fluxorum scientia*. Elle a pour objet leurs formes essentielles et invariables. Ces formes ne sont pas extérieures aux choses; ce sont des caractères généraux et constants qui, par leur présence ou leur absence, déterminent la présence ou l'absence des diverses sortes de propriétés ou de faits. A chaque *nature* correspond une forme qui n'est elle-même qu'une limitation d'une nature plus générale, de sorte que plus les natures des êtres sont simples et générales, plus les formes qui les produisent croissent aussi en simplicité et en généralité, et qu'on peut concevoir finalement une forme commune à tous les êtres, raison de leur existence et de leur nature commune. Mais le plus souvent Bacon s'arrête à la conception d'un certain nombre de formes de *première classe, primæ classis*, qu'il compare aux lettres de l'alphabet, lesquelles par leurs diverses combinaisons composent tous les mots d'une langue : *simplices rerum formæ, tamen commensurationibus et coordinationibus suis, omnem varietatem constituunt.*

La connaissance des formes est toute la *science*. Elle seule permet de comprendre, c'est-à-dire de ramener à l'unité les phénomènes et les êtres en apparence les plus dissemblables. Il n'y a aucune place dans l'univers pour la fortune ou le hasard. « Dans l'ordre de la nature, dit Bacon, rien n'est si petit qu'il arrive sans cause, et d'autre part rien n'est si grand qu'il ne dépende d'une condition. Aucun être n'est dans l'univers semblable à une île, sans liaison avec le reste des choses. » Néanmoins les formes premières sont elles-mêmes sans cause : expliquant tout, elles sont inexplicables « *Maxime universalia in natura positiva esse debent, quemadmodum reperiuntur, neque revera sunt causabilia.* »

Les formes n'ont pas un moindre rôle dans l'*art*. Partout où l'homme introduit une forme, elle apporte fidèlement avec elle toutes les propriétés dont elle est la source : il peut donc, grâce à elle, donner à une matière la nature qu'il lui plaît. Ainsi la théorie et la pratique marchent du même pas : ce qui dans la théorie est une cause, dans la pratique est un moyen. Il suffit d'intervertir l'ordre des termes de la science pour obtenir l'art.

La connaissance des autres sortes de causes est inutile ou étrangère à la science. Ainsi la *matière* n'est qu'une combinaison plus ou moins complexe et constante de natures : elle ne peut donc être connue scientifiquement que si on la réduit à la forme. Il en est de même de la *cause efficiente*. Celle-ci est un individu d'une certaine espèce ou d'un certain genre auquel on attribue la production d'un fait particulier. Mais l'individu ne doit sa puissance productrice qu'à la forme qui, présente en lui comme en beaucoup d'autres, se manifeste en tous par les mêmes effets. La cause efficiente n'est que le véhicule de la forme, *vehiculum formæ*.

Les *causes finales* peuvent être utiles en théologie et en morale, elles ne servent à rien dans la philosophie naturelle. Quand on connaît les conditions nécessaires et suffisantes des phénomènes, on sait tout ce qu'il faut pour les prévoir et les modifier ; croire ou même savoir qu'ils se produisent en même temps pour des fins n'ajoute rien à notre puissance. « La recherche des causes finales est stérile en œuvres : comme une vierge consacrée au Seigneur, elle n'enfante rien ». *Causarum finalium inquisitio sterilis est, et sicut virgo Deo consecrata nihil parit.* Elle peut même être nuisible, si elle détourne de la recherche des formes qui sont les seules causes véritables. Pourtant Bacon ne nie pas l'existence des causes finales : « Ceux-là s'abusent grandement, dit-il, qui croient les causes finales incompatibles avec les causes physiques. Il n'y a aucune contradiction à dire que les organes ont été formés par l'action du milieu, et en même temps qu'ils sont faits en vue de leurs fonctions : ces deux sortes de causes conspirent admirablement; mais l'une dénote une intention, l'autre une simple consécution. » Cet accord, en apparence fortuit et accidentel, des conditions et des fins, est, aux yeux de Bacon, la meilleure preuve de la sagesse divine : « *Natura*, dit-il, *aliud agit*, Providentia *aliud elicit.* » Les causes finales existent donc, mais elles sont l'objet de la théologie et non de la philosophie de la nature.

3° La méthode par laquelle on découvrira les lois de la nature ne saurait être le syllogisme. Le syllogisme lie l'esprit et non les choses (*assensum adstringit, non res*). Il n'y a plus d'espoir que dans une induction légitime. Mais cette induction ne doit pas être l'induction vulgaire qui conclut par simple énumération : elle ne doit conclure qu'après les exclusions et rejections nécessaires (*post exclusiones et rejectiones debitas*). L'esprit humain est trop prompt à induire : il a besoin de plomb plutôt que d'ailes (*non alas, sed plumbum*). Avant de formuler la loi, il faut donc multiplier les observations, ne pas se contenter des faits qui se présentent, mais rechercher ceux qui sont vraiment instructifs, les *faits privilégiés* (*prærogativæ instantiarum*), et susciter soi-même ces faits par une *expérimentation* tour à tour *variée, étendue, renversée,* etc. Les observations une fois réunies doivent être distribuées en trois tables : *table de présence,* où la nature dont on cherche la forme est constamment présente; *table d'absence,* où elle est constamment absente; *table de degrés,* où elle varie constamment. C'est par l'élimination successive de toutes les formes qui peuvent être absentes, sans que la nature donnée soit absente; présente, sans qu'elle soit présente, etc., que le savant finira par découvrir la forme véritable qui restera seule, en quelque sorte, au fond du creuset de l'induction. — On a essayé d'apprécier ailleurs cette méthode (voy. LOGIQUE, chap. III, p. 241). L'esprit en est bien celui de la science expérimentale.

En somme, l'idée dans laquelle se résume la doctrine de Bacon et qu'elle a contribué à introduire dans la philosophie moderne, c'est l'idée des *lois de la nature*.

OUVRAGES A CONSULTER

Renouvier, *Manuel de philosophie moderne*. — Papillon, *Histoire de la philosophie moderne*. — Janet, *Les maîtres de la pensée moderne*. — Rémusat, *Histoire de la philosophie moderne en Angleterre; Bacon, sa vie, son temps, sa philosophie*.

Voyez en outre *Logique*, chap. III (Méthode des sciences physiques. Expérimentation et Induction) et chap. V (Causes de l'erreur).

SUJETS DE DISSERTATIONS

Que signifie cette maxime de Bacon : « *Veritas, filia temporis, non auctoritatis?* » 72-77.

Quel est le sens de cet aphorisme de Bacon : « *Vere scire, per causas scire?* » 73.

Quel est le sens de cette phrase de Bacon : « La puissance de l'homme est en raison de sa science? » On ne commande à la nature qu'en lui obéissant. 89.

CHAPITRE VII

DESCARTES

1. Vie de Descartes. — René Descartes (1596-1650) naquit à la Haye, en Touraine. Son père était conseiller au parlement de Bretagne. Il fit toutes ses études au collège de la Flèche, dirigé par les Jésuites, jusqu'en 1612, et, après quelques années passées à Paris (1617), il prit du service comme officier dans l'armée de Maurice de Nassau, puis dans celles de divers princes d'Allemagne. C'est pendant ces campagnes qu'il inventa sa méthode et forma le projet de réformer la philosophie et les sciences. Il fit d'assez nombreux voyages à travers toute l'Europe, et se retira enfin en Hollande où il demeura près de vingt ans. Sur les instances de la reine Christine, il se rendit à Stockholm ; mais il ne put supporter la rigueur du climat et mourut, à peine un an après son arrivée, d'une fluxion de poitrine, à l'âge de cinquante-quatre ans. Son corps fut rapporté en France, en 1667, et enseveli dans l'église Saint-Étienne du Mont.

Les principaux ouvrages de Descartes sont le *Discours de la Méthode*, publié à Leyde, en 1637, avec la *Géométrie*, la *Dioptrique* et les *Météores* ; les *Méditations sur la philosophie première* (1641), en latin ; les *Principes de la philosophie* (1644), également en latin ; et le *Traité des passions* (1650). — Le *Traité du Monde ou de la Lumière*, le *Traité de l'homme* et les *Règles pour la direction de l'esprit* n'ont paru qu'après sa mort.

2. Caractère général de la philosophie de Descartes. — L'idée qui domine toute la philosophie de Descartes est celle de l'*évidence*. Il semble que Descartes l'ait puisée dans l'étude des *mathématiques*. « Ces longues chaînes de raisons, toutes simples et faciles, dont les géomètres ont coutume de se servir pour parvenir à leurs plus difficiles démonstrations, m'avaient donné occasion de m'imaginer que toutes les choses qui peuvent tomber sous la connaissance des hommes s'entre-suivent en même façon » (*Discours de la Méthode*, 2º partie).

Ainsi, d'après Descartes, la réalité est essentiellement *intelligible*; elle se compose d'un petit nombre d'éléments simples, universels, absolus; et toutes choses dérivent des combinaisons de plus en plus complexes, mais toujours régulières, de ces éléments. — Ces éléments mêmes sont tels que la *raison* ne peut manquer de les trouver en soi et de les reconnaître immédiatement par une intuition infaillible. La nature et la pensée se correspondent : ce qui est *évident*, c'est-à-dire clair, simple, ordonné, ne peut manquer d'être *vrai*. Il suffit que l'esprit s'attache aux idées vraiment évidentes et les suive jusqu'en leurs dernières conséquences, pour embrasser dans ses déductions l'universalité des choses.

Or trois idées sont, par-dessus toutes les autres, marquées du signe de l'évidence : l'idée de la *pensée;* l'idée de l'*étendue;* l'idée de la *perfection*. La pensée, c'est *l'âme;* l'étendue, c'est la *matière;* la perfection, c'est *Dieu*. Tout s'explique par ces trois idées et par leurs rapports.

La philosophie de Descartes semble donc une sorte de *mathématique* universelle ; et cependant la mathématique en est plutôt l'enveloppe ou la forme que le fond, et cela pour deux raisons principales. D'abord, parce que les intuitions sur lesquelles elle repose n'ont pas pour objet exclusif, comme les intuitions mathématiques, des grandeurs ou quantités abstraites, mais des *réalités* concrètes et qualitatives, telles que la pensée et la perfection ; ensuite, parce que dans ces réalités mêmes réside, d'après elle, une *liberté* dont la nécessité mathématique est elle-même une conséquence; et c'est par là qu'elle diffère de l'idéalisme purement mathématique des pythagoriciens et du panthéisme fataliste de Spinoza.

Il faut étudier dans la philosophie de Descartes, d'abord sa *méthode*, puis ses *doctrines* métaphysiques, physiques, psychologiques et morales.

3. La méthode cartésienne. — La méthode de Descartes a été réduite par lui à quatre règles qui contiennent tout l'essentiel de la logique d'Aristote, de l'analyse des géomètres et de l'algèbre.

1º Règle de l'*évidence* : ne recevoir jamais aucune chose pour vraie que je ne la connusse évidemment être telle;

2º Règle de l'*analyse* : diviser chacune des difficultés que j'examinerais en autant de parcelles qu'il se pourrait, et qu'il serait requis pour les mieux résoudre ;

3° Règle de la *synthèse* : conduire par ordre mes pensées, en commençant par les objets les plus simples et les plus aisés à connaître, pour monter peu à peu comme par degrés jusqu'à la connaissance des plus composés ;

4° Règle du *dénombrement* : faire partout des dénombrements si entiers et des revues si générales, que je fusse assuré de ne rien omettre.

La première règle n'émancipe pas seulement la philosophie de l'autorité des anciens : elle lui donne en même temps un criterium positif de la vérité ; ce criterium, c'est l'*évidence*, c'est-à-dire la simplicité parfaite de l'idée *claire* et *distincte* qui ne peut pas ne pas être vue telle qu'elle est. L'opération fondamentale de la méthode est donc l'*intuition* par laquelle la raison entre en possession des principes.

La seconde et la troisième règle indiquent les moyens par lesquels la raison pourra découvrir les principes et, une fois découverts, les appliquer à la connaissance de toutes choses. Ces deux moyens sont l'*analyse* qui va de l'obscur à l'évident, c'est-à-dire du composé au simple, et la *synthèse* qui va de l'évident à l'obscur, c'est-à-dire du simple au composé ; mais ils sont l'un et l'autre les formes opposées et complémentaires d'une même opération, la *déduction*. Cette déduction n'est pas le syllogisme d'Aristote et des scolastiques, procédé mécanique d'où la pensée est absente ; c'est une active démarche de la raison passant incessamment d'une intuition à une autre.

La quatrième règle complète les deux précédentes : elle détermine la condition commune de l'analyse et de la synthèse, la *continuité*. Descartes appelle quelquefois *énumération* suffisante ou *induction* cette sorte de revue, soit des parties des difficultés dans l'analyse, soit des moyens termes à découvrir dans la synthèse.

Intuition, déduction, induction, telles sont donc les trois opérations qui composent la méthode cartésienne et qui peuvent en somme se réduire à deux : *intuition* et *déduction*, puisque l'induction n'est qu'un accessoire des deux autres.

4. Métaphysique de Descartes. — La première application que Descartes fait de sa méthode à la philosophie a pour conséquence le *doute universel*.

Toutes les opinions, auxquelles il a cru jusqu'alors étaient fondées sur l'autorité ou l'habitude, aucune sur l'évidence : il les tient donc pour douteuses, provisoirement même pour fausses ; et il accumule les raisons de douter, erreurs des sens, paralogismes, illusions des songes, hypothèse d'un malin génie qui prendrait plaisir à nous tromper. Mais, dit Descartes, quand je penserais que tout est faux, quand je douterais de tout, il est vrai et certain que je doute, que je pense, que je suis. Je pense, donc je suis, *cogito, ergo sum,* voilà la première, la plus simple, la plus évidente des vérités, celle que toutes les autres présupposent, celle qui est même impliquée dans la négation de toutes les autres : c'est donc sur elle que Descartes va fonder sa philosophie.

Du *cogito*, Descartes tire d'abord deux conséquences, en premier lieu la distinction de l'âme et du corps ou la spiritualité de l'âme, en second lieu la justification du criterium de l'évidence. — Je pense, donc je suis, mais que suis-je? Une chose qui pense ; et rien de plus; car supposé que ce que j'appelle mon corps n'existe point réellement et que, cependant, je continue de penser, je suis; si, au contraire, je cessais de penser, je cesserais d'être, quand bien même mon corps et le reste des choses existeraient. Toute mon essence consiste donc dans la pensée « en sorte que ce moi, c'est-à-dire l'âme, par laquelle je suis ce que je suis, est entièrement distincte du corps, et même plus aisée à connaître que lui ». — Mais qu'y a-t-il dans le *cogito,* qui m'assure que je dis la vérité, sinon que je vois très clairement que pour penser, il faut être ? Je peux donc prendre comme règle générale que les choses que nous concevons fort clairement et fort distinctement sont toutes vraies.

Il s'agit maintenant pour Descartes de sortir de l'enceinte de son propre moi. La pensée contient-elle quelque chose qui l'autorise à se dépasser elle-même, à concevoir et à admettre une autre existence que la sienne ? Oui, car elle contient l'idée de la *perfection*. Or, l'idée de la perfection prouve, d'après Descartes, l'existence réelle d'un être parfait. D'abord, cette idée ne peut me venir de moi-même ni d'aucune chose imparfaite, et il faut bien cependant qu'elle ait une cause. Ensuite, moi qui ai l'idée de la perfection et qui cependant suis imparfait, je n'existe pas par moi-même ; car, si j'avais pu me donner l'existence, je me serais donné en même temps la perfection. Je tiens donc d'un autre être, et mon existence imparfaite, et mon idée de la perfection. Enfin, dans l'idée de la perfection, l'existence est comprise « en même façon qu'il est compris en celle d'un triangle que ses trois angles sont égaux à deux droits ». — Telles sont les trois preuves cartésiennes de l'existence de Dieu.

Pour déterminer les attributs de Dieu, il suffit de considérer, de toutes les choses dont on trouve en soi quelque idée, si c'est perfection ou non de les posséder. Par cette méthode, Descartes exclut de la nature de Dieu toute composition, partant toute matérialité. Dieu n'est pas, comme nous, un composé d'étendue et de pensée ; il est une pensée pure.

Parmi les attributs divins, il en est trois qui, dans la théodicée cartésienne, ont une importance majeure : ce sont la *toute-puissance* ou la *liberté* absolue, l'*immutabilité* et la *véracité*.

1° Dieu est absolument libre et tout-puissant. Rien ne domine et ne limite sa volonté, pas même son intelligence. Le vrai et le faux, le bien et le mal sont ce qu'il les fait être : il ne les voit pas, il les crée. Ainsi les mathématiques, la morale, auraient pu être autres, si Dieu l'avait voulu ainsi. Les vérités logiques et mathématiques, nécessaires pour nous, sont contingentes pour lui. A plus forte raison, toute existence dépend-elle de sa volonté libre ; le monde ne subsiste que parce que Dieu le conserve, et cette conservation est une *création continuée*.

2° Mais, s'il est contraire à la perfection de supposer que Dieu puisse dépendre de quelque puissance étrangère à sa volonté propre, il ne l'est pas moins de supposer qu'il puisse changer ses décrets. Dieu est donc immuable, et par conséquent, la vérité l'est aussi. Cette immutabilité divine se manifeste dans le monde par l'immutabilité des lois qui le régissent, et en particulier des lois du mouvement universel, toujours égal à lui-même ; aussi est-elle le premier principe de la physique.

3° De même, il est contraire à la perfection de supposer que Dieu veuille nous tromper. La vérité aurait pu être différente ; mais elle est bien telle que nous la voyons. La véracité de Dieu explique et fonde celle de l'évidence. Bien mieux, elle nous garantit celle de nos croyances naturelles auxquelles l'évidence fait défaut, mais qui s'imposent à notre esprit avec une force pratiquement invincible, par exemple la mémoire et les sens. Il n'est pas évident que le passé corresponde à nos souvenirs, que des objets existent comme nous les montrent nos sens ; mais, si ces croyances naturelles étaient fausses, Dieu ne serait pas véridique. Supposition contradictoire.

C'est donc par le moyen de la *véracité divine* que Descartes arrive à la certitude de l'existence du *monde extérieur*.

5. Physique générale de Descartes. — Le monde extérieur est constitué par la seule *étendue* Toutes les autres qualités, couleur, son, odeur, etc., n'existent pas en lui, mais dans notre âme : ce ne sont, au fond, que des idées sensibles. — Il s'ensuit que l'explication du monde est un problème de géométrie et de mécanique. Tout se fait mathématiquement. « *Omnia apud me mathematice fiunt.* » La méthode de Descartes en physique est une méthode à priori qui engendre les effets par les causes. Au lieu d'observer le monde tel qu'il nous est donné, elle le crée à nouveau par la pensée, et l'expérience n'intervient que pour suggérer ou vérifier des hypothèses de détail.

Ainsi, Dieu imprime le mouvement à l'étendue, et par la seule répercussion indéfinie de ce mouvement, dont la quantité se conserve indestructible, invariable, les astres se forment, se meuvent et s'équilibrent ; les diverses substances se composent et se décomposent ; les végétaux, les animaux s'organisent, vivent et reproduisent leurs espèces. Il n'est même pas nécessaire de supposer des causes finales. L'impulsion première, avec les lois qui la conservent et la dirigent, suffit à tout expliquer. « L'univers est une machine où il n'y a rien du tout à considérer que les figures et les mouvements de ses parties. » La vie est un phénomène mécanique. Les bêtes mêmes ne sont que des automates.

6. Psychologie et morale de Descartes. — Pourtant, l'âme existe en nous, et elle est entièrement distincte de l'étendue. Le caractère très particulier de la psychologie cartésienne, c'est tout à la fois de distinguer radicalement l'âme du corps et d'unir cependant toujours les opérations de l'âme aux fonctions corporelles.

L'essence de l'âme, c'est la pensée qui accompagne tout ce qu'elle sent, tout ce qu'elle fait, au point que si l'âme cessait de penser, elle cesserait d'être. D'où cette conséquence que l'âme pense toujours.

Mais les modes de la pensée peuvent être passifs ou actifs. Passifs, ils appartiennent à l'*entendement* ; actifs, à la *volonté*.

Les premiers eux-mêmes sont de deux sortes, *idées* et *passions*, selon qu'ils représentent plus ou moins distinctement la nature des choses ou qu'ils expriment d'une manière confuse les mouvements intestins des organes.

Les *idées* se rangent en trois classes : 1° idées *adventices*, comme celles des couleurs, des sons, des odeurs, etc., qui naissent dans l'âme à la présence des objets extérieurs ; 2° idées *factices*, comme celles d'une montagne d'or ou d'un fleuve de lait, que l'âme fait elle-même en décomposant et combinant d'autres idées ; 3° idées *innées,* comme celles de l'étendue, de la perfection, etc., que l'âme tire de son propre fonds et qui lui viennent de la faculté même qu'elle a de penser.

Les *passions* peuvent toutes se ramener à six principales : l'admiration ou surprise, la joie et la tristesse, l'amour et la haine, le désir.

Descartes rapporte à la volonté deux sortes d'actions : d'une part, le *jugement,* par lequel nous donnons ou refusons notre assentiment aux idées; d'autre part, l'*action* proprement dite.

Juger, en effet, d'après Descartes, c'est faire acte de volonté : « Par l'entendement seul, dit-il, je n'assure ni ne nie aucune chose, mais je conçois seulement les idées des choses que je puis assurer ou nier. »

Or, la volonté est, pour ainsi dire, sans bornes et sans limites puisque nous pouvons toujours vouloir ou ne pas vouloir, affirmer ou nier. « La liberté du franc arbitre est si grande en moi, que je ne conçois point l'idée d'aucune autre plus ample ni plus étendue. » L'entendement, au contraire, est limité. L'*erreur* vient de la disproportion de ces deux parties de notre nature. L'âme *juge* au delà de ce qu'elle *voit,* et c'est pour cela qu'elle se trompe. Elle ne se tromperait jamais, si elle limitait toujours ses affirmations aux idées claires et distinctes. La précipitation volontaire du jugement est donc la cause de l'erreur, comme le remède de l'erreur est dans le *doute,* ou la suspension volontaire du jugement.

La liberté « consiste en ceci, que nous pouvons faire une chose, ou ne la faire pas » ; mais, si la volonté est toujours libre, elle n'est pas toujours indifférente. « L'indifférence est même le plus bas degré de la liberté. »

L'âme est substantiellement unie au corps. Toutefois, elle n'est pas diffuse, en quelque sorte, à travers l'étendue des organes : elle réside en un point du cerveau, la glande pinéale, d'où, par l'entremise des esprits animaux, son action rayonne dans tout le corps. Aux mouvements des esprits correspondent dans l'âme les passions ; mais par sa volonté libre, elle-même peut influer sur ces mouvements et, sinon les produire, du moins en modifier le cours. Elle devient ainsi maîtresse de ses passions et de ses actes. De là, la possibilité d'une morale.

Cette morale, Descartes l'a seulement esquissée. Dans le *Discours de la Méthode,* il se fait une morale *par provision,* destinée à donner au philosophe la tranquillité d'âme dont il a besoin pour vaquer librement à ses recherches; plus tard, dans les *Lettres à la princesse Élisabeth,* il semble emprunter au stoïcisme les principes les plus généraux d'une morale définitive. Il n'y a de vrai bien que celui qui reste en notre pouvoir: d'après cela, le souverain bien consiste dans la ferme volonté de bien faire et dans le contentement qu'elle produit. Pour acquérir la béatitude, c'est-à-dire le contentement d'esprit, il faut nous efforcer de connaître ce qui est bien et prendre la résolution de l'exécuter; « d'autant que, notre volonté ne se portant à suivre ni à fuir aucune chose que selon que notre entendement la lui représente bonne ou mauvaise, il suffit de bien juger pour bien faire. »

7. L'école cartésienne. — La philosophie de Descartes fut celle du dix-septième siècle tout entier. L'évidence criterium de la vérité, la distinction de l'étendue et de la pensée, le mécanisme universel, Dieu défini par la perfection, autant de dogmes bientôt acceptés par tous les esprits et dont tous les systèmes qui sont venus ensuite ont dû tenir compte. Pascal, Bossuet, Fénelon, Arnaud, Nicole, tous les grands penseurs de ce temps, sont cartésiens.

MALEBRANCHE, prêtre de l'Oratoire (1638-1715), modifie sur deux points principaux la doctrine de Descartes. Dans la théorie de la connaissance, il admet que l'âme connaît Dieu, non par l'intermédiaire d'une idée, mais intuitivement: elle voit Dieu, et c'est en Dieu qu'elle voit toutes choses. Dans la théorie des rapports de l'âme et du corps, il admet que l'âme et le corps sont les causes occasionnelles de leurs modifications réciproques dont Dieu est la véritable cause efficiente. — La *vision en Dieu* et les *causes occasionnelles,* en faisant de Dieu le seul objet de l'intelligence et la seule force de la nature, développaient les germes de panthéisme que contenait déjà la philosophie de Descartes. Ces germes se sont complètement épanouis dans la philosophie de Spinoza.

OUVRAGES A CONSULTER

Damiron, *Mémoires pour servir à l'histoire de la philosophie au dix-septième siècle.* — Bouillier, *Histoire de la philosophie cartésienne.* — Baillet, *Vie de Descartes.* — Millet, *Histoire de Descartes avant 1637; Descartes, son histoire depuis 1637.* — Foucher de Careil, *Descartes, la princesse Élisabeth et la reine Christine.* — Saisset, *Précurseurs et disciples de Descartes.* — Charpentier, *Essai sur la méthode de Descartes.* — Bordas-Demoulin, *Le cartésianisme.* — Liard, *Descartes.* — Huxley, *Discours sur les sciences naturelles,* chap. XIV.

SUJETS DE DISSERTATIONS

Comparer Aristote et Platon, Bacon et Descartes. 69.

Bacon et Descartes. 70.

La méthode de Descartes. 83.

« Les lois de la logique, dit Leibniz, sont les règles du bon sens mises en ordre et par écrit. » Justifier cette maxime en l'appliquant aux règles de a méthode de Descartes. 84.

Exposer en les expliquant les quatre règles de la méthode données par Descartes. 66-74.

Quelles sont les maximes dans lesquelles consiste ce qu'on appelle la morale provisoire de Descartes ? 66.

En quoi le doute cartésien diffère-t-il de celui des sceptiques ? 67-81-81-85.

Comparer la docte ignorance de Socrate et le doute méthodique de Descartes. 84.

Comparer le « connais-toi toi-même » de Socrate et le « je pense, donc je suis » de Descartes. 87.

Tout peut-il se réduire, comme le voulait Descartes, à l'étendue et à la pensée ? 79.

Est-il vrai de dire, avec Descartes, que l'âme, étant une chose pensante, pense toujours ? 70-73.

Commenter à l'aide de Descartes cette parole de Pascal : « Je puis bien concevoir un homme sans mains, pieds, tête, mais je ne puis concevoir l'homme sans pensée. » 85.

Exposer et discuter la théorie de Descartes sur l'âme des bêtes. 69-70-84

Expliquer et apprécier cette phrase de Descartes : « Le bon sens est la chose du monde la mieux partagée. »

CHAPITRE VIII

SPINOZA

1. Vie de Spinoza. — Baruch Spinoza (1632-1677) naquit à Amsterdam d'une famille de juifs portugais. Excommunié par la synagogue, il changea le nom de Baruch pour celui de Benedict, et, après avoir échappé à une tentative d'assassinat, il se retira à la Haye, où il vécut dans la retraite, gagnant sa vie à polir des verres pour les instruments d'optique. Il refusa l'héritage d'un de ses amis, des pensions qui lui furent offertes à plusieurs reprises, et la chaire de philosophie à l'université d'Heidelberg, par désintéressement et par amour de l'indépendance. Sa vie fut celle d'un anachorète. Atteint d'une maladie de poitrine qu'il supporta sans se plaindre, il mourut après quelques mois de langueur, à l'âge de quarante-quatre ans.

Ses deux principaux ouvrages sont le *Traité théologico-politique*, publié de son vivant, où il soumet l'Écriture à une critique rationaliste et revendique la liberté de penser, et l'*Éthique*, publiée après sa mort, qui contient son système métaphysique, et qui se divise en cinq parties intitulées: de Dieu, de l'âme, des passions, de l'esclavage de l'homme ou de la force des passions, de la puissance de l'entendement ou de la liberté de l'homme.

2. Caractère général de la philosophie de Spinoza. — « Le spinozisme, a dit Leibniz, n'est qu'un cartésianisme immodéré. » Si l'on fait consister essentiellement le cartésianisme dans l'extension de la méthode mathématique à la philosophie, Leibniz a raison; et Spinoza est, en ce sens, plus cartésien que Descartes lui-même.

D'abord il emprunte aux mathématiques non seulement l'esprit, mais même la forme extérieure de leur méthode: il procède *more geometrico* par définitions, axiomes, théorèmes, et démonstrations; l'*Éthique* est comme un traité de géométrie sans figures.

Ensuite l'idée qui pénètre sa philosophie tout entière est celle de la *nécessité mathématique* ou *logique*, fondée sur le principe d'identité. Tout est nécessaire parce que tout se déduit d'une première définition, et cette définition est elle-même celle de l'Être absolument nécessaire. Dans Descartes, au contraire, la série des déductions est suspendue à l'affirmation d'un Être absolument libre ; mais peut-être en résulte-t-il une secrète contradiction entre la méthode du système et son principe. Méthode et principe s'impliquent l'un l'autre dans le système de Spinoza.

3. La métaphysique de Spinoza. — Ce système est le *panthéisme*. — Trois définitions ouvrent l'*Éthique* : celles de la substance, de l'attribut et du mode. « J'entends par *substance* ce qui est en soi, et est conçu par soi, c'est-à-dire ce dont le concept peut être formé sans avoir besoin du concept d'une autre chose. — J'entends par *attribut* ce que la raison conçoit dans la substance comme constituant son essence. — J'entends par *mode* les affections de la substance, ou ce qui est dans autre chose, et est conçu par cette même chose. » En outre Spinoza définit *Dieu* « un être absolument infini, c'est-à-dire une substance constituée par une infinité d'attributs dont chacun exprime une essence éternelle et infinie. »

Ces définitions étant posées, il démontre qu'une substance ne peut être produite par une autre substance, que toute substance existe par elle-même et est nécessairement infinie, que Dieu existe nécessairement, et en dernière analyse, qu'il ne peut exister et qu'on ne peut concevoir aucune autre substance que Dieu. Tout ce qui est, est donc en Dieu, et rien ne peut être, ni être conçu, sans Dieu.

Toutefois, il faut par cela même distinguer en Dieu d'une part sa substance et ses attributs, ce que Spinoza appelle la nature naturante (*natura naturans*), d'autre part l'ensemble de ses modes, ce qu'il appelle la nature naturée (*natura naturata*). Dieu, c'est proprement la nature naturante ; la nature naturée, c'est l'univers, en tant qu'il résulte nécessairement de l'existence et des attributs de Dieu.

La substance de Dieu contient une infinité d'attributs ; mais nous n'en connaissons que deux : l'*étendue* et la *pensée*. Les modes de l'étendue composent le monde des corps ; les modes de la pensée composent le monde des esprits. Ces deux mondes sont parallèles, inséparables comme les deux aspects d'une seule et même réalité : à tout mouvement correspond une idée ; à toute idée un mouvement. « L'ordre et la connexion des idées sont les mêmes que l'ordre et la connexion des choses. » De part et d'autre, c'est la même essence éternelle et infinie, mais exprimée d'un point de vue différent.

Il s'ensuit (et c'est un point par lequel le panthéisme de Spinoza diffère de celui des stoïciens) que Dieu ne se propose aucune fin dans la production des êtres. « Toutes les causes finales ne sont rien que de pures fictions imaginées par les hommes ; car toutes choses se produisent et s'enchaînent par l'éternelle nécessité et la perfection suprême de la nature. »

4. La psychologie de Spinoza. — La nature de l'homme se déduit de celle de Dieu. L'âme humaine est « l'idée d'un corps humain »; elle est un ensemble de modes de la pensée correspondant à un ensemble de modes de l'étendue. Elle n'est donc pas réellement distincte et séparée du reste des choses; elle n'est pas « un empire dans un empire ».

Pourtant l'homme se croit libre : mais « il rêve les yeux ouverts ». — « Toutes choses dépendent de la volonté de Dieu. Par conséquent, pour que les choses fussent autres qu'elles ne sont, il faudrait que la volonté de Dieu fût autre qu'elle n'est. Or la volonté de Dieu ne peut être autre qu'elle n'est (c'est une suite très évidente de la perfection divine), donc les choses ne peuvent être autres qu'elles ne sont. » La croyance au libre arbitre vient de ce que l'homme a conscience de ses actions et ignore les causes qui le déterminent. L'âme est « un automate spirituel ».

Ce sont les ressorts de cet automate que Spinoza analyse dans le troisième livre de l'*Éthique*, *De affectibus*, toujours par la même méthode « comme s'il s'agissait de lignes, de plans et de solides ». Toute chose, autant qu'il est en elle, s'efforce de persévérer dans son être; cet effort, dans l'âme, est accompagné de conscience : il devient l'*appétit* ou le *désir*, principe de toutes les passions. Favorisé, le désir produit la joie; empêché, la tristesse. Associez à la joie et à la tristesse l'idée d'une cause extérieure; elles deviennent l'amour et la haine, etc.

5. La morale de Spinoza. — Malgré sa métaphysique fataliste et sa psychologie déterministe, Spinoza donne à son œuvre le titre d'Éthique, c'est-à-dire de Morale. Tout son système vise en effet ce but, la béatitude. « Je veux, dit-il ailleurs (*De emendatione intellectus*), ramener toutes les sciences à cette seule fin qui est de nous conduire à la souveraine perfection de la nature humaine ; en sorte que tout ce qui, dans les sciences, n'est pas capable de nous faire avancer vers cette fin doit être rejeté comme inutile. »

Cependant la distinction du parfait et de l'imparfait, du bien et du mal est toute relative : ce ne sont que « des façons de penser ou des notions que nous formons par la comparaison des choses ». — « Rien n'est vil dans la maison de Jupiter. » — Mais cela n'importe guère, puisque après tout la morale est faite pour l'homme et par conséquent relative à sa nature. Dès lors, on peut entendre par bien ou mal ce qui est utile ou contraire à la conservation de notre être ; en d'autres termes, ce qui augmente ou diminue, empêche ou favorise notre puissance d'agir, et par conséquent nous cause de la joie ou de la tristesse. Mais notre être véritable, c'est la raison. « Il est donc utile au suprême degré, dans la vie, de perfectionner, autant que possible, l'entendement, la raison, et c'est en cela seul que consiste la béatitude. La béatitude, en effet, n'est pas autre chose que cette tranquillité de l'âme qui naît de la connaissance intuitive de Dieu ; et la perfection de l'entendement consiste à comprendre Dieu, les attributs de sa nature et les actions qui résultent de la nécessité de la nature divine. » Comprendre l'infinité et la nécessité éternelle des choses, les voir et se voir soi-même sous le point de vue de l'éternité, *sub specie æterni*, voilà, pour Spinoza, le secret de la vertu et du bonheur. « Les principes que j'ai établis, dit-il en concluant, font voir clairement l'excellence du sage et sa supériorité sur l'ignorant que l'aveugle passion conduit. Celui-ci, outre qu'il est agité en mille sens divers par les causes extérieures et ne possède jamais la véritable paix de l'âme, vit dans l'oubli de soi-même et de Dieu et de toutes choses ; pour lui, cesser de pâtir, c'est cesser d'être. Au contraire, l'âme du sage peut à peine être troublée. Possédant par une sorte de nécessité éternelle la conscience de soi-même et de Dieu et des choses, jamais il ne cesse d'être ; et la véritable paix de l'âme, il la possède pour toujours. »

OUVRAGES A CONSULTER

Saisset, *Œuvres de Spinoza*, trad. — Janet, *Dieu, l'homme et la béatitude*, trad. — Bouillier, *Histoire de la philosophie cartésienne*. — Foucher de Careil, *Leibniz, Descartes et Spinoza*. — Pollock, *Spinoza, his life and philosophy*.

SUJETS DE DISSERTATIONS

Qu'appelle-t-on le système du panthéisme ? Le caractériser rapidement par ses principaux traits. Que savez-vous de Spinoza ? 75.

Est-il vrai de dire que le spinozisme ne soit, selon le mot de Leibniz, qu'un cartésianisme immodéré ? 84.

CHAPITRE IX

LOCKE

1. Vie de Locke. — Jean Locke (1632-1704) naquit à Wrington, près de Bristol. Il fit ses études à Westminster, puis à l'université d'Oxford. A vingt-sept ans, il lut pour la première fois Descartes et en reçut une très vive impression. Il renonça dès lors à l'état ecclésiastique auquel il se destinait et résolut d'être médecin. De 1672 à 1679, il voyagea en France et demeura quelque temps à Montpellier. De retour en Angleterre, il devint suspect aux Stuarts et se réfugia en Hollande, où il demeura jusqu'à la révolution de 1688. Guillaume d'Orange le nomma commissaire royal du commerce et des colonies. Il mourut à l'âge de soixante-douze ans.

Ses principaux ouvrages sont : l'*Essai sur l'entendement humain*, traduit en français (1700) par Coste ; le *Traité du gouvernement civil* ; les *Pensées sur l'éducation* ; les *Lettres sur la tolérance*, etc.

2. Caractère général de la philosophie de Locke. — La philosophie de Locke marque le commencement d'une réaction contre le rationalisme cartésien qui s'est poursuivie pendant la plus grande partie du dix-huitième siècle en Angleterre et en France.

Locke a cependant subi l'influence de Descartes, bien plus profondément que celle de Bacon : il se réfère sans cesse à la règle de l'évidence ou des idées claires et distinctes ; il admet la distinction de l'étendue et de la pensée ; il voit dans la pensée l'attribut constitutif de l'âme ; mais il se sépare de Descartes sur la question de l'origine et de la valeur de la connaissance qu'il fait dériver tout entière de l'expérience.

Par cela même, il substitue à la métaphysique l'étude des facultés de l'esprit humain, et on a pu voir en lui le fondateur de la *psychologie expérimentale* ou tout au moins de l'*idéologie*, qui, au dix-huitième siècle, devient, dans l'école empirique, la philosophie spéculative presque tout entière. Il peut même être considéré comme le précurseur de Kant. Le problème qu'il s'est posé dans *l'Essai sur l'entendement* est, en somme, celui qui fait aussi l'objet de la *Critique de la raison pure :* à savoir « étudier l'origine, la certitude et l'étendue de la connaissance humaine..., montrer par quels moyens notre entendement vient à se former les idées qu'il a des choses, marquer les bornes de la certitude, définir les limites qui séparent l'opinion de la connaissance, examiner quelles règles il faut observer pour déterminer exactement les degrés de notre persuasion à l'égard des choses dont nous n'avons pas une connaissance certaine. » Kant lui-même l'a bien vu. « On a pu croire un instant, dit-il, que dans les temps modernes le célèbre Locke, par sa physiologie de l'esprit humain, avait dû mettre fin à toutes les querelles des dogmatiques et des sceptiques, et faire à chaque prétention sa part. »

Enfin, les écrits moraux et politiques de Locke ont exercé une certaine influence sur les écrivains français du dix-huitième siècle. Montesquieu s'est inspiré de son *Traité du gouvernement civil;* Jean-Jacques Rousseau de ses *Lettres sur l'éducation.*

3. Analyse de l'Essai sur l'entendement humain. — L'*Essai* se compose de quatre livres. Dans le premier, Locke fait la critique de la théorie cartésienne de l'*innéité :* il s'efforce de démontrer qu'il n'y a point d'idées innées. Dans le second, il montre que l'*expérience* est l'origine de toutes les idées. Le troisième traite des *mots* dans leurs rapports avec la pensée. Le quatrième a pour objet la *connaissance.*

Locke entend la théorie de l'innéité dans un sens tout à fait littéral, comme s'il s'agissait de notions et de vérités imprimées dans l'âme dès la naissance; et il n'a pas de peine à démontrer qu'il n'en existe point de telles. — S'il y avait des idées innées, l'âme en aurait toujours conscience; elles seraient connues de tous les hommes ; on n'aurait pas besoin de les acquérir ou de les apprendre. Or toutes ces conséquences sont démenties par les faits. Les enfants, les idiots, les sauvages ignorent les prétendues vérités innées; le consentement universel qu'on allègue en leur faveur n'existe point. D'ailleurs, ce consentement, s'il existait, ne serait même pas une preuve; car il s'expliquerait par une expérience commune à toute l'espèce humaine. L'hypothèse de l'innéité est une excuse à la paresse et un prétexte à l'arbitraire des philosophes, qui se dispensent ainsi de chercher ou de donner des explications.

D'où viennent donc toutes nos idées ? De l'expérience qui est double : *sensation* et *réflexion*. Par la sensation, nous connaissons les objets extérieurs ; par la réflexion, les opérations intérieures de notre âme. Ces idées sont simples ou complexes. Les *idées simples* sont celles que l'esprit reçoit passivement de la sensation et de la réflexion : idées des couleurs, sons, saveurs, etc. ; celles de l'espace, de la figure, du repos et du mouvement ; celles de la perception, de la volition, du plaisir et de la peine ; celles de la puissance, de l'existence, de l'unité et de la succession. — Les *idées complexes* sont celles que l'esprit forme lui-même par la combinaison des idées simples ; et elles sont de trois sortes : idées de *modes*, de *substances* et de *relations*.

Il s'ensuit que l'esprit ne connaît, à proprement parler, que des qualités ou phénomènes dont l'expérience seule lui montre la liaison. Ainsi l'idée de substance n'est que « l'idée de *je ne sais quel* sujet qu'on suppose être le soutien des qualités qui produisent dans notre âme des idées simples ». Tout ce qu'il y a de réel dans la substance, c'est donc la combinaison de qualités ou d'idées inséparablement unies que nous lui attribuons. — De même, l'idée de l'infini se forme en additionnant toujours une quantité finie à elle-même.

Telle étant l'origine de notre connaissance, elle a nécessairement pour bornes les bornes mêmes de notre expérience. Ainsi nous ne pouvons rien savoir de la nature intime des choses, ni, par exemple, si la matière est capable ou incapable de penser. — Locke professe donc une sorte de scepticisme à l'égard de la métaphysique dont les problèmes lui semblent insolubles par cela même qu'ils dépassent la portée de notre expérience et, du même coup, celle de nos facultés intellectuelles.

4. La philosophie sociale et politique de Locke. — En politique, Locke se sépare de Hobbes qui avait fait la théorie du despotisme. Il défend au contraire les principes du libéralisme moderne.

L'état de nature n'est pas l'état de guerre. L'homme a des droits naturels, antérieurs à la société, que la société doit non seulement respecter mais défendre : droit de liberté personnelle ; droit de propriété ; droit de légitime défense. En entrant dans la société, l'individu ne renonce à aucun de ses droits ; il remet seulement au pouvoir social l'exercice de son droit de légitime défense qui se transforme ainsi en droit de punir.

Le souverain est le mandataire de la nation qui peut toujours lui reprendre le pouvoir s'il en abuse. L'État doit la tolérance à toutes les croyances et à tous les cultes.

5. L'empirisme après Locke en Angleterre et en France. — En Angleterre, l'empirisme de Locke a donné naissance à l'idéalisme de Berkeley et au phénoménisme de Hume.

Berkeley (1685-1753), évêque de Cloyne en Irlande, démontre dans les *Dialogues d'Hylas et de Philonoüs* que le monde extérieur se réduit à un ensemble de sensations ou d'idées, et que, par conséquent, il n'existe que dans notre esprit. Inutile, selon lui, d'admettre, pour le supporter, une substance inconnue, indéterminée, comme la matière. Nous n'avons pas d'autre notion de cause (et c'était aussi la doctrine de Locke) que celle que nous tirons de la conscience de notre volonté. La cause de nos sensations doit donc être une volonté, un esprit : c'est Dieu qui suscite et soutient en nous le monde extérieur.

David Hume (1711-1776) cherche dans l'habitude et l'association l'origine de toutes les idées qui ne sont pas des copies directes d'impressions, c'est-à-dire de sensations. L'idée de cause est du nombre : elle résulte de l'association constante de deux phénomènes dans notre expérience et de l'habitude d'imaginer et d'attendre ces deux phénomènes l'un après l'autre. On ne peut donc par le moyen de l'idée de cause atteindre aucune réalité au delà des phénomènes : le monde extérieur, l'esprit, tout cela se réduit à des combinaisons de sensations ou d'idées. L'associationnisme et l'évolutionnisme contemporains (Stuart Mill, Bain, Herbert Spencer, etc.) n'ont guère fait que reprendre les principes et la méthode de Hume.

En France, Voltaire oppose la philosophie de Locke à celle de Descartes. « Descartes a écrit le roman de l'âme; Locke en a écrit l'histoire. » Mais c'est surtout Condillac (1715-1780) qui s'assimile et transforme l'empirisme anglais.

Dans son *Traité des sensations*, il ramène la réflexion à la sensation et prétend expliquer par la sensation non seulement l'origine des idées, mais la génération même des facultés. Il suppose un homme-statue, dont il ouvre successivement les différents sens et qui, au fur et à mesure, acquiert toutes les facultés de l'âme humaine. La sensation exclusive ou dominante, est l'attention; renaissante et affaiblie, le souvenir; la comparaison est une double attention; de la comparaison vient le jugement; du jugement, le raisonnement. Les mots sont les signes des sensations; les sciences ne sont que des langues bien faites. Ainsi la sensation, en tant que représentative, est le principe des facultés intellectuelles ; en tant qu'affective, elle est le principe des facultés morales ou actives. Du plaisir et de la douleur vient le besoin ; du besoin, le désir ; du désir, la volonté. L'âme ou le moi n'est qu'une collection de sensations.

OUVRAGES A CONSULTER

Cousin, *Philosophie de Locke.* — Rémusat, *Histoire de la philosophie en Angleterre.* — Marion, *Locke, sa vie et son œuvre.* — Damiron, *Mémoires pour servir à l'histoire de la philosophie au dix-huitième siècle.*

SUJETS DE DISSERTATIONS

Sur quels points Locke s'est-il séparé de Descartes et des cartésiens ? 82.
En quoi Condillac est-il disciple de Locke ? En quoi diffère-t-il de ce philosophe ? 81.
Expliquer et discuter le système de la sensation transformée. 72.

CHAPITRE X

LEIBNIZ

1. Vie de Leibniz. — Godefroy-Guillaume Leibniz (1646-1716) naquit à Leipsig. Son père était jurisconsulte et professeur de morale à l'université de cette ville. Sa vocation pour la philosophie fut précoce. Il raconte qu'à l'âge de quinze ans, il se promenait seul dans un bocage auprès de Leipsig, appelé le Rosenthal, pour délibérer s'il suivrait les doctrines d'Aristote ou celles de Descartes. Il fit ses études à Leipsig et à Iéna, et prit le grade de docteur en droit à Altdorf, près de Nuremberg. Dans les dix années qui suivirent (de 1666 à 1676), il se fixa pendant quelque temps à Mayence où l'avait appelé son ami le baron de Boinebourg, ancien conseiller de l'électeur de Mayence, puis voyagea en France et en Angleterre : c'est pendant cette période qu'il entra en relation avec la plupart des hommes d'État et des savants de l'époque. En 1676, il fut nommé par le duc de Brunswick conservateur de la bibliothèque de Hanovre, et il remplit cette charge pendant quarante ans, jusqu'à sa mort.

Conseiller et ami des ducs de Hanovre, il fut mêlé à tous les événements importants de son temps. L'Académie des sciences de Berlin lui dut sa fondation. Il entretint une active correspondance avec Bossuet pour amener un rapprochement entre les églises catholique et protestante. Le czar Pierre le Grand et l'empereur d'Autriche recherchèrent ses conseils.

Leibniz a touché à toutes les branches de la connaissance humaine : théologie, mathématiques, science de la nature, histoire, droit, politique, science des langues, etc., et dans toutes, il a fait preuve d'un esprit créateur. Il partage avec Newton la gloire de l'invention du calcul infinitésimal. Son génie vraiment encyclopédique ne peut être comparé qu'à celui d'Aristote.

Les œuvres philosophiques de Leibniz sont très nombreuses : aucune ne contient l'exposé systématique et complet de sa doctrine.

Les trois principales sont : les *Nouveaux essais sur l'entendement humain* (1704), pour répondre à l'Essai de Locke, et divisés aussi en quatre parties qui traitent des mêmes sujets ; les *Essais de théodicée sur la bonté de Dieu, la liberté de l'homme et l'origine du mal* (1710), contenant ses théories du déterminisme et de l'optimisme ; enfin la *Monadologie* (1714), qui est un résumé succinct de toute sa philosophie. — Mais pour avoir une idée exacte de son système, il faut aussi consulter les articles publiés par lui soit dans les *Acta eruditorum Lipsiensium*, soit dans le *Journal des savants*, et dont les principaux sont : Méditations sur la connaissance, la vérité et les idées (1684) ; De la réforme de la philosophie première et de la notion de substance (1694) ; Système nouveau de la nature et de la communication des substances (1695), etc., puis ses lettres, en particulier sa correspondance avec Arnauld (1686-1690), et sa correspondance avec Clarke (1714-1716).

Wolff, disciple de Leibniz, essaya de donner une exposition systématique des doctrines de son maître ; mais il en altéra singulièrement l'esprit et transforma presque le leibnizianisme en une nouvelle scolastique.

2. Caractère général de la philosophie de Leibniz.
— La philosophie de Leibniz est essentiellement *éclectique* et *synthétique*. « J'ai été frappé, dit-il, d'un nouveau système. Depuis, je crois voir une nouvelle face de l'intérieur des choses. Ce système paraît allier Platon avec Démocrite, Aristote avec Descartes, les scolastiques avec les modernes. Il semble qu'il prend le meilleur de tous côtés, et qu'après il va plus loin qu'on est allé encore. » Telle est, en effet, l'ambition de Leibniz : rapprocher et concilier tous les systèmes, en particulier ceux d'Aristote, de Descartes et de Locke qui de son temps se partageaient les esprits, ou plutôt les idées maîtresses de ces systèmes, dans une doctrine originale, aussi vaste, aussi complexe, aussi harmonieuse que peut l'être, selon lui, la réalité.

Le point de départ de ces spéculations est sans doute la philosophie de Descartes ; mais il veut échapper aux conséquences que Spinoza en a tirées, et c'est pourquoi il en modifie profondément la méthode et les principes.

Ainsi la méthode, telle que Descartes et Spinoza l'ont comprise, repose tout entière sur le principe d'*identité* ou de *contradiction*, principe marqué d'un caractère de *nécessité absolue* ou *géométrique* : de là le fatalisme de Spinoza, auquel Descartes n'a échappé qu'en juxtaposant violemment à la nécessité exigée en toutes choses par sa méthode la liberté arbitraire qu'il lui plaît d'attribuer à Dieu. — Leibniz fonde la méthode de la philosophie et de toutes les sciences (même des mathématiques) non seulement sur le principe d'identité, mais encore sur le principe de *raison suffisante*; et ce nouveau principe, d'une fécondité extraordinaire, met partout une *nécessité morale*, également éloignée de la nécessité aveugle de Spinoza et de la liberté indéterminée de Descartes.

D'autre part, Descartes avait donné de la *substance* une définition équivoque et incomplète qui en faisait une chose (*res*) sans essence, sans activité propre, seule capable cependant d'exister en soi, et par laquelle tout le reste existerait. Spinoza en avait conclu que si les attributs de l'étendue et de la pensée sont distincts et même opposés, la substance, antérieure à ces attributs, est nécessairement une, et qu'il n'y a pas d'autre substance que Dieu. — Leibniz réforme la notion de substance, et, en l'approfondissant, il se trouve amené à rejeter le dualisme cartésien de l'étendue et de la pensée, en même temps que la doctrine spinoziste de l'unité de substance. La véritable substance, c'est la *force*, telle que la conscience nous la révèle en nous-même, et telle que l'analogie nous autorise à la supposer en toutes choses.

Dans cette notion de la *force* est, en quelque sorte, comprise toute la philosophie de Leibniz; il suffirait de la développer pour en faire sortir ses théories de la nature, de l'âme et de Dieu. C'est que la force est, pour Leibniz, le type universel et nécessaire de l'être; elle est l'être même. En elle se concilient l'*un* et le *multiple*, le *possible* et le *réel* : tout être, en effet, est absolument un, mais il contient dans son unité même une multiplicité infinie de virtualités qui tendent toutes à se réaliser et y réussissent plus ou moins; et c'est dans l'effort par lequel l'être actualise ainsi successivement ses puissances que consistent son activité et son existence même. La force, d'ailleurs, ainsi comprise, est nécessairement immatérielle; notre âme seule peut nous en donner une idée en nous montrant, dans l'intelligence, comment l'unité peut envelopper la multiplicité, et, dans la volonté, comment le réel peut envelopper le possible.

3. Psychologie de Leibniz. — Les doctrines psychologiques de Leibniz peuvent se grouper autour de trois théories principales : 1° théorie de la *conscience*; 2° théorie de la *raison*; 3° théorie de la *volonté*.

Descartes avait fait de la pensée, c'est-à-dire de la conscience, l'essence de l'âme. Mais l'âme n'a pas nécessairement conscience de tout ce qui se passe en elle. On ne comprend rien à ses phénomènes si l'on n'admet pas qu'elle peut sentir et agir sans le savoir. Leibniz distingue donc entre la *perception* qui est l'état de l'âme, et l'*aperception* qui est la conscience de cet état, et il admet l'existence de *perceptions insensibles* ou *inaperçues*, par lesquelles il explique les sensations, les instincts, les habitudes, la conservation des idées dans la mémoire, la continuité de la vie morale, l'identité personnelle, etc.

Cette théorie lui permet en même temps de répondre aux objections de Locke contre la doctrine des *idées innées*. Leibniz ne contredit pas la maxime des empiriques : *Nihil est in intellectu quod non prius fuerit in sensu;* mais il y ajoute : *nisi ipse intellectus.* Certes, les idées de la raison ne sont pas innées; elles ne sont pas tout imprimées en nous, « comme l'édit du préteur sur son album »; mais la raison est innée à elle-même; et elle a sans doute ses « virtualités naturelles » qui, manifestées à la réflexion, ne sont autres que ses idées mêmes. — Cependant Leibniz s'efforce de réduire le nombre des vérités nécessaires, et les ramène toutes aux deux principes de *contradiction* et de *raison suffisante*. Le premier est la loi du possible : pour qu'une chose soit possible, il faut et il suffit qu'elle n'enveloppe pas de contradiction. Le second est la loi du réel : entre plusieurs choses possibles, celle-là seule se réalise qui a une raison suffisante d'exister.

C'est au nom du principe de raison suffisante que Leibniz exclut à la fois le fatalisme et la doctrine de la liberté d'indifférence. Nos actions sont spontanées et contingentes; mais elles ne sont pas pour cela indéterminées. Tout au contraire, elles ne sont libres que si elles sont délibérées, c'est-à-dire si nous connaissons les raisons qui nous y inclinent. « La liberté, c'est la spontanéité de l'être intelligent. » — « L'intelligence, dit encore Leibniz, est comme l'âme de la liberté. » Leibniz distingue donc nettement le *déterminisme* du fatalisme avec lequel on l'avait jusque-là plus ou moins confondu, et il fait consister la liberté dans un déterminisme rationnel et conscient.

4. Métaphysique de Leibniz. — Mais la psychologie de Leibniz peut à peine se séparer de sa métaphysique. Celle-ci se résume en trois doctrines fondamentales : 1° la *monadologie,* 2° l'*harmonie préétablie,* 3° l'*optimisme.*

Descartes avait fait consister la substance matérielle dans la seule étendue. Mais l'étendue est par elle-même indifférente au mouvement et au repos; or la matière a une force propre de résistance. En outre, l'étendue n'est qu'une répétition, une diffusion de la substance et ne peut en expliquer la nature, puisqu'elle la présuppose. — La matière est donc pure multitude. Mais une multitude ne peut tirer sa réalité que d'unités véritables. Donc, ou la matière n'est qu'un phénomène sans fondement, ou elle est constituée par des unités immatérielles. Ces unités de force sont les *monades* (du grec μονὰς, unité).

L'expérience interne confirme ce raisonnement; l'âme se connaît elle-même à la fois comme *unité* vraiment une et indivisible, et comme *force* tendant à produire une série indéfinie d'effets. — Dès lors, nous ne pouvons concevoir les autres substances ou monades qu'à l'imitation de notre âme. « Les substances, dit M. Boutroux, dans sa magistrale introduction à la *Monadologie*, doivent être des âmes. » Leur unité consiste, en dernière analyse, dans la *perception* et la pensée, leur force dans la tendance et l'*appétition*. La matière, le mécanisme ne sont que l'apparence extérieure des choses : au fond tout est vivant et animé.

L'univers est l'ensemble des monades, supérieures à tout nombre assignable, toutes différentes les unes des autres (*principe des indiscernables*), toutes plus ou moins analogues entre elles (*principe de continuité*). Elles forment une hiérarchie dont les différents degrés correspondent aux différents degrés de perfection dont leur activité est susceptible, depuis la monade nue jusqu'à l'âme humaine, et qui se continue sans doute au delà, jusqu'à Dieu.

L'activité des monades consiste, comme celle de l'âme, d'une part en *perceptions*, par lesquelles chacune d'elles réfléchit et concentre en son unité la multitude extérieure, d'autre part en *appétitions*, par lesquelles elle fait sans cesse effort pour passer d'une perception à une autre. Grâce à ses perceptions, la monade est « un miroir représentatif de l'univers ». Dans les monades supérieures ou âmes, les perceptions sont plus ou moins distinctes et accompagnées de conscience et de mémoire. Dans l'âme humaine, il s'y ajoute la raison. — Les corps ne sont que des phénomènes bien réglés : l'espace est l'ordre des phénomènes coexistants; le temps, l'ordre des phénomènes successifs : l'un et l'autre s'assujettissent les états des monades, non les monades elles-mêmes qui, étant sans parties, ne peuvent être juxtaposées dans l'espace, et dont l'existence ne saurait commencer ni finir naturellement. — Telle est en résumé la *Monadologie* de Leibniz.

Maintenant comment les monades communiquent-elles entre elles? La théorie de la communication des substances est l'objet de l'*harmonie préétablie*. Leibniz rejette l'action réciproque des êtres. Les monades sont « closes, sans portes, ni fenêtres »; chacune d'elles agit comme si elle était seule, et les perceptions suivantes naissent spontanément en elle de ses seules perceptions précédentes. — D'où vient donc la corrélation et l'accord de leurs phénomènes respectifs? C'est que toutes les monades sortent d'une même cause, en laquelle la série des états de chacune d'elles a été concertée d'avance pour correspondre à la série des états de toutes les autres. — Leibniz rend sa doctrine sensible par les comparaisons des deux horloges et du chœur de musiciens (voy. *Métaphysique*, ch, IV. L'union de l'âme et du corps). Il l'applique le plus souvent à l'explication des rapports de l'âme et du corps, mais elle est évidemment plus générale et s'étend aux rapports de tous les êtres.

Ainsi, les monades, bien que distinctes et, en un sens, indépendantes les unes des autres, dépendent toutes d'une même cause qui est Dieu.

Leibniz prouve Dieu, soit *à priori*, comme Descartes, par son essence même; soit *à posteriori*, comme raison dernière de l'*existence* et de l'*harmonie* des choses :

1° L'être parfait existe nécessairement, par cela seul qu'il est possible. Mais Descartes a omis de démontrer sa possibilité. Leibniz fait voir que, Dieu étant l'être sans bornes, il ne peut rien exister en lui ni hors de lui qui limite son essence. — En d'autres termes, tous les possibles tendent à exister (*Omne possibile exigit existere*) en proportion de la perfection qu'ils enveloppent, mais leurs tendances se contredisent et s'empêchent les unes les autres. Un seul possible existe nécessairement, parce qu'étant la perfection même, il ne contient et ne rencontre aucune borne, à savoir Dieu.

2° Le monde est contingent : il n'enferme pas en lui-même sa raison d'existence. Dire que son état présent vient d'un précédent, celui-ci d'un autre, et ainsi à l'infini, n'avance à rien; la question : pourquoi existe-t-il? subsiste toujours. — Il faut donc que la raison suffisante, qui n'ait plus besoin d'une autre raison, soit hors de la suite des choses contingentes, dans un être qui porte avec soi la cause de son existence.

BOIRAC. — Cours de philosophie.

3° Enfin, chaque être exprimant à sa manière tout ce qui se passe au dehors, sans recevoir pourtant aucune influence étrangère, il faut bien que tous les êtres aient reçu leur nature, en vertu de laquelle ils s'accordent ainsi, d'une cause universelle, capable de calculer les rapports que chacun d'eux doit avoir à chaque instant avec la multitude infinie des autres êtres.

« Les perfections de Dieu sont celles de nos âmes; mais il les possède sans bornes : il est un océan dont nous n'avons reçu que des gouttes; il y a en nous quelque puissance, quelque connaissance, quelque bonté, mais elles sont tout entières en Dieu. »

Les attributs de Dieu sont donc la puissance, la sagesse et la bonté. Il semble cependant que Leibniz ramène ou tout au moins subordonne la puissance et la bonté à la sagesse.

La sagesse ou intelligence divine est la région des idées. Elle détermine, conformément au principe de contradiction, l'infinité des possibles; ces possibles, selon qu'ils s'accordent ou s'excluent réciproquement, composent des mondes, en nombre infini, tendant tous à l'existence, et y tendant avec d'autant plus de force que chacun d'eux enferme une plus grande quantité d'essence ou de perfection. Au sommet est le meilleur des mondes possibles.

Le sage ne fait rien sans raison; la seule raison pour laquelle il choisit entre plusieurs partis possibles, c'est que le parti qu'il préfère est le meilleur. Dieu crée donc le meilleur des mondes possibles.

On sait (voy. *Métaphysique*, chap. v, p. 477) comment Leibniz s'efforce de concilier l'optimisme absolu avec l'existence du mal. — Le mal physique et le mal moral dérivent en somme du mal métaphysique; le mal métaphysique est compris dans la nature des choses : il se confond avec l'imperfection des créatures, partant avec leur existence même. Mais le mal tend à diminuer de plus en plus par le seul effet des lois universelles de l'être, chaque monade faisant effort pour s'élever sans cesse à une perfection supérieure. Ce désir du meilleur est le ressort de toutes les activités, il est le fond et la source de tous les mouvements, et ainsi s'harmonisent dans le monde les causes efficientes et les causes finales ou, comme dit Leibniz, le règne de la nature et le règne de la grâce.

En somme, la philosophie de Leibniz pourrait se résumer dans cette formule de Bossuet : « La perfection est la raison d'être. » — La raison de l'existence de Dieu est dans sa perfection absolue : celle de l'existence du monde est dans sa perfection relative.

OUVRAGES A CONSULTER

Fontenelle, *Eloge de Leibniz*. — Maine de Biran, *Exposition de la doctrine philosophique de Leibniz*. — Boutroux, *Introduction* à la *Monadologie* et aux *Nouveaux Essais*.

SUJETS DE DISSERTATIONS

Exposer la philosophie de Leibniz. 81.

Que savez-vous de la philosophie de Leibniz? Qu'est-ce que les monades, l'harmonie préétablie, l'optimisme? Qu'a-t-il ajouté à la philosophie de Descartes? 78-82.

Qu'est-ce que la théorie de l'harmonie préétablie dans la philosophie de Leibniz? 82.

Exposer la théorie de Leibniz sur les monades. 83

CHAPITRE XI

KANT

1. Vie de Kant. — Emmanuel Kant (1724-1804) naquit à Kœnigsberg. Sa vie s'écoula tout entière dans cette ville et ne fut marquée par aucun autre événement que la publication de ses ouvrages. Il fit ses études à l'Université, où ses maîtres lui enseignèrent la philosophie de Leibniz mais d'après Wolff. Lui-même y professa, pendant près de soixante ans, d'abord l'astronomie et les mathématiques, plus tard la philosophie.

Deux écrivains paraissent avoir exercé sur le développement de ses idées philosophiques une profonde influence : Hume et Jean-Jacques Rousseau. — Ce fut Hume qui « l'éveilla du sommeil dogmatique ». On reconnaît l'inspiration de Rousseau dans quelques-unes de ses doctrines morales.

Les trois grands ouvrages de Kant sont la *Critique de la raison pure* (1781); la *Critique de la raison pratique* (1788) et la *Critique du jugement* (1790); à la Critique de la raison pratique peuvent se rattacher les Fondements de la métaphysique des mœurs, et la Métaphysique des mœurs, qui comprend la Doctrine du droit et la Doctrine de la vertu.

2. Caractère général de la philosophie de Kant. — Kant s'est proposé d'appliquer à la philosophie une nouvelle méthode, la méthode *critique*. De là les titres de ses trois principaux ouvrages; de là aussi le nom de *criticisme* souvent donné à sa doctrine. — Tous les philosophes, jusqu'à lui, ont employé directement la raison à la connaissance des choses, sans examiner préalablement les conditions et les limites de son emploi légitime. Cette méthode, qui est celle des *dogmatiques*, aboutit à des contradictions sans issue. Les *sceptiques*, voyant tous les systèmes s'entre-détruire, en concluent la radicale impuissance de la raison. — Le seul moyen de trancher le débat entre le scepticisme et le dogmatisme, c'est de faire la critique de la raison, afin d'en déterminer la structure et d'en mesurer la puissance. On saura ainsi jusqu'où s'étend et où s'arrête notre faculté de connaître

On pourrait résumer dans trois propositions les résultats auxquels cette critique aboutit, d'après Kant :

1° Nous ne connaissons pas les choses telles qu'elles *sont* en elles-mêmes, mais seulement telles qu'elles nous *apparaissent*.

2° Les choses en nous apparaissant revêtent les *formes* de notre intelligence; et par conséquent, l'esprit porte en lui-même, *à priori*, les conditions universelles et nécessaires de la connaissance.

3° L'idée du *devoir*, avec l'idée de la *liberté* qui en est inséparable, nous met seule en communication avec la vraie réalité; et par conséquent la raison pratique prime la raison spéculative, tout entière bornée à la connaissance des phénomènes et des formes qu'elle-même leur impose.

Les deux premières thèses composent la conclusion de la *Critique de la raison pure*. Elles font tourner les choses autour de l'esprit, tandis que la philosophie antérieure prétendait faire tourner l'esprit autour des choses : révolution comparable, d'après Kant, à celle que Copernic a faite en astronomie. — La troisième thèse est la conclusion de la *Critique de la raison pratique*.

Dans la *Critique du jugement*, Kant développe une doctrine analogue : la *finalité* et la *beauté* que nous croyons voir dans les choses ne sont que des points de vue de notre esprit, des formes de notre faculté de juger, qui cependant symbolisent peut-être la liberté et la moralité cachées au fond des choses.

3. Critique de la raison pure. — Trois questions résument tout l'objet de la philosophie : Que pouvons-nous savoir ? Que devons-nous faire ? Que pouvons-nous espérer ? — Rechercher à quelles conditions la connaissance est possible, tel est tout d'abord le problème de la Critique de la raison pure.

La connaissance est l'œuvre de trois facultés, la *sensibilité*, qui en fournit la matière, l'*entendement* et la *raison* qui lui impriment leurs formes.

La sensibilité, toute passive, contient deux sortes de phénomènes, les uns externes, les autres intérieurs, qui résultent en elle de l'action des choses : elle ne peut les recevoir que dans les cadres de l'*espace* et du *temps*, et elle leur en imprime les formes, comme un vase imprime sa forme propre à tous les liquides qu'il reçoit. — Ainsi se trouve expliquée et garantie la nécessité des vérités *mathématiques*. Elles expriment en effet les conditions que les choses doivent remplir pour nous devenir sensibles : nous ne pouvons voir les choses, nous ne pouvons les imaginer autrement que dans l'espace et dans le temps. Mais par cela même, l'espace et le temps, avec toutes les vérités qui en dérivent, n'ont de rapport qu'aux phénomènes : ils ne concernent en aucune façon les choses en soi ou ce que Kant appelle les *noumènes*.

L'entendement est actif : son action consiste à ramener la diversité des phénomènes sensibles à l'*unité* de la conscience ; elle s'exerce dans le jugement et a pour conditions les catégories. — D'une manière générale, nous ne pouvons connaître les choses que si elles sont liées entre elles par des rapports nécessaires : l'enchaînement des phénomènes selon des lois qui s'imposent à tous les esprits est ce qui fait pour nous la réalité même de la nature. — Il s'ensuit que les rapports ou les lois par lesquels nous lions ainsi les choses, *substance*, *causalité*, etc., s'imposent en effet à tous les objets de notre expérience possible ; mais par cela même, ils n'ont de sens et de valeur que dans les limites de notre expérience.

La conclusion de ces deux parties de la Critique de la raison pure (*Esthétique et Analytique transcendantales*), c'est que la *science* est possible, mais à la condition d'être tout entière relative aux phénomènes et non aux choses en soi.

Kant croit faire ainsi leur part légitime aux prétentions opposées des rationalistes et des empiriques, des dogmatiques et des sceptiques.

Pour fonder la connaissance, expérience et raison sont également nécessaires, et, si on les sépare, également insuffisantes. Les intuitions sans concepts sont *aveugles*; les concepts sans intuitions sont *vides*. Les phénomènes ne deviennent objets de connaissance que si l'esprit leur applique ses formes, et sur ce point, le rationalisme a cause gagnée ; mais les formes de l'esprit « ne servent, pour ainsi dire, qu'à *épeler* les phénomènes afin de pouvoir les lire comme expérience (1) » : hors de là, elles n'ont plus ni signification ni usage. L'empirisme soutient donc à bon droit que toute connaissance se rapporte nécessairement à l'expérience.

Pareillement Kant s'accorde avec les dogmatiques pour soutenir

---

(1) Kant, *Prolégomènes à toute métaphysique future*, § XXXI.

la légitimité de la science. Les vérités scientifiques sont valables pour toutes les intelligences indépendamment des lieux et des temps, grâce à la raison qui impose ses lois à l'expérience. — Mais Kant s'accorde d'autre part avec les sceptiques pour refuser toute certitude aux idées de la raison dès qu'elles prétendent dépasser la sphère de l'expérience. La raison est alors comparable à une colombe qui, sentant la résistance de l'air, croirait peut-être qu'elle volerait mieux dans le vide, comme si cette résistance n'était pas la condition même de son vol.

La troisième partie de la Critique (*Dialectique transcendantale*) est consacrée à montrer l'impuissance de la raison pure et, du même coup, l'illégitimité de la *métaphysique*.

La raison s'efforce d'élever la connaissance à la plus haute unité possible, à l'unité *inconditionnée* ou *absolue;* et elle est ainsi amenée à concevoir trois idées, *âme, monde* et *Dieu*, qui sont comme les trois foyers imaginaires où viennent converger tous les rayons de l'intelligence humaine. Mais aucune réalité saisissable ne correspond à ces idées : expressions de notre besoin subjectif d'unité, elles n'ont aucune valeur objective ; ce sont des hypothèses dont la vérification est à jamais impossible.

Ainsi la psychologie rationnelle suppose, sous le nom d'âme, un sujet des phénomènes de conscience, et elle prétend démontrer son unité, sa permanence, sa spiritualité ; mais ce prétendu sujet n'est pas un être véritable : c'est une idée, l'idée de l'unité de la pensée dans la diversité des phénomènes auxquels elle se rapporte. De ce que la pensée s'apparaît comme étant *la même* dans toutes ses opérations, on ne peut conclure sans *paralogisme* l'identité réelle de la cause ou substance inconnue de la pensée.

Pareillement, il suffit d'admettre la réalité objective de l'idée du monde pour mettre la raison aux prises avec elle-même dans des *antinomies* insolubles. Le monde est infini dans l'espace et dans le temps ; il est fini en étendue et en durée. — La matière est divisible à l'infini ; elle se compose de parties indivisibles. — La série des causes et des effets est illimitée ; elle s'arrête à une cause première. — Le monde suppose un être nécessaire ; il n'existe pas d'être nécessaire. — Toutes ces thèses, également fondées en raison, se contredisent entre elles. C'est qu'elles impliquent toutes la supposition de la réalité objective du monde.

Pareillement enfin, la théologie rationnelle prétend démontrer l'existence de Dieu ou de l'Être absolu et parfait ; mais aucun de ses arguments, cosmologique, téléologique, ontologique, ne réussit à franchir l'intervalle qui sépare l'*idéal* de la réalité.

Ainsi nous pouvons connaître les phénomènes; mais les choses en soi nous sont inaccessibles. Telle est la conclusion finale de la Critique de la raison pure.

4. Critique de la raison pratique. — La Critique de la raison pratique a un double objet : 1° déterminer le principe fondamental de la moralité humaine; 2° relever en partie ce que la Critique de la raison pure avait abattu, la liberté, l'existence de Dieu, l'immortalité de l'âme, et ainsi répondre à cette double question : Que devons-nous faire? et que pouvons-nous espérer?

La moralité, d'après Kant, ne peut pas consister pour la volonté dans la poursuite d'un bien distinct d'elle-même : le souverain bien, c'est la *bonne volonté*. — Mais qu'est-ce que la bonne volonté, sinon la volonté d'obéir au devoir? Et qu'est-ce que le devoir, sinon la loi que la volonté s'impose de rester toujours d'accord avec elle-même, d'être immuable, universelle en ses maximes d'action? « Agis de telle sorte que la maxime de ton action puisse être érigée en loi universelle. »

La raison a donc sa règle propre à laquelle elle soumet tous les motifs, toutes les fins empiriques, la règle de l'universalité, *impératif catégorique* qui commande sans condition à tous les êtres raisonnables, mais qui, loin de les asservir, les affranchit, en fait les citoyens d'une République idéale, universelle, où ils sont législateurs en même temps que sujets. — De là la *valeur absolue* de la personne : « Agis de telle sorte que tu traites l'humanité en toi-même et en autrui comme une fin, jamais comme un moyen »; de là l'impression d'infinité qui s'attache en nous à l'idée de la loi morale : « Deux choses, dit Kant, m'emplissent l'âme d'une admiration et d'un respect sans cesse renaissants : le ciel étoilé sur ma tête, la loi morale au fond de mon cœur. »

C'est que l'idée du devoir nous ouvre une perspective sur ce monde des réalités où la raison spéculative ne pénètre pas. — Sommes-nous libres ou tout est-il nécessaire? Problème insoluble pour la raison spéculative qui ne peut comprendre les phénomènes que sous le point de vue de la nécessité. Mais la raison pratique, en affirmant le devoir, affirme du même coup la liberté. Devoir implique pouvoir. Tout est nécessaire dans le monde des phénomènes; mais dans la réalité absolue, nous pouvons, nous devons être libres.

L'universel déterminisme est une apparence, un produit de notre propre pensée. La *liberté* est le fond des choses : voilà le premier *postulat* de la raison pratique.

Ce n'est pas tout : ni la parfaite moralité, ni la félicité qui doit en être la conséquence ne sont possibles dans les limites de cette vie. La raison pratique affirme cependant qu'elles doivent être : elle nous autorise donc à croire à l'*immortalité* de l'âme et à l'existence de *Dieu*, conditions de leur possibilité finale. Il faut que la personne soit immortelle pour accomplir pleinement sa destinée; il faut que Dieu existe pour établir l'accord de la nature et de la moralité : tels sont, avec la *liberté*, les trois *postulats de la raison pratique*.

Cependant l'âme, Dieu, le monde supra-sensible, ne deviennent pas pour cela des objets de connaissance : ils demeurent des objets de foi. La science, la métaphysique, ou les ignorent, ou sont impuissantes à démontrer leur réalité : il est vrai qu'elles ne peuvent pas davantage témoigner contre elle. Cette incompétence de la raison spéculative laisse, en quelque sorte, le champ libre à la raison pratique. Le devoir est désormais la seule base inébranlable de toutes les croyances qui dépassent l'expérience. « J'ai dû abolir la *science* pour édifier la *foi*. » Cette parole de Kant résume toute son œuvre en métaphysique.

En somme, la philosophie de Kant est une tentative pour trouver dans le *sujet* seul, c'est-à-dire dans l'esprit, abstraction faite de l'*objet* qu'il nous est impossible de connaître, les conditions suffisantes de la science, de l'art et de la moralité; elle réduit ainsi le vrai, le beau et le bien, à des formes purement subjectives qui ne sont universelles et nécessaires qu'en vertu de leur subjectivité même. Mais cette tentative est nécessairement destinée à échouer, du moment que l'objet n'est pas entièrement supprimé ou ramené au sujet; et c'est pourquoi Kant accorde finalement à l'idée du devoir une signification objective et postule, du moins au point de vue moral, l'harmonie fondamentale de la raison humaine et de la réalité.

OUVRAGES A CONSULTER

Cousin, *Philosophie de Kant*. — Saisset, *Le scepticisme, Enésidème, Pascal et Kant*. — Desdouits, *La philosophie de Kant*. — Nolen, *La Critique de Kant et la Métaphysique de Leibniz*. — Barni, *Examen de la Critique du jugement; Examen des Fondements de la métaphysique des mœurs et de la Critique de la raison pratique.* — Fouillée, *Les systèmes de morale contemporains.* — Rabier, *Leçons de philosophie*, t. I, chap. XXII, XXIX et XL.

SUJETS DE DISSERTATIONS

On sait que le grand philosophe Kant a intitulé ses deux principaux ouvrages « Critique de la raison pure » et « Critique de la raison pratique ». Expliquer le sens qu'il a entendu attacher à ce mot : Critique ; expliquer le sens de chacune de ces deux autres expressions : Raison pure et Raison pratique. 86.

SOMMAIRE DU COURS DE PHILOSOPHIE

INTRODUCTION

Le savoir humain revêt trois formes principales : la connaissance vulgaire, la science, la philosophie.

La connaissance vulgaire est la connaissance tout empirique des choses la science est la recherche des raisons ou des causes; la philosophie est la recherche des raisons suprêmes ou des causes premières.

Supérieure à la connaissance vulgaire par sa généralité, sa certitude, sa méthode, la science permet à l'homme, non seulement de comprendre la nature, mais encore de la maîtriser par la prévision et par l'action. Elle se divise en quatre grandes classes de sciences : 1° mathématiques, 2° physiques, 3° naturelles, 4° morales et sociales, échelonnées par ordre de complexité et de spécialité croissantes, comme dans la classification d'Auguste Comte (mathématique, astronomie, physique, chimie, biologie, sociologie). On pourrait aussi avec Ampère réunir les trois premières classes sous le nom de sciences cosmologiques et les opposer à la dernière, qui est celle des sciences noologiques.

La philosophie se superpose à toutes les sciences : elle a pour objet non plus le général, mais l'universel; pour but, l'explication absolue des choses et la perfection morale de l'humanité.

Elle comprend, d'une part, la psychologie, science de l'âme, de laquelle dérivent la logique, science des lois de la pensée, et la morale, science du devoir, — d'autre part, la métaphysique, science des premiers principes.

La philosophie des sciences rattache toutes les sciences à la philosophie en déterminant leur nature, leurs principes, leurs méthodes, et les relations qui les unissent entre elles.

PSYCHOLOGIE

La psychologie, science de l'âme, est dite expérimentale, quand elle étudie simplement les phénomènes de l'âme, les états de conscience; rationnelle, quand elle étudie l'âme elle-même pour en déterminer la nature, l'origine et la destinée.

La psychologie, même dans sa partie expérimentale, est distincte de la physiologie, science du corps vivant.

1° Les faits psychologiques sont connus par la conscience et non par les sens.

2° Ils se produisent dans le temps à l'exclusion de l'espace.

3° Ils exigent un sujet simple et toujours identique à lui-même.

4° Ils tendent à des fins supra-sensibles (bonheur, science, beauté, perfection morale).

La méthode de la psychologie expérimentale est une méthode d'observation.

Elle est d'abord et nécessairement subjective : la réflexion permet à l'esprit de s'observer lui-même par la conscience. Mais la réflexion, outre qu'elle implique une certaine part de mémoire, ne nous fait connaître qu'une seule âme et ne pénètre pas jusqu'aux origines des faits qu'elle nous révèle. Il faut donc la compléter par l'observation objective dont les principales applications sont la psychologie morbide, la psychologie de l'enfant, la psychologie animale, l'étude de l'histoire, des littératures, des langues, la psycho-physique et la psychologie physiologique qui étudient expérimentalement les sensations.

Le raisonnement intervient en psychologie sous la forme de l'analyse et de la synthèse pour induire les lois et déduire les explications.

Les faits psychologiques se répartissent naturellement en trois classes : faits de sensibilité, plaisir et douleur, sensations, sentiments, inclinations, passions; faits d'intelligence, perception, mémoire, imagination, opérations intellectuelles; faits d'activité ou de volonté, instinct, volonté proprement dite, habitude.

On les rapporte à trois facultés, c'est-à-dire à trois pouvoirs de les produire que l'âme possède, et dont elle a la conscience et la direction : la sensibilité, pouvoir de jouir et de souffrir, de désirer et d'aimer; l'intelligence, pouvoir de connaître; la volonté, pouvoir de choisir et d'agir.

I. — Sensibilité.

La sensibilité comprend deux sortes de faits : d'une part, des états plus ou moins passifs, sensations et sentiments; d'autre part, des tendances actives où ces états ont leur raison, inclinations et passions.

I. — Les deux modes essentiels de la sensibilité sont le plaisir et la douleur. Ils ont pour cause l'activité de l'âme exercée dans des conditions tantôt favorables et tantôt contraires; de là les lois qui les expliquent : le plaisir vient d'une activité qui s'exerce avec mesure ou dans un sens conforme à ses tendances; la douleur, d'une activité comprimée ou surmenée, ou détournée de ses fins. Leur effet immédiat est de modifier l'activité dont ils procèdent : modérés, ils excitent l'activité; excessifs, ils la dépriment. Toutefois, d'une manière générale, le plaisir stimule et la douleur paralyse. En outre le plaisir attire et la douleur repousse. L'habitude les affaiblit l'un et l'autre.

On classe les plaisirs et les douleurs en positifs et négatifs, selon qu'ils sont produits par un excès ou un défaut d'activité, physiques ou moraux, selon qu'ils ont pour antécédent une impression corporelle ou un état de l'âme.

Dans cette dernière classification, on distingue la sensation et le sentiment.

La sensation a pour cause une excitation nerveuse aboutissant au cerveau, et paraît localisée dans un organe. Outre l'élément affectif du plaisir et de la douleur, elle contient un élément représentatif qui la rattache à l'intelligence. Elle est interne ou externe selon qu'elle se rapporte à la vie propre du corps ou à l'action des objets extérieurs sur les organes des sens.

Le sentiment a pour cause une idée ou opération mentale et n'est pas localisé. Les principaux types du sentiment sont, d'après Spinoza, la joie, la tristesse et le désir; d'après Descartes, l'admiration, la joie, la tristesse, l'amour, la haine, le désir, etc. On peut aussi classer les sentiments en agréables, pénibles et neutres, ou en personnels, sociaux, supérieurs, etc.

PSYCHOLOGIE.

Tout sentiment implique : 1° une inclination excitée, favorisée ou contrariée et qui en est la vraie cause; 2° une idée qu en est l'occasion ; 3° une modification consécutive de l'organisme qui se réfléchit dans la conscience sous forme de sensations internes.

Les lois des sentiments dérivent des lois générales du plaisir et de la douleur.

II. — L'inclination est l'activité de l'âme tendant spontanément vers certaines fins.

On distingue les inclinations physiques ou instincts (conservation, reproduction), par lesquelles l'âme s'intéresse et participe à la vie du corps, et les inclinations morales ou penchants qui portent l'âme vers ses fins propres.

Les inclinations morales se rangent en trois classes : 1° personnelles ou égoïstes (amour de soi); 2° sociales ou sympathiques (amour d'autrui); 3° idéales ou supérieures (amour de la perfection, amour de Dieu).

Les inclinations personnelles sont les plus précoces et les plus générales : elles se combinent plus ou moins étroitement avec toutes les autres. La Rochefoucauld a eu le tort d'en conclure qu'elles suffisent à les engendrer. L'amour de soi réduit à lui-même ne peut par aucune transformation devenir un véritable amour d'autrui.

Toutes ces inclinations sont plus ou moins vagues à l'origine; elles se précisent par l'effet de l'expérience et de l'habitude. Souvent même elles s'exagèrent et se pervertissent. La passion est justement une inclination exaltée et exclusive.

En résumé, la sensibilité nous met en relation immédiate avec notre corps, les objets extérieurs, les autres hommes, etc.; elle nous révèle à nous-mêmes les fins pour lesquelles nous sommes faits et nous excite à les poursuivre; elle exprime par ses modifications tour à tour agréables ou pénibles les progrès ou les défaillances de notre activité dans la poursuite de ces fins.

II. — Intelligence.

L'intelligence, ou pouvoir de connaître, comprend deux grands systèmes de facultés et d'opérations qu'on peut résumer de part et d'autre sous les noms d'*expérience* et de *raison*.

L'expérience, c'est l'intelligence en tant qu'elle tire les matériaux de la connaissance de l'action des choses extérieures.

La raison, c'est l'intelligence en tant qu'elle élabore ces matériaux par une action qui lui est propre, et qu'elle tire d'elle-même des connaissances indépendantes des choses extérieures.

De là une série de fonctions dont les deux premières, inférieures, animales, sensitives, se rapportent à l'expérience, et la troisième, supérieure, proprement humaine et intellectuelle, se rapporte à la raison.

1° Acquisition de la connaissance : les données des sens et de la conscience.

2° Conservation de la connaissance : la mémoire, à laquelle se rattachent l'association des idées et l'imagination.

3° Élaboration de la connaissance : les opérations intellectuelles (abstraction, généralisation, jugement et raisonnement).

Cette troisième fonction a pour condition nécessaire la connaissance que l'intelligence a de ses propres lois ou principes (notions et vérités premières).

Même dans l'expérience, l'intelligence se distingue des sensations auxquelles elle s'applique par son activité, dont l'effet immédiat est l'attention.

Faire attention, c'est fixer et concentrer l'activité de l'intelligence sur un objet à l'exclusion de tous les autres. D'abord spontanée, puis volontaire, l'attention se reploie du dehors au dedans et devient la réflexion : ses progrès accompagnent et déterminent les progrès de l'intelligence elle-même.

I. — La perception extérieure, c'est-à-dire la connaissance que nous avons des objets extérieurs par le moyen des sens, n'est pas, comme elle paraît l'être, une intuition immédiate de choses réellement extérieures à notre esprit : elle n'est qu'une interprétation des sensations. Percevoir un objet extérieur ne consiste au fond qu'à associer l'idée de cet objet à la sensation qu'il nous fait éprouver.

Ainsi toute perception se compose : 1° d'une sensation ; 2° de l'idée de l'objet avec ses qualités et sa situation dans l'espace, idée accompagnée d'une croyance invincible à la réalité et à la présence de cet objet. Cette idée est la perception proprement dite.

La perception s'explique par la raison, la mémoire et l'habitude.

En vertu du principe de causalité, notre esprit attribue toute sensation à une cause : d'où la première idée d'un objet, cause de la sensation. Cette idée est complétée et spécifiée par la mémoire qui nous rappelle l'ensemble des sensations produites antérieurement par ce même objet, et l'habitude associe entre eux tous ces éléments au point de les rendre indiscernables pour notre conscience.

Il s'ensuit que chaque sens nous donne deux sortes de perceptions, primitives et acquises. Les perceptions acquises, par lesquelles un sens devient apte à en suppléer un autre, ne sont au fond que des associations d'idées. De ce nombre est la perception de la distance ou de la situation de l'objet qu'on nomme aussi localisation. Les perceptions acquises expliquent les erreurs des sens qui consistent à associer à tort à une sensation l'idée d'un objet, d'une qualité ou d'une situation qui lui conviennent habituellement, mais qui n'ont pas avec elle une connexion nécessaire.

La perception extérieure ne nous fait pas connaître le monde extérieur tel qu'il est en soi, mais seulement tel qu'il apparaît à nos sens.

II. — La conscience est la connaissance que l'âme a d'elle-même, de ses états et de ses opérations. Elle est le type de la connaissance immédiate et intuitive ; sa certitude est absolue. Forme commune et essentielle de tous les faits psychologiques, elle est absolument personnelle et subjective.

Il faut distinguer de la conscience spontanée, qui seule présente tous ces caractères, la conscience réfléchie, qui est l'effort de l'âme pour se connaître d'une façon plus complète et qui implique l'attention et la mémoire.

La conscience est susceptible d'une infinité de degrés. Toutefois, malgré l'hypothèse des faits psychologiques inconscients, introduite en psychologie sous le patronage de Leibniz, elle accompagne toujours et nécessairement tous les états de l'âme. Il est contradictoire de supposer des faits psychologiques sans conscience. Les exemples allégués sont des cas de conscience infinitésimale ou de subconscience, non d'inconscience véritable.

L'âme n'a pas seulement conscience de ses phénomènes : elle a conscience de son être propre, c'est-à-dire de son activité une et identique. De cette conscience dérivent, par voie d'abstraction et de généralisation, des idées que les sens ne sauraient fournir et que la raison adopte comme moyens de connaître toutes choses : idée d'être ou de substance (unité, identité, durée), idée de cause (activité, force, puissance, tendance, finalité), etc.

L'idée que chacun de nous a de son être propre est l'idée du moi. Le moi n'est pas, comme l'ont prétendu Condillac et les phénoménistes contemporains, une simple collection de sensations : il est l'activité consciente qui coexiste avec ces sensations successives et en fait la liaison et l'unité.

III. — La mémoire, ou faculté de retenir et de rappeler les idées antérieurement acquises, comprend d'une part la conservation et le rappel des idées, d'autre part leur reconnaissance et leur localisation plus ou moins précise dans le passé.

La conservation des idées dépend de conditions organiques (vibrations ou empreintes cérébrales) : elle n'est au fond qu'un cas particulier de l'habitude. Les idées se conservent d'autant mieux que les premières opérations ont été plus vives et plus distinctes, ou plus fréquemment répétées, ou plus étroitement associées entre elles. Elles se rappellent les unes les autres en vertu de leur association.

Dans le souvenir complet, l'idée est non seulement rappelée, mais reconnue ; dans la réminiscence, la reconnaissance fait défaut.

Les éléments constitutifs de la reconnaissance ou du souvenir sont la notion du temps et la notion du moi ou de l'identité personnelle.

IV. — L'association des idées est la propriété qu'ont les idées de se suggérer les unes les autres.

Elles se suggèrent, d'après l'école écossaise, en vertu de leurs rapports qui sont ou essentiels (principe et conséquence, cause et effet, etc.) ou accidentels (voisinage de temps et de lieu, etc.). De là deux sortes d'associations spécifiquement distinctes (essentielles et accidentelles).

Plus simplement on peut, avec les psychologues anglais, ramener l'association aux deux lois de la contiguïté et de la ressemblance : « Les idées s'associent soit quand elles ont été déjà contiguës, c'est-à-dire pensées en même temps ou les unes à la suite des autres, soit quand elles ont quelque ressemblance. » Plus la contiguïté a été intime ou fréquente, plus l'association est forte et durable.

L'association prise en soi n'est qu'une loi ou circonstance inséparable de la mémoire.

V. — L'imagination, faculté de se représenter les choses sensibles, est reproductrice ou créatrice, selon qu'elle reproduit simplement les images des objets ou qu'elle les modifie et les combine à son gré.

Dans le premier cas, elle se ramène à la mémoire (mémoire imaginative) ; dans le second, elle est inséparable de la raison et de la sensibilité morale, qui impriment aux matériaux fournis par la mémoire une forme nouvelle.

L'imagination, comme puissance d'innovation et de création, est une des conditions essentielles de l'art, de la science et du progrès.

VI. — Les opérations intellectuelles élaborent la connaissance en substituant des concepts et des synthèses de concepts aux images directement issues des perceptions et à leurs associations.

Les concepts se forment par l'abstraction et la généralisation : leur synthèse est l'œuvre du jugement et du raisonnement.

1º Abstraire, c'est, dans un objet donné, isoler une qualité de toutes les autres et de l'objet même qui la possède. La qualité étant distincte, mais non séparée de son objet, on doit prendre garde de la prendre pour un être réel, ou de *réaliser* une abstraction.

2º Généraliser, c'est comparer un certain nombre d'objets, abstraire l'ensemble des qualités qui leur sont communes, et penser cet ensemble de qualités comme le type d'une classe. — La comparaison, impliquée dans la généralisation, consiste à faire successivement attention à deux ou plusieurs objets pour en découvrir les rapports.

Condition nécessaire de la connaissance proprement dite, du langage et de la science, la généralisation rend la pensée plus simple et plus claire, lui donne une portée sans limites, et y introduit l'ordre avec la classification. Le problème de la nature et de la valeur des idées générales a suscité au moyen âge la querelle des universaux, et les trois doctrines du réalisme (saint Anselme et Guillaume de Champeaux), du nominalisme (Roscelin et Occam) et du conceptualisme (Abélard). La vérité semble se trouver dans cette dernière convenablement entendue.

3° Le jugement est l'opération par lequel l'esprit aperçoit et affirme les rapports. Juger, a dit Aristote, c'est affirmer quelque chose de quelque chose. D'après Port-Royal et Locke, juger, c'est apercevoir et affirmer un rapport de convenance ou de disconvenance entre deux idées : définition qui s'applique surtout au jugement réfléchi et comparatif.

Tout jugement contient un sujet et un attribut, plus un rapport aperçu entre eux par l'esprit, et un acte *sui generis* qui est l'affirmation de ce rapport.

On distingue : 1° les jugements individuels, généraux et particuliers (quantité); 2° affirmatifs et négatifs (qualité); 3° contingents et nécessaires (modalité); 4° analytiques et synthétiques (relation).

Un jugement est analytique quand l'attribut est une partie extraite du sujet; synthétique, quand l'attribut est ajouté au sujet dont il ne fait pas partie.

4° Raisonner, c'est juger de ce que l'on ne connaît pas par comparaison avec ce que l'on connaît, ou conclure du connu à l'inconnu.

Le raisonnement sert à découvrir, à prouver et à expliquer. Il revêt deux formes principales : l'induction et la déduction.

Induire, c'est conclure du particulier au général. L'induction spontanée conclut de quelques cas à tous les cas du même genre en vertu de leur seule ressemblance : l'induction savante, étudiée en logique, conclut de quelques cas à tous les cas, en vertu de l'identité de la cause ou raison qui leur est commune.

Déduire, c'est conclure du général au particulier. La déduction mise en forme est le syllogisme.

L'induction repose sur le principe de causalité; la déduction, sur le principe d'identité.

VII. — L'intelligence en effet obéit dans toutes ses opérations à des lois qu'on nomme principes directeurs de la connaissance, principes à priori, vérités premières, axiomes de la raison.

Ces principes sont marqués de trois caractères qui font défaut à toutes les vérités issues de l'expérience : ils sont universels, nécessaires, à priori.

On peut, avec Leibniz, les ramener à deux principes fondamentaux : le principe d'identité : ce qui est est, et le principe de raison : tout ce qui est a sa raison d'être.

Au premier se ramènent le principe de contradiction : une même chose ne peut à la fois être et n'être pas, et tous les axiomes logiques et mathématiques; au second, le principe de causalité : rien n'arrive sans cause; le principe des substances : tout phénomène se rapporte à une substance; le principe des lois ou de l'uniformité de la nature : tout phénomène se produit selon une loi ou les mêmes causes produisent les mêmes effets; le principe de finalité ou des causes finales : tout a un but.

Ces principes eux-mêmes contiennent des idées ou notions que l'intelligence tire de son propre fonds et qu'elle applique nécessairement à la connaissance des choses. On les nomme notions premières, idées à priori, catégories. Telles sont les notions d'espace, de temps, d'être et d'identité, de raison, de substance, de cause, de loi, de but, d'absolu, d'infini et de parfait.

La raison est la faculté de comprendre les choses au moyen des notions et vérités à priori : elle est inséparable de la conscience réfléchie qui lui fournit la matière de ses principes (substance, causalité, finalité).

D'après l'empirisme (épicuriens, stoïciens, Locke, Condillac, etc.), l'intelligence dérive tout entière de l'expérience. Mais outre que l'élaboration de la connaissance exige l'activité de l'esprit et que cette activité a nécessairement ses lois propres, les principes ne peuvent dériver de l'expérience, d'abord parce qu'ils sont universels et nécessaires et que toute connaissance tirée de l'expérience est particulière et contingente; ensuite parce qu'ils sont les conditions à priori de l'expérience, laquelle se réduirait à un simple amas de sensations et d'images subjectives sans les notions de temps, d'espace, d'identité et de causalité.

L'associationnisme (Hume, Stuart Mill, Bain) et l'évolutionnisme (Spencer) essayent de compléter l'empirisme en ajoutant à l'expérience l'association des idées et l'hérédité.

Mais l'association, quelque forte et ancienne qu'elle soit (fût-elle aussi ancienne que l'humanité), ne peut engendrer une nécessité véritable, et d'ailleurs les principes précèdent dans l'esprit l'association et l'expérience elles-mêmes puisqu'ils en sont les conditions.

III. — Volonté.

Avant de vouloir, c'est-à-dire d'agir avec réflexion, l'homme agit spontanément; et l'action volontaire tend à redevenir spontanée par sa répétition même. De là les trois formes successives de l'activité : spontanéité ou instinct, réflexion ou volonté, habitude.

I. — L'instinct est, du moins chez l'animal, une tendance innée à accomplir des actes utiles dont l'utilité est cependant ignorée de l'être même qui les accomplit. Inné et aveugle, l'instinct est par cela même parfait du premier coup, uniforme, fatal, spécial et immuable.

D'après Descartes, il est purement mécanique : c'est, dit Spencer, une action réflexe composée. Il contient cependant un certain fonds d'activité psychique (appétit, sensations, images) : c'est un mécanisme accompagné de conscience.

D'après Condillac, l'instinct est une habitude individuelle; d'après Spencer, c'est une habitude héréditaire; d'après Cuvier, c'est une propriété primitive et irréductible de l'espèce. Dans l'état actuel de la science, le problème de l'origine de l'instinct est insoluble comme celui de l'origine de la vie avec lequel il se confond. On peut dire toutefois qu'une des données nécessaires de la solution, c'est l'existence d'une finalité et d'une intelligence immanentes à la nature.

II. — **La volonté est le pouvoir de se déterminer à agir.**

L'acte volontaire comprend : 1° la délibération (motifs et mobiles); 2° la détermination; 3° l'exécution. Dans la détermination réside proprement la volonté, qui se distingue et du jugement et du désir par son caractère de liberté.

La volonté réfléchie, libre, capable d'agir sur la nature (humaine et exté-

BOIRAC. — Cours de philosophie.

rieure) et de la transformer est dans l'homme le principe de la personnalité et de la responsabilité.

Il ne faut pas confondre la liberté d'agir (liberté physique) et la liberté de vouloir (liberté morale ou libre arbitre). La liberté morale est le pouvoir d'opter entre deux partis également possibles.

Les preuves de la liberté morale sont : 1° psychologiques (chacun de nous a conscience de se déterminer par lui-même à agir) ; 2° morales (si l'homme n'est pas libre, il n'existe plus ni obligation ni responsabilité morales ; 3° sociales (promesses, contrats, prières, menaces, ordres, conseils, lois, punitions, etc., tous ces faits sont inexplicables sans la liberté).

Le fatalisme objecte que la liberté est incompatible avec la prescience divine. — Mais Dieu ne prévoit pas nos actions : il les voit.

Le déterminisme (Leibniz, Stuart Mill, Spencer) objecte que la liberté est incompatible avec le principe de causalité. De même que tout phénomène est produit par une cause, toute action volontaire est déterminée par un motif. Sans motif, pas de volonté ; la volonté suit toujours le motif le plus fort. — Sans doute, il n'y a pas de volonté sans motif, et on doit rejeter comme excessive la doctrine de la liberté d'indifférence ; mais le motif le plus fort est celui que la volonté a rendu tel par son consentement et son choix.

III. — L'habitude est la faculté que possèdent les êtres vivants de modifier leurs phénomènes par cela seul qu'ils les prolongent ou les répètent.

Toute habitude a pour cause un ou plusieurs phénomènes antérieurs ; elle est proportionnée au nombre, à la fréquence et à la durée de ces phénomènes.

L'habitude est dite active ou passive selon qu'elle influe sur les opérations intellectuelles et volontaires qu'elle rend plus faciles et plus promptes ou sur les états de sensibilité qu'elle affaiblit indéfiniment. Ses effets consistent : 1° à accroître la puissance ; 2° à accroître le besoin (ou même à le faire naître) ; 3° à diminuer la conscience et la sensibilité.

L'habitude est la condition de la continuité et du progrès de la vie humaine. Elle a son principe dans l'activité une et identique de l'âme.

IV. — Psychologie appliquée.

On peut grouper sous ce titre les questions des signes et du langage, du beau et de l'art, des rapports du physique et du moral, des ressemblances et différences de l'homme et de l'animal.

I. — Un signe est un fait sensible qui nous révèle un autre fait, lequel ne tombe pas sous les sens.

L'homme emploie deux sortes de signes, naturels et artificiels, pour exprimer soit les états de sa sensibilité, soit les opérations de son intelligence.

Un langage est un système de signes plus ou moins artificiels et conventionnels dont les hommes se servent pour la communication de leurs pensées. On distingue trois langages principaux, la mimique, l'écriture (idéographique ou phonétique) et la parole (langues isolantes, agglutinantes et flexionnelles).

Pour expliquer l'origine du langage, on a supposé, soit une révélation divine (de Bonald), soit un instinct spécial (Renan et Max Muller), soit une invention et une convention préhistoriques : il est plus rationnel de supposer que le langage est un produit naturel des facultés et des besoins de l'espèce humaine.

Le langage est inséparable de la pensée (au moins de la pensée réfléchie) qu'il ne sert pas seulement à communiquer, qu'il contribue aussi à former. Il la fixe (en matérialisant pour ainsi dire les concepts); il l'éclaircit (en rendant possibles l'analyse et la synthèse des jugements et des raisonnements); il l'abrège (en substituant aux concepts, jugements et raisonnements les mots et les phrases).

II. — L'esthétique, fondée par Kant, est la science du beau et des beaux-arts.

Le beau est tout objet qui, dans la perception que nous en avons, nous fait éprouver le plaisir désintéressé de l'admiration.

Ce plaisir a pour conditions principales : 1° l'ordre ou l'harmonie, c'est-à-dire l'unité dans la variété; 2° l'expression, c'est-à-dire la manifestation, par le moyen de formes sensibles, de qualités analogues à celles de notre âme et avec lesquelles nous puissions sympathiser. Il résulte du libre jeu de nos facultés représentatives (sens et imagination) excité et soutenu par l'objet de perception auquel nous les appliquons.

Le sublime est l'expression sensible de l'infini : l'admiration qu'il nous cause est mêlée de surprise et de trouble. Kant distingue le sublime mathématique (grandeur infinie) et dynamique (puissance infinie).

L'art, qui a pour but la création de la beauté, est plastique ou phonétique selon qu'il emploie les formes (architecture, sculpture, peinture) ou les sons (musique et poésie). L'imitation de la nature est un des procédés de l'art, mais non sa fin essentielle : l'art est avant tout humain; il ne se sert de la nature sensible que pour exprimer l'âme humaine tout entière, à la fois telle qu'elle est et telle qu'elle aspire à être.

III. — Les rapports du physique et du moral consistent dans l'influence réciproque de l'âme et du corps. Cette influence s'exerce par l'intermédiaire du cerveau et des nerfs. D'une part, les sens, les instincts, la mémoire, le langage ont leurs conditions physiques dans les organes; d'autre part la sensibilité, l'imagination et la volonté sont causes de modifications corporelles plus ou moins profondes et persistantes. Toutefois, l'influence réciproque de l'âme et du corps implique la subordination normale du corps à l'âme pour laquelle il est un instrument d'information et d'action. Cette subordination est suspendue ou intervertie dans le sommeil et la folie.

IV. — La psychologie animale, branche de la psychologie comparée, essaye de déterminer les facultés mentales des animaux par analogie avec celles de l'homme.

Il est faux que l'animal n'ait pas d'âme et soit une machine comme Descartes l'a prétendu. Sans doute l'instinct domine en lui l'intelligence, mais son intelligence n'est pas nulle; elle est tout au moins capable des opérations sensitives : perception, mémoire, imagination reproductrice, association des idées. La raison, principe de l'abstraction, de la généralisation, du jugement, du raisonnement, du langage et de la science, lui fait défaut, et avec elle la volonté libre, principe de la réflexion et de la moralité.

LOGIQUE

La logique est la science des lois de la pensée ou des conditions de la vérité. Elle se divise en logique formelle et logique appliquée.

I. — Logique formelle.

La logique formelle détermine les conditions de la vérité qui dépendent de la seule forme de la pensée, abstraction faite de sa matière. — Ces conditions peuvent se résumer en une seule : absence de contradiction, accord de la pensée avec elle-même.

Le principe d'identité ou de contradiction est donc le principe fondamental de la logique formelle.

Elle comprend trois théories : 1° des idées ou des termes; 2° du jugement ou de la proposition; 3° du raisonnement ou du syllogisme.

I. — Les idées, notions ou concepts, exprimés par les termes, sont les derniers éléments dont se compose toute pensée.

On divise les idées en abstraites et concrètes; singulières et générales; positives et négatives.

Leurs deux propriétés générales sont la compréhension et l'extension. — La compréhension d'une idée est l'ensemble des attributs qu'elle contient; son extension est l'ensemble des sujets auxquels elle est applicable. — L'extension des idées est en raison inverse de leur compréhension.

Les principaux rapports d'extension et de compréhension des idées peuvent être désignés par les termes suivants : genre, espèce, différence, essence et accident.

La définition est l'opération par laquelle l'esprit détermine la compréhension d'une idée, c'est-à-dire la décompose en ses attributs essentiels : elle a pour but de rendre l'idée parfaitement claire et distincte.

Elle est soumise à deux grandes règles : 1° convenir à tout le défini et au seul défini, par conséquent, être réciproque; 2° se faire autant que possible par le genre prochain et la différence spécifique.

On distingue la définition de nom qui consiste à expliquer le sens d'un mot et la définition de chose qui consiste à expliquer la nature d'une chose. La première est plus ou moins arbitraire; la seconde ne l'est nullement.

La logique appliquée distingue en outre les définitions mathématiques et empiriques.

La division, qui complète la définition, décompose l'extension d'une idée en ses différentes espèces : elle doit être complète, exacte et irréductible.

II. — La proposition, énonciation d'un jugement, se compose de deux idées (sujet et attribut), et du verbe ou copule qui en exprime le rapport.

Toutes les copules peuvent se ramener au verbe « être », qui signifie en logique formelle que le sujet est ou n'est pas contenu dans l'extension de l'attribut.

On distingue quatre espèces de propositions : universelle affirmative A; universelle négative E; particulière affirmative I; particulière négative O.

III. — Le syllogisme, forme parfaite du raisonnement déductif, est un argument composé de trois propositions, telles que les deux premières (prémisses) étant posées, la troisième (conclusion) s'ensuit nécessairement.

Il a pour but d'établir un rapport entre les deux termes d'une proposition (petit et grand termes, sujet et attribut de la conclusion) en les comparant successivement avec un troisième (moyen terme).

Les règles du syllogisme sont : pour les termes, le moyen doit être pris au moins une fois universellement, et les extrêmes ne doivent pas avoir plus d'extension dans la conclusion que dans les prémisses; — pour les propositions, il faut qu'au moins une des prémisses soit générale et affirmative; quand une des prémisses est particulière ou négative, la conclusion est nécessairement particulière ou négative.

On appelle figures les formes présentées par le syllogisme, selon la place que le moyen terme occupe dans les prémisses, et on distingue quatre figures.

On appelle modes les formes présentées par le syllogisme selon l'espèce des propositions qui le composent, et on distingue dix-neuf modes.

Les principales variétés du syllogisme sont le dilemme, l'enthymème, l'épichérème et le sorite.

Le syllogisme, dont l'utilité a été exagérée au moyen âge, peut cependant servir soit à faire comprendre le mécanisme de la déduction, soit à en contrôler la marche.

II. — Logique appliquée.

I. — La logique appliquée est la théorie des méthodes scientifiques. La méthode est la suite réglée des opérations que l'esprit emploie pour arriver à la vérité.

On distingue deux grandes méthodes : la méthode déductive ou rationnelle, propre aux sciences mathématiques; la méthode inductive ou expérimentale, commune à toutes les autres sciences.

On distingue encore sous le nom de méthodes générales, c'est-à-dire applicables à tous les ordres de sciences, l'analyse et la synthèse.

L'analyse consiste soit à remonter des conséquences aux principes (analyse de régression), soit à décomposer un tout en ses parties (analyse de décomposition).

La synthèse consiste, soit à descendre des principes aux conséquences (synthèse de progression), soit à recomposer un tout par la réunion de ses parties (synthèse de composition).

On distingue l'analyse et la synthèse réelles et idéales, empiriques et rationnelles.

Leurs règles communes sont : 1° être exactes; 2° complètes; 3° graduelles.

II. — Les mathématiques ou sciences exactes ont pour objet les grandeurs, c'est-à-dire des abstractions qu'elles combinent à priori et dont elles déterminent les propriétés par la voie du seul raisonnement.

La méthode mathématique se compose de trois parties : axiomes, définitions et démonstrations.

L'axiome est une vérité évidente par elle-même qui n'a pas besoin d'être démontrée et qui sert à démontrer d'autres vérités.

La définition mathématique diffère de la définition empirique en ce qu'elle est à priori, parfaite du premier coup, et immuable. Elle est le principe de la démonstration.

La démonstration est une déduction qui tire des principes nécessaires une conclusion nécessaire. — Elle se fait de trois manières : 1° par synthèse (en descendant de propositions déjà démontrées au théorème à démontrer); 2° par analyse (en remontant du théorème à des propositions déjà démontrées); 3° par réduction à l'absurde.

III. — Les sciences physiques ont pour but de déterminer les lois de causalité des phénomènes; leur méthode comprend quatre procédés principaux : observation, expérimentation, induction et hypothèse.

1° Observer, c'est faire attention aux phénomènes afin d'en découvrir les causes et les lois. L'observation est rendue plus facile et plus précise par l'usage des appareils : elle exige chez le savant à la fois sagacité, impartialité et patience. Son principal rôle est de suggérer des hypothèses que l'expérimentation doit contrôler.

2° Expérimenter, c'est susciter un phénomène dans des conditions qui permettent d'en déterminer plus sûrement les causes et les lois. L'expérience, d'après Bacon, doit être variée, étendue, renversée, etc.

3° L'induction scientifique est l'opération par laquelle l'esprit s'élève de la connaissance des faits à celle des lois qui les régissent.

La loi d'un phénomène est le rapport nécessaire par lequel il est lié à sa cause.

Pour induire, il faut, d'après Bacon, après avoir multiplié les observations et les expériences, distribuer leurs résultats dans les trois tables d'absence, de présence et de degré, puis déterminer la cause en éliminant toutes les circonstances qui ne sont pas uniformément présentes, absentes ou variables dans les tables, enfin conclure à tous les faits de même espèce en généralisant graduellement.

Stuart Mill a remplacé les trois tables par les quatre méthodes de concordance, de différence, des résidus et des variations concomitantes. La méthode scientifique par excellence est la méthode de différence : elle consiste à déterminer la cause d'un effet au moyen de deux expériences qui diffèrent uniquement par la présence et l'absence d'une même circonstance, laquelle est nécessairement la cause cherchée.

Le fondement de l'induction qui ne peut se ramener entièrement à un syllogisme est ce double principe : rien n'arrive sans cause, et les mêmes causes tendent à produire invariablement les mêmes effets.

4° L'hypothèse consiste à imaginer par avance et à supposer déjà connue la vérité même que l'on cherche : c'est une induction anticipée et provisoire.

On distingue l'hypothèse expérimentale qui sert à diriger les recherches et l'hypothèse théorique qui sert à systématiser les résultats déjà acquis. Cette dernière peut être explicative ou représentative.

L'hypothèse doit non seulement ne contredire aucun des faits déjà connus, mais encore en expliquer le plus grand nombre, être la plus simple possible, pouvoir être vérifiée, soit directement, soit dans les conséquences qui s'en déduisent.

IV. — Les sciences naturelles ont pour but de déterminer les types et les classes des êtres de la nature. Leur méthode comprend trois procédés principaux : la classification, l'analogie et la définition empirique.

1° La classification consiste à diviser les êtres en genres et espèces d'après leurs caractères, soit pour en faciliter l'étude, soit pour en manifester les rapports. — Elle peut être artificielle ou naturelle.

La classification artificielle est fondée sur un petit nombre de caractères, non les plus importants, mais les plus faciles à reconnaître. Ex. : le système de Linné.

La classification naturelle est fondée sur l'ensemble des caractères, principalement des caractères importants ou essentiels. Ex. : la méthode naturelle de Jussieu.

La grande règle de cette classification est le principe de la subordination des caractères : on doit diviser et subdiviser les êtres d'après l'importance relative des caractères qui servent eux-mêmes de bases à ces divisions et subdivisions.

2° L'analogie consiste à conclure d'une chose à une autre en raison de leur ressemblance ou analogie.

Elle peut être considérée comme une combinaison d'induction et de déduction.

Sa probabilité croît en raison directe du nombre et de l'importance des ressemblances, en raison inverse du nombre et de l'importance des différences.

D'un usage très fréquent dans la vie ordinaire, elle a surtout pour rôle dans les sciences physiques et naturelles de suggérer des hypothèses.

3° La définition empirique se rattache à la classification. Elle diffère de la définition mathématique en ce qu'elle est à posteriori, plus ou moins provisoire et indéfiniment perfectible.

V. — Les sciences morales, qui ont pour objet l'homme considéré comme personne intelligente et libre, peuvent se diviser en deux groupes : sciences réelles ou théoriques qui emploient la méthode inductive (psychologie, histoire, science sociale) et sciences idéales ou pratiques qui emploient la méthode déductive (morale, droit, politique).

L'histoire est fondée sur le témoignage, lequel est le récit d'un fait rapporté par un assistant.

La critique du témoignage porte, soit sur le fait (vraisemblance), soit sur le témoignage lui-même (sincérité, compétence, accord ou contradiction des témoins).

Les sources de l'histoire sont les traditions, les monuments, les écrits. Les règles de la critique historique se ramènent à celles de la critique des témoignages — sauf un point (authenticité).

La science sociale, complément de l'histoire, est la recherche des lois qui régissent les faits de la vie sociale de l'humanité. Elle emploie concurremment les méthodes inductive et déductive.

VI. — La vérité est l'accord, l'erreur le désaccord de la pensée et de son objet.

La certitude est l'adhésion ferme et immuable de l'esprit à ce qu'il connaît comme vrai ; l'opinion ou croyance est une adhésion mêlée de doute ; le doute est l'état de l'esprit qui ne se fixe dans aucun jugement.

On distingue ordinairement la certitude physique, la certitude métaphysique et la certitude morale. La première est celle du témoignage des sens ; la seconde est celle de la raison et du raisonnement ; la troisième est celle qui s'attache aux grandes vérités morales, lesquelles ne peuvent être prouvées ni par le sens ni par le raisonnement et ne laissent pas cependant de s'imposer à notre intelligence et de commander à notre volonté. On a souvent aussi appelé certitude morale la certitude du témoignage des hommes.

D'autre part, la certitude peut être immédiate ou intuitive, quand elle résulte de l'évidence intrinsèque de la vérité ; médiate ou discursive, quand elle est produite par des preuves et qu'elle implique un raisonnement.

L'évidence est cette clarté de la vérité qui détermine en nous la certitude. Elle est dite également métaphysique, physique et morale, immédiate et médiate.

L'évidence est le véritable critérium de la vérité, c'est-à-dire le véritable signe qui nous la fait reconnaître. Il faut rejeter comme insuffisant tout autre critérium (l'autorité des anciens, le consentement universel, le sens commun, etc.) ; mais il faut prendre garde que l'évidence complète et absolue réside dans l'accord de l'expérience et de la raison.

La probabilité est le caractère d'une opinion qui, sans exclure le doute, nous détermine à y croire. Elle résulte de la supériorité des raisons de croire sur les raisons de douter. Tandis que la certitude est absolue et indivisible, la probabilité comporte une infinité de degrés.

Elle est mathématique quand elle peut être évaluée en nombres, morale quand elle est simplement appréciée par l'esprit. — La probabilité mathématique s'exprime par une fraction qui a pour numérateur e nombre des raisons favorables et pour dénominateur le nombre total des raisons.

VII. — L'erreur est le désaccord de la pensée avec la réalité. Elle réside non dans l'idée, mais dans le jugement.

Elle a pour cause, d'après Descartes, dans l'entendement, les idées obscures et confuses, dans la volonté, la précipitation du jugement; en d'autres termes, la disproportion de l'entendement et de la volonté. Mais la volonté n'est qu'une cause indirecte de l'erreur. La cause principale de l'erreur est l'imagination jointe à l'ignorance et à l'irréflexion. Toute erreur est une hypothèse, imaginée pour suppléer la vérité qu'on ignore, et à laquelle on croit sans preuves suffisantes. Les causes indirectes de l'erreur sont ou intellectuelles (langage, association des idées) ou morales (émotions, inclinations, passions, volonté, habitude).

On peut distinguer les erreurs de perception (illusions), les erreurs de jugement proprement dit (préjugés) et les erreurs de raisonnement (dites paralogismes ou sophismes, selon qu'elles sont de bonne ou de mauvaise foi).

Les sophismes ont été divisés par Port-Royal en sophismes de l'esprit et sophismes du cœur. Ces derniers sont de simples erreurs produites par des causes morales.

Les sophismes de l'esprit se divisent en sophismes de diction et sophismes de pensée.

Parmi les premiers (sophismes verbaux, *idola fori* de Bacon), citons l'équivoque ou ambiguïté des termes, l'amphibologie, le passage du sens divisé au sens composé, etc.

Les sophismes de pensée se divisent en sophismes d'induction et sophismes de déduction.

Les principaux sophismes inductifs sont le dénombrement imparfait, l'ignorance de la cause, la fausse analogie.

Les principaux sophismes déductifs sont la pétition de principe et le cercle vicieux, l'ignorance de la question et le sophisme de l'accident.

Les deux remèdes principaux contre l'erreur sont la suspension du jugement (doute provisoire de Descartes) et l'usage de la méthode.

MORALE

La morale est la science du devoir. Elle se divise en morale spéculative qui détermine le principe du devoir, c'est-à-dire le bien, et morale pratique qui détermine les différentes espèces de devoirs.

I. — Morale spéculative.

I. — L'homme peut dans ses actions volontaires obéir à trois motifs distincts, l'inclination ou le plaisir, l'intérêt et le devoir.

La conscience morale est la connaissance naturelle du devoir : on la définit aussi la faculté de juger du bien et du mal.

Elle se manifeste par deux sortes de phénomènes, les jugements moraux où l'analyse découvre les quatre notions du bien en soi, du devoir, du bien moral et du mérite ou de la responsabilité, et les sentiments moraux (sentiments de l'obligation ou du respect, satisfaction morale, remords, estime, mépris, etc.).

Elle n'est ni un ensemble d'associations d'idées produites par la coutume et l'éducation, comme l'ont prétendu les empiriques et les sceptiques, ni un sens, le sens moral, comme l'a prétendu l'école écossaise : à travers ses variations, ses contradictions et ses erreurs, une idée subsiste en elle, l'idée du devoir. Or cette idée étant l'idée rationnelle d'une loi universelle et absolue, il s'ensuit que la conscience est essentiellement une forme de la raison, la raison pratique. Sujette à l'erreur dans la détermination des devoirs, elle est infaillible dans l'affirmation du devoir.

II. — Le devoir est la nécessité d'accomplir une action par respect pour la loi morale.

La loi morale est le commandement intérieur qui s'impose à notre volonté d'agir conformément à la raison. Elle est : 1° obligatoire : elle lie la volonté sans la contraindre; 2° absolue : c'est un impératif non hypothétique, mais catégorique : fais ce que dois, advienne que pourra; 3° universelle : « Agis toujours, dit Kant, de telle façon que tu puisses vouloir que la maxime de ton action soit érigée en loi universelle. »

Les lois de la nature sont non des commandements, mais des formules qui expriment une nécessité subie et non consentie. La loi civile commande, mais en vertu d'une convention; son autorité est extérieure et conditionnelle.

III. — Quel est le principe de la loi morale? D'après les morales empiriques, ce principe doit se chercher dans l'expérience, par conséquent dans la sensibilité. Ces morales se divisent en utilitaires et sentimentales.

De la morale du plaisir (Aristippe) est sortie la morale de l'intérêt (Epicure). Bentham a donné à l'utilitarisme sa forme la plus parfaite. Le but de la vie est l'utilité ou le bonheur qui consiste dans le minimum de peine et le maximum de plaisir : le devoir se confond avec l'intérêt bien entendu.

Mais d'abord, quand même l'intérêt bien entendu aboutirait dans la pratique aux mêmes résultats que le devoir, il n'en serait pas moins distinct du devoir : l'intérêt conseille, le devoir oblige; l'intérêt est égoïste, le devoir est impersonnel. Ensuite, il est faux que l'intérêt bien entendu aboutisse toujours dans la pratique aux mêmes résultats que le devoir.

Si avec Stuart Mill et Spencer on substitue à l'intérêt individuel l'intérêt général ou le bonheur de l'humanité, on ne peut pas démontrer que l'intérêt général soit préférable à l'intérêt individuel, et on n'a aucun moyen de dénouer les conflits qui peuvent s'élever entre l'un et l'autre.

Les morales sentimentales sont la morale du sens moral (la plupart des philosophes écossais), la morale de la bienveillance (Hutcheson), la morale de la sympathie (Adam Smith); elles fondent le devoir sur les sentiments désintéressés : mais ces sentiments sont peut-être plus mobiles encore que l'intérêt, et ils ne sont pas davantage obligatoires.

IV. — Le principe de la loi morale doit donc tirer son autorité de la raison et non de la sensibilité : il doit être absolu, immuable, universel.

Dès lors il ne peut consister que dans l'idéal rationnel du bien, c'est-à-dire de la perfection de l'humanité. Le plus haut degré possible de réalité et d'harmonie dans l'individu et dans l'humanité poursuivi et atteint selon des lois universelles, voilà la raison suprême de tous les devoirs.

On distinguera cependant le bien absolu ou bien en soi, qui est le bien considéré en lui-même, abstraction faite de toute volonté individuelle, et le bien moral, qui est la volonté du bien considérée dans un individu. Le premier est antérieur au devoir; le second lui est postérieur et se confond avec la vertu.

V. — La responsabilité est la faculté qui appartient aux personnes morales de rendre compte de leurs actes, c'est-à-dire de se les attribuer à elles-mêmes et d'en supporter les conséquences.

Elle a pour conditions la liberté morale et la connaissance du bien et du mal, pour conséquences le mérite et le démérite.

Le mérite est cet accroissement volontaire de la valeur morale d'une personne qui la rend digne d'une récompense; le démérite est cette diminution de la valeur morale d'une personne qui la rend digne d'une punition. Le mérite croît avec la difficulté du devoir : le démérite, pour un devoir donné, est en raison inverse du mérite.

La vertu est l'habitude d'obéir au devoir. Platon l'a définie, la science du bien, l'harmonie, la ressemblance avec Dieu; Aristote en fait un milieu entre deux extrêmes. Ces définitions sont incomplètes ou trop vagues plutôt qu'inexactes. La vertu en effet a des conditions multiples : connaissance, amour, liberté, effort, habitude.

Responsabilité et mérite impliquent le rapport nécessaire de la vertu et du bonheur, en d'autres termes une sanction de la loi morale. — On entend par sanction d'une loi l'ensemble des récompenses et des peines attachées à l'observation ou à la violation de cette loi.

Les principales sanctions de la loi morale sont : 1° celle des conséquences naturelles de nos actions (sanction naturelle); 2° celle des lois positives (sanction légale); 3° celle de l'opinion publique; 4° celle de la conscience (sanction morale). Mais elles sont toutes insuffisantes, et c'est pourquoi la raison nous autorise à affirmer une sanction divine après cette vie.

II. — MORALE PRATIQUE.

I. — Les devoirs se divisent d'après leur forme en positifs et négatifs, ou encore en stricts et larges, déterminés et indéterminés. Les devoirs négatifs et stricts sont en général des devoirs de justice, et les devoirs positifs et larges des devoirs de vertu.

D'après leur matière, ils se divisent en devoirs envers soi-même, envers les autres hommes et envers Dieu; d'où les divisions de la morale pratique : morale individuelle, morale sociale, morale religieuse.

II. — Les devoirs de l'homme envers lui-même se rapportent, soit au corps (conserver la vie qui est la condition de l'accomplissement de tous les devoirs; développer et discipliner les forces corporelles), soit à l'âme; et, dans ce dernier cas, ils concernent soit l'intelligence (sagesse et véracité), soit la volonté (courage et dignité), soit la sensibilité (tempérance).

III. — Les devoirs de l'homme envers ses semblables se résument dans ces deux mots : justice et charité. — Justice, c'est-à-dire respect d'autrui; charité, c'est-à-dire amour d'autrui. Ne fais pas aux autres ce que tu ne voudrais pas qu'on te fît; fais aux autres ce que tu voudrais qu'on te fît.

La justice consiste à ne rien faire de contraire au droit d'autrui. Le droit est l'inviolabilité de la personne morale, le pouvoir qui lui est dû de s'appartenir à elle-même et d'agir en toute liberté pourvu qu'elle respecte l'égale liberté d'autrui.

Le droit se distingue du devoir, d'abord en ce qu'il est une liberté et non une obligation, ensuite en ce qu'on peut en exiger l'observation par la force. Il confère en effet à celui qui le possède le droit de légitime défense ou de contrainte physique.

Le principe du droit est dans la dignité de la personne humaine qui ne peut réaliser librement le bien qu'à la condition d'être autonome et inviolable. « Agis de telle sorte, dit Kant, que tu traites toujours l'humanité comme une fin, jamais comme un moyen. »

Les principales formes du droit ou les principaux droits naturels sont la sécurité, la liberté individuelle, la liberté de conscience et la propriété. De là les devoirs de justice presque tous négatifs, stricts, déterminés par la loi civile et sanctionnés par la force publique : respecte la vie, la liberté, la conscience, la propriété d'autrui. Tous ces devoirs correspondent à des droits.

Aucun droit ne correspond au devoir de charité. La charité doit être libre dans celui qui la fait et dans celui qui la reçoit. Toutefois la charité est le couronnement de la justice. La vraie vertu sociale, c'est de travailler au bien d'autrui.

IV. — Les devoirs sociaux deviennent plus particuliers et plus complexes dans la famille et dans l'État.

La famille a pour but de protéger les droits de la femme et ceux de l'enfant, qui sont presque nécessairement méconnus et foulés aux pieds en dehors d'elle. Elle repose sur le principe de l'égalité morale de l'homme et de la femme, et sur cette loi de justice qui attribue aux parents la responsabilité de la vie physique et morale de leurs enfants. De là les devoirs des époux (fidélité et assistance réciproque) et les devoirs des parents (éducation) auxquels correspondent et l'autorité paternelle et les devoirs des enfants (obéissance et reconnaissance).

L'État est la société organisée en vue de la protection des droits de chacun et des intérêts de tous. Elle pourvoit à ces fins par le moyen des trois pouvoirs, législatif, exécutif et judiciaire. Le gouvernement est le représentant et l'agent de l'État.

Les devoirs des citoyens envers l'État sont d'obéir aux lois et aux magistrats, de donner à leurs enfants une éducation civique, de payer l'impôt, d'exercer le droit de vote sans esprit de parti, de se soumettre au service militaire, et d'être toujours prêts à se dévouer pour le salut de la patrie.

V. — La morale, surtout la morale sociale, est intimement liée à l'économie politique, science de la richesse, c'est-à-dire de l'ensemble des objets utiles et susceptibles d'être échangés. La richesse est le produit du travail humain. Épargnée et mise en réserve pour la production d'une richesse nouvelle, elle prend le nom de capital. Le droit de propriété est le droit de posséder la richesse et d'en disposer à son gré. Il est le prolongement du droit de liberté individuelle : tout objet approprié et élaboré par l'effort de la personne participe à l'inviolabilité de la personne elle-même. Toutefois la propriété cesse où commence l'accaparement. La loi peut et doit fixer les conditions et les bornes du droit de propriété, comme elle le fait d'ailleurs pour tous les autres droits.

La richesse n'est pas une fin absolue, comme se l'imaginent trop volontiers les économistes; elle n'est qu'un moyen en vue de la fin suprême qui est la justice et le bonheur de l'humanité.

MÉTAPHYSIQUE

La métaphysique est la science de l'être en tant qu'être, ou encore la science des premiers principes et des premières causes.

Elle comprend un certain nombre de questions, les plus générales de toutes celles que l'esprit humain peut se poser : 1° Quelle est la valeur objective de la connaissance? 2° Le monde extérieur existe-t-il indépendamment de notre pensée? 3° Quelle est la nature des choses en général, celle de la matière et de la vie en particulier? 4° L'âme est-elle distincte du corps? 5° Enfin, quelle est la cause première de l'univers, et Dieu existe-t-il?

I. — Métaphysique générale.

I. — Trois systèmes, le dogmatisme, le scepticisme, le probabilisme, se proposent de résoudre le premier problème.

D'après le dogmatisme (Platon, Aristote, épicuriens, stoïciens, Descartes, Leibniz, etc.), l'esprit humain est capable de connaître les choses avec certitude : il y a des vérités dont on ne peut pas douter.

D'après le scepticisme (sophistes, Pyrrhon, Énésidème, Agrippa, Sextus Empiricus, Montaigne, Pascal, etc.), on peut, on doit douter de toutes choses, la connaissance certaine est impossible.

D'après le probabilisme (nouvelle Académie avec Arcésilas, Carnéade et Cicéron), il y a des degrés dans l'incertitude et on peut préférer une opinion à une autre comme plus probable.

Les deux grands arguments du scepticisme sont tirés : 1° de la contradiction des opinions humaines, 2° du cercle vicieux ou diallèle dans lequel s'enferme la raison humaine en voulant se démontrer elle-même.

Mais la contradiction porte sur les applications des principes de la raison et non sur les principes eux-mêmes, et d'autre part le diallèle est une invention gratuite du scepticisme, car la raison n'éprouve nullement le besoin de se démontrer.

Dans les temps modernes le scepticisme a cédé la place au relativisme (Kant et Auguste Comte) qui prétend que la connaissance humaine est certaine, mais relative : d'où il suit que la science est légitime et que la métaphysique ne l'est pas. — Sans doute la connaissance des objets extérieurs est relative; mais la connaissance que le sujet pensant a de lui-même et des principes de la raison est absolue.

II. — L'idéalisme nie la réalité objective du monde extérieur (Berkeley, Fichte, Hume, Stuart Mill). Le monde prétendu extérieur n'existe que dans l'esprit : il est le système de nos sensations illusoirement objectivées.

Ses principaux arguments sont tirés : 1° des erreurs des sens, de l'hallucination, du rêve, etc.; 2° de l'impossibilité de séparer les propriétés premières des corps (étendue, résistance, etc.) de leurs propriétés secondes (couleur, son, odeur, saveur, etc.); 3° de la présence nécessaire de l'esprit dans toute perception et toute pensée du monde extérieur.

Mais il est impossible de réduire la nature à l'ensemble de nos sensations actuelles ou potentielles; car ces sensations elles-mêmes ne peuvent s'expliquer que s'il existe, outre les esprits humains, une cause multiple, inerte, toujours en voie de changement, qui se reflète en eux sous l'image d'un monde extérieur.

III. — On entend par matière la cause générale et permanente de toutes nos sensations; et on attribue à la matière des propriétés premières, qui constituent son essence indépendamment de notre sensibilité (étendue, impénétrabilité, etc.) et des propriétés secondes, qui sont entièrement relatives à nos sens (couleur, son, odeur, etc.). D'après cette distinction, la matière n'est pas perçue, mais conçue et supposée comme la substance cachée sous les qualités sensibles.

La nature de la matière a donné lieu à trois hypothèses : 1° hypothèse atomistique de Démocrite, d'Épicure et de la science moderne : la matière est composée d'atomes étendus et impénétrables séparés les uns des autres par le vide et mus par des forces attractives et répulsives; 2º hypothèse de Descartes : la matière est l'étendue elle-même continue et indivise dans laquelle le mouvement suffit à produire tous les phénomènes ; 3º hypothèse monadiste de Leibniz : l'étendue et le mouvement sont des apparences toutes relatives à nos sens et à notre pensée : en soi, la matière se résout en forces actives, simples, immatérielles, les monades, qu'il faut concevoir sur le modèle de notre âme. — Cette dernière hypothèse est la seule qui satisfasse la raison.

IV. — La vie implique à la fois finalité, spontanéité et sensibilité ou instinct chez les animaux et les végétaux qu'elle distingue des corps bruts.

Elle a donné lieu à trois hypothèses : l'organicisme, le vitalisme, l'animisme.

D'après l'organicisme (Descartes, école médicale de Paris), la vie est le résultat mécanique de l'organisation du corps; d'après le vitalisme (Barthez, école de Montpellier), elle est l'effet d'un principe immatériel mais inconscient, distinct à la fois de l'âme et du corps, le principe vital; d'après l'animisme (Aristote, saint Thomas, Stahl), elle est l'effet de l'action de l'âme sur le corps. — La question n'est pas encore résolue. Au point de vue scientifique, l'organicisme est l'hypothèse la plus utile pour diriger les recherches; au point de vue métaphysique, la vérité doit être dans l'animisme convenablement interprété.

V. — L'âme, unie au corps, en est distincte : elle est immatérielle ou spirituelle. On peut donner trois preuves principales de sa spiritualité.

1º Le corps est composé; l'âme est simple, comme en témoignent et la conscience du moi et la nature des opérations intellectuelles; donc elle est distincte du corps;

2º Le corps se renouvelle sans cesse; l'âme reste identique à elle-même, comme en témoignent la mémoire et la responsabilité morale; donc elle est distincte du corps;

3º Le corps est inerte, incapable de se mouvoir lui-même; l'âme est libre et maîtresse de ses actes; donc elle est distincte du corps.

Le matérialisme objecte l'influence du physique sur le moral; mais il oublie l'influence non moins puissante du moral sur le physique, et d'ailleurs, si les faits prouvent que le cerveau est la condition nécessaire de la pensée, ils ne prouvent pas qu'il en soit la cause véritable.

Les principales hypothèses imaginées pour expliquer l'union de l'âme et du corps sont : 1º l'influx physique d'Euler (influence naturelle et réciproque de l'âme et du corps); 2º les esprits animaux de Descartes (sorte de fluide nerveux servant d'intermédiaire entre l'âme et le corps); 3º les causes occasionnelles de Malebranche (l'âme et le corps causes simplement occasionnelles de leurs modifications réciproques dont Dieu est la vraie cause efficiente); 4º l'harmonie préétablie de Leibniz (l'âme et le corps préordonnés par Dieu de façon que leurs états se correspondent nécessairement de part et d'autre). — Aucune de ces hypothèses n'est pleinement satisfaisante : on doit se résigner à admettre l'union de l'âme et du corps comme un fait certain, mais inexplicable.

II. — Théodicée.

I. — Dieu est l'Être absolu et parfait, cause première de toutes choses. Les preuves de l'existence de Dieu sont physiques, métaphysiques ou morales, selon qu'elles sont tirées du monde extérieur, des principes de la raison ou de la nature morale de l'homme.

Les deux grandes preuves physiques sont la preuve cosmologique par la contingence du monde et le mouvement de la matière, et la preuve téléologique par les causes finales.

1° Le monde n'existe pas par lui-même, la matière ne se meut pas par elle-même, car ils ne contiennent pas en eux-mêmes la raison de leur existence ou de leur mouvement; donc il existe une cause absolue, éternelle, toute-puissante, de l'existence du monde et du mouvement de la matière; donc Dieu existe.

2° Tout système de moyens adaptés à des fins est l'œuvre d'une cause intelligente; or la nature est un système de moyens adaptés à des fins, comme on le voit dans l'organisation des êtres vivants; donc il existe une intelligence suprême, cause de l'ordre de la nature.

Les deux grandes preuves métaphysiques sont la preuve de Descartes par l'idée de l'infini et la preuve ontologique (saint Anselme et Descartes).

1° J'ai l'idée de l'infini : cette idée ne peut me venir de moi ni du monde extérieur, l'un et l'autre finis; elle a donc nécessairement pour cause l'existence réelle de l'infini. Donc l'être infini, Dieu existe.

2° Dieu est par définition l'être absolument parfait. Mais un être absolument parfait possède toutes les perfections et par conséquent aussi l'existence. Donc Dieu existe.

Les deux grandes preuves morales sont la preuve tirée de la liberté et la preuve tirée du devoir.

1° La liberté de l'homme ne peut avoir sa cause dans le déterminisme de la nature : elle dérive donc d'une cause surnaturelle et absolument libre qui est Dieu même.

2° Le devoir nous commande avec une autorité absolue; cette autorité ne peut lui venir ni de nous-même ni de la nature extérieure; elle est la manifestation d'une puissance souverainement bonne et juste qui est Dieu.

II. — Les attributs de Dieu sont ou métaphysiques (déduits à priori de l'idée de l'infini) : unité, simplicité, immutabilité, éternité, immensité; ou moraux (induits à posteriori des perfections des êtres créés) : toute-puissance, sagesse et bonté.

Ces attributs se manifestent par la création et la providence. La création est l'acte par lequel Dieu fait être le monde, la providence l'acte par lequel il le conserve et le gouverne.

La grande objection contre la providence est l'existence du mal.

On distingue le mal métaphysique (l'imperfection générale des créatures), le mal physique (la souffrance), le mal moral (le péché).

L'optimisme prétend que l'existence du mal n'empêche pas le monde d'être bon ou même d'être le meilleur possible (Fénelon, Malebranche, Leibniz).

Le pessimisme prétend que le monde est radicalement mauvais (Schopenhauer et Hartmann).

A coup sûr le monde n'est pas absolument bon; toute créature est nécessairement imparfaite par cela même qu'elle est une créature; d'où il suit que, si elle a la conscience et la volonté, elle est sujette à souffrir et à faillir. Mais le monde est indéfiniment perfectible : le mal tend à se détruire lui-même, et la douleur est l'instrument du progrès.

Le péché est imputable à la liberté de l'homme, condition du mérite et de la vertu. Toutefois la providence ne peut être complètement justifiée que si on admet l'immortalité de l'âme.

III. — Les preuves de l'immortalité de l'âme sont : 1° la preuve métaphysique qui démontre son immortalité substantielle (l'âme ne peut mourir parce qu'étant une force simple, elle ne peut se décomposer); 2° la preuve psychologique (les facultés et les tendances de l'âme étant disproportionnées avec cette vie, l'âme est faite pour une vie supérieure); 3° la preuve morale (la loi morale n'est pas sanctionnée dans cette vie; or elle doit l'être; donc elle le sera dans une vie future). Ces deux dernières preuves tendent à démontrer l'immortalité morale ou personnelle.

NOTIONS D'HISTOIRE DE LA PHILOSOPHIE

I. — L'histoire de la philosophie est l'histoire des grands systèmes philosophiques.

Un système philosophique est un essai d'explication de l'ensemble des choses par un seul principe : tels sont le matérialisme, le spiritualisme, le panthéisme, et le scepticisme, auxquels tous les autres peuvent se ramener.

L'histoire de la philosophie se divise en trois parties : antiquité, moyen âge et temps modernes.

La philosophie ancienne comprend trois périodes.

1° Avant Socrate : école d'Ionie, Thalès, Héraclite, Empédocle, Anaxagore; école d'Abdère, Démocrite; école d'Italie, Pythagore; école d'Élée, Parménide et Zénon d'Élée; les sophistes, Protagoras et Gorgias.

2° De Socrate à l'ère chrétienne : Socrate, Platon et Aristote; les stoïciens; les épicuriens; les sceptiques (Pyrrhon, Énésidème, Agrippa; la Nouvelle Académie).

3° De l'ère chrétienne au vi° siècle : écoles néo-platoniciennes d'Alexandrie et d'Athènes.

La philosophie du moyen âge ou scolastique comprend aussi trois périodes.

1° Du ix° siècle au xiii° siècle : subordination de la philosophie à la théologie; querelle des universaux : saint Anselme, Guillaume de Champeaux, Roscelin, saint Bernard.

2° Pendant le xiii° siècle : alliance de la philosophie et de la théologie; rivalité des thomistes et des scotistes : saint Thomas, Duns Scot, Roger Bacon, Raymond Lulle.

3° Du xiv° au xv° siècle : séparation et lutte de la philosophie et de la théologie : Guillaume d'Occam, Jean Gerson.

La philosophie de la Renaissance (xv° et xvi° siècles) renouvelle les doctrines des anciens : école platonicienne de Florence; école péripatéticienne de Padoue; pyrrhonisme de Montaigne, etc.

La philosophie moderne occupe trois siècles. — Au xvii°, l'idéalisme triomphe avec Descartes, Malebranche, Spinoza, Leibniz, etc. L'empirisme n'y est représenté que par Bacon et Hobbes; mais il triomphe à son tour au xviii° avec Locke, Berkeley, Hume, Condillac, Diderot, Helvétius, d'Holbach, etc. Le début du xix° siècle est marqué par une réaction idéaliste (école écossaise, Reid, Dugald-Stewart, Hamilton; école allemande, Kant, Fichte, Schelling, Hegel; école française, Maine de Biran, Royer-Collard,

Cousin, Jouffroy). Cependant l'empirisme reparaît dans le positivisme d'Auguste Comte, l'associationnisme de Stuart Mill et l'évolutionnisme d'Herbert Spencer.

II. — Socrate (470-400), Athénien, fils d'une sage-femme, le plus sage des hommes d'après l'oracle de Delphes, passe sa vie à enseigner ses concitoyens, est accusé de ne pas croire aux dieux et de corrompre la jeunesse, et condamné à boire la ciguë. Comme il n'a rien écrit, nous ne connaissons ses doctrines que par ses disciples, Xénophon et Platon.

Sa méthode, la dialectique, est toujours interrogative : elle comprend l'ironie et la maïeutique à laquelle se rattachent l'induction et la définition. La science, constituée par les concepts, a pour objet l'homme et les choses humaines : *connais-toi toi-même*. Dans l'homme, l'âme est distincte du corps, et dans l'âme, la raison, qui connaît le général, est distincte des sens. Toute faute vient d'une erreur, toute erreur d'une ignorance. Nul n'est méchant volontairement. La vertu suprême est la sagesse. Dieu est une intelligence parfaite qui gouverne le monde selon les lois de la raison. L'âme humaine est immortelle.

III. — Platon (428-347), Athénien, disciple de Socrate, après de nombreux voyages, fonde l'Académie. Ses ouvrages sont des dialogues (le Criton, le Gorgias, le Théétète, le Sophiste, le Parménide, le Phèdre, le Banquet, le Phédon, le Timée, la République et les Lois).

La philosophie de Platon, c'est la théorie des *Idées*. L'Idée n'est pas un concept; c'est une réalité, une essence absolue et éternelle, type exemplaire de tout un genre de choses : elle est à la fois l'objet de la science et le principe de l'être. L'ensemble des Idées réside en Dieu qui les possède et les pense éternellement et à qui elles ont servi de modèle pour la création du monde. — L'âme, qui a vécu avant la naissance et vivra encore après la mort, est une Idée tombée dans le corps; elle a trois facultés, la raison, l'appétit et le cœur : la raison est la faculté de se ressouvenir des Idées. — La vertu, identique à la science, est la ressemblance avec Dieu et, par conséquent, la parfaite harmonie de l'âme ou la justice, qui comprend elle-même la sagesse, vertu de la raison, la tempérance, vertu de l'appétit, et le courage, vertu du cœur. — La République idéale où règne la justice se compose de trois classes de citoyens, magistrats, guerriers, artisans, correspondant aux trois facultés de l'âme et hiérarchiquement subordonnées : elle n'admet ni la propriété individuelle ni la famille.

IV. — Aristote (384-322), de Stagyre, en Macédoine, d'abord disciple de Platon, puis précepteur d'Alexandre, fonde à Athènes l'école du Lycée. Ses traités forment une encyclopédie : Organon, Morale à Nicomaque, Physique, Histoire des animaux, Traité de l'âme, Métaphysique.

La philosophie d'Aristote, c'est la théorie des causes. Il y a quatre espèces de causes, la matière, la forme, la cause efficiente, la cause finale (dans une statue, le marbre, la forme humaine, le sculpteur, la beauté). La matière, c'est la puissance, la forme, c'est l'acte. Le mouvement est le passage de la puissance à l'acte. La cause efficiente est la cause du mouvement. Mais, dans la nature, la vraie cause efficiente est le but ou cause finale, tout être tendant spontanément à réaliser ses puissances. D'où il suit que Dieu, qui est la pensée pure ou la pensée de la pensée, meut le monde par sa perfection, sans le vouloir ni le savoir. — L'âme humaine est la forme ou l'acte du corps dont elle est inséparable. — La vertu a pour fin le bonheur qui réside dans l'acte propre de l'homme, c'est-à-dire dans l'exercice de l'activité raisonnable : elle se définit un milieu entre deux extrêmes. — L'Etat a pour fondement la famille et la propriété individuelle.

Platon et Aristote sont tous deux spiritualistes; mais le premier est idéaliste, le second plutôt empirique.

V. — Épicure (341-270), d'Athènes ou de Samos, fils d'une magicienne, enseigne à Athènes. Sa doctrine est exposée par Lucrèce dans le *De natura* : c'est le matérialisme en métaphysique et l'égoïsme en morale.

Le monde est l'effet des atomes qui se meuvent en vertu de la pesanteur et du clinamen. L'âme toute matérielle a cependant le pouvoir de diriger ses mouvements. Le souverain bien est le plaisir; mais il faut distinguer le plaisir vif ou la volupté et le plaisir stable ou l'absence de douleur. La vertu a pour but le plaisir stable ou l'ataraxie : elle se réduit au fond à l'intérêt personnel.

VI. — Zénon (336-264), de Cittium (en Chypre), d'abord disciple des cyniques, fonde l'école du Portique ou école stoïcienne. Ses principaux disciples sont Cléanthe, Chrysippe, Panétius, Posidonius, Cicéron (en morale) Sénèque, Épictète et Marc-Aurèle.

La métaphysique stoïcienne est le panthéisme. Une seule substance existe, à la fois matière et force, monde et Dieu. La force est le principe de l'unité et de la vie : elle constitue l'instinct de l'animal, la raison de l'homme; elle est la nature et l'âme universelle. — La vertu consiste à suivre la nature, à vivre conformément à la nature, à faire par raison ce à quoi nous poussait déjà l'instinct; ou plutôt à vivre conformément à la raison qui est la nature propre de l'homme. Accord avec soi-même, harmonie et constance, respect de nos semblables qui participent aussi à la raison, obéissance et résignation aux lois de la nature; courage, impassibilité, mépris des choses qui ne dépendent pas de nous, attachement aux seules choses qui dépendent de nous, tels sont les caractères de la vertu qui est le souverain bien, l'unique bien. Hormis la vertu, tout le reste est indifférent : la douleur même n'est pas un mal.

VII. — Bacon (1561-1626), né à Londres, garde des sceaux sous Jacques Ier, se perd par son ambition excessive, et déchu de tous ses honneurs, finit sa vie dans la retraite. Son grand ouvrage est l'*Instauratio Magna* dont les plus importantes parties sont le *De Augmentis scientiarum* et le *Novum Organum*. Il est le premier législateur de la méthode expérimentale.

On peut ramener à trois ses principales théories : 1° classification des sciences : en histoire, poésie et philosophie rapportées à la mémoire, à l'imagination et à la raison; l'histoire divisée en naturelle ou civile; la philosophie en science de Dieu, science de la nature et science de l'homme; 2° causes d'erreur ou *idola*, qui sont de quatre sortes : *tribus, specus, fori et theatri*; 3° objet et méthode des sciences de la nature : leur but étant non seulement de comprendre, mais surtout de maîtriser les phénomènes, elles ont pour objet non les causes efficientes ou finales, mais les causes formelles, c'est-à-dire les lois, et elles ne peuvent arriver à la connaissance des lois que par une méthode absolument différente de la déduction syllogistique, par une induction expérimentale (fondée sur les trois tables de présence, absence et degrés).

VIII. — Descartes (1596-1650), né à la Haye en Touraine, fait ses études au collège de la Flèche, sert comme officier dans l'armée de Maurice de Nassau et après d'assez nombreux voyages, se retire en Hollande pendant vingt ans. Il meurt en Suède où la reine Christine l'avait appelé. Ses principaux ouvrages sont le *Discours de la méthode* (1637), les *Méditations*, et les *Principes de la philosophie*.

La méthode de Descartes, empruntée aux mathématiques, se résume dans les quatre règles de l'évidence, de l'analyse, de la synthèse et du dénombrement : elle consiste à ramener toutes les questions à un petit nombre d'idées simples, claires et distinctes, objets d'une intuition immédiate, et à tirer de ces idées par une déduction continue les solutions demandées. — Cette méthode, appliquée à la philosophie, conduit Descartes d'abord au doute universel, puis à la première de toutes les vérités, le *cogito ergo sum*, d'où il fait sortir la distinction de l'âme et du corps et les preuves de l'existence de Dieu, toutes fondées sur l'idée de la perfection. Les attributs de Dieu sont' la toute-puissance ou la liberté absolue, l'immutabilité et la véracité. La véracité divine est la garantie de l'évidence et la seule raison de croire à la réalité du monde extérieur. La matière consiste dans la seule étendue : tous les phénomènes de la nature, même ceux de la vie animale sont mécaniques. L'essence de l'âme est la pensée qui comprend l'entendement et la volonté. Les idées de l'entendement sont adventices, factices ou innées. La volonté est absolument libre. L'erreur vient de la disproportion de l'entendement et de la volonté.

Malebranche (1638-1715), prêtre de l'Oratoire, modifie la doctrine de Descartes par ses deux théories de la vision en Dieu et des causes occasionnelles, et en faisant de Dieu le seul objet immédiat de l'intelligence et la seule cause efficace de la nature, la rapproche du panthéisme de Spinoza.

IX. — Spinoza (1632-1677), juif, né à Amsterdam, excommunié par la synagogue, se retire à la Haye où il vit dans une obscurité volontaire. Son principal ouvrage est l'*Ethique* publiée après sa mort et divisée en cinq parties : de Dieu, de l'âme, des passions, de l'esclavage de l'homme, et de la liberté de l'homme.

La méthode de Spinoza est géométrique, par définitions, axiomes, théorèmes et démonstrations. Sa doctrine est le panthéisme. Des trois définitions de la substance, de l'attribut et du mode, il déduit qu'il n'existe qu'une seule substance, nécessaire, infinie, dont toutes choses ne sont que les modifications. Cette substance a deux grands attributs connus de nous, l'étendue et la pensée : elle produit l'univers par une suite de sa nature, non par un acte de volonté. L'homme est une collection de modes de l'étendue et de la pensée : son libre arbitre n'est que l'ignorance des causes qui le déterminent. Pourtant la sagesse nous rend maîtres de nos passions et nous élève à la béatitude en nous faisant connaître Dieu et l'éternelle nécessité des choses.

X. — Locke (1632-1704), né à Wrington près Bristol, lit Descartes à vingt-sept ans, se fait recevoir médecin après un voyage à Montpellier, et devenu suspect aux Stuarts, se réfugie en Hollande d'où il revient avec Guillaume d'Orange. Son principal ouvrage est l'*Essai sur l'entendement humain*.

Il combat surtout le rationalisme de Descartes. Selon lui, il n'y a pas d'idées innées; toutes les idées viennent de l'expérience qui est double : sensation et réflexion. Il s'ensuit que nous ne pouvons rien connaître en dehors de l'expérience. En politique, Locke est partisan des droits naturels de l'homme, de la souveraineté nationale et de la tolérance religieuse.

La philosophie du xviiie siècle, en Angleterre et en France, se rattache à Locke. — Berkeley (1685-1753), évêque irlandais, réduit le monde extérieur à un ensemble de sensations ou d'idées qui n'existe que dans notre esprit et dans l'esprit divin. — David Hume (1711-1776), ramenant l'idée de cause à une association d'idées habituelle, ne voit dans l'esprit lui-même qu'une série de sensations et d'idées. — Pour Condillac (1715-1780), toutes les facultés de l'âme ne sont que des sensations transformées.

XI. — Leibniz (1646-1716), né à Leipsig, étudie à Leipsig et à Iéna, passe dix ans à Mayence, voyage en France et en Angleterre et reste à Hanovre jusqu'à sa mort comme conservateur de la bibliothèque des ducs de

Brunswick. Ses principaux ouvrages sont les *Nouveaux essais sur l'entendement humain*, la *Monadologie* et les *Essais de théodicée*.

Comparable à Aristote pour son génie encyclopédique, Leibniz s'est efforcé de concilier dans son système toutes les doctrines antérieures. — En psychologie, il réforme ou complète Descartes sur trois points : 1° la conscience n'est pas pour lui l'essence de l'âme ; il peut y avoir perception sans aperception. 2° La raison ne consiste pas à l'origine en idées toutes faites, mais en virtualités : *Nihil est in intellectu quod non prius fuerit in sensu nisi ipse intellectus*; deux principes la constituent : contradiction et raison suffisante. 3° La volonté est libre, mais non d'une liberté d'indifférence ; elle se détermine toujours pour un motif. — La métaphysique de Leibniz se résume dans ces trois théories : monadologie, harmonie préétablie, optimisme. 1° La vraie substance n'est ni la pensée ni l'étendue, mais la force : la matière est composée de monades. 2° Les monades n'agissent pas réellement les unes sur les autres : leur prétendue action réciproque se réduit au fond à une harmonie préétablie par Dieu. 3° La perfection e l'être sont identiques : Dieu, l'être absolu, est aussi l'absolue perfection ; le monde créé par Dieu est le meilleur des mondes possibles.

XII. — Kant (1724-1804), né à Kœnigsberg, y passe toute sa vie comme professeur de l'Université. Ses principaux ouvrages sont la *Critique de la raison pure* et la *Critique de la raison pratique*.

La connaissance n'est l'œuvre exclusive ni des choses ni de l'esprit : les choses en fournissent la matière ; l'esprit lui donne la forme. Cette forme consiste dans les intuitions de l'espace et du temps, dans les concepts d'être, d'unité, de substance, de causalité, etc., qui sont les lois universelles, nécessaires, à priori de toute pensée. Mais la raison ne peut rien connaître en dehors de l'expérience : prises en elles-mêmes, ses idées sont vides et purement hypothétiques ; on ne peut leur supposer un objet transcendant, par exemple aux idées du monde, de l'âme et de Dieu, sans tomber dans des antinomies insolubles ; et comme l'expérience nous fait connaître les choses non telles qu'elles sont en soi, mais telles qu'elles nous apparaissent, il s'ensuit que toute métaphysique est impossible. — D'autre part, la raison pratique affirme la loi morale ou le devoir. « Agis de telle sorte que la maxime de ton action puisse être érigée en loi universelle. » La certitude du devoir entraîne celle des trois postulats qui sont les conditions du devoir, liberté, immortalité de l'âme, existence de Dieu.

Les successeurs de Kant font sortir de sa doctrine une métaphysique idéaliste. — D'après Fichte (1762-1814), l'esprit qui impose ses lois aux choses est le véritable auteur du monde : il est inutile de supposer un absolu étranger à la raison ; la raison, identique à la liberté pure, est elle-même l'absolu. — D'après Schelling (1775-1854), l'absolu n'est pas plutôt l'esprit que la nature : il est à la fois l'un et l'autre, ou plutôt il est le principe d'où l'un et l'autre sortent parallèlement. — Hegel (1770-1831) détermine ce principe en l'appelant Idée : c'est l'idée qui, existant d'abord sous une forme purement logique, devient tour à tour nature et esprit.

Schopenhauer (1788-1860) conçoit l'absolu non plus comme une raison mais comme une volonté inconsciente : le fond de l'être est un *vouloir-vivre* aveugle, absurde, cause universelle du mal et de la douleur.

XIII. — Reid (1710-1795), chef de l'école Écossaise, combat, au nom du sens commun, l'empirisme de Locke et le phénoménisme de Hume. Il réduit la philosophie à une psychologie simplement descriptive, admet la perception immédiate du monde extérieur, l'innéité du sens commun et de la conscience morale, la liberté d'indifférence etc. — Son disciple, Dugald-Stewart (1753-1828), analyse l'association des idées et distingue les associations essentielles et accidentelles. — Hamilton (1788-1856), combinant Kant avec Reid, enseigne tout à la fois la perception immédiate du monde extérieur et la relativité de la connaissance : l'absolu est non seulement inconnaissable, mais inconcevable.

XIV. — Maine de Biran (1766-1824), d'abord disciple de l'école condillacienne, arrive par le progrès de la réflexion à une doctrine très voisine de celle de Leibniz. Le fait fondamental du sens intime est non la sensation mais l'effort : l'âme se connait elle-même comme cause, et toute autre causalité est conçue à l'image de la sienne. Le point de vue sous lequel l'esprit se connait lui-même ne peut être assimilé à celui sous lequel il connait les objets extérieurs.

Victor Cousin (1815-1865) donne pour base à un nouveau système, l'éclectisme, les doctrines de l'école Écossaise transportées en France par Royer-Collard : il les complète par des emprunts fait surtout à Platon, à Descartes et même à Kant et à ses successeurs, sa méthode consistant à choisir et à réunir les vérités partielles contenues dans les différents systèmes qu'il ramène à quatre : sensualisme, idéalisme, scepticisme et mysticisme.

XV. — Auguste Comte (1798-1857), chef de l'école positiviste, enseigne que l'histoire de l'esprit humain est régie par la loi des trois états, théologique, métaphysique et positif. Tout notre savoir se bornant aux phénomènes et à leurs rapports, la philosophie ne peut consister que dans une synthèse hiérarchique des sciences, lesquelles se réduisent à six : mathématique, astronomie, physique, chimie, biologie et sociologie, à la fois irréductibles entre elles et superposées les unes aux autres. La morale, inséparable de la sociologie, se résume dans ce mot : amour.

XVI. — Stuart Mill (1806-1873) prétend expliquer toute la nature humaine par les seules lois de l'association des idées, et rejette la perception intuitive du monde extérieur qu'il réduit à une possibilité permanente de sensations. En logique, il formule les méthodes de l'induction à laquelle il ramène la déduction et qu'il fonde sur le principe de causalité. Mais ce principe n'est, comme toutes les vérités prétendues nécessaires, qu'une association d'idées inséparable. En morale, il est disciple de Bentham dont il rectifie l'utilitarisme en faisant expressément du bonheur de l'humanité le but suprême de la conduite et en tenant compte de la qualité des plaisirs dans l'estimation du bonheur.

Herbert Spencer complète l'empirisme anglais par une métaphysique panthéiste. L'absolu est inconnaissable mais réel : il est l'existence immuable, qui se manifeste dans tous les phénomènes. La loi selon laquelle il produit les choses est l'évolution : tout se forme par un passage insensible de l'homogène à l'hétérogène. Le mouvement devient tour à tour vie, sensation et pensée. L'instinct, la raison, la moralité sont des habitudes héréditaires. Le terme vers lequel tend l'évolution morale et sociale est l'adaptation réciproque de l'individu et du milieu.

TABLE DES MATIÈRES

                                                                                              Pages.

INTRODUCTION... 1
    1. La science.. 1
    2. Les sciences.. 1
    3. La philosophie.. 4
    4. Ordre des parties de la philosophie...................... 5
    5. La philosophie des sciences................................ 6

LIVRE PREMIER. — PSYCHOLOGIE.

CHAPITRE PREMIER. — Objet de la psychologie................... 9
    1. Définition et division de la psychologie................ 9
    2. Caractères propres des faits psychologiques. Distinction de la psychologie et de la physiologie.. 9

CHAPITRE II. — Méthode de la psychologie......................... 12
    1. L'observation et le raisonnement en psychologie.. 12
    2. La méthode subjective... 12
    3. La méthode objective... 14
    4. L'expérimentation en psychologie......................... 15
    5. La méthode logique.. 17

CHAPITRE III. — Classification des faits psychologiques...... 19
    1. Classification des faits psychologiques................. 19
    2. La théorie des facultés.. 21

CHAPITRE IV. — Sensibilité... 23
    1. Le plaisir et la douleur... 23
    2. Les causes du plaisir et de la douleur................... 24
    3. Les sensations... 28
    4. Les sentiments.. 29

CHAPITRE V. — Les inclinations.. 33
    1. Les inclinations.. 33
    2. La réduction des inclinations à l'unité.................. 35
    3. Les passions.. 36
    4. Rôle de la sensibilité... 37

CHAPITRE VI. — INTELLIGENCE 39
1. Les fonctions de l'intelligence 39
2. Les éléments de l'intelligence 40
3. L'attention 40

CHAPITRE VII. — ACQUISITION DE LA CONNAISSANCE 43
I. — *Les sens et la perception extérieure* 43
1. Les théories de la perception 43
2. Analyse de la perception 44
3. Histoire de la perception 45
4. Les perceptions primitives et les perceptions acquises 47
5. La localisation 48
6. Les erreurs de la perception 51
7. Valeur de la perception extérieure 52

II. — *La conscience et l'idée du moi* 52
1. Nature de la conscience 52
2. Les modes de la conscience 54
3. Les degrés de la conscience et l'inconscience 54
4. La conscience de l'activité 58
5. L'idée du moi 60

CHAPITRE VIII. — CONSERVATION DE LA CONNAISSANCE 64
I. — *La mémoire* 64
1. Définition et rôle de la mémoire 64
2. Division et qualités de la mémoire 64
3. La conservation des idées 65
4. Lois de la conservation 66
5. Les diverses sortes de mémoire 68
6. Le rappel des idées 69
7. Réminiscence et souvenir 70
8. Nature et conditions de la reconnaissance 70
9. La localisation des souvenirs dans le passé 72

II. — *L'association des idées* 73
1. Nature de l'association 73
2. Théorie écossaise de l'association 73
3. Critique de la théorie écossaise 74
4. Véritable théorie de l'association. Ses lois fondamentales 75
5. Les lois secondaires de l'association 76

III. — *L'imagination* 78
1. Définition et division de l'imagination 78
2. L'imagination reproductrice 78
3. L'imagination combinatrice; ses effets dans l'art, la science et la vie 79
4. Analyse de l'imagination 80
5. Rôle de l'imagination. Ses rapports avec l'intelligence 82

CHAPITRE IX. — ÉLABORATION DE LA CONNAISSANCE 85
I. — *Les opérations intellectuelles* 85
II. — *L'abstraction* 86
1. Nature de l'abstraction 86
2. Usage et abus de l'abstraction 86

TABLE DES MATIÈRES.

	Pages.
III. — *La généralisation*	87
1. Nature de la généralisation	87
2. Les idées générales	88
3. Utilité de la généralisation	88
4. Le problème des universaux	89
IV. — *Le jugement*	91
1. Nature et rôle du jugement	91
2. Modes du jugement	92
3. Analyse du jugement	92
4. Classification des jugements	94
5. La croyance	95
V. — *Le raisonnement*	100
1. Nature et rôle du raisonnement	100
2. Espèces de raisonnements	101
3. L'induction	102
4. La déduction	103
CHAPITRE X. — LES PRINCIPES DIRECTEURS DE LA CONNAISSANCE	107
1. Définition et caractères des principes	107
2. Énumération des principes; leur réduction aux principes d'identité et de raison	109
3. Analyse des principes. Les notions premières	111
4. Nature et origine des notions premières	113
5. Le principe d'identité	114
6. Le principe de raison	115
7. Le principe de causalité et l'idée de cause	116
8. Le principe de substance et l'idée de substance	117
9. Le principe de finalité et l'idée de cause finale	118
10. La notion de l'absolu	120
11. La raison	123
12. Les théories de la raison	124
13. L'empirisme	126
14. L'associationnisme	128
15. L'évolutionnisme	131
CHAPITRE XI. — VOLONTÉ. — INSTINCT, LIBERTÉ, HABITUDE	136
I. — *Les trois modes de l'activité*	136
II. — *L'instinct*	137
1. Définition et modes de l'instinct	137
2. Caractères de l'instinct	137
3. Nature de l'instinct	138
4. Origine de l'instinct	139
III. — *La volonté*	141
1. Définition et analyse de la volonté	141
2. La volonté distinguée du jugement et du désir	142
3. Les caractères et le rôle de la volonté	145
IV. — *La liberté*	146
1. Différents sens du mot liberté	146
2. Les preuves de la liberté	146
3. Le fatalisme	150
4. Le déterminisme	153

5. La critique du déterminisme	154
6. La liberté d'indifférence	156
7. L'influence des motifs et la liberté morale	157
8. Conclusion. Vraie nature de la liberté morale	159
V. — *L'habitude*	159
1. L'habitude active	160
2. L'habitude passive	161
3. Le domaine et le rôle de l'habitude	161
4. La nature de l'habitude	163
CHAPITRE XII. — LES SIGNES ET LE LANGAGE	166
1. Les signes	166
2. Le langage. Ses diverses espèces	167
3. L'origine du langage	169
4. Les rapports du langage et de la pensée	171
CHAPITRE XIII. — LE BEAU ET L'ART	174
1. L'esthétique	174
2. Les effets du beau	174
3. Les conditions du beau	175
4. La nature du beau	177
5. Le beau distingué de l'agréable, de l'utile, du vrai et du bien	178
6. Le sublime	180
7. L'art. Classification des arts	181
8. Le principe des arts	181
9. La moralité dans l'art	184
CHAPITRE XIV. — LES RAPPORTS DU PHYSIQUE ET DU MORAL	186
1. Division de la question	186
2. Influence du physique sur le moral	186
3. Influence du moral sur le physique	187
4. Le sommeil, l'hallucination, la folie	188
CHAPITRE XV. — L'HOMME ET L'ANIMAL	190
1. La psychologie comparée	190
2. L'âme des animaux	190
3. L'homme et l'animal	191

LIVRE II. — LOGIQUE.

1. Définition de la logique	195
2. Division de la logique	195
CHAPITRE PREMIER. — LOGIQUE FORMELLE	197
1. Division de la logique formelle	197
2. Principes fondamentaux de la logique formelle	197
I. — *Les termes*	198
1. Les termes et les idées	198
2. Classification des termes et des idées	198
3. Rapports des idées entre elles et des termes entre eux	200
4. Conditions de la vérité formelle des idées. Les idées vraies et fausses, claires et obscures, distinctes et confuses	202

	Pages.
5. La définition	204
6. Les définitions de nom et de chose	205
7. La division	207
II. — *Les propositions*	208
1. Nature de la proposition	208
2. Sens du verbe être	208
3. Classification des propositions	209
4. L'art de juger	210
III. — *Les différentes formes du raisonnement*	210
1. Nature et espèces du raisonnement	210
2. Les inférences immédiates. Conversion et opposition	211
3. La déduction. Analyse du syllogisme	213
4. Rôle du moyen terme dans le syllogisme	214
5. Règles du syllogisme	216
6. Figures du syllogisme	218
7. Modes du syllogisme	219
8. Variétés du syllogisme	221
9. Valeur de la déduction et du syllogisme	222
CHAPITRE II. — LOGIQUE APPLIQUÉE. — MÉTHODE DES SCIENCES EXACTES.	**227**
I. — *La méthode en général*	227
1. La méthode	227
2. Les diverses espèces de méthodes	227
3. L'analyse et la synthèse	228
II. — *La méthode des sciences exactes*	230
1. Nature et objets des sciences exactes	230
2. Axiomes	231
3. Définitions	231
4. Démonstration	232
CHAPITRE III. — MÉTHODE DES SCIENCES PHYSIQUES ET NATURELLES	235
Objet et division des sciences physiques et naturelles	235
I. — *Méthode des sciences physiques*	236
1. La méthode des sciences physiques	236
2. Observation	237
3. Expérimentation	238
4. Induction	239
5. La détermination de la cause	240
6. Le fondement de l'induction	244
7. La valeur logique de l'induction	248
8. Hypothèse	250
II. — *Méthode des sciences naturelles*	253
1. La méthode des sciences naturelles	253
2. La classification	253
3. L'analogie	256
4. La définition empirique	259
CHAPITRE IV. — MÉTHODE DES SCIENCES MORALES	262
1. Objet et division des sciences morales	262
2. L'histoire	264
3. Le témoignage des hommes	265

	Pages.
4. La méthode historique	267
5. La méthode de la science sociale	268

CHAPITRE V. — LA VÉRITÉ ET L'ERREUR 271

I. — *Le criterium de la vérité* 271

1. La vérité et l'erreur	271
2. La certitude et ses diverses espèces	271
3. L'évidence	273
4. Le criterium de la vérité. L'autorité des anciens	274
5. Le criterium du consentement universel	275
6. Le criterium du sens commun	276
7. Le criterium de l'expérience	277
8. Le criterium du principe de contradiction	279
9. Le criterium du principe de raison	279
10. Le criterium de l'évidence	280
11. La probabilité	282

II. — *L'erreur et les sophismes* 284

1. L'erreur	284
2. Les causes de l'erreur	286
3. Les sophismes	288
4. Les remèdes de l'erreur	293

LIVRE III. — MORALE.

1. Définition et division de la morale	297
2. La méthode de la morale	298
3. Les rapports de la morale et de la psychologie	298
4. Les rapports de la morale et de la métaphysique	299

CHAPITRE PREMIER. — PRINCIPES DE LA MORALE 300

Division de la morale spéculative 300

I. — *La conscience morale* 300

1. Les principaux motifs des actions humaines	301
2. La définition de la conscience morale	302
3. Les phénomènes de la conscience morale. Les jugements moraux.	302
4. Les sentiments moraux	303
5. La nature de la conscience morale. La doctrine du sens moral	304
6. L'explication empirique de la conscience morale	305
7. La conscience morale et la raison	310
8. La valeur de la conscience morale	311

II. — *Le bien* 312

1. Les rapports du bien et du devoir	312
2. La détermination du bien et la méthode empirique	313
3. La détermination du bien et la méthode rationnelle	315
4. L'idée du bien et l'idéal moral	318

III. — *Le devoir* 318

1. Le devoir et la loi morale	318
2. Les lois naturelles	319
3. Les lois civiles	320
4. La loi morale	320

	Pages.
5. Les caractères de la loi morale	321
6. Le fondement de la loi morale	322

CHAPITRE II. — Examen des morales empiriques ... 328

    Division des morales empiriques ... 328

    I. — *Les doctrines utilitaires* ... 328

        1. La morale du plaisir ... 328
        2. La morale de l'intérêt dans Épicure ... 329
        3. La morale utilitaire de Bentham ... 330
        4. L'utilitarisme rectifié de Stuart Mill ... 331
        5. La critique générale de l'utilitarisme ... 331
        6. La critique de l'utilitarisme de Stuart Mill ... 332
        7. La critique de la morale du bonheur de l'humanité ... 333

    II. — *Les doctrines sentimentales* ... 334

        1. Le principe commun des morales sentimentales ... 334
        2. La doctrine du sens moral ... 335
        3. La doctrine de la bienveillance dans Hutcheson ... 335
        4. La doctrine de la sympathie d'Adam Smith ... 336
        5. La critique de la doctrine de la sympathie ... 337
        6. Les objections générales contre les doctrines sentimentales ... 338

CHAPITRE III. — La responsabilité et la sanction ... 340

    1. La responsabilité ... 340
    2. Le principe et les conditions de la responsabilité morale ... 340
    3. Le mérite et le démérite ... 341
    4. La vertu ... 343
    5. La sanction ... 345

CHAPITRE IV. — Les devoirs. — Morale personnelle ... 346

    1. La morale pratique. Les principes de la détermination des devoirs. ... 349
    2. La division des devoirs d'après leur forme ... 350
    3. La division des devoirs d'après leur matière ... 351
    4. Le conflit des devoirs ... 352
    5. Les devoirs envers soi-même ... 353
    6. Les devoirs relatifs au corps ... 353
    7. Les devoirs relatifs à l'âme ... 354
    8. La sagesse ... 354
    9. Le courage ... 355
    10. La tempérance ... 356
    11. Le travail ... 357
    12. Les devoirs relatifs aux animaux et aux choses ... 357

CHAPITRE V. — Morale sociale ... 359

    1. La morale sociale ... 359
    2. Le droit ... 359
    3. Caractères du droit ... 360
    4. Le principe du droit ... 362
    5. La liberté, principe du droit ... 364
    6. Les rapports du droit et du devoir ... 365
    7. Les formes particulières du droit ... 365
    8. Les devoirs de justice ... 366
    9. Les formes de la justice ... 367

- 10. La charité.. 367
- 11. Les rapports de la charité et de la justice..................... 368

CHAPITRE VI. — Morale domestique................................... 370
- 1. La morale domestique... 370
- 2. La famille et le mariage....................................... 371
- 3. Les devoirs des parents envers leurs enfants. L'éducation...... 371
- 4. L'autorité paternelle.. 371
- 5. Les devoirs des enfants envers leurs parents................... 372
- 6. Les devoirs des enfants entre eux.............................. 372

CHAPITRE VII. — Morale civique..................................... 373
- 1. La morale civique.. 373
- 2. L'origine de la société.. 373
- 3. La raison morale de l'État..................................... 374
- 4. Les fonctions de l'État.. 374
- 5. L'État et le gouvernement. Les trois pouvoirs.................. 375
- 6. La souveraineté nationale...................................... 375
- 7. Origine du gouvernement et de la loi........................... 375
- 8. Origine de la justice sociale.................................. 375
- 9. Les devoirs des citoyens envers l'État. L'obéissance aux lois.. 376
- 10. L'éducation des enfants....................................... 376
- 11. L'impôt... 377
- 12. Le vote... 377
- 13. Le service militaire.. 377
- 14. Le dévouement à la patrie..................................... 377

CHAPITRE VIII. — Rapports de la morale et de l'économie politique. 381
- 1. L'économie politique... 381
- 2. Les rapports de la moralité et de la richesse.................. 381
- 3. La richesse.. 382
- 4. Le travail... 382
- 5. Le capital... 383
- 6. Le droit de propriété.. 383

LIVRE IV. — MÉTAPHYSIQUE.

- 1. Objet et divisions de la métaphysique.......................... 387
- 2. Légitimité de la métaphysique.................................. 388

CHAPITRE PREMIER. — De la valeur objective de la connaissance. Dogmatisme, scepticisme, idéalisme.................................. 390
- 1. Le problème de la connaissance................................. 390
- 2. Le dogmatisme, le probabilisme, le scepticisme................. 390
- 3. Histoire du scepticisme.. 391
- 4. Les arguments du scepticisme................................... 393
- 5. La critique du scepticisme..................................... 394
- 6. Le rôle du scepticisme... 398
- 7. Le relativisme. Les deux doctrines de la relativité de la connaissance... 400
- 8. Le relativisme positiviste ou objectif......................... 400
- 9. Le relativisme criticiste ou subjectif......................... 402

TABLE DES MATIÈRES.

Pages.

- 10. L'idéalisme.. 407
- 11. L'idéalisme objectif....................................... 408
- 12. L'explication de la valeur objective de la connaissance.......... 409

CHAPITRE II. — DE L'EXISTENCE DU MONDE EXTÉRIEUR............... 416
- 1. La théorie idéaliste de l'existence du monde extérieur.......... 416
- 2. Les objections idéalistes contre l'existence objective des corps... 416
- 3. Les objections idéalistes contre l'existence objective de la matière. 417
- 4. Les objections idéalistes contre toute réalité objective.......... 418
- 5. Le mode d'existence du monde extérieur d'après l'idéalisme...... 418
- 6. Les diverses formes de l'idéalisme.............................. 419
- 7. Les raisons de croire à la réalité objective du monde extérieur.. 421

CHAPITRE III. — DE LA NATURE EN GÉNÉRAL. — LA MATIÈRE ET LA VIE. 425
- 1. La nature.. 425
- 2. L'espace et le temps... 425
- 3. Les théories de l'espace et du temps........................... 427
- 4. La critique des théories de l'espace et du temps................ 428
- 5. Le fondement objectif de l'espace et du temps................... 431
- 6. Les lois de la nature.. 431
- 7. La matière... 433
- 8. La vie... 436
- 9. L'organicisme.. 437
- 10. Le vitalisme.. 439
- 11. L'animisme.. 440

CHAPITRE IV. — L'AME. — MATÉRIALISME ET SPIRITUALISME.......... 444
- 1. L'existence de l'âme... 444
- 2. Le phénoménisme psychologique.................................. 444
- 3. La spiritualité de l'âme au point de vue du phénoménisme....... 445
- 4. La critique du phénoménisme psychologique...................... 447
- 5. Les preuves de la spiritualité de l'âme........................ 449
- 6. La preuve par l'unité de l'âme................................. 450
- 7. La preuve par l'identité de l'âme.............................. 451
- 8. La preuve par la spontanéité et la liberté de l'âme............ 453
- 9. Le matérialisme.. 453
- 10. Le spiritualisme.. 456
- 11. L'union de l'âme et du corps.................................. 457

CHAPITRE V. — DIEU. — LA PROVIDENCE. — LE PROBLÈME DU MAL...... 463
- I. — *Existence et attributs de Dieu*.............................. 463
  - 1. La Théodicée... 463
  - 2. Les preuves de l'existence de Dieu........................... 463
  - 3. Les preuves physiques.. 463
  - 4. La preuve par la contingence du monde........................ 464
  - 5. La preuve par le mouvement................................... 464
  - 6. La preuve par les causes finales............................. 466
  - 7. Les objections contre la preuve des causes finales........... 466
  - 8. Les preuves métaphysiques.................................... 469
  - 9. Preuve par les vérités éternelles............................ 469
  - 10. Preuve par l'idée de l'infini............................... 469
  - 11. Preuve ontologique.. 470
  - 12. Les preuves morales... 472

	Pages.
13. Les attributs de Dieu	473
14. Le panthéisme	474
15. La création	474
II. — *La Providence et le problème du mal*	475
1. La Providence	475
2. Le problème du mal	476
3. Les trois formes du mal et leurs rapports	476
4. La raison du mal métaphysique	477
5. Le pessimisme	478
6. L'optimisme	479
7. L'optimisme relatif	479
8. L'optimisme absolu	480
9. Le rôle de la liberté dans l'optimisme absolu	481
10. La conciliation des formes particulières du mal avec la Providence.	482
CHAPITRE VI. — L'IMMORTALITÉ DE L'AME. — LA RELIGION NATURELLE..	487
1. La nature des preuves de l'immortalité	487
2. Preuve métaphysique	488
3. Preuve psychologique	489
4. Preuve morale	489
5. La religion naturelle	490

LIVRE V. — NOTIONS D'HISTOIRE DE LA PHILOSOPHIE

INTRODUCTION	493
1. Les systèmes et les écoles philosophiques	493
2. Classification des systèmes philosophiques	493
3. Les grandes divisions de l'histoire de la philosophie	494
4. La philosophie ancienne	495
5. La philosophie du moyen âge	496
6. La philosophie de la Renaissance	496
7. La philosophie moderne	497
CHAPITRE PREMIER. — SOCRATE	499
1. Vie de Socrate	499
2. Méthode de Socrate	500
3. Doctrine de Socrate	502
4. Les demi-socratiques	503
CHAPITRE II. — PLATON	505
1. Vie de Platon	505
2. Ouvrages de Platon	505
3. Caractère général de la philosophie de Platon	506
4. Théorie des Idées	506
5. Théodicée de Platon	507
6. Psychologie de Platon	508
7. Morale de Platon	509
8. Politique de Platon	510
CHAPITRE III. — ARISTOTE	512
1. Vie d'Aristote	512
2. Ouvrages d'Aristote	512

TABLE DES MATIÈRES.

	Pages.
3. Caractère général de la philosophie d'Aristote	513
4. Métaphysique d'Aristote	513
5. Théodicée d'Aristote	515
6. Psychologie d'Aristote	515
7. Morale d'Aristote	516
8. Politique d'Aristote	517
9. Comparaison de Platon et d'Aristote	517
10. La philosophie grecque après Platon et Aristote	518

CHAPITRE IV. — L'ÉPICURÉISME 519

1. Vie d'Épicure. Les principaux Épicuriens 519
2. Caractère général de la philosophie épicurienne 519
3. Physique d'Épicure 520
4. Canonique d'Épicure 520
5. Morale d'Épicure 521

CHAPITRE V. — LE STOÏCISME 523

1. Vie de Zénon. Les principaux Stoïciens 523
2. Caractère général de la philosophie stoïcienne 524
3. Métaphysique stoïcienne 525
4. Psychologie stoïcienne 526
5. Morale stoïcienne 527

CHAPITRE VI. — BACON 531

1. Vie de Bacon 531
2. Caractère général de la philosophie de Bacon 531
3. La classification des sciences 532
4. Les causes d'erreur 533
5. L'objet et la méthode des sciences de la nature 534

CHAPITRE VII. — DESCARTES 538

1. Vie de Descartes 538
2. Caractère général de la philosophie de Descartes 538
3. La méthode cartésienne 539
4. Métaphysique cartésienne 540
5. Physique générale de Descartes 542
6. Psychologie et morale de Descartes 543
7. L'école cartésienne 545

CHAPITRE VIII. — SPINOZA 547

1. Vie de Spinoza 547
2. Caractère général de la philosophie de Spinoza 547
3. La métaphysique de Spinoza 548
4. La psychologie de Spinoza 549
5. La morale de Spinoza 550

CHAPITRE IX. — LOCKE 551

1. Vie de Locke 551
2. Caractère général de la philosophie de Locke 551
3. Analyse de l'Essai sur l'entendement humain 552
4. La philosophie sociale et politique de Locke 553
5. L'empirisme après Locke en Angleterre et en France 554

	Pages.
CHAPITRE X. — LEIBNIZ	556
1. Vie de Leibniz	556
2. Caractère général de la philosophie de Leibniz	557
3. Psychologie de Leibniz	558
4. Métaphysique de Leibniz	559
CHAPITRE XI. — KANT	564
1. Vie de Kant	564
2. Caractère général de la philosophie de Kant	564
3. Critique de la raison pure	565
4. Critique de la raison pratique	568

SOMMAIRE DU COURS DE PHILOSOPHIE

INTRODUCTION, 571.

PSYCHOLOGIE, 571. — I. Sensibilité, 572. — II. Intelligence, 573. — III. Volonté, 577. — IV. Psychologie appliquée, 578.

LOGIQUE, 580. — I. Logique formelle, 580. — II. Logique appliquée, 581.

MORALE, 584. — I. Morale spéculative, 584. — Morale pratique, 586.

MÉTAPHYSIQUE, 588. — I. Métaphysique générale, 588. — II. Théodicée, 590.

Notions d'histoire de la philosophie, 591.

FIN DE LA TABLE DES MATIÈRES.

Coulommiers. — Typ. PAUL BRODARD.

www.ingramcontent.com/pod-product-compliance
Lightning Source LLC
Chambersburg PA
CBHW060408230426
43663CB00008B/1422